JN232718

銀行経営の理論と実務

大久保　豊
データ・フォアビジョン
[編著]

岸本義之
ブーズ・アレン・アンド・ハミルトン
根本直子
スタンダード&プアーズ
本島康史
ボストン・コンサルティング・グループ
山本真司
[著]

データ・フォアビジョン／日本リスク・データ・バンク

社団法人　金融財政事情研究会

"一身独立して一国独立すること"

"一行独立して一国独立すること"

　これが本銀再生と米銀との彼我の格差を解消する最も重要なことであると考えるようになりました。わが国、日本の再生に根底として横たわる『構造問題』、その本質は、すでに100年前、福澤諭吉により明示されています。

"人民に独立の心なきより生ずる災害なり"

　銀行業を社会的な事業として営む人々が今なすべきことは、国家から正々堂々と"一身が独立し"、各銀行がそれぞれの事業命題を論理客観的に志し高く掲げ、独立独歩、力強く立ち上がり進んでいくことにある。賛否が分かれるメガバンクの巨額増資も、"一行独立して一国独立すること"の観点からは大変望ましい。"民"が国家を頼りとせず、"民"の力で独立すること、産業界や外資の力を借りて、一行が自立・独立すること、これが一番大事なことであり、邦銀の再生における最も重要で必要不可欠なものであると考えます。

　右肩上がり、全国一様な経済発展、それを前提とした皆平等思想、土地担保神話。これらが、プライムという"最優遇金利"を起点とした貸出金利交渉と、適用金利にあまり差異のない貸出金利運営という日本独自の商慣習を醸成しました。しかし、それを支えるどの経済前提も根底から崩れ、貸出金利のプライシング・メカニズムを根本的に見直す必要があります。21世紀の日本経済に適合し、資金の良循環をもたらし、社会的な合意が形成できる、新たな貸出金利のパラダイムを形成する必要があります。この新たなパラダイムを創造する、それも客観的な事実と論理で公正に創造すること、これが現在の邦銀経営者に課せられた最重要の責務であり、その創造抜きでは邦銀の再生はありえません。

　全国津々浦々の日本株式会社、巨大企業から中小・零細まで大幅に悪化している財務・経営体質。銀行が一行独立できないことは、日本株式会社が独立できていない"映し鏡"です。

　日本の銀行が再生するということは、日本企業一社一社が、日本人一人一

はじめに

"邦銀と米銀の間に何故大きな経営力の差異が存在するのか"

"日本の金融システムはどのようにすれば再生するのか"

このようなことをここ数年考えていました。

　銀行管理会計論としての『スプレッドバンキング』、バンキング勘定に適合したALMモデル『Earning at Risk』、1対1対応の伝統的融資から"ポートフォリオ型融資"を実践する論理体系としての『信用リスク・マネジメント革命』、銀行収益管理、ALM、信用リスク管理にかかわる専門書を書いてから、すでに5年が経っていました。

　この5年間、私自身、現場最前線でのシステム構築、数理分析、会社経営に没頭し、冒頭の疑問に対し明確な答えが見出せぬまま、月日が流れていました。

　銀行管理会計の高度化、最新ALM技術の実装、自動審査を梃子とした"ポートフォリオ型融資"の実践、デフォルトという事業・会社の失敗を日本社会の財産とすべく、都地銀のご協力を得て発足した銀行界共同の信用リスク・データ・ベースである日本リスク・データ・バンクの発足など、邦銀の技術力や経営力の高度化に一定の成果が出たと考えます。

　このようななか、金融財政事情研究会の西野出版部長との出会いがありました。

　この出会いが私にとって、5年ぶりの執筆に着手させるものとなりました。

　既刊書籍の改訂など、西野部長との数次の打合わせのなかから、自分が書きたいものが沸々と湧いてきました。構想からちょうど1年をかけて、本書『銀行経営の理論と実務』を書き上げることができました。

人が、自分にて自分の身を支配し、他によりすがる心がなくなり、自ら物事の理非を弁別して処置を誤ることのない状態、自ら心身を労して私立の活計をなす状態へと回帰することにある、という考えに行き着きました。そのためには、"予定調和的な安易思想"や"観念的な思想・責任論"を廃し、論理で自立する銀行経営の仕組みを客観的に造り上げること、この結論に行き着きました。

本書『銀行経営の理論と実務』は、この問題意識を基軸として、多数の有能な執筆者に共著していただき完成したものです。"一行一行それぞれの"銀行が、"それぞれの事業命題"を自分達で創造し、それを希求し独立独歩で歩むための、"経営理論"と"実務"を提供する、これが本書の目的です。

第Ⅰ部『論理想の銀行経営』では、"理想的な将来像"を志高く掲げ、その達成を"事業命題"とし、その"理想"に"論理"をもって近づいていく、"論理想の銀行経営"に関し論述します。根本・最重要の事業命題として二つを上げ考察を深めていきます。

一つは、第2章で取り扱う『資金需給特性の資金消化』です。金融自由化、大競争のもと、発展拡大する"資金供給者"の運用ニーズ。一方、"資金需要者"である借入企業等の資金調達ニーズの変貌。間接金融機関である銀行においては、預金者・貸出先の、そもそも相容れない資金ニーズを納得いくように充足し、資金需給の特性を安定的に消化すること、"資金需給特性の資金消化"に関し、金利リスク・信用リスク消化の論理メカニズムを俯瞰しながら考察を深めます。

二つ目の事業命題として、『経営理想に基づく運調構造および制度の創造的改革』に関し、第3章で考察を深めます。"資本""人""営業基盤"といった限りある経営資源のなか、自行の間接金融業の対象として、"いかなる"資金需給者の資金を、"いかに"橋渡しするかを『経営理想』として明確に定め、自行の運調構造と制度を、日本経済全体の構造的な変化を想定し

ながら創造的な改革を行うことに関し、議論を深めていきます。柳沢前金融担当相の私的懇話会が答申した『金融システムと行政の将来ビジョン』のなかで、『**市場機能を中核とした複線的金融システム**』が提唱されています。銀行中心の預金・貸出による資金仲介を"産業金融モデル"、価格メカニズムが機能する市場を通じる資金仲介を"市場金融モデル"とし、市場機能を中核として、両モデルが複線的に存在機能することを提唱しています。この将来ビジョンは正しく、時宜を得たレポートとして高く評価でき、個々の内容も示唆深い。しかしながら、これは"ビジョン"であり、銀行という私企業の"集合体"が論理的な帰結として、近未来、果たすべき"金融システム総体としての姿"を指し示すにすぎません。重要なことは、一行一行それぞれが、自分たちの定義する具体的な"事業命題"に関し、客観的な銀行経営の理論をもって、それぞれが目指すべき理想的な『**複線的金融システムの自己内体現**』を実現していくことが、このビジョンを社会的に実現するためのキーであり答えでもあります。"一行一行が独立する"なかにおいて、"金融の将来ビジョン"が提唱する"豊かで多彩な日本を支える"21世紀の金融システムが初めて組成されます。

第Ⅱ部『銀行経営の理論』においては、"論理想の銀行経営"を実践するに必要となる銀行経営の理論に関し、考察を深めていきます。

- ➢ 銀行リスク管理の理論（第4章）
- ➢ 銀行経費管理の理論（第5章）
- ➢ 銀行自己資本統合管理の理論（第6章）
- ➢ 銀行管理会計の理論（第7章）

第Ⅲ部『銀行経営の実務』においては、銀行格付、経営コンサルティングの第一線で活躍されている気鋭の各氏により、戦略的な銀行経営の実務に関し、具体的な議論を展開します。

スタンダード・アンド・プアーズで邦銀格付の主幹をされている**根本直子**氏より、『**格付会社からみた邦銀経営の重要課題**』と題し、邦銀経営の改

革・改善の重要ポイントに関し、客観・具体的な議論を展開します。

ブーズ・アレン・アンド・ハミルトンの岸本義之氏には、『銀行マーケティングの論理と実務』『銀行業務の"選択と集中"の実務』に関し、戦略的な観点から具体的な実務論点を整理し、緻密で有用・示唆に富む論理的な帰結を導出します。

ボストン・コンサルティングの本島康史氏には、『銀行予算統制と業績考課の実務』『銀行組織および制度改革の実務』に関し、豊富なコンサルティング経験や本島康史氏自身の業務経験に照らし、骨太で革新的な議論を展開します。

ATカーニーの山本真司氏には、『戦略的銀行経費改革の実務』に関し、その具体的な実現方法や果実に関し、有用な議論を展開します。

- ➢ 格付会社からみた邦銀経営の重要課題（第8章）
- ➢ 銀行予算統制と業績考課の実務（第9章）
- ➢ 戦略的銀行ALMの実務（第10章）
- ➢ 信用リスクモデルと信用格付の実務（第11章）
- ➢ 戦略的『審査工場』の実務（第12章）
- ➢ 銀行マーケティングの論理と実務（第13章）
- ➢ 銀行業務の"選択と集中"の実務（第14章）
- ➢ 戦略的銀行経費改革の実務（第15章）
- ➢ 銀行組織および制度改革の実務（第16章）

『複線的な金融システム』をいかに、個々の銀行で体現創造するかの、理論的なフレームワークとその実践に関し、以下研究を深めます。客観的な理論に基づく銀行経営の実践により、一行それぞれが独立自尊し、資金仲介という"小宇宙"を創造し担い、各銀行の確固たる"小宇宙"の星団が力強く全体構成されることにより、一国の金融システムは初めて大輪のように機能し輝く。

政府、国家は将来ビジョンを示し、銀行の復活を期待しています。

後は、われわれ民間が"一身独立"して、国家と国民の期待に応える番で

あり、応えなければならない。

平成15年4月吉日

大久保　豊

著者略歴

<第1章:"論理想"の銀行経営>
<第2章:(事業命題I) 資金需給特性の資金消化と銀行経営の理論>
<第3章:(事業命題II) 経営理想に基づく運調構造・制度の創造的改革>
<第5章:銀行経費管理の理論>
<第6章:銀行自己資本統合管理の理論>
<第7章:銀行管理会計の理論>
<第10章:戦略的銀行ALMの実務>

大久保　豊（おおくぼ　ゆたか）
　　1962年生まれ（東京都）
　　慶應義塾大学経済学部卒業、
　　ケンブリッジ大学政治経済学部大学院卒業（Master of Philosophy）、
　　東京大学大学院経済学研究科博士課程中退
　　株式会社住友銀行、
　　マッキンゼー＆カンパニー、
　　日本AT&Tベル研究所Questを経て、現在
　　データ・フォアビジョン株式会社代表取締役社長
　　日本リスク・データ・バンク株式会社代表取締役社長

<第11章:信用リスクモデルと信用格付の実務>

上野　大（うえの　ふとし）
　　1961年生まれ（東京都）
　　慶應義塾大学経済学部卒業
　　千代田生命保険相互会社、
　　経済企画庁経済研究所を経て、現在
　　データ・フォアビジョン株式会社入社、
　　日本リスク・データ・バンク株式会社　常務取締役

<第7章:銀行管理会計の理論>

緒方　直人（おがた　なおと）
　　1972年生まれ（東京都）
　　慶應義塾大学経済学部卒業
　　日本AT&T情報システム株式会社、
　　日本NCR株式会社を経て、現在
　　データ・フォアビジョン株式会社

＜第4章：銀行リスク管理の理論＞
片岡　徹也（かたおか　てつや）
　　1972年生まれ（広島県）
　　東京大学理学部数学科卒業
　　日本AT&T情報システム株式会社、
　　日本NCR株式会社を経て、
　　データ・フォアビジョン株式会社　取締役

＜第5章：銀行経費管理の理論＞
菊池　裕（きくち　ゆたか）
　　1964年生まれ（北海道）
　　明治大学政治経済学部卒業
　　日本NCR株式会社を経て、現在
　　データ・フォアビジョン株式会社　専務取締役

＜第13章　銀行マーケティングの論理と実務＞
＜第14章　銀行業務の"選択と集中"の実務＞
岸本　義之（きしもと　よしゆき）
　　1963年生まれ（神奈川県）
　　東京大学経済学部卒業
　　ノースウエスタン大学ケロッグ経営大学院修了（MBA）
　　慶應義塾大学大学院経営管理研究科博士課程修了　博士（経営学）
　　マッキンゼー＆カンパニーを経て、現在
　　ブーズ・アレン・アンド・ハミルトン株式会社ヴァイス・プレジデント

＜第6章：銀行自己資本統合管理の理論＞
栗谷　修輔（くりたに　しゅうすけ）
　　1969年生まれ（大阪府）
　　早稲田大学理工学部工業経営学科卒業
　　日本長期信用銀行、
　　興銀証券株式会社（現みずほ証券）を経て、現在
　　データ・フォアビジョン株式会社

<第11章：信用リスクモデルと信用格付の実務>
須永　真昼（すなが　まひる）
　　1970年生まれ（東京都）
　　早稲田大学理工学部数学科卒業
　　千代田生命保険相互会社、
　　フューチャー・フィナンシャル・ストラテジー株式会社を経て、現在
　　データ・フォアビジョン株式会社入社、
　　日本リスク・データ・バンク株式会社　取締役

<第4章：銀行リスク管理の理論>
<第12章：戦略的「審査工場」の実務>
西村　拓也（にしむら　たくや）
　　1963年生まれ（山口県）
　　九州大学経済学部経済工学科卒業
　　日本長期信用銀行、
　　ニッセイアセットマネジメント株式会社を経て、現在
　　データ・フォアビジョン株式会社

<第8章　格付会社からみた邦銀経営の重要課題>
根本　直子（ねもと　なおこ）
　　1960年生まれ（東京都）
　　早稲田大学法学部卒業
　　日本銀行入行
　　シカゴ大学経営大学院修了（経営学修士、Finance／Accounting専攻）
　　スタンダード＆プアーズ社入社
　　金融機関サービスグループのディレクターとして、日本、韓国の銀行、証券会社、ノンバンク、保険会社の分析を担当。

<第4章：銀行リスク管理の理論>
野口　雅之（のぐち　まさゆき）
　　1968年生まれ（茨城県）
　　筑波大学大学院博士課程修了（理学博士）
　　筑波大学物理学系助手を経て、現在
　　データ・フォアビジョン株式会社

＜第9章　銀行予算統制と業績考課の実務＞
＜第16章　銀行組織および制度改革の実務＞
本島　康史（もとしま　やすし）
　　1961年生まれ（東京都）
　　東京大学法学部卒業、
　　青山学院大学大学院国際経営学修士（MBA）
　　株式会社住友銀行、
　　ATカーニー株式会社を経て、現在
　　株式会社ボストン・コンサルティング・グループ　ヴァイス・プレジデント
　　（パートナー）

＜第15章　戦略的銀行経費改革の実務＞
山本　真司（やまもと　しんじ）
　　1958年生まれ（東京都）
　　慶應義塾大学経済学部卒業
　　シカゴ大学経営大学院経営学修士（MBA with Honors）
　　全米成績優秀者協会会員
　　株式会社東京銀行、
　　株式会社ボストン・コンサルティング・グループを経て、現在
　　A.T.カーニー株式会社マネージング・ディレクター極東アジア共同代表

目　次

はじめに ……………………………………………………………大久保　豊
著者略歴

第Ⅰ部　論理想の銀行経営

第1章　"論理想"の銀行経営 ………………………………………… *3*
　　1　"一行独立して一国独立する事" ……………………………… *3*
　　2　"電力の鬼"松永安左エ門に学ぶ ……………………………… *9*
　　3　"論理想"の銀行経営 …………………………………………… *13*

第2章　（事業命題Ⅰ）資金需給特性の資金消化と銀行経営の理論 …… *23*
　　1　資金需要者・供給者間の相反する資金ニーズの仲介 ……… *24*
　　2　資金需給特性の資金消化 ……………………………………… *29*
　　3　資金需給特性消化の論理メカニズム ………………………… *30*

第3章　（事業命題Ⅱ）経営理想に基づく運調構造・制度の創造的改革 … *70*
　　1　"金融の将来ビジョン"と銀行の構造改革 …………………… *72*
　　2　銀行運調構造および制度に関する理想像と創造的な改革 …… *82*

第Ⅱ部　銀行経営の理論

第4章　銀行リスク管理の理論 …………………………… *111*

1　銀行保有リスクとリスク管理手法 ……………………… *112*
2　信用リスク管理の理論 …………………………………… *128*
3　市場リスク管理の理論 …………………………………… *165*
4　オペレーショナルリスク管理の理論 …………………… *196*
5　流動性リスク管理の理論 ………………………………… *207*

第5章　銀行経費管理の理論 …………………………………… *215*

1　銀行経費管理の現状と経費管理の理論的骨子 ………… *215*
2　経費管理運営法 …………………………………………… *221*
3　経費実測法 ………………………………………………… *240*

第6章　銀行自己資本統合管理の理論 ……………………… *253*

1　自己資本統合管理の理論的構造 ………………………… *253*
2　資本効率評価の理論 ……………………………………… *263*
3　自己資本配賦の理論 ……………………………………… *275*
4　自己資本運営の理論 ……………………………………… *285*

第7章　銀行管理会計の理論 …………………………………… *291*

1　銀行管理会計の目的 ……………………………………… *291*
2　銀行管理会計の基本構造 ………………………………… *294*
3　銀行管理会計の構築・運営上のポイント ……………… *316*

第Ⅲ部　銀行経営の実務

第8章　格付会社からみた邦銀経営の重要課題 …………………325

1　格付の現状 ……………………………………………………325
2　格付上の問題点 ………………………………………………327
3　中長期的な格上げの課題 ……………………………………341

第9章　銀行予算統制と業績考課の実務 ……………………354

1　序論〜予算統制と業績考課の実態は ………………………354
2　総論〜そもそも予算制度、業績評価制度とは何か ………358
3　「明確な目標」（各論1） ……………………………………372
4　「目標を達成する手段＝戦略」（各論2） …………………380
5　「組織能力を高める仕掛け」〜「学びのサイクル」（各論3）……388
6　コミュニケーション（各論4） ……………………………394
7　最後に〜文化大革命へ ………………………………………397

第10章　戦略的銀行ALMの実務 ………………………………399

1　戦略的ALM運営の骨子─"勉強"から"戦略運営"へ─ …399
2　リスク認知の装置・内規化 …………………………………402
3　"リスク制限"の客観構造化 ………………………………407
4　"リスク迎撃"の客観構造化 ………………………………410
5　プライシング・ルールの客観構造化 ………………………413
6　運調構造の創造的な改革 ……………………………………426

〔目　次〕

第11章　信用リスクモデルと信用格付の実務 ……………… *436*

1. 信用格付の現状と信用リスクモデルの位置づけ ………… *436*
2. 信用リスクモデルの体系 …………………………………… *441*
3. 信用リスクモデルの分析データ …………………………… *448*
4. 信用リスクモデル活用上の留意 …………………………… *454*
5. 内部格付制度における格付プロセス ……………………… *459*
6. 信用格付を利用したポートフォリオ運営 ………………… *465*

第12章　戦略的「審査工場」の実務 ……………………… *470*

1. 「審査工場」導入の意義とその目的 ……………………… *470*
2. 「審査工場」設計のポイント ……………………………… *480*
3. 「審査工場」運営のポイント ……………………………… *494*

第13章　銀行マーケティングの論理と実務 ……………… *505*

1. 「マーケティング」の不在 ………………………………… *505*
2. 「財」としての特徴 ………………………………………… *507*
3. サービス財としての金融商品 ……………………………… *511*
4. 金融商品の本質としてのリスク …………………………… *514*
5. リレーションシップ・マーケティング …………………… *518*
6. 実務上の問題 ………………………………………………… *527*

第14章　銀行業務の"選択と集中"の実務 ……………… *535*

1. 「横並び参入」から「選択と集中」へ …………………… *535*
2. オーバーキャパシティ問題の背景 ………………………… *537*

3　「銀行業務」の崩壊 …………………………………539
　　4　「預金主業モデル」の問題点 …………………………541
　　5　「貸出主業モデル」のチャレンジ ……………………542
　　6　「アセット・マネジメント」モデルの可能性 ………545
　　7　支店長は一国一城の主か ………………………………548
　　8　すべての業務を内製化すべきか ………………………550

第15章　戦略的銀行経費改革の実務 …………………554

　　1　物件費の大幅削減を可能にする三つの調達管理手法 ………554
　　2　ITアウトソーシングをソーシングする ………………564
　　3　戦略的ソーシング・ノウハウを生かした新たなビジネスチャンスの創出 …………………………………………572

第16章　銀行組織および制度改革の実務 ……………581

　　1　序論～組織制度の実態は ………………………………581
　　2　そもそも組織とは何か？ ………………………………583
　　3　現状の課題は何か？ ……………………………………591
　　4　課題にどう取り組むか？ ………………………………593
　　5　制度改革のツボ：コミュニケーション ………………617

参考文献 ……………………………………………………………623
後書き ………………………………………………………………626
用語索引 ……………………………………………………………632

第 I 部

論理想の銀行経営

第 1 章

"論理想"の銀行経営

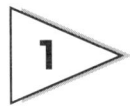

▶1 "一行独立して一国独立する事"

本書を始めるにあたり、本書を貫く主題を最初に書く。
"一行独立して一国独立する事" である。
福澤諭吉は20世紀最初の年、1901年元旦、『独立自尊迎新世紀』と揮毫し、翌月没した。『学問のすゝめ』第三編において、"一身独立して一国独立する事"が、次のとおり説かれている。

国と国とは同等なれども、国中の人民に独立の気力なきときは一国独立の権義を伸ぶること能わず。その次第、三箇条あり。

　第一条　独立の気力なき者は、国を思うこと深切ならず。

　独立とは、自分にて自分の身を支配し、他に依りすがる心なきを言う。自ら物事の理非を弁別して処置を誤ることなき者は、他人の智恵に依らざる独立なり。自ら心身を労して私立の活計をなす者は、他人の財に依らざる独立なり。人々この独立の心なくしてただ他人の力に依りすがらんとのみせば、全国の人は皆依りすがる人のみにて、これを引受くる者はなかるべし。（略）

　第二条　内に居て独立の地位を得ざる者は、外に在って外国人に接するときもまた独立の権義を伸ぶること能わず。

　独立の気力なき者は必ず人に依頼す、人に依頼する者は必ず人を恐る、人を恐るる者は必ず人に諂うものなり。常に人を恐れ人に諂う者は次第にこれに慣れ、その面の皮鉄の如くなりて、恥ずべきを恥じず、論ずべきを論ぜず、人をさえ見ればただ腰を屈するのみ。いわゆる習い性となるとはこの事にて、慣れたることは容易に改め難きものなり。（略）恐れながら外国の交易に志して横浜などへ来る者あれば、先ず外国人の骨格逞しきを見てこれに驚き、金の多きを見てこれに驚き、商館の洪大

なるに驚き、蒸気船の速きに驚き、既に已に胆を落して、追々この外国人に近づき取引するに及んでは、その掛引のするときに驚き、或いは無理なる理屈を言い掛けらるることあれば啻に驚くのみならず、その威力に震い懼れて、無理と知りながら大なる損亡を受け大なる恥辱を蒙ることあり。こは一人の損亡に非ず、一国の損亡なり。一人の恥辱に非ず、一国の恥辱なり。実に馬鹿らしきようなれども、先祖代々独立の気を吸わざる町人根性、武士には窘められ、裁判所には叱られ、一人扶持取る足軽に逢っても御旦那様と崇めし魂は腹の底まで腐れ付き、一朝一夕に洗うべからず、かかる臆病神の手下共が、かの大胆不敵なる外国人に逢って、胆をぬかるるは無理ならぬことなり。これ即ち、内に居て独立を得ざる者は、外に在っても独立すること能わざるの証拠なり。

第三条　独立の気力なき者は、人に依頼して悪事をなすことあり。

（略）今日に至っては名目金の沙汰は聞かざれども、或いは世間に外国人の名目を借る者はあらずや。余輩未だその確証を得ざるゆえ、明らかにここに論ずること能わざれども、昔日の事を思えば今の世の中にも疑念なきを得ず。この後、万々一も外国人雑居などの場合に及び、その名目を借りて奸を働く者あらば、国の禍実に言うべからざるべし。故に人民に独立の気力なきは、その取扱いに便利などとて油断すべからず。禍は思わぬところに起るものなり。国民に独立の気力愈々少なければ、国を売るの禍もまた随って益々大なるべし。即ち、この条の初に言える、人に依頼して悪事をなすはこの事なり。

現在、一歩一歩確実に進展しようとする『構造改革』の大輪、そしてその根底に潜むわが国の『構造問題』。その本質は、すでに100年前、福澤諭吉により明示されている。

　"人民に独立の心なきより生ずる災害なり"

　銀行業を社会的な事業として営む人々がいまなすべきことは、国家から正々堂々と"一身が独立し"、各銀行がそれぞれの事業命題を論理客観的に掲げ、独立独歩、力強く立ち上がり進んでいくことにある。不良債権増大に伴う資本注入と国営化等とんでもない議論である。民間事業者にとってこれほどの屈辱はない。たとえ"国営化"になってもだれが経営するのか。経営するのはわれわれ民であり、民の魂である。本書の目的は"一行独立して一国独立する事"にある。

　もはや、銀行を取り巻く環境は激変した。不良債権の発生は、世界的な分業構造の変化に呼応し定常的なものとなっている。その勢いは衰えることはなく、安定成長期とは比べものにならない。一方、規格品の大量生産や社会インフラの整備といった従来型の資金需要も飽和状態にあり、新たな貸出需資も乏しい。日本金融は大きな構造変化に晒されている。

　しかしながら、このようななかにあって、構造変化の一つの事象である"不良債権問題"に混乱してはならない。不良債権の増大は日本経済の結果である。日本経済の結果を現す鏡が銀行の貸出勘定に他ならない。重要なことは、銀行経営者が日本経済の構造変化を正しく認識し、

　"間接金融を事業としてまっとうする経営としての論理メカニズムを構築し、それを実践すること"

にある。

　不良債権の増大は銀行の責任というよりは、日本経済の現状である。問題はこの不良債権の増大を"定常的なもの"として認識し、それを解決する"事業者としての論理手段"を樹立していないことにある。不良債権を"消化"するためには、短期プライム引上げ、価格メカニズムによる"消化機能"を社会的なメカニズムとして機能させる必要がある。さもなくば、"貸

し渋り"という量的な手段となる。量的縮小手段をとること自体、民間経営者としての自爆である。量的な拡大を理想として掲げなければ、もはや企業家ではない。まして、資金循環という日本経済の"血流"を担う事業者ではない。銀行事業者は、"公正で旺盛な資金循環"を維持・発展させなければならない。貸出プライシングにおける公正・妥当な金利設定と、それによる安定潤沢な資金循環を実現する"智恵"と"行動力"を、いま、銀行経営者が求められている。不良債権の処理源資を貸出プライシングのなかに埋め込むこと、この当り前のことに対する世間の反発をおそれてはならない。おそれるべきことは、民衆の誤解、マスコミの扇動におじけづき、民間事業者として正しい行動ができず、結果として一国の金融制度を崩壊させることにある。

　一方で、銀行は不良債権の現況に事後的に合わせる貸出金利運営に甘んじてはならない。
　銀行は企業に経営を教えなければならない。
　全国津々浦々、大企業から中小・零細企業に至るどの事業会社においても、近年、財務体質は大幅に劣化している。これは、右肩上がりの経済成長を前提とした"予定調和・楽観思想"に基づく設備投資や節税対策と称した事業オーナーの内部留保の食い潰しが破綻したことを意味する。実際に"日本株式会社"の財務力は脆弱なものとなっている。戦後および高度成長を通し、日本発展の原動力となった心身頑健な力強い世代はもはやいない。強くなろうにも強くなるやり方がわからない。教えてくれる人もいない。また、現在体験している構造不況は従来型の再生方法、全国的な需要喚起運動（公共投資）では解決できないことも経験してしまった。"構造改革"の精神は十分に理解できるが、体が動かない。これが"日本株式会社"の現実ではないか。
　銀行は企業に経営を教えなければならない。"一身独立"するように経営を教えなければならない。そこに間接金融としての使命があり正義がある。

幸い日本の銀行制度は充実している。全国津々浦々に銀行があり、地域に密着し顧客の特性・規模に即応する信金・信組・地域金融機関も充実している。銀行員は"経営の教師"にならなければならない。それも主観的なアドバイスではなく、財務分析、財務向上策、経費運営、事業計画などにおいて客観的な指導をしなければならない。驕ることなく、社会・地域のエリートとして、真撃誠実に企業の教師にならなければならない。さもなければ、いままでの努力や勉強も無意味なものとなる。

　全国の事業者が独立し、自分で自分の身を支配する能力を得、他に依りすがる心がなくなり、自らの心身を労して私立の活計をなすことができれば、日本は再生する。そのとき初めて日本の銀行も再生する。日本の企業が再生し立ち上がれば、不良債権も減少する。不良債権が減少すれば貸出金利も低下し、企業はいよいよ自立する。銀行は企業に経営を教えなければならない。

**　そのために、銀行は自分の経営を科学的に理解し運営しなければならない。**

　貸出資産に対する公正・的確な評価方法（いわゆる信用格付）の確立は、適正な貸出プライシングへと発展し、量的な拡大と銀行経営・金融システムの安定を招来する。銀行経営が安定すること、銀行経営が自立することは日本再生の基盤である。リスクに応じた適切なプライシングが実現でき、"ソロバン"として見合う信用供与を生起させ、資金を社会に循環させていく。血行がよくなれば、企業の健康状態も改善する。

　加えて、この信用格付を企業に正しく開示し、改善ポイントを客観列挙し、企業の経営改善をいざなえば、いよいよ日本株式会社は再生する。まるで人間ドッグの医師のように。銀行は日本経済の鏡であり一心同体・表裏そのものである。銀行の貸出勘定は、日本の、地域の命の集大成である。銀行の経営管理の高度化は、日本株式会社の経営高度化を招来する。しかし、それを実現するもしないも、銀行の企業家精神と社会精神の気高さによる。

だれかの英雄の出現に期待することをやめよう。だれかに頼ることもやめよう。

一人一人、一社一社、そして一行一行が独立し、日本国を再生させる。

▷2 "電力の鬼"松永安左エ門に学ぶ

　他業種でありながら、戦後の壊滅期に"電力業"という、銀行業と同等の社会的な使命を帯びた事業を、民間の自助努力で再生させた"電力の鬼"松永安左エ門の行動から、混迷深き現経済下での明日の行動指針を探る。

　"電力の鬼"松永安左エ門は、明治8年（1875年）、長崎県壱岐島で生まれ、昭和46年（1971年）97歳で昇天するまで、明治期より日本の電力業をゼロから興し、債券発行による海外資金調達、日本各地での電源開発、民家一軒一軒電線で結び家庭に灯りを燈し、日本の殖産興業をエネルギーの面で支え、命をまっとうするまで最後の最後まで現役であった、明治・大正・昭和、戦前・戦後を貫き通した日本国を代表する大実業家である。

　戦後、"公益事業"のなかで、電力業界のみが分割民営化（東京電力などの9電力体制）され、その後の奇跡復興に欠かすことのできない"電気エネルギー"を十分量発電し送電し続けた。この"民営の公益事業"を組成したのが、松永安左エ門である。

　戦争直後の自信喪失、疲弊しきった日本経済、だれもが国家統制や国家主体での公益事業管理が当り前だと思っていた昭和24年、松永安左エ門は"75歳"で、日本電力再編の仕事に取り掛かる。"一身独立して一国独立する"という福澤諭吉の教えを実践し、民間自立の根本思想のもと、日本の電力業界を九つの分割民営会社として再編、その卓見、行動力はまさに"鬼"のようであり、いまだ先の光を見出せない私たち、そして銀行という"公益事業"を営む銀行事業者への、示唆深い大きな"道標""光"となるはずである。

松永安左エ門は、トインビー著の『歴史の研究』の全訳事業に真っ先に取り組んだ研究家であり、思想家でもあり、また茶道を心がける人にとっては、近代の傑出した大茶人としてあまりにも高名である。昭和13年（1938年）、戦時色が強まるなか、電力国家管理案が通過し、国家総動員法が公布され、電力事業が軍部に接収されるに至り、実業界からいっさい手を引き、茶道三昧に入る。時に64歳。しかしながら、終戦を迎え、戦後の電力事業をどのように再生復興させるかという政策議論のなか、荒れ果てた国土と壊滅的打撃を受けた日本経済を踏まえ中央集権での"準国営化"やむなしの風潮がまん延するにおいて、松永安左エ門は毅然と茶道三昧の生活を辞し、第一線に復帰した。75歳の時である。

　その後は財界、政界双方と強烈に対峙し、松永案である電力分割民営化案が国会成案不可とみるや、電光石火で吉田首相を動かし、禁じ手ともいわれた、"ポツダム政令"により、電力9分割を強行実行した。安左エ門、77歳の時である。国家を頼りとせず、"一身独立、一国独立"の実践により国家に報いる77歳はまさに鬼であり、"民"の鏡でもある。

　"電力の鬼"松永安左エ門の呼称は、日本国における電力・電源事業の創生と、戦後の再生復興を、その強烈・超人的な起業家精神で実現した実業家としての姿を捉えたことはいうまでもないが、日本全国津々浦々"電力の鬼"と喧伝されたのは、実は違った理由からである。

　それは、九つの新電力会社が組成されるや否や、**"電力料金の値上げ案"**を提示したことによる。"電力の鬼"松永安左エ門は、新電力会社発足の日に、各電力会社の首脳を集めて、適正原価に基づく、採算可能な電気料金の算出を速やかに図るよう厳命した。かくて公益委員会に、各社平均"7割"にも及ぶ値上げを申請するに至る。戦後の混迷期、昭和26年のことである。

　民衆は「このようなひどい値上げをされたのでは、われわれの生きんとする頼みの、最後の綱を断つようなものだ、松永は鬼だ！　電気の鬼、松永を殺せ！」と叫び、全国の新聞ラジオはこぞって反対運動を展開、国会もまた

各党一致で反対、産業団体も同調、なかでも主婦連は真っ先に街頭に立ち、反対の署名運動を決議し、東京築地本願寺で大規模なデモも発生した。

そのような大変緊迫した状況下において、松永は次のように語る。

「民衆が反対するのは、実情がわからないからだ。しかし、この間の事情をよくしっている産業人や政治家が、反対するというのは、民衆に媚びているのだ。松永を悪くいっておけば人気がよいからだ。わしはそれをよくしっている。国民の幸福のために、わしが憎まれ役をいっさい引き受けるが、人をおとしいれて己れのみよい子になろうという、さもしい根性は気にくわない」

「電気事業は、自立できなければだめだ。損をしていて借金の返済能力もない事業に、資金の集まるわけはなく、まして外資の入るわけはない。払込資金、国内の借入金、さらに外資がなければ、電力開発は望めない。電力がなければ日本の産業は興らないし、日本は立ちゆかないのだ」

「電力会社ができて早々に値上げをやろうというのが間違いだ、会社が立派になって、合理化でもちゃんとできてからやるべきで、赤ん坊が生まれたその日に、メシを食べさせろというようなことをいうから、経済問題を通り越して社会問題みたいになっちまったのだといわれる。ごもっともだとは思うのですが、これに対して私はこういうことを言ってるんです。

日本の電気事業というものは、戦争中以来、かれこれ10年間、まるで手がつけれらていない。戦争がすんで5、6年したら、電力を復興させて元以上の大きな力にしておかなければ、非常な混乱が起きる。そのためにはいますぐ手立てしておかなければ、電力のようなものは間に合わない。つまり、何もかも合理化しなければならぬ時が来てるんです。たとえていうと、東北の雪国なんかでは5月になって雪がとけて、梅も桜も菜の花も一緒に咲き出る。不順序のようであって、その場合はそれ

が天然の順序です。だからまず現在不足している電力を充足するために、電源の開発をせんならん。あるいは、電力のロスをへらさねばならぬ。また、工事のお粗末になっておるのは修繕する。機械のボロになったものは取り換える、経営とか、それぞれの人事も能力のあるものに改革する。だからすべての順序が一緒になってしまう。まず、梅を咲かして、それから桃、桜という段取りをとるわけにはいかん。つまり、宣伝啓蒙運動の時間のないうちに、合理化を始めるので、その間に摩擦衝突があるのは当然であるけれども、いまの電気事業そのものからいうと、それが自然の順序である。」

松永安左エ門は、戦後の大変な混迷期に、電力会社が分割民営化されるや否や、電力料金という公共料金に関し、**最終的に32％の値上げを実行**した。

猛反対する政治家、マスコミ、産業界に対し、逃げることなく真正面から向き合い、一つ一つ論理で説明していく。ある時は新聞取材に、ある時は自宅に来た談判の人に、淡々と、論理で相手を説き伏せていった。徳川夢声という大衆から絶大な人気を誇った弁士とのインタビュー企画にも、日本の電力に関する生産能力とこれからの産業復興として必要とされる電力量を具体的な数字で説明し、電力という公共サービスが自立しなければ、日本の将来はないときちんと話し、徳川夢声と日本国民に理解させていく。

銀行業はいままさに大きな転換期を迎えている。銀行自身が資金仲介や資金供給という"社会システム"の一部を体現する特殊な公益企業である。したがって、銀行自身一行一行が、きちんと利益を計上し、安定運航ができること、そのこと自体が、21世紀の日本再生に必要不可欠なものである。そのための貸出金利の引上げは是認されるであろうし、されるよう、産業界、政界、官界、国民に対し、その引上げにより何を目指しているかの明確な将来ビジョンを提示し、引上げ自体が"公益"にかなうものであることを理論

的に説明する義務がある。

　銀行事業者は、社会実業家として、"算盤""論理""社会的な理想"を創造連結させ、理想実現へと導く、鬼神のようなリーダーシップを発揮すべきである。

▶3　"論理想"の銀行経営

　単線拡張的な高度成長経済においては、銀行は物量的な資金仲介としてまさに心臓のように機能することができた。行政措置により、銀行経営者は私企業としての経営努力に注力する必要がなく、規制金利体系下、ただただ実直に資金仲介業に励めば、安定潤沢な利鞘を保障された。

　しかし、時代は変わった。この変化は行政の意図的な政策変更ではなく、わが国の経済発展上の必然である。欧米列強へのキャッチアップをすませ、世界経済のフロントランナーとなった日本企業が要請する金融自由化、直接金融への希求、そして豊かになった日本国民の金融サービスに対する"量"から"質"への要求変化。この日本経済の変化が銀行に対し、自由競争と効率性の追求という、常識的な"私企業"としての"修身"を求めたのである。

　80年代央から始まった預金金利の完全自由化による、もはや行政から確約されない利鞘。これを受け、"収益"の重要性に目覚める銀行。従来の"床の間安住営業"から、自ら率先して顧客へ接触する"外訪能動営業"の初体験。成熟経済下での事業興業機会の減少、貸出需要の低迷と金余り。

　受身黒子的な経済主体から、自らが経済フィールドに降り立ち、資金創造能力を不作為に活用した不動産・株式バブルの生成。そしてその後の不良債権問題。

　この一連の過程は、私企業としての経験がない未明の銀行が"私企業たらんとして行動した"実直な結果であり、積み上げた不良債権は、銀行を"一

身独立"したものに昇華させようという官民一体の最初の試みが失敗したことによる"社会的な費用"である。

　この"社会的費用"の責任は、行政当局にはない。私企業として成功しえなかった"民"である"銀行の責任"である。"失敗の構造的な要因"として、以下の四つがあると考える。

① "予定調和"前提の経営

　経済構造、経営環境が変化したにもかかわらず、実直に運動量多く活動していれば、必ずや最終的には成功する、という**"予定調和的な甘え"**を企業文化として払拭できなかったこと。これは、長きにわたる護送船団方式により、銀行経営者に染み着いた"精神的レガシー"である。"独立自尊"の人たちは決して"予定調和"を期待しないし、想定もしない。

② 資金仲介業としての新たな"事業命題"を創造しえなかったこと

　資金循環上のマクロ的な構造変化が生じているにもかかわらず、不動産・株式といった"一点張りの猪突猛進的な量的拡大"を図る従来の経営スタイルを踏襲したこと。重要なことは、大企業の銀行離れ、構造的な貸出需要の低迷、成長鈍化による信用リスクの構造的な高まりといった経営環境の大きな転機に、資金仲介業として新たな**"事業命題"**を創造しえなかったことにある。

③ 銀行は私企業であるが社会システムの創造主である自覚がなかったこと

　銀行は私企業なれども、公共的な使命がある。それは金融という社会的なシステムの担い手であるということである。資金仲介を社会機能として司る"力"をもってすれば、資金の出し方次第では、バブル現象を容易に創造しうることに対する認識が欠落していた。自分たちが無意識に引き起こしたバ

ブルを感知できず、そのバブルに自ら飲み込まれていった。銀行業自体に"社会的な機能"があり、それには"情報収集力""資金創造力"が内蔵付帯されている。したがって、"不作為"に実態経済に影響を及ぼしうる自覚と、その潜在力を前提とした内部統制・制御装置の論理的な設計とその実践が十分でなかったことが根因である。

④ "経営理論"の未熟未使用

　販売金融商品の価格（金利）変動リスク、日本国経済の構造的な変化による信用リスク動向の不安定・複雑化。そして、もはや順鞘が保障されない未知の収益動向。市場経済の台頭と当局にかわる"市場規律"の発生に対し、銀行は"一身独立した事業体"として、いかにして安定的な経営運航を実現するのかの"知恵"の創造努力を怠った。銀行経営に関し、明確な"理論"が醸成されなかった。知恵がないものは、"予定調和"を妄信し、精神論での経営を行うことになる。私企業として一身独立できるわけがない。

(1) 経営理論と実務の結実

　本書の目的は、それぞれ**"一行一行の"**銀行が、**"それぞれの事業命題"**を自分たちで創造・希求し、独立独歩で歩むための、**"経営理論"**と**"実務"**適用の思想を提供するものである。

　"理想的な将来像"を志高く掲げ、その達成を**"事業命題"**とし、その**"理想"**に**"論理"**をもって近づいていく。**"論理想の銀行経営"**、この実現に資することが本書の目的である。

　昨年、前柳沢金融担当相の私的懇話会である「日本型金融システムと行政の将来ビジョン懇話会」による『金融システムと行政の将来ビジョン』（以下"金融の将来ビジョンレポート"）が発表された。そのなかで、『**市場機能を中核とした複線的金融システム**』が提唱されている。銀行中心の預金・貸出による資金仲介を"産業金融モデル"、価格メカニズムが機能する市場を通

じた資金仲介を"市場金融モデル"と定義し、市場機能を中核とした、両モデルが複線的に存在し機能することを提唱している。将来の"ビジョン"としてはまことに正しく、時宜を得たレポートとして高く評価でき、個々の内容も示唆深い。しかしながら、これは"ビジョン"であり、銀行という私企業の"集合体"が論理的な帰結として、近未来、果たすべき"姿"を指し示すにすぎない。指針にはなるが、個々の銀行が具体的にいかにこれを体現し、自己の社会的な価値と**"事業命題"**を創造しうるかが重要な課題となる。

　一行一行それぞれが、自分たちの定義する具体的な"事業命題"に関し、客観的な銀行経営の理論をもって、それぞれが目指すべき理想的な『複線的金融システム』の体現とその実行を経営目標に抱え、一歩一歩確実に進んでいく。その"一行一行が独立する"なかにおいて、"金融の将来ビジョンレポート"が提唱する"豊かで多彩な日本を支える"21世紀の金融システムが初めて組成される。観念的で予定調和的な経営と訣別し、"私企業"として自立する。一行一行がそれぞれの"事業命題"を定義設置し、目指すべき経営目標に対し、明確な"理論"とその"実践"をもって、着実に銀行業という公共サービスの担い手として成長していく。

(2) 事業命題の洞察

　第2章、第3章では、**"銀行経営の理論"** が理論適用されるべき、**"事業命題"** に関し考察を深める。**"事業命題"** とは、直面している日本経済、資金循環上の構造変化に対し、21世紀の間接金融を支える銀行として、一行一行が自立し、確固たる事業を営むに必要な、"新たな事業の枠組み"を再設計・再構築することと定義する。

　本書では、二つの事業命題を定義し議論を深める。

　一つは、『**資金需給特性の資金消化**』である。これは"間接金融"を営む銀行の最も根本的な事業命題であり、20世紀からの未解決の重要課題でも

ある。金融自由化、大競争のもと、発展拡大する"資金供給者"の運用ニーズ。一方、"資金需要者"である借入企業等の資金調達ニーズの変貌。間接金融機関である銀行においては、預金者・貸出先の、そもそも相容れない資金ニーズを納得いくように充足し、**資金需給の特性を安定的に消化**することが、本業的な"事業命題"である。"**資金需給特性の資金消化**"に関し、第2章で考察する。

　二つめは、第3章で論議する『**経営理想に基づく運調構造および制度の創造的改革**』である。相反する資金ニーズの調和・消化のなかに事業命題を見出す第1の命題はいわばミクロレベルでの行動能力である。このメカニズムの樹立は、最適な資産負債状態達成の必要条件であっても、十分条件ではない。資金需給ギャップの最大かつ安全な消化は、バランスシート全体での最適な運調構造の実現を保障するものではない。"資本""人""営業基盤"といった限りある経営資源のなか、自行の間接金融業の対象とし、"いかなる"資金需給者の資金を、"いかに"橋渡しするかを『経営理想』として明確に定め、自行の運調構造と制度に対し、日本経済全体の構造的な変化を想定しながら創造的な改革を行うこと、これが第2の事業命題である。

　当然ながら、それ以外の事業命題もあると思うが、現銀行が私企業として独立自尊の経営を行うために最重要な命題はこの二つに尽きると考える。各行はこれら二つの"事業命題"に対し正しく理解し、各行の経営環境に最適適合する具体的な対応策の解答を用意し、目指すべき"理想目標"を掲げ、"観念論"や"予定調和気質"に陥らないよう、"論理想の銀行経営"を行わなければならない。

(3)　銀行経営実践のための理論

　本書では、"**論理想の銀行経営**"を実践するために必要な理論として、以下を提示し詳述する。
（第Ⅱ部　『銀行経営の理論』）

図表 1-1

一行一行の集合体とし
一行一行の経営自立［複線的

"論理想"の
"理想的な将来像"を志高く掲
金融プロフェッショナルとして

[銀行事業命題Ⅰ] 資金需給特性の資金消化
（"静態的最適化"）

金利嗜好のミスマッチ消化メカニズム	信用リスク消化メカニズム
・長短ミスマッチの資金消化 ・ベーシスリスクの資金消化 ・戦略的ALMの実践	・"多産開業型経済"に資する信用リスク評価モデル 　（外部／内部／審査の3つの格付体系） ・適切な対顧プライシング設定装置 ・合理的な貸出債権流動化メカニズム ・貸出商慣習の改革と企業育成・企業再生

銀行リスク管理の理論

- 銀行リスクの分類／体系化
- リスク計量モデルの体系化
  - （リスクファクターのモデル化）
  - ・金利・株価・デフォルト率など
  - （リスク計量のモデル化）
  - ・Value at Risk (VaR)
  - ・Earning at Risk (EaR)
  - ・拡張EaR
  - （計量／運用管理対象リスクの分類）
  - ・計量管理対象リスク
  - ・運用管理対象リスク
- リターン／リスク効率の理論体系化

信用リスク管理の理論
- 信用コスト
- 信用リスク・プレミアム
  - 債務者単位
  - ポートフォリオ単位
  - リスク要因
    - ・デフォルト率
    - ・回収率
    - ・与信集中
    - ・相関関係
- 信用リスク計測の理論
- 信用リスク評価モデル体系の理論（外部／内部／審査格付）

市場リスク管理の理論
- 金利リスク管理の理論
- 株価リスク管理の理論
- 為替リスク管理の理論
  - 金利期間構造モデル
  - 株価変動モデル
  - 為替変動モデル
- 市場リスク計量モデルの理論（VaR／EaR／拡張EaR）

その他リスク管理の理論
- オペレーショナルリスク管理の理論
- 流動性リスク管理の理論

◎静態的最適化
資金消化の理論　　"預金者"と"貸出先"の相反する資金ニーズを"運調構造内外"で調停・消化する理論

＜整合＞

銀行管理会計の理論（スプレッド

（銀行管理会計の目的）
銀行の事業命題を安定かつ確実に達成するよう、"リスク""経費""自己資本統制"に関する理論を会計的に実装し、経営としての『評価上の真実』を創出すること

| 銀行経営理論の受け皿 | 評価上の真実 | 経営体の神経系統 |

金融取引　　インターバンク（オン／オフ）取引　　債券・株式（オン／オフ）取引　　経費及びその他取引

対顧取引　　預金取引（明細）　　貸出取引（明細）　　保証・デリバティブ対顧取引　　対顧手数

銀行財務会計の理論　▶　・財務諸表（損益計算書／貸借対照
・時価会計・税効果会計・税務処理

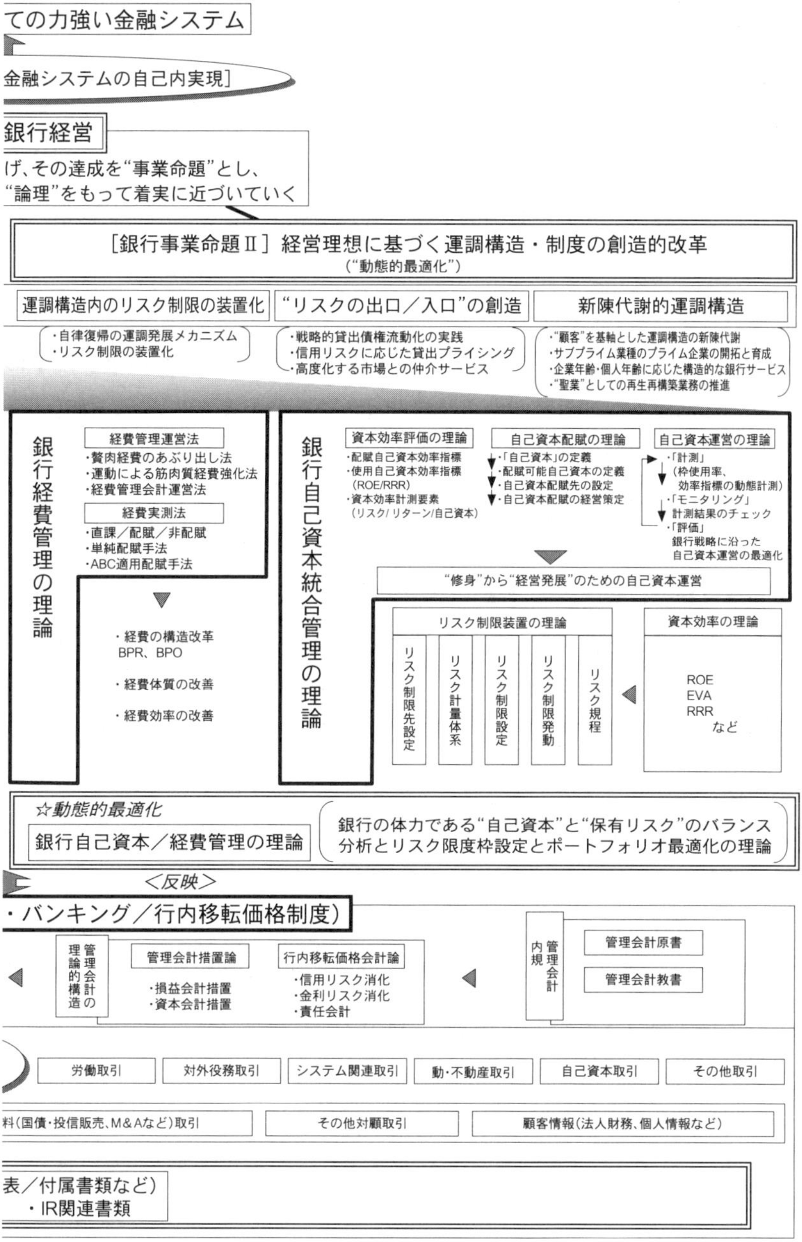

てのカ強い金融システム

金融システムの自己内実現

銀行経営

げ、その達成を"事業命題"とし、
"論理"をもって着実に近づいていく

[銀行事業命題Ⅱ] 経営理想に基づく運調構造・制度の創造的改革
("動態的最適化")

運調構造内のリスク制限の装置化	"リスクの出口／入口"の創造	新陳代謝的運調構造
・自律復帰の運調発展メカニズム ・リスク制限の装置化	・戦略的貸出債権流動化の実践 ・信用リスクに応じた貸出プライシング ・高度化する市場との仲介サービス	・"顧客"を基軸とした運調構造の新陳代謝 ・サブプライム業種のプライム企業の開拓と育成 ・企業年金・個人年齢に応じた構造的な銀行サービス ・"聖業"としての再生再構築業務の推進

銀行経費管理の理論

経費管理運営法
・贅肉経費のあぶり出し法
・運動による筋肉質経費強化法
・経費管理会計運営法

経費実測法
・直課／配賦／非配賦
・単純配賦手法
・ABC適用配賦手法

▽

・経費の構造改革
　BPR、BPO
・経費体質の改善
・経費効率の改善

銀行自己資本統合管理の理論

資本効率評価の理論
・配賦自己資本効率指標
・使用自己資本効率指標
　(ROE/RRR)
・資本効率計測要素
　(リスク／リターン／自己資本)

自己資本配賦の理論
・「自己資本」の定義
・配賦可能自己資本の定義
・自己資本配賦先の設定
・自己資本配賦の経営策定

自己資本運営の理論
・「計測」
　(枠使用率、
　効率指標の動態的計測)
・「モニタリング」
　計測結果のチェック
・「評価」
　銀行戦略に沿った
　自己資本運営の最適化

▽

"修身"から"経営発展"のための自己資本運営

リスク制限装置の理論

| リスク制限先設定 | リスク計量体系 | リスク制限設定 | リスク制限発動 | リスク規程 |

資本効率の理論
ROE
EVA
RRR
など

☆動態的最適化
銀行自己資本／経費管理の理論 — 銀行の体力である"自己資本"と"保有リスク"のバランス分析とリスク限度枠設定とポートフォリオ最適化の理論

＜反映＞

・バンキング／行内移転価格制度

管理会計の理論的構造

管理会計措置論
・損益会計措置
・資本会計措置

行内移転価格会計論
・信用リスク消化
・金利リスク消化
・責任会計

内規

管理会計

管理会計原書
管理会計教書

| 労働取引 | 対外役務取引 | システム関連取引 | 動・不動産取引 | 自己資本取引 | その他取引 |

料(国債・投信販売、M&Aなど)取引　　その他対顧取引　　顧客情報(法人財務、個人情報など)

表／付属書類など
・IR関連書類

第1章 "論理想"の銀行経営

◆銀行リスク管理の理論
　　◆銀行経費管理の理論
　　◆銀行自己資本統合管理の理論
　　◆銀行管理会計の理論

　第4章『**銀行リスク管理の理論**』においては、リスクとリターンの構造関係とリスク管理の基本的な数理的手法である VaR、EaR 等に関し考察を深める。また、銀行業を営むことにより本業として発生し収益創出の源泉でもある"信用リスク""市場リスク""オペレーション・リスク"等に関し、理論的な考察を深める。"金利""株価""為替相場"などのリスク因子の確率的な振舞いに関する数理モデルからリスク計量のモデルまで、銀行が保有するリスクに関し、論理構造的な理解を得る。これにより、上述の第1の事業命題である、『資金需給特性の資金消化』に関する、理論的フレームワークを提示し、金利嗜好のミスマッチ、信用リスク消化の客観的な実践に資する。

　第5章『**銀行経費管理の理論**』においては、サービス業的色彩の強い銀行業特有の経費構造を前提とした経費管理の理論に関し議論を深める。従来の"死体解剖"を目的とする経費・原価管理の理論ではなく、経費効率の向上と情報発信を主眼とした銀行経費管理の理論を展開し、戦略的な経費管理の本質に関し論述する。また、"活動原価手法（ABC 手法）""配賦手法"などの経費計測手法に関し論理的な整理を行うとともに、経費管理のプロセス・実践に関しても考察を深める。

　第6章『**銀行自己資本統合管理の理論**』においては、銀行の体力である"自己資本"と"保有リスク"のバランス分析、資本効率計量、リスク枠設定に関する理論的なフレームワークを提示する。計量されたリスクやリターン量を自己資本と連結させることにより資本効率計量の基盤を整理するとともに、銀行経営の中枢部分を担う最重要な理論適用である。

　第7章においては、『**銀行管理会計の理論**』に関し考察を深める。前述の『銀行リスク管理の理論』『銀行経費管理の理論』『銀行自己資本統合管理の理論』を実際の経営へと適用する場合は、それらを"銀行管理会計"のなか

に整合的に内蔵・組み上げることが必要不可欠である。"銀行管理会計"のなかに、各種実践理論が客観具体的に埋め込まれなければ、単なる"研究"となり"現場統制"も実現できない。まして、理論に基づいた経営運行は不可能である。各種理論を実践し目指すべき目標果実を明らかにするためには、経営として"評価上の真実"を設定する必要がある。"管理会計"は、この"評価上の真実"を体現するものである。各種理論の受け皿であり基盤である管理会計に関し考察を深める。

(4) 実務への応用

第Ⅲ部『銀行経営の実務』においては、各種理論を客観合理的に適用し、理想的状態へと指向する実務的な試みに関し考察を深める。

第8章『格付機関からみた邦銀経営の重要課題』
第9章『銀行予算統制と業績考課の実務』
第10章『戦略的銀行 ALM の実務』
第11章『信用リスクモデルと信用格付の実務』
第12章『戦略的「審査工場」の実務』
第13章『銀行マーケティングの実務』
第14章『銀行業務の"選択と集中"の実務』
第15章『戦略的銀行経費改革の実務』
第16章『銀行組織および制度改革の実務』

(5) 事業としての銀行業の確立

メドが立たない不良債権の発生、株価下落による日本経済危機の根因など、世間の不満を一身に浴び"中傷対象"となった銀行。それに対し、黙々と"ギョウ"に勤しむ修行僧のような銀行経営者。銀行経営者は"ギョウ"をしていればよいのか。

社会的に意味のない修行は、ある種の自慰・厭世行為であり、だれの役にも立たない。銀行一行一行の存在自体、また機能自体、社会システムそのものである。特殊な公益企業である。銀行事業者のみが、21世紀の日本再生にふさわしい金融システムを、産業界そして国民に提示することができるし、提示しなければならない。これ以上の"ギョウ"としての銀行経営は、社会的な艱難辛苦を継続させるだけである。この悪循環を断ち切るためには、銀行自らが、銀行業を"ギョウ"としてではなく、"事業"として、喜びをもって営める金融社会システムへと昇華させなければならない。

『複線的な金融システム』をいかに、個々の銀行で体現創造するかの、理論的なフレームワークとその実践に関し、以下研究を深める。個々の銀行が"豊かで多彩な日本を支えるために"、複線的金融をいかに設計するかの理論を提示する。客観的な理論に基づく、このような銀行経営が独立自尊で一つの資金仲介という"小宇宙"を創造し、各銀行の確固たる"小宇宙"の星団が力強く構成されることにより、一国の金融システムは初めて大輪のように機能し輝く。

福澤諭吉は、以下のように説き、"一身独立して一国独立する事"を締めくくる。

> 今の世に生れ苟も愛国の意あらん者は、官私を問わず先ず自己の独立を謀り、余力あらば他人の独立を助け成すべし

政府、国家は将来ビジョンを示し、銀行の復活を期待している。

後は、われわれ民間が"一身独立"して、国家と国民の期待に応える番であり、応えなければならない。

第 2 章

（事業命題Ⅰ）資金需給特性の資金消化と銀行経営の理論

　本章および次章において、**"銀行経営の理論"**が適用されるべき、"事業命題"に関し考察を深める。ここでいう"事業命題"とは、直面している日本経済、資金循環上の構造変化に対し、21世紀の間接金融を支える銀行として、一行一行が自立し、確固たる事業を営むに必要な、"新たな事業の枠組み"を再設計・再構築することと定義する。

　本書では二つの事業命題を提示する。

　一つは、本章で考察を深める『資金需給特性の資金消化』であり、二つ目は、次章で論議する『運調構造の創造的改革』である。当然ながら、それ以外の事業命題もあると思うが、現銀行が私企業として独立自尊の経営を行うために最重要な命題はこの二つに尽きると考える。

　各行はこれら二つの"事業命題"を正しく理解し、自行の経営環境に適合する具体的な対応策の解答を用意しなければならない。目指すべき"理想目標"を志高く掲げ、"観念論"や"予定調和気質"に陥らないよう、本書の目的である"論理想の銀行経営"を行わなければならない。

まず第一の"事業命題"は、"資金需給特性の資金消化"である。

これは、"間接金融"を営む銀行の根本的な事業命題であり、20世紀からの最も重要な未解決の宿題でもある。

金融自由化、大競争のもと、発展拡大する"資金供給者"の運用ニーズ。"資金需要者"である個人・借入企業の調達ニーズの変貌。資金仲介業である銀行は、それぞれが納得いくように充足し、相反する資金需給の特性を安定的に消化することが、本来の銀行業の"事業命題"であり、主業であり使命である。"資金需給特性の資金消化"を銀行事業者として論理構造的に実践することが第一の"事業命題"とし定義する。

▶1 資金需要者・供給者間の相反する資金ニーズの仲介

80年代央から始まった金融の自由化が、"資金供給者"と"資金需要者"の"ニーズ調停"に関し、いっそう高度なものを銀行に対し要求している。預金者は"なるべく高い金利での預入れを希望"し、それもなるべく長期を良しとする。一方、借入先は"なるべく低金利での借入れを希望"し、それも必要なときに随時を良しとする。銀行は、そもそも構造的に相反するニーズをもつバランスシートの左右（貸出商品、預金商品）に対し、双方が満足するように"資金仲介"をすることを事業命題として社会的に負っている。

金融の完全自由化により、預金者はわがままを充足するための制度的な権利を得た。もはや、高度成長期の"物量優先"の時代は終焉した。預金者の運用嗜好・ニーズの充足が成熟経済の持続的な成長に必要不可欠であることから、彼らのニーズを充足する銀行業への変貌が社会的に合意されたのである。

預金者は運用期間に応じた"公正な価格・金利"を要望する。預金者は、銀行が調達した預金を同様の資金特性（運用期間等）で市場運用する際のリターン金利（"市場金利"）を知っている。預金金利形成における"透明化"

図表2-1 銀行業における20世紀からの宿題（"資金需給特性の資金消化"）

（資金供給者）

（性向）
"なるべく高い金利で、それも長期に預けたい！"

（交渉商品体系）
・運用リターン構造の透明・明確化
　決済性の預金は無利息か、普通預金等の低金利
・定期性の預金は、預入期間に対応した"市場金利"に"準拠"した金利体系
・決済性と定期性の中間的商品として貯蓄預金がある

（交渉手段）
銀行の論理／顧客の論理のせめぎ合いについての商品および価格体系
（銀行選択を上位選択した後での金利価格交渉）
・店頭掲示の預金金利に対する相対での上乗せ交渉
・取引集中・拡大可能性をベースとした"カテゴリー一括"での金利価格決定
・高所得・富裕層に対する、プライベート・バンキング・サービスでのフル・オーダー・サービス

多元的な金利価格交渉

高く！
無利息金利
普通預金金利
貯蓄預金等金利
小口定期金利
大口市場金利

銀行選択／金利価格交渉

資金消化（間接金融である銀行業の命題であり本業）

短プラ
長プラ
市場金利
固定金利
オプション金利

相対価格交渉カテゴリー・ベース

安く！

（資金需要者）

（性向）
"なるべく安い金利で、必要なときに必要なだけ借りたい！"

（交渉商品体系）
・調達コスト構造の透明・明確化した
　基本、短期コストが明確化された"市場金利連動型"での借入れ
・優良顧客は、調達コスト／長プラ金利

銀行の論理／顧客の論理のせめぎ合いについての商品および価格体系

（交渉手段）
（信用リスク／取引拡大性に応じた金利価格交渉）
・一般事業法人／個人事業主は、彼らの事業プロファイル・財務状況（PL／BS等）および担保・関連資産など（BS等）、短プラ／長プラ等の上乗せ交渉により、彼らの個別の信用リスク・プロファイルと取引集中状況／取引拡大の可能性をふまえた"顧客カテゴリー一括"での価格設定
・個人向は、信用リスク評価の個別適用でのせめぎ合い

信用リスク評価の個別適用でのせめぎ合い

がすでに実現しており、決済性から定期性預金まで、その預入資金属性に応じた、きめ細かいプライシングがすでに構造的に樹立している。また、預入金額、取引集中、取引拡大可能性を踏まえた多元的な金利交渉も常態化している。日本の預金者は、"信用不安"や"異常低金利"の問題以外は、世界経済のフロントランナーにふさわしい高度なサービス体系をすでに享受している。"信用不安"や"異常低金利"の問題は、やがては今後の景気回復過程で解決する。

図表2-2 資金需給特性の構造（顧客属性・連動金利・運調構造）

（運用）

法人向貸出			
大企業	短期貸出	（市場連動）	
	長期貸出	（市場連動）	
中堅中小	短期貸出	（短プラ）	
	長期貸出	（長プラ）	
		（固定）	

個人事業主向貸出		
	短期貸出	（短プラ）
	長期貸出	（長プラ）
		（固定）

個人向貸出		
	住宅ローン（アパートローン）	（長プラ）
		（固定）
		（選択式）
	消費性ローン	（長プラ）
		（固定）

その他部門向貸出（公共部門等）		
	短期貸出	（短プラ）
	長期貸出	（長プラ）
		（固定）

有価証券		
	国債	長期市場金利
	地方債	長期市場金利
	事業債	長期市場金利

短期市場運用		
	コール市場等	短期市場金利

その他資産		
	仮払金・動不動産等	無利息運用等

ベースとして、相容れない「運用」「調達」の資金ニーズ

（調達）

法人預金		
流動性預金		
	当座／別段預金	無利息
	普通預金／貯蓄預金等	普通・貯蓄預金金利等
定期性預金		
	スーパー定期100	スーパー定期100金利
	スーパー定期300	スーパー定期300金利
	自由金利定期	自由金利定期金利

個人事業主預金		
流動性預金		
	当座／別段預金	無利息
	普通預金／貯蓄預金等	普通・貯蓄預金金利等
定期性預金		
	スーパー定期100	スーパー定期100金利
	スーパー定期300	スーパー定期300金利
	自由金利定期	自由金利定期金利

個人預金等		
流動性預金		
	当座／別段預金	無利息
	普通預金／貯蓄預金等	普通・貯蓄預金金利等
定期性預金		
	スーパー定期100	スーパー定期100金利
	スーパー定期300	スーパー定期300金利
	自由金利定期	自由金利定期金利

短期市場調達		
	コール市場等	短期市場金利

その他負債		
	仮払金等	無利息等

自己資本勘定		
	自己資本	無利息等（配当金）
	損益資金	無利息等

一方、貸出商品に目を向けると、大企業は銀行から直接市場での資金調達へと移行を完了している。現存する大企業向け貸出は、市場金利に信用リスク度合いを上乗せした『市場金利連動貸出』が大宗である。大企業は市場金利という銀行の調達コストの状況に関し、銀行と同水準の情報をもち、一番有利な時期を見極め、市場連動借入れを実行する。

　"調達コストの透明化"、銀行自体の信用リスクの高まりによる調達コストの上昇、優良顧客を巡る銀行間競争の激化という厳しい環境下、高度金融技術を駆使しながら、銀行は糊代が薄い大企業取引を行っている。この厳しい環境はとどまることはなく、上場予備軍の中堅企業にまで波及している。

　一方、中小企業、零細企業向けの短期貸出に関しては、依然"短期プライム金利"を基準金利とした価格交渉が大宗であり、借入先企業の信用リスク・プロファイルに応じて、この"短プラ"対比の上乗せ幅を相対で交渉し決定している。長期の貸出に関しても、この"短プラ"に、期間のリスク・プレミアムを加算・上乗せする"長プラ"を基準金利とした価格交渉が大宗である。

　"短プラ（長プラ）"は、3カ月物等の短期市場金利の動向により、各銀行ごとに設定される。また、中小企業、零細企業向けの貸出は短期・長期共に変動金利貸出が中心であり、資金満期あるいは金利満期到来時点の短プラの水準にスライドして変更される。ただし、中小企業融資の拡大や優良法人取引の強化・拡充として、長期の固定金利貸出を行う場合もある。その際の金利設定においては、期間に対応する市場金利を基準にする場合がほとんどである。

　また、住宅ローンや消費性ローン等の個人向けの貸出商品も、"短プラ"に期間のリスク・プレミアムを加算・上乗せする"長プラ金利"が基準となっており、取引深耕やローン営業強化の観点から、期間限定の優遇金利や顧客セグメントごとの優遇金利設定が常態化し、個々の銀行ごとに多様なプライシング戦略が樹立され大きく展開されている。商業貸出と同様に基本、変動金利ローンが中心であるが、住宅ローンを今後の主軸基幹商品と位置づ

ける銀行が多く、(変動→固定金利)あるいは(固定→変動金利)といった返済中途での条件変更選択権を付与する商品が一般的となってきている。金利上昇時の上限金利設定というキャップ取引を設定している商品もある。これらの商品は顧客にとってシンプルながら利便性の高いものである一方、リスクを回避消化するため、銀行は高度な金融技術の適用を実行しなければならない。

　以上のとおり、金融・金利の完全自由化と銀行間競争の激化を受けて、預金・貸出商品は、規制金利下とは比べることができないほど、商品の多様化、顧客ニーズの充足、価格設定の多層複層化が進展している。顧客ニーズに合うよう、タイムリーな商品開発と価格メリットを十分に打ち出した販売戦略を柔軟機敏に実行しなければ、この厳しい競争下では自行の顧客基盤を守ることができない。規制金利時代のような、金融当局による、銀行経営上安全かつ安定的な預貸金利鞘を期待することはもはやできない。
　預金金利や預入期間などの預金調達動向に照らし、取り入れた"預金の資金属性と整合的になるよう貸出商品の金利設定や期間を設定する"ことはもはやできない。貸出先が納得しないからである。貸出先は彼らの資金ニーズに応じた借入期間となるべく安い金利を要求する。彼らの嗜好やニーズは、預金者のそれと逆である。
　一方、預金商品の金利設定や期間設定の際、貸出先の金利動向や借入期間などの資金属性と整合的になるようにも設定できない。預金者が納得しないからである。預金者はなるべく高い金利でそれも長期を要望する。
　21世紀の大競争時代に、銀行が経営体として維持発展していくためには、借入れ先と預金者のそれぞれ相反する嗜好やニーズをジャストミートで調整、消化しなければならない。さもなければ、売上げが落ち、事業の継続は困難となる。

2　資金需給特性の資金消化

　銀行は、金融の完全自由化、情報通信技術の進展により、いままでに経験したことがない、従来の地域やテリトリーを越えた激しい同業者競争を経験している。これに加え、ノンバンクによる銀行顧客基盤への侵食やSONY銀行やIYバンク等との新しい次元での融合的な競争も始まった。
　銀行は資金需要者、供給者双方にそれぞれ利点がある商品を積極的に開発し、販売することを、もはや避けては生き残ることはできない。ここで大きな問題が生じる。
　資金需要者、供給者にとって要望する商品の特性は、相反するものである。これは、銀行が"構造的に不整合"を創造しながら業務を推進することを意味する。
　規制金利時代のように、必ず鞘が抜ける金利統制はもはや期待できない。銀行は、資金需給の特性として相容れない**"質的なギャップ"を消化する『社会的な使命』**を負うことになった。高度成長期の"量的ギャップ"の解消が、もはや銀行の社会的な使命ではない。資金循環上の確固たる流通経路がすでに組成され、成長需資の単線的な拡大が期待されない成熟経済において、間接金融である銀行の社会的な使命は、資金需給に関する"量"から"質的な消化"へと大きく変貌した。**『資金需給特性の資金消化』**は、まさに現銀行の喫緊の"事業命題"であり、間接金融を事業として営む銀行の"本業"でもあり、20世紀からのいまだ仕上げていない宿題でもある。
　超低金利政策により、金利変動がいまだ顕在化しておらず、この事業命題に関する危機感はきわめて低い。現在のところ、質的な資金消化能力は、メガバンクと一部の地銀でしか実現できていない。大変重大な問題であり、根本的な問題でもある。
　"金融ビジョンレポート"でいかに21世紀の金融システムの未来像が提示されようと、"質的な資金消化能力"が欠如した邦銀の現状において、21世

紀の日本経済の再生を支える金融システムの事業体として機能しうるはずがない。この"質的資金消化"行為自体が"本業"であり、その過程で収益を創造することが事業の中心課題であり、収益の源泉でもある。

　金利や経済動向、資金需給者の嗜好変化、革新的な預貸金商品の投入などにより、預貸金の資金満期、金利満期は相容れず跛行するであろうし、銀行経営上、重要な価格である預貸金金利も、それぞれの需給者の要望を入れる過程、あるいは厳しい競争の過程で矛盾が生じ、金利変動時と相まって逆鞘になる可能性は十分にある。逆鞘にならなくとも、収益水準が大きく下がり、市場からの退出を余儀なくされることも当然発生する。もはや、資金需給の質的特性が、"予定調和的に消化"されることはありえない。現在の超低金利下では、あたかも"規制金利"が発動しているかの錯覚を覚えさせる。事態はきわめて深刻である。

　この質的な資金消化機能には、大きくとらえて、**"金利嗜好のミスマッチ消化機能"**と、**"信用リスクに関する消化機能"**がある。優良貸出先を巡り、激しい獲得競争が展開されている現在、貸出先の信用リスクを適切に見出し、貸出プライシングとして経済合理性が十分にあり、競合他社に対し価格優位性を維持しながら、想定する純利益を計上すること、これが21世紀の勝ち残る銀行の競争力の根幹である。信用リスクを適切に計測し、競争状況をみながら戦略的な価格設定をし、それが誤ったときは経済合理的に軌道修正する力、信用リスクに関し"構造かつ定常的に消化実行しうる"能力の樹立は、銀行にとって喫緊の課題であることは間違いない。

▶3　資金需給特性消化の論理メカニズム

　本節では、資金需給特性に対し資金消化を有効実践するに必要な、**"資金消化の論理メカニズム"**に関し、研究を深める。

　銀行は預金者から、預金者各々の預入れ嗜好に応じ、預金商品を販売す

る。間接金融という資金循環上の"ポンプ役"を果たす銀行において、運用戦略にそぐわないという理由で預金を拒絶してはならない。ある顧客の預金特性に対し預入れを拒絶することは、間接金融の放棄であるとともに、市場からの退出を余儀なくされる。

　一方、貸出に関しては、預金者への元本保証を最低限履行する条件から、貸出先のリスクプロファイル、適用する金利と想定されるデフォルトの可能性、そして資金使途等などを総合的に斟酌し、ある時は貸出実行を拒絶する。しかしながら、現在においては貸出需資の低迷や景況の悪化から、銀行は運用力の量的な確保が困難な状況にある。貸出という運用サイドの主力商品の残高低迷は、銀行としての間接金融力の低下を示唆するとともに、預金に対し適切な金利でのリターン確保が構造的に困難であることを意味する。21世紀における銀行業が依然間接金融業として、預金者と借入者の資金ニーズを仲介する"社会的なポンプ"であるためには、信用リスク運営に関し、よりいっそうの正確なリスク計量や競争優位を確保する金利設定や魅力ある商品設計の実行が必要である。したがって、従来のように漫然とした審査の適用と拒絶ではもはや運用力を維持できず、退出を促されるであろう。

　預金者と借入者の資金ニーズを仲介する"社会的なポンプ"である銀行は、適切な金利価格で預金を効率よく最大限収集し、また貸出需資のニーズに合わせて資金を渾身の力をもって放出しなければならない。その際、銀行はいよいよ"金融のプロフェッショナル"として相反するニーズを消化しなければならないし、それがまさに本業であり、その本業を通し利益を計上していく。

　そのために銀行が確立しなければならない**"金利嗜好のミスマッチ消化メカニズム"**と**"信用リスクに関する消化メカニズム"**に関し、適用されるべき**"銀行経営の理論"**を俯瞰しながら以下考察を深める。

　ここでいう"メカニズム"とは、預金者、貸出先が自由に選択した資金ニーズの特性を"感知"し、消化アクションへと繋げるための"論理的な仕掛け"と定義する。

図表2-3 資金消化の論理メカニズム

◆預金者と借入者の資金ニーズを仲介する"社会的なポンプ"である銀行は、適切な金利価格で預金を効率よく最大限収集し、また貸出需資のニーズに合わせて資金を渾身の力をもって放出しなければならない。

◆その際銀行は、"金融のプロフェッショナル"として相反するニーズを消化しなければならない。そのために 金利嗜好に関するミスマッチ消化メカニズム と 信用リスクに関する消化メカニズム の構築が必須である。

(運用)

法人向貸出			
	大企業	短期貸出	(市場連動)
		長期貸出	(市場連動)
	中堅中小	短期貸出	(短プラ)
		長期貸出	(長プラ)
			(固定)

個人事業主向貸出		
	短期貸出	(短プラ)
	長期貸出	(長プラ)
		(固定)

個人向貸出		
	住宅ローン	(長プラ)
	(アパートローン)	(固定)
		(選択式)
	消費性ローン	(長プラ)
		(固定)

その他部門向貸出(公共部門等)		
	短期貸出	(短プラ)
	長期貸出	(長プラ)
		(固定)

有価証券		
	国債	長期市場金利
	地方債	長期市場金利
	事業債	長期市場金利

短期市場運用		
	コール市場等	短期市場金利

その他資産		
	仮払金・動不動産等	無利息運用等

金利嗜好のミスマッチ消化メカニズム

信用リスクに関する消化メカニズム

(調達)

法人預金			
	流動性預金		
		当座／別段預金	無利息
		普通預金／貯蓄預金等	普通・貯蓄預金金利等
	定期性預金		
		スーパー定期100	スーパー定期100金利
		スーパー定期300	スーパー定期300金利
		自由金利定期	自由金利定期金利

個人事業主預金			
	流動性預金		
		当座／別段預金	無利息
		普通預金／貯蓄預金等	普通・貯蓄預金金利等
	定期性預金		
		スーパー定期100	スーパー定期100金利
		スーパー定期300	スーパー定期300金利
		自由金利定期	自由金利定期金利

個人預金			
	流動性預金		
		当座／別段預金	無利息
		普通預金／貯蓄預金等	普通・貯蓄預金金利等
	定期性預金		
		スーパー定期100	スーパー定期100金利
		スーパー定期300	スーパー定期300金利
		自由金利定期	自由金利定期金利

短期市場調達		
	コール市場等	短期市場金利

その他負債		
	仮払金等	無利息等

自己資本勘定		
	自己資本	無利息等(配当金)
	損益資金	無利息等

(1) 金利嗜好ミスマッチに関する消化メカニズム

資金需給者の"金利嗜好ギャップ"に関し適用される"消化メカニズムの理論"は、『スプレッドバンキング』あるいは『Transfer Pricing（**行内移転価格**）』と呼ばれるものである[1]。これは『**銀行管理会計の理論**』でもある。

ここでは消化すべき金利ミスマッチのリスクとして、『**長短ミスマッチリスク**』と『**ベーシスリスク**』の二つに大別して、理解を深めるものとする。

資金需給者の金利嗜好ギャップに対する消化メカニズムの骨子は、図表2-4のとおりに総括することができる。

要は、**"金利リスク見合いの収益"**と**"対顧営業見合いの収益"**を論理的に分解する管理会計を設置することにより、金利嗜好の"ギャップ"が銀行経営に与える影響を、"経済的な意味"として理解し、適切なALMオペレーションへと合理的に誘うメカニズムを構築することにある。

以下、この骨子に従い、具体的な事例を交じえながら、『長短ミスマッチリスク』『ベーシスリスク』の消費メカニズムを概観する。

図表2-4　金利嗜好ギャップに対する消化メカニズム

- 預金の支払金利、貸金の受取金利に対し、資金特性に則し、市場金利を評価金利とする経済評価を行い、その評価金利と現実の支払・受取金利の差額を『営業店スプレッド収益』として認識し、"対顧営業見合いの収益"として満期まで、営業部門に確定収益として計上する。
- 一方、ALMセクションに関する管理会計を設け、市場金利を基軸として再評価された評価金利の持値で会計記帳する。これにより"金利リスク見合いの収益"と"その収益計上に潜む金利リスク"が論理的にALMセクションにて一括管理ができ、金利リスクの構造的な理解が進むとともに、適切なオペレーションの評価・実行上の基盤となる。

---

[1] 大久保豊著『スプレッドバンキング』（金融財政事情研究会）で詳細に理論展開。

a　長短金利ミスマッチリスクの資金消化メカニズム

"長短金利のミスマッチ"は、預金者と貸出先に対する適用金利において、その時期や資金期日・金利満期に関する不整合により発生する金利リスクである。換言すれば、間接金融を営む銀行が預貸金間で資金仲介を行うことによる"骨格構造的な金利リスク"といえる。図表2-5の事例を使用し、その骨格構造を理解する。

いま、5年物の固定金利貸出と1年物の定期預金のみの運調構造である銀行を想定する。図表2-5が示すとおり、当該銀行の粗利益は1.5%である。5年物の固定金利貸出を市場金利で再評価すると、"対顧営業見合いの貸出収益"は0.5%（＝固定貸出金利3.5%－5年物市場金利3.0%）となり、一方預金の営業店スプレッド収益である"対顧営業見合いの預金収益"は0.5%（＝1年物市場金利2.5%－預金金利2.0%）の確定収益となり、営業店の管理会計においては確定スプレッド利益＋1.0%が利益計上される。

一方、ALMセクションの管理会計は市場金利での記帳となり、運用持値として市場金利評価での3.0%、調達持値として2.5%がブッキングされ、＋0.5%の利益計上となる。

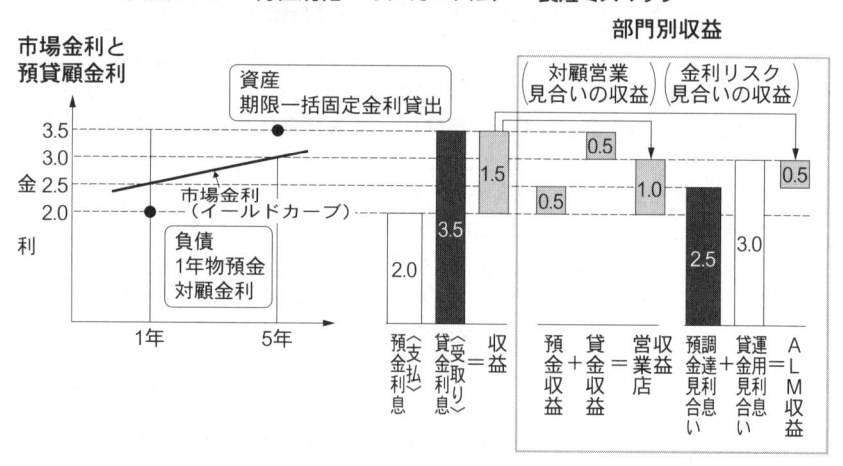

図表2-5　"特性消化"のメカニズム──長短ミスマッチ──部門別収益

"対顧営業見合いの収益"と"金利リスク見合いの収益"の合計は、財務会計上の粗利益 1.5% と位置する。

"対顧営業見合いの収益"＋"金利リスク見合いの収益"＝1.0%＋0.5%＝1.5%

上記の管理会計を経営メカニズムとして埋め込むことにより、多種多様な預貸金が取り組まれるつど、金利リスクの分解と仕分けがなされる。実際の実務では、数千万本に及ぶ預貸金取引一本一本に上記の管理会計モデルを適用し、それらを集約集計することにより、いま現在、いくらの"金利リスク見合いの収益"を計上しているかの実績評価が可能となる。加えて、ALMオペレーションのための基礎情報となり、リスク量の計量化も同時になされるようになる[2]。

図表2-6は"ALM長短金利リスク見合い収益"の集約集計表の一例である。縦軸に預貸金のそもそもの原契約上の金利満期（オリジナル・マチュリティ）、横軸に残りの金利満期期間を示す残存マチュリティを示し、表の上段は金利、中段は残高、下段は受払収支を示す。

図表2-6が示すとおり、どの"オリジナル・マチュリティ×残存マチュリティ"のボックスにおいても、運用利回りは調達利回りを上回り、健全な状態となっている。しかしながら、合計利回りでは状況が一変する。運用サイドの合計利回りが1.71%、調達サイドが1.91%となり、▲0.2%の逆鞘となり、結果として、"ALM長短金利リスク見合い収益"は▲20億円の営業赤字となる。

これは調達サイドの"オリジナル・マチュリティ"が運用サイドのそれよりも長いことが原因である。貸出の金利更改が1カ月物あるいは3カ月物が中心であるのに対し、預金は1年物、3年物が主力である。したがって、

---

[2] 金利リスクの計量手法に関しては、第Ⅱ部第4章『銀行リスク管理の理論』で詳述する。またALM運営の実務に関しては、第Ⅲ部第10章『戦略的銀行ALMの実務』にて研究を深める。

図表2-6　長短ミスマッチの構造分析

（運調ネット）　　　　　　　（上段：金利%、中段：残高億円、下段：収支億円）

	(残存)	1カ月以内	3カ月以内	6カ月以内	1年以内	2年以内	2年超	合　計
合計	金利	0.13	0.19	▲0.10	0.16	0.40	0.10	▲0.20
	残高	2,730	−460	330	−1,700	−700	−200	0
	収支	40	▲5	5	▲42	▲14	▲4	▲20

《運用構造（オリジナルおよび残存マチュリティ）》

(オリジナル)	(残存)	1カ月以内	3カ月以内	6カ月以内	1年以内	2年以内	2年超	合　計
1カ月物	金利	1.25						1.25
	残高	3,900						3,900
	収支	49						49
3カ月物	金利	1.35	1.55					1.43
	残高	900	600					1,500
	収支	12	9					21
6カ月物	金利	1.85	1.75	1.95				1.89
	残高	500	500	1,500				2,500
	収支	9	9	29				47
1年物	金利	2.10	2.50	2.70	2.90			2.72
	残高	80	120	150	450			800
	収支	2	3	4	13			22
2年物	金利	1.75	1.95	2.10	2.25	2.70		2.36
	残高	30	30	50	50	140		300
	収支	1	1	1	1	4		7
3年～物	金利	1.55	1.65	1.95	2.10	2.15	2.65	2.46
	残高	20	30	50	100	100	700	1,000
	収支	0	0	1	2	2	19	25
合計	金利	1.34	1.73	2.02	2.71	2.47	2.65	1.71
	残高	5,430	1,280	1,750	600	240	700	10,000
	収支	73	22	35	16	6	19	171

《調達構造（オリジナルおよび残存マチュリティ）》

(オリジナル)	(残存)	1カ月以内	3カ月以内	6カ月以内	1年以内	2年以内	2年超	合　計
1カ月物	金利	1.04						1.04
	残高	1,500						1,500
	収支	16						16
3カ月物	金利	1.15	1.24					1.20
	残高	600	900					1,500
	収支	7	11					18
6カ月物	金利	1.57	1.51	1.65				1.59
	残高	100	150	250				500
	収支	2	2	4				8
1年物	金利	1.84	2.14	2.50	2.73			2.49
	残高	400	500	800	1,800			3,500
	収支	7	11	20	49			87
2年物	金利	1.41	1.64	1.80	1.97	2.54		2.15
	残高	30	50	80	100	240		500
	収支	0	1	1	2	6		11
3年～物	金利	1.23	1.37	1.56	1.89	1.91	2.55	2.05
	残高	70	140	290	400	700	900	2,500
	収支	1	2	5	8	13	23	51
合計	金利	1.21	1.54	2.12	2.55	2.07	2.55	1.91
	残高	2,700	1,740	1,420	2,300	940	900	10,000
	収支	33	27	30	59	19	23	191

"順イールド"で、傾きが急になればなるほど、営業店計上の対顧営業見合い収益を控除した、**"長短のミスマッチ構造"**から生じる収益は"赤字"となる可能性が高くなる。加えて、この構造自体が経済環境、金利環境等に影響を受けながら変動し、満期到来と継続・新規取入れという"新陳代謝"の過程で収益が定常的に変動する。これがまさに**"金利変動リスク"**である。たとえ、各期間ごとの運用調達で鞘が抜ける状態でも、"全体では逆鞘"となる場合が論理的に起こりうる。今後の景気回復に伴う、"超フラット市場金利"から"スティープな順イールド"への移行により、銀行収益は悪化する懸念がある[3]。

　リスク計量の手法は第Ⅱ部で詳述するが、要はこのような管理会計を設置することにより、リスク見合いの収益とリスク量の把握が可能となる。預貸金の売れ筋商品や注力商品の販売状況が、いかに銀行の長短ミスマッチ構造に影響を与えているかを、経済的な意味として客観的に把握し理解できるようになる。

　金利スワップ市場は、金利リスクに対するヘッジオペレーションの発動の場として十分に成熟しており、完全なフルヘッジも可能である。たとえば、前記の事例においては、預貸金の取組みのタイミングに合わせ、3年物固定金利の受けと6カ月物変動金利の払い総計1,500億円と、1年物固定金利の受けと3カ月物変動金利の払い総計2,500億円の動態的な金利スワップ締結により、金利リスクをほぼ完全消化することができる。預貸金取引の開始時点で、これらの金利スワップを締結すれば、長短ミスマッチによる金利リスク見合い収益は"0"でリスクも"0"となり、営業店で計上される"対顧営業見合いの収益"のみ、銀行収益として計上されることになる。

---

[3] 金利上昇局面での金利リスクの論理的な発生構造として、イールド自体の上方シフトとイールド計上の順イールドスティープ化等がある。金利変動の論理モデルである"金利の期間構造モデル"など、大久保豊編著『アーニング・アット・リスク』(金融財政事情研究会)に詳しく理論展開。

このようにして、預貸金の金利期間に関する嗜好ギャップを経済的に認識し、そのギャップを構造的に制御する手段をもつということは、長短ミスマッチに関し、資金消化能力を構築しうることを意味する。

繰返しになるが、この資金消化自体が間接金融の本業である。

21世紀の銀行は、金融のプロフェッショナルとして、金融技術を駆使し、資金消化の度合いや状況を統御しながら恒常的なALM収益を計上していく。押しも押されもせぬALM高収益を実現するために、また事業命題を完遂するために、資金消化の体制を整備する必要がある。

b 金利ベーシスリスクの資金消化メカニズム

長短ミスマッチの金利リスクは、いわば"骨格構造的な金利リスク"であるが、間接金融を営む銀行が抱える金利リスクはこれだけではない。銀行は基本として市場金利を"基軸"に預貸金商品のプライシングを行う（競争環境上、行わなければ顧客からの安定的な支持は得られない）が、顧客に提示する際の**"交渉基準金利"**は、市場連動貸、市場性大口定期という一部の例外を除き、図表2-7が示すとおり"市場金利"ではない。

貸出商品の大宗は"短期プライム金利"を基準としたものであり、預金は市場金利に準拠した"店頭標準金利"であり、流動性預金に至っては市場動向に準拠するが特別な金利として設定される。**"ベーシスリスク"**とは、間接金融という業務特性から発生する、市場金利に準拠するも完全に連動しないことから発生する金利リスクと定義できる。

銀行は、銀行という"擬似仲介市場"を通し、預貸金の資金ニーズを繋げる。その際、"市場金利"そのものを、"交渉上の基準金利"としては使用せず、"短期プライム"や"預金店頭掲示レート"等の銀行独自の"金利交渉上の基準金利"を設置し交渉する。

なぜ、このような"金利交渉上の基準金利"を設置するかという経済的な理由は、銀行サイドの論理によるものである。多種多様で、かつ大量の預貸

図表2-7　間接金融業における金利ベーシスリスクの発生

（運用）

法人向貸出			
大企業	短期貸出	（市場連動）	
	長期貸出	（市場連動）	
中堅中小	短期貸出	（短プラ）	
	長期貸出	（長プラ）	
		（固定）	

個人事業主向貸出		
短期貸出	（短プラ）	
長期貸出	（長プラ）	
	（固定）	

個人向貸出		
住宅ローン（アパートローン）	（長プラ）	
	（固定）	
	（選択式）	
消費性ローン	（長プラ）	
	（固定）	

その他部門向貸出（公共部門等）		
短期貸出	（短プラ）	
長期貸出	（長プラ）	
	（固定）	

有価証券		
国債	長期市場金利	
地方債	長期市場金利	
事業債	長期市場金利	

短期市場運用		
コール市場等	短期市場金利	

その他資産		
仮払金・動不動産等	無利息運用等	

（調達）

法人預金		
流動性預金		
当座／別段預金	無利息	
普通預金／貯蓄預金等	普通・貯蓄預金金利等	
定期性預金		
スーパー定期100	スーパー定期100金利	
スーパー定期300	スーパー定期300金利	
自由金利定期	自由金利定期金利	

個人事業主預金		
流動性預金		
当座／別段預金	無利息	
普通預金／貯蓄預金等	普通・貯蓄預金金利等	
定期性預金		
スーパー定期100	スーパー定期100金利	
スーパー定期300	スーパー定期300金利	
自由金利定期	自由金利定期金利	

個人預金等		
流動性預金		
当座／別段預金	無利息	
普通預金／貯蓄預金等	普通・貯蓄預金金利等	
定期性預金		
スーパー定期100	スーパー定期100金利	
スーパー定期300	スーパー定期300金利	
自由金利定期	自由金利定期金利	

短期市場調達		
コール市場等	短期市場金利	

その他負債		
仮払金等	無利息等	

自己資本勘定		
自己資本	無利息等(配当金)	
損益資金	無利息等	

> "ベーシスリスク"とは、間接金融という業務特性から発生する、市場金利に準拠するも完全には連動しない"不整合"から発生する金利リスクと定義できる。

　金取引一本一本に対し、たとえば、その時点時点の市場金利をベースに相対で金利設定することは、営業上も運営上も困難である。したがって、"標準金利"を定め、顧客と金利交渉し、その標準金利は日次あるいは週次の金利更改とする。

　換言すれば、ベーシスリスクは間接金融機関として資金消化を実行する際、銀行自らが生み出した"消化酵素"である。ベーシスリスクの消化メカニズムは基本長短ミスマッチの基本思想と変わらない。ここでは短プラ金利にかかわるベーシスリスクを、図表2-9の事例で研究することにより理解

図表2-8　ベーシスリスクとその発生原因

"ベーシスリスク"とは、間接金融という業務特性から発生する、市場金利に準拠するも完全には連動しないことから発生する不整合に起因する金利リスクと定義できる。

（発生原因）

間接金融を営む銀行の資金消化上の"消化酵素"として発生

を深めるものとする。

　いま、ある銀行の貸出が1カ月物の手形貸付と3カ月物の手形貸付しかなく、それぞれ短プラ対比+1.5%の上乗せで対顧金利を設定していると仮定する。この銀行は"短プラの基本運営ルール"として、"短プラ・ストレート適用先の信用リスクの動向""審査および営業関連経費"、そして"目標順鞘等"の戦略思想から、短プラ・ストレート金利の水準が、『市場金利対比+1.0%の安定スプレッド』を確保したいと考えているとする。短プラを3%に設定した際の経済的な意味に関して、以下考察する。

　対顧適用金利は双方同じ4.5%で、ALMセクションの市場金利での再評価の持値は、手形1カ月物見合いで1.8%、3カ月物見合いで2.4%となる。ALMセクションは前項のとおり、これらの運用を管理し、長短ミスマッチを消化していく。問題は、短プラ基準金利の運営方針である『市場金利対比+1.0%の安定スプレッド』が確保されているかである。仮に、ここでは1カ月物の手形貸付と3カ月物のそれは残高が同じと想定する。すると、短プラ基準金利自体の実際のスプレッド収益は42頁の式のとおり、+0.9%となり、運営方針（+1.0%）比▲0.1%小さい。

　したがって、短プラ運営方針に整合するためには、短プラの基準金利を3%から3.1%に引き上げることが必要であると理論的に逆算される。これ

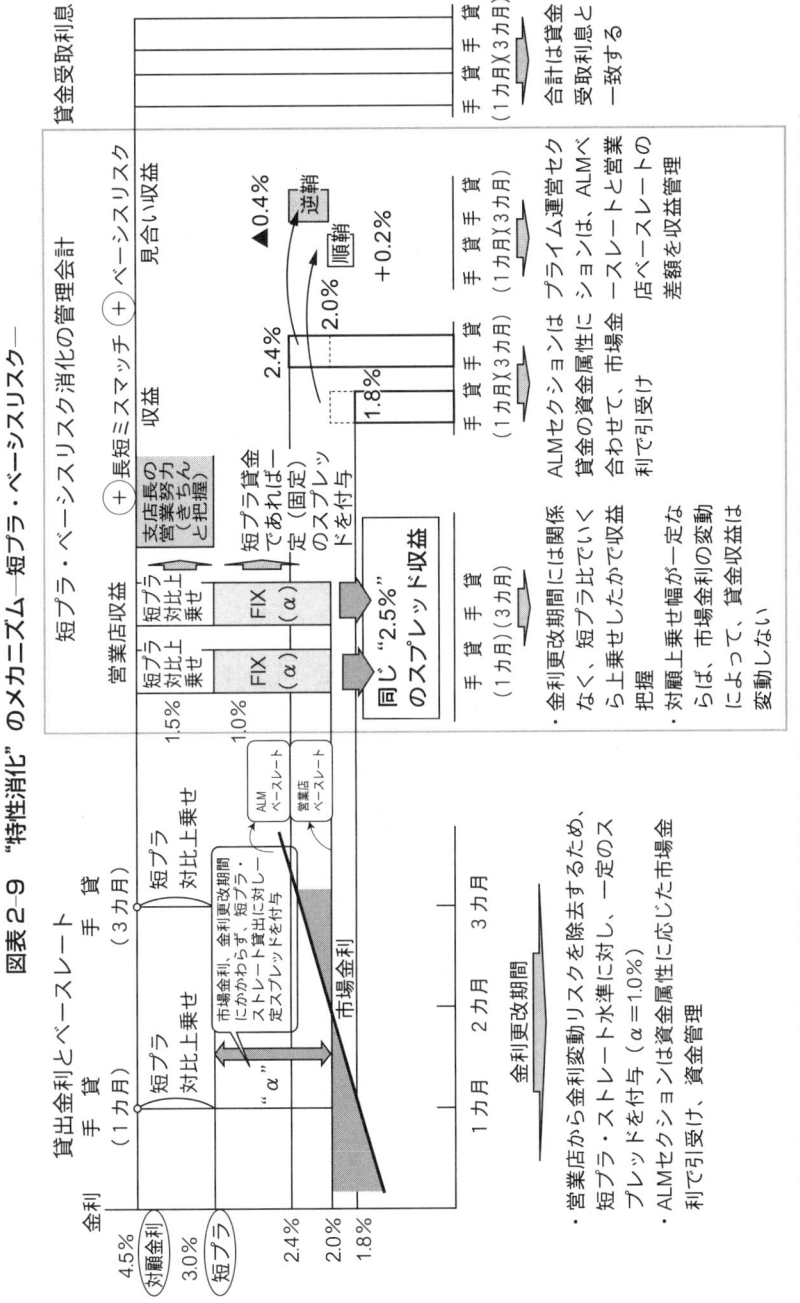

図表2-9 "特性消化"のメカニズム—短プラ・ベーシスリスク—

貸出金利とベースレート

- 金利 4.5%：対顧金利 手貸(1カ月) 短プラ対比上乗せ / 手貸(3カ月) 短プラ対比上乗せ
- 3.0%：短プラ
- 2.4%：市場金利、金利更改期間にかかわらず、短プラ貸出に対しストレートレートに一定スプレッドを付与 → ALMベースレート
- 2.0%：営業店ベースレート
- 1.8%：市場金利

"α" ＝一定（α＝1.0%）

金利更改期間：1カ月／2カ月／3カ月

- 営業店から金利変動リスクを除去するため、短プラ・ストレートレート水準に対し、一定のスプレッドを付与
- ALMセクションは資金属性に応じた市場金利で引受け、資金管理

短プラ・ベーシスリスク消化の管理会計

営業店収益 ＋ 長短ミスマッチ収益 ＋ ベーシスリスク ＝ 見合い収益

- 営業店収益 1.5% / 1.0%：短プラ対比上乗せ、FIX(α)（支店長の営業努力できちんと把握）
- 短プラ貸金であれば一定（固定）のスプレッドを付与
- 同じ"2.5%"のスプレッド収益

手貸(1カ月)(3カ月)

- 長短ミスマッチ収益：2.4% / 1.8% → +0.2% 順鞘／▲0.4% 逆鞘 2.0%
- 手貸(1カ月)(3カ月)／手貸(1カ月)(3カ月)

- 金利更改期間には関係なく、短プラ比でいくら上乗せしたかで収益把握
- 対顧上乗せ幅が一定ならば、市場金利の変動によって、貸金収益は変動しない

- ALMセクションはプライム運営セクションは貸金の資金属性に合わせて、ALMへーストレートを受け、市場金利ベースレートの店ベースレートの差額を収益管理

賃金受取利息

手貸(1カ月)(3カ月)

合計は賃金受取利息と一致する

(注) αは、短プラ貸金の平均金利更改期間、市場金利、信用リスク、利鞘などを勘案し策定。上図ではαは1.0%（3.0%−2.0%）。

が、短プラのベーシスリスクを消化するメカニズムである。

> 《短プラ・ベーシスリスク見合い収益》
> ＝短プラ金利の実際のスプレッド収益－営業店へ固定還元の短プラ・ストレート貸出スプレッド
> ＝短プラ金利－加重平均（1カ月手形貸付見合いALM持値＆3カ月手形貸付見合いALM持値）－営業店へ固定還元の短プラ・ストレート貸出スプレッド
> ＝3.0％－（1.8％＋2.4％）／2－1.0％＝0.9％－1.0％
> ＝▲0.1％ ⟺ （運営方針に整合するためには、短プラ＋0.1％の引上げが必要）
> ＝（短プラのベーシスリスク見合いの収益）

　実際の貸出案件は、上記のようなシンプルなものでなく、多様な満期と大小さまざまな明細により組成されているが、計算上の仕組みはまったく変わらない。

　短プラに関し、上記の管理会計モデルを設置することにより、

①現行短プラ水準の"経済的な意味"や"収益性"を客観的に認知しうる。

②"短プラ・ベーシスリスク見合いの収益勘定"を管理会計上定義設置することにより、短プラ設定運用部門に対し、成果と責任を明示することができる。

③市場金利変動時に何ベーシス短プラを連動変更させるべきかの客観的な数値を得ることができる。短プラ・ベーシスリスクのリスク消化メカニズムが駆動する。

　ベーシスリスクは短プラにかかわるものだけではなく、銀行の資産負債の大宗にわたり存在している。なかでも、当座預金、普通預金、貯蓄預金などの流動性預金にかかわるベーシスリスクは大きく、短プラのベーシスリスクと基本逆相関での影響となり、相殺し合う関係にある。流動性預金に関するベーシスリスク見合いの収益や、そのリスク量は短プラのようには判然としない。たとえば、"即時引出"という契約上の資金特性で評価すれば、翌日物か1カ月物でのALMセクションとの管理会計となるが、流動性預金の残高は当該行の信用不安や預金者の嗜好変化が生じない限り安定的である。し

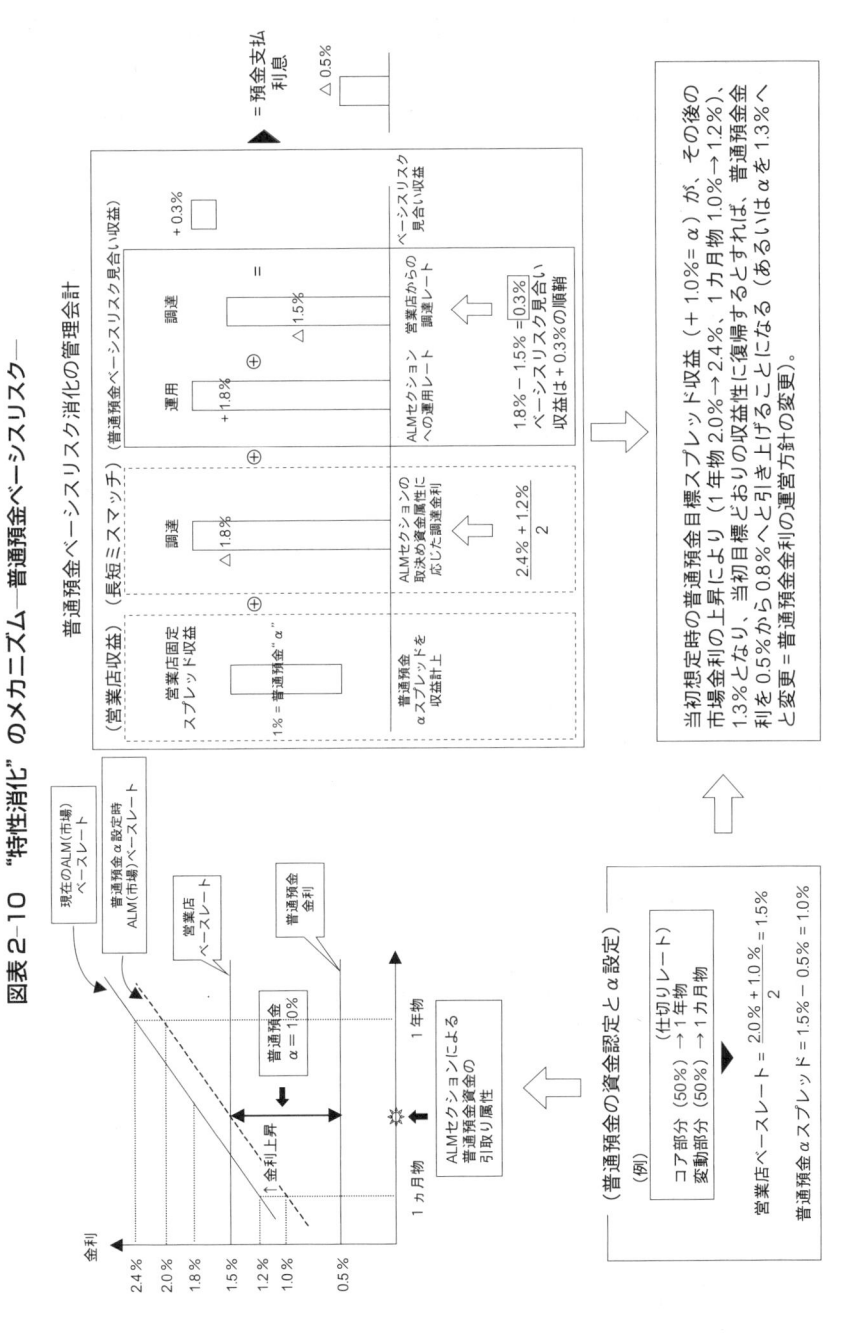

図表2-10 "特性消化"のメカニズム―普通預金ベーシスリスク

普通預金ベーシスリスク消化の管理会計

(営業店収益)　(長短ミスマッチ)　(普通預金ベーシスリスク見合い収益)

営業店固定スプレッドα収益
1% = 普通預金α収益

調達 △1.8%
ALMセクションの取決めの資金属性に応じた調達レート
$\frac{2.4\% + 1.2\%}{2}$

運用 +1.8%
ALMセクションからの営業店への運用レート

調整 △1.5%
営業店からの調整レート

= +0.3%
ベーシスリスク見合い収益

普通預金αスプレッドを収益計上
1.8% − 1.5% = 0.3%
ベーシスリスクは+0.3%の順鞘

= 預金支払利息 △0.5%

ALMセクションによる普通預金資金の引取り属性

金利
2.4%
2.0%
1.8%
1.5%
1.2%
1.0%
0.5%

現在のALM(市場)ベースレート
普通預金α設定時ALM(市場)ベースレート
営業店ベースレート
普通預金金利

普通預金 α = 1.0%
↑金利上昇

1ヵ月物　※　1年物

(普通預金の資金認識とα設定)
(例)
コア部分(50%) (仕切りレート) → 1年物
変動部分(50%) → 1ヵ月物

営業店ベースレート = $\frac{2.0\% + 1.0\%}{2}$ = 1.5%

普通預金αスプレッド = 1.5% − 0.5% = 1.0%

当初想定時の普通預金目標スプレッド収益(+1.0%=α)が、その後の市場金利の上昇により(1年物 2.0%→2.4%、1ヵ月物 1.0%→1.2%)、1.3%となり、当初目標どおりの収益性に復帰するとすれば、普通預金金利を0.5%から0.8%へと引き上げることになる(あるいはαを1.3%へと変更=普通預金金利の運営方針の変更)。

たがって、自行の流動性預金の動向を客観的に観察し、残高が基本維持されるコア部分を長期金利で、変動する部分を翌日物か1カ月物での評価とする管理会計の適用が一般的である。図表2-10は、普通預金金利に関するベーシスリスクの消化メカニズムを示したものである。当初想定時の普通預金目標スプレッド収益（＋1.0％＝普通預金α）が、その後の市場金利の上昇により（1年物2.0％→2.4％、1カ月物1.0％→1.2％）、＋1.3％となり、当初目標どおりの収益性に復帰するとすれば、普通預金金利を0.5％から0.8％へと引き上げる必要がある。仮に、普通預金金利を変更しないということは、普通預金に対し、想定比＋0.3％の収益強化でプライシング運営をすることを経済的に意味する。

　一方、スーパー定期や自由金利定期にもベーシスリスクは存在する。店頭掲示レートと市場金利との差異がそれである。店頭掲示レートの"基本設定方針"として、"市場金利対比、いくらの収益スプレッドを実現するように運営する"と策定すれば、現在の店頭掲示の運営状況に関する"経済的な評

図表2-11　"特性消化"のメカニズム
—定期預金の店頭掲示レートに関するベーシスリスク—

景気回復・金利上昇局面での定期預金金利は市場金利を上回る可能性がないか？
その際の資金消化はいかにして実現するか

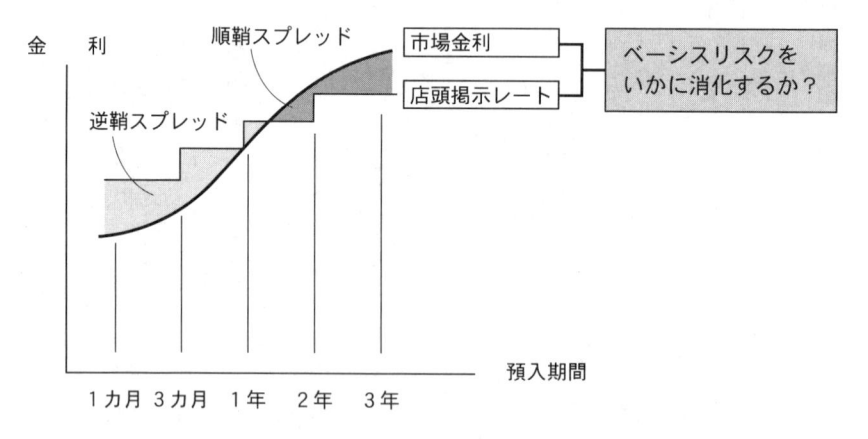

価"が短プラ運営とまったく同様に可能となる。また、その基本方針に沿うよう、具体的にどのように店頭掲示レートを設定すべきかに関し、明確な解答が出せるようになる。

　上記以外のベーシスリスクとして、不良債権、動産不動産、その他資産などの無利息的運用資産にかかわるベーシスリスクもあり、調達サイドでは自己資本や損益資金勘定などにもベーシスリスクは存在する。

　いずれの場合も、前掲の短プラ事例と同様、ベーシスリスクに関する管理会計を設置することにより、それらを消化するためのメカニズムを駆動することができる。

　ただし、これらベーシスリスクの消化に関しては、『**長期的な戦略展望**』が何よりも重要となろう。なぜならば、これらのベーシスリスクは、銀行が間接金融業を営むうえで、リスク消化上の"特別な消化酵素"として自らが

図表2-12　ベーシスリスクの構造理解と将来展望

◆ベーシスリスクは、銀行が間接金融業を営むうえでリスク消化上の"特別な消化酵素"として自ら生み出したものである。
◆この自覚を十分もって、完全金融自由化が浸透するこの21世紀において引き続き、バランスのよい"消化効力"を維持しうるかを注視し、適時適切に短プラ等の指標基準金利の運営を理論をもって再構築する力が勝ち残る銀行には必要である。

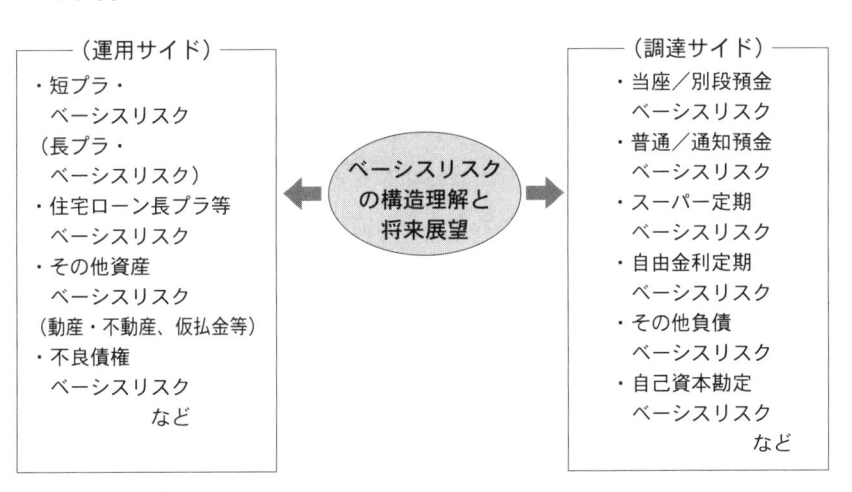

（運用サイド）
・短プラ・
　ベーシスリスク
　（長プラ・
　ベーシスリスク）
・住宅ローン長プラ等
　ベーシスリスク
・その他資産
　ベーシスリスク
　（動産・不動産、仮払金等）
・不良債権
　ベーシスリスク
　　　　　　　　など

ベーシスリスクの構造理解と将来展望

（調達サイド）
・当座／別段預金
　ベーシスリスク
・普通／通知預金
　ベーシスリスク
・スーパー定期
　ベーシスリスク
・自由金利定期
　ベーシスリスク
・その他負債
　ベーシスリスク
・自己資本勘定
　ベーシスリスク
　　　　　　　　など

第2章　（事業命題Ⅰ）資金需給特性の資金消化と銀行経営の理論

生み出したものであるからである。しかしながら、金融自由化がいっそう進展する21世紀に引き続き同じ効力を維持しうるかはわからない。優良貸出先を巡るいっそうの競争激化や個人顧客の囲込みに拍車がかかる現在において、連動基準が曖昧な短プラという基準金利をいつまで効力ある形態で維持できるのであろうか。

メガバンクの短プラ貸出は急速に市場連動貸へと様相を一変させてきている。流動性預金に関しても、従来のような景気回復（金利上昇）時の収益貢献は期待できないかもしれない。従来のような半規制的な低金利設定は、決済性を帯びた投資信託などの競合商品の登場により、今後困難となろう。場合によっては、短期市場金利を上回る金利設定になるかもしれない。定期預金に関しては、その傾向がいっそう強くなるであろう。したがって、"特別な消化酵素"の機能は、今後大幅に低下する懸念がある。それゆえ、上記の消化メカニズムの設置は大変重要である。

日本国における銀行という間接金融業の役割や地位の変化を、このベーシスリスク勘定は明確に語るものと思う。

それぞれのベーシスリスクの動向に関し、明確なビジョンとイメージをもって、今後監視していくとともに、これらベーシスリスク全体としての"合成消化効力"にも注意を払い、経営を論理かつ客観的に運営する必要性が高まっている。

以上、『**金利嗜好ミスマッチに関する消化メカニズム**』の理論構成に関し理解を深めてきた。多種多様でさまざまな資金ニーズを表明する資金供給者と需要者。それらニーズの相容れない資金需給に対し、大競争のもと、間接金融業として質的に資金仲介を行う。このことこそが、21世紀の銀行の事業命題であり、金利ミスマッチに関する消化メカニズムの構築は、以下の果実をもたらす。

- 資金需給者間の金利嗜好に関する客観的なギャップ状況の把握
- 各種市場を通じた具体的な資金消化実践にかかわる論理基盤
- 大競争下での経済非合理的な価格設定を回避するためのプライシング戦略の論理基盤

(2) 信用リスクに関する消化メカニズム

　信用リスクの消化手段として、クレジット・デリバティブやCLO、CDOといった貸出債権流動化市場も整備されつつある。現在のところ、信用リスク取引に関連したこれらの市場規模は、"消化手段"として十分な規模にまでは発展していない。大手行の自己資本比率対策を目的とした債権流動化や機関投資家の活動領域が中心である。しかしながら、このような動きは、80年代後半の急速なスワップ市場の発展と相似しており、銀行の信用リスクへの能動的な行為が市場での実行手段を拡充する好循環が生まれつつある。

　ここでの議論は"消化メカニズム"であり、"消化手段"ではない。金利リスクへの"消化手段"として各種のスワップ取引、オプション取引等があるが、これらは手段であって、"メカニズム"ではない。"信用リスクの消化メカニズム"とは、多種多様かつ大量の貸出先の信用リスクを適正に把握し、市場での"消化手段"の未成熟といった制約環境下、信用リスクを消化するよう、"適切な対顧プライシング"を設定実行する行内装置であると定義し、以下議論を深める。

a "多産開業型経済"への構造変換に資する"信用リスク評価モデル"[4]の開発と適用

　"一社たりとも、一個人たりとも倒産させぬ"という事業命題はもはや成立しない。成長先への優先的な資金融通、傾斜産業方式的間接金融は過去の遺物となった。産業構造は大きく変わり、消費や経済状況も一変した。大口

の資金需要先は直接金融での効率的な資金調達をすでに実現している。

21世紀の活力ある日本経済を創造するには、担保保全は十分ではないが、新たなビジネス機会を発見・創造する逞しい新興企業の育成・発展が重要である。それら新興企業への貸出を通じ、安定的な資金を供給していくことが、21世紀の銀行の重要な使命である。"多産開業型"の経済社会を招来するよう、経済合理性にかなう形で、貸出を実行していく。間接金融業を営む銀行の"主業"であり、責務でもある。"傾斜産業方式の高度経済成長"から"中堅中小企業の自律発展を促進する多産開業型の経済成長"へと経済の枠組みが移行できるよう、銀行は創造的に自己を改革する必要がある。

"多産開業型の経済"を実現するよう、銀行はビジネスプロセスを革新する必要がある。"一社たりとも、一個人たりとも倒産させぬ"という極端な融資方針による、担保完全保全方式によるプライム金利ストレート適用の融資戦略や担保不十分先の審査入口段階での排除という"銀行側の商慣習"を自ら改革することが急務である。

銀行内に保有する大量の企業財務データを数理解析し、信用リスクの評価モデルを構築、その客観論理ツールを用い、『**すべての顧客にはデフォルトの"可能性"がある**』との前提のもと、それでも銀行全体として利益を計上できる**"価格(金利)適用論理モデル"**[5]を構築することが、信用リスクの消化メカニズム構築の第一歩である。

ここ1、2年、信用リスク評価モデルの構築に関しては、米国にも劣らない大きな発展がみられる。**日本リスク・データ・バンク(以下"RDB")**の

---

4 信用リスク評価モデルは、"信用スコアリングモデル"と呼称されることが多い。ここでは単なる数理的な取扱いであると誤解されないよう、この表現を利用している。後に"外部格付モデル""内部格付モデル""審査モデル"と信用リスク評価モデルの構造に関し論述する。また、信用リスク評価モデルの理論的手法に関しては、第Ⅱ部第4章『銀行リスク管理の理論』、モデルの実務運営に関して第Ⅲ部第11章『信用リスクモデルと信用格付の実務』および第12章『戦略的「審査工場」の実務』にて詳述する。

5 "価格(金利)適用論理モデル"や"審査工場"に関する詳述は、第Ⅲ部第12章「戦略的「審査工場」の実務」にて詳述する。また、安田隆二、大久保豊編著『信用リスクマネジメント革命』(金融財政事情研究会)を別途参照。

図表2-13　RDBの事業概要

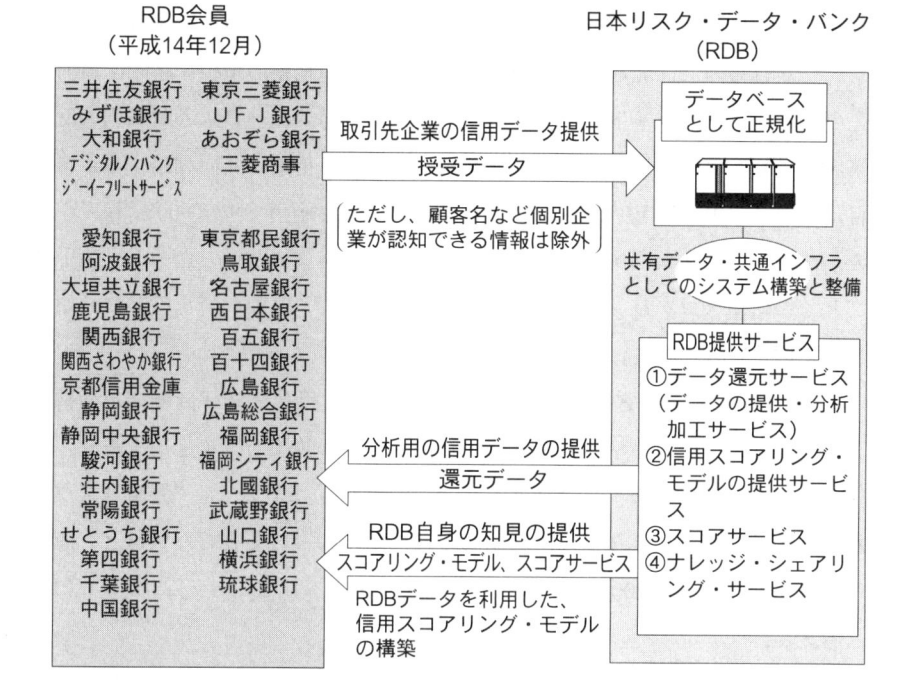

RDB会員（平成14年12月）

三井住友銀行	東京三菱銀行
みずほ銀行	ＵＦＪ銀行
大和銀行	あおぞら銀行
デジタルノンバンク	三菱商事
ジーイーフリートサービス	
愛知銀行	東京都民銀行
阿波銀行	鳥取銀行
大垣共立銀行	名古屋銀行
鹿児島銀行	西日本銀行
関西銀行	百五銀行
関西さわやか銀行	百十四銀行
京都信用金庫	広島銀行
静岡銀行	広島総合銀行
静岡中央銀行	福岡銀行
駿河銀行	福岡シティ銀行
荘内銀行	北國銀行
常陽銀行	武蔵野銀行
せとうち銀行	山口銀行
第四銀行	横浜銀行
千葉銀行	琉球銀行
中国銀行	

日本リスク・データ・バンク（RDB）

取引先企業の信用データ提供　授受データ →　データベースとして正規化

（ただし、顧客名など個別企業が認知できる情報は除外）

共有データ・共通インフラとしてのシステム構築と整備

RDB提供サービス
① データ還元サービス（データの提供・分析加工サービス）
② 信用スコアリング・モデルの提供サービス
③ スコアサービス
④ ナレッジ・シェアリング・サービス

← 分析用の信用データの提供　還元データ
← RDB自身の知見の提供　スコアリング・モデル、スコアサービス

RDBデータを利用した、信用スコアリング・モデルの構築

RDBスコアリング・モデルの種類

【全業種モデル】……2本　　　　　　　　　　（財務1期、財務2期）

全データを対象とした統計解析によりスコアリング・モデルを構築、業種・規模・地域等にかかわりなくスコアの比較が可能となる汎用モデルとして位置づけ。

【業種別モデル】……6本　　　　（製造業、建設業、卸売業、不動産業、等6業種）

統計的に類似である業種をカテゴライズしたうえで、この業種別データをベースにスコアリング・モデルを構築。同一業種（類似業種）のなかでのスコア比較が可能となるモデルとして位置づけ。
　注1）類似業種として括ることが統計的に適切でない業種は、カテゴライズの対象外とした。
　注2）RDB業種1（日銀業種ベース）を業種の最小単位として分析を実施。

【規模別モデル】……3本　　　　　　　　　　（規模指標による3区分）

規模に係る適切な財務指標を基準に企業規模をカテゴライズしたうえで、規模別のデータをベースにスコアリング・モデルを構築、同一規模企業群のなかでのスコア比較が可能となるモデルとして位置づけ。

発足である。RDBは、2000年4月に、三井住友銀行、東京三菱銀行、UFJ銀行、みずほ銀行、東京都民銀行、千葉銀行、静岡銀行、名古屋銀行、福岡シティ銀行らの共同発起により、都銀・地銀・第二地銀の垣根を越え、取引先の正常からデフォルトに至る詳細なデフォルト・ステータスと時系列の財務諸表を精査確認のうえ、共同データベースとして格納、共同利用する事業目的で設立された。現在においては、日本全国の倒産事例の約60％程度をカバーし、中堅法人、中小企業、零細企業、個人事業主といったセグメントごとでの信用スコアリングモデルの構築も実行され、実際の貸出戦略に活用されている（図表2-14）。

"質量ともに十分な客観データ"に立脚した、信用リスク評価モデルの構築、そして、モデルを活用した**"適正貸出金利"**の算出と実務応用、モデル統制を中心に据えた審査の迅速化、審査工場の樹立などなど、**"信用リスク評価モデルの構築と実務適用"**に関しては、欧米に引けをとらないほど、急速に発展している。2004年には、邦銀は世界のトップランナーになるものと考える。

実際に、グローバルな格付機関であるスタンダード・プアーズ(S&P)は、RDBデータベースに対する高い評価のもと、新BIS規制対応の中小企業向け信用格付モデルの共同開発を行っている。行内格付への適用のみならず、CLO、CDO等の債券評価、DCF法による引当金算出にも活用される予定であり、論理に基づいた21世紀の金融が始動し始めている。

人的審査がすべてのケースで100％だめだという議論ではない。人的コストを十分にカバーできる大口、プロジェクト案件あるいは個別事業ごとの与信判断、事業再構築の一貫としての与信判断など、大企業、中堅企業への審査に関しては、依然人的審査の方が実効的であり、経済合理性にかなっている。しかしながら、中小・零細企業、個人事業主・個人の審査実務の場面においては、プロジェクトごとの定性的審査はまずありえず、実行すれば膨大な費用がかかる。この場面では信用モデルの審査適用に関し、経済合理性を容易に発見できる。また、大企業・中堅企業の審査において人的プロセスが

図表 2-14 スモール・マス市場への対応 SBL型商品概要品

	商品名	金利(%)下	金利(%)上(変動)	手数料	回答日数	上限(万円)	期間(最長)	返済タイプ
三井住友銀行	ビジネスセレクトローン	2.75〜(変動)		10,500円	3営業日	5,000	5年	分割
東京都民銀行	スモールビジネスローンⅠ〜Ⅲ	9.000	9.900	〜5,250円	翌営業日	1,000	1年	一括/分割
千葉銀行	ちばさんビジネスローン	4.750	4.750	0.8%〜1.6%	3営業日	1,000	1年	一括/分割
常陽銀行	常陽スモールローン	3.500	12.000	10,000円〜	3〜5営業日	2,000	3年	一括/分割
スルガ銀行	ビジネスサポーター	3.875	7.000	最大80,000円	3営業日	3,000	1年	一括/分割
静岡銀行	しずぎんTKC戦略経営者ローン	4.000	7.000		5営業日	1,000	1年	一括/分割
大垣共立銀行	共立クイックビジネスローンあっとゆーまに	9.000	9.000	0.4%〜1.2%	原則翌営業日	500	6ヶ月	一括
名古屋銀行	クイックサポート500	9.000	9.000	0.2%〜2.5%	原則翌営業日	500	12ヶ月	一括/分割
愛知銀行	愛銀ビジネスクイックローン	7.000	7.000		原則翌営業日	300	2年	一括/分割
関西さわやか銀行	関西さわやかビジネスクイック300	7.000	7.000		3営業日	3,000	2年	分割
関西銀行	ビジネスアシストローン	3.000	9.500	52,500円	3営業日	3,000	3年	分割
鳥取銀行	らくだ事業者ローン	9.000	9.000	0.1%〜1.1%		500	6ヶ月	一括
福岡銀行	ベストリリーフ、Ⅱ、L	8.000	15.000	〜10,000円	3営業日	3,000	3年	一括/分割
福岡シティ銀行	CITYクイックビジネスローン	6.000	9.000	0.1%〜2.8%	原則翌営業日	1,000	3年	一括/分割
熊本ファミリー銀行	スピードビジネスローン/サポートローン72	7.000	14.000	不要	翌〜3営業日	1,000	1年	一括/分割
鹿児島銀行	おてがる	4.900	14.000	不要	最短翌営業日	1,000	2年	一括/分割
琉球銀行	ハーリー	9.000	9.000		原則翌営業日	1,000	6ヶ月	一括/分割

(各行のホームページや新聞記事より作成/平成14年10月)

優れていても、人的審査では"適切な貸出金利"を算定することができない。経験豊富な審査マンの能力は高いが、それも"融資をするか、しないか"の判断であって、適切な金利を算定することは困難である。したがって、信用リスク評価モデルは、大企業・中堅企業の審査にも併用されるべきものである。

b　裁定機会を認知創造する"信用リスク評価モデルの体系"
　　―"三つ"の信用リスク評価モデルの有機結合―

"多産開業型"への移行という日本経済の構造的な転換に資するよう、**"信用リスク消化メカニズム"**を新たに創造することが銀行の事業命題であり、今後の収益の源泉となることを述べてきた。多種多様な信用リスクを理解し、取り組み、消化していくなかに新たな収益の源泉を見出すことができる。近い将来、債権流動化市場が大企業債権のみならず、中小・零細企業債権まで対象となり、取引の厚みも増すであろう。

　従来のバイ・アンド・ホールド型の貸出運営では、自行のリスク耐久力を超える事態も想定されよう。今後の銀行経営は、自己資本の状況とリスク資産の動向を睨み、機動的に貸出債権の流動化を実行していくことになる。欧米の銀行では、このような貸出債権の流動化戦略が一般的となっており、"債権流動化のプロセス自体に収益機会の源泉を見出す"ビジネスモデルが確立している。

　柳沢前大臣の私的懇話会が取りまとめた"金融ビジョンレポート"のなかでも、"銀行に集中する信用リスクの社会的な分散システム"の樹立が21世紀の金融システムには必要であると提唱されている。日本企業の多種多様な信用リスクを取り上げ、信用リスクを消化する過程のなかに収益の源泉があるし、それを実現するメカニズムを構築しなければならない。それが銀行の間接金融としての主業となる。

　そのためには、以下の"三つ"の信用リスク評価モデルを有機結合させる

メカニズムを構築する必要がある。『外部格付モデル』『内部格付モデル』『審査モデル』である。

イ．外部格付モデル

『外部格付モデル』とは、格付会社が提示・採用する信用リスク評価モデルである。

CLO、CDO等の債権流動化証券は、評価機関として公正中立な格付機関により信用格付が付帯され投資家に販売される。いくら自行の内部格付モデルがそれよりも進んでいても、債権流動化する立場の銀行の信用評価モデルでは貸出債権評価の場面においては単純には適用できない。

格付会社は、業種・規模構成等の客観的な定性情報を評価モデル式に組み込み、財務諸表のなかから信用判定に有意な諸比率等を数理解析・抽出し、それらに数理統計的な処理を施し、信用評価モデルを組成する。その際に利用される情報は客観的な情報でなければならず、社長の能力・評判、自社製品の強み等の"定性指標"はモデル式内には組み込まれない[6]。

債権流動化の際に、内部の格付モデルが採用されないからといって嘆く必要はまったくない。

これこそ**"裁定機会"**であり、今後の収益の柱となるからである。

企図する債権流動化の対象貸出明細が、市場においてどのように評価されるかの基軸が格付会社設定の信用評価モデルであり、**"外部格付モデル"**で

---

[6] ここでいう格付モデルとは、数理式によって構成される論理モデル式であり、主に中堅以下の非上場企業等を対象に適用するものである。格付会社は上場企業の発行する債券の信用評価においては、アナリストを配置し、財務諸表のみならず経営者の資質や製品状況、市況状況などの定性情報を斟酌し、最終格付を付与する。しかしながら、非上場企業においては対象企業数が多く、人的対応には自ずと限界がある。彼ら自身も銀行と同じように厳しい競争環境下、今後の収益機会として企業規模のより小さなところへと深耕していく。その際は、銀行と同じようにモデルでのリスク評価の手段をとる。現在、上場企業に対して金融工学技術を駆使し、"株価の変動"を基盤とした数理モデルが開発され一般的になりつつある。将来的には上場債券の評価も、このような上場債券用のリスク評価モデルを基軸として、人間の定性評価がノッチを決定する形態へと進化する可能性もある。

ある。これにより最終格付が付され、証券会社を通し値づけされ販売されていく。外部格付モデルは、いわば"市場の共通尺度"であり、銀行は、この**"外部格付モデル"**と行内独自の格付である"内部格付モデル"との評価差異を客観分析し、"予想裁定収益"を念頭に置いて債権流動化の銘柄選定や戦略決定を実行していく。

ある格付会社の幹部はこういう。

『邦銀は、なぜいつも損をする前提あるいはコストと割り切って債権流動化を組成するのか？ 債権流動化の業務自体、裁定機会の追求であり、銀行の収益の柱ではないのか？』

流動化していくら儲けるかの組成メカニズムを邦銀は早期に樹立しなければならない。そのためには、"外部格付モデル"と"内部格付モデル"の"二刀流"を用い、金融のプロフェッショナルとして裁定機会を経済合理的に希求する必要がある。日本経済の現場から、積極的に融資ニーズを掘り起こし、適切な金利設定をし、必要に応じ債権流動化のなかで裁定利益を計上していく力こそが、信用リスク消化で到達すべき理想像と位置づけられる。

"外部格付モデル"は、IR活動にも活用できる。格付会社制定の"外部格付モデル"を利用し、自行の信用ポートフォリオの信用評価分析を実施、IR運営の必要に応じディスクローズする選択肢を保持する。また、格付会社から、自行に対する格付が付与される際、"外部格付モデル"による信用評価分析を当該格付会社に提示し、客観論理的な自行格付の評価交渉ができるようになる。

時により発生する格付会社と銀行間の査定評価を巡る"噛み合わない議論"を、"外部格付モデル"の活用により、客観論理的で実りあるものに変換できる。

ロ．内部格付モデル

『内部格付モデル』は、銀行独自の"プライベート"な信用リスク評価モデルである。裁定機会を認知するために必要不可欠なものであると同時に、

信用リスク運営上、各行が独自に構築し発展させなければならないものである。ここでいう"プライベート"とは、二つの意味をもつ。

一つは、文字どおり、**"各行独自の評価モデル"** という意味であり、二つ目は、**"私的信用情報に立脚したモデル"** であるという意である。銀行が"内部格付モデル"と"外部格付モデル"の裁定により、利益を構造的に計上できる源泉が、この **"私的信用情報"** の存在に他ならない。

銀行は間接金融であるがゆえに、借入企業あるいは借入個人との直接的な接点をもつ。この際、銀行は財務諸表の情報のみならず、預金残高動向、公共料金の振替動向、借入れの返済状況、本人および家族の資産状況、後継者情報などの数々の有用な付帯情報を得る。これらの情報は、市場関係者や投資家がもちえない"プライベートな情報"であり、ここに間接金融を営む銀行の"情報優位"が存在する。"外部格付モデル"は、客観的に評価・入手可能な **"公的信用情報"** をベースに構築されているものであり、**"私的信用情報"** を保有する銀行は、理論原則として、裁定取引による収益機会を構造的にもつことになる。これはなんら不公正な行為でなく、多種多様な信用リスクを、経済現場から汗をかき、拾い上げ、資金仲介をするなかで、信用リスクの消化を実行する、その"本業"に対しての対価であり、社会的機能に対する報酬でもある。この"私的信用情報"を強化し、戦略的に活用する銀行こそが、21世紀の優良銀行であると考える。

図表2-15は、平成13年10月3日付日銀資料「信用格付を活用した信用リスク管理体制の整備」にて提示された内部格付体系の事例である。

貸借対照表や損益計算書の財務データを中心に、時系列推移をも吟味しながら、『財務定量モデル』を組成する。この際、上述の格付会社制定の『外部格付モデル』を活用することにより、有効な裁定取引の論理基盤が構築できると考える。

ただし、その際の注意点としては、"全体想定デフォルト率"や"信用ランクごとの想定デフォルト率"を、自行の数値に置き換える措置が必要である。信用リスク評価モデルは、基本的に"デフォルトするか、しないか"と

図表2-15　内部格付体系の一例―日銀の資料より抜粋―

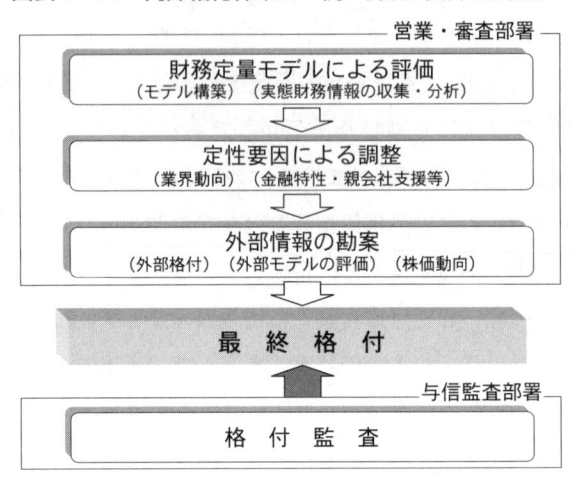

```
                                           ┌ 営業・審査部署
┌─────────────────────────────────┐
│         財務定量モデルによる評価          │
│    (モデル構築)   (実態財務情報の収集・分析) │
└─────────────────────────────────┘
                    ⇩
┌─────────────────────────────────┐
│           定性要因による調整             │
│     (業界動向)   (金融特性・親会社支援等)    │
└─────────────────────────────────┘
                    ⇩
┌─────────────────────────────────┐
│           外部情報の勘案                │
│  (外部格付) (外部モデルの評価) (株価動向)   │
└─────────────────────────────────┘
                    ⇩
┌─────────────────────────────────┐
│          最　終　格　付               │
└─────────────────────────────────┘
                    ⇧                ┌ 与信監査部署
┌─────────────────────────────────┐
│          格　付　監　査               │
└─────────────────────────────────┘
```

　　出典：「信用格付を活用した信用リスク管理体制の整備
　　　　　（H13.10.3日銀）」より抜粋

いう、いわば"0""1"の事象を数理的に解析・区別する論理式である。換言すれば、このひよこは"オス"か"メス"かを判定する"審議眼"である。一方、検査対象の"ひよこ箱"に何羽のオスがいるか、ということが、"想定デフォルト率"の設定に他ならない。通常の信用リスク評価モデルにおいては、この"審議眼"という論理式と、"想定デフォルト率"の設定を数理的に組み合わせて、信用評価モデルを構成することが一般的である[7]。したがって、この手続を踏むことにより、"外部格付モデル"を"内部格付モデル"における『財務定量モデル』として組み込むことができる。

　"外部格付モデル"の"内部格付モデル"への論理的な組込みにより、裁定取引の論理基盤が強固なものとなるし、新BIS信用リスク規制への対応や各種IR活動等、副次効果を招来する。

　こうして、吟味・咀嚼された"外部格付モデル"を『財務定量モデル』と

---

[7] 信用リスク評価モデルの数理構造に関しては、第Ⅱ部第4章『銀行リスク管理の理論』、および第Ⅲ部第11章『信用リスクモデルと信用格付の実務』にて詳述。また、安田隆二、大久保豊編著『信用リスク・マネジメント革命』（金融財政事情研究会）の第4章「信用スコアリングモデル」参照。

図表2-16　"外部格付モデル"の『財務定量モデル』への適用

- 全体想定デフォルト率、信用ランクごとの想定デフォルト率に関し、自行実績値をベースとした自行環境・状況に合うよう、"外部格付モデル"のチューニングを実行する
- "外部格付モデル"の"審議眼"が、自行の信用リスクプロファイルをよく説明するか、自行データでの検証を行い、必要があれば、"外部格付モデル"の論理式を一つの変数として、数理統計的に論理整合がある形で『財務定量モデル』を再構成する

して内部格付に組み込み、さらにこれに対し各行独自が保有する"私的信用情報"を加味し、**"最終格付"** を組成する。

"最終格付モデル" は、『財務定量モデル』を論理基盤としながら、これらの"私的信用情報"を追加説明変数として最終格付を実行する"総合論理式"であることが望ましい。必要に応じ、最後に人間による最終調整を"ノッチ"変更で組み込むこともありうる。

"内部格付モデル"は、信用リスクの内部評価や裁定取引の論理基盤として使用されるのみならず、顧客との**"貸出金利交渉上の基軸指標"** として利用される。21世紀のこれからの銀行は信用リスクに見合った収益を客観・論理的に計上するよう、経営の枠組みを確立しなければならない。さもなければ、間接金融を全うすることはできず、最終的には退出を余儀なくされる。また、貸出を組成するときに、適切なプライシングを実行しなければ、裁定取引で利益をも計上できない。"内部格付モデル"は、貸出組成時に適切なプライシングができるよう設定・交渉するための論理的な基軸指標である。銀行は間接金融の使命として、貸出先の健全な成長をサポートしなければならない。貸出先に対し、信用リスクに関する評価を適切に開示説明し、貸出金利への相互理解を深めるとともに、いかなる財務指標を改善すべきかのアドバイスを与え、中小企業、零細企業、ベンチャー企業、個人事業主、そして個人の成長を支える社会的な役割を果たす。ひいては、これこそが健全な銀行経営を招来する、という好循環をもたらす。

ハ. 審査モデル

　三つめの信用リスク評価モデルは『**審査モデル**』である。文字どおり、与信審査の際の審査基準として利用される信用リスク評価モデルである。信用リスク運営強化の初期段階では、"内部格付モデル"を審査基準に利用する場合が多い。しかしながら、"内部格付モデル"を**"貸出金利交渉上の基軸指標"**として、その活用が定着すればするほど、審査現場では矛盾が生じる。顧客との金利交渉の際、平時において、"安定的な評価指標"を基軸としなければ、現場は混乱するし、顧客の不興をかうことになる。毎月あるいは不定期で"内部格付モデル"が変更されると、当該顧客の格付も変動することになり、朝令暮改的な対顧交渉が顧客のみならず融資現場の不安感を醸成する。また、仮に年に一度の改定としても、評価モデル式が前年と大きく変わるのであれば、格付の不安定化が生じ、同じ事態が生起する。

　したがって、通常"内部格付モデル"を構築する際には、対象評価企業の**"序列づけを行う順序尺度モデル"**とし、この**"序列評価"**においては、短期のみならず中長期のデフォルト可能性を基準とした多期間にわたりコアとなるリスクファクターを用いる"長期安定モデル"とするのが通常である。したがって、適用する数理モデルも「順序ロジット・モデル」や「多段階ロジット・モデル」、また各種説明変数も連続値処理で取り扱うなど、信用ランク評価の安定性に工夫を凝らす。

　一方、審査現場においては、時系列での安定整合的な信用リスク評価モデルよりも、"デフォルトするか、しないか"という、**黒か白かの"判別力"**がある評価モデルが何よりも重要となる。新しい審査上の知見を発見できれば、完全論理的な裏付をとるよりも前に、審査の現場で実践に移したい。したがって、審査に使用する信用評価モデルは、不定期、随時の見直しとなり、使用する説明変数を洗替えすることも躊躇せず、より判別できる有効な財務比率や定性情報の組込みが重要となる。メリハリの利いた指標がみつかり、結果、同一企業の見方が期中に変化しても、判別力が上がれば望ましい事態であると考える。さもなければ、不良先への融資実行となり、すぐにで

も焦げ付き、損失が発生する。

つまり、**"審査モデル"** とは、与信審査のなかで"デフォルトするか、しないか"という **"判別能力の最大化に資するモデル"** であり、評価の安定性を基本とする"内部格付モデル"とは使用目的が相違する。したがって、適用される数理手法も、より切れ味をよくするために、説明変数に関し、エントロピー量の最小化法やCART法等を使用し、"離散化処理"を施したうえで、判別に適したロジスティック回帰モデルを使用する場合が一般的である。

また、"審査モデル"では、想定デフォルト率の設定において、過去の実績値をベースとするも、景気や業態の動向を先読みし、景況感悪化の際は実績値に先行して想定デフォルト率を高めに設定することをよしとする。その点では、"内部格付モデル"は"財務会計的"であり、"審査モデル"は"管理会計的"である。より機敏で正しい審査判断をすることを目的に、柔軟なモデル変更やデフォルト率設定運営を行うのが"審査モデル"である。

図表2-17 "審査モデル"の特徴

- "審査モデル"とは、与信審査のなかで"デフォルトするか、しないか"という"判別能力の最大化に資するモデル"であり、評価の安定性を基本とする"内部格付モデル"とは使用目的が相違する。
- モデルは不定期、随時の見直しであり、使用する説明変数を洗替えすることには躊躇せず、そもそもより判別できる有効な財務比率や定性情報の随時組込みや組み替えが重要である。
- "審査モデル"では、想定デフォルト率の設定において、景気や業態の動向を先読みし、景況感の悪化の際、先行して想定デフォルト率を高めに設定することをよしとする。
- "内部格付モデル"は"財務会計的"であるのに対し、"審査モデル"は"管理会計的"である。

図表2-18 "信用リスク評価モデルの体系" と信用リスク消化のメカニズム

◆ "多産開業型" への移行という日本経済の構造的な転換に資するよう "信用リスク消化のメカニズム" を新たに創造することが銀行の事業命題であり、今後の "収益の源泉" である。

◆ そのために『外部格付モデル』『内部格付モデル』『審査モデル』という三つの信用リスク評価モデルを有機結合する。

与信判断・貸出実行

外部格付モデル

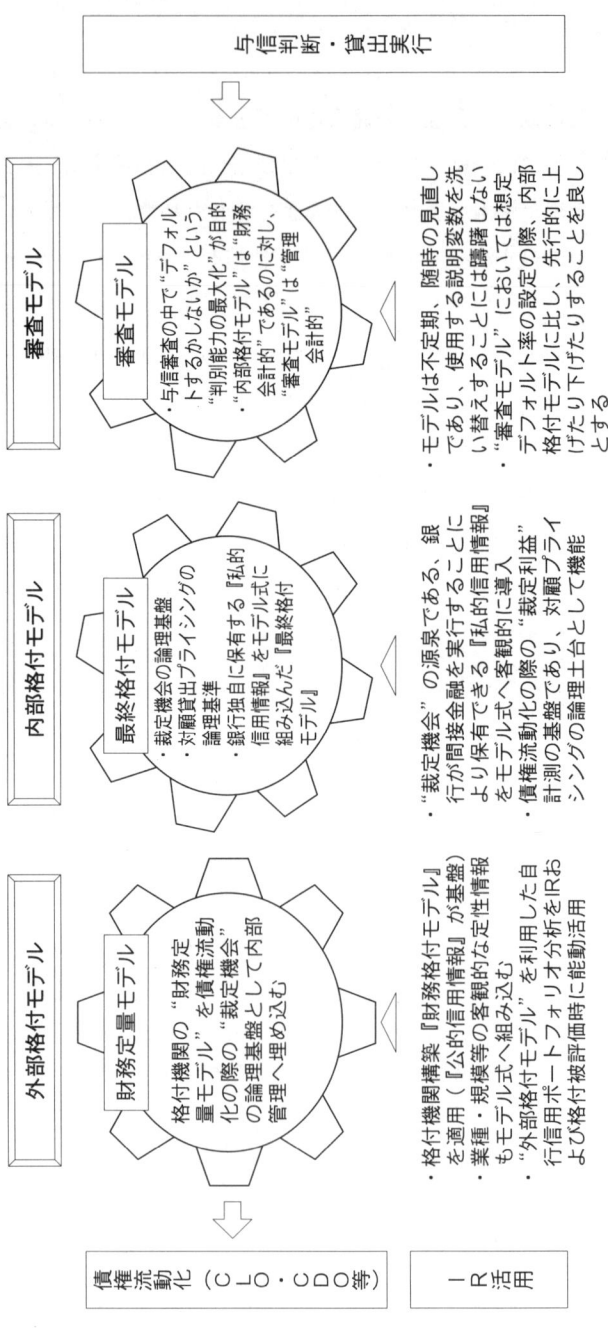

財務定量モデル
- 格付機関が構築『財務格付モデル』を適用（『公的信用情報』が基盤）
- 業種・規模等の客観的な定性情報もモデル式へ組み込む
- "外部格付モデル" を利用した自行用ポートフォリオ分析をIR および格付被評価時に能動的に活用

内部格付モデル

最終格付モデル
- 裁定機会の論理基盤
- 対顧貸出プライシングの論理基準
- 銀行独自に保有する『私的信用情報』をモデル式に組み込んだ『最終格付モデル』
- "裁定機会" の源泉である。銀行が間接金融を実行することにより保有できる『私的信用情報』をモデル式へ客観的に導入
- 債権流動化の際の "裁定利益" 計測の基盤であり、対顧プライシングの論理土台として機能

審査モデル

審査モデル
- 与信審査の中で "デフォルトするかしないか" という判別能力の最大化が目的
- "内部格付モデル" は "財務会計" であるのに対し、"審査モデル" は "管理会計" 的
- モデルは不定期、随時の見直しであり、使用することによる説明変数を洗い替えることには躊躇しない
- "審査モデル" においては想定デフォルト率の設定の際、内部格付モデルに比し、先行的に上げたり下げたりすることを良しとする

債権流動化（CLO・CDO等）
IR活用

信用リスクの社会的シェアリングと "多産開業型" 経済への移行

c 適切な対顧プライシングを設定する行内装置――信用リスクに関する管理会計の樹立――

"信用リスクの消化メカニズム"とは、日本経済を"多産開業型"へと導くものであり、クレジット・デリバティブや債権流動化市場といった市場での"消化手段"の未成熟といった制約環境下、多種多様・大量の貸出先の信用リスクを適正に把握し、適切な対顧プライシングを設定実行する行内装置である。

そのためには、"三つ"の信用リスク評価モデル、すなわち、**『外部格付モデル』『内部格付モデル』『審査モデル』**を有機結合させることにより、信用リスクを適正に把握し、適切な対顧プライシングの理論値をはじき出すことができる。消化装置を完全にするには、あとは融資営業の現場において、適正な価格（金利）づけができるメカニズムを設置すればよい。これが"信用リスクに関する管理会計"の樹立に他ならない。

"信用リスクに関する管理会計"とは、貸出スプレッド収益のうち、**"信用コスト"**部分と**"信用リスクプレミアム"**部分とを明示し、『信用リスク差引後の貸出純スプレッド』を定義する管理会計処理のことである。貸出先各々あるいは内部格付グループごとに信用リスクを評価し、想定デフォルト率、担保保全等を勘案し、**"信用コスト" "信用リスクプレミアム"** などの信用リスク量を算出する。貸出を実行する際、算定された信用リスク量を用い、純収益に対する評価ルールを駆動することにより、把握された信用リスク量を対顧プライシングに反映させるものである。信用リスク量の理論的な評価が、最終的には貸出プライシングに実践・反映される駆動装置が、"信用リスクに関する管理会計"に他ならない。対顧プライシングへ反映されることによって、はじめて債権流動化による裁定機会の追及が可能となり、また理論は現実の果実をもたらすことになる。

ここでいう信用リスク量とは、**"信用コスト"**と**"信用リスクプレミアム"**から組成される概念である[8]。**"信用コスト"**は、想定デフォルト率等の平均

的な (デフォルト) 事象の生起に対し発生する "**損失の期待値**" である。一方、これに対峙する概念として "**信用リスクプレミアム (狭義の信用リスク)**" がある。ここでいう "**信用リスクプレミアム**" とは、"**設定し想定されたデフォルト率の実際との乖離**" や "**モデル性能の劣化**" を一定の統計的な取扱いにより算出したリスクプレミアムである。"信用コスト" を貸出プライシングに埋め込むことにより、期待される状況でのデフォルト・リスクは吸収されるが、その信用コストのブレに対するリスクは内在する。このリスクを考慮して設定するリスクプレミアムがここでいう "信用リスクプレミアム" である。

この "**信用リスクプレミアムを算定する手法**" として、以下の二つがある。

一つは、"**信用リスク算出法**" と呼ばれるものであり、"信用コスト" の組成因子である "想定デフォルト率" や "担保保全率" の一定ブレ幅を、期待値と分散の概念を用い試算するものである。計算方法としては、標準偏差を用い、分布に対する前提を置き、"信用リスク" を "95％で見込む最悪事象" など、"リスク状態を論理定義" し算定する。

もう一つの方法は、"**資本コスト算出法**" と呼ばれるものである。想定デフォルト率等により計測された期待信用コストの "想定外の損失" に備えるものが "**自己資本**" であり、当該貸出実行により "**自己資本をあてがうことによる資金コスト**" を "資本コスト" として定義する。したがって、"資本コスト" の算定プロセスは、上記と同じように資本をあてがう "リスク状態" を論理定義し、必要な**リスクリザーブ**、すなわち "**必要自己資本量 (割当資本)**" を算定、それに "資本コスト率" を乗じ、それを貸出残高で除ることにより "信用リスクプレミアム" を算定する方法である。

---

8 信用リスク計測上における、"信用コスト" と "信用リスク" に関する概念整理と計量論理式に関しては、第Ⅱ部第4章『銀行リスク管理の理論』、また二つの概念の実務応用に関しては、第Ⅲ部第12章『戦略的「審査工場」の実務』にて詳述。"信用コスト" と "想定デフォルト" は同義ではない。"信用コスト" は "想定デフォルト" と "担保保全" を考慮して計算される総合的な信用コストである。

"信用リスク算出法"の基本的な考えは、『信用コストのブレ幅自体を貸出先に付加』するものである。一方、"資本コスト算出法"は、信用コストのブレ幅は本来的に"貸出業務"を事業として行う銀行が"自己資本"を通じリスクリザーブとして吸収すべきものという基本的思想から、『その"割当自己資本"に関する"資金コスト"のみ顧客に付加』するものである。

　適用の考え方として、信用コストのブレ幅自体すべてを貸出先に付加せず、またすべてを銀行自己資本で吸収しない、"信用リスク算出法"と"資本コスト算出法"の折衷的な算出法もありうる。

　債権流動化市場や信用リスクに関するヘッジ市場の未発達から、信用リスクを構造的に保持せざるをえない銀行にとって、"信用リスクプレミアム"のすべてを自己資本で吸収するのは困難であると考える。したがって、信用リスク取引に関する市場が十分に発展するまでは、"信用リスク算出法"と"資本コスト算出法"の折衷的なアプローチでの信用リスクプレミアムの算定と適用となろう。しかしながら、市場が十分に発展した将来においては、他行他社との自由競争を通し、"資本コスト算出法"に収斂することになる。加えて、株価の推移・変動が芳しくない銀行は、市場から求められる"資本コスト率"も上昇し高止まることになり、結果、貸出プライシングの比較優位も低下する。健全な経営を維持発展することが、顧客にとっての利益となる。

　図表2-19は、**"信用リスクに関する管理会計"**の簡易事例を示したものである。

　いま、当該銀行はある1社のみに5年物の固定金利貸出を実行し、見合いの調達は全額1年物の預金で調達しているものと想定する。

　この事例では、0.25%の"信用コスト"を営業部門に負担させるものである。融資営業現場においては、調達コスト3.0%と信用コスト0.25%の合計3.25%が、貸出実行上のコストと認識され、それ以上の対顧金利を設定することにより、はじめて融資現場において利益が計上される仕組みとなる。論理が対顧折衝という実践に移され、適正な貸出金利が現場での合意により決

図表2-19　信用リスクに関する管理会計（概念図）

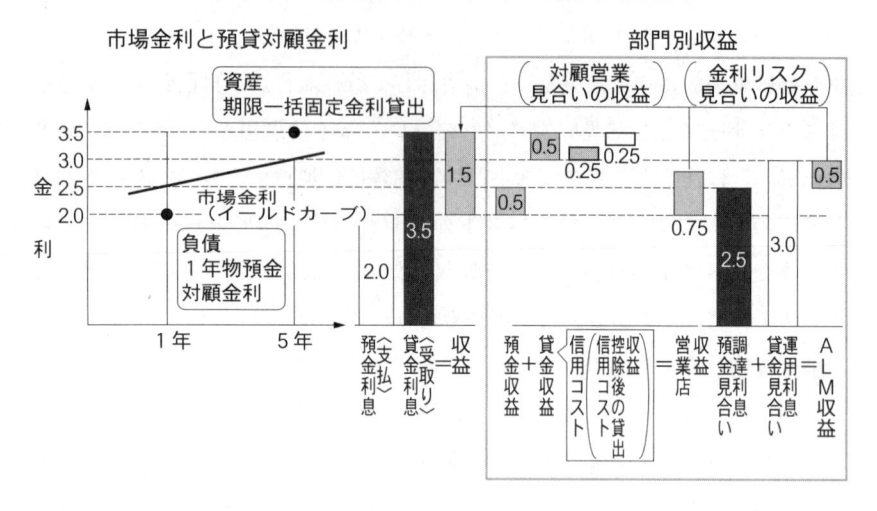

[市場金利と預貸対顧金利および部門別収益を示すグラフ。市場金利（イールドカーブ）、資産 期限一括固定金利貸出、負債 1年物預金対顧金利、預金（支払）利息、貸金（受取り）利息＝収益、信用コスト、控除後の貸出、預金収益＋貸金収益＝営業店収益、預調達金利見合い＋貸運用金利見合い＝ALM収益などの項目が示されている。数値：3.5、3.0、2.5、2.0、1.5、0.5、0.25、0.75、2.5、3.0、0.5 など]

定される。この"信用コスト"は、"内部格付モデル"による信用ランクごとに設定されるのが一般的である。ただし、当然ながら、論理式構造となるので一社一社個別の"信用コスト"の算定は可能である。現状において、顧客折衝上、実務運用に有効な数に信用ランクを分け、そのランクごとに"信用コスト"を設定するほうが一般的であると考える。

　融資企画部門は、"信用コスト"の提示に加え、各信用ランクごとの"標準適用金利"を設定し、営業店長の貸出金利に関する決裁権限として内規化することにより、より強固で頑健な貸出金利の運営が可能となる。

　次に、**"信用リスクプレミアム"** に関し貸出金利へ適用することの経済的な意味に関し、議論を深める。前述したとおり、ここでいう"信用リスクプレミアム"とは、客観的な論理のもと、想定した"信用コスト"と実際のコストとの差異に関するバッファーであると解する。信用リスク評価モデルに関し、今後いっそうの数理的進歩が実現しても、"過去の事例を客観的に解析し、その延長線上で将来を予想する"という数理統計の限界からは逃れることはできない。"将来は過去の延長線上"という価値判断問題が存在する。したがって、"信用コスト"は客観的な予想であっても、過去の延長線

上から外れる現実社会においては、実際のコストと常時完全一致するわけではない。その外れ方を表す度合いが"信用リスク（狭義の）"である。

期待損失を表す"信用コスト"でコストを即座に確定し、純利益を確実なものとするためには、通常ヘッジ取引を実行することになる。ヘッジが機動的に行われる経営環境が整えば、"信用リスク"は能動的にとるリスクとなり、"リターンとリスクのバランス"をみながら、戦略的に適度に"信用リスク"を統御することになる。これが、まさに"信用リスク"に関する資金消化である。

英国銀行協会によれば、世界のクレジット・デリバティブの取引残高は2002年には約2兆ドルの見込みであり、2004年には5兆ドル弱に達すると予測している。しかしながら、主力のデフォルト・スワップの対象商品は上場社債が中心であり、中小企業向け貸出債権の発行・流通市場が十分に発展しなければ、中堅・中小企業向け貸出が大宗を占める、銀行の"信用リスク"に対するヘッジ手段がないのが実情である。

ヘッジ取引によらず、直接、中小企業向け債権を流動化する手法があるが、流動化債権が組成されるまでの時間的リスクがあるうえ、流動化市場も成長段階であることから、実効力のある成果をすぐには期待できない。

したがって、信用コストの予実のブレという狭義の"信用リスク"を消化する方法としては、貸出価格のなかに組み込むこと以外、実効的な方法がない。現経営環境では、"信用リスク"の消化にあたり、貸出金利に組み込むことが必要であり、それが実現するよう、『管理会計』を設定することが肝要である。

図表2-20は、その具体的な事例を示したものである。左のケースは、一件一件の貸出先に対する信用リスクプロファイルごと、あるいは"信用ランクごと"での"信用リスクプレミアム"の設定とし、"信用コスト"と合算して、広義の**"信用リスクコスト"**として、営業部門にコスト認識させ、対顧プライシングへ組み込む単層的な適用である。

一方、右のケースは、一件一件の貸出、あるいは"信用ランクごと"での

図表 2-20 "信用リスクコスト"の管理会計

> 『広義の信用リスク』は、平均的な期待損失を表す"信用コスト"とその信用コストの"ブレ幅"を表す"信用リスクプレミアム"(『狭義の信用リスク』)からなり、"信用コスト"と"信用リスクプレミアム"を加算したものを、ここでは『信用リスクコスト』と定義する。

◆ "信用コストの変動"は、財務状況、倒産状況(想定デフォルト率の予実差異など)の変化など、原因の特定ができ、貸出金利の変更の際、貸出先への説明が比較的容易であるが、"信用リスクプレミアム"(注)は抽象数理的であるため、貸出プライシングに織り込むとき、一段の工夫が必要となる。

単層的適用
個社別あるいは内部格付のランクグループごとに"信用リスクコスト"として"一体化"させ、価格メカニズムに埋め込む

複層的適用
短プラ水準内に"信用リスクプレミアム"を"信用コスト"とは別に埋め込む

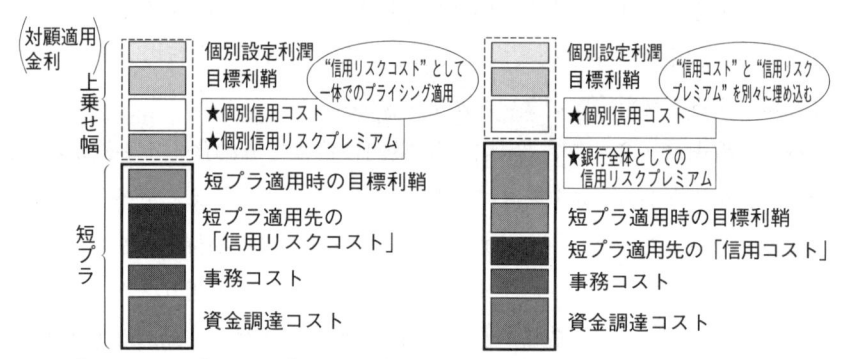

対顧適用金利	単層的適用	複層的適用
上乗せ幅	個別設定利潤／目標利鞘／★個別信用コスト／★個別信用リスクプレミアム（"信用リスクコスト"として一体でのプライシング適用）	個別設定利潤／目標利鞘／★個別信用コスト／★銀行全体としての信用リスクプレミアム（"信用コスト"と"信用リスクプレミアム"を別々に埋め込む）
短プラ	短プラ適用時の目標利鞘／短プラ適用先の「信用リスクコスト」／事務コスト／資金調達コスト	短プラ適用時の目標利鞘／短プラ適用先の「信用コスト」／事務コスト／資金調達コスト

(注) "信用リスクプレミアム"の算定方法としては、"信用リスク算出法"と"資本コスト算出法"の二つおよび折衷法がある。

"信用リスクコスト"一体での認識とせず、短プラ基準金利の設定の際に、この"信用リスクプレミアム"部分を加算して行うもので、全体的な"信用リスクプレミアム"の動向に合わせ、"信用リスク"を消化するものである。

　前者を採用すれば、より精緻な価格運営が実現し、結果、"信用リスク"消化もきめ細かくなる。ただし、顧客との金利交渉において納得感の醸成がむずかしく、現場も混乱する懸念がある。"信用コスト"の変動は、貸出先

の財務状況や倒産状況（想定デフォルト率の予実差異）の変化など、原因の特定が比較的に容易であり、貸出金利変更の際、貸出先への説明を客観的に実行できる。一方、"信用リスクプレミアム"の変化は抽象数理的であり、顧客納得性の観点から、貸出プライシングに埋め込むときは一段の工夫が必要である。図表2-20の右のケースは、**"短プラの水準自身に信用リスクプレミアムを信用コストとは別に埋め込む"** ものであり、水準変更はプライム金利の改定でなされ、実務上も利便性が高い。ただし、資金消化はマクロ的なものとなる。

図表2-21のとおり、上記2ケースの"複層構造的な適用"の融合戦略もありうる。

"信用ランク別の標準金利" の創設である。"プライム"という最優遇金利を起点に金利交渉するという、銀行取引上の商慣習を改め、中小企業に制度的に適用する **"標準金利（ミドルリスク先への標準適用金利）"** という概念を用いる。さらに一歩進め、**"信用ランク別の標準金利（ミドルリスクをクラス分けしそれぞれに標準金利を設定）"** を創設する。銀行は融資の際、与信先に対し、"信用ランク"を付与し、今後の貸出金利はこの信用ランク別の"標準金利"を基準に設定および変更する旨を"契約として"正式に取り交わす。

これにより、融資開始の際に、連動ルールを枠組みとして提示し、承諾を得られれば、その後の"信用リスク"の動向に応じた貸出金利の改定は、"標準金利"の変更処理により終了することになる。顧客は、信用リスクに応じた"標準金利"を交渉基準として、取引ぶりや担保保全の状況により、上乗せ幅やディスカウント幅を最終合意し、融資を受けることになる。

この『**"信用ランク別の標準金利"の創設と貸出商慣習の改革**』が、現在のところ"最も価値ある"『信用リスク（広義：すなわち"信用コスト"と"信用リスク"）の消化機能』であると考える。

銀行は、正々堂々と企業評価・審査のプロフェッショナルとして、融資先に対し、"信用ランク"を説明する。さもなければ、貸出金利設定ルールの

図表 2-21 "信用ランク別の標準金利"の創設と信用リスク消化

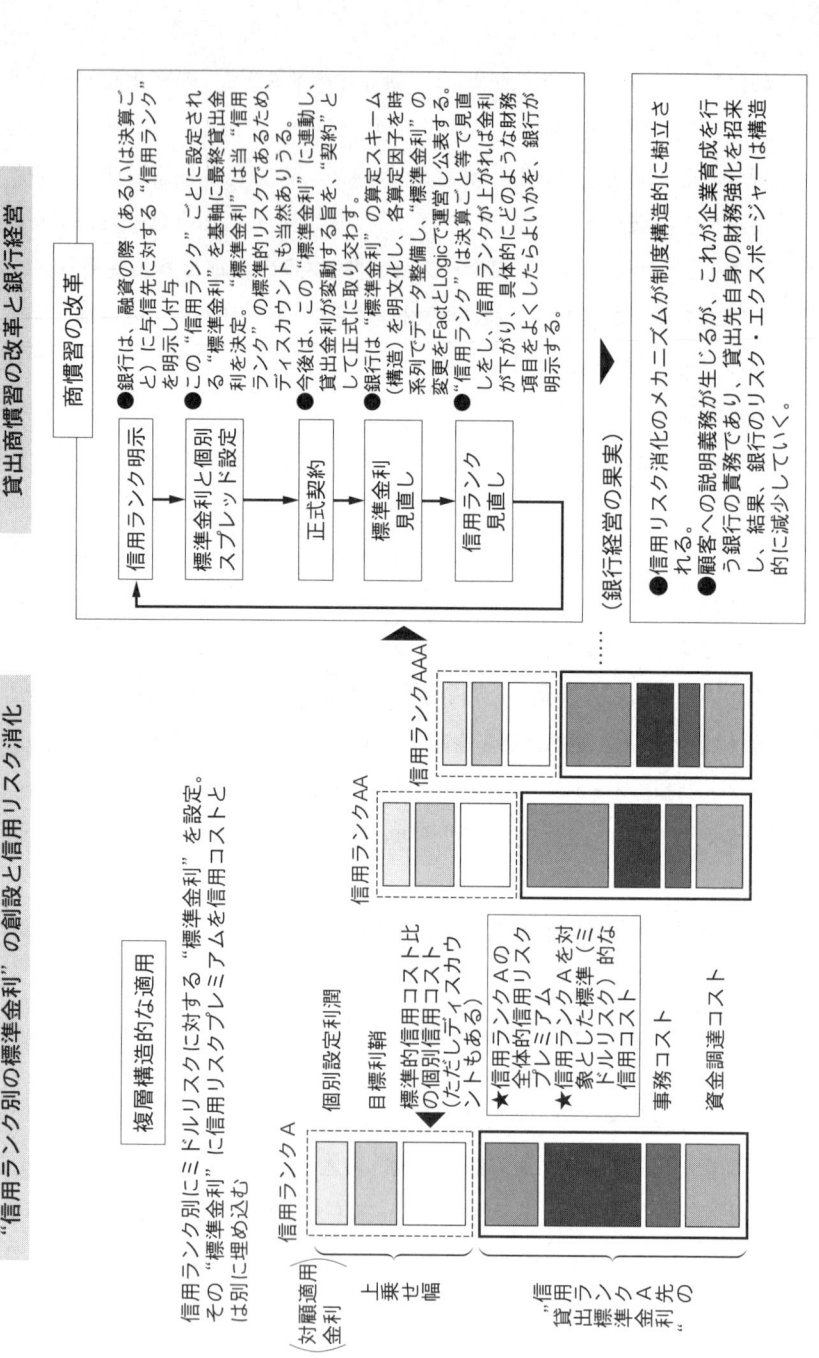

"信用ランク別の標準金利"の創設と
"標準金利"に信用リスクプレミアムを信用コストとは別に埋め込む

複層構造的な適用

信用ランク別にミドルリスクに対する"標準金利"を設定。その"標準金利"に信用リスクプレミアムを信用コストとは別に埋め込む

（対顧適用）
（金利）
上乗せ幅
"信用ランクA先"の"標準金利"

個別設定利潤
目標利鞘
標準的な信用コスト比の個別信用コスト（ただしリディスカウントもある）
★信用ランクAの全体的信用リスクプレミアム
★信用ランクAを対象とした標準（ミドルリスク）的な信用コスト
事務コスト
資金調達コスト

信用ランクA
信用ランクAA
信用ランクAAA

貸出商慣習の改革と銀行経営

商慣習の改革

信用ランク明示
　↓
標準金利と個別スプレッド設定
　↓
正式契約
　↓
標準金利見直し
　↓
信用ランク見直し
　（ループ）

● 銀行は、融資の際（あるいは決算ごと）に与信先に対する"信用ランク"を開示し与信する
● この"信用ランク"ごとに設定される"標準金利"を基軸に最終貸出利を決定。"標準金利"は当該"信用ランク"の標準的リスクであるため、ディスカウントも当然ありうる。
● 今後は、この"標準金利"が変動する旨を、"契約"として正式に取り交わす。
● 銀行は"標準金利"の算定スキーム（構造）を明文化し、各算定因子を時系列でデータ整備し公表する。変更をFactとしてLogicで運営し等で見直しがかかり、信用ランクがどのようなか財務項目をよくしたらよいかを、銀行が明示する。
● "信用ランク"、具体的には算定として見直しがかかり、信用ランクがどのような財務項目をよくしたらよいかを、銀行が明示する。

（銀行経営の果実）
● 信用リスク消化のメカニズムが制度構造的に樹立される。
● 顧客への説明義務が生じるが、これが企業育成を行う銀行の責務であり、貸出先自身の財務強化を招来し、結果、銀行のリスク・エクスポージャーは構造的に減少していく。

68　第 I 部　論理想の銀行経営

顧客理解は得られない。また、その際、財務諸表等が改善したら、すなわち、信用ランクが改善したら金利を下げる旨をきちんと説明し、どういう数字をよくしたら企業経営がよくなるかを明示する。このことが、日本企業の強化・成長と成熟を招来し、ひいては銀行のリスク・エクスポージャーを構造的に減少させる。

また、各信用ランク別の"標準金利"を公正かつ合理的に設定運営するためには、"標準金利"の組成メカニズムを明文化する必要がある。このメカニズムを明示しなければ、顧客は納得せず、銀行にとって競争力を失うことになる。

一方、銀行においても、このメカニズムを組成しなければ、"標準金利"の変更に関し主観的となり、"信用リスク消化"もおぼつかない。

したがって、銀行は各信用ランク別のデフォルト実績を"統計指標"として正確に時系列で計測することになり、これ自身が、"信用リスク"を消化するために必要な数値となる。やがて、このような経営実践が流布することにより、信用リスクに関する共通の尺度が進化組成され、中小企業向け貸出債権の流動化は加速的に発展し、"消化手段"であるクレジット・デリバティブ市場も並行して成長することになろう。

以上、"信用リスクの消化メカニズム"に関し、考察を深めてきた。

要は"多産開業型で中堅中小企業が自律的に発展する経済"へと進化するよう、銀行は従来の"信用リスクの消化メカニズム"に関し創造的に自己改革するということである。そのなかに銀行の"主業"を見出せるし、それが収益の源泉となる。

第 3 章

（事業命題Ⅱ）
経営理想に基づく運調構造・制度の創造的改革

　本章では、2番目の**事業命題**『**経営理想に基づく運調構造および制度の創造的改革**』に関し、論述する。前章において、銀行は、多種多様な資金需給者の資金ニーズをそれぞれ最大限に受容し、間接金融として、それら相反するニーズの調和・消化を実践、そのなかに事業命題を見出すこと、またそれを実現するために必要とされる銀行経営の理論に関し、考察を深めた。このミクロレベルでの資金消化能力やそのメカニズムの樹立は、最適な資産負債状態への必要条件であっても、十分条件ではない。資金需給ギャップの最大かつ安全な消化は、バランスシート全体での最適な運調構造の実現を保障するものではない。

　銀行の使用できる資源には制約がある。この制約条件のなかで、いかなる資金需給者の資金を間接金融業として橋渡しするか、いかなる資産負債の運調構造を資金消化の対象とし "選択" し、資源を "集中" し、他行他社に対し、いかなる比較優位でこのサービスを実現しうるかが、もはや "一私企業" となった銀行の重要な "事業命題" である。

『銀行業』という業務自体は、"資金需給の調停・消化"という社会的な役割からなくなることはない。しかしながら、これは一つ一つの銀行の永続的な存在を担保するものではない。

　金融当局は金融完全自由化へと大きな舵をとり、"その社会的な役割の担い手は従来の銀行でなくてもよい"と、民の自立と創造的な改革を求めている。仮に異業種の参入が大きなものとならなくとも、"顧客へ最適な価格を提示してよい"という"自由競争"の原則は、すでに各銀行間での熾烈な競争を招来している。また、情報通信技術の飛躍的な向上、物的貨幣から電子マネーへの移行という社会構造上の変化において、もはや本店所在地での"地域的な銀行"という"曖昧な看板"では、当該銀行が生存するために必要とする生存利益を生み出す、十分な"資金需給の流れ"を招来しえないであろう。

　"飲食業"自体はなくならないが、毎日飲食店の廃業は発生する。これと同じことが銀行業でも起こることが金融自由化の本質である。価格設定が自由で、異業種参入もあり、経営不良の銀行に対する退出規程が明記された現在、銀行はもはや"一私企業である"という自覚を強くもち、"うちは皆な一生懸命頑張っているのだから、倒産はしない"という"予定調和的な甘え"に陥らないよう、日々鋭敏な企業努力を積む必要がある。

　"資本""人""営業基盤"といった経営資源の制約条件のなかで、銀行経営者は、"いかなる"資金需給者の資金を間接金融業として"いかに"橋渡しするかを明確に定め、**"選択と集中"**[1]の経営を実践しなければ、もはや永続的な事業体として存在しえない。

　"いかなる"資金需給者の資金を、間接金融業として、"いかに"橋渡しするかを明確にする、すなわち、**『経営理想に基づく運調構造および制度の創造的改革』**に関し考察を深めるのが本章の目的である。

1　銀行業務の"選択と集中"に関しては、第Ⅲ部の『銀行経営の実務』第14章『銀行業務の"選択と集中"の実務』で詳述する。

図表3-1 (事業命題Ⅱ)『経営理想に基づく運調構造および制度の創造的改革』

> "資本""人""営業基盤"といった限りある経営資源のなか、自行の間接金融業の対象とし、"いかなる"資金需給者の資金を、"いかに"橋渡しするかを『経営理想』として明確に定め、自行の運調構造と制度を、日本経済全体の構造的な変化を想定しながら創造的な改革を行うこと。

1 "金融の将来ビジョン"と銀行の構造改革

　各行が資源制約のなかで、"いかなる"資金需給者の資金を、"いかに"橋渡しするかを"経営理想"として明確に定め、運調構造およびその制度の改革を実践する。具体的な構造・制度戦略は各行の環境・能力において独自に決定されるものであるが、"日本経済全体の構造変化"がその基底を形勢する。日本経済の構造変化を想定し、またそれを"新たな変化へといざない創造する"ことが生き残る銀行の条件となる。

　そこで、本節においては、先般柳沢前金融担当相の私的懇話会である「日本型金融システムと行政の将来ビジョン懇話会」による**『金融システムと行政の将来ビジョン』**（以下"金融の将来ビジョンレポート"）を参考としながら、日本金融システムの将来像を研究し、期待される銀行の運調構造や制度の変化を予視し、論点を整理する。次節では、必要とされる運調構造および制度の理想像に関し、研究を深める。

(1) 複線的金融システム

　"金融の将来ビジョンレポート"のなかでは、**『市場機能を中核とした複線的金融システム』**が提唱されている。銀行中心の預金・貸出による資金仲介を**"産業金融モデル"**、価格メカニズムが機能する市場を通じた資金仲介を**"市場金融モデル"**とし、金融システムの将来ビジョンとして、"市場機能を

中核とし、両モデルが複線的に存在機能する"ことを提唱している。

当レポートは、『**増大する実体経済のリスクを現在までの"産業金融モデル"中心の金融システムでは、もはや支えられない**』という重要な問題意識に立っており、今後の金融システムとしては、"リスクを発見し、管理し、配分するには、価格メカニズムが有効に働き、円滑な資金配分を可能とする市場機能を中核としたものであるべき"という議論を展開している。

『**増大する実体経済のリスクを、もはや従来の銀行では単純には支えられない**』という"**銀行のリスク負担能力の限界**"、社会経済上の変化に対する洞察が、本レポートの最も重要なメッセージであると考える。単線的な高度成長時代においては、メインバンクである銀行は、貸出先の企業業績が悪化しても、それは一時的なことであると認知し、設備投資の抑制、人員削減などを条件にコーポレート・ガバナンスを実行、金利減免や返済猶予等の支援により企業を再生させた。破綻せざるをえない状況でも、担保処分により投下資金の大宗は回収できた。

しかしながら、90年代、経済環境は一変した。低成長・成熟経済において、新たな規格大量生産を効率的に行えば、企業業績が再び回復するという"予定調和"は、もはや期待できない。規格大量生産に関しては、すでにアジア新興国に地位を奪われつつある。世界経済のフロントランナーとして走り続けるためには、新たな価値を創出する非規格の生産が必要不可欠であり、当然そこには大きな事業リスクが存在する。一方、構造不況業種の増加は、銀行に対し大きな負担を強いる。過去蓄積してきた内部留保もバブル経済の発生過程で、非生産的な土地や過剰設備に化けてしまい、企業自体のリスク耐久力も大きく消耗した。もはや、従来の銀行システムでは、日本経済が現有するリスクを十分かつ柔軟に支えることはできない。

上記の問題意識、"金融の将来ビジョン"に照らし、各行が資源制約のなかで、"いかなる"資金需給者の資金を、"いかに"橋渡しするかの"経営理想"設置における重要な論点を、以下に整理する。

(2) "貸出債権の流動化"によるリスクの社会的なシェアリング

　銀行は貸出債権を満期まで保有する運用戦略を見直し、貸出債権の売却、証券化を実行し、リスク耐久力のある第三者へ必要に応じ、適時的確に信用リスクを公正に移転することが自行の生き残りのみならず、社会的なリスクシェアリング機能樹立の観点からも必要となっている。"銀行のリスク負担能力の限界"を克服するためには、リスク耐久力を超過する貸出債権に関する発行および流通市場が整備され、そこで公正合理的な価格形成がなされることにより、日本経済が内包する信用リスクは適切に社会消化される。そのためには、流動化した債権の購入者である資金運用者の一段の成長も必要とされる。リスクシェアリングをする体力あるいは合理的な能力がないものが買手にまわると、バブル経済が再燃し、経済はいっそうの長いたそがれを迎えることになる。債権流動化市場が整備されれば、銀行の保有する信用ポートフォリオ評価においても、"市場価値"という健康チェックがいつも効くことになり、安易盲目的な低利の貸出金利設定が社会構造的に抑制されることになる[2]。借入企業においても、自社の信用評価に関し、市場形成による"価格（金利）"という"証拠"をもつことになり、貸出金利の交渉が論理客観的に進むし、銀行、借入人双方が納得いくプロセスが構築される端緒となる。

(3) "高度化する市場との仲介業"としての間接金融

　近年のデリバティブ技術の急速な発展、金融商品の多様・高度化により、

---

[2] 第2章の『（事業命題Ⅰ）資金需給特性の資金消化と銀行経営の理論』において、債権流動化を生起させる"信用リスク評価モデル"と"プライシング・メカニズム"に関し、理論展開。

専門的な知識をもたない一般事業法人や個人にとって、市場参加はますます困難なものとなっている。彼らは金融の専門家ではなく、金融業を生業としているわけではない。

市場高度化による技術革新や革命的な新製品に対し、金融の専門家として、商品が抱えるリスクや見合いの収益性をよく理解研究し、資金運用者・需要者双方の嗜好ニーズを見極めて、適時的確に金融商品を販売する銀行の社会的機能は増えることこそあれ、減ることはない。

先行き不透明で混迷深き経済環境下、銀行は一般企業・個人に対し、豊かで安定多彩な活動を支えるよう、金融のプロフェッショナルとして、的確にアドバイスすることを求められる。その実現過程で、銀行はより強固で社会合意がなされる手数料ビジネスを創造できる。

具体的な事例として、投資信託の販売がある。一般の個人にとっては、投資すべき株式や債券銘柄を自分で研究選定し、購入、適時売却などの資産運営管理を実行することは、経済・時間的なコストの面からもきわめて困難である。したがって、リスク管理の"代理人"として投資信託を購入する。

銀行は、個人・企業の単体活動における費用・学習の問題、運用規模の限界を取り除くよう、投資信託を研究し、多様な品揃えを実現、それぞれの運用ニーズに合うよう、投資信託を販売していく。未曾有の高齢化社会が到来する21世紀において、年金見合いの計画的な運用ニーズは高まる一方である。老後備蓄という大変重要な資産形成を合理的にサポートすることが、21世紀の銀行の重要な使命といえる。

(4) 適切な貸出プライシング

債権流動化を障害なく実行するためには、銀行が自行の信用ポートフォリオから切り離す際、赤字という苦痛が伴ってはならない。債権流動化は、銀行にとって信用リスクに対する重要な"裁定機会"である。"喜びをもって"債権流動化に臨める環境を整えないと流動化市場は成長しない。そのために

は、"適切な貸出プライシング"が重要である。

　邦銀の利鞘は、米銀に比べ厚みを欠いている。米銀に比べ2.5%も低い。両国の利鞘は70年代央までは同等水準で推移していたが、日本においては80年代央からの資金余剰下での金融自由化措置の発動と構造的な需資低迷があいまって、貸出金利のダンピングが横行し、利鞘は大幅に悪化した。一方、米銀の利鞘は60年代から一貫して、3%から4%の近辺を安定維持している。これは自由化の過程のなかで、『市場型間接金融』が新たに組成され機能したことによるものと考えられる。対顧への設定金利が、市場の要求する利回りより低ければ、流動化すればするほど赤字となる。銀行は貸出先のリスクプロファイルを正確に理解し、市場に対し、データと論理をもって流動化債権の信用リスク量を説明し、適切な売却益を計上していかなければならない。したがって、貸出金利の組成においては、資金調達コストに加え、貸出先の"信用リスクコスト"[3]などを組み込み、信用リスクを吸収担保し、株主資本が要求するリターンを充足する適切公正な水準にしなければならない。

図表3-2　適切な貸出プライシングの論理構造

適切な貸出プライシング ＝（貸出資金総合コスト）＋（目標利鞘）＋（個別設定利潤） ＝（資金調達コスト＋事務コスト＋信用リスクコスト（注））＋（目標利鞘） 　＋（個別設定利潤） （注）　信用リスクコスト＝信用コスト＋信用リスクプレミアム

3　ここでいう"信用リスクコスト"とは、"信用コスト""信用リスクプレミアム"の二つから組成される。"信用コスト"は想定デフォルト率といった平均的なデフォルト事象の生起に対し発生する"損失の期待値"である。一方、これに対峙する概念として"信用リスクプレミアム"がある。これは"設定した想定デフォルト率の予実乖離"や"モデル性能の劣化"を一定の統計的な取扱いにより算出したリスク量である。第2章の『（事業命題Ⅰ）資金需給特性の資金消化と銀行経営の理論』"信用リスクに関する消化メカニズム"にて詳述。

(5)　"金融製造業"と"金融サービス業"

　21世紀の銀行は、その生業形態として、"**金融製造業**"と"**金融サービス業**"に分化し発展していくと考える。

　"**金融製造業**"は貸出債権流動化市場の急速な発展により、明確に認知され成長していくものと考える。"銀行のリスク負担能力の限界"を克服するためには、リスク耐久力を超過する貸出債権を流動化する必要がある。貸出債権に関する流通市場が整備され、そこで公正合理的な価格形成がなされることにより、日本経済が内包する信用リスクは適切に社会消化される将来像は前記(2)で述べた。

　"貸出債権の流動化"という債券商品の製造は、主に都市銀行および都市圏基盤の銀行によって行われるものと想定する。

　現在の日本経済は、高度成長期のような全国津々浦々での旺盛な資金需要は存在しない。情報通信業といった一部の急成長業種には顕著な資金需要が見込まれるが、これも"東京市場"等の大都市圏が中心であり、もはや日本全国での優良かつ十分な"事業リスクの機会"を見出すことは困難であり、この傾向は景気回復基調においても変わらないものと考える。貸出需資の低迷は、日本経済が成熟経済に移行する過程ですでに20年にわたり現出している事実である。

　地方銀行においては、"景気が回復すれば貸出需資は十分に復調する"という"予定調和的な幻想"は否定することが賢明である。需資は復調するが、当該銀行の経営を十分に支えうるほど、量的な拡大をするとは限らない。情報通信技術、電子マネーの普及により、県民預金は県境を自由に越えることになる。また、インターネット等による金利・商品情報取得の無コスト化が進み、情報の完全性がいっそう強化され、預金に関し、全国的な一物一価が形成される。このような将来において、地元の融資ポートフォリオに立脚した預金利回りにおいて、他行他社に対し競争優位性を構造論理的に維持できるであろうか。維持できるという予定調和的な考えは捨てたほうが賢

明なのはいうまでもない。

　都市銀行を中心とした"金融製造業"の動きは加速している。融資を実行した後、直ちにその債権を投資家に転売する新型融資もすでに開発されている。これは、証券化することを事前に貸出先と約定をかわし、融資実行する『市場型間接金融』であり、貸出と同時に貸出債権をローン担保証券(CLO)に組み込み、投資家に販売するものである。また、スワップ、オプション等のデリバティブ商品に関しては、もはや都市銀行の独壇場であり、地方銀行がこの分野での製造業として機能することは現実的ではない。

　地方銀行においては、"選択と集中"の戦略をもって具体的に何に関し、"製造業"としての比較優位を維持向上できるかを吟味する必要がある。一方、製造業として比較優位の乏しい分野は、"県民"という顧客財産に対し、**"金融サービス業"**を展開するものと明確に位置づけ、品揃え充実への業務提携加速など、"売る"ことの修身、技術を体得するよう早急に準備を進める必要がある。

　"金融の将来ビジョンレポート"においても、下記のような評価がある。

> 日本の銀行は欧米に比べ、資金規模当りの人員数や店舗数がかなり少ない。これは、産業金融モデルのもと、企業相手の業務が中心だったため、少ない人員や店舗で大きな資産を抱えることを示している。反面、一人当りの人件費は高く、店舗も一等地における高価な仕様になっている。こうしたコスト構造は、大手の銀行のみならず、程度の差こそあれ、協同組織に至るまで共有されている。

　バンクオブアメリカは、14万人を超える雇用を抱え、全米に4,000もの支店網を保有し、金融サービス業を積極的に展開している。邦銀は"金融サービス業"としての自覚をもち、早急に体制整備を図らなければならない。

(6) 再生再構築業務

　適切な貸出プライシングの組成を通じ、企業は自己の信用プロファイルと

適合した借入金利を支払うことを要求される。大きな流れとして借入コストの増加が生じるものと思われ、過剰債務に陥っている企業は大きな転機を迎える。また、現在進行中の日本社会・経済の構造変化により、企業経営のみならず、個人の生活や人生設計は大きな転換を余儀なくされることが想定される。

したがって、事業・企業評価のプロフェッショナルとして、企業のバランスシートや収益構造を実地で分析し、企業の結合や分割、保有資産の売却や合理化の実践、業務の再構築などによるキャッシュフローの改善を実行支援する**"再生再構築業務"**に関する銀行への期待は急速に高まっている。日本全国津々浦々、都銀、地銀、地域金融機関すべてが、企業再生のプロフェッショナルとして十分な役割を果たし、日本国全土での企業力の強化に資する業務は間接金融業を営む銀行にとって最も重要なミッションであり、いまほどその能力の充実と発揮を期待されている時期はない。企業のみならず個人顧客に対する**"再生再構築業務"**を通し、健全な新規の需資を創造することができるし、手数料事業も増強される。逆に、手数料を要求しない"再生再構築サービス"は、顧客にとって価値がないことを意味する。

(7) アジア運用業務

世界の3割にも及ぶ日本の預金、これ自体の活用に成熟日本の将来がかかっている。

もはや日本国内における"潤沢な事業リスクの機会が望めない"成熟経済において、海外での優良運用先の発掘が日本の預金者に対する重要な使命であり、21世紀の銀行の収益機会でもある。

日本製造業の海外生産比率はすでに2000年時点で10%を超えている。今後、製造拠点のアジアシフトはいっそう加速するであろう。しかしながら、その過程のなかで日本は欧米諸国に比べ、アジア実態経済とのかかわりが深くなる。新たなミクロ情報を得る。他行他社に対し、競争優位を築こうとす

る銀行は、アジアに関する情報を、取引先企業からあるいは国際業務を展開するメガバンクとの提携により収集し、資金運用のプロフェッショナルとして、運用・投資先の発掘を行うことになると想定する。邦銀一行一行が、オンバランスのみならずオフバランスにおいて、アジア関連の金融商品や業務を強化することにより、資本・資金輸出の担い手として国際的な競争力を保持し発展していく。アジアとの共存共栄がより豊かで具体的な姿となるよう、邦銀はアジアでの運用業務を強化すべきである。

(8) "公正な価格形成機能"としての銀行システム

"金融の将来ビジョンレポート"の淵田レポート4において、『フェアバリューの発見と創造』というきわめて示唆深い議論が展開されている。金融取引に係る価格形成機能は、大きく分けて"相対型バリュエーション"と市場取引に基づく"マーケット・バリュエーション"がある。

日本においても米国資本市場においても、近年、巨額なITバブルが発生し、IPO価格や執行価格に関する妥当性に関し大きな疑問が呈せられた。その後のITバブルの崩壊により、多くの"大企業"も破綻の憂き目にあっている。このことは、"マーケット・バリュエーション"が公正価格の形成において、いつも適切に機能しないことを明示する。特に、流動性に問題がある市場での価格形成や、市場参加者の合理的な無知による"群れ現象"が発生する市場では、公正価格の値付けに関し、機能不全を起こすことを米国のみならず日本でも経験を積んだ。市場も"予定調和"しないのである。

一方、"相対型バリュエーション"も機能不全を呈した。バブル期における無謀な投機的貸金と安易な信用評価により、日本経済は深刻なダメージを受け、現在でもその傷は癒えていない。

---

4 『わが国金融の構造改革と将来ビジョン』(淵田康之 野村総合研究所資本市場研究部長)、髙畠順『市場金融モデルと伝統的商業銀行モデルの並存のあり方の掘り下げが必要 (上) (下)』週刊金融財政事情 (2002.9.2、9.9) 参照。

"相対型バリュエーション""マーケット・バリュエーション"、そのどちらか一方のみの機能発動では、公正な価格付けや信用リスク評価は十分に実現しえない。

銀行は、信用リスク消化のために市場を有効に活用していくが、"市場で決定されるすべての事項が無条件に正しい"とはいえないことを十分に認識し、むしろ、市場と同等に公正価格の決定や信用リスクの評価を実行する社会的な機能を負っているという自覚のもと、貸出プライシングや信用評価を実行しなければならない。銀行は、公正価格形成、信用評価機能において、市場とともに"社会システムの両輪"である。

銀行は市場を利用するも、公正価格、信用評価の"振舞い"等に関し、注意深く観察し、取引先企業が非合理な影響を受けないよう、また資金運用者が大きな損失を被らないよう、独立して対峙しなければならない。

(9) 銀行の"機能分化と専門化"

21世紀の銀行業においても、旧来のような資産・負債に関するフル装備での"百貨店形態"は存続するが、担い手の数は減少する可能性が高い。"百貨店的銀行"の魅力はその豊富な品揃えにあるが、"日常品"の購入や"消費目的の明らかな物"に関しては、それら商品の"専門店"での購買形態へと消費行動は変化するものとなる。日本の銀行業において、一足飛びには、"百貨店"VS"専門店"にはならないかもしれないが、"百貨店内"への専門店誘致や、"百貨店内"での社内分社化が進む可能性が高い。

専門金融機関の出現事例としては、米国住宅ローン市場での住宅金融専門会社の勃興があげられる。住宅ローンに特化し、十数分での融資可否通知という徹底的な審査の効率化、取り組んだローンを直ちに証券化し、流動化する高度な金融技術。急拡大した企業としてカントリーワイド・クレジット・インダストリーズは有名であり、取扱額も1,700億ドル強と全米4位の地位を占めるに至っている。

また、決済業務に基本特化する銀行として、ソニー銀行等のインターネット銀行や、コンビニ等のリアルチャネルで展開するIYバンク等、異業種の参入が始まっている。また、決済性預金に対し、100％安全かつ流動性のある短期国債等で運用する、分別管理の決済性信託勘定"ナローアカウント"や銀行自体この安全運用による決済銀行として特化する"ナローバンク"の誕生も今後想定される。

　消費者、企業の鋭敏な嗜好に対する機動的な充足、新機軸の商品開発による新たな嗜好の創造など、21世紀に勝ち残る銀行は、分社化するにせよ、社内分社化するにせよ、"機能分化と専門化"を推進するであろう。それに伴い、採用、人事、給与体系も複層構造的なものとなることが想定される。

2　銀行運調構造および制度に関する理想像と創造的な改革

　第2章の事業命題である『資金需給特性の資金消化』、すなわち、"金利嗜好のミスマッチ消化機能"や"信用リスクに関する消化機能"の樹立は、ある運調構造に対し、"静態的に最適化"するものと解せる。一方、本章で議論を深める事業命題は、目指すべき理想的な運調構造の創出とそれに向けた創造的な改革という、いわば、**"動態的な最適化"** を目指すものである。

　21世紀の邦銀は、『"産業金融モデル"中心の金融システムでは、もはや増大する実体経済のリスクを支えられない』という認識に立ち、"自行の体力"と"保有リスク"のバランス関係を客観的に計測しながら、各行独自の"理想的な運調構造"を明確に設定し、それを着実に実現するよう創造的な改革に着手しなければならない。自行の体力と保有リスクの状況を客観的に理解し、体力以上のものは資産売却や債権流動化等により対応し、市場機能を有効に活用していく。その活用状態は各銀行によって当然異なる。各銀行の客観合理的な市場活用の集合体が、日本国総体としての『市場機能を中核とした複線的金融システム』として現出する。

一行一行が自立独立した経営を営むなかで、一国の金融制度も21世紀にふさわしい『市場機能を中核とした複線的金融システム』として発展・昇華していく。要は、個々の銀行が、自己の体力に照らした客観合目的な市場機能の活用と理想的な運調構造の樹立により、自らがヒカリを発する"恒星"となることによってのみ、21世紀の金融システムは宇宙として輝き、実現する。

(1)　運調構造内のリスク制限の装置化（自律復帰の運調発展メカニズム）

　21世紀の銀行は、自己資本ではもはや支えられない超過部分の保有リスクに対し、債権流動化等の"リスクの出口"の創設をもって、理想的な運調構造への第一歩が踏めるものと想定される。自己の体力に照らし、市場機能を有効活用するということである。

　本項での議論は、その"リスクの出口"の"必要度合い"を主観的ではなく、客観的に認知する装置、メカニズムのための理論展開である。"自己資本"と"保有リスク"の関係は銀行によってまちまちであり、現状"リスクの出口"を客観的に必要としない銀行も存在する。一方、確実に"リスクの出口"を必要とする銀行が存在するのも事実であり、具体的にいくらの規模での債権流動化や事業の見直しが必要かは、曖昧模糊としているのが実情といえる。また、現状必要としない銀行も存在する。

　したがって、運調構造・制度の創造的な改革のためには、まず第1に、運調構造内への**"リスク制限の装置化"**が必要となる。長期化する日本経済の低迷、国家レベルでの産業構造の変化により、銀行が保有するリスクは増大基調にあり、多様化も進んでいる。一方、頼りの自己資本は、不良債権処理の継続により悪化の道筋をたどっている。限りある資本と保有するリスクのバランス状況を知覚・認知することが、市場機能の有効活用の第一歩であり、生き残る銀行の条件でもある。

"リスク制限の装置化"は、市場機能の有効活用を招来するのみならず、資本と保有リスクのバランスにかかわる"知覚・自律復帰システム"として機能する。仮に、リスクに対する知覚が不十分であれば、十分な平衡感覚は維持できず、立つことすらままならない。もはや、"現状維持＝予定調和"は期待できず、立っているだけの経営では不十分であり、理想的な運調構造へ常に舵をとり、最も正しい方向に、それも最も速く走る"動態的な最適化"を樹立しなければならない。"自律平衡復帰メカニズム"、これが『**運調構造内のリスク制限の装置化**』に他ならない。80年代央からの自由化過程において、このリスクに対する"**自律平衡復帰メカニズム**"が存在せず、"経営人力"での主観的かつ単線拡大の運調戦略しかとりえなかったことが、バブル経済とその後の不良債権問題の根幹である。このメカニズムを構築せずして、金融完全自由化という荒波のなかで、目指すべき理想像へ舵をとること、またとり続けることは不可能であり、バブル時と同じ誤りを犯すのは不可避であろう。"理想像"に向けて、"動態的"に船の舵を正しくとり続けられるビルト・インのメカニズムが、『**運調構造内のリスク制限の装置化**』に他ならない。

　『運調構造内のリスク制限の装置化』には、以下の五つのメカニズムの有機結合が必要である。

図表3-3　リスク制限装置化のための五つのメカニズム

①　リスク制限先の設定メカニズム
②　リスク量の測定メカニズム
③　リスク制限の設定メカニズム
④　リスク制限の発動メカニズム
⑤　リスク規程の明文化と更新・改定メカニズム

a　リスク制限先の設定メカニズム

　"自行の体力"と"保有リスク"のバランス関係を客観的に計測し、"体力"の範囲内での業務運営を実現するためには、リスクを創出する主体を経

営として明確に定義する必要がある。

　単に、"銀行全体"に関しての"体力"と"保有リスク"の計測では、なんら具体的な"アクション"へは結実せず、ただみているだけとなる。"リスク制限先の設定メカニズム"は、いわば知覚システムにおける"受容体"の設置である。運調構造内にいかなる"受容体"を構造的に組成するかが、理想的な運調構造実現の重要な鍵である。経営が設定する"理想的な運調構造"への道のりは単純な一本道ではない。理想像に向けての発展過程において、運調の各部分は膨張したり縮小したりしながら発展していくであろう。その際、経営陣がフィールドに立ち、きめ細かく、膨張部分を冷やしたり、縮小部分を暖めたりすることは、この高度複雑化した銀行業務において不可能であり、逆にいっそうの不均衡を招来する懸念が強い。したがって、現場に"知覚させ"、彼らの"自律的な均衡"を促すメカニズムが必要となる。

　"リスク制限先"の設定は、リスクに対する知覚受容体の設置に他ならず、銀行全体のみならず、**『営業推進別』『商品別』『顧客別』**という**"全基軸"**において、その評価制度とモニタリング・メカニズムを構築する必要がある。

　『営業推進別』は、"リスク制限先の設定"において、真っ先に取り組まなければならない"受容体"である。次項において、21世紀の銀行が将来ビジョンとして掲げるべき"理想的な運調構造"に関し議論を深めるが、その理想への遵奉運営は各部門の"営業推進セクション"が担う。

　したがって、自律均衡的な運調構造の発展のために最も重要な"知覚受容体"の設定は、**『営業推進別』**に他ならない。

　現在の一般的な組織形態を前提にすれば、中心的な"営業推進セクション"は**『営業店』**である。営業現場でのミクロ的な運調変革の動きが、銀行全体の理想像へと遵奉する仕組みづくりが、創造的な運調構造改革の核心である。すなわち、営業店別に、**"リスク制限の装置化"**を実現することが何よりも重要となる。各営業店のリスク制限の設置により、**"店性格別"**ある

いは**"地域別"**などの『**営業部門別**』でのリスク制限も実現できる。

　一方、近年、銀行営業部門を対象とした抜本的な組織改正の動きが顕著であり、従来の事務・セールス・管理一体での支店形態は、もはや都銀では見出せず、業務機能の専門・分化により"分業"と"集中処理"が進んでいる。したがって営業店は、多部門の営業スタッフが"集まる場所"にすぎない形態へと進化を続けている。そこにおいては、"大法人・中堅企業営業部門""中小・零細企業営業部門""個人・個人事業主営業部門"などに属する営業スタッフが、"共用場所"としての支店にいるだけであり、"支店長"はむしろ事務・監査部門の所属になる可能性が高い。このことは『**顧客セグメント別**』での営業部門組成を意味し、『**顧客セグメント別**』での"リスク制限"設定が、今後の中心的な"知覚受容体"となると考える[5]。

　『**商品別**』という"リスク制限設定"も重要である。

　バブル期に爆発的な販売となり、その後の不良債権の原因を招いた"不動産担保""株式担保"の長期証書貸付商品に関し、"リスク制限"の設定が必要だったことはいうまでもない。

　また、今後の個人マーケットへの深耕のなかで、体力と保有リスクのバランスを維持確保するためには、"資金使途自由"の消費性ローンに関し、銀行としての総量制限が必要であろうし、それは1件当りの融資枠にも及ぶ構造的なものでなくてはならない。総量枠のみでは、1件当りの与信量が大きくなる懸念があり、個人顧客にとっては、生活破綻への誘引ともなる。

　銀行は私企業であるが、"社会システムの創造主"[6]である自覚をもつべきであり、もたないことは、最終的には不良債権の増大を招き、自分の首を締めつけることになる。顧客の立場に立って、リスクを制限する"修身"、そ

---

[5] 今後の銀行営業部門の組織形態に関しては、"金融サービス業"への色彩を強め、顧客セグメントに対応したものとなり、従来のエリア中心の営業組織は縮小していくものと思われる。また、事業の選択と集中のなかで、いっそうの機能化と軽量化が進むものと思われる。第Ⅲ部「銀行経営の実務」第13章「銀行マーケティングの実務」、第14章「銀行業務の"選択と集中"の実務」、第16章「銀行組織および制度改革の実務」参照。

[6] 第1章『"論理想"の銀行経営』第3節において、"銀行経営失敗の構造要因"として、銀行は私企業であるが社会システムの創造主である自覚がなかったことをあげる。

の修身の第一歩が"商品別のリスク制限設定"[7]に他ならない。

　貸出商品においては、必ずやリスクが内在する。売れれば売れるほど単純によいとはいえない。商品別にリスク制限を付し、販売状況と販売後の状態を常時観察し、機動的にその制限を改定する力が必要である。

　最後のリスク制限設定先は、『**顧客別**』である。

　上述の『営業推進別』『商品別』は、顧客に対する"マクロ的なリスク制限"であるが、より直接・有効な方法は『顧客別』の"ミクロ的リスク制限"の設定である。

　今後の銀行営業においては、顧客間口のいっそうの拡大と同一顧客への取引深耕が必要となる。"新規顧客への販売""既存顧客への重ね売り"が積極的に運用され始めている。

　法人取引においては、融資先に占める他行他社を含めた貸出総量枠の設定が必要であろうし、個人も同様である。

　日本経済の構造的な変容による各種リスクの増大に対し、現場の営業部隊が後顧の憂いなく、伸び伸びと思い切った営業を実践しうるかが、勝ち残る銀行の必須条件となる。もはや予定調和の結果は期待できない。融資というリスク内在商品を販売することが主業務であり、この業務の強化なくして経営基盤の維持は困難である。"ミクロ的なリスク制限装置"の運調構造への組込みは何よりも必要であろう。

　以上のとおり、『リスク制限先』の具体的な定義を行い、それを実行することを内規として規程明文化しなければならない。また、この規程の年次認証や変更に関する諸規程も明文化せねば、持続的な"自律平衡復帰メカニズム"として有効には機能しえない。

7　今後は販売商品に応じた営業推進セクションの組織組成がありえる。その場合は『営業推進別』での体力設定の概念となるが、ここでは、組織論とは別に、『商品別』の設定は必ずや実行する必要があることを明記するために、別建てして議論を深める。

b　リスク量の測定メカニズム

"自行の体力"と"保有リスク"のバランス関係を客観的に計測し、"体力"の範囲内での業務運営を実現するためには、『現在保有するリスクを客観的に測定するメカニズム』が必要となる。

銀行が抱えるリスクを、**"信用リスク""市場リスク""流動性リスク""オペレーショナル・リスク"**等のリスク発生源に分解し、それぞれに適合したリスク計量理論と具体的な評価手続を整理し、『**リスク計量規程**』として明文化しなければならない。自行が採用する"リスク計量にかかわる数理手法の具体的な定義"と"その選択事由と留意点"、"リスク計量にかかわる具体的な係数設定方法"、"リスク計量実行セクションの定義"や"リスク計量規程の変更規定"などに関し機関決定し、各部門長に周知徹底を図らなければならない。

図表3-4　明文化されるべき『リスク計量規程』

①　自行が保有するリスクに関する認知とその分類
②　認知分類された各種リスクに対する計量理論の具体的な定義
③　リスク計量にかかわる具体的な係数設定方法（たとえば最悪状態）の定義
④　算出計量される各種リスク量とリスク管理適用先の具体的な定義
⑤　上記リスク計量理論および係数設定に関する選択設定事由とその留意点
⑥　リスク計量計測セクションの定義とその事由
⑦　"リスク計量規程"に関する年次認証および変更に関する規定

具体的な各種リスクの計量理論およびその管理論[8]に関しては、第Ⅱ部で詳述するが、要は"各種リスクに対し、理論をもって、一つ一つすべての取引明細に対し客観的にリスクを計量する"ことにある。銀行が保有するすべてのリスクは対内、対外、顧客との取引から始まる。これら取引明細の一つ一つに対し、理論をもって客観的に評価計量し、それを『リスク制限設定

---

[8] 第Ⅱ部「銀行経営の理論」第4章『銀行リスク管理の理論』にて、"信用リスク""市場リスク""流動性リスク""オペレーショナル・リスク"等に関し、適用されるリスク計量理論と具体的な評価手法に関し詳述する。

先』である"営業推進別""商品別""顧客別"に論理整合的に集計すれば、リスク量は客観制度的に把握できることになる。

　リスクの計量とは、"不測の事態を不測ながらも一定の数理的な手法により想定する"ものである。銀行経営は預金者のため、また継続安定取引を求める貸出先に対し、自行の経営が**"最悪状態"**に陥っても、自己資本で対処できる経営を樹立しなければならない。

　"最悪状態"に関し、統計理論を用い、たとえば、"想定される99％の最悪"と定義し、そのときに損失を被る経済価値をリスク量として計測するものである9。

　リスク計量手法が陳腐化しないよう、またリスク計量対象の漏れがないよう、また計量にあたり不正が行われないよう、規程として明文化し、実践されなければならない。

図表3-5　リスク測定のメカニズム

- 『リスク計量理論』を用い、各種リスクに対し、一つ一つすべての取引明細に関し客観的にリスクを計量することを基本とする。
- 各取引明細が内包する計量化されたリスク量を、"営業推進別""商品別""顧客別"等の『リスク制限設定先』ごとに論理集計することにより、実効的な"リスク測定"を実現する。
- リスク計量手法が陳腐化しないよう、またリスク計量対象の漏れがないよう、また計量にあたり不正が行われないよう、規程として明文化、実践することにより、"リスク測定のメカニズム"が樹立される。

c　リスク制限の設定メカニズム

　三つめのリスク制限に関する装置化メカニズムは、**"リスク制限の設定メカニズム"**である。

9　ここでいうリスク量は平均的な期待リスク量ではなく、その期待リスクが上振れするリスク量の算定である。詳細は第Ⅱ部「銀行経営の理論」第4章『銀行リスク管理の理論』を参照。

前記 a により"リスク制限先"が明確になり、b において制限先における現在の"リスク量"が恒常的に計量把握されることになる。後は、"限度リスク量"すなわち **"リスク許容量"** の設定により、"自行の体力"と"保有リスク"のバランス関係を客観的に認識することができるようになる。

　"自行の体力"とは当然ながら、**"自己資本"** である。銀行事業を営むことにより発生増大する各種リスクへのリザーブが、銀行体力である"自己資本"に他ならない。

　日本経済の長期低迷や構造変化から、銀行が抱えるリスクは増大基調にある。一方、銀行体力である"自己資本"は、長年の不良債権処理により薄氷の域に迫りつつある。この厳しい自己資本、銀行体力下、どの『営業推進先』、たとえば営業店、営業部門、地域、業態、あるいはどの『商品別』、どの『顧客別』に『リスク許容量』を配分するかは、各行独自の戦略であり、生き残りのための差別化戦略そのものである10。

　『リスク許容量の配分』に際し、その配分値の全行累計値が自己資本を上回ってはいけない。

　また、『計測された現保有リスク量』の合計が自己資本を超過していれば、**"事業運営上の債務超過"** となる。この"事業運営上の債務超過"は、"財務会計上の債務超過"とは相違する。"財務会計上の債務超過"は現時点での清算価値における自己資本の食い潰し状態である。換言すれば、平均的なシナリオにおける期待損失額累計での自己資本の食い潰しと考えられる。一方、"事業運営上の債務超過"とは、その事業を行ううえで、最悪状態に陥った場合、債務超過になりうることを示す、"事業運営上の債務超過"である。

　リスク会計基準が法的に整備されていない現状下では、"最悪状態でのリスク合計値を自己資本の枠内に押し込む"法的な必要性はない。しかしなが

---

10 多様増大基調にあるリスクとそのリザーブである"自己資本"の希少化は、銀行経営者にフル装備での百貨店形態から、自行の体力と事業環境に適合した特定業務への集中を迫ることは間違いない。第Ⅲ部「銀行経営の実務」第14章『銀行業務の"選択と集中"の実務』参照。

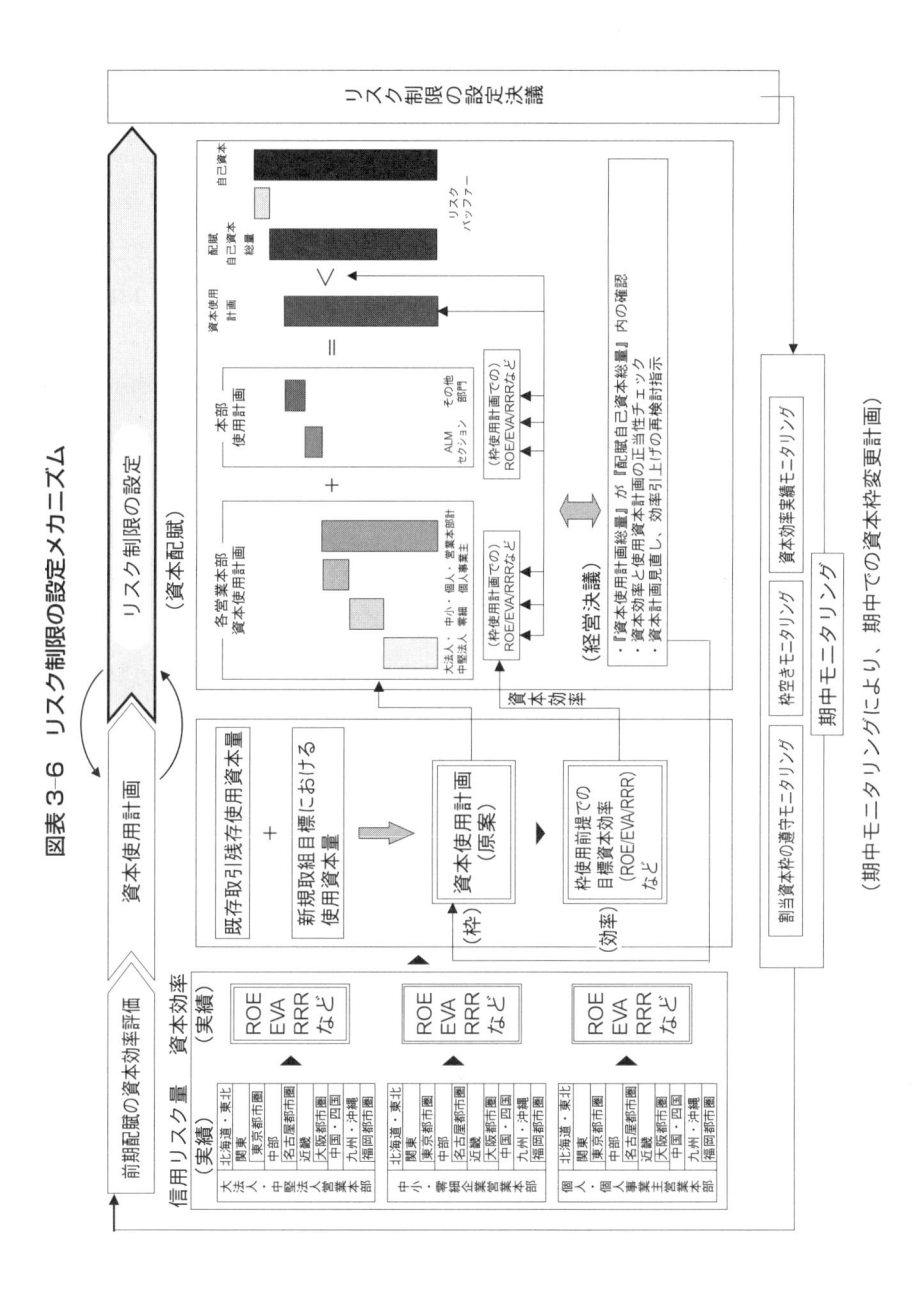

図表3-6 リスク制限の設定メカニズム

第3章 （事業命題Ⅱ）経営理想に基づく運調構造・制度の創造的改革 91

ら、銀行業自体が重要な社会システム、公共サービスの一部であり、預金という確定債務の履行が法的に義務づけられている事業環境においては、たとえ未実現の喫損額に対しても、最悪状態で自己資本によってカバーできる経営体が社会的に望まれるものと考える。

"リスク許容量"の配分設定においては、まず"最後のリスクリザーブ"(ラストリゾート)を決定し、その分を自己資本から控除し、"配賦自己資本総量"を確定する。自己資本は、銀行が事業を永続的に営むためのリスクリザーブであり、世界経済の動向と連携を強める日本経済において、いつ何時新しいリスクが発生するとも限らない。また、過去の延長線上では想定しえない、リスク変動が生じる可能性もある。したがって、自己資本をすべて業務へ配賦することは、"リスク管理上"ありえない。リスクバッファーとして、どの程度設定するかは、各行の経営戦略によるが、過去のリスク変動の不連続要因を解析したり、ストレスシナリオに関し経営者が吟味するプロセスを制度化するなかで、あぶり出すものと考える[11]。

こうして決定された"配賦自己資本総量"を前記aの"リスク制限設定先"別に配賦することによって、リスク制限の設定メカニズムは駆動する。そこで重要なのは、"いかに配賦自己資本を決定するか"という問題である。この配賦に関し、経営者の直感や過去のシキタリで行えば、"リスク制限の装置化"は実現できず、"自律復帰システム"も駆動しない。自己資本配賦に関し、"理論"が必要となる。これを解決しない限り、"論理想の銀行経営"は実現しえない。

本書では、自己資本配賦にかかわる理論を『銀行自己資本統合管理の理論』と定義し、第6章で詳細な議論を展開する。理論の骨子は、各営業部門の来期残存取引に関し、前記bによりリスク計量を実施し、新規目標取引におけるリスク推定量と合算のうえで、各リスク配賦先の一次配賦試算値を算出する。次に、この一次配賦量の全行累計が配賦自己資本総量内に収まる

---

[11] 経営者が、論理的にありうる最悪シナリオを全員で定期的に議論する"ストレス会議"の設定が、最も効果的なリスク管理の一つといえる。

かの確認と、この配賦自己資本を分母に、リスク控除後の期待収益を分子にとり、ROEやEVAなどの資本効率指標を各配賦先ごとに算出し、資本効率の比較を行う。リスク配賦の合計額と資本効率の高低による営業部門間での新規・既存割当リスク量の振替・変更などのプロセスを繰り返し、最終的に各部門への『リスク許容量の配分』を決定する。

顧客別でのリスク許容量設定に関しては、一段の工夫がほしい。

無謀な投機資金の借入れや、リスクを省みない右肩上がりの売上前提による大規模設備投資（ITバブルで顕著）の資金借入れなどを抑制する仕掛けが社会的に必要である。一般事業法人においても、やはり予定調和の経営を実施してしまい、結果、大きな負の遺産をもった。長い歴史を誇る老舗企業も本業好調でも倒産の憂き目をみた。前節(8)で論述したとおり、"市場がいつも正しいわけではない"。"市場の過大評価"を背景とした楽天的な過大投資、あるいは行きすぎた過小評価による社債調達難など、"市場の失敗"は常時見出すことができる。上場企業でも市場のみを基軸とすれば、経営が揺らぐ。一方、非上場企業においては、牽制と自重のメカニズムが構造的に発揮できず、銀行の果たす役割は増えることはあれ、減ることはない。

銀行は、公正価格形成、信用評価機能において、市場とともに"社会システムの両輪"である。銀行は市場を利用するも、市場における公正価格、信用評価の"振舞い"等に関し、注意深く観察し、取引先企業が非合理的な影響を受けないよう、また資金運用者が大きな損失を被らないよう、独立して対峙しなければならない。

この観点において、顧客別の『リスク許容量の配分』は、銀行都合のみでの算定に陥らず、顧客にとって、過剰借入れや無謀借入れにならない"顧客の立場"でのリスク許容量の設定が肝要である。従来の"担保があれば、事業がどうなれ関係ない"という下心に支えられた"不動産担保偏重主義"は清々と放棄し、急速な発展を示す"信用リスク評価モデル"を、金融のプロフェッショナルとして活用し、銀行貸出を実施した場合の保守的な予想売上げと支払利子の増加という"将来財務諸表"での信用リスク評価をベースに

顧客別の『リスク許容量』を決定すべきである。個人向けの"住宅ローン"でも、生活資金にあてる"消費性ローン"に関しても同様である。

『貸さない親切』を主観ではなく、金融のプロフェッショナルとして理論的に実行する知恵と力を、日本社会は銀行に求めている。

d　リスク制限の発動メカニズム

前記a、b、cにより、銀行は"自行の体力"と"保有リスク"のバランス関係を客観的に計測し、"体力"の範囲内での業務運営を実現する"知覚システム"が運調構造内に構築されることになる。第4のメカニズムは、この知覚を"アクション"へと転換させるメカニズムである。いかに"知覚システム"が機能しても、適切なリアクションが生まれなければ、リスク制限はまったく駆動しない。

"リスク制限の発動メカニズム"で重要なものが、『**ALM会議**』である。

営業店、営業部門、商品、顧客別等の"リスクの現況"と"配賦資本対比の枠空き状況"を日次・週次・月次でモニタリングする。その期中会議プロセスのなかで、配賦自己資本を有効活用していない（枠比や資本効率指標での比較検証）営業店、部門等のあぶり出しと明文評価を実行する。資本の有効活用にメドが立たない場合は、自己資本の再配賦を期中に実行する。一方、配賦資本比、逼迫している営業店や部門に対しては、それが資本効率の観点からも資金使途の観点からも経営上優良なものか、逆に劣悪なことによるものかを見極め、追加資本配賦や資産売却などの意思決定を行い、実行していく。

また、"配賦枠を超えたらアクションをとる"では、リスク管理にはならず、リスク制限も骨抜きになる。したがって、重要なことは、"注意域""警戒域""準発動域""発動域""緊急発動域"などの枠手前の**"リスク防衛区域"**を明確に設定するとともに、各区域における**"リスク対応の手段"**と**"リスク対応規模の総枠"**を事前に内規として規程化することが、最も重要

な"リスク制限の発動メカニズム"といえる。この枠設定と発動内規のないリスク管理は、リスク管理としてはまったく機能しない[12]。

図表3-7 ALM会議の要諦

① 営業店、営業部門、ALM部門、商品、顧客別等の"リスクの現況"と"配賦資本比の枠空き状況"のモニタリング
② 配賦自己資本を有効活用していない（配賦枠比や資本効率指標での比較検証）営業店、部門等のあぶり出しと明文評価の実行
③ 配賦資本比、逼迫している営業店や部門に対しては、それが資本効率の観点からも資金使途の観点からも経営上優良なものか、劣悪なものかの明文評価
④ 期中での部門間等の資本再配賦や追加資本に関する意思決定とその実行
⑤ "注意域""警戒域""準発動域""発動域""緊急発動域"などの枠手前の"リスク防衛区域"の明確設定と位置確認、および各区域における"リスク対応の手段"と"リスク対応規模の総枠"の内規化と実際の対応決議と行動

e リスク規程の明文化と更新・改定メカニズム

最後のリスク制限の装置化は、**"リスク規程の明文化と更新・改定メカニズム"** の樹立である。

要は、上述の"リスク制限先の設定メカニズム""リスク量の測定メカニズム""リスク制限の設定メカニズム""リスク制限の発動メカニズム"に関し、"リスク規程"として明文化し、これが一度限りの行動とならないよう、"更新・改定メカニズム"を内規として埋め込むことである。さもなくば、経営者が変わるごとに、主観的なリスク制限の解除や不正的な対応がなされる懸念があり、これは銀行にとっても、顧客にとってもよくない。更新・改定のルールを明文化し、企業文化まで昇華させなければならない。

---

[12] 戦略的なリスク管理・ALMの実践に関しては、第Ⅲ部「銀行経営の実務」第10章『戦略的銀行ALMの実務』で詳述。

(2) 21世紀の目指すべき"理想的な運調構造・運調制度"の設計

前章、前項までにおいて、『資金消化』という"静態的な自律メカニズム"と『リスク制限の装置化』という"動態的な自律メカニズム"の理論的な構築に関し、研究を深めた。

"静態的にも""動態的にも"自律復帰するメカニズムの構築により、後は自行の経営環境に適合した、"理想的な運調構造・制度"を明確に定め、そこに大きく舵をとればよい。

具体的な"理想像"は、各行の事業環境、資源、資本状況などにより相違しよう。ここでは、理想的な運調構造・運調制度の設計要点を論述し、本章を締めくくる。

銀行経営者は、21世紀の白紙のキャンパスに渾身の絵を描いてほしい。

図表3-8　(事業命題Ⅱ)『経営理想に基づく運調構造および制度の創造的改革』

"資本""人""営業基盤"といった限りある経営資源のなか、自行の間接金融業の対象とし、"いかなる"資金需給者の資金を、"いかに"橋渡しするかを『経営理想』として明確に定め、自行の運調構造と制度を、日本経済全体の構造的な変化を想定しながら創造的な改革を行うこと。

図表3-9　"金融の将来ビジョン"と銀行の構造改革

①　"貸出債権の流動化"によるリスクの社会的なシェアリング ②　"高度化する市場との仲介業"としての間接金融 ③　"適切な貸出プライシング" ④　"金融製造業"と"金融サービス業" ⑤　"再生再構築業務" ⑥　"アジア運用業務" ⑦　"公正な価格形成機能"としての銀行システム ⑧　銀行の"機能分化と専門化"

a　"リスクの出口／入口"の創造と理想的な運調構造・運調制度

　日本経済の構造は大きく変わる。予定調和の現実はもはや過去のものであり、今後、多種多様なリスクが新たに発現し、高度なリスク処理を銀行に求める。一方、銀行の自己資本は不十分な状態が続く。わずかな事象変化が連鎖し、銀行経営を脅かす。その際、もはや監督当局の救済は期待できないし、期待してはならない。銀行経営は自立の時を迎えている。正々堂々と論理と実行をもって自立すること、これが最大最良の日本経済への貢献である。

　銀行経営者は、"銀行の体力"と"保有リスク"のバランスを常時注視し、適切な対応をとらねばならない。しかしながら、対処療法でのバランス維持は困難であると覚悟すべきである。試算・熟慮・吟味のうえ、バランス維持に問題ない銀行は、対処療法の戦略をとればよい。それは"論理的な帰結"でなければならず、"予定調和の妄想"であってはならない。

　前項の"リスク制限の装置化"により、まず"自行の体力"と"保有リスク"の状況を正しく把握することから始める。経営者はその状態をよくよく吟味し、いかなる**"リスクの出口／入口"**をつくりあげるかを真っ先に考えるべきである。"リスクの出口"があるので、自行の営業・経営活動も思い切ってできる。営業現場に対し叱咤激励をし、思う存分に資金運用者の要望を吸収し、資金需要者への太い橋渡しができる。以下、"リスクの出口／入口"の設計のポイントを述べる。

イ．債権流動化への本業的取組み

　まず最初の"リスクの出口／入口"は、『債権流動化』である。この実践メカニズムは前章で詳述した。

　格付機関が構築する"外部格付モデル"を、"内部格付モデル"における『財務定量モデル』として戦略的に組み込む。"内部格付モデル"は、この『財務定量モデル』に対し、銀行独自の現場情報（定性や仕振り情報等）を論

理ラップし組成する。このことにより、銀行は『**債権流動化を実践することによる、裁定利益計上の論理基盤**』を得ることになる。債権流動化の価格づけにおいては、中立的な格付機関が中心的な役割を果たす。銀行は、"独自の現場情報"を情報処理することにより裁定益を創造できる。銀行経営者はまず、どの商品、どの顧客セグメント、どの顧客に裁定機会があるのかを客観的に計数把握し、いざというときの"リスク出口プラン"、すなわち、**"仮想的な債権流動化ポートフォリオ"**を定例の会議でいつも確認する。事前に準備万端であるため、当然ながら債権流動化で"利益"を計上する。

図表3-10　債権流動化によるリスクの出口／入口の創造

- 自行貸出ポートフォリオに対し、債権流動化実践の際の裁定損益状況を詳細に分析
- "リスク制限の発動基準"に則し、"規模"と"銘柄"の事前選定を行い、その常時確認と準備を実践（試行的流動化の実践も）
- **"過大資本"の優良銀行**は自己資本の有効活用のため、"債権流動化の買い手"として、自行ポートフォリオに編入した場合のリスク・プロファイルをシミュレーションする力、**"リスクの入口"**を組成

『リスク制限の発動基準』作成のなかで、優良地銀において上場債券の売却ですむ場合もあろうし、逆に"過大資本"の銀行も存在しよう。"過大資本"の銀行も市場から厳しい評価を受ける。資本に対し有効活用ができないのであれば、株主へ特別配当等で還付すべきという議論が発生する。われわれは嫌でも成熟した"市場資本主義"のステージで活躍しなければならない。そこでは、"過小資本""過大資本"双方ともが問題である。"過大資本"という優良銀行は、自己資本の有効活用のため、"債権流動化債券の買手"として合理的な活動が求められる。もはや、単純な国債安全運用という"余資運用"の思想は市場より支持されず、**"本資運用"**として明確に経営実践することを求められる。"過大資本"の優良銀行は、CLO、CDO等の債権流動化債券を自行ポートフォリオに編入した場合のリスク・プロファイルをシミュレーションする力をもつ必要がある。**"リスクの入口"**の組成に他ならない。

"債権流動化によるリスクの出口／入口"を運調構造に"開口"することにより、21世紀の新たな運調構造のインフラが構築される。

ロ．信用リスクに応じた貸出プライシング

第2の"開口"は貸出金利の設定を通じたものであり、信用リスクに応じたプライシングである。近年、メガバンクを中心に貸出慣習の改革が加速している。短期継続貸出の内容吟味と長期貸出への移行から始まり、信用リスクに応じた貸出プライシングも実践段階に入った。

信用データ基盤の整備と信用リスク評価モデルの進展により、公正で客観的な"内部格付モデル"が構築され、貸出先への格付開示を含め、適切な貸出プライシング交渉が始まっている。

また、貸出取組み時に即座に債権流動化を実行するスキームも開発され、すでに実績を積みつつある。即座の債権流動化のためにも、信用リスクに応じた適切なプライシングが重要となる。

適切な貸出プライシングの実行力を高めるためには、短期プライム（長期プライム）の改革も急がなければならない。プライムという"最優遇金利"を起点に金利交渉をするという"貸出商慣習"を改め、中小企業に制度的に適用する"ミドルリスク先"を想定した"標準適用金利"という概念を用いる。さらに一歩進め、ミドルリスクをいくつかの信用クラスに分け、それぞれに標準適用金利を設定する"多層構造的な標準金利"の創設も、経営の視野に入れるべきと考える。

理想的な運調構造をイメージし、そのイメージを支える磐石な"リスクへの開口"は、保有貸出債権の売却（購入）や貸出商慣習の変革を必要とし、経営スタッフのみではやり遂げられない難事業である。経営者、経営スタッフが英知を結集し、取り組まなければならない。

b　"顧客"を基軸とした運調構造の新陳代謝

　21世紀の目指すべき"理想的な運調構造"の設計においては、やはり"顧客"を中心に考えたい。それが勝ち残る条件でもある。

イ．サブプライム業種におけるプライム先の探索と開拓商品の開発

　日本経済の成熟・低成長、産業空洞化現象の進展、厳しさを増す価格競争のなか、銀行の主軸貸出先であった製造業は、内部留保増の範囲内での設備投資へと企業活動を変容させる。新たな需資を創造しなければ、21世紀の銀行経営は構造的に困窮する。

　従来の"プライム的な産業"のサブプライム貸付候補企業の深掘よりも、**"サブプライム業種におけるプライム先"**の発掘のほうに注力すべきと考える。日本の経済・社会は構造改革により大きく変貌する。従来までのプライム産業が、今後もプライム企業である保証はどこにもない。むしろ、すでに斜陽産業の懸念すらある。21世紀の銀行使命は、経済合理性に適うよう"安定的な多産開業型の社会"を社会システムとして金融面で支えることにある。今後期待される開業業種を新たに研究し、その業態を戦略的に育成する。そのなかで、合理安全な需資を生起させる。

　超新星的な業種や企業においては、直接市場での資金調達へと進む道が拓けた。しかしながら、すべての資金ニーズが直接市場で充足されるはずもなく、特に設立の浅い企業は、銀行の手厚いサポートが必要である。また、新規開業企業のすべてが、最初から眩しく輝くものではない。企業体として適切な発展過程を踏むよう、銀行は依然価値あるサービスを提供できる。

　銀行経営者は、サブプライム業種の調査および需資の算定を実行する"常態的な"研究セクションを組成し、具体的な融資候補先のリストアップ、早期囲込み、育成を可能とする"開拓商品"をもって、運調構造の"新陳代謝"を計画しなければならない。

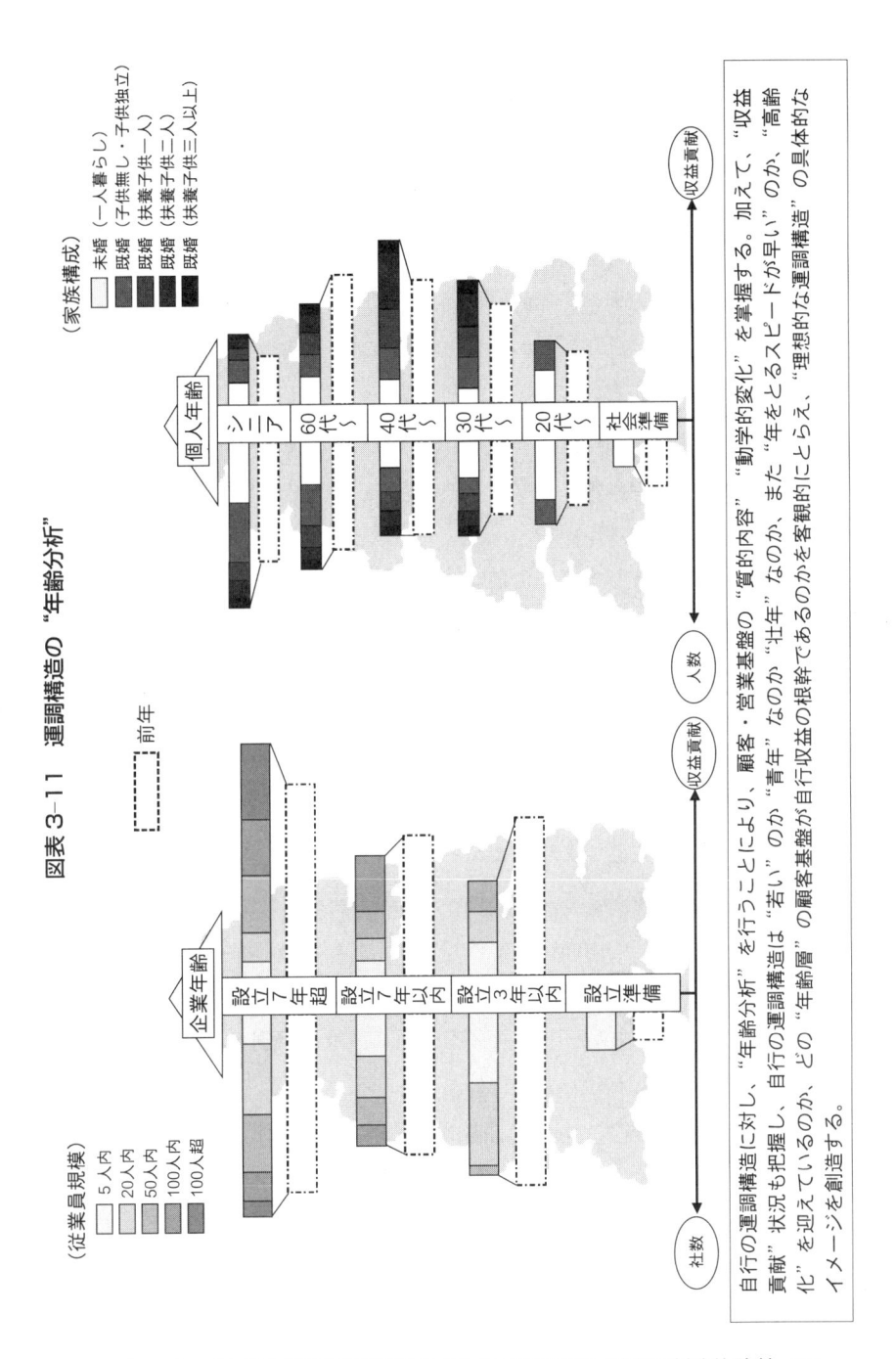

図表3-11 運調構造の"年齢分析"

(従業員規模)
- □ 5人内
- ▨ 20人内
- ▨ 50人内
- ▨ 100人内
- ■ 100人超

(家族構成)
- □ 未婚(一人暮らし)
- ▨ 既婚(子供無し・子供独立)
- ▨ 既婚(扶養子供一人)
- ▨ 既婚(扶養子供二人)
- ■ 既婚(扶養子供三人以上)

┆┄┆ 前年

企業年齢: 設立7年超 / 設立7年以内 / 設立3年以内 / 設立準備

個人年齢: シニア / 60代〜 / 40代〜 / 30代〜 / 20代〜 / 社会準備

（社数）（収益貢献）　（人数）（収益貢献）

自行の運調構造に対し、"年齢分析"を行うことにより、"質的内容""動学的変化"を掌握する。加えて、"収益貢献"状況も把握し、自行の運調構造は"若い"のか"壮年"なのか、また"年をとるスピードが早い"のか、"高齢化"を迎えているのか、どの"年齢層"の顧客基盤が自行収益の根幹であるのかを客観的にとらえ、"理想的な運調構造"の具体的なイメージを創造する。

第3章 （事業命題Ⅱ）経営理想に基づく運調構造・制度の創造的改革　101

ロ．企業年齢・個人年齢に応じた銀行サービスの組成と将来ビジョンの運調設計

現在の自行運調構造に対し、**"年齢分析"** を行う必要がある。

企業においては"設立からの年数"、個人においては"年齢"で区切り、"従業員数""家族数"などの規模情報と合わせることにより、自行の運調における年齢構造の大要が立体的に把握できる。自行の運調構造は"若い"のか"青年"なのか"壮年"なのか。年をとるスピードは早いのか、"高齢化"を迎えているのか。どの年齢層で、どの規模の顧客が、自行の現収益を支えているのか。この傾向は"動態的に"今後も期待できるのか。

運調構造の"年齢分析"を行うことにより、銀行は必要なサービスを顧客の視点からつくりあげる。

たとえば、設立3年までの企業は、その後の企業とはまったく違うニーズを表明するであろう。財務諸表の見方、経営計画の立て方、従業員統制や教育のあり方、経理・総務・労務規程、取締役規程などの社内諸規程の整備、社会保険関係の実務等、資金需要に至る前の会社基盤に関する整備ニーズが高い。自行のコンサルティング部門や研究調査会社を活用し、彼らのニーズを充足することは、手数料ビジネスの抜本的な強化となるし、相談する企業も、銀行であれば安心であり、スムーズな借入れの相談もできる。特に開業1～3年の倒産事象が多く、銀行サポートの不在も間接要因でもある。手数料を徴収し誕生企業の内部状況をアドバイスするなかで健全な成長企業の見分けも可能となるし、可能とさせることもできる。開業間もないこの時期に、"イベント・トリガード・ファイナンス"等の特別仕様の預貸金パッケージ商品の開発も有効であろう。

さらに、"0歳未満"という"開業計画者への相談窓口"を開設し、設立前からアクセスポイントをもち、無理のない自然体での銀行取引発展のメカニズム（敷金担保融資等）を組成する必要もある。

一方、設立3年から7年には、企業体として大きな進歩が期待できる時期でもある。企業によって内部留保の状況が大きく相違し、銀行のアドバイス

もより業務中心での資金繰り計画へと移行するであろう。また、大きな投資を行い、発展の基盤をつくる時期でもあり、投資計画の適正判断に関し、銀行サービスを要求する。

設立7年以降は、会社の将来発展に関し、かなりの確度で予測でき、発展が成熟段階を迎えた企業に対しては、大きな需資は期待できず、個人取引の拡充が主題となろう。一方、ここでも発展を続ける企業は重要な貸出先として成長が予見され、銀行としても直接金融との融合的なサービスなど、構造的な対応が必要となろう。また、売上げのピークアウトを迎える企業に関しては、企業結合やEXIT戦略等の"再生サービス"が必要となろう。

一方、個人においても、年齢に応じ明らかに要求する銀行サービスは違う。20代央までは、生活資金へ対応する消費性ローンや自動車・旅行ローンが中心であろう。20代央から30代前半は、結婚や自己研鑽を中心とした預貸金商品の購入ニーズが中心となる。個人顧客は自分が金融面で標準的な成長過程にいるのかについて、銀行評価がほしい。預貸金パッケージ・メニューから、自分の成長パスに適合するようセミオーダーをしたい。

30代から40代は、家族計画、教育計画、持家計画などの人生における中核的なライフプランの組成と実行に関する預貸金商品の購入ニーズが高い。50代は人生最高の時を迎える準備に関し、商品ニーズが高いことはいうまでもない。

企業に対し、"企業カルテ"等、同業種内での年齢的な発展経路と財務比較を評価提示することにより、顧客満足の創出とリスクに応じた貸出プライシングの合意に関する確固たる基盤が組成される。個人においても同様である。

このように企業や個人を年齢別に分析し、独自のサービス体系を創造、動態的に自行の運調構造の特質を観察、強化することが、最も重要な運調構造設計上のポイントである。このようなサービス体系においては、高機能な現行職員の雇用維持とも整合する。

ハ. 再生業務の戦略的な位置づけと特別商品の開発

　企業再生業務は、今後大きな収益の柱となる。企業再生を現実のものとしなければ、資産の不良化が進み、利息や元本の回収に支障をきたす。また、リスクに見合った金利の支払も困難となることはいうまでもない。回収効率を上げ、適切な金利を徴収するためには、"事後的なアドバイス"では十分機能しえず、"事前のアドバイザリー業務"の提供が何よりも重要で、顧客も待ち望んでいる。銀行にとっては金利収入から、新たな"手数料事業"の強化・組成ができることになる。再生業務の担い手は、やはり金融のプロフェッショナルでなければならず、ここにおいても現在の高機能職員の雇用と整合する。

　一方、"一回事業を失敗した人たち"等に、新規融資の門戸を開くサービスも重要である。"事業の失敗"に関し、自己評価をさせ、そのなかで"再生できる人々"を後押しする。"失敗事例を知的資産に変換する"、この機能が多産開業型社会の底辺を支えるものであり、正常企業においても有用なアドバイスともなる。金利は高めだが、担保・保証の条件が緩やかな特別な商品を開発する必要があると考える。

　銀行経営者は運調の将来像に占める"再生業務"を戦略的にイメージし、具体的な計数目標を設定しなければならない

ニ. 高度化する市場との仲介サービスと将来ビジョンとしての運調構造

　90年代以降、現物市場、派生商品市場ともに急速な拡大を呈し、品揃えの数や取引の柔軟性、流動性の確保など市場の継続的な高度化も実現している。

　21世紀の邦銀は、自行の体力に照らした保有リスクの軽減・圧縮の観点から、戦略的な市場の活用をしなければならない。一方、銀行顧客にとっては、高度複雑化する市場との直接取引において、学習や情報処理の不完全性から、エントリー・コストおよびリスクが急速に増大しており、銀行を仲立ちとした市場商品の購入が経済合理性にかなう場面が多くなっている。

銀行経営者は、自行体力と保有リスクの構造的なバランスを十分理解し、体力にかなう運調構造の常態を維持できるよう、金融市場を直接あるいは即時の出口としたラップ商品の販売を制度・構造的に樹立する必要がある。

すべての預貸金を満期まで保有する囲込み的な顧客関係をよしとする観念的な経営から、市場との仲介サービスを戦略・構造的に取り入れる変革が必要である。その際、顧客利得・利便性の増大の観点から仲介サービス・メニューを組成するとともに、仲介による銀行利潤と間接金融の利潤を比較衡量し、仲介する取引比率や品目、規模を能動戦略的に決定する必要がある。その戦略決定の結果として、あらかじめ企図された運調構造を実現することが、経営者の目標となる。将来の競争環境や利益性が不確実な現在、"能動戦略的な仲介サービスの目標"を"常時動態的に見直す"必要がある。

図表3-12　高度化する市場との能動戦略的な仲介サービスの樹立

- ●銀行経営者は、自行体力と保有リスクの構造的なバランスを十分理解し、体力にかなう運調構造の常態維持を企図し、金融市場を直接あるいは即時の出口としたラップ商品の販売を制度・構造的に樹立
- ●顧客利得・利便性の増大の観点から、仲介サービス・メニューを組成するとともに、仲介による銀行利潤と間接金融の利潤を比較衡量し、仲介する取引比率や品目、規模を能動戦略的に決定
- ●将来の競争環境や利益性が不確実な現在、"能動戦略的な仲介サービスの目標"を"常時動態的"に見直す

具体的な**"仲介サービス"**として、**"投資信託"**の販売がある。

預金→貸金という間接金融の"大動脈"が、リスク血流の増大により破裂警戒となる場合、"投資信託"の販売は、いわば"バイパス"となり、リスクを軽減できる。調達した預金に対し、優良適切な貸出資産が十分量組成できない場合は、リスクの高い資産への運用を余儀なくされる。その際、自己資本が十分量存在しないと、運調構造は定常的なリスク過多を示すことになる。このような場合、"投資信託"という直接金融へのバイパスを創設することにより、バランスを構造的に復帰できる。

したがって、"投資信託"は21世紀の金融システムが達成しなければなら

ない"**社会的なリスク・シェアリング**"の個別銀行レベルの具体的な手段である。

銀行経営者は、"投資信託"の販売に関し、"社会的なリスク・シェアリング"の重要手段として明確に位置づけ、前項で詳論した**『運調構造内のリスク制限の装置』**を最大限活用し、必要な『投資信託』のバイパス金額を論理的に逆算し、計画的に成長・強化する必要がある。

ただし、銀行はこのバイパスにおいて、銀行サイドの論理で強制誘導的に取引を組成してはならない。なぜならば、"投資信託"の販売が"社会的なリスク・シェアリング"を意味するのであれば、リスクは個人あるいは法人等の運用者側に転嫁されることを意味するからである。銀行は投資信託の販売において、個人等の資金運用者への教育、リスク・プロファイルの周知徹底、個人リスク嗜好の度合いを調整できる十分な品揃えを実現しなければならない。

銀証同店舗認可における**"株式の窓口販売"**は、さらに投信の行き着いた形態として同様に想定される。成熟した資金運用者は確固たる運用思想のもと、市場より個別株式を直接購入する。しかしながら、すべての個人が常に

図表３-13　投資信託の銀行経営上の意味

- ●調達した預金に対し、優良適切な貸出資産が十分量組成できない場合は、リスクの高い資産への運用を余儀なくされる。その際、自己資本が十分量存在しないと、運調構造は定常的なリスク過多を示すことになる。このような場合、"投資信託"という直接金融へのバイパスを創設することにより、バランスを構造的に復帰できる。
- ●したがって、"投資信託"は、21世紀の金融システムが達成しなければならない、"社会的なリスク・シェアリング"の具体的な手段として、経営上明確に位置づけ、前項で詳論した『運調構造内のリスク制限の装置』を最大限活用し、必要な『投資信託』のバイパス金額を"論理的に逆算"し、計画的に成長・強化する必要がある。
- ●銀行は銀行サイドの論理で、投信販売を強制誘導してはならない。銀行は投資信託の販売において、個人等の資金運用者への教育、リスク・プロファイルの周知徹底、個人のリスク嗜好の度合いを調整できる十分な品揃えを実現しなければならない。

"合理的な行動"を示すとは限らない。銀行は彼らのよき"門番"として、個人のライフプランあるいは企業の体力比、過大なリスクとなっていないか、金融のプロフェッショナルとして常にアドバイスすることに価値あるサービスを見出すことができる。自行のリスク管理の手法を顧客に提供するサービスは、今後重要な手数料ビジネスとなるし、社会的にも価値がある。

　日本における事業リスク、資金ニーズの構造的な先細り、資金余剰の状態は今後いっそう定着する。もはや、日本国内に日本の預金を量的に充足する貸出は見出しにくい。したがって、日本の銀行は、成長途上で資金需資が潤沢なアジアの諸企業への運用を通し、資金運用ニーズに応えていくことが必然となる。**"アジア運用業務"** の強化が、国内的な視点からも、また国際的な視点からも必要となる。この際、国際業務を展開するメガバンクは現地貸出の組成とその証券化により、"投資信託商品"等の **"金融製造業"** として発展するし、発展しなければならない。アジアだけにとどまらず、地球規模で貸出需資を探索し、証券化することを実践し、欧米に負けず劣らない金融競争力を発揮することを真摯に期待する。メガバンクのグローバル活動の再生は、21世紀の銀行システムの樹立において必要不可欠なものである。地方銀行、地域金融機関は、"金融製造業"によって組成される各種証券や投資信託の商品性・リスク・プロファイルをよく理解吟味し、日本全国津々浦々の資金運用者に適切かつ十分な品揃えをもってして、**"地域金融の運用専門会社"** としての地位を不動なものとしていく。**"金融サービス業"** としての色彩をより鮮明に打ち出す必要がある。ただし、そのなかでも体力ある地方銀行、地域金融機関は、**"大都市圏"** での **現地貸** を実行したり、その証券化による地域での販売を担うことも期待される。

　個人向けの新たな国債が発行された。期間10年で従来の5万円から1万円単位での販売であり、半年ごとの変動利払いで、券面はなく銀行での保護預かりという考え方もなくなる。過去1年間分の利子相当額を支払えば、政府が元本額面で買い取る。今後の景気回復過程で現出する金利上昇期には、受け取る利息は増えるうえ、価格下落リスクは元本での買取りにより回避で

きる。全国392の民間金融機関が取り扱い、個人へ販売していく。

　現代の銀行経営者はまさに白紙のキャンパスに威風堂々、自由自在の運調構造を描けるのであり、そのできあがりは競争力の現れである。超低金利の時代、預金者は利回り水準に関し到底満足できず、自分たちがとりうるリスクの範囲内で上方リターンを期待する。それが運用者としての健全な成長過程でもあるし、"社会的なリスク・シェアリング"の具現化でもある。銀行の運調構造はまさに、"間接金融と直接金融の比重"を表すものであり、金融システムの"小宇宙"を示すものである。銀行経営者は、銀行の経営体力の状況、そして預金者・資金運用者の成熟度合いを常に整合させるよう、投資信託等の販売を戦略的かつ客観的に策定し、状況をみながら、そのバルブをコントロールする。こうして形成される各行の"小宇宙"が光り輝くことにより、金融システム全体は確固たる安定を得ることができる。

　市場はいつも正しいわけではない。銀行は社会成熟、構造変化のなかで、市場運用を高める人々、企業がより安全に金融面で幸福が得られるよう、金融という"宇宙"を透徹し、創造していかねばならないし、それが永続的な社会的使命でもある。

　米国では銀行の数が貯蓄金融機関を含め1万程度ある。これに比べて、日本の銀行数はきわめて少ない。また、単体銀行の雇用人数をみても、バンクオブアメリカで14万人超、支店網では約4,000にも及ぶ。このことは、従来の日本的なやり方ではない創造的な運調構造を、"経営理想"をもって実行すれば、もはや銀行業は構造不況業種ではなく、なくてはならない21世紀の成長産業であると認識できるし、しなければならない。

　目を閉じて、明快にイメージする理想的な運調構造。そこには顧客の顔が浮かび、資金の流れも想定できる。これを組成する金融のプロフェッショナルとして客観論理、これからの**"論理想の銀行経営"**を期待する。

第 II 部

銀行経営の理論

第4章

銀行リスク管理の理論

　本章では、銀行業を営むことにより必然かつ付随的に発生する主要リスクに関し、実効的なリスク管理の理論的な枠組みについて考察を行う。銀行は経営に影響を与えうるすべてのリスクを客観的に洗い出し、そのリスク要因の特定化とリスク量の理論的計測手法を確立しなければならない。有効なリスク管理が樹立されるべき重要な銀行保有リスクとしては、"金利リスク""信用リスク""オペレーショナルリスク""流動性リスク"があげられる。銀行が業務遂行上保有する、これらの主要リスクに対して、十分なリターンを計上できているか、あるいは割当て自己資本内に収まっているかどうかを見極めていく力の醸成が必要であり、そのためにリスク管理の理論的手法を確立しなければならない。

　間接金融を業として営む銀行が健全な経営基盤を築き、社会全体の金融システムを円滑に機能させるためには、リスクに見合った収益を確保し、またこれらのリスクを消化するメカニズムを構築することが必要である。リスク管理とは、このリスク消化のメカニズムの構築・運営を意味し、銀行経営に

とって最も基本的かつ不可欠な課題であり、資金需給特性の消化という事業命題をなし遂げるうえで重要である。

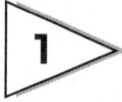

▶1 銀行保有リスクとリスク管理手法

　本節では、銀行の抱えるリスクの種類とそのリスク管理手法の基本的なフレームワークに関し、議論を深める。銀行のリスク管理ということを考えた場合に、まず目指すべきことは、ある経営戦略を想定した場合に生じるリスク量を具体的に計量することである。リスク量を計量する術をもつことで経営上の判断を行う場合に必要な客観情報を得ることができ、リスクとリターンを考慮したうえでの経営方針を策定することが可能となる。

　銀行保有リスクを管理するうえでまず必要なことは、どのような種類のリスクがあるのかを認識することである。銀行のリスクにはさまざまなものがあげられており、今後も新しいリスクが現出するものと考えられる。したがって、どのようなリスクが存在しているのか、日々新たな視点で見極めていく努力がリスク管理の基本である。

　続いて行うべきことは、リスク量の客観的な計測方法を実現することである。リスク量の計測には二つのステップがある。1番目のステップは、リスクを引き起こす要因（ファクター）を明らかにし、リスク発生のメカニズムを定式化することである。リスクファクターの定式化を行うことで、リスクの発生頻度や発生状況を想定することが可能となる。続いてのステップは、定式化したリスクファクターに基づくリスク量の計量である。方法として、リスクファクターの平均値や標準偏差を使ってリスク量を求める方法と、乱数を使ってリスクファクターのシナリオを作成しモンテカルロシミュレーションを行う方法とが考えられる。

　次に行うべきことは、ある経営戦略をとった場合に得られるリターンと発生するリスク量を計算し、リスクとリターンの観点から経営戦略の有効性を

判断することである。基本的にリターンとはリスクの見返りであるため、リターンを確保するためにどれだけのリスクを許容するかという経営判断をしていかなくてはならない。また、リスクが顕在化することをできるだけ回避する「運用プラン」や、リスクが顕在化した場合の「コンティンジェンシープラン」などを策定することも重要となる。

銀行保有リスクに対するリスク管理の基本骨子として、以下の3点があげられる。

- 銀行保有リスクの種類認識
- リスク計量方法
- リスクとリターンに基づく経営戦略の策定

本節では、この3点について順次考察を深める。リスクファクターの認識から始まり、リスクとリターンによる経営戦略の策定までの一連の流れが銀行リスク管理の要諦であり、本章ではこの内容に沿って銀行リスク管理の理論を展開していきたい。

(1) 銀行保有リスクの種類認識

銀行は間接金融を主たる業務としており、自身では市場での資金運用・資金調達ができない企業や個人(顧客)のかわりに、市場との間に入り資金移動の仲介人となることで利益をあげている。資金の仲介人としての役割は、資金の運用と資金の調達を行うことで果たされている。したがって、間接金融を事業とするには、資金の運用および資金の調達が確実に行われることが必要であり、そこから利益をあげることが企業目的となる。このような間接金融業の仕組みのなかでさまざまなリスクが発生する。

資金運用に際しては、融資貸出先や購入した債券の発行先といった資金の運用先が債務不履行に陥り損失を被ったり、信用力の悪化により債券価格が下落(スプレッドが拡大)し損失を被る「**信用リスク**」が存在する。資金調達においては、銀行自身の債務履行能力が問題となり、保有する資産の現金

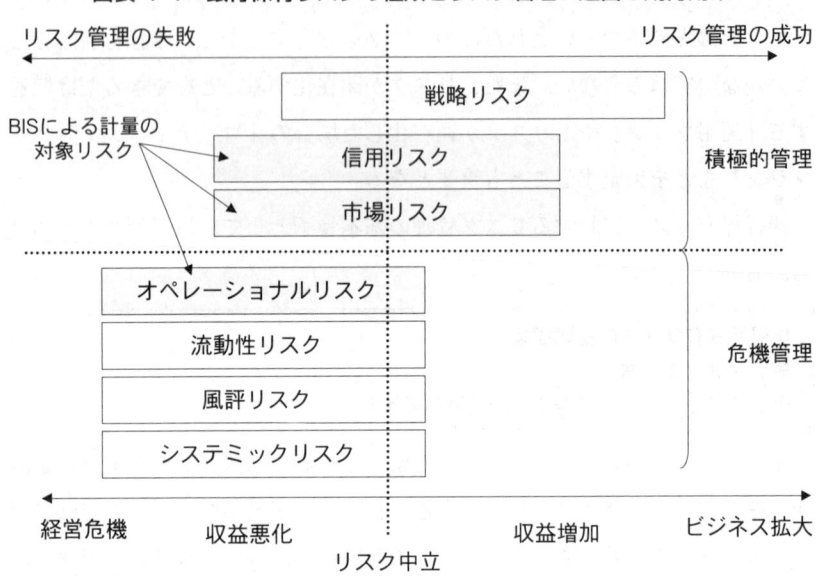

図表 4-1 銀行保有リスクの種類とリスク管理・運営の期待効果

```
リスク管理の失敗                                    リスク管理の成功

                        ┌──────────────────┐
                        │     戦略リスク     │
BISによる計量の          ├──────────────────┤        積極的管理
対象リスク    ──────→   │     信用リスク     │
              ──────→   ├──────────────────┤
                        │     市場リスク     │
                        └──────────────────┘
      ┌──────────────────┐
      │ オペレーショナルリスク │
      ├──────────────────┤
      │    流動性リスク    │                        危機管理
      ├──────────────────┤
      │     風評リスク     │
      ├──────────────────┤
      │  システミックリスク  │
      └──────────────────┘

経営危機      収益悪化          収益増加         ビジネス拡大
                        リスク中立
```

可換性や市場からの資金調達力にかかわる**「流動性リスク」**が存在する。運用と調達という資金仲介面から考察すると、金利、株価、為替レートなどの市場動向によって、資金調達の費用や資金運用にかかわる利益が影響を受ける**「市場リスク」**が存在する。このほかにも外国為替や有価証券売買の決済に際して取引先のデフォルトや事務上のミスによる**「決済リスク」**(信用リスクと性質的に重なる部分をもつ) などのリスクも指摘されており、銀行業務の性質による銀行業固有のリスク (金融リスクと総称する) として考えることができる。

　これらのリスクのように、間接金融の性質に伴うリスクが存在する一方で、経済活動を行う一企業組織として銀行をみた場合にもリスクは存在する。企業組織に一般的に当てはまる性質のものであり、事務上のリスクやシステム上のリスクである**「オペレーショナルリスク」**などは、その代表例である。

　「オペレーショナルリスク」の定義は一義的ではないが、狭義の「オペ

レーショナルリスク」としては、事務上のミスや不正によるリスク（「**事務リスク**」）と、システム不備によるリスク（「**システムリスク**」）から定義される場合が多い。BISでは、これらに加えて契約上の解釈相違や契約文面上の不備によるリスク（「**法的リスク**」）も含めた広い意味での「オペレーショナルリスク」を定義している。「オペレーショナルリスク」は、計量不可能なリスクとして考えられたこともあったが、現在ではデータの収集や統計的な分析も進み計量化手法が考えられつつある。BISにより必要な自己資本を割り当てることも求められているため、リスク管理上無視することはできない。

「オペレーショナルリスク」のほかには、政策・法律・規制・社会インフラといったビジネス環境に関する「**ビジネスリスク**」、取引を行う国や地域の政治や経済の問題、金融システムの危機といった外生的な要因による「**イベントリスク**」などがある。経営戦略上のミスによる「**戦略リスク**」、外部の風評によって損失を被る「**風評リスク**」、特定の個者に生じた問題が関連する他者に伝播して全体的な問題となる「**システミックリスク**」などがあげられる。現段階では「ビジネスリスク」や「イベントリスク」等は、「オペレーショナルリスク」ほど具体的な計量化が求められていないが、業務上で直面するすべてのリスクについてリスク管理をすることは重要な課題であり、計量化を考えていかなくてはならない。

(2) リスク計量の基本プロセス

上述のとおり、銀行が保有するリスクにはさまざまなものが存在し、これらに対し、客観的な計量手法を確立することが、銀行リスク管理の重要なステップである。本項では、リスク計量にかかわる基本的なプロセスについて考察を深める。

リスク計量を実行するために考慮すべき重要なプロセスとして、以下の二つがあげられる。

a　リスクファクターのモデル化

　まず第1は、リスクを生み出す要因（ファクター）を特定したうえで、リスクファクターの動きを表すモデルを作成する（**リスクファクターのモデル化**）ことである。リスクファクターのモデルを使うことで、リスクファクターのシナリオを作成することが可能となる。この「リスクファクターのモデル化」とは、リスクファクターを数値情報として捉え、なんらかの数理的な取扱いにより、その数値的な変動幅、変動シナリオを算出するモデルを構築することである。たとえば、「市場リスク」であれば、リスクファクターとして市場金利や株価が考えられ、確率微分方程式などで金利や株価の変化を記述することで行われている。「信用リスク」であれば、リスクファクターとしてはデフォルト率や企業の資産価値などの企業の信用力指標、回収率等が考えられ、企業の財務情報などに基づくスコアリングモデルや株価情報に基づいた企業資産価値モデルなどが考案されている。

　「リスクファクターのモデル化」の方法については、個別のリスクごとにアプローチ方法が異なるため、統一的な枠組みをつくることはできない。しかしながら、なんらかの観測可能な情報に基づきリスクファクターの値を算出するという点では共通点があり、リスクファクターのモデルを用いることで、リスクファクターのシナリオを作成しリスク量の計量を行うことが可能となる。

　銀行保有リスクのなかには、リスクファクターのモデル化が困難なものも存在する。たとえば、「流動性リスク」については、現時点において、リスクファクターのモデル化があまり考案されていない。自行株価の動向という間接的なリスクファクターの取込みにより、モデル化の方策が期待されるが、リスク量を計測することより、現実のリスク回避のための「運用プラン」やリスクが生じた場合の「コンティンジェンシープラン」を作成し管理を行うことが、リスクの性格上適していると考えられる。

　したがって、リスクファクターのモデル化が可能であり、リスク計量が行

えうるリスクに関しては、「**計量管理の対象リスク**」として分類し、現時点でリスク計量の困難なもの、またそもそもイベント的事象であり、そのコンティンジェンシー対応が重要なリスクについては、「**運用管理の対象リスク**」と明別し、それぞれのリスクカテゴリーに適したリスク管理を構築すべきと考える。

b　リスク計量のモデル化

　リスク計量にかかわる"第2の基本的なプロセス"は、銀行が業務遂行上取り組み保有する資産・負債に対し、上記のリスクファクター・モデルを変動因子として取り入れ、保有リスクを計量する理論的プロセスであり、**"リスク計量のモデル化"**である。リスク量を計算するためには、リスクファクターのシナリオに従って、銀行が保有する資産・負債の価値がどのように変化するのかを具体的に把握する仕組みが必要となる。資産・負債の価値変動には、二つの考え方がある。一つは、現在保有する資産・負債がもつ価値の変化であり、現在取引中の預金・貸出の現在価値や、資産としてもつ有価証券の時価などとして定義できる。もう一つは、バンキング業務のなかで現在保有する預金・貸出の取引が将来も継続されることでもたらされる潜在的な価値の変化である。前者は、銀行のポートフォリオを静的にとらえるという立場となり、後者は動的にとらえるという立場となる。計測時点において保有する資産・負債のリスク量を計測することは当然必要であるが、将来発生する取引についてのリスク量を計測することも怠ることはできない。したがって、**"ストック分の資産・負債に関するリスク量"**と**"将来取引における資産・負債のリスク量"**という二つの考え方に対して適切なリスク計量の仕組みを考える必要がある。

c Value at Risk "VaR"

"ストック分のリスク計量"としては、計測時点で確定しているキャッシュフローを現在価値に引き直したうえで、想定確率内での現在価値の変化量を測定する**"Value at Risk (VaR)"**という手法が一般実用化されている。これは、各種リスクファクターの変動により、資産の現在価値と負債の現在価値をネットした現在価値（Net Present Value、NPV）が、一定の計測期間内に一定の信頼区間（たとえば、1％の確率で起こりうる）における最悪状態で、どこまで減少するのかを分析するものである。VaRを算出するためには、計測時点で保有している資産・負債を現在価値にすることが必要であるため、預金・貸出については管理計測時点での取引条件に従ってキャッシュフローを展開し、スポット・レートで割り引いて現在価値を導出する。株価等の有価証券については市場での時価を使用する。

VaRは当初、市場リスクの管理手法として考案され、リスクファクターとして市場金利や株価指数を使用していた（**市場**VaR）。市場VaRの定着と評価が定まった90年代後半より信用リスクに対しても、デフォルト確率や回収率をリスクファクターとした同手法の適用がなされ（**信用**VaR）、現在においては、オペレーショナルリスクに対しても、ビジネスラインごとの損失頻度や損失金額などをリスクファクターとしたVaR算出にまで拡張されて

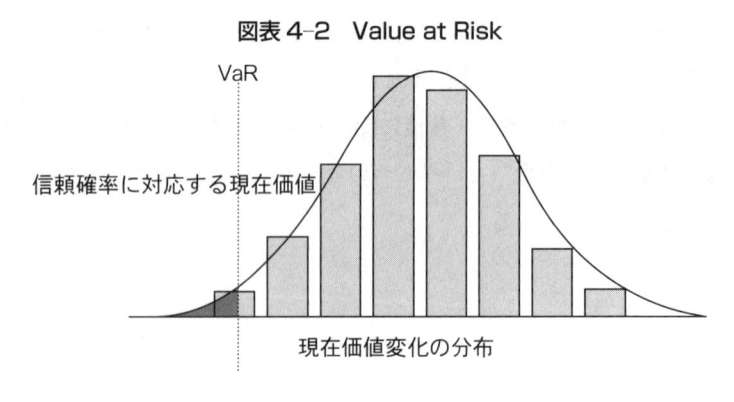

図表4-2　Value at Risk

図表4-3 VaRの手法

手　法	特　徴
分散共分散法	現在価値の変化が正規分布に従うと想定したうえで、リスクファクターの標準偏差と相関係数を使って数式解としてリスクを計量する。
ヒストリカル法	リスクファクターの過去データから、ある計測期間での変化幅のパターンを計算し、計測時点の現在価値変化を求める。
モンテカルロ法	リスクファクターの確率変動モデルを考え、モンテカルロ・シミュレーションにより現在価値の変化を計測する。

いる。

　VaRには、リスクファクターの変化に正規分布を想定し、リスクファクターの標準偏差とリスクファクター間の相関係数を使ってNPVの変化を解析的に求める**"分散共分散法"**と、リスクファクターのシナリオを複数生成してシナリオごとのNPVをシミュレーションする方法とがある。シナリオの作成方法としては、ヒストリカルデータから取得された情報を使う**"ヒストリカル法"**と、リスクファクターのモデル式を使って乱数に基づき作成する**"モンテカルロ法"**がある。

　"分散共分散法"の特徴は、現在価値の変化が正規分布に従うと想定したうえで、リスクファクターの動きに対して現在価値の変化が線形に近似した場合でリスク量を計算によって求める方法である。グリッドポイントとして指定したリスクファクターが、一定量動いた場合の変化量（デルタマップ）を求めると同時に、過去データから、グリッドポイントとして指定したリスクファクターの変化量について標準偏差、相関係数を算出し、両者を掛け合わせることでVaRを計算する（図表4-4参照）。

　"ヒストリカル法"は、リスクファクターの変化を過去データから求めようとする手法である。過去データに存在した実際の変化幅を利用するため分散共分散法で置いた現在価値の変化が、正規分布に従うという仮定は必要ない。あくまで過去実績に基づくVaRの測定である。

　手順としては、過去データからグリッドポイントの変化量のパターンを複

図表4-4　分散共分散法による Value at Risk の計量

$$VaR = \frac{Q \cdot T}{S} \sqrt{(\sigma_1 \Delta_1, \ldots, \sigma_n \Delta_n) \begin{bmatrix} \rho_{1,1} & \cdots & \rho_{n,1} \\ \vdots & \vdots & \vdots \\ \rho_{1,n} & \cdots & \rho_{n,n} \end{bmatrix} \begin{bmatrix} \rho_1 \Delta_1 \\ \vdots \\ \rho_n \Delta_n \end{bmatrix}}$$

$(\Delta_1、\Delta_2、\ldots、\Delta_n)$	グリッドポイントがSシフトした場合の現在価値の変化
$(\sigma_1、\sigma_2、\ldots、\sigma_n)$	グリッドポイントの標準偏差（測定期間の単位当り）
$\begin{pmatrix} \rho_{1,1} & \cdots & \rho_{n,1} \\ \vdots & \vdots & \vdots \\ \rho_{1,n} & \cdots & \rho_{n,n} \end{pmatrix}$	グリッドポイント間の相関係数マトリクス
Q	信頼区間に対応した正規分布の掛目（片側95％なら1.96）
S	グリッドポイントのシフト幅
T	√測定期間

数抽出する。抽出された各グリッドポイントの変化量のパターンを使って、将来のリスクファクターを作成し、変化前のリスクファクターによって決定される現在価値と変化後のリスクファクターによって決定される現在価値との差を計算することで、現在価値変化量の分布を作成する。指定信頼区間に対応した順番の現在価値変化量を抽出したものがVaRとなる。"ヒストリカル法"を行うには十分な期間の過去データが必要となる。

　"モンテカルロ法" は、基本的な考え方に関しては"ヒストリカル法"と同じであるが、将来のリスクファクターのシナリオを過去データから抽出するのではなく、前項で説明したリスクファクター・モデルをテコにシナリオを作成する点が異なる。"分散共分散法"では、リスクファクターの動きに対して現在価値の変化を線形近似しているため、VaRに誤差が出る可能性があったが、"モンテカルロ法"では、こうした誤差は発生しない。そのかわりに、いくつもの金利シナリオを生成してシミュレーションを行うため、計算時間が分散共分散法よりも必要となるのが短所である。

d Earning at Risk "EaR"

　一方、"既存取引"のみならず、既存取引の満期継続というバンキング勘定の預貸金性向を論理的に組み込んだ"将来取引"から生まれるリスクまでをも統合したリスク計量手法として、**"Earning at Risk（EaR）"**[1]が開発された。計測時点で確定しているキャッシュフローをもとにマチュリティラダーを継続し、新規取組状況をも論理的に組み込み算出した将来の予想取引を仮想し、これに対し金利などのリスクファクターに関するモンテカルロシミュレーション（数千本のシナリオ）を実行し、リスクファクターの変動による将来の期間収益のブレ幅を将来価値ベースで計算するリスク計量モデルである。EaRで計測する代表的なリスクは金利リスク（長短ミスマッチ・リスクおよびベーシス・リスク）であるが、計量プロセスのなかに、容易に信用リスク[2]やオペレーショナルリスクを織り込むことが可能な、柔軟性に富む計量モデルである。

　将来の期間収益をシミュレーションするEaRでは、将来発生する資産・負債の内容を想定することが必要となる。具体的には、将来ロールオーバーもしくは新規として立ち上がる預金・貸出の残高と約定金利（対顧金利）を論理的に設定する仕組みを構築する。

　将来の取組残高および特性（期間など）を想定する際には、①既存取組分

1　大久保豊編著『アーニング・アット・リスク』（金融財政事情研究会）で、初めてEaRの論理的フレームワークが提示された。その後、期間収益の将来変動リスクを計量する基本的なリスク計量手法として一般実用化している。また、近年"拡張EaR"として、バンキング勘定の預貸金継続性向を論理的に組み込んだ、将来時点でのEaR分析や、将来時点のVaR分析まで論理モデルが拡充・実用化され始めている。EaRは期間収益の変動リスクを計量するというモデルの性質上、一定の期間内に限定したリスクの計測となっており、計測期間以後に顕在化するリスクがあったとしても計測できないという短所をもっている。この問題点を解決するため、期間収益の集計時点（5年間の期間収益を半期ごとに集計する場合は、半期末ごとのタイミング）における残存分の現在価値を足し合わせた総合収益を計算する、といった拡張EaRなどが考案されている。
2　貸金の継続算定の際、信用区分情報（格付情報）も付帯し、将来の期間ごとのデフォルト率の期待値の変化を遷移確率などから設定し期間ごとの期待損失、最大損失の計算を行う。

の『将来残影響』を把握する、②既存取引の将来満期分からロールオーバーする取引を想定する、③新規取組分を仮定する、という三つの手順で行うのが一般的である。

既存取組分の『将来残影響』を把握する際には、伝統的なALM手法である"マチュリティ・ラダー分析"が有効となる。預金・貸出の明細を展開して、月ごとに期落する残高と残存する残高を計算する。

既存取組分のラダー展開の次には、既存取組みの将来満期分から、どの程度のロールオーバーが発生するのかを決定する。ロールオーバーを考える際には「取組期間のロールオーバー」と「取組残高のロールオーバー」を考慮する必要があり、前者はロールオーバー時の継続期間を、後者は期落残高のうち実際に継続する割合を置く。過去の取引データから、取引の形態(科目や資金使途、商品性)ごとにロールオーバー率を分析するなどして、数値を設定する。現在においては、"将来取引の内容自体が金利に連動する"よう発展拡充された、より強固なリスク計量モデルが考案されている。たとえば、金利のシナリオ(数千本のモンテカルロ・シミュレーション)に応じ連動させ、金利が大幅に上昇した場合は定期預金の中途解約が発生したり、預入期間が変動するなどの"預金者行動モデル"を組み込んだり、貸出の中途返済行動をモデル化して、包括的なEaR算出が実務に適用され始めている[3]。

将来の約定金利(対顧金利)を想定する際には、"基準金利"と"基準金利対比のスプレッド"に分解して論理的に算出する。"基準金利"とは預金金利や貸出金利の対顧金利組成上の基準となる交渉金利であり、預金であれば店頭掲示レート、貸出であれば短期プライムレートなどがそれに当たる。預金の店頭掲示レートや短期プライムレートの将来シナリオ作成においては、市場金利を説明変数とした回帰式によってモデル作成することが一般的

---

[3] 将来金利のシナリオは、1カ月物、3カ月物、1年物等の金利イールドカーブの将来推移であり、これが大口定期、スーパー定期等の各商品属性という総体("期間""時点""商品"の三次元)を"1シナリオ"として数千本のシナリオ群をモンテカルロでモデル創造し、各期間金利の変動やイールドカーブの形状に応じた預金者あるいは貸出先の行動を論理定式し、総合的により現実に則したEaRを算出する。

であるが、単純な回帰式では不十分であり、上限値や下限値の設定、遅効性（タイムラグ）の設定、指標金利が動く際のトリガーの設定なども考慮し、現実に則した論理モデルにより組成しなければならない。

"基準金利対比のスプレッド"については、ロールオーバーする場合と新規の場合とで考えが異なる。ロールオーバー時には満期到来分のスプレッドで継続される場合が実態的であり、継続時に維持されるスプレッドの割合・性向を論理的に設定するのが基本であるが、格付などの信用区分に応じた対顧貸出金利の見直しなどを考慮することも重要となる。新規については、商品性を考慮するなどして、将来の発生時点ごとに設定する。

以上のように、将来の残高と将来の約定金利（対顧金利）に関し、客観的な論理式で設定することにより、あとはリスクファクターである金利や想定デフォルト率の将来シナリオをモンテカルロ・シミュレーションで組成し、各シナリオごとの将来収益推移を計測、それらを変動分布でとらえることにより、最悪95%や99%での将来収益値、すなわちEaRを算出する。

金利について複数のシナリオを想定し、モンテカルロ・シミュレーションを実行すると期間収益の分布が作成される。その結果を、たとえば今後5年間の累計期間収益で括り、その最悪リスクの動向を管理することで、金利リスクに関するEaRを求めることができる。金利リスクに関するEaRでは、金利の変動リスクを、"長短ミスマッチ・リスク"（このリスクはVaRにおいてNPVという現在価値のベースで計測していたリスクを、将来価値でとらえたものである）という形で計測するとともに、VaRでは補足不可能な"短プラと市場金利間"・"流動性預金金利と市場金利間"・"定期店頭掲示レートと対象市場期間金利"などのスプレッドに存在する"ベーシス・リスク"の計測が可能となる。ベーシス・リスクを把握するためには**"行内移転価格制度 (Transfer Pricing)"**[4]を実施し、ALM部門、営業部門、本部勘定などに対顧金利を仕切ることが必要である。

---

4 行内移転価格制度（Transfer Pricing）については第7章『銀行管理会計の理論』で詳しく説明する。

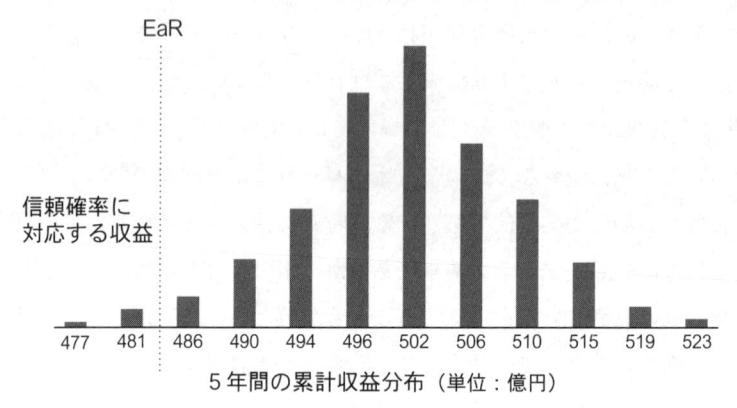

図表 4-5 "Earning at Risk"（累計収益分析）

[図：5年間の累計収益分布（単位：億円）、横軸 477〜523、EaRと信頼確率に対応する収益を示す棒グラフ]

EaRの特徴は、銀行の重要な資産・負債である預金や貸出の収益構造を、ストック分のみではなく将来分についても構築できるということである。EaRによるリスク計量は、金利リスクなどの市場リスクに関する計測のみならず、信用リスクやオペレーショナルリスクなどにも拡張していくことが可能であり、VaRとあわせてリスク計量の重要な手法として考えることができる。

e　VaRとEaRの並存

"VaR"と"EaR"という二つのリスク計量モデルは並存すべきものであり、どちらか一方のみでは銀行の保有する資産・負債のリスク計量としては不十分なものとなってしまう。特にバンキング勘定である預貸金は継続性（ロールオーバー）が高いため、銀行の保有する資産・負債のリスク量を測るためにはストック分と将来分の両方について考慮する必要がある。

近年、将来価値ベースの期間収益と現在価値ベースの評価を一つにした総合リスク計量手法の試みとして"拡張EaR"が考案されている。VaRのみ、またはEaRのみでは完全に把握できなかったストック分と将来分のリスクを一つの数字で把握できることが強みである。そのため、拡張EaRはバン

キング勘定のリスク計量の有効な手段として、今後いっそうの実務適用が期待される。

(3) リスクとリターンに基づく経営戦略の策定

これまで、『リスクファクターのモデル化』、『リスク計量のモデル化』に関し考察を深めてきた。ここでは、リスク計量手法を使った具体的な銀行業務の運営方法について述べる。

銀行業務の運営において最も重要なことは、"リスク"と"リターン"を管理するということに尽きる。すなわち、**"保有リスク量を、リスクリザーブである自己資本の範囲内に抑え、リスクに見合ったリターンを得られるような業務運営を行う"**ということである。そこで、リスクとリターンの関係を把握し、リスクに対してどの程度のリターンをあげているのかという点を検討する必要がある。

リスクとリターンに基づく運営シナリオの策定方法としてリスク計量手法が利用できる。すなわち、預金・貸出のボリューム増減計画やプライシング計画、リスク低減のためのヘッジオペレーションや収益獲得のためのストラテジック・オペレーションの実行計画などに関するいくつかの運営シナリオに対して、VaR、EaR、拡張 EaR といったリスク量の計量手法を用いて、図表4-5のようなリスクとリターンの分布を作成する。

このなかから、自己資本でカバーできる範囲においてどこまでのリスクをとり、どこまでのリターンを目指すかを決定するわけであるが、その決定は、経営の重要事項であることはいうまでもない。間接金融を主業とする銀行にとって、これらのリスクを適切に管理・コントロールし、リスクに見合った収益をあげていくことが経営の最も重要なミッションである。

リスク計量手法は、経営判断を行うための材料を提供するものである。これらのリスクを計量するにあたっては、各々のリスクを別々に計量するのみでなく、統合的に計量する必要がある。そういった観点からは、各々のリス

図表4-6 リスクとリターンの分布

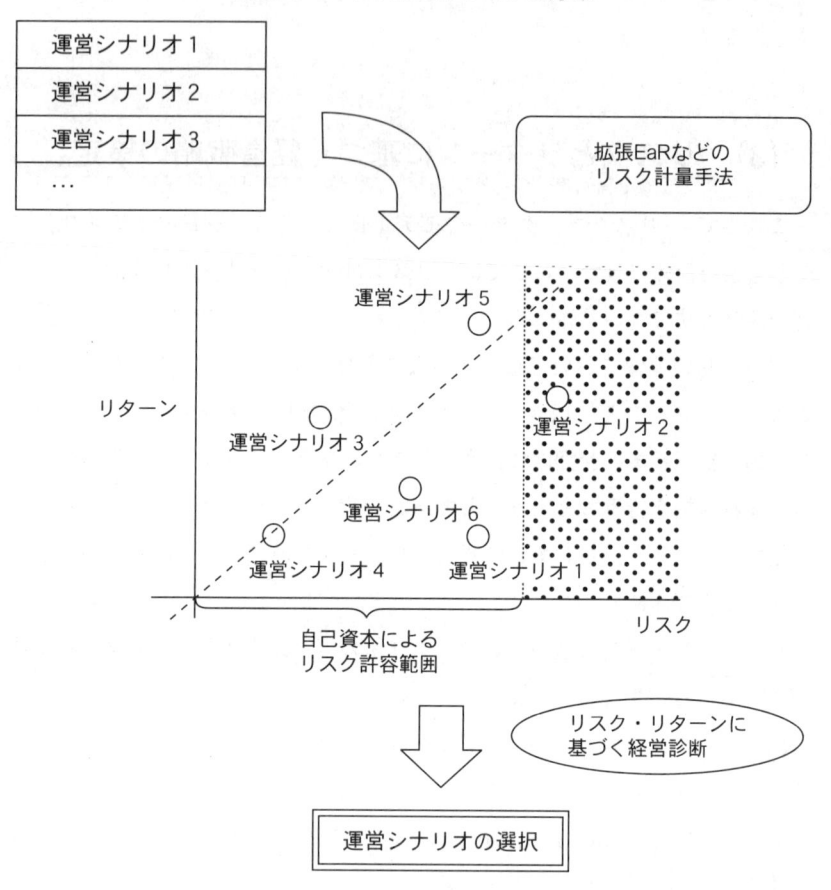

- 運営シナリオ1
- 運営シナリオ2
- 運営シナリオ3
- …

拡張EaRなどのリスク計量手法

運営シナリオ5
運営シナリオ3
運営シナリオ2
運営シナリオ6
運営シナリオ4
運営シナリオ1

リターン / リスク

自己資本によるリスク許容範囲

リスク・リターンに基づく経営診断

運営シナリオの選択

ク(市場リスク、信用リスク、オペレーショナルリスク、流動性リスク等)が、それぞれに与える影響を計量する必要も出てくる。たとえば、景気が回復局面にあれば、金利は上昇する一方で、デフォルト率は低下するといった各リスク間の相関について考慮する必要があり、市場リスクと信用リスクを統合した管理が必要となる。金利とデフォルト率の相関係数が与えられれば、統合的なリスク量が計測できる。

リスク計量の手段をもつということは、銀行業務の運営において必要不可欠なことであり、銀行の運営に関する判断材料として欠かすことはできな

い。本節では、リスク管理に関する基本的なフレームワークに関し考察を深めた。リスクファクターのモデル化の必要性とVaR、EaR、拡張EaRによるリスク計量の仕組みを紹介した。

続く第2節以降では、主要なリスクとして認識されている四つのリスク、「信用リスク」「市場リスク」「オペレーショナルリスク」「流動性リスク」について、具体的に掘り下げた考察を行う。「信用リスク」「市場リスク」「オペレーショナルリスク」は、BIS規制でリスク計量が求められている「計量管理の対象リスク」であり、以下の節で、それぞれのリスクに応じた、"リスクファクターのモデル化"や"リスク計量のモデル化"に関し、個別での詳細な解説を行う。

「オペレーショナルリスク」は、「運用管理の対象リスク」の性質をも持ち合わせていることから、両方の観点から考察する。「流動性リスク」については、リスクファクターのモデル化が実用的ではないため、「運用管理の対象リスク」として位置づけ、リスク管理の方法について紹介する。

次節以降で説明を行うリスクは、以下のとおり。

取り上げる節	リスク名	内容
第2節	信用リスク	・信用リスク管理の基本構造 ・信用コスト要因分析と信用コスト計量 ・信用リスク要因分析と信用リスク計量 ・資金需給特性の消化における信用リスク管理
第3節	市場リスク	・市場リスク管理の基本構造 ・市場リスク要因のモデル化 ・VaR／EaR／拡張EaRによるリスク計量のモデル化
第4節	オペレーショナルリスク	・オペレーショナルリスク管理の基本構造 ・オペレーショナルリスクの要因分析とリスク計量 ・オペレーショナルリスクの管理方法
第5節	流動性リスク	・流動性リスク管理の基本構造 ・流動性リスクの要因 ・流動性リスクの管理方法

2 ▷ 信用リスク管理の理論

　本節では、債務者が債務を履行できずに銀行が損失を被る可能性、すなわち信用リスクについて考察する。近年、邦銀において、信用リスクの管理および運営は、経営上の最も重要な課題となっている。かつて、量的な資金仲介者として機能した銀行は、バブル経済の発生と崩壊による長期景気低迷により、デフォルト（債務不履行）の増加や担保価格の下落に直面し、経営基盤を揺さぶられている。また、この信用リスクに見合った十分な利鞘が得られていないことも、近年重要な問題となっている。邦銀の利鞘は、米銀に比べ2.50％も下回っているといわれている。80年代の借入需要の低迷により

図表4-7　信用リスクの管理の要諦

信用リスクとは......

債務者が債務を履行できずに銀行が損失を被る可能性

間接金融を業とする銀行にとって信用リスクの管理および運営は、経営上の最も重要な課題であり資金需給特性の消化を図ることは事業命題である

- ● 債務者の予想デフォルト率の把握
- ● 回収率の把握

- ● 予想損失である信用コストの把握―貸出金利への反映・適切な貸倒引当

- ● デフォルト率が変動するリスクの把握
- ● 回収率が変動するリスクの把握
- ● 与信の集中によるリスクの把握

- ● 非予想損失である信用リスクの把握―適切なリスク・リターンプロファイル・経営資源の確保

信用リスクを消化するメカニズムを構築し、間接金融を円滑に図ることが目的

貸出競争が激化したことで、貸出先のリスクを省みず、貸出金利の低下が起こった結果である。

銀行にとって信用リスク管理は、喫緊の課題となっている。間接金融の仕組みのなかで、貸出を基本業務とする銀行において、さまざまなリスクのなかでも信用リスクに対する管理は、経営にとって最も基本的かつ必要不可欠な課題であり、資金需給特性の消化を図ることは事業命題である。

「信用リスク」といった場合、**"広義の意味"**では、債務者が債務を履行できなくなることにより損失を被るリスクをさしている。この広義の意味での「信用リスク」は、予想デフォルト確率と予想回収率から期待値として算出される**"予想損失"**である「信用コスト」と、「信用コスト」から予想デフォルト率や予想回収率の悪化等により、一定の信頼区間のなかで発生しうる最大損失までの変動部分としてとらえられる**"非予想損失"**である**"狭義の意味"**での「信用リスク」に分割される。

本節では、「信用コスト」と「信用リスク（狭義）[5]」を区別し、それぞれが銀行経営に与える影響という意味で、信用リスク（広義）を捉え、信用リスク管理の手法を考察する。この狭義の意味での信用リスクと広義の意味での信用リスクの用法を区別するため、単に「信用リスク」と表記している場合、広義の信用リスクを、「信用リスク（狭）」は、狭義の信用リスクすなわち"非予想損失"を指すものとする。

（1）　信用リスク管理の基本構造

債務者が債務を履行できずに銀行が被る損失額の変化は、債務者単位でみた場合、その債務者の信用力の変化、すなわちデフォルト確率の変化とデフォルトが発生した場合に回収できる額の変化、すなわち回収率の変化により発生する。一方、ポートフォリオとしてみた場合、同じデフォルト確率、回

---

[5] この狭義の信用リスクに対応した金利スプレッド分を第2章では、"信用リスクプレミアム"と定義した。

収率でも、どの債務者がデフォルトするのかにより銀行が被る損失額は異なってくる。

要するに、信用リスク管理には二つの段階がある。債務者単位でみた場合と、ポートフォリオとしてみた場合である。まず、債務者単位の信用リスクを計測するためには、債務者のデフォルト確率とその変化、デフォルト時の回収率とその変化をモデル化したうえで、これらの変化により、債務不履行により被る損失額の変化量を計測することが必要となる。さらに、ポートフォリオの信用リスクを計測するためには、予想されたデフォルト確率および

図表4-8　信用リスクの基本構造

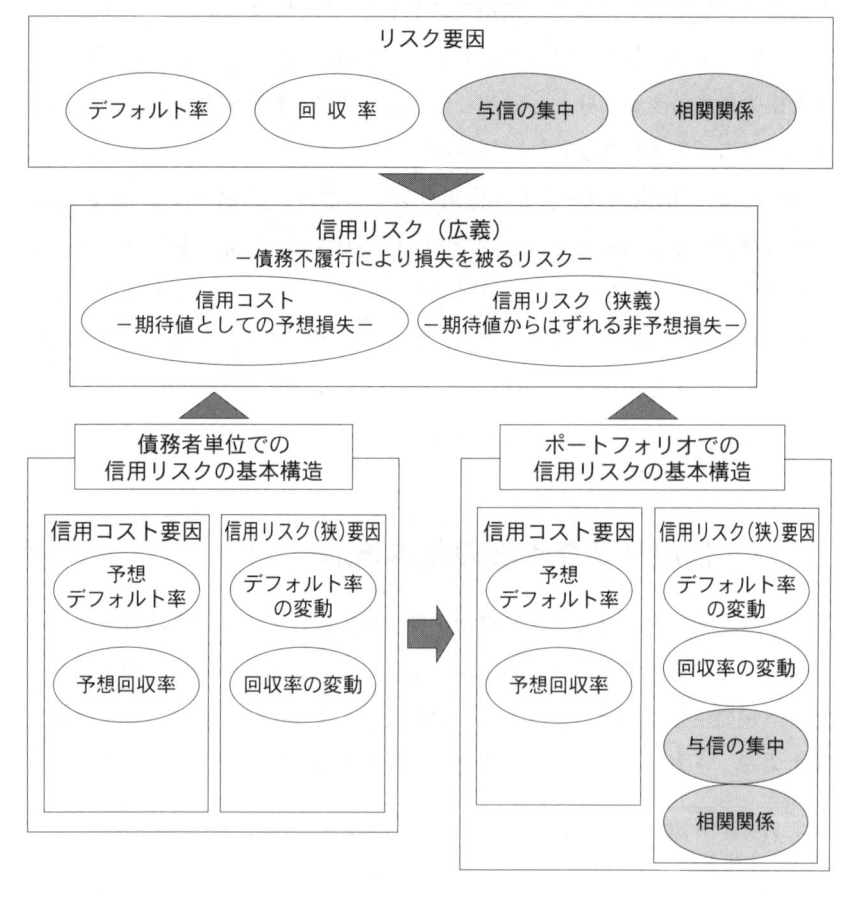

回収率において、どの債務者が債務不履行に至るかによる損失額の変化量を計測することが必要となる。いわゆる、与信の集中によるリスクを計量する必要がある。

また、信用リスク管理においては、そのリスク要因であるデフォルト率や回収率といったものが、金利や株価のように市場で十分に取引がなされないため、それ自体を推定する必要がある。それゆえに、広義の意味での「信用リスク」を「信用コスト」と、狭義の意味での「信用リスク」に分割管理することが重要である。

次に、「信用リスク」の定義と「信用リスク管理」の意味合いを明確にしておく。BISによる「信用リスク管理の諸原則」では、信用リスクは、「銀行の借手もしくは取引相手が、同意した条件に沿った形で債務を履行できなくなる可能性」であるとしている。また、日銀が平成13年10月3日に発表した「信用格付を活用した信用リスク管理体制の整備」では、「信用リスクとは、債務者が契約上の条件に沿った形で債務を履行できなくなり、金融機関が損失を被る可能性をいう。厳密には、信用リスクは、①将来発生が予想される損失の平均値である信用コスト（予想損失）と、②一定の信頼区間のなかで発生しうる損失の最大値から信用コストを差し引いた部分に該当する狭義の信用リスク（非予想損失）に分けて考えられる」としている。

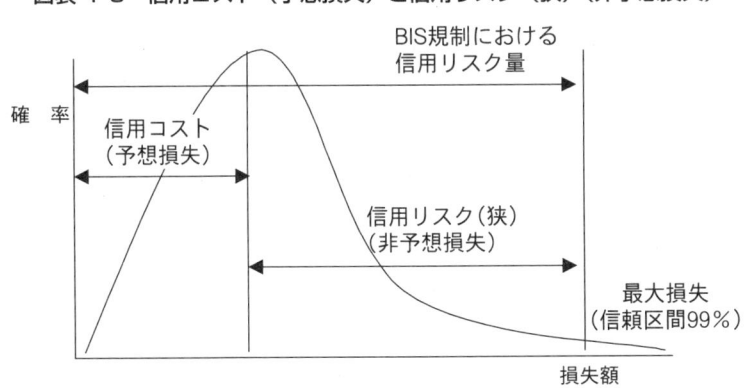

図表4-9 信用コスト（予想損失）と信用リスク（狭）（非予想損失）

第4章 銀行リスク管理の理論

信用コストは、貸出ポートフォリオとしてみた場合、貸出に対する必要コストとして貸倒引当金でカバーされるべきものであり、個々の貸出でみた場合、貸出金利に反映されるべきものである。要するに、信用コストは、貸出業務を行ううえで必要コストとして、調達コストと同様、債務者に負担されるものとしてとらえるべきである。銀行の管理会計上は、営業店や債務者、商品ごとの収益からその他の経費とともに必要なコストとして差し引かれ、信用コストに見合った利鞘が得られていない取引は、採算割れ取引として評価されることになる。

　狭義の信用リスクは、予想損失額（信用コスト）から、一定の信頼区間における予想デフォルト率や予想回収率の悪化等により、損失（非予想損失）が増加するリスクである。BIS規制におけるリスクアセットの算出のもととなるリスク量は、与信ポートフォリオから生じる一定の信頼区間における最大損失額、すなわち広義の信用リスクを対象としている。

　信用コストが、貸出業務を行ううえでの必要コストとして、債務者に負担されるものであるのに対し、狭義の信用リスクは、貸出業務を行ううえで銀行が収益を得るためにとらなければならないものであるといえる。リスクをとらずに収益をあげることは基本的にできない。したがって、いかにこのリスクを管理・運営し、資金需給特性の消化を図るかが、銀行経営における命題である。

　狭義の信用リスクは、与信に対する潜在的な損失として、ポートフォリオ全体でとらえた場合、その総額が自己資本でカバーされるべきものである。また、個々の貸出で考えた場合、信用コスト分をカバーした金利に、信用リスクに見合った収益を得られる金利を上乗せすることで、リスクリターン比率を上昇させ、安定的な収益を確保することが可能となる。銀行の管理会計上は、営業店や債務者、商品への資本配賦を行う際のリスク資本額として用いられる。配賦を受けた営業店等では、このリスク（または、資本コスト）に対する収益率が評価されることになる。

　信用リスク管理とは、これらのリスク構造を正しく把握し、リスクを消化

図表4-10 信用リスク消化の仕組み

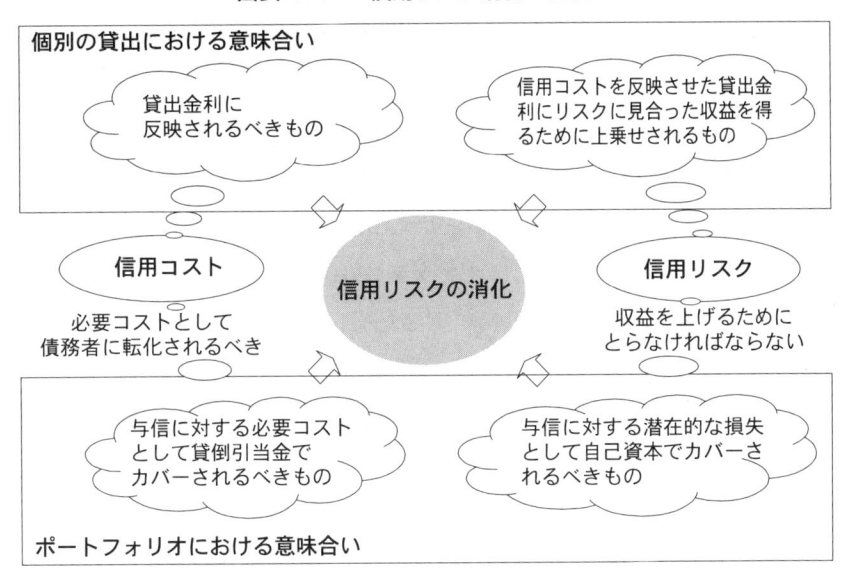

個別の貸出における意味合い

- 貸出金利に反映されるべきもの
- 信用コストを反映させた貸出金利にリスクに見合った収益を得るために上乗せされるもの

信用コスト — 必要コストとして債務者に転化されるべき

信用リスクの消化

信用リスク — 収益を上げるためにとらなければならない

- 与信に対する必要コストとして貸倒引当金でカバーされるべきもの
- 与信に対する潜在的な損失として自己資本でカバーされるべきもの

ポートフォリオにおける意味合い

する仕組みを構築することで、間接金融における資金需給特性の消化を図ることにほかならない。

「信用コスト」および「信用リスク(狭)」の定義が明らかになったところで、以下のそれぞれの計測手法について考察する。

① 信用コスト要因のモデル化
　・債務者のデフォルト確率を定量的に推定する手法
　・デフォルト時の回収率を定量的に推定する手法
② 信用コスト量の計測
　・推定デフォルト率や回収率により債務不履行が発生することで予想される損失額の計算手法
③ 信用リスク(狭)要因のモデル化
　・債務者を取り巻く経済環境の変化や債務者自身の要因によるデフォルト確率の変動の定量化手法
　・債務者を取り巻く経済環境の変化や債務者自身の要因による回収率の変動の定量化手法
④ 信用リスク(狭)量の計測
　・債務不履行により発生する損失額の変化の計算手法

「信用コスト要因のモデル化」については、債務者のデフォルト率とデフォルト時の回収率という二つのコスト要因を推定するモデルを検討する必要がある。

債務者のデフォルト率の推定方法には大きく分けて、KMV社のクレジット・モニター・モデルに代表される、企業資産価値が企業負債価値を下回る状態（デフォルト状態）に陥る確率（デフォルト率）を適当な企業価値の変動性（ボラティリティ）を仮定し、オプションの価格理論を用いて計測する方法と、過去の実績を統計的に扱い、デフォルト率を計測する方法との二つがある。

上記前者の方法では、"企業価値の変動性（ボラティリティ）想定"に関し、課題が残る。上場企業を対象としたデフォルト率推計においては、"株価変動ボラティリティ"を企業価値の変動として想定することが可能であるが、非上場向け貸出が大層を占める銀行においては、企業価値変動に関する具体的な数値設定の論理的な基盤をもてない。非上場企業に対し、上場企業の業種別の"株価変動ボラティリティ"を使用する方策も考えうるが、その設定にはかなり無理がある。したがって、ここでは、上記後者の推定手法に焦点を当て、考察を深めるものとする。この手法は**"信用スコアリングモデル"**と一般的にいわれるものである。

過去実績に基づき統計的に推定デフォルト率を計測する場合、ある特定の集団全体（たとえば、日本の中小企業全体）のデフォルト率の推定と、個別の債務者のデフォルト率の推定の二つの手続を踏む必要がある。

特定の集団に対するデフォルト率の推定における最も単純な手法は、直近までのその集団のデフォルト率の実績を採用することである。経済のマクロ要因等を加味し将来のデフォルト率を推定する方法も考えられる。

一方、特定の債務者に対するデフォルト率の推定手法は、個別の過去のデフォルト事例に注目し、その債務者の観測可能な特徴（財務比率などの説明変数）から、デフォルトと相関をもつ特徴をとらえ、類似した特徴（説明変数）をもつ集団に対するデフォルト率の実績あるいは理論値を、その特徴を

有する債務者のデフォルト率の推定値とするものであり、**"信用スコアリングモデル"** と呼ばれる。詳しくは次項で述べる。

一方、デフォルト時の"回収率"の推定は、過去実績を統計的に扱い、融資形態、保全・担保の種別ごとに回収率を計測する方法と、現在のエクスポージャーと担保評価額などから保全額を計算し、回収率とする方法が考えられる。また、後者の方法をより進化させ、将来の返済を考慮した予想エクスポージャーと現在の担保評価額などをベースに、担保の種類（土地、建物等）に応じてその下落率や回収に要する期間のシナリオを置き、将来の予想保全額を求め、将来時点の回収率を推定することも可能である。回収率の推定については、本節第3項で述べる。

「信用コスト量の計測」は、債務者の**"予想デフォルト率"** およびその債務者の**"エクスポージャー"** と**"予想回収率"** により、損失額の期待値（予想損失額）を求めることで行われる。

信用コスト $= \Sigma d_n \times (1-C_n) \times E_n \times DF_n$

d_n：n時点からn+1時点期間の予想デフォルト率
C_n：n時点での予想回収率
E_n：n時点での残存融資額6
DF_n：現在からn時点までのディスカウントファクター

最も簡易的な算定方法としては、現時点での予想デフォルト率とエクスポージャー、回収率または担保評価額のみを使用し算出される。しかし、将来におけるデフォルト率の変動期待値や、返済キャッシュフロー、将来の新規・継続貸出を考慮した現実的な前提で将来エクスポージャーを個別算出し、将来における回収率の変動期待値を反映させるほうが適切であり、上式を将来期間別に算出したうえで現在価値に割り引いて合算する手法が優れている。詳細は、本節第3項で説明する。

6　デフォルト時のエクスポージャーは、貸出明細の返済情報よりデフォルトタイミングでの残存貸出額を計算することで求められる。

「信用リスク(狭)要因のモデル化」については、債務者の"予想デフォルト率の変動"とデフォルト時の"回収率の変動"という二つのリスク要因を推定するモデルを検討する必要がある。日々のデータが蓄積される市場リスクと比べ、デフォルト率の計測は、基本的に1年単位での計測となるため、モデル化が容易には行えない。そのため、予想デフォルト率の変動モデルでは、格付やスコアの遷移行列や、一定の分布を想定する場合が多い。回収率の変動モデルに至っては、さらに実務適用が遅れており、今後の研究が望まれる。したがって、一定の分布を想定したり、シナリオ分析が基本となっている。詳細は、本節4項で説明する。

図表4-11　信用リスク（狭）要因のモデル化

リスク要因	発生元	モデルの内容
デフォルト率	市場全体、債務者個別	遷移行列、一定分布
回収率	担保価値、回収期間	シナリオ、一定分布

また、「ポートフォリオの信用リスク量の計測」を行う場合には、デフォルト率の変動および回収率の変動に加えて、"与信の集中度合い"がリスク要因となる。

「信用リスク(狭)量の計測」においては、市場リスクの計測と同様に、"Value at Risk (VaR)"のアプローチを適用し算出するのが一般的である。"信用VaR"を算出するにあたり、市場リスクの場合と異なり問題となるのは、リスクの変動分布に正規性がなく左右非対称の分布をモデル化する必要があることと、データの収集が困難で限られた情報で算出せざるをえないということである。信用リスク計量モデルとして、CreditMetricsやCreditRiskPlusが有名である。本節4項において、これらの信用VaRのアプローチをベースに、外部格付等をもたず基本的に市場で取引が行われていない中堅・中小企業向け貸出債権の信用リスク(狭)の計量化について考察する。

(2) 信用コスト要因のモデル化
——推定デフォルト率の計測

　本項では、信用コスト要因である推定デフォルト率の計測について考察する。もう一つのコスト要因である回収率については、次項で説明する。

　ここでは、"**信用スコアリングモデル**"の構築の流れと、信用スコアリングモデルを用いた個別債務者のデフォルト率推定の方法について述べる。

　債務者のデフォルト予測のための信用スコアリングモデルは、線形判別モデルを応用した Altman の Z スコアに始まり、現在ではロジスティック回帰分析、決定木分析、ニューラルネットワーク等々、およそ考えうるすべての統計手法を用いて構築されている。しかしながら、信用スコアリングモデル構築の基本となる流れは大きくは変わらない。以下に、一般的な信用スコアリングモデル構築の流れを概観する。

① データの収集、蓄積（第1段階）

　まず、データ7 を収集、蓄積するうえで重要なのは、その数と質である。統計的な有効性を確保するため、なるべく多くの事例を収集することが必要であり、特に、絶対数の少ないデフォルト事例を数多く収集することが重要となる。しかしながら、単独の金融機関では十分なデフォルト事例を確保することが困難である場合が多く、これらの問題を解決するため、近年、日本リスク・データ・バンク社（RDB）等の大規模なデフォルトデータベースが整備された8。

　また、データの質も重要であり、一債務者当りの情報量や信頼性が結果として得られる信用スコアリングモデルの精度に大きく影響する。

7　ここで、データとは信用スコアリングモデル構築に使用する債務者情報（説明変数やデフォルト、非デフォルトの情報）を意味する。
8　これらのデータベースは主に中小企業を対象としており、より規模の小さな個人事業者についても整備が進められている。

② データ精査（第2段階）

　信用スコアリングモデルの信頼性の向上のため、データの精査（クリーニング）を行う。具体的には、使用するデフォルトデータの期間の制限や異常値をもつデータの削除等を行う。

③ 有効な説明変数の選択（第3段階）

　収集、蓄積したデータに対し、デフォルト事象と相関の高い説明変数の選択を行う。選択に際しては欠損率の高すぎる説明変数や相関の高い説明変数群について、ある程度の制限を加えたうえで、分布図、箱ひげ図の作図やデフォルト事象の判別度合いを表すさまざまな統計量を計算し、その参考とする。

④ 信用スコアリングモデルの構築（第4段階）

　第3段階で選択した説明変数を用いて、信用スコアリングモデルを構築する。ここで、モデルの構築とは、モデルにおいて設定すべきパラメータを決定することである。たとえば、ロジスティック回帰分析においては、説明変数の線形結合の係数（パラメータ）に関し、最尤法を用いて推計することであり、決定木分析では"情報エントロピの最小化"という基準で説明変数の閾値を決定することである。その際、パラメータ推定に用いたデータ特性に特化した（オーバーフィッティングした）モデルになっている可能性を排除するため、相互検証法を取り入れる等、モデル構築に使用するデータの取扱いを慎重に行うことが重要である。

⑤ 信用スコアリングモデルのトラッキング（第5段階）

　信用スコアリングモデルのトラッキング（追跡調査）は、信用スコアリングモデルの構築と同等、またはそれ以上の重要性をもつ作業である。実際、信用スコアリングモデルの構築はあくまで"過去のデータ"との類似性を統計的に処理した結果にすぎず、"将来データ"に対する信頼性や精度に関して、なんら保証されたものではない。したがって、信用スコアリングモデル構築後は"将来データ"に対する信頼性、適合度を常に監視し、場合によってはモデルの調整、再構築の判断を行うことが欠かせない。

次に、構築した信用スコアリングモデルを用いて、いかにデフォルト率[9]の推定を行うかをみる。大きく分けて、デフォルト率の推定方法は、モデルから導出されるスコアの階層化等により過去の実績データを区分し、区分ごとのデフォルト率を実測により推定する方法と、モデルが導出する数値を理論的にデフォルト率に紐づける方法とがある。実測方式については、単純にデータ件数を集計するだけであり、特別な技術は必要ないため、以下では理論的にデフォルト率を導出する方法について具体例を示す。

モデルが導出する数値を理論的にデフォルト率に紐づける方法としては、最尤法を用いたロジスティック回帰分析が一般的で、以下のロジスティック曲線を用いて、推定デフォルト率を導出する。

$$\text{推定デフォルト率} = \frac{1}{1+\text{Exp}(\beta)}, \quad \beta = \beta_0 + \beta_1 \chi_1 + \beta_2 \chi_2 + \cdots + \beta_n \chi_n,$$

β：説明変数の線形結合
β_i：最尤法で推定すべきパラメータ
χ_i：説明変数（財務指標等）

この推定デフォルト率は、モデルのパラメータ（係数）推定に用いたデータ群のデフォルト率に依存しており、なんらかの理由によりモデル構築時データのデフォルト率と、今後、このモデルを適用しデフォルト率を推定しようとしている集団全体のデフォルト率とが異なる場合、上式を、

$$\text{推定デフォルト率} = \frac{1}{1+\alpha \text{Exp}(\beta)}$$

のように変形する必要がある[10]。ここで、αはモデル構築時に使用したデータのデフォルト率P、モデルを使用しデフォルト率を推定しようとしている

---

[9] 本項では特に断らない限り、デフォルト率とは1年間のデフォルト率を指すものとするが、デフォルト率の計測は任意の時間間隔で可能である。

集団全体のデフォルト率P'を用いて、

$$\alpha = \frac{\dfrac{1-P'}{P'}}{\dfrac{1-P}{P}}$$

で与えられる。

　これまでに概説した信用スコアリングモデルによる想定デフォルト率の計測では大量のデフォルト事例が必要であり、データ数確保のため、日本リスク・データ・バンク等の大規模データベースが整備されていることは先に述べたとおりである。しかしながら、このような大規模データベースを利用するにおいては、共通に使用できる説明変数（主に財務項目）のみでのモデル構築となり、個別の金融機関が独自に収集、蓄積している情報（定性項目や各種の履歴情報等）[11]を直接、信用スコアリングモデルに取り入れることは困難である。これらの情報を推定デフォルト率の計測に間接的に取り入れる方法は、いくつか考えられるが、その一例を以下に示す。

　まず、信用スコアリングモデルによりデフォルト率の推定を行い、この結果に対し、たとえば、定性項目の該当、非該当といった情報が与えられた場合のデフォルト率の調整を考える。具体的には対象となるデータ全体でのこの定性項目の該当、非該当の集計結果が下表で与えられたとする。

該当・非該当割合

	正常割合	デフォルト割合
該　当	N 1%	D 1%
非該当	N 2%	D 2%
計	N 1 + N 2 = 100%	D 1 + D 2 = 100%

---

[10] 日本リスク・データ・バンク等の外部データベースを利用する場合は、構築時に使用するサンプルが実際のデフォルト率を反映していない場合がある。また、たとえモデル構築データのデフォルト率と想定母集団のそれが合致してたとしても、想定デフォルト率に関する将来予想の変更などへの柔軟な対応が実務適用において重要となる。
[11] これら個別金融機関の"プライベートな情報"は、裁定機会の源泉であり、推定デフォルト率の計測に有効活用することが望まれる。

このとき、信用スコアリングモデルによりデフォルト率がd%と予想された債務者に対し、この定性項目への該当、非該当により調整したデフォルト率を下表で与える。ただし、このような調整が可能となるのはモデルにより推定されるデフォルト率と、この定性項目の該当、非該当の間に相関がない場合であり、この点について十分に検証する必要がある。また、運用を考慮した場合、デフォルト率の調整は悪化方向にのみ適用することも考えられる。

調整デフォルト率

	① 正常割合	② デフォルト割合	調整デフォルト率
該　当	N 1%×(1−d)%	D 1%×d%	②÷(①+②)
非該当	N 2%×(1−d)%	D 2%×d%	

(具体例)

該当・非該当割合

	正常割合	デフォルト割合
該　当	80%	50%
非該当	20%	50%

モデルから推定されるデフォルト率が1%の債務者の場合

	正常割合	デフォルト割合	調整デフォルト率
該　当	80%×99%	50%×1%	約0.63%
非該当	20%×99%	50%×1%	約2.46%

これまで、信用スコアリングモデルによる推定デフォルト率の計測や定性項目によるデフォルト率の調整について述べた。次項では、これらの推定デフォルト率の計測結果から、どのように"信用コスト"を計測するか、について具体例を交えながら解説する。

(3) 信用コスト量の計測

信用コストは前項までで解説した、債務者ごとの推定デフォルト率と、そ

の債務者のデフォルト時のエクスポージャーと予想回収率により、

$$\sum d_n \times (1-C_n) \times E_n \times DF_n$$
 dn ：n 時点での単位時間間隔の予想デフォルト率
 Cn ：n 時点での予想回収率
 En ：n 時点での予想残存融資額
 DFn：n 時点の価値を現在価値に割り引くためのディスカウントファクター

で与えられる。ここで、n は適当な時間間隔を単位としたデフォルト計測のタイミングを表し、たとえば、単位を月とすれば n＝1,2, … は、1 カ月後のデフォルト、2 カ月後のデフォルトを表す。

以下、それぞれのパラメータをどのように決定するかをみていくこととする。

a　d_n：n 時点における単位時間間隔での予想デフォルト率

まず、現時点での予想デフォルト率 d_0 を、信用スコアリングモデルにより推定されるデフォルト率や格付に付与されるデフォルト率を用いて求め、それをベースに格付遷移行列などによるデフォルト率変動の期待値、またはなんらかのシナリオを置いて n 時点の予想デフォルト率を設定していく。最も簡単なシナリオは d_0 での横ばいシナリオであり、$d_n = d_0$ とする。また、別なシナリオとしては、対象としている集団全体の n 時点での予想デフォルト率 P_n に対するシナリオを置き、債務者の予想デフォルト率 d_n を、

$$d_n = \frac{1}{1+\alpha_n \mathrm{Exp}(\beta)},$$
$$\alpha_n = \frac{\frac{1-P_n}{P_n}}{\frac{1-P_0}{P_0}}$$

で与えることも考えられる。また、一般的なデフォルト率は 1 年間の値とし

て与えられることが多く、これを単位時間間隔（L年）の値に変換する必要がある。この変換後のデフォルト率 d_n' は、1年間のデフォルト率 D_n を用いて、

$$d_n' = 1 - (1 - D_n)^L$$

で与えられる。たとえば、1年間のデフォルト率をもとに、1カ月間のデフォルト率が知りたければ、上式において、L＝1／12とすればよい。

b　C_n：n 時点での予想回収率

予想回収率の計算については、過去の実績を統計的に扱い、融資形態、保全・担保の種別ごとに回収率を計測する方法と、現在のエクスポージャーと担保評価額などから保全額を計算し、回収率とする方法が考えられる。また、後者の方法をより進化させ、将来の返済を考慮した予想エクスポージャーと現在の担保評価額などをベースに、担保の種類（土地、建物等）に応じてその下落率や回収に要する期間のシナリオを置き、将来の予想保全額を求め、将来時点の回収率を推定することも可能である。ここでは、この将来時点の回収率を推定する方法について考察する。

n 時点の予想エクスポージャーを E_n、予想保全額を H_n とすると、回収率 C_n は、

$$C_n = \mathrm{Min}\left(\frac{H_n}{E_n}, 1\right)$$

で与えられる。ここで、予想保全額 H_n は、担保の種類（土地、建物等）に応じてその下落率のシナリオを置くことにより設定できる。また、担保の回収はデフォルト直後に行えるとは限らず、ある程度の期間が必要である場合がほとんどである。このような状況を反映させるために、信用コスト算出式の回収部分については、ディスカウントファクター DF_n を回収に必要な期間

m分だけズラし、

$$\Sigma(d_n \times (E_n \times DF_n + C_n \times E_n \times DF_{n+m}))$$

とすることも考えられる。

c E_n：n時点での予想残存融資額

　基本的に予想残存融資額は、その債務者の融資明細の約弁情報から推測することができる。ただし、極度枠による貸出等については、一定の利用率を設定する等、貸出の利用実態により、ある程度の修正を行うことも必要となる。また、計測される信用コストのデフォルト計測のタイミングに対する依存性を排除するため、予想残存融資額を単位時間間隔における平残とする、といった工夫も必要であろう。

d DF_n：n時点の価値を現在価値に割り引くためのディスカウントファクター

　TIBOR等の市場金利を用いて計算する事例で以下考察する。たとえば、TIBOR（1 month）が7.30%で与えられている場合の1カ月間のディスカウントファクターDFは、

$$DF = \frac{1}{1+\frac{0.073}{12}} \approx 0.994$$

で与えられる。[12]

---

[12] 複利構造の違いにより、ディスカウントファクターの導出式は異なる。一般的な算出法は専門書を参照。

信用コスト計算の具体例

与信額	3,000万円
与信期間	1年
返済方式	利息先取り、元金一括
想定デフォルト率	年間2%
保全率	50%
市場金利	0.5%
デフォルト計測のタイミング	年1回

(信用コスト)

$$d_1 \times (1-C_1) \times E_1 \times DF_1 = 0.02(1-0.5) \times 3,000 \times \frac{1}{1+0.005} \approx 29.85 (万円)$$

(4) 信用リスク要因のモデル化と信用リスク量の計測[13]

　信用リスク量の計測は、市場リスクの計測と同様に、VaRのアプローチにより算出される。まずは、そのための信用リスク要因のモデル化が必要となる。

　債務者単位でみた場合のリスク要因は、デフォルト確率（信用イベント）の変動および回収率（保全損失度合い）の変動である。ポートフォリオとしてみた場合、さらにリスク要因として与信の集中度合いが加わる。

　これらのリスク要因の変動による一定の信頼区間における最大損失額を、モンテカルロ・シミュレーションや解析手法により算出する。信用VaRを算出するにあたり、市場リスクの場合と異なり問題となるのは、リスクの変動分布に正規性がなく左右非対称の分布をモデル化する必要があることと、貸出債権に関しては基本的に市場価値が存在しないことや、デフォルトに関しては1年単位でのデータ集計となることなど、データ収集が困難で限られ

13　この項での"信用リスク量の計測"とは、最大損失額を求めることを意味しているため、広義の信用リスク量を取り上げている。狭義の信用リスク量はこの最大損失額から信用コスト量を引いた部分となる。

た情報で算出せざるをえないということである。

a　信用リスク要因のモデル化

イ．リスク（信用イベント）の定義

　信用リスク要因のモデル化を行うにあたり、最初にそのリスク（信用イベント）を定義する必要がある。信用イベントとして、デフォルト事象のみを考慮する場合と、信用格付等の変動による信用力の変化まで含める場合の2通りのアプローチがある。前者は、デフォルトするか否かの2通りの状態だけが存在するとするモデルで、**"デフォルト・モード（DM）モデル"** と呼ばれ、CreditRiskPlus モデルなどがそれに当たる。後者は、デフォルト事象に加え、信用格付の変化などによる貸出の資産価値の変動も考慮したもので、**"時価評価（MTM）モデル"** と呼ばれ、CreditMetrics モデルなどがそれに当たる。

　社債市場においては、発行体の格付変動によって、国債とのスプレッドが変動する。すなわち、格付が低下し信用力が劣ると、投資家は債務不履行に対するリスクに見合った高い利回りを要求するため、スプレッドが拡大し債券価格は下落する。逆に、格付が上昇し、信用力が高まるとスプレッドは縮小し、債券価格は上昇する。このように貸出価値の変動リスクを取り入れたモデルが MTM モデルである。MTM モデルでは、VaR の算出は予想外の貸出価値の変化として行われる。

　市場で取引されず外部格付をもたない債務者への貸出債権についても、その債権の将来キャッシュフローと予想デフォルト率および予想回収率が求められれば、適切な信用スプレッド（信用コストを反映した適正金利）は算出が可能であるから、債券価格モデルを利用すれば理論的な貸出債権価値を求めることが可能なため、内部格付の遷移確率などを利用した MTM モデルのアプローチも応用適用が可能である。しかしながら、実際に市場での売買は行えないことを考えると、たとえ内部格付が上昇し信用力が高まり、貸出金

利が理論的に適切な貸出金利以上となっていることで貸出価値（価格）が上昇していても、その利益部分を実現できるわけではない。この点をふまえると、外部格付をもたず、市場で売買することが不可能な中堅・中小企業向けの貸出ポートフォリオの信用リスク計測においては、信用力の変動をリスクイベントに含めない DM モデルのアプローチのほうが、現時点の経営環境においては適しているように思える。ただし、今後債権の流動化市場が発達し、中堅・中小企業向けの貸出債権が自由に売買可能になれば、MTM モデルのアプローチが有効になることも考えられる。

DM モデルにおける VaR の算出は、MTM モデルでは予想外の貸出価値の変化としてとらえられるのに対し、予想されるデフォルト率による予想損失（信用コスト）と予想外に発生するデフォルト率による予想外損失（信用リスク（狭））の計算により行われる。

ロ．リスクの要因とそのモデル化

DM モデルによるアプローチにおけるリスク要因は、第1項でみたとおり、第1に予想デフォルト率の不確実性（変動）である。外部格付等をもたない中堅・中小の債務者であっても、予想デフォルト率は前項で触れた財務データ等による信用スコアリングモデルにより算出することが可能である。予想デフォルト率の不確実性は、市場全体のデフォルト率が変動するという要因と、個別債務者の信用力が変動するという要因の二つに分解できる。

市場全体のデフォルト率の変動による影響によって、債務者単位のデフォルト率が変動する、もしくは、貸出債権ポートフォリオのデフォルト率が変動することは、その平均デフォルト率が変動することを意味している。一方、個別債務者の信用力が変動することは、その平均デフォルト率から変動することを意味している。

債務者の予想デフォルト率を推定することが可能なロジスティックモデルを利用すれば、前者は、次のように表現できる。

ロジスティックモデルの特徴から市場全体の予想デフォルト率が上昇する

図表4-12 信用リスク要因のモデル化

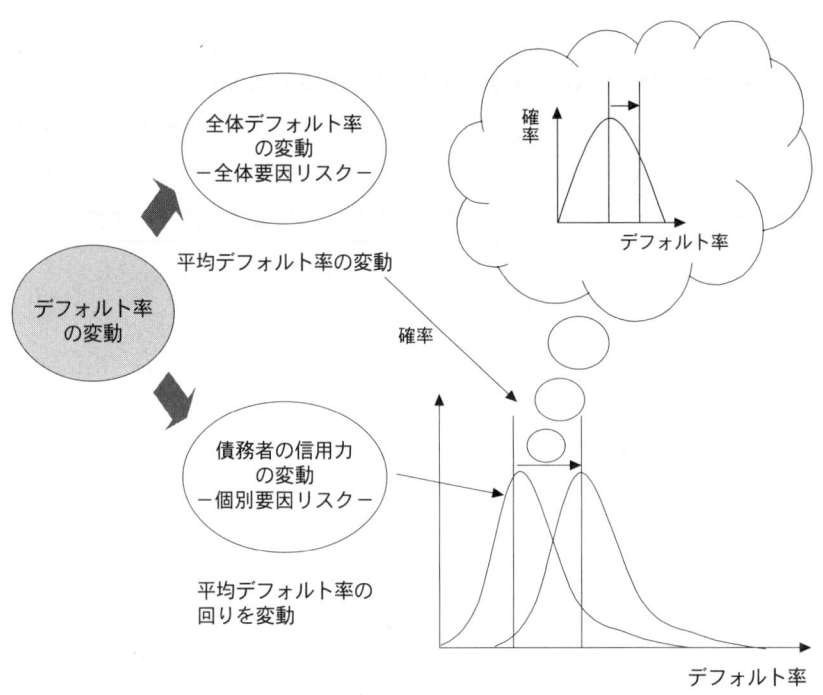

と、スコアの低い、すなわち信用力が低い先ほど市場全体の予想デフォルト率の変動幅より予想デフォルト率の変動が大きく、スコアの高い先ほど、すなわち信用力が高い先ほど、その変動幅は小さくなる。

このことは、景気動向や金利などの経済マクロ要因などにより、市場全体のデフォルト率が変動すると、信用力の低い企業ほど、この影響を受けやすいことを意味する。この市場全体のデフォルト率の変動性・不確実性は、ガンマ分布やポアソン分布などにより近似し想定する場合がある。過去の景気循環によるデフォルト発生データと経済指標データを使用したモデル化も論理的には可能であるが、市場価格が存在しない債務者貸出におけるデフォルト発生実績の変動に関し、基本的に1年単位ごとの集計が長年にわたり必要であることや、またデフォルトの定義自体が時代とともに変化していることを考えると、なんらかの分布により近似する手法が現実的である。

図表 4-13　市場全体デフォルト率の変動分布

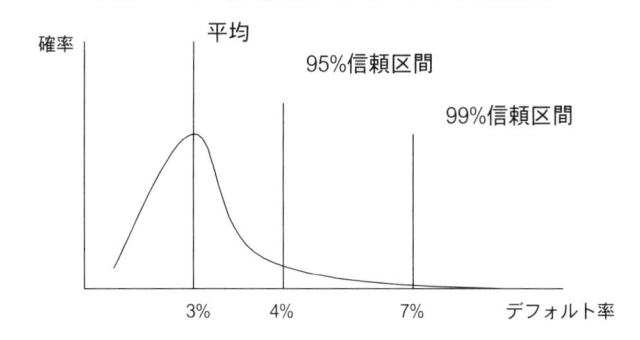

図表 4-14　市場全体のデフォルト率の変動によるスコア別デフォルト率の変動

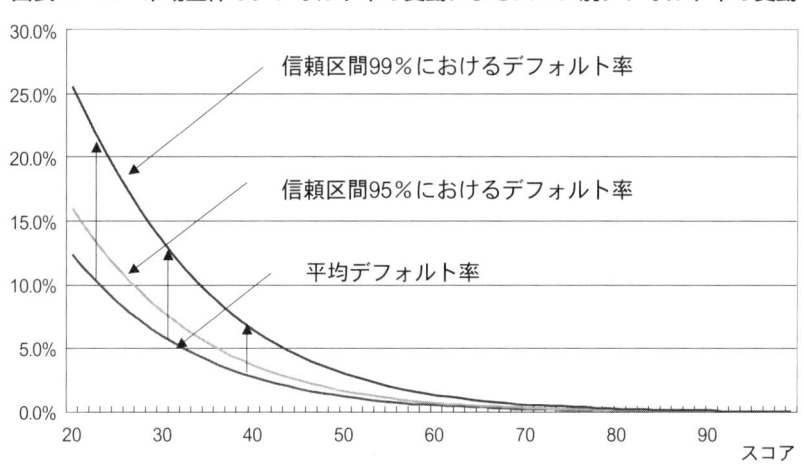

　次に、個々の債務者の信用力が変化することによる予想デフォルト率の変動について考えてみる。個々の債務者の信用力が変化しなければ、信用スコアリングモデルによる評価も一定である。そこで、貸出ポートフォリオを信用スコアリングモデルの評価（スコア）により、いくつかの信用ランクに区分し、それぞれの信用ランクに属したポートフォリオをサブ・ポートフォリオとし、各ポートフォリオに属した債務者の信用スコアリングモデルによる評価（スコア）がどれくらい遷移するかの確率分布を求めることで、そのサ

図表4-15 信用スコアリングモデルによる信用ランク（スコア）の遷移確率例

N期信用ランク	推定デフォルト率	1	2	3	4	5	6	7	デフォルト	N+1期信用ランク
		0.20%	0.40%	0.80%	1.30%	2.00%	3.00%	4.00%		推定デフォルト率
1	0.20%	81.00%	13.50%	3.90%	1.00%	0.35%	0.10%	0.00%	0.15%	
2	0.40%	21.00%	50.00%	20.00%	6.50%	1.85%	0.20%	0.10%	0.35%	
3	0.80%	6.00%	22.00%	45.00%	21.6%	3.10%	1.00%	0.50%	0.80%	
4	1.30%	1.50%	9.00%	20.00%	43.00%	20.00%	4.25%	1.00%	1.25%	
5	2.00%	0.20%	2.80%	8.80%	27.00%	41.00%	16.90%	1.20%	2.10%	
6	3.00%	0.10%	0.90%	3.00%	10.00%	30.00%	42.00%	10.50%	3.50%	
7	4.00%	0.00%	0.00%	0.20%	2.00%	11.00%	30.00%	53.00%	3.80%	

図表4-16 遷移確率による期待平均デフォルト率と99%信頼区間におけるデフォルト率例

N期信用ランク	推定デフォルト率	2期推定デフォルト率	99%信頼区間における2期推定最悪デフォルト率
1	0.20%	0.470%	1.497%
2	0.40%	0.933%	2.392%
3	0.80%	1.653%	3.776%
4	1.30%	2.625%	5.248%
5	2.00%	3.810%	―
6	3.00%	5.450%	―
7	4.00%	7.261%	―

ブ・ポートフォリオに属する債務者固有のもつ予想デフォルト率の変動性を算出する方法が一般的に活用されている。

個々の債務者の信用力が変化する確率（信用ランク（スコア）の遷移確率）を推定するためには、その遷移自体が景気動向や金利などの経済マクロ要因から影響を受けることを考慮する必要がある。景気の後退期には、全体的に下方向に分布が厚くなったスコア遷移分布が得られるであろうし、逆に景気回復期には、上方向に分布が厚くなったスコア遷移分布が得られる可能

性がある。これらの要因をある程度排除するために、何年かの景気回復期および景気後退期の平均スコア遷移分布を使用することが一般的である。

上述のとおり、"予想デフォルト率の不確実性"について、信用スコアリングモデルを使用し、"市場全体のデフォルト率が変動する"という要因と、"個別債務者の信用力が変動する"という要因の二つに分解し、それぞれが独立して起こる事象であるという前提から考察を深めた。これらを組み合わせることにより、スコア区分、信用ランクごとの予想デフォルト率の確率分布を求めることができ、予想デフォルト率の変動という"リスク要因のモデル化"が可能となる。

もう一つのリスク要因として、"予想回収率の不確実性（変動）"がある。回収率の変動は、デフォルト率の変動とともに、デフォルト時の損失額（LGD）を不確実にさせる。デフォルト率同様、過去の回収実績データを使用し、変動性・不確実性をモデル化することが望ましいが、回収においてはデータ整備が不十分であるのが現状であることから、ポアソン分布やベータ分布などなんらかの分布を使用するか、悪化シナリオ（担保価格の下落や回収期間の長期化等）の想定値を置くなどにより近似想定する手法が現実的なところであろう。

デフォルト実績にしろ回収実績にしろ、より精緻な信用VaRを算出するためには、回収に関する実績データの整備が望まれる。

b 信用リスク量の計測

信用リスク量を算出するモデルとして、多くの手法が考案されている。その代表的なものとして、CreditMetricsやCreditRiskPlusがあげられる。ここでは、これら信用VaRのアプローチにより、外部格付をもたず基本的に市場での取引が行われない中堅・中小企業向け貸出債権にかかわる信用リスク計量化のポイントを考察する。

債務者単位での信用リスク量の計測に関しては、これまで考察してきたデフォルト・モード方式による信用リスク要因のモデル化を適用すれば、ある一定信頼区間における予想デフォルト率や回収率の最大変動幅が与えられるため、膨大な処理を伴うモンテカルロシミュレーションなどを行わなくても、解析解として計量することが可能である。具体的には、本節第3項で説明した信用コストの計量モデルの予想デフォルト率および回収率に関し、一定の信頼区間において変動（悪化）した予想デフォルト率や回収率を当てはめることで、容易に求められる。

　次に、ポートフォリオにおける信用リスク量の計測について考察する。貸出債権ポートフォリオに関する信用リスクの計量は、リスク要因（デフォルト率の変動、回収率の変動）、債務者間の相関性、エクスポージャー金額（未保全額）を入力パラメータとして、一定信頼区間におけるポートフォリオの最大損失額をモンテカルロ・シミュレーションによって算出することによって行われるのが一般的である。そこで、ポートフォリオでの信用リスク量の計測に必要となる債務者間の相関性、エクスポージャー金額（与信の集中）について考察する。

イ．債務者間の相関性

　外部格付をもたない中堅・中小企業の信用リスク量の計測について、そのリスク要因となるデフォルト率の変動を財務データ等による信用スコアリングモデルを使用して求める方法をこれまで考察した。そこでは、市場全体のデフォルト率の変動と個社単位でのスコア遷移変動間や信用ランク間および債務者間の信用イベントに対する相関はなく、互いに独立した事象で起こるという仮定を置いている。

　しかしながら、実際には、個別企業間において、信用イベントに関する相関関係は存在する。CreditMetricsでは、企業間の相関性を企業間の株価の動きの相関として捉え、格付遷移に相関を反映させた同時遷移確率を用いているが、外部格付がなく株式を公開していない中堅・中小企業においては、

この手法を用いることはできない。業種ごとの株価インデックスの相関性を、ポートフォリオの業種間の相関として使用することも考えられるが、株価インデックスの動きと中堅・中小企業の信用イベントとの間に相関があるか不確実である。また、業種間の相関より、むしろ業種内の個別企業間の"逆相関性"が重要であるという意見もある。

ここでは、相関性を確認するための外部からのデータがほとんど存在しない中堅・中小企業向けの貸出債権ポートフォリオにおける個社間の信用イベントに対する相関とスコア（格付）の同時遷移確率の関係について述べることとする。

二つの企業A, Bを考える。これらの企業の格付は今期A1, B1であり、来期同格にとどまる確率がそれぞれp, qであると予想されているとする。このとき、両事象が独立であれば、企業A, Bがともに同格にとどまる確率は、

$$\text{Aが同格にとどまる確率} \times \text{Bが同格にとどまる確率} = p \times q$$

で与えられる。しかしながら、なんらかの相関がある場合、この確率はp×qから変更を受ける。相関ρが与えられた場合のA, Bがともに同格にとどまる確率rは、

$$r = \rho\sqrt{p(1-p)q(1-q)} + pq$$

で与えられる。逆に、相関の影響でA, Bがともに同格にとどまる確率がrとなった場合の相関係数ρは、

$$\rho = \frac{r - pq}{\sqrt{p(1-p)q(1-q)}}$$

で与えられる。

【上式の導出方法】

A, B を以下の分布に従う確率変数であると考える。

$$A = \begin{cases} a_1 & （企業 A が同格にとどまる事象：確率 p） \\ a_2 & （企業 A が同格にとどまらない事象：確率 1-p） \end{cases}$$

$$B = \begin{cases} b_1 & （企業 B が同格にとどまる事象：確率 q） \\ b_2 & （企業 B が同格にとどまらない事象：確率 1-q） \end{cases}$$

ここで、確率分布の値として便宜上 a_1, a_2, b_1, b_2 を設定している。このとき、A, B が同格にとどまるか、とどまらないかの組合せで4通りの場合分けができる。このとき、この確率分布、

$$AB = \begin{cases} a_1b_1 & （企業 A, B が同格にとどまる事象：確率 r） \\ a_2b_1 & （企業 A は同格にとどまらず、企業 B は同格にとどまる事象：確率 q-r） \\ a_1b_2 & （企業 A は同格にとどまり、企業 B は同格にとどまらない事象：確率 p-r） \\ a_2b_2 & （企業 A, B が同格にとどまらない事象：確率 1-r-(q-r)-(p-r)) \end{cases}$$

で与えられる（上式における4通りのそれぞれの確率（パラメータ）は「①全体の確率の合計が1になる」「②企業 A が同格にとどまる確率が p である」「③企業 B が同格にとどまる確率が q である」の三つの条件により制限を受け、結果として自由に選択できるパラメータの数は1となる。ここでは、この自由に選択できるパラメータを企業 A, B が同格にとどまる確率 r としている）。ここで、それぞれの確率分布の期待値、分散は下表のように与えられる。

確率分布	期 待 値	分 散
A	$a_1p+a_2(1-p)$	$p(1-p)(a_1-a_2)^2$
B	$b_1q+b_2(1-q)$	$q(1-q)(b_1-b_2)^2$
AB	$a_1b_1r+a_1b_2(p-r)+a_2b_1(q-r)+a_2b_2(1-p-q+r)$	―

したがって、相関係数 ρ は、

$$\rho = \frac{AB の期待値 - A の期待値 \times B の期待値}{\sqrt{A の分散 \times B の分散}}$$

$$= \frac{a_1b_1r+a_1b_2(p-r)+a_2b_1(q-r)+a_2b_2(1-p-q+r)-(a_1p+a_2(1-p))(b_1q+b_2(1-q))}{\sqrt{p(1-p)(a_1-a_2)^2q(1-q)(b_1-b_2)^2}}$$

$$= \frac{r-pq}{\sqrt{p(1-p)q(1-q)}}$$

となる（ここで、相関係数 ρ が確率分布 A, B を定義するために便宜的に設定した値 a_1, a_2, b_1, b_2 に依存しないことに注意）。

以上のように導出される信用スコアリングモデルのスコア遷移の相関を利用し、モンテカルロ・シミュレーションを実行すれば、企業間の相関を考慮した貸出債権ポートフォリオの信用リスク量を算出することが可能になる。
　一方で、中堅・中小企業向けの貸出債権ポートフォリオにおいては、債務者の数が十分に多く、分散効果が働いていることを考えれば、個社間および信用ランク間の信用イベントに対する相関は、各々が独立であるという仮定において算出することも可能である。
　まず、以下のようなデフォルト率の変動確率をもつ信用ランク1および信用ランク2のポートフォリオの信用リスク量の測定を行ってみる。計算を簡素化するため、各々のランクの社数は100社、回収率考慮後の1社当りのエクスポージャーは1,000万円で同一、一定とし、考察を深める。

信用ランク1		信用ランク2	
変動確率	デフォルト率	変動確率	デフォルト率
20.00%	0.15%	20.00%	1.00%
40.00%	0.50%	40.00%	2.00%
25.00%	0.55%	25.00%	2.20%
7.00%	0.75%	7.00%	2.40%
5.00%	0.95%	5.00%	3.00%
2.00%	1.10%	2.00%	4.00%
1.00%	1.20%	1.00%	5.00%
平均	0.50%	平均	2.00%

　信頼区間を99%とすると、信用ランク1のデフォルト率は、1.2%まで、信用ランク2のデフォルト率は、5.00%まで悪化する可能性がある。その場合の損失額は、次のとおり、各々1,200万円、5,000万円となる。

信用ランク1		信用ランク2	
変動確率	損失額	変動確率	損失額
20.00%	150	20.00%	1,000
40.00%	500	40.00%	2,000
25.00%	550	25.00%	2,200
7.00%	750	7.00%	2,400
5.00%	950	5.00%	3,000
2.00%	1,100	2.00%	4,000
1.00%	1,200	1.00%	5,000

　これら二つのポートフォリオを合わせた場合の損失額の発生確率を求め、損失額の大きいほうからの累積確率をとると図表4-17のようになり、信頼区間99%での最大損失額は、おおよそ5,100万円程度となる。

図表4-17　二つのポートフォリオの損失分布

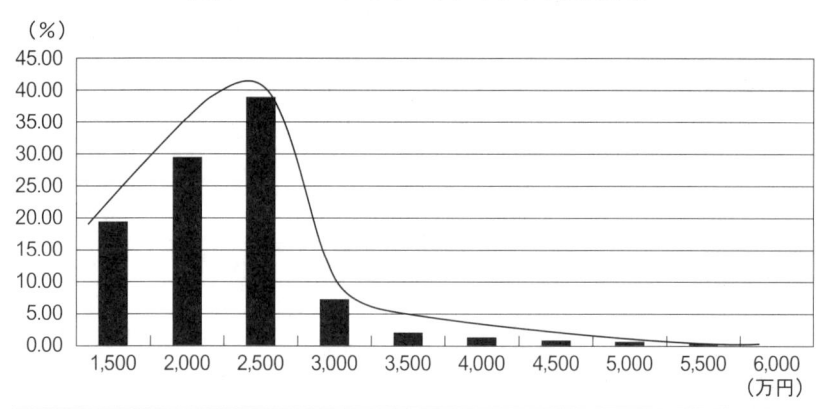

最大損失額	累積確率	最大損失額	累積確率
4,500	2.60%	5,500	0.80%
4,550	1.80%	5,550	0.40%
4,750	1.30%	5,750	0.15%
4,950	1.16%	5,950	0.08%
5,100	1.06%	6,100	0.03%
5,150	1.02%	6,200	0.01%

ロ．与信の集中度合いによるリスク要因

ポートフォリオの信用リスクを計測するにあたっては、債務者間の相関性に加えて、与信（回収率を考慮した後の未保全部分）の集中による損失額の不確実性についても考慮する必要がある。

"貸出の集中"は、大きなリスク要因となる。次の二つの事例、ともにデフォルト確率1%の100先に対する与信ながら、その構成が大きく異なるポートフォリオで考えるとわかりやすい。一つは、100先すべてに均等1,000万円の貸出を行っている総額10億円のポートフォリオ、二つめは、1社に9億100万円、残り99社すべてに100万円の貸出を行っている総額10億円のポートフォリオである。両方ともにデフォルト確率は1%であるから、1社が1年以内にデフォルトすることが想定されているポートフォリオである。一つめのポートフォリオは、どの債務者がデフォルトしても一様に1,000万円の損失が発生するが、二つめのポートフォリオは、9億100万円の債務者がデフォルトすると9億100万円の損失、その他の債務者がデフォルトした場合、100万円の損失となり、極端な損失変動リスクを抱えていることになる[14]。CreditRiskPlusにおいては、このリスクをエクスポージャーの階層をいくつか設け、貸出の集中のない均一ポートフォリオとして各々に計算し、合計する解析手法をとっている。

エクスポージャーが一様でないポートフォリオの信用リスクを計測する場合、"貸出の集中"によるリスク要因の計測がむずかしいため、モンテカルロ・シミュレーションにより算出することが一般的である。

ハ．信用リスクの簡便な計測手法

以上のとおり、貸出債権ポートフォリオに対する信用リスクの計量は、信用イベント（貸出債権ポートフォリオの場合、デフォルト・モード）に対するリスク要因、相関性、エクスポージャー金額を入力パラメータとして、一定信

---

14 実務においては、これに回収率を考慮した後の未保全額で計測する。

頼区間におけるポートフォリオの最大損失額をモンテカルロ・シミュレーションによって算出する（信用 VaR）ことによって行われる。

しかしながら、債務者の数、エクスポージャー（貸出明細）の数は数十万に及び、シミュレーションを行うのに非常に時間がかかる。そこで、債務者間や信用ランク間の相関性を一定としたうえで、信用ランクごと、金額（回収率を考慮した後の未保全部分）ごとに、均一サブポートフォリオを設定し、その最大損失額を算出し、不均一のポートフォリオの最大損失額を均一ポートフォリオと不均一ポートフォリオの損失額分布の標準偏差の比を使って解析手法により近似する簡便な方法もある[15]。

このアプローチでは、与信の集中が極端に起きているような場合や、件数が少ない場合は近似することが困難になることが予想されるが、中堅・中小企業向け貸出債権の場合、信用ランクごとの与信先は十分に存在し、極端な与信の集中も発生していないと仮定できることから、解析手法により近似する簡便法のアプローチは有効である。

（3） 資金需給特性の消化を図る信用コストおよび信用リスク管理

信用コストにしても信用リスクにしても、計測すること自体が本来の目的ではない。本節の初めに、信用リスクに対する管理は、経営にとって最も基本かつ必要不可欠な課題であり、資金需給特性の消化を図ることは事業命題であることに触れた。計算の精度を上げ精緻な計量結果を求めていくことは当然であるが、算出することに時間と労力をさき過ぎ、本来の目的をいつまでも果たせないような事態は避けなければならない。この項では、信用リスク管理と運営について審査とポートフォリオ管理の両面から述べる。

---

15 日本銀行金融研究所「与信ポートフォリオにおける信用リスクの簡便な算出方法」が参考になる。

a　信用コストと信用リスク（狭）

　"信用コスト"は、貸出ポートフォリオとしてみた場合、貸出に対する必要コストとして貸倒引当金でカバーされるべきものであり、個々の貸出でみた場合、貸出金利に反映されるべきものである。要するに、信用コストは、貸出業務を行ううえで必要コストとして、調達コストと同様、債務者に負担されるものとしてとらえるべきである。一方、"狭義の信用リスク"は、間接金融を業として営む銀行が事業収益の源として考え対応すべきものである。多種多様な信用リスクを取り上げ、信用リスクを消化する過程のなかに収益の源泉がある。与信事業に対し、安定的な収益計上メカニズムを構築することが、昔も今も相変わらない銀行経営の最重要課題であり、この悩み（想定していたデフォルト率が経済・社会環境から大きく変動するリスク）は、決してなくなることはなく、論理と鋭敏な感覚をいつも研ぎ澄まし、対処していかなければならないものである。万が一、この信用リスクが実際の損失として顕在化した場合でも、経営が行き詰ることのないよう信用リスク量をカバーしうる"自己資本"の充実を図らねばならない。このメカニズムの構築こそが、間接金融を業とする銀行の主業といえる。

　"信用コスト"は、貸出金利に反映させることで消化することが可能となる。問題は、"狭義の信用リスク"を消化するメカニズムである。

　信用リスク（狭）が金利リスクに比較してその管理が厄介なのは、その消化手段が限られていることである。大企業向けの貸出債権については、クレジットデリバティブやCLO、CDO等の債権流動化により、ある程度消化することが可能であるが、現時点においては、市場取引により、中堅・中小企業向け貸出債権の信用リスク（狭）を消化する手段はほとんど存在していない。その有力な手段となる中堅・中小企業向け貸出債権の流動化が充実し、貸出債権を自由に売買できるセカンダリー市場の整備が望まれる。債権流動化市場の整備が進み、市場で貸出債権が自由に売買され、そこに市場参加者が認める貸出債権に対するプライシングがなされれば、信用リスク（狭）の

調整が可能となる。この市場の成熟により、信用コストあるいは信用リスクが価格情報として公的に組成されることになり、日本の金融システムはいっそうの高度化に向けて大きな一歩を踏み出すことになる。また、債権流動化市場の整備は、国際的な業務を行うために必要となる自己資本比率およびその収益性に対する課題から貸出債権の売却ニーズのある大手銀行と、構造的に資金運用難の問題から貸出債権の購入ニーズが強い地方銀行の両者にとって、有益なものとなることは間違いない。

債権流動化市場などの信用リスク（狭）の"調節機能"が十分に存在しない経営環境を前提とすると、貸出実行時にそのリスク量を計測し、コントロールすることが必要となる。ここでは、信用リスク（狭）の"入口"でのコントロールのポイントについてさらに考えてみる。信用リスク（狭）を入口でコントロールするためには、"与信の集中"をなるべく避け、信用リスク率[16]を反映した目標金利を上回る金利設定が必要である。ある一定の信頼区間で起こりうる非予想損失額分の金利収入を得ていれば、信頼区間をはずれる信用イベントが発生しない限り、安定的な収益を得ることが可能となり、信用リスク（狭）を消化することが可能となる。

b リスクに見合った収益率

信用リスク（狭）は、与信に対する潜在的な損失リスクであり、ポートフォリオ全体でとらえた場合、その総額が自己資本でカバーされるべきものである。この必要となる自己資本を保有するには"資本コスト"というコストがかかり、自己資本の毀損を回避するためには、そのリスクを吸収できる適切な"期間収益計上能力"を確保していくことが、安定的な経営を実現するために重要である。要するに、ポートフォリオのリスク・リターン比率、一般的に**"シャープレシオ"**[17]の高いリスクプロファイルをもったポートフォ

---

[16]「信用リスク率」と表現した場合、狭義の信用リスクをその対象とする。

リオを構築する必要がある。

　信用リスクを入口でコントロールするための一つめは、信用コスト分をカバーした金利に信用リスク（狭）に見合った収益を得られる金利を上乗せすることで、リスク・リターン比率を上昇させ、安定的な収益を確保することである。

　貸出による利益は、貸出金利から調達コストおよび人件費や事務コストなどの必要経費を差し引いた部分から、さらに信用コストを除いた部分である。調達コスト＋経費＋信用コスト以上の金利を適用しない限り収益は生まれない。逆にいえば、ある程度デフォルトリスクが高い顧客に対しても、その信用コスト以上の金利がとれているならば貸出可能であるといえる。

　そこで、基準金利を超えてどの程度の収益が最低でも期待されるべきなのか、どの程度の金利が基準金利に上乗せされていると安心できるのかを考えてみる。その目安となるのが、資本コスト率および信用リスク率を考慮に入れた目標金利の水準である。

基準金利＝調達コスト＋経費＋信用コスト
目標金利Ⅰ＝基準金利＋資本コスト率
目標金利Ⅱ＝基準金利＋信用リスク率
資本コスト率：信用リスク量をカバーするために必要となる自己資本コスト率
（信用リスク率：σや2σ、99％信頼区間を想定した場合の非予想損失額の貸出金額に対する比率）

　"**目標金利Ⅰ**"は、信用コストを考慮した基準金利に、万が一のときに備え、最低でもその債務者（もしくは、ポートフォリオ平均値）の信用リスク（狭）をカバーするために必要となる自己資本を保有するコスト（資本コスト）分を上乗せするという考え方である。"**目標金利Ⅱ**"は、リスクに見合った収益を常にあげていくことで、自己資本の毀損を防ぎ、経営の安定を図るための金利水準である。信用リスク率の計算に使用する非予想損失の信

17　シャープレシオ（リスク・リターンレシオ）＝（期待収益―必要コスト（調達コスト＋経費＋信用コスト））／信用リスク（非予想損失）

頼区間をσにするのか2σにするのかは、その金融機関のリスク志向、すなわち戦略によるところである。

　リスク量に見合った適正な収益を確保し、安定的な経営を行うには、狭義の信用リスクに見合ったリターンを得られているかという観点が重要である。「銀行に集中する信用リスクの社会的な分散システムの樹立」が不十分な現時点では、信用コストに見合った金利を顧客に要求することだけでもむずかしいことかもしれないが、信用リスク消化の出口が限られる状況においては、信用リスク率に見合った目標金利を実現していくことが、リスク・リターン比率のよい貸出ポートフォリオ、すなわち安定的な経営基盤を構築していくうえで重要なポイントである。

c　リスクに見合った限度額

　次に、このリスクに対するリターンの比率であるシャープレシオの考え方を貸出限度額の審査・設定として取り入れることについて考える。次の2通りの債務者への融資限度額について考えてみる。

```
（債務者1）：基準金利2.5%（信用コスト1.0%）
　　　　　：信用リスク率　2.0%
　　　　　：貸出金利　　　3.0%
（債務者2）：基準金利2.5%（信用コスト1.0%）
　　　　　：信用リスク率　3.0%
　　　　　：貸出金利　　　3.0%
```

　同じ信用コスト率で、同じ貸出金利であるから、信用コストおよび経費控除後の期待収益率は、0.5%（＝3.0%－2.5%）で同じ貸出案件である。しかしながら、債務者1に対する貸出のシャープレシオは、0.25（＝0.5%÷2.0%）であるのに対し、債務者2に対する貸出のシャープレシオは、0.17（＝0.5%÷3.0%）であり、債務者1に対する貸出のほうが、リスクに対する収益性が高いといえる。これを、融資限度額の観点からみてみる。債務者1の期

待最大損失額は貸出額の3.0%（1.0%＋2.0%）であるのに対し、債務者2の期待最大損失額は貸出額の4.0%（1.0%＋3.0%）である。仮に、一債務者に対する許容期待最大損失額を100万円とすると、債務者1には約3,300万円（＝100万円÷3.0%）まで貸出可能となり、債務者2には2,500万円（＝100万円÷4.0%）まで貸出可能となる。

このように、同じ信用コスト率（デフォルト確率）、期待収益率をもった貸出案件であっても、信用リスク率が高い案件は、リスク・リターン比率が低いことから、その貸出限度額を低く設定することで、信用リスクのコントロールを図ることが可能となる。

さらに、個社単位でのデフォルト相関を精緻に算出することが可能であれば、その貸出がポートフォリオに与えるリスク・リターンの影響を分析し、ある債務者への追加貸出の限界リスク寄与度を審査の基準の一つに取り入れることができる。要するに、その追加貸出がポートフォリオに加わることでポートフォリオ全体のリスクが軽減される（逆相関）場合、積極的に取り入れ、逆に、一見期待収益率が高い貸出でも、ポートフォリオと正の相関が強く、全体のリスクを高める場合は、与信取組に対し慎重な判断を行う必要がある。貸出債権の流動化が今後都銀⇔地銀間あるいは地銀相互間で拡大することが予測されることから、ポートフォリオでの信用リスク判断（"信用ALM"）の高度化が必要となっている。

d 与信の分散

最後に、入口のコントロールとして、ポートフォリオ管理の観点から考察する。

信用リスクを統括するセクションにまず求められることは、貸倒引当金として計上した信用コスト以上に貸倒損失が発生しない、すなわち非予想損失が発生しないようにポートフォリオの管理・運営を行うことである。要するに、非予想損失が発生するリスク要因に対し、クレジットデリバティブや

CLOを利用することで、逆相関性があるポジションをとり、リスクを相殺することである。次に求められるのは、適度なリスクを積極的にとることでそのリスクに見合った収益を戦略的に得ていくことである。

　こうしたオペレーションは上場企業に対してはある程度可能であり、与信の集中リスクがある大企業向けの貸出債権については、積極的に利用し、信用リスク（狭）の軽減を図るべきである。しかしながら、中堅・中小企業向け貸出債権においては、このような市場は未成熟で、中堅・中小企業向け貸出債権がポートフォリオの大半を占める銀行の信用リスク（狭）に対するヘッジは事実上不可能といえる。

　事実上、ヘッジ手段が存在しない中堅・中小企業向けの信用リスク（狭）をある程度カバーしていくには、与信の集中を避けることが、最も重要である。

　1件当りの貸出額が均等で、非常に多数の債務者によりポートフォリオが組成され、相関が無視されるほど十分に分散されていれば、理論的には、個々の債務者のもつ信用リスク（狭）は相殺し合い、ポートフォリオの全体のリスクはその平均値に限りなく近づくことになる。ポートフォリオ全体の平均デフォルト率等が変動するリスクは与信の分散では、ヘッジできないが、個別の債務者による信用リスク（狭）の要因は大幅に軽減されることになる。

3 ▷ 市場リスク管理の理論

　本節では、市場の状況が変化することによって銀行の保有する資産・負債の価値が変化するリスクすなわち"市場リスク"の管理について考察を深める。銀行の保有する資産・負債の価値の変化に対する考え方には、「現在保有する資産・負債がもつ価値の変化」と「現在の取引が将来も継続されることによりもたらされる潜在的な価値の変化」の二つがある。一般に市場リスク管理としては「現在保有する資産・負債がもつ価値の変化」に関するリスクを指すが、本節では市場の変化が銀行の経営に与える影響という意味で幅広く市場リスクをとらえ、「現在の取引が将来も継続されることによりもたらされる潜在的な価値の変化」も含めてリスク管理の手法を考察したい。

(1) 市場リスク管理の基本構造

　市場の変化は、金利の変化や株価・為替の価格変化として現れる。そこで、市場リスクを把握するためには、市場の変化をなんらかの形でモデル化したうえで、市場の変化によってもたらされる資産・負債の価値の変化量を計測することが必要となってくる。すなわち、金利、株価、為替の将来変化を定式化することが第1のステップであり、その変化によって生じる資産・負債の価値変化を計測するのが第2のステップである。したがって、市場リスクの計量化のために、次の二つの点について計測手法を明らかにしていく。

> ① 第一ステップ………リスク要因（ファクター）のモデル化
> 　市場の状況変化を表す、金利・株価・為替変化の定量化手法
> ② 第二ステップ………リスク量の計量
> 　銀行が保有する資産・負債の価値変化の計算手法

　「リスク要因のモデル化」については、金利と価格という二つのリスクに

分けてモデル化を考える。

金利の特徴として、期間の概念があり、期間別の金利が互いに関連をもちながら一定の範囲で変化する点が特徴である。また、平均的な水準を上回ったり、下回ったりした場合には将来的にはその水準に復帰しようという傾向（平均回帰）も指摘されている。こうした点を考慮した金利リスク管理のために、金利の期間構造を説明するモデル（期間構造モデル）が研究されている。

一方の株式や為替の価格には基本として期間（マチュリティ）の概念がなく（株価の変動や為替レートは、無限の期間をもっていると考えることもできる）、金利のような期間構造は存在しない。価格リスク管理のベースとなるのは、効率的な市場におけるポートフォリオに関する研究のなかから生まれた価格決定モデルであり、CAPM 理論などは有名である。

リスク要因	対　　象	モデルの内容
金利リスク	金　利	期間構造モデル
価格リスク	株価、為替など	価格決定モデル

「リスク量の計量」においては、銀行の保有する資産・負債を"ストック分"と"将来分"に分けて考え、それぞれに適切なリスク計測手法を当てはめることが望ましい。

ストック分の評価としては、計測時点で確定しているキャッシュフローを現在価値に引き直したうえで、想定確率内での現在価値の変化量を測定する"Value at Risk（VaR）"という手法が適用できる。"VaR"は BIS においても市場リスク管理の標準的な手法として認められたものであり、銀行が現在保有する資産・負債の変動リスクを評価するうえで効果をもつ。

一方、将来の取引から生まれるリスク、主として市場金利の変動と対顧金利の改定のズレなどから生じる"ベーシスリスク"の評価としては、計測時点で確定しているキャッシュフローをもとにマチュリティラダーを展開し、ロールオーバー率や新規立上率を設定して将来の予想残高を計算したうえで、将来の期間収益の変動をみる"Earning at Risk（EaR）"[18] という手法が

必要となる。"EaR"は期間収益という手法の性質上、一定の期間内に限定したリスクの計測となっているが、計測期間終了時点における残存分の現在価値を加えた総合収益ベースを考えることで総合的なリスク管理手法に拡張することができる。

"VaR"と"EaR"は現在価値と将来価値という異なる考え方をもとにしているが、銀行の保有する資産・負債を把握するという観点からは、ともに欠かせないものであり並存していくものである。

資産負債の内訳	手　法	計測対象のリスク
ストック分	VaR	一般的な市場リスク
将　来　分	EaR、拡張EaR	経営上のベーシスリスク

以降の項では、「市場リスク要因のモデル化」と「市場リスク計量のモデル化」という二つの内容について具体的な説明を行っていく。

(2) 市場リスク要因のモデル化

"市場リスク要因のモデル化"とは、市場リスクを引き起こす金利や株価・為替の価格変動を定式化することである。市場リスクに関するリスク要因を定式化する際には、その動きが正規分布に従うという仮定が採用されている場合が多い。たとえば、VaRの一手法である分散共分散法では、リスク要因の変化が正規分布するという仮定のもとで、一定信頼区間におけるリスク量を数式的に算出している。もっとも、シミュレーション的にVaRを行う場合やEaRにおいては標準偏差を求めるだけでは不十分であり、将来の金利の分布を具体的に作成することが必要である。そこで、金利リスクと価格リスクの各々について、リスク要因の定式化を説明する。

18　注1参照

a 金利変動モデル（金利期間構造モデル）とその実践

　金利は銀行の主要業務である預金・貸出の価値に直結するリスクファクターであり、運用側と調達側での金利改定のミスマッチによって生じるリスク（長短ミスマッチリスク）と、市場金利と銀行における各種の指標金利の金利改定のズレから生じるリスク（ベーシスリスク）の二つに大別できる。前者の **"長短ミスマッチリスク"** は ALM としての問題であり、市場金利の動きから生み出される。一方、後者の **"ベーシスリスク"** は、預金・貸出業務における金利運営のなかから生まれてくるものであり、市場金利をモデル化することに加えて市場金利の変動がもたらす指標金利の変動を構造化する必要がある。長短ミスマッチリスク、ベーシスリスクとも、起因となるのは市場金利の変化である。そこで、ここでは市場金利の変化を定式化することを目指し、指標金利の変化をモデル化するという点については、次項（(3) のb）に譲るものとする。以下、本項では金利という言葉を市場金利という意味として扱う。

　金利リスクの管理には、いろいろな手法が考案されている。イールドカーブの平行移動を考えたデュレーション分析、二次の感応度まで考えたコンベキシティの分析、いくつかの期間をグリッド・ポイントして決めグリッド・ポイントごとの金利の動きの影響をみるグリッド・センシティビティ分析などがある。ただし、これらの手法は金利が一定幅動いた場合の影響を判断するものであり、金利の変動について計測する手段ではない。

　そこで、金利の動きとして標準偏差や相関係数を利用しグリッド・センシティビティ分析を発展させたものとして分散共分散法による VaR が生み出された。分散共分散法による VaR は、きわめてシンプルな計算式で金利リスクを把握することができ、現在広く使用されている。しかしながら、リスクの計測期間が長い場合や金利の変化とポートフォリオの現在価値変化が線形でない場合は誤差をもたらすため、完全なものではない。

　分散共分散法による VaR が把握できない金利リスクをとらえるには、将

来の金利の変化を具体的に生成して、モンテカルロ法によるシミュレーションが必要となる。そこで、将来の市場金利を生成する方法について説明を行いたい。

将来の金利を生成するには、金利の動き自体を表現するモデルが必要である。そこで、ここでは確率論に基づく"金利の確率変動モデル"を使って将来金利の分布を構築する方法に関し説明を行う。

金利は期間の概念をもっており、金利の変動モデルを考える際には金利の期間構造が時間の経過に伴いどのように変化するのかを定式化することが必要になる。すなわち、『**金利の期間構造モデル**』である。『金利の期間構造モデル』という言葉が意味するところとして、

● 金利は期間によって異なるが、そこには何かしらの構造が隠れている。この構造をモデリングすることによって、金利を統一的に表現することができる（各期間における金利は独立に動いているのではなく、なんらかの関係を維持しながら変化している）、

● 金利以外の株式、為替などには期間構造はない（金利以外のものの期間構造は金利に還元される。たとえば、債券の価格や為替の先渡し価格は、その期間に対応した金利によって決まっている）、

という二つの考えが含まれている。

金利の期間構造モデルというと、一般的にはブラック―ショールズの理論などに始まるオプション理論から導かれた、確率微分方程式を中心としたモデル（確率変動モデル）を指すことが多い。もう一つの流れとしては、経済数理統計学における時系列分析から発生した理論がある（時系列分析モデル）。前者のモデルでは、将来の金利は過去の経緯には依存せず現在の情報によってのみ決まるという考えであり、後者のモデルでは、将来の金利は現在の情報のみならず過去の情報にも依存しているという考え方に基づいている。

以下では、『**確率変動モデル**』と『**時系列分析モデル**』の各々について内容の説明を行っていきたい。『確率変動モデル』はモデルの内容を「短期金

利の生成」と「イールドカーブの生成」の二つのプロセスに分けることができるため、この順番に説明する。一方の『時系列分析モデル』は、イールドカーブを一つの分析データとしてみるため、このようなプロセスの分解は存在しておらず、「イールドカーブの生成」から説明を始める。

イ．確率変動モデルと短期金利の生成

　確率変動モデル（Stochastic Model）は、確率論における拡散過程という考え方に基づいたモデルである。拡散過程とは不規則な変化の過程を取り扱う数学的な方法であり、変化が連続的であること、および変化が過去には依存せず現在の状態にのみ依存することを前提にしている。確率変動モデルでは拡散過程を使って金利を理論的に取り扱うために、以下のような仮定を置いている。

1：取引は連続的に行われる（連続性）。
2：金利の変化は過去には依存せず、現在の情報のみで定まる（マルコフ性）。
3：市場が効率的である（市場の効率性）。
　　・市場の情報はすべての投資家に等しく共有されている。
　　・各投資家は合理的に行動する。
　　・取引上のコストはかからない。

　1番めの連続性と2番めのマルコフ性は、拡散過程を用いるための前提となるものである。3番めの条件は、金利を理論的に考えていくうえでの前提である。

　確率変動モデルを使って金利をモデリングする場合には、短期の金利（理論上のきわめて短い期間の金利）の定式化を行い、続いてイールドカーブ全体の構築方法を考えるのが一般的である。というのも、確率変動モデルの前提になっている微分という考え方が、微小な変化を取り扱っているからである。そこで、まず短期金利の変化を式で表現する方法について説明する。

　瞬間的な取引における金利 r を考え、この短期金利 r の微小変化を式で表すと、次のような形（確率微分方程式と呼ばれる）が考えられる。

$$dr = \underline{F(r, t)dt} + \underline{G(r, t)dw(t)}$$
　　　　ドリフト項　　ランダム項

　rは、連続複利ベースの"瞬間のスポットレート"(非常に短い期間のスポットの短期金利)である。dtは、時間の微小変化を意味しており、drは、限りなく短い時間dtが経過したときrがどれだけ変化するかを意味している。w(t)は、物理学のブラウン運動を数学的に表現した変量(標準Winner過程と呼ぶ)であり、連続性をもった正規分布乱数と考えることができる[19]。dtの項をドリフト項、dw(t)の項はランダム項と呼ぶ。この式は最もシンプルな形であり、実際にはいくつかの式が併記された連立方程式の形をとることもある。

　確率変動モデルにおいては、金利変化の式におけるドリフト項(上式でいえば、F(r,t)dt)に平均回帰(mean reversion)と呼ばれる条件を取り入れることが多い。平均回帰とは、金利が長期的にみると、ある一定の値(平均)に収束する(回帰する)という考えである(この一定の値を平均回帰水準と呼ぶ)。現在の金利の値が平均回帰水準から離れているときには、平均回帰水準の方向に引き戻す力が働き、金利の変化量は大きくなる。一方、現在の金利の値が平均回帰水準に近いときには、金利の変化は小さい。平均回帰を示すドリフト項は、たとえば、$\alpha(\theta-r)dt$と$(\alpha>0)$のような形で記述される。rは時刻tにおける短期金利であり、αとθは定数である。金利の変化はθに向かって近づく曲線になり、こうしたことからθは"平均回帰の水準"または"平均回帰のレベル"と呼ばれている。

　たとえば、平均回帰を取り入れたVasicekのモデル[20]は、以下のように

19　標準Winner過程w(t)は、次の性質をもったものとして定義される。
・w(t)は連続である。
・任意のtとΔtについてw(t)の時刻tにおける変化量Δw(t)と時刻t+Δtにおける変化量Δw(t+Δt)は独立である。
・任意のtとΔtについてw(t+Δt)—w(t)は平均0、標準偏差Δtの正規分布に従う。
20　Oldrich Vasicek："An Equilibrium Characterization of the Term Structure", Journal of Financial Economics 5 (1977) 177—183

図表 4-18 金利の平均回帰

平均回帰水準 θ

図表 4-19 ランダム・ウォーク

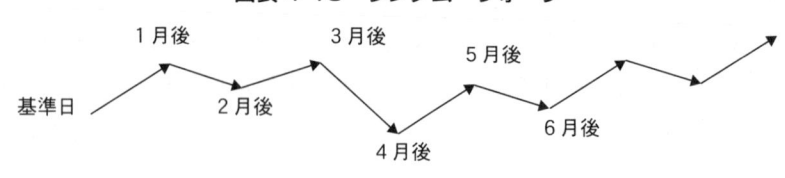

基準日　1月後　2月後　3月後　4月後　5月後　6月後

記述されている。

$$dr = \alpha(\theta - r)dt + \sigma dw(t)$$
金利の（微小）変化量　　　　平均回帰の項　　正規乱数項
　　　　　　　　　　　　　（ドリフト項）　（ランダム項）

確率変動モデルの式を使って将来の金利を生成する場合には、dr、dt といった微分記号で書かれた確率微分方程式を具体的な時間 Δt（たとえば、1日や1カ月）の変化に関する式（すなわち、差分方程式）に書き直したうえで、ランダム・ウォーク（Random Walk）を作成する。Vasicek のモデル式を記号 Δt を使って差分方程式に書き直すと、次のようになる。

$$\triangle r = \alpha(\theta - r)\triangle t + \sigma\varepsilon(t)$$
　　　平均回帰の項　　正規乱数項
　　　（ドリフト項）　（ランダム項）

$\varepsilon(t)$ は平均 0、分散 1 の標準正規分布に従う乱数である。

式に従って金利 r を時間ごとに並べていくと、図表 4-19 のような経路をつくる。このように確率変数を次々と足し合わせていくことで生まれた不規則な経路を、ランダム・ウォーク[21]と呼んでいる。

---

21 ランダム・ウォークの定義は、上昇幅の期待値と下降幅の期待値が等しい時系列変数の経路（パス）である。

ランダム・ウォークは金利変動の可能性の一つを表し、そのパターンは無限に存在している。そこで、十分にたくさんの数のランダム・ウォークを生成して分布を求めるという方法がとられる（モンテカルロ＝シミュレーション）。ランダム・ウォークの多くは期待値（平均値）の周りに集まり、中心部から外れたところを通るものは少ない。そこで、山形の分布が形成されることになる。将来金利の分布が両端にどのくらい広がっているのかを知ることがリスク管理の基本であり、具体的には分散、あるいは標準偏差といった統

【計算例】

以下の前提で、Vasicek のモデル式を使って金利のパスを生成する。

現在の金利：0.5%　α：0.1　θ：5%　σ：0.5%

$r(t+1) = r(t) + 0.1 \times \underline{(5\% - r(t))} + 0.5 \times \underline{(正規乱数)}$

Δr

t		0	1	2	3	4	5
r	①	0.5	⑥ 0.75	0.475	1.0275	2.02475	2.872275
0.1×(5%−r(t))	②	0.45	0.425	0.4525	0.39725	0.297525	…
正規乱数	③	−0.4	−1.4	0.2	1.2	1.1	…
0.5×(正規乱数)	④	−0.2	−0.7	0.1	0.6	0.55	…
Δr	⑤	0.25	−0.275	0.5525	0.99725	0.847525	…

①：現在 0.5%　②：平均回帰項（ドリフト項）の計算　③：正規乱数発生
④：ランダム項計算　⑤：金利変化量＝②＋④　⑥：t＝1 における金利＝①＋⑤

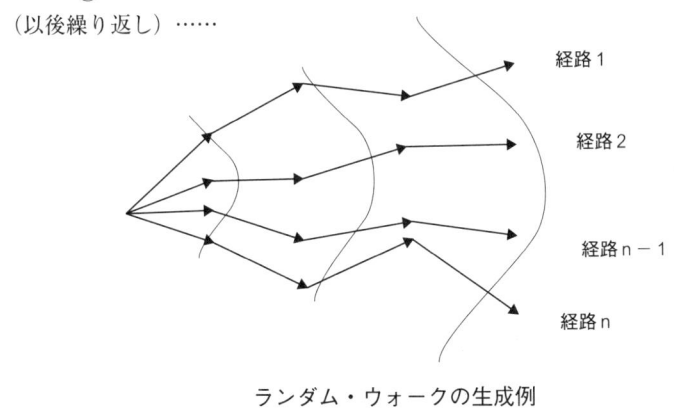

（以後繰り返し）……

ランダム・ウォークの生成例

第４章　銀行リスク管理の理論

計量で表される。

　確率変動モデルを作成する際に裁定機会のない"ノー・アービトラージ"なモデルとして構築する方法がある。初期のイールド・カーブ・モデルでは、イールド・カーブを生成することに重点が置かれ、市場の実際の金利に合致するかどうかについては考慮されていなかった。したがって、このような初期のモデルを使う金融機関では自分自身の内部で裁定（アービトラージ）する機会を設けてしまうこととなった。この点について改良が試みられ、**"ノー・アービトラージ・モデル"**（実際の市場金利との間での裁定機会がないモデル）が作成されるようになった。

　"ノー・アービトラージ・モデル"では、

　　●モデルのパラメータは実際の市場金利から推測される

　　●そのパラメータにより、初期イールド・カーブは市場金利と合致する

という構造により、モデルより算出された金利と実際の市場金利との間での裁定機会がないとされている。分布平均がインプライド・フォワード・レートに沿うようにフィッティングがなされ、したがって、将来の金利分布がおおよそインプライド・フォワード・レートを中心としたものになる。

　先に紹介したVasicekのモデルは、ノー・アービトラージなモデルではなかったが、これをノー・アービトラージなモデルに改良した**"拡張Vasicekモデル（Hull-Whiteモデル）"**[22]が実務に適用されている場合が多い。平均回帰レベルθ（t）を経過時間とともに変化させることで、理論値平均のカー

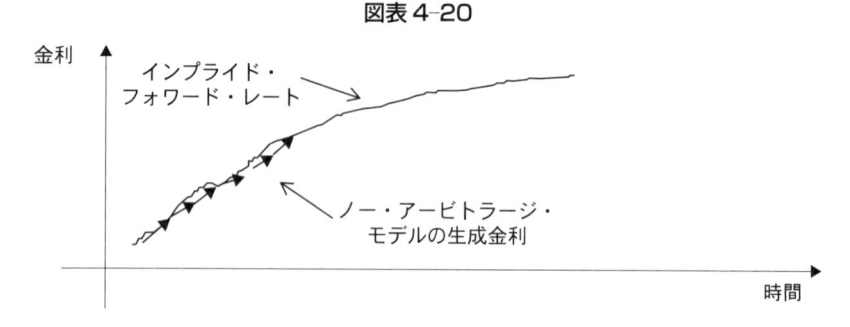

図表4-20

ブがインプライド・フォワード・レートに沿うようにしている。

$$\triangle r = \alpha(\theta(t)-r(t))\triangle t + \sigma\varepsilon(t)$$
　　　平均回帰の項　　正規乱数項
　　　（ドリフト項）　（ランダム項）

以上が、短期金利の生成に関する説明である。短期金利のモデルにはさまざまなモデルが存在するが、それらの説明については本書では省略し、将来のイールドカーブの作成に話を進める。

ロ．確率変動モデルによるイールドカーブの生成

確率微分方程式に基づく金利の定式化は、すべての期間の金利について定義されるわけではなく、限られた期間についてのみ行われている。というのも、各期間ごとに式をつくってランダム・ウォークを発生させた場合、イールドカーブがひどくねじ曲がったものになるからである。実際の金利は裁定が存在しないように各々の期間金利の間に関連があり、各期間の金利がまったく独立に変動することはありえない。

そこで、金利の期間構造を表現するためには、もう一歩踏み込んだ考察が必要となり、二つの考え方がある。

(方法1)　イールドカーブの表現式を考案する。
　　y(m) = F(t,r,v…)(t：時間、r：金利、v：ボラティリティなど)
(方法2)　対象期間内の短期金利の平均から計算する。
　　たとえば、1カ月後の2カ月金利
　　=(1カ月後のスポット1カ月金利
　　+1カ月後基準で考えた1カ月後の1カ月金利)÷2

1番めの方法であるイールドカーブの表現式については、いくつかのモデルが考案されている。たとえば、Vasicek のモデルではイールドカーブが時

22　John Hull and Alan White："One-Factor Interest-Rate Models and the Valuation of Interest-Rate Derivative Securities", Journal of Financial and Quantitative Analysis, Vol.28, No.2, June, 1993

刻 t における瞬間のスポットレート $r(t)$ を用いて時刻 t における連続複利ベースでのマチュリティ T（金利が年利であるなら単位は年）のゼロクーポンイールド $R(t,T)$ が、次のようになる。

$$R(t,T) = R(\infty) + (r(t) - R(\infty)) \frac{(1-e^{-\alpha T})}{\alpha T} + \frac{\sigma^2}{4\alpha^3} \frac{(1-e^{-\alpha T})^2}{T}$$

ただし、$R(\infty) = \theta + \frac{\alpha q}{\alpha} - \frac{\sigma^2}{2\alpha^2}$

q は"リスクの市場価格"といわれるパラメータ

　Vasicek のモデル以外にもイールドカーブの表現式は各モデルごとに考案されている。しかしながら、一つの問題点として、式で表現しているため特定の形状のイールドカーブしか表現できず、現在のイールドカーブを完全に再現することがむずかしく、したがって、現在のイールドカーブと将来のイールドカーブの分布が滑らかにつながらないという点があり、パラメータを増やすなどしてこの点をいかに克服するかが課題である。

　2番めの対象期間内の短期金利の平均から計算するという方法はシンプルな計算であるが、前提として生成される短期金利の平均がインプライド・フォワード・レートであるという条件（ノー・アービトラージ・モデル）が必要である。Hull-White モデルなど、近年のモデルはイールドカーブへのフィッティングがなされおり、短期金利の平均によって金利を計算するという方法が可能である。

　現在のイールドカーブとの整合性を考えると、2番めの方法が実用的であると考えられる。そこで、対象期間内の短期金利の平均から計算するという方法を簡単な事例をもとに以下考察を深める。具体的には、次の2段階の手順をとる。

○手順1. 確率変動モデルを使って将来時点における"スポットの短期金利"および"フォワードの短期金利"を計算する。
○手順2. 作成した将来時点のスポットの短期金利およびフォワードの短期金利の平均値をイールドカーブとする。

　将来時点における"スポットの短期金利"および"フォワードの短期金

図表4-21 スポット金利、フォワード金利および将来のイールドカーブの論理生成

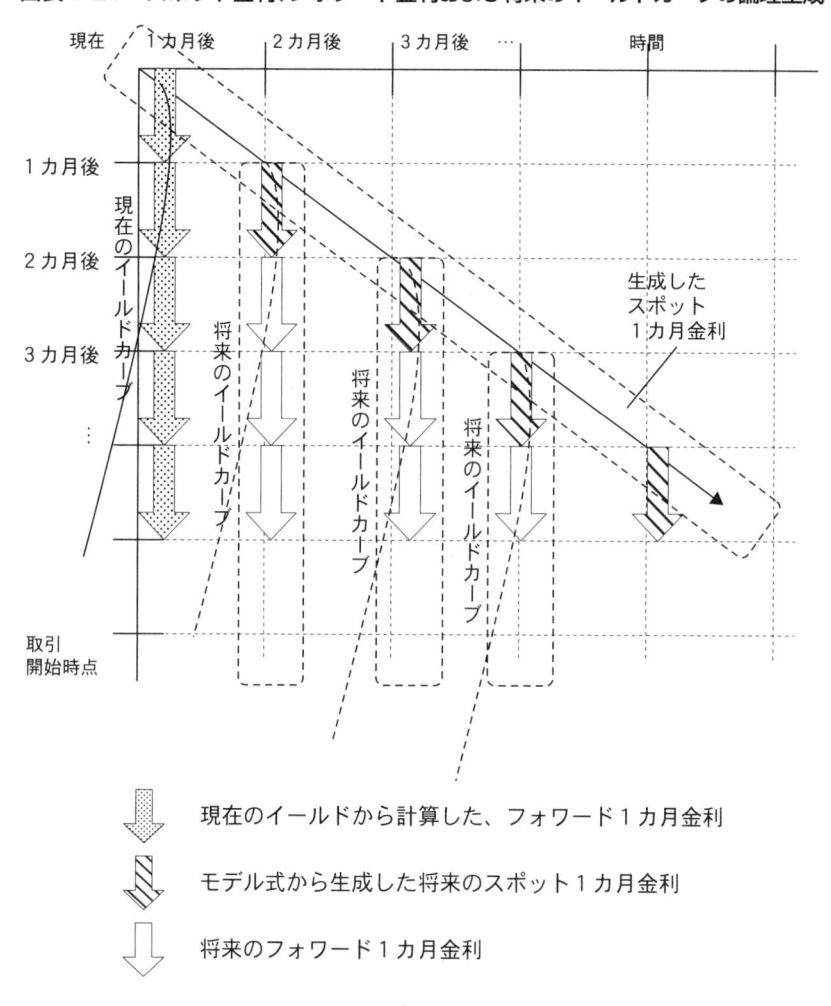

⬇ （ドット柄）現在のイールドから計算した、フォワード1カ月金利

⬇ （斜線柄）モデル式から生成した将来のスポット1カ月金利

⬇ （白抜き）将来のフォワード1カ月金利

利"を計算する際には、スポットの短期金利およびフォワードの短期金利の期間を1カ月とする。図表4-21で示すように経過時間と取引時点のグリッドを考えたうえで、将来時点におけるスポットの短期金利およびフォワードの短期金利の平均がインプライド・フォワード・レートになるように生成する。具体的には、すべての将来時点において、時点Tから始まるスポッ

第4章 銀行リスク管理の理論

図表4-22 代表的な金利の期間構造モデル

	モデル名	モデル式	イールドカーブ	アービトラージュ
1	Vasicek モデル	瞬間のスポット金利 $dr = \alpha(\theta-r)dt + \sigma dz$	表現式より	あり
2	Cox, Ingersoll, Ros モデル	瞬間のスポット金利 $dr = \alpha(\theta-r)dt + \sigma\sqrt{r}dz$	表現式より	あり
3	Hull-White モデル	瞬間のスポット金利 $dr = \alpha[\theta(t)-r]dt + \sigma dz$	対象期間内の短期金利平均	なし
4	Black, Derman, Toy モデル	r:瞬間のスポット金利 $d\ln r = [\theta(t) + \frac{\sigma'(t)}{\sigma(t)}\ln r]dt + \sigma(t)dz$	対象期間内の短期金利平均	なし
5	Brennan & Schwartz モデル	r:瞬間のスポット金利 l:長期金利 $dr = r[\alpha\ln(\frac{1}{kr}) + \frac{1}{2}\sigma^2]dt + r\cdot\sigma dz_r$ $dl = l[1-r+\gamma\{r\gamma + \frac{1(1-\gamma^2)}{1-l\gamma} - \gamma^2\}]dt$ $+ l\gamma\cdot dz_l$	表現式より	あり
6	Longstaff & Schwartz モデル	瞬間のスポット金利 $r = \alpha x + \beta y$ rのボラティリティ $V = \alpha^2 x + \beta^2 y$ ただし、 $dx = (a+bx)dt + \sigma\sqrt{x}dz_x$ $dy = (a+by)dt + \sigma\sqrt{y}dz_y$	表現式より	あり
7	Heath, Jarrow, Morton モデル	$f(t, T)$:時刻tから時刻Tまでのフォワードレート $df(t,T) = a(t,T)dt + \sigma_1 dw_1 + \sigma_2 e^{-\frac{\lambda}{2}(T-t)}dw_2$	対象期間内の短期金利平均	なし

ト・レートおよびフォワード・レートの平均が、現時点のイールドカーブから計算される時点Tから始まる同期間の金利に等しくなるようにする。

　スポットの金利およびフォワードの金利を同時に計算するモデルも存在するが、そうでない場合はスポットの金利をまず求め、続いてフォワードの金利を計算する。後者の場合は、取引開始時点を同じくする現在のイールドカーブから算出したフォワードレートと、確率変動モデルを使って作成した

図表 4-23　図表 4-22 のモデルに関する参考文献

	モデル名	参考文献
1	Vasicek モデル	Oldrich Vasicek : "An Equilibrium Characterization of the Term Structure", Journal of Financial Economics 5 (1977) 177-183
2	Cox,Ingersoll,Ros モデル	John C. Cox, Jonathan E. Ingersoll, Jr. and Stephen A. Ross : "An Theory of the Term Structure of Interest Rates", Econometrica, Vol 53, No.2, March 1985
3	Hull White モデル	John Hull and Alan White : "One-Factor Interest-Rate Models and the Valuation of Interest-Rate Derivative Securities", Journal of Financial and Quantitative Analysis, Vol. 28, No.2, June, 1993
4	Black, Derman, Toy モデル	Fisher Black, Emanuel Derman, William Toy : "A One Factor Model of Interest Rates and Its Applications to Treasury Bond Options", Financial Analysts Journal, 1-2 1990
5	Brennan & Schwartz モデル	Michel J. Brennan and Eduardo S. Schwartz : "An Equilibrium Model of Bond Pricing and a Test of Market Efficiency", Journal of Financial and Quantitative Analysis, Vol. XVII, No.3, September, 1982
6	Longstaff & Schwartz モデル	Francis A. Longstaff and Eduardo S. Schwartz : "Interest Rate Volatility and The Term Structure : A Two—Factor Ceneral Equilibrium Model", The Journal of Finance Vol XLVII, No 4, September 1992
7	Heath, Jarrow, Morton モデル	David Heath, Robert Jarrow, Andrew Morton : "Bond Pricing and the Term Structure of Interests Rates : a Discrete Time Approximation", Journal of Financial and Quantitative Analysis, Vol. 25, No. 4, 1990

　取引開始時点からのスポットの金利を結ぶパスとして、フォワードの金利を作成する。

　続いてイールドカーブの作成に移るが、イールドカーブの作成方法を考えるにあたり、簡単な事例を考えてみる。現時点から1カ月間の金利を r_1 とし、現時点から2カ月間の金利を r_2 とした場合、現時点における、1カ月後から1カ月間の金利 f_1 は裁定機会が存在しないという状況では、$2 \times r_2 = r_1 +$

f_1 となると期待される。

この式は将来の時点でも成り立つべきものであり、f(T,1) を将来のある時点Tから1カ月間の金利、f(T,2) を将来のある時点Tから2カ月間の金利、f(T+1,1) を将来のある時点Tの1カ月後から1カ月の金利とした場合でも、2×f(T,2) ＝f(T,1)＋f(T+1,1)は成立するはずである。そのため、f(T,1) および f(T+1,1) がわかれば、f(T,2)＝｛f(T,1)＋f(T+1,1)｝÷2 として求めることができる。

一般的には、

$$f(T,N)＝\{f(T,1)＋f(T+1,1)＋f(T+2,1)＋\cdots f(T+N-1,1)\}÷N$$

という計算式となる。

以上のような手順により将来のイールドカーブの生成を行うことが可能であり、金利リスク要因のモデル化を行うことができる。

ハ. 時系列分析モデルによるイールドカーブの生成

時系列分析モデル（Time Series Model）は過去の金利推移を分析し、過去の傾向を将来へ適用しようとするモデルである。こうしたモデルでは金利をデータの系列としてみなしており、金利のもつ経済的な意味やイールドカーブと割引債価格の関係などといった事柄は考慮されない。

データの分析手法としては、統計学のARIMAモデル[23]やベクトル回帰分析[24]といったものが用いられ、時間によって各々の金利やイールドカーブの形状がどのように変わっていくかを数値化していく。

時系列分析モデルにおいては未来は過去の傾向の延長でしかないため、現在の情報、たとえば、イールドカーブが順イールドの場合でも、下降曲面で

---

[23] ARIMAとは Auto Regressive Integrated Moving Average（自己回帰和分移動平均）の略である。和分とは変数の差を考え、その和としてのモデルを構築するという意味であり、移動平均とは誤差平均のシフトを考えるという意味合いである。
[24] ベクトル回帰分析とは数値（スカラー）ではなく、数値の組み（ベクトル）について回帰分析を行うことであり、定数係数のかわりに、係数行列を求めることになる。

あれば将来の金利は下降していく。ただし、金利の表現式には確率変動モデルと同様に標準Wiener過程が含まれているため、これまで紹介したモデル同様に将来の金利分布を得ることができる。

　時系列分析モデルの例として、Charles NelsonとAndrew Siegelによって考案されたモデル（パラメトリックモデルと呼ぶ）を紹介する。イールドカーブを四つのパラメータの時系列データとして表現したモデルであり、短期金利や長期金利といった個々のマチュリティの金利変化をみるかわりに、四つのパラメータがどう変わっていくのかを表現している。本モデルでは時刻tにおいて満期までの期間がmカ月であるとき、イールドが次式で表現される。

$$R_t(m) = \beta_0(t) + (\beta_1(t) + \beta_2(t))(1 - \exp(-\frac{m}{\tau(t)}))/(\frac{m}{\tau(t)}) - \beta_2(t)\exp(-\frac{m}{\tau(t)})$$

　各満期期間のイールドは四つのパラメータ、$\beta_0(t)$、$\beta_1(t)$、$\beta_2(t)$、$\tau(r)$の値を定めれば決定される。$\beta_0(t)$、$\beta_1(t)$、$\beta_2(t)$は、各々長期のイールド、短期のイールド、中期のイールドに影響を与える変数である。$\tau(t)$はイールドカーブの形状（平らであるか、曲がっているか）を決定する。このように過去のイールドカーブの推移を$\beta_0(t)$、$\beta_1(t)$、$\beta_2(t)$、$\tau(r)$の四つのパラメータの動きに置き換えてしまうのでパラメトリックモデルと呼ばれる。パラメータ推定上の問題から、$\tau(r)$については定数とし、あらかじめ非線形の回帰分析で値を求めておくと、三つのパラメータ$\beta_0(t)$、$\beta_1(t)$、$\beta_2(t)$のベクトルが、以下の回帰式で書き表せる。

$$\begin{bmatrix}\beta_0(t+1)\\ \beta_1(t+1)\\ \beta_2(t+1)\end{bmatrix} = \begin{bmatrix}a_{0,0} & a_{0,1} & a_{0,2}\\ a_{1,0} & a_{1,1} & a_{1,2}\\ a_{2,0} & a_{2,1} & a_{2,2}\end{bmatrix}\begin{bmatrix}\beta_0(t)\\ \beta_1(t)\\ \beta_2(t)\end{bmatrix} + \begin{bmatrix}b_0\\ b_1\\ b_2\end{bmatrix} + \begin{bmatrix}\varepsilon_0(t)\\ \varepsilon_1(t)\\ \varepsilon_2(t)\end{bmatrix}$$

t+1のパラメータ　　係数行列A　　tのパラメータ　　定数ベクトルB　　誤差行列ε

　この式は、一般の回帰式：$X(t+1) = AX(t) + B + \varepsilon(t)$（$\varepsilon(t)$は誤差項）を拡張したものである。$X(t)$に当たるものが$\beta_0$、$\beta_1$、$\beta_2$の組み（ベクトル）に

なっているため、係数や定数に当たるものが行列形式になっている）。したがって、係数として9個の要素、定数項として三つの要素を推定することになる。

また、誤差項については、通常の回帰分析では標準偏差（標準誤差）を計算するが、ベクトル回帰分析では、$\mathrm{Cov}(\varepsilon_i(t), \varepsilon_j(t)) = e_{i,j} (i,j = 0,1,2)$ となる行列

$$e = \begin{bmatrix} e_{0,0} & e_{0,1} & e_{0,2} \\ e_{1,0} & e_{1,1} & e_{1,2} \\ e_{2,0} & e_{2,1} & e_{2,2} \end{bmatrix}$$

が求められる（Covは共分散を表す）。

ベクトル回帰分析と通常の回帰分析を比較すると、次のようになる。

	係数	定数項	誤差項
通常の回帰分析	数値A	数値B	標準偏差 σ
ベクトル回帰分析	係数行列 $\begin{bmatrix} a_{0,0} & a_{0,1} & a_{0,2} \\ a_{1,0} & a_{1,1} & a_{1,2} \\ a_{2,0} & a_{2,1} & a_{2,2} \end{bmatrix}$	定数ベクトル $\begin{bmatrix} b_0 \\ b_1 \\ b_2 \end{bmatrix}$	分散共分散の行列 $\begin{bmatrix} e_{0,0} & e_{0,1} & e_{0,2} \\ e_{1,0} & e_{1,1} & e_{1,2} \\ e_{2,0} & e_{2,1} & e_{2,2} \end{bmatrix}$

将来のイールドカーブの生成は、将来のパラメータベクトル（$\beta_0(t)$、$\beta_1(t)$、$\beta_2(t)$）の生成を行った後、イールドの式に従ってイールドカーブを生成する。パラメトリックモデルによって将来金利を作成した場合、現在のイールドカーブが順イールドであっても金利レベルが上昇していくとは限らない。というのは、これまでの推移を引き継ぐ形で将来金利が作成されるからである。過去の金利にのみ依存するデータ・ドリブンなアプローチであり、確率変動モデルで考えられていた、"ノー・アービトラージ・モデル"という考え方は当てはまらないといえる。

b 株価・為替の変動モデルとその実践

　金利に引き続き、株価・為替の変動モデルに関し考察する。これらの変動モデルは効率的な市場でのポートフォリオに関する理論のなかから生まれている。金利には期間があり、そのリスクが金利の改定プロセスのなかから発生するのに対し、価格リスクには期間がなく保有する資産の価値がダイレクトに変化していくリスクといえる。価格リスクを抑えるために使われるのがプットやコールのオプションであり、株式や為替のポートフォリオに、株価指数オプション、通貨オプションといったオプション・ポートフォリオを組み合わせたヘッジポートフォリオとして管理することで、リスクを軽減することができる。

　以下、株価と為替についてリスク管理の方法をみていく。株式と為替はオプションを使ってリスクをヘッジするという点では同じ管理手法が適用できるが、為替が通貨単位に管理すればよいのに対して、株式には固有の銘柄が多数あるためリスクファクターの捉え方の点では異なっている。

イ．株価リスク

　まず、株式の価格変動リスクについて説明を行う。株式にはさまざまな銘柄があるため、一つ一つにモデル式を作成すると非常に手間がかかる。そこで、市場全体の動向を現す株価指数と個々の銘柄の連動性を分析することが行われている。価格変動リスクを明らかにする方法として、資産価格決定モデル CAPM（capital asset pricing model）や裁定価格理論 APT（arbitrage pricing theory）などがある。前者は単一のリスク要因を使用した手法であり、後者は複数のリスク要因を使用した方法であるが、示される結果には似た内容があるためここでは CAPM について説明を行う。

　"CAPM" とは、効率的な資産選択をしている場合に、市場に発行されている構成比に従って各々の株式を組み込んだポートフォリオ（市場ポートフォリオ）の収益率 R_m と、安全資産（債券）の収益率 R_f から個々の株式の収

益率 r を説明するものである。CAPM 理論では、個々の株式の収益率 r を次式で表している。

> $r = R_f + \beta(R_m - R_f) + \varepsilon$
> $\beta = \mathrm{Cov}(r, R_m)/\mathrm{Var}\ (R_m)$
> Cov（r, R_m）は、"r と R_m との共分散"
> Var（R_m）は、R_m の分散
> ε は、市場ポートフォリオの収益性とは無関係で個々の株式の収益率に影響をもつ独立した要素。

　この式により個別の株式銘柄が安全資産に対してもつ超過収益率が、市場ポートフォリオが安全資産に対してもつ超過収益率に対して β の割合で連動する。r の標準偏差 σ_r は R_m の標準偏差 σ_m と ε の標準偏差 σ_ε および β を使って $\sigma_r^2 = \beta^2 \sigma_m^2 + \sigma_\varepsilon^2$ となる。
　個別の株式銘柄のリスクは、市場ポートフォリオのリスクの影響を β に応じて影響を受ける部分と、σ_ε で表される個々の株式銘柄の固有リスクから成り立っていることになる。
　N 個の株式について考えた場合、N 個の株式の ε が互いに独立であり共通の標準偏差 σ_ε をもつとすれば、全体の標準偏差 σ_{avg} は、

> $\sigma_{avg}^2 = \quad \beta_{avg}^2 \sigma_m^2 \quad + \quad \sigma_\varepsilon^2 / N$
> 　　　　　市場に連動するリスク　　　固有のリスク
> 　　　　　（システマティックリスク）

となる。β_{avg} は、各々の株式の β をポートフォリオに占める価格で加重平均した値である。N が大きくなれば σ_ε^2 / N の値は小さくなるため分散効果が働く。一方、$\beta_{avg}^2 \sigma_m^2$ は N が大きくなっても小さくすることはできないリスクである。このように株価リスクの管理においては、個々の株価のリスクを分散効果が働く部分（固有のリスク）と働かない部分（市場に連動するリスク、システマティックリスク）に分けることができる。固有のリスクについては、保有銘柄を増やすことで小さくできるため、システマティックリスクが

管理すべきリスクと考えることができる（ただし、十分な分散投資ができない場合は個別リスクについても管理していく必要がある）。

βを採用することで個々の株式銘柄間の相関を求めることが必要なくなり、市場ポートフォリオの収益性と相関がきわめて高いと考えられる数値、たとえば、株価指数との相関のみを考えればよいことになり、リスク管理が簡易になる。

次に、βを使ってシステマティックリスクを管理する方法について説明する。βを使ってシステマティックリスクを管理するためには市場ポートフォリオの価値を計測する必要があるが、実用性を考慮して株価指数が市場ポートフォリオに完全に連動して動いている仮定のもと、株価指数の変化を用いた方法で議論を進める。

市場価値がV_Pである株式ポートフォリオを考える。株式ポートフォリオの個々の銘柄の価値をv_iとする。固有のリスクについては分散投資効果が働いていると考えれば、v_iの収益率の変化が株価指数の収益率変化のβ倍で近似できることから$\frac{\Delta v_i}{v_i} = \beta \frac{\Delta S}{S}$と書ける。すなわち、$\Delta v_i = \beta \frac{v_i}{S} \Delta S$。そこで、$V_P$と株価指数$S$の関係は、

$$\triangle V_p = \sum \Delta v_i = \sum \beta_i \frac{v_i}{S} \Delta S = (\sum \frac{v_i}{V_p} \beta_i) \frac{V_p}{S} \Delta S = \beta_{avg} \frac{V_p}{S} \Delta S$$
（β_{avg}は先に定義したとおりで、$\beta_{avg} = (\sum \frac{v_i}{V_p} \beta_i)$）

この株式ポートフォリオに、市場価値がH_Pであるオプションのポートフォリオを加えたヘッジドポートフォリオを考える。両者を合わせた市場価値をT_Pとすると、T_Pが株価指数Sの変化によって受ける変化は、以下のように近似できる。

$$\triangle T_p = (\beta_{avg} \frac{V_p}{S} + \delta(H_p)) \triangle S$$

ここで$\delta(H_P)$は、H_PのSによる1階の偏微分（$\delta(H_P) = \frac{\partial H_P}{\partial S}$）である。したがって、$\beta_{avg}$と$\delta(H_P)$を求めておけば、ヘッジポートフォリオの変化が$\Delta S$で近似できる。$\delta(H_P)$については、株価指数のオプションに関す

第4章　銀行リスク管理の理論

る価格決定モデルから求めることができる。たとえば、ブラック―ショールズのモデルは原資産の株価収益率が正規分布に従い、その標準偏差が定数 σ であり、行使時点が時点 T で行使価格が X であるヨーロピアン・タイプのオプションについて価格決定式を与えている。時点 t におけるコール・オプションの価格 C_t、プット・オプションの価格 P_t は、以下の形である。

$$C_t = S_t N(d_t) - X e^{-r_0(T-t)} N(d_t - \sigma\sqrt{T-t})$$

$$P_t = X e^{-r_0(T-t)} N(-d_t + \sigma\sqrt{T-t}) - S_t N(-d_t)$$

$$d_t = \frac{\ln\frac{S_t}{X} + (r_0 + \frac{\sigma^2}{2})(T-t)}{\sigma\sqrt{T-t}}$$

ただし、
S_t は時点 t の株価、r_0 は連続複利で表現した安全資産の利子率

この式を使うと、コール・オプションの価格の δ は $N(dt)$ となり、プット・オプションの価格の δ は $-N(dt)$ となる[25]。

ロ．為替リスク

為替の価格リスクは、為替レートの変動によって引き起こされる。為替レートが通貨の価格である点を考えれば、為替レートと株価の性質は同じと考えられるため、株式と同様の手法が適用できる。株式と異なる点として、通貨単位に管理するため β を使った考え方は必要ないが、リスクヘッジ手段としてプットやコールの通貨オプションが有効である点は同じである。

為替リスクについては、市場ポートフォリオとの関係を考えるかわりに、各々の為替レートをリスクファクターと考える。N 種類の通貨に関する為替ポートフォリオの例を示す。通貨 i に関する為替レート（スポットレート）を S_i とし、通貨 i の為替に対するプットまたはコールのオプションの市場価値を H_i とする。各為替レートは独立に動くと考えると、為替レートが動い

---

[25] 株価リスクの管理方法についての詳細について他の参考書、たとえば、齊藤誠著『金融技術の考え方・使い方』（有斐閣）などを参考にされたい。

た際のヘッジポートフォリオの価値 T_p の変化は、$\Delta T_p = \sum_{i=1}^{N}[(1+\delta(H_i))\Delta S_i]$ で、近似することができる。

(3) 市場リスク計量のモデル化

　本項では、前項で説明した「リスク要因のモデル化」の内容をふまえながら、「市場リスク計量のモデル化」について説明を行う。冒頭で説明したように、バンキング勘定である預金・貸出は継続性（ロールオーバー）が高いため、銀行の保有する資産・負債のリスク量を測るためには、"ストック分"と"将来分"の両方について考慮する必要がある。

　"ストック分"のリスク計量には、現在価値ベースのリスク計量方法である"VaR（Value at Risk）"を使用する。"VaR"とは、資産の現在価値と負債の現在価値をネットした現在価値（Net Present Value、NPV）が、一定の計測期間内に最悪どこまで減少するのかを分析する手法である。一方、"将来分"のリスク計量としては、金利の変動による一定期間内の期間収益の変動幅をモンテカルロシミュレーションにより計算する"EaR（Earning at Risk）"を用いる。

　さらに、ストック分のリスクと将来分のリスクを合わせて計量するには拡張 EaR と呼ばれる手法を使用する。VaR と EaR のどちらか一方のみでは銀行の保有する資産・負債のリスク管理には不十分であるが、拡張 EaR では VaR で計量する現在価値ベースのリスクと EaR で計量する将来価値ベースのリスクがともに考慮されている統合的なリスク管理手法として考えることができる。

a　VaR によるストック分のリスク計量

　VaR は特定の期間に特定の確率で発生しうる NPV の変化を測定する手法であり、市場リスクの計量手法として広く使用されている。VaR の特徴はバ

図表 4-24　VaR と EaR

- VaR は、保有するポートフォリオ全体に対する金利リスクを把握できる。現時点の総金利リスク量を把握できるため、自己資本の割当てにも利用されている。
- EaR は、期中や今後 3 年間の期間損益で金利リスクを把握できる。最悪な金利変動情勢に陥った場合、期中予算や中期計画に抵触するかどうかが把握可能。
- VaR と EaR は使用用途が異なり、両手法による金利リスクの把握とコントロールにより、金融機関の ALM ＝金利リスクチェック機能の役割を果たすと考えることができる。

現有する金利リスクは、自己資本でまかなえるのか？

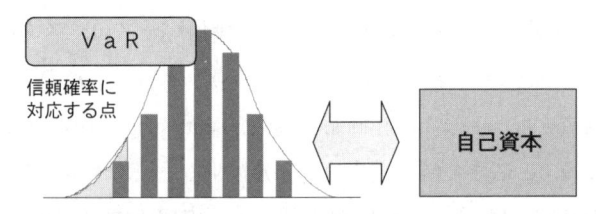

VaR
信頼確率に対応する点
現在価値変化の分布
自己資本

最悪な金利情勢でも、予算を達成できるのか？

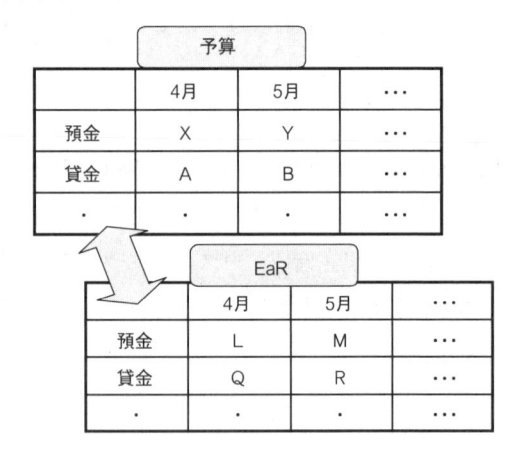

予算

	4月	5月	・・・
預金	X	Y	・・・
貸金	A	B	・・・
・	・	・	・・・

EaR

	4月	5月	・・・
預金	L	M	・・・
貸金	Q	R	・・・
・	・	・	・・・

ンキング勘定とトレーディング勘定を一つのポートフォリオとしてとらえることで、現在保有している資産・負債に関する市場リスクを包括的にとらえられることにあり、BIS規制により事実上、金利リスク評価の標準的な手法となっている。

　VaRでは、計算に使用するリスクファクターを設定する。金利（市場金利）については期間ごとの金利を使用し、株式については日経平均株価といった株価指数を使う。為替については通貨ごとの為替レートを使う。設定したリスクファクターの変化によって、資産・負債のNPVが変化する量を計測する。

　VaRにはリスクファクターの計測方法により、分散共分散法、ヒストリカル法、モンテカルロ法の三つの手法がある。

　「分散共分散法」の特徴は、現在価値の変化が正規分布に従うと仮定したうえで、リスクファクターの動きに対して現在価値の変化を線形に近似した場合のリスクを計算によって求める方法である。基準日のイールドカーブから現在価値割引のためのディスカウントファクターを計算して各グリッドポイントにおける指定ベーシス単位の変化量（ベーシスポイントバリューorデルタマップ）を求めると同時に、過去金利データから、グリッドポイントごとに指定したリスク・ファクターの変化量について標準偏差、相関係数を算出し、両者を掛け合わせることでVaRを計算する。

　「ヒストリカル法」は、リスクファクターの変化を過去データから求めようとする手法である。過去データに存在した実際の変化幅を利用するため分散共分散法で置いた現在価値の変化が正規分布に従うという仮定は必要ない。あくまで過去実績に基づくVaRの測定である。手順としては過去データからグリッドポイントごとのリスクファクターの変化量パターンを複数抽出する。抽出された各グリッドポイントのリスクファクターの変化量パターンを使って、将来のリスクファクターを作成する。変化前のリスクファクターによって決定される現在価値と変化後のリスクファクターによって決定される現在価値との差を計算することで、現在価値変化量の分布を作成す

る。指定信頼区間に対応した順番の現在価値変化量を抽出したものが VaR となる。ヒストリカル法を行うには十分な期間の過去データが必要となる。

「モンテカルロ法」は、基本的な考え方はヒストリカル法と同じであるが、将来のリスクファクターを過去データから抽出するのではなく、前項で説明した確率変動モデルを使って作成する点が異なる。分散共分散法では、リスクファクターの動きに対して現在価値の変化を線形近似しているため VaR に誤差が出る可能性があったが、モンテカルロ法ではこうした誤差は発生しない。そのかわりに、いくつもの金利シナリオを生成してシミュレーションを行うため、計算時間が分散共分散法よりも必要となるのが短所である。

いずれの手法にせよ、リスク量が許容範囲を超えている場合はヘッジ・オペレーションが必要となる。VaR で計測したストック分のリスクについてヘッジを行うにはグリッド・センシティビティ分析が有効である。リスクファクターに影響を受けすぎているグリッドを潰すように、金利のグリッドであれば金利スワップ、株価指数・為替レートのグリッドであればプットやコールオプションを組むといったオペレーションを実施する。

b　EaR による将来分のリスク計量

"EaR（Earning at Risk）"とは、ある将来期間、たとえば、今後5年間の期間収益の累計額の変動をリスク管理の基軸に据え、それを確率的に表記することで、最悪シナリオの最大喫損額を確率論的に制御するものである。EaR の目的は現在保有する資産・負債から将来生み出される価値、言い換えれば現在の取引が将来も継続されることでもたらされる潜在的な価値のリスクを計ることである。

EaR においては、バンキング勘定である預金・貸出の収益を対象とすることから、金利の変動がリスクファクターとなるが、ベーシスリスクを求めるためには市場金利の変化を計測することに加えて、対顧金利の変化をとらえ

なくてはならない。対顧金利の形成は、預金であれば店頭掲示レート、貸出であれば短期プライムレートという指標金利にスプレッドを加える（あるいは抜く）ことで行われており、指標金利は市場金利に即連動しないことから、指標金利の将来推移を定式化することが必要となる。EaRの特徴として、図表4-25に示すような点があげられる。

図表4-25　EaRのモデル特性

① バンキング勘定の特徴である取引の継続性を反映したリスク評価が可能
② 既存取引（特定時点においてBS上に存在する取引）に関しても、金利期日までのリスク評価にとどまっていたVaRとは異なり、シミュレーション期間内では金利更改後のリスク評価が可能
③ 「期間収益」の観点からリスクが評価されるため、予算など経営計画の実現性の検証などに活用が可能
④ 最悪の金利環境下における期間・時期別のPLの痛みを認識することが可能
⑤ 金利・株価の変動推移（経路）に依存する「預金者・貸出先の行動モデル」、たとえば、中途解約・中途返済、商品組替えのリスクを定式化しリスク管理が可能

期間収益をシミュレーションするEaRでは、市場における金利の変動を長短ミスマッチリスク（VaRにおいてNPVという現在価値のベースで計測していたリスクを、将来価値でとらえたものである）という形で計測するとともに、VaRでは捕捉不可能な"短プラと市場金利間"・"流動性預金金利と市場金利間"・"定期店頭掲示レートと対象市場期間金利"などのスプレッドに存在するベーシスリスクの計測が可能になる点があげられる。ベーシスリスクの把握は、通常いわれている市場リスクの範疇からは外れるものであるが、市場の環境変化が銀行の主要な取引である預金・貸出の将来価値に与えるリスクという観点からは重要なものであり、銀行経営上無視することはできない。なお、ベーシスリスクを把握するためにはTransfer Pricingを実施し、ALM部門、営業部門、本部勘定などに対顧金利を振り分けることが必要である。

EaRの重要な『モデル構造』としては、①『将来市場金利の確率変動モデ

図表4-26　EaRのモデル構造

将来のリスクファクター・シミュレーション・モデル
市場金利/各種預貸指標金利/株価など

・Monte Carlo Simulation

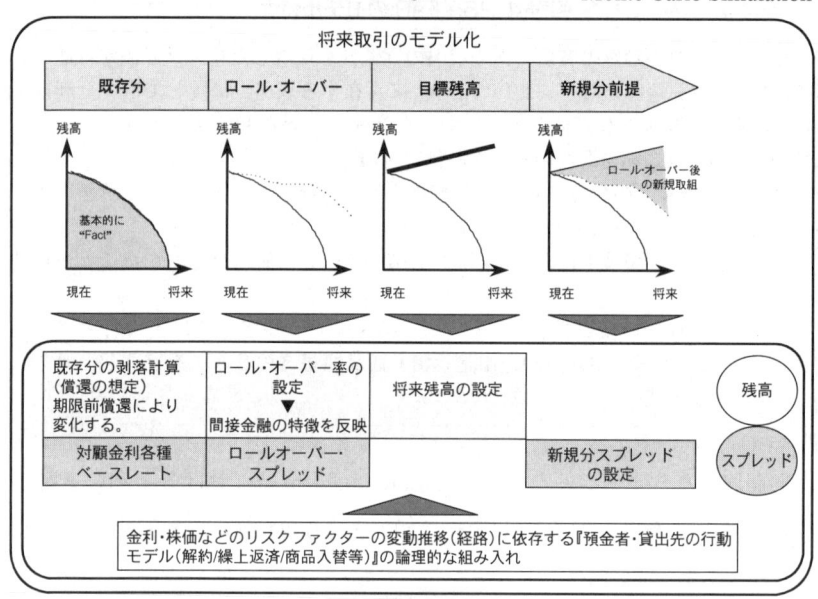

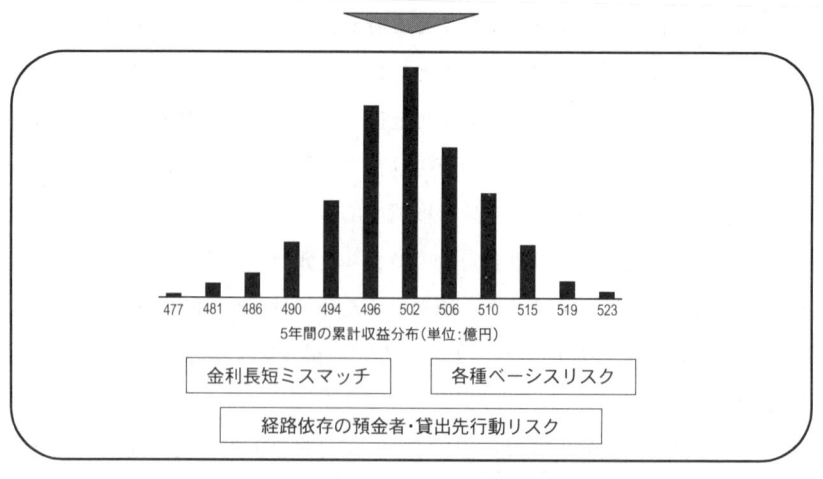

将来取引のモデル化

既存分	ロール・オーバー	目標残高	新規分前提

（残高／現在→将来の概念図）
- 既存分：基本的に"Fact"
- ロール・オーバー後の新規取組

既存分の剥落計算（償還の想定）期限前償還により変化する。	ロール・オーバー率の設定　▼　間接金融の特徴を反映	将来残高の設定	
対顧金利各種ベースレート	ロールオーバー・スプレッド	新規分スプレッドの設定	残高／スプレッド

金利・株価などのリスクファクターの変動推移（経路）に依存する『預金者・貸出先の行動モデル（解約/繰上返済/商品入替等）』の論理的な組み入れ

5年間の累計収益分布（単位：億円）
477　481　486　490　494　496　502　506　510　515　519　523

- 金利長短ミスマッチ
- 各種ベーシスリスク
- 経路依存の預金者・貸出先行動リスク

ル』、②『市場金利と各種指標金利間の連関分析』、③『期間収益シミュレーション』があげられる。

『将来市場金利の確率変動モデル』とは、将来の市場金利のシナリオを作成する論理モデルであり、前項で詳しく考察した。『市場金利と各種指標金利間の連関分析』とは、統計的な回帰分析を適用し、指標金利と市場金利間の関係回帰式を作成するものである。市場金利を派生元として、ここから銀行の資産・負債の重要プライシングである短プラ、定期店頭掲示レートなどの"各種指標金利"の連関分析を実施する。その際、単純な回帰式では不十分であり、上限値・下限値の設定、遅効性（タイムラグ）の設定、指標金利が動く際のトリガーの設定なども考慮しなくてはならない。

① 上限値や下限値の設定

実務的に妥当な金利幅を想定し、その範囲を超えた場合は上限値や下限値を適用する。

② 遅効性（タイムラグ）の設定

指標金利は市場金利の動きに即連動しないため、遅行性を考慮した定式化処理が必要な場合がある。

③ 指標金利が動く際のトリガー

図表4-27 金利連関分析

ヒストリカルな分析	ポリシー・イシュー
過去の実績値から分析金利の傾向を算出する ◇重回帰分析 《回帰分析の式の例》 ［分析金利］＝A・［市場金利］＋ 　　　　B・［基準金利］（LAG＝2 week）＋c ◇ポイント ・指標金利の遅行性 ・指標金利のしきい値（階段状） ・その他の金利とのスプレッド	◇金利の自由化 ◇将来の経営環境の変化 過去の実績からでは将来の金利は完全には占えない。 これから自行がどのような指標金利運営をしていくかというポリシー・イシュー

指標金利は市場金利が一定幅以上動いた場合に改定される性質があるため、トリガー値を設定して、定式化処理を行う。

④ しきい値

指標金利の動く幅（刻み幅）はある程度決まっているため、それを考慮する。

『期間収益シミュレーション』でまず行うべきことは、既存取組分の『将来残影響』を時系列で把握することである。この際、伝統的な ALM 手法である"マチュリティ・ラダー分析"が有効となる。次に、間接金融の特徴であるロール・オーバー性向を「取組期間のロール・オーバー」、「取組残高ロール・オーバー」、「スプレッドのロール・オーバー」の3点を勘案してモデル化する必要がある。

c 拡張 EaR によるリスク計量

EaR は期間収益に対するリスク計量手法という性質上、一定の期間内に限定したリスクの計測となっており、計測期間以後に顕在化するリスクがあったとしても計測できないという短所をもっている。この問題点は、拡張 EaR を用いると解決することができる。拡張 EaR では期間収益に、期間収益の

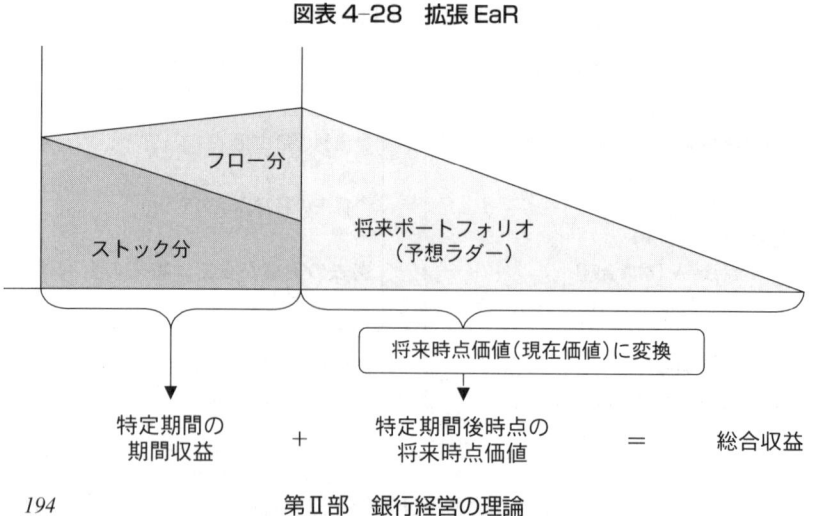

図表 4-28　拡張 EaR

特定期間の期間収益 ＋ 特定期間後時点の将来時点価値 ＝ 総合収益

（ストック分／フロー分／将来ポートフォリオ（予想ラダー）／将来時点価値(現在価値)に変換）

集計時点における残存分の現在価値を足し合わせた総合収益をリスク計量の対象としている。

　BISの第2次規制により、銀行が抱えている主要な市場リスクはすべて自己資本評価のプロセスにおいてとらえるべきとされており、市場リスクの総量と同額以上の自己資本の保有が求められている。信頼区間として片側99％、10取引日分の保有期間、最短1年間のヒストリカルデータの使用が必要とされている。市場リスクをカバーするための自己資本量も毎日保有するものとされており、前日のVaRの値と直近60営業日分のVaRの平均値のうち、大きいほうを基準にするように決めている。銀行勘定の金利リスクの計測プロセスには、銀行の重要な金利リスク・ポジションがすべて含まれ、関連するすべての金利改訂・満期データが織り込まれるべきであるとされている。そうしたリスク管理は、EaRの適用において実現可能なものである。

▶4 オペレーショナルリスク管理の理論

　金融のグローバル化や規制緩和による競争の激化、コンピュータやインターネットを中心とした技術革新が進むなかで、さまざまな顧客ニーズに対応した金融サービスが開発・提供され、銀行における業務の多様化は、この20年の間にものすごいスピードで進んだ。業務の多様化が進めば進むほど、提供される商品・サービスが増加すれば増加するほど、銀行における事務処理、システム対応はますます多様化・複雑化せざるをえない。このように急速に進む環境変化によって、信用リスクや市場リスクに加え、事務リスクやシステムリスクなどといったオペレーショナルリスクの管理の必要性が近年急速に高まっている。

　オペレーショナルリスクという言葉自体新しく、その管理の必要性が叫ばれるようになったのは最近のことであるが、一般的な事務ミスにより損失を被るリスクは、銀行業の開始とともに存在してきた最も古い基本的なリスクといえる。

　90年代中頃、ベアリングズ銀行のシンガポール支店で損失取引隠蔽による巨額損失が発覚、その損失が原因となり倒産にまで至った。その後、同様の事件が次々に発生したことは、記憶に新しい。こうした市場取引にかかわる不正行為だけではない。近年、銀行業務のシステム依存度が大幅に高まっていることで、単純な事務ミスは減少している反面、システムダウン、オープンシステム導入に伴う情報セキュリティー問題、大量の決済の自動化による決済リスクなどのシステムリスクは高まっている。また、銀行の合併が進むなか、統合におけるシステムリスクをはじめ、さまざまなオペレーショナルリスクも発生している。

　このような環境を受け、BISにおいても、市場リスクと信用リスク以外に大きなリスクを銀行は抱えているという認識を反映し、自己資本比率の規制の中に、市場リスクと信用リスクに次いで、計量可能なリスクとして、オペ

レーショナルリスクに絞り、その対象に含めることを提案している。

　オペレーショナルリスクは、市場リスクや信用リスクと違い、そのリスクをとった見返りとして収益が期待できるという性質のものではない。そのリスクを限りなくゼロに近づけることが最良な運営となる点が、市場リスクや信用リスクの管理・運営と異なる。しかしながら、多種多様な業務を行っていくうえで、オペレーショナルリスクによる損失はある一定の範囲で発生するという認識に立ち、どこまで許容するのか、許容できるのかという視点から、オペレーショナルリスクにおいても、市場リスクや信用リスク同様、総合的なリスク管理・運営の仕組みを構築し、存在するリスクを経営体力に見合った適切なレベルにコントロールすることが必要である。

(1)　オペレーショナルリスクの基本構造

　BISはオペレーショナルリスクに関し、「内部プロセス・人・システムが不適切であること、もしくは機能しないこと、または外生的事象が生起することから生じる損失にかかわるリスク」と定義している。この定義は、オペレーショナルリスクの発生原因に着目したもので、法務リスクは含まれているが、戦略リスク、風評リスク、システミックリスクは含まれていない。だからといって、戦略リスクや風評リスク、システミックリスクは重要ではないということではなく、計量化が困難であるということが、これらのリスクをオペレーショナルリスクに含めていない理由となっている。

　一方で、BISは、内部的な目的のためには、銀行は独自のオペレーショナルリスクの定義を採用することができるとしている。リスクを管理・運営していくためには、オペレーショナルリスクとはどんなリスクなのか、銀行は定義を明確にする必要がある。リスクの定義と計量化するリスクの範囲を明確にし、そのリスクの顕在化によって、どのような、またどのくらいの損失を被る可能性があるのかを洗い出すことが、オペレーショナルリスクの管理において最も重要な作業の一つであり、相当困難な作業である。また、過去

の巨額損失ケースに対しては再発防止策がとられており、過去実績データの分析では将来を計りにくいという性質をもっている。ここでは、BIS が業界と協力して識別した、大きな損失に繋がる可能性が高いオペレーショナルリスクの定義を記述しておく26。

> （内部の不正行為）
> 　内部者が加担した詐欺、財産の横領・着服あるいは規制、法律、社内方針の回避などを意図した行為により損失を被るリスク。差別行為は含まない。
> （外部の不正行為）
> 　詐欺、財産の横領・着服あるいは法律回避などを意図した第三者による行為により損失を被るリスク。差別行為は含まない。
> （雇用慣行と職場の安全）
> 　雇用、健康、安全性に関する法律や契約と整合的でない行為、あるいは、個人傷害の補償請求や差別行為問題と関連した補償請求に繋がる行為により損失を被るリスク。
> （顧客、商品と取引実務）
> 　特定の顧客に対する意図的でない、あるいは過失による、または商品の性格や設計が原因となる職務上の義務違反（受託責任および適格性確認義務などを含む）から損失を被るリスク。
> （物的資産の損傷）
> 　自然災害やその他の事象による物的資産に対する損失あるいは損害から損失を被るリスク。
> （事業活動の中断とシステム障害）
> 　事業活動の中断とシステム障害から損失を被るリスク。
> （取引実行、デリバリー、プロセス管理）
> 　取引相手およびベンダーとの関係に起因する、取引処理の失敗、あるいはプロセス管理の失敗から損失を被るリスク。

以上が、BIS により大きな損失に繋がる可能性が高いオペレーショナルリスクとして定義されたものである。BIS では計量化の困難さから対象外とされてはいるが、幅広くとらえればこれらのほかに代表的なものとして、以下のようなリスクも存在する。

26　日本銀行考査局「オペレーショナル・リスク管理の高度化に関する論点整理と今後の課題—定量的リスク管理手法導入への取組みを中心に」（2002 年 2 月）を参考にした。

(風評リスク)
　会社や従業員が起こした行動が体外的にネガティブな認識を与えることで損失を被るリスク。
(戦略リスク)
　誤った意思決定、経営戦略との一貫性・整合性を欠く事業戦略の策定や戦略の実行に際しての不適切な資源の投入、環境の変化に対する不適切な対応により損失を被るリスク。
(システミックリスク)
　金融機関の債務不履行が金融システム全体の安定性に混乱を与えることで損失を被るリスク。

　上記のようなオペレーショナルリスクが顕在化するのは、それらのリスク要因が、事件事故により客観的な出来事として発生する場合であり、そのとき損失が発生することになる。オペレーショナルリスクが顕在化した場合に発生する損失には、直接損失と間接損失とがある。直接損失とは、現金紛失額であるとか内部者の不正取引などによる被害額といったもので、損失額の特定が客観的に可能な損失である。損失額の特定が可能なことから計量化を行うにあたっては扱いやすい。一方で、間接損失は、直接損失を処理するために要した人件費や物件費などの追加発生費用、システムダウン等による機会費用、風評による損失などがある。間接損失は、その損失額を客観的に特定することが不可能で、計量化がむずかしい損失である。ここでは、BISが定義している発生しうる損失の種類について、以下にて記述しておく[27]。

27　注 (26) と同。

（資産価値低下）
　窃盗、詐欺、権限外の行為による資産価値の直接的な低下、またはオペレーショナルリスクにかかわる損失事象の結果として生じた市場および信用上の損失。
（請求権逸失）
　第三者が銀行に対する義務を履行しなかった場合に発生する損失で、その原因がオペレーショナルリスクにかかわるミスや事象に帰せられるもの。
（補償）
　銀行に法的責任があるオペレーショナル損失による第三者への支払
（法的支払責任）
　判決、調停、その他の法的費用
（規制と法令等の違反）
　罰金、またはその他罰則（免許取消等）による直接的な費用
（資産の損失または損傷）
　不注意、事故、火事、地震といったいくつかの種類の事件事故にかかわる物的資産（証券類を含む）の価値の直接的な低下

　多種多様化し、複雑化した業務をビジネスラインごとに整理し、そのビジネスラインに潜在的に存在するリスクの要因を洗い出したうえで、そのリスクが顕在化し損失が発生するメカニズム（事件事故）を特定することが、オペレーショナルリスク管理の基本であり本質であるといえる。この事件事故の種類は非常に多く、その原因を特定することは容易ではない。市場リスクの場合、金利や株価、為替の価格変動、信用リスクの場合、デフォルト率や回収率の変動と、リスクの要因を特定することが比較的容易であるが、オペレーショナルリスクの場合、先でみたようにその種類は多く、特定が困難である。常時発生するような比較的小額な損失を伴う事件事故は、過去データの蓄積も豊富に行え、定量化という観点からは容易であるが、銀行経営を揺るがすような高額の損失を伴うような事件事故はそう頻繁には起こらない。したがって、計量化が正しく行えるような過去データの蓄積は現実的にはむずかしいうえ、時代や環境の変化に伴い、これまでには考えも及ばなかったようなリスク要因が発生し、潜在的なリスクとなる。多額の損失は、得てしてこのようなリスク要因に帰する場合が多い。

(2) オペレーショナルリスクの計量化

　オペレーショナルリスクは、近年業務の多様化・複雑化とともに注目を集めているが、決して目新しいものではない。そのリスクの発生を抑えるための事務規定や予防策の設定、発生した場合の対応策といった定性面での管理は古くから行われており、不正を防止したり、取引ミスをなくすことは、これまでにおいても常に重要な課題である。しかしながら、これらのリスクを、市場リスクや信用リスクと同様に扱い、そのリスクの計量化を行い、その管理、運営していくということは、新しい試みである。

　オペレーショナルリスクの計量化においては、市場リスクや信用リスクの計量のように、だれもが認めるスタンダード的な手法が存在するわけではない。また、上記のように計量化するにあたっては多くの問題点が存在する。そのような状況のなかで、さまざまな計量化の手法が考案されている。オペレーショナルリスクの計量化は、古くからなじみのある「事務リスク」や「システムリスク」が中心となっており、「法務リスク」等その他のリスクに関してはあまり計量化されていない。また、損失額の特定が客観的に可能で、比較的計量が容易である直接損失を中心に行われている。

　まず、ここでは計量化するにあたってのいくつかの留意すべきポイントを考察する。

a　オペレーショナルリスクの定義と範囲

　多種多様化し、複雑化した業務をビジネスラインごとに整理し、そのビジネスラインに潜在的に存在するリスク要因を洗い出し、リスクの定義と計量化するリスクの範囲を明確にすることがまず必要であり、最も重要な作業である。この作業において計量の対象外とするリスク要因については、定性的な管理体制を明確にし、発生防止に努める必要がある。

b 過去実績データの限界

　過去に顕在化した損失の少なさが、必ずしも将来においてリスクが小さいということを意味しない。これまで損失が顕在化していなかったり、損失が小さいリスク要因が、時代や環境の変化に伴い、実は将来において大きいリスクを潜在的に抱えている可能性がある。銀行経営を揺るがす高額の損失を伴うような事件事故はそう頻繁には起こらないため、そのようなリスクを計量化することはきわめて困難である。要するに、過去の損失事例のみを使用してリスク計量を行うと、正しいリスク計量とはならない。潜在するリスクを計量するには、オペレーショナルリスクが顕在化するメカニズムをとらえ、ニアミスの分析やシナリオ分析を行うことが求められる。

c オペレーショナルリスクの計量化手法

　オペレーショナルリスクの計量化手法には、簡便な解析手法からコンピュータによるシミュレーションを使用する手法までさまざまな手法が考案されている。これらの手法は、大きく分ければ「トップダウン手法」と「ボトムアップ手法」に区別される。

イ．トップダウン手法

　"トップダウン手法"は、財務指標や収益変動などをリスクの代理変数として、部門全体のオペレーショナルリスクを集合的に推計する簡便的な手法である。トップダウン手法は、必要なデータが比較的集めやすく計算負担も比較的小さいという理由から、この手法を採用する銀行もある。具体的な手法としては、

① 経費や粗利益、資産規模などの財務指標を抽出し、その一定割合をオペレーショナルリスクとみなす方法
② 自社の株価をもとに資本資産価格モデルを用いて総リスクを計算し、そ

こから市場リスクと信用リスクを差し引く方法
③ 収益が毎期大きく変動することをリスクとし、信用リスクと市場リスク関連の収益を除いた収益の変動がオペレーショナルリスクから生じたものとみなす方法

などが代表的である。

しかしながら、これらの指標は、リスクに感応的ではない。要するにリスクを管理、コントロールすることで、指標値が変動するものではなく、また業務ラインにおける実際のリスク要因を、これらの指標に結びつけることはむずかしい。リスク量が計測できても、それを管理・抑制することが行動として起こせないという問題がある。トップダウンであるため、リスク要因の定義と範囲が不明確であることが、その主たる原因である。

ロ．ボトムアップ手法

一方"ボトムアップ手法"は、個々の損失事例や業務ラインごとのリスクをふまえて、積み上げていく手法である。近年、先進的な銀行においてボトムアップ手法による計量化モデルの開発が進められている。ボトムアップ手法は、事件事故データ収集等に関し時間とコストがかかる一方、発生しうる事件事故が特定できることから、直接的にリスクに対峙、管理することが可能である。具体的には、

① 業務ライン、事件事故タイプごとのデータを発生頻度と損失規模に分け、集積し、統計的に最大損失を求める手法
② 潜在的に起こりうる事件事故について、外部データや他行で起きている事例を参考にしながらシナリオを作成し、損失額を推計する手法
③ 損失とその要因となる要素との相関関係を分析し、それぞれの要素がどの程度寄与しているか分析する手法

などが代表的である。

ここでは、ボトムアップ手法の代表例の一つである統計的に最大損失を求める「統計的計測法」について簡単に説明する。この手法ではまず初めに、

事件事故について、ビジネスラインごとと事件事故のタイプごとの組合せを設定し、その組合せごとの事件事故発生頻度と損失規模についてそれぞれの確率分布を想定する。この確率分布の想定において、ある一定の確率分布（たとえば、ポアソン分布やワイブル分布等）を使用する場合と、過去の実データによる分布を利用する場合とがある。また、損失額の分布推定においては、直接的に損失額を推定する手法と間接的に損失額を推定する手法がある。いずれにしても損失規模発生頻度と損失規模、二つの確率分布を無数に組み合わせた損失額をモンテカルロシミュレーションにより算出し、市場リスクのVaRの概念同様、一定の信頼区間におけるその最大損失額を求める

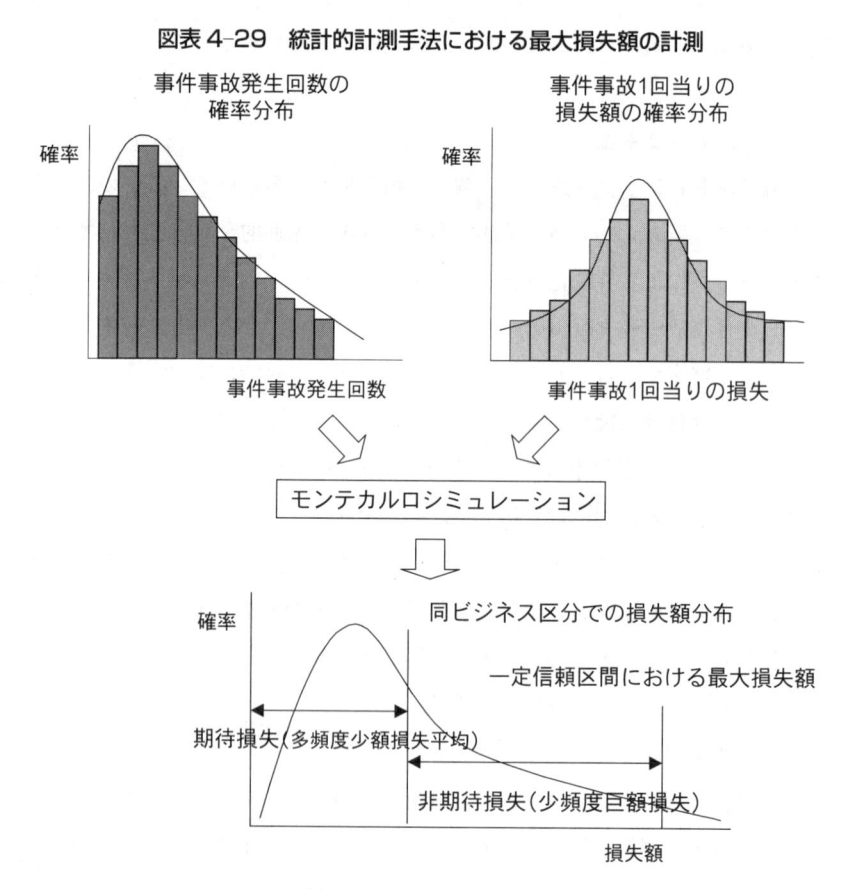

図表4-29　統計的計測手法における最大損失額の計測

ことで、オペレーショナルリスクを計量することが可能となる。

(3) オペレーショナルリスクの管理方法

　信用リスクや市場リスク同様、オペレーショナルリスクにしても、計測すること自体が本来の目的ではない。BISによる自己資本比率規制上、精緻な算出が必要であるからリスクの計測を行うものでも本来はない。オペレーショナルリスクの計測と管理を行うことは、銀行経営をより安定的なものにするために、リスク量に見合った自己資本を充実させると同時に、経営資源に対する効率的な運営を実現することにある。

　信用リスク管理同様、期待損失の部分をオペレーショナルコスト、非期待損失の部分を狭義のオペレーショナルリスクとして管理する必要がある。期待損失の部分であるオペレーショナルコストは、発生頻度が高く1回当りの損失額は比較的少額な部分ととらえられる。この期待損失を通常業務における経費として位置づけ、その業務を行うことによる期待収益に見合ったものなのか検討する必要がある。また、収益性を上げるために、そのオペレーショナルコストの発生要因を特定し、発生防止策を施すことで事故事件の発生による損失の削減を図る必要がある。

　非期待損失の部分である狭義のオペレーショナルリスクは発生頻度は低いが、その場合の損失額は巨額で銀行経営を揺るがしかねない部分ととらえられる。したがって、狭義の信用リスク同様、自己資本でカバーされるべきものと考えられる。また最近では、銀行経営を揺るがしかねない巨額の損失に対する保険商品も登場しており、これらの保険商品を利用することでリスク量を調整することも可能である。また、万が一このリスクが顕在化した場合、危機を脱するための行動を規定するコンティンジェンシープランの策定も重要である。

　オペレーショナルリスクの管理を確かなものとするためには、リスク計量を行うだけでは不十分であり、定性的な管理体制、監査までふまえた組織横

図表4-30　オペレーショナリスクの管理と運営

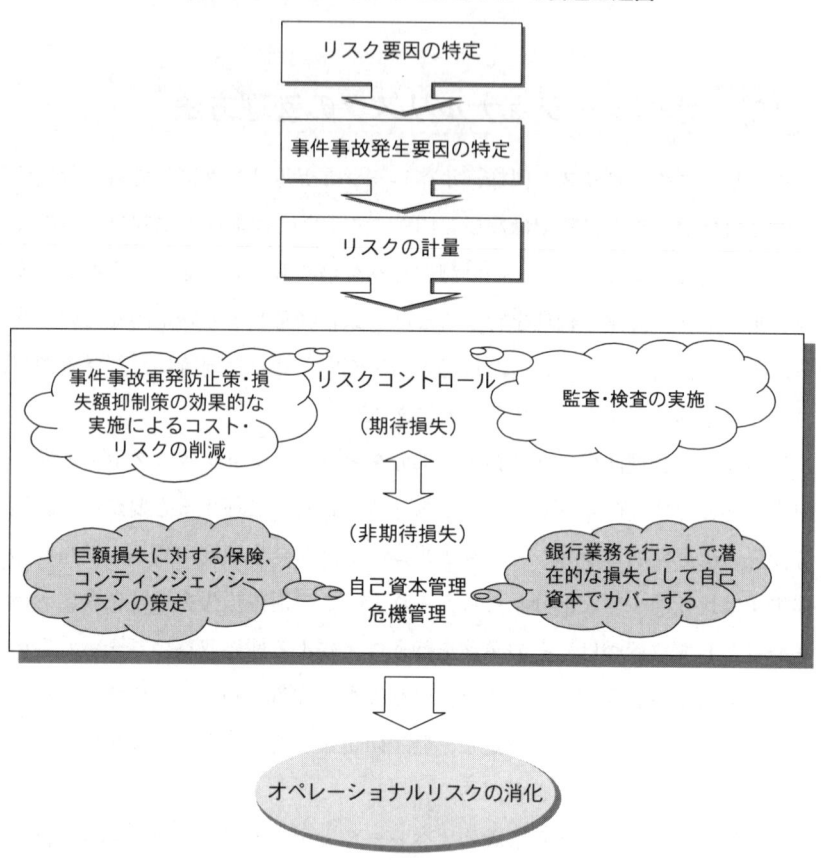

```
         ┌─────────────────┐
         │  リスク要因の特定  │
         └─────────────────┘
                 ↓
         ┌─────────────────┐
         │ 事件事故発生要因の特定 │
         └─────────────────┘
                 ↓
         ┌─────────────────┐
         │   リスクの計量    │
         └─────────────────┘
                 ↓
┌──────────────────────────────────────────┐
│ 事件事故再発防止策・損   リスクコントロール   監査・検査の実施 │
│ 失額抑制策の効果的な   （期待損失）              │
│ 実施によるコスト・                            │
│ リスクの削減                                  │
│                    ⇕                         │
│                （非期待損失）                  │
│ 巨額損失に対する保険、 自己資本管理  銀行業務を行う上で潜 │
│ コンティンジェンシー   危機管理    在的な損失として自己 │
│ プランの策定                    資本でカバーする  │
└──────────────────────────────────────────┘
                 ↓
         ┌─────────────────────┐
         │ オペレーショナルリスクの消化 │
         └─────────────────────┘
```

断的なリスク管理・運営メカニズムを構築する必要がある。これらのメカニズムを通して、経営のリスクに対する運営方針を実務部署まで徹底し、リスクの削減（コスト削減にも繋がる）にインセンティブを与えることが重要となる。オペレーショナルリスクは、リスクをとることで収益が期待できる性質のものではないため、リスク削減に対するインセンティブがなければ、リスク削減の行動に結びつかず、リスクの計量化を行っても、リスクを消化することには繋がらない。経営陣は、オペレーショナルリスクに対する基本方

針（リスク計量および事件事故発生防止に対する改善を図れる組織体制・方策）を示し、実務レベルでは、その方針にそった事件事故発生防止策や損失規模抑制策を策定・運用することになる。

5 ▷ 流動性リスク管理の理論

　本節では、「銀行が債務を履行するために必要な資金が不足すること」を意味する、流動性リスクの管理について考察する。

　流動性リスクの管理は、市場リスクや信用リスクなどのリスク管理とは異なったアプローチが必要となる。流動性リスクが顕在化するということは、資金繰りの行詰りによる経営破綻を意味する。もちろん、市場リスクや信用リスク、オペレーショナルリスク等の管理に失敗し、多額の損失を被った結果、経営破綻に至った例もあり、これらのリスク管理の失敗が経営破綻にそのまま結びつく可能性はゼロではない。しかしながら、直接的に経営破綻に繋がるという意味で流動性リスクは、他の金融リスクとは異なる性質をもっている。

　また、流動性リスクは、経済全体の市場流動性という視点から、1銀行の問題にとどまらず銀行システム全体に影響を及ぼすことがある。市場全体の流動性を監視・コントロールしているのが、各国の中央銀行である。経済がグローバル化するなかで、1銀行の管理能力ではどうすることもできない、市場流動性に対する中央銀行のラストリゾートとしての役割は大きい。

　このように、流動性リスク管理は、銀行経営にとって最重要課題の一つであることは明白であり、通常、その方針の策定や意思決定は経営に帰属しており、ALM委員会などにより運用されるものである。

(1) 流動性リスク管理の基本構造

流動性リスクは、銀行が債務を履行するために必要な資金が不足することを意味する。社会に流動性を安定的に供給することは、間接金融を主業とする銀行にとっての重要な役割であり、自身の流動性を常に確保することは、経営の根幹にかかわることである。また一つの銀行の流動性不足が、金融システム全体に影響を及ぼすこともある。

銀行は、さまざまな形態、満期日の資産、負債を抱え、その構成は日々変動している。負債の期日と資産の期日が一致することはむしろ稀であり、ほとんどの満期期間において、資産と負債にアンバランスが生じている。突然の預金流出など予期しない事態が発生した場合の緊急的資金調達の手段を事前に検討・構築しておく必要がある。資産・負債のミスマッチ調整や不測の事態に陥った場合に、迅速かつ低コストで処理する仕組みを構築することが、流動性リスク管理の本質といえる。

(2) 流動性リスクの要因

流動性リスクが発生する要因は、大きく分けて二つに分けられる。一つは「**市場全体の流動性リスク**」であり、もう一つは「**個別銀行の資金調達リスク**」である。

前者のリスクは、通常時における市場流動性の限界と、通貨危機や株価急落などの危機的状況における流動性の急速な縮小である。

市場流動性を計測する主な指標は、市場で取引を行う際のオファーとビッドの価格や金利の差、そのオファー・ビッド差に影響を及ぼさないで取引できる数量、取引実行により変化した価格や金利がもとに戻るのに要する時間などが使われる。市場全体の流動性リスクは、個別行によってコントロールすることは不可能だが、市場で取引が行える価格や金利、金額を常に監視し、自行の保有する限度額等にそれを反映させる必要はあるし、危機的状況

図表4-31 流動性リスクの要因

経済全体の市場流動性	自行の資金調達能力
●市場の流動性の限度 　流動性の量 　（オファー・ビットの差） 　（価格に影響を与えない取引可能数量） 　（取引実行後に価格がもとに戻る速さ） ●危機的状況による流動性の収縮・枯渇	●資産・負債の構造 　資産・負債の満期構成 　資産・負債の種類別構成 　集中度合い ●自行の信用力 　預金流出・負債の減少 　クレジットラインの減少 　調達コストの増加

に備えて、コンティンジェンシープラン等を策定しておく必要がある。この市場全体の流動性リスクを常に監視・管理し、また、危機的状況等において、「最後の貸手」として流動性の供給を行う等の役割を担うのは、各国の中央銀行である。

　後者のリスクは、各銀行がコントロール可能なリスクである。これは、資産・負債の構成比や満期構成（マチュリティーラダーによる資産・負債の過不足）、資産・負債の種類別構成比、1資産・1負債への集中度合いなど「資産・負債の構造から生じる資金調達のリスク（含む調達コストの上昇）」と、預金流出などの調達力の減少、他行の自行に対するクレジットラインの減少等による「自行の信用低下による資金調達のリスク（含む調達コストの上昇）」に分けられる。

a　資産・負債の満期構成

　資産と負債の満期期間のミスマッチは、銀行業務では避けて通れない問題であり、またこのミスマッチが収益の源泉にもなる。一般的に貸出は中長期

の満期のものが多く、調達は短期間のものが多い。したがって、足元は資産・負債がバランスしているが、将来時点では資金調達（預金の継続や新たな資金調達）の必要がある。監督当局においても、各銀行の資産・負債の満期構成に監視の重点を置いている。このミスマッチは、資産・負債をある期間ごとに区切ったマチュリティーラダーにより把握され、期間ごとの予想される流動性（資金の過不足）が算出される。さらに、現在のマチュリティーラダーをベースとし、将来の変動予想（予想期限前償還、予想預金解約率等）を織り込んだ予想キャッシュフローの管理が中心となる。

このミスマッチが大きすぎると、必要となる資金調達額が増加し、調達コストの上昇を招くおそれがある。

b 資産・負債の種類別構成

ミスマッチを埋める手段（資金調達の手段）には、預金を集めたり、市場で資金を調達するなど負債側の調整による管理方法と、流動性資産の売却・圧縮など資産側の調整による管理方法の二つがある。銀行の資金調達手段（負債側、資産側の調整両方）は多種多様化しており、資金調達源が多くあるということ自体、流動性リスクの軽減が図れていることになる。ただし、その種類別構成状況はリスク要因となる。

現在、運用手段に悩まされているため、預貸比率は100％を大幅に下回っている銀行が多いが、銀行自身の基本的な資金源である顧客預金でカバーされる貸出金の割合は流動性の観点からは重要である。預貸比率が低ければ、市場からの調達に多くを頼らないため、流動性リスクは少なくなる。

預金流出による負債の減少や市場からの直接調達が困難になった場合の次の調達手段となるのが資産の売却であるが、市場性の高い（売却が容易）資産でなければすぐには資金化できないため、資産合計に占める市場性の高い資産比率が重要となる。資産の流動性という視点からは、どのくらいの時間で、どのくらいのコストにより売却可能かということが、資産管理の重要な

課題となる。当然のことながら、流動性に心配がなければ、より高利回りの運用資産に投資を行うことになるが、流動性リスクの観点からは、単に高収益ではなく、短時間に低コストで資金化可能な資産をある程度保有する必要がある。また、負債においても、いかに安定的な資金を得ているかという点から、その負債合計に占める安定的な負債額（定期性預金や長期調達資金）の比率が重要となる。

c 集中の度合い

流動性リスク要因の重要なもう一つは、集中のリスク、すなわち特定の資金調達源への依存である。特定の資金調達源に過度に依存していれば、その資金調達源をなんらかの理由で失った場合の影響は容易に想像できるであろう。かわりの調達源をすばやくみつける必要があるが、大口であればあるほどそれは困難になる。短期間に穴埋めしようとすれば、営業コストや金利コストを大幅に支払うことになるかも知れない。なるべく多くの資金調達源を確保し、資金調達の分散を図ることが重要である。

d 自行の信用力

仮に適切な満期構成や構成比がとられているとしても、多額の不良債権処理に伴う大幅な連続赤字などから自行の信用力が低下すれば、預金が流出したり、他行の自行に対するクレジットラインが絞られる事態が想定される。そのような事態において、予定していた資金調達が不可能になったり、調達コストが増加するなどのリスクが存在する。信用リスク管理の失敗は、自行の信用力を結果として引き下げることになり、その結果流動性リスクが顕在化するという具合に、両者は密接にかかわっていることになる。

(3) 流動性リスクの管理手法

　流動性リスクに対しては、"リスクファクターのモデル化"に基づく管理がなじまない。なぜなら、リスク要因をモデル化することが困難であるからである。BISにおいても、必要な自己資本割当の算出対象となっていない。リスクファクターのモデル化がむずかしいリスクのため、リスク量を計測するかわりに、リスク回避のための「運用プラン」や、リスクが生じた場合の「コンティンジェンシープラン」を作成し、管理を行うことになる。

a　運用プランの策定と実践

　運用プラン策定のポイントは、市場の流動性状況や自行に対する他行のクレジットラインの状況、自身の資産負債構成比の変化を常に監視し、適切な流動性を保てるように設計することである。

　将来必要となるであろう資金調達額の妥当性を、これまで行ってきた資金調達の実績額（含む資産売却）、即座に売却可能な保有資産の額、追加で資金を調達可能とする手当てなどを総合的に検討し、流動性の限度および満期構成、資産負債の構成比、資産・負債の種類別構成比、集中度合い等について各々に限度額や限界比率を設定する。

　この設定した限度額や限界比率を超えない範囲で日々のオペレーションがなされているかどうかを監視する。その中心となるのが、現在のマチュリティラダー（全体と種類別）と、それをベースとした将来の予想キャッシュフローの管理である。まず、現在の流動性がルール内に収まっているかどうかの確認を行い、さらに設定するいくつかのシナリオに基づいて算出される予想キャッシュフローから将来の流動性状況を把握・監視し、推定される資金調達必要額をどのような手段で調達するのかを、コスト面や資産を売却した場合の収益への影響を考慮しながら常時計画する。

　流動性リスクに対する管理方針に基づき、運営指針を定め、日々監視し、

資金調達計画を立てていくことが、流動性リスク管理の中心である。以下に、この運営指針の基本となる監視事項の代表例を提示する。これらの変化を時系列で監視することが重要である。

〔流動性リスク監視事項（例）〕

① **資産・負債構成比**
　・預貸率
　・自己資本に対する貸出金比率
　・満期構成比率（ショート・ロングポジションの限度額）
② **資産・負債の種類別構成比**
　・流動性負債比率
　・市場調達比率
　・市場運用・調達比率
　・流動性資産比率
③ **資産・負債における集中度・依存度**
　・譲渡性預金比率
　・大口預金比率
　・顧客層別預金比率
④ **資金調達源**
　・資金調達先の確保
　・調達可能額（クレジットライン、コミットメントライン等）

b　コンティンジェンシープランの策定

　いかなる状況においても流動性を確保するという流動性リスク管理の観点から、危機的状況に面した場合に備え、危機管理プログラムである「コンティンジェンシープラン」を策定しておく必要がある。

　危機的状況に陥れば、通常の状況では可能であった資金調達が不可能になるという想定のもと、その代替手段を幾層にも準備しておくことがその基本となる。その基本となるのが、危機的状況における必要資金調達額を想定し、資産の売却を含めたすべての資金調達手段のリストアップを行ったうえで、その換金性を時間、量、コストの面から常に把握し、通常の調達と危機的状況に行う際の順番を見極め、資金調達の計画を立てておくことにある。

また、シナリオにおいても、市場全体の危機なのか、自行の個別危機なのか、別々に想定したうえで、資金調達の計画を立てる必要がある。

　また、常に市場の動向に目を光らせ、市場の流動性状況がどう変化しているのか、流動性危機発生の兆候はないか、社会、市場における自行に対する信用力評価に変化はないか、などをいち早く感知し、実際の発生に早めに備えることが必要である。流動性リスク管理の本質は、危機的状況に対する十分な備えを行うことで、それを回避可能とするメカニズム・プランを構築することにある。

第 5 章

銀行経費管理の理論

1 銀行経費管理の現状と経費管理の理論的骨子

　不良債権の増加基調と債権処理の前倒し要請が、銀行の収益環境をいっそう困難なものとしている。信用リスクに見合った適正な貸出金利の交渉など、貸出の構造改革に着手する銀行が増えている。そのなかで、銀行自身、自分たちの経営に対し襟を正し、いっそうの経費削減を強く要請されている。人件費の一律カットという聖域なき経費削減の大号令が発せられている。

　この"聖域なき経費削減"もスローガンとしてはよいが、お客様あっての銀行であり、お客様の利便性が現状より悪化するという無節操な経費削減は望ましくない。一方、お客様が必要としない銀行論理でのサービス提供、たとえば横並び百貨店主義の経営・営業体制から生じる高コスト現象に対して

は、抜本的な見直しが必要であろう。不必要なサービス提供から生じる"贅肉的な経費部分"に対しては、早期の抜本的な対策が必要であろう。一方、お客様が真に必要とし、価値を認め、いっそうのサービス向上を期待している部分、すなわち"骨格"であったり"筋肉"であったりする部分に対しては、一律あるいは盲目的な経費削減は、銀行経営上もまた顧客満足上も得策ではない。"無駄な贅肉を削ぎ落とし、筋肉質の経営体質をつくりあげるよう経費を的確に把握し情報発信すること"が、経費管理の理論で取り扱うべき主題である。いまほど適切な経費管理が求められる時はない。

図表5-1　経費管理の理論で取り扱うべき主題

無駄な贅肉を削ぎ落とし、筋肉質の経営体質をつくりあげるよう経費を的確に把握し情報発信すること。

本節ではまず、銀行経費管理の現状と課題に関し、以下のとおり整理する。

(1) 現場の経費管理に活用できていない

銀行経費管理上の最大の問題は、経費情報が、リターン、リスクと同等に、またそれらとの有機的な組合せによる統合情報として、十分に活用できていないことにある。本部において経費管理システムを構築し、その過程で経費に関し、さまざまな切口での分析を実行しているが、営業店にその結果を還元するときには"経費合計の行、1行のみ"であったり、せいぜい内訳として"人件費""物件費""税金"の3行という事例が一般的である。これでは、「今月は前月より減った」程度の現場認識しか醸成できず、現場担当者の経費削減努力に対する成果検証や創意工夫にはつながらない。現場が経費データを活用しようと想起しても、情報が集約されすぎていて顧客の顔がみえてこない。結果、経費データを単に帳票に印字するだけとなっているのが銀行経費管理の現状であり、最も是正すべき事象でもある。

(2) 経費を勘案した業績評価ができていない

　銀行経営において、現場での経費削減努力は当り前であるが、現場での経費削減努力の成果を業績評価に戦略的に反映している銀行は少ない。反映していたとしても全体評価に占める割合が著しく低い。これまでの予定調和の慣習から、ボリューム重視あるいは特定商品重視という施策のもと、収益性を二の次とした業績評価が依然中心である銀行も多い。経費削減に貢献しても、業績評価につながらないのでは経費を管理しようという意識が現場において醸成されない。業績評価の設計者は、評価の公平性・連続性を重視するあまり、従来の方針を短期間で大きく転換することを好まない。現場が評価される活動に注力するのは当り前であり、経営環境に則し、業績評価を機動的に運営することが経営の根幹である。予定調和の楽観主義、ことなかれ主義による盲目的な評価規範は早急に是正されるべきであり、特に経費運営に関しては、いっそうの効率化が要求されている。

(3) 現場に経費コントロールの権限がない

　直接消費した経費を支店に直課したり、本部経費等を配賦ドライバーにより支店に配賦することで支店の経費実額が決まる。問題は、その次の段階にある。自店経費として確定した経費を削減しようにも支店長にはその削減権限が与えられていない。経費の大宗を占める人件費について考えてみる。銀行にとって預金獲得は原材料の仕入れであり、銀行の規模を対外的に宣伝する指標でもあり、重要な業務である。しかしながら、現在の金利水準では収益性の観点からは非常に薄鞘である。よって、預金残高を増やし、かつ適正な収益を獲得するためには、預金獲得業務にかかる人件費を抜本的に抑制するか、人からATMやインターネットといった別のチャネルへの転換を推進する必要がある。しかし、現場支店長は、経営者として位置づけられてはいるものの、経費効率のよい若手の登用や、チャネル活用による余剰人員のあ

ぶり出しと本部への返材を可能とする権限をもっていない。支店の面積や人員配置ルールに従って必要以上の人数、必要以上の技量・肩書きをもった人材が配属されても現場は人材の返却も交換もできない。

現在の権限体系では、現場において具体的経費削減プランを策定してもそれを実行するに足る権限が委譲されていないのである。権限のない者に、経費情報を還元しても、なんら効果的なアクションが生まれるわけはなく、経費計数は無視されることになる。

（4） 構築した経費管理システムが活用できていない

経費管理システムとは、"正しい原価"を求めることが本来の目的なのだろうか。経費管理システムの本来の目的とはいったい何なのか、再度確認する必要がある。従来の経費管理（原価計算）システムは、"すでにかかってしまっている固定費"をいかに"精緻"に配賦するかという"達成感"や現場からの質問に対する"完全な照会対応能力"を構築することが、結果として、目的にされている場合が多い。経費管理システムの構築者は、現場のどの部門あるいはどの業務に対しても経費データを還元し、それも"精緻"でなければならないと勝手に考える。銀行特有の業務構造から、"精緻な経費実測の限界"を内心理解していても、現場からの質問や照会に対し、"パーフェクトな言い訳"ができるよう、経費管理データの収集と計算手法を複雑化し、"巨額な経費のかかる"システム投資を計画する。

しかしながら、いくら精緻な経費実測手法を実現できても、収集データの限界から、算出経費情報が結果としてなんら経営的に意味をなさない場合が多い。時間とお金を掛けて原価計算システムを構築しても、原価算定の情報が、前期データを基盤としているのでは、そもそも精緻とはなりえないし、今期の経費削減の成果も反映されない。それで評価されてもだれも納得できないことは自明の理である。結果、原価計算システムはただ数字を吐き出し

た"死体解剖"となり、鳴り物入りで始まった新システムも、カットオーバー当初から現場から無視される。結果、いつも解決できない問題として、"システムの陳腐化"と"複雑すぎるシステムの保守"が何度となく経営の話題となり、同じ過ちを繰り返す。

　問題は何か？　問題は経費管理に関する"経営目的"やその理論的方法に関し、経営としての考察がなされておらず、原価計算担当者一人の手腕にかけ、盲目的に丸投げしている経営体制にある。経営者が"目的"を正しくアドレスしなければならない。

　"無駄な贅肉を削ぎ落とし、筋肉質な経営体質をつくりあげるよう経費を的確に把握し情報発信する"、このことが本章で取り扱う主題と定義する。具体的な経費削減戦略や方策に関しては、**第Ⅲ部第15章の『戦略的銀行経費改革の実務』**において議論を深める。ここでは、具体的な経費戦略立案の立脚基盤となる経費管理の理論的な側面に焦点を当てる。

　競争優位を実現する経費戦略に関する企画立案を実行するためには、経費の実測法の確立ではなんら完結しない。たしかに各業務や業務主体の経費状況を把握するための『経費実測法』の確立は重要である。しかしながら、これだけでは、筋肉質な経費体質を実現するための十分な情報発信とはならない。その経費実績をみて、その業務や業務主体に"贅肉"があるのかないのかの"論理的判断手続"、あるいは、顧客サービス、銀行発展上、必要な"筋肉質のサービス"であるのかの論理的な評価手続が樹立されていない限り、経費実測の計数はなんら有効なアクションへとは結実しない。経費実測計数に対する"評価・運営に関する理論"の構築を、まず先に経営として解決することが肝要である。すなわち『**経費管理運営法**』の樹立が『**経費実測法**』と同等、いやそれ以上に重要となる。

　経費実測結果に対し、いかに意義あるアクション（贅肉↓筋肉↑）へと結実させるかを、前もって論理的に決定し、事前に連結しておかなければ、行き当たりばったりの対応となり、往々にして帳票に数字を印字するだけとなる。アクションを想定しない『**経費実測法**』の先行確立は、行動軸の定まら

図表 5-2 経営管理の理論的骨子

"無駄な贅肉を削ぎ落とし、筋肉質な経営体質をつくりあげるよう経費を的確に把握し情報発信する"

- 競争優位を実現する経費構造を企画・立案し、実行に移すためには、"的確な経費実測"だけではなんら完結しない。
- 経費実測を受けて、その業務や業務主体に "贅肉" があるのかないのかの理論的な評価手続や "アクション結果" への理論的フレームワークを事前に確定することが肝要である。
  ・贅肉経費のあぶり出し法
  ・運動による筋肉経費の強化法
  ・経費に関する管理会計運営法

- 現在の自行経費構造を "的確" に把握するための理論的手法の確立。
- 従来の部門・支店などの経営単位の切り口のみならず、"活動" をベースとした顧客へのValue提供を考慮した経費実測を行うことが肝要である。("的確な経費実測")
- その際、計測された経費をいかに "評価" し "運営" するか(上の歯車である。経費改革目的に照らし、必要十分限での経費実測を実現すればよく、"精度"、"頻度" はそのなかで合理的 "費用" 対 "効果" に決定される。
- 経費実測の目的が "無目的な完全精緻な経費把握" となってはならない。

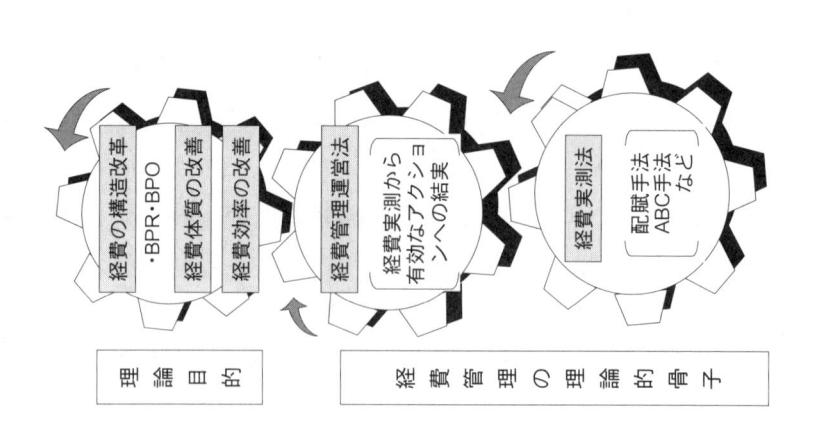

理論目的

- 経費の構造改革
  ・BPR・BPO
- 経費体質の改善
- 経費効率の改善

- 経費管理運営法
- 経費実測から有効なアクションへの結実

経費管理の理論的骨子

- 経費実測法
  配賦手法
  ABC手法
  など

ないものとなり、単に夢物語の"完全なる精緻性"へと、経費計測担当者の行動を曲折する。その結果、収集しても意味のない経費データの蓄積と処理のために、"多大な経費"を消失する。これは経営者が経費管理に関する運営や評価の思想を論理的に明示できていないツケでしかない。

本章は、銀行の経費管理の理論として、『**経費管理運営法**』と『**経費実測法**』の二側面から論理的な考察を行う。まず最初に次節にて、『**経費管理運営法**』に関し研究を深め、次いで第3節で『**経費実測法**』の理論的な側面に関し言及する。

2 経費管理運営法

経費をいかに正確に把握しても、それは数字の羅列でしかない。ある業務はそもそも高額な経費を要するであろうし、ある業務はさほどの経費もかからない。経費計数が精緻に計測されても、算出された数値に対し、いかに管理し運営するかについて有用なフレームワークができていなければ、なんら経費改善や改革を招来しえない。

本節の目的は算出される経費数値に関し、いかに取り扱うべきかの理論的な考察を行うものである。

"無駄な贅肉を削ぎ落とし、筋肉質な経営体質をつくりあげるよう経費を的確に把握し情報発信する"、このことが本章で取り扱う主題であり目的であることを前節で述べた。しかるに、『**経費管理運営法**』で取り扱う論点は、(1) **贅肉経費のあぶり出し法**、(2) **運動による筋肉質経費の強化法**であり、(3) **経費に関する管理会計運営法**である。以下、順次議論を深めていく。

図表5-3 『経費管理運営法』

(1) 贅肉経費のあぶり出し法
(2) 運動による筋肉質経費の強化法
(3) 経費に関する管理会計運営法

（1） 贅肉経費のあぶり出し法

　筋肉質の経費体質へと改善を図るためにまず実行しなければならないのが、"贅肉経費部分"の特定である。経費数値の"大小"と"贅肉であるという評価"を連結することはできない。ある顧客サービスは競争優位上、顧客満足上も絶対に必要であろうし、そのために大きな経費支出をすることは"悪い"ことではない。むしろ、このような経費支出に対し、盲目一律的な削減対象とすることは、銀行経営の屋台骨を毀損させる可能性が高く、合理的な判断とはいえない。実測計数は単なる数値、データであり、その数値に関する経営上の意味合いを付帯しなければ、経費体質改善への"情報"とはなりえない。本節の目的は、"数値データ"を経費改革へとつながる"情報"へと変換するための論理的な手続を整理することにある。

　ABC経費実測法（アクティビティ・ベースド・コスティング：活動単価法）は、銀行経費構造を"活動"という切口で分析し把握する論理手法として有効である。このABC手法の論理的なフレームワークに関しては、次節『経費実測法』で論述する。固定費が大層を占める銀行経費に関しては、単純なABCの適用では有効に機能しえないが、"活動"という切口で銀行経費を分析するアプローチは有用であり、特に"贅肉経費"をあぶり出す基礎的な分析となる。

　ABCにより分類定義された"活動内容"に対し、事前の論理的な評価を加えることにより、"贅肉経費"か"脂肪付き筋肉経費"であるのかの識別を実行できる評価環境を整備することができる。図表5-4を用い考察を深める。

図表5-4 贅肉経費のあぶり出し

No.	活動者		活動内容(Activity)		活動最終ユーザー		顧客の視点			競争力の視点			(A) 実測経費額	(B) ベンチマーク経費 (アウトソーシング)	(A)-(B) 差異	贅肉判定 結果
	部署	担当セクション	基本活動	詳細活動	お客様	事業パートナー	銀行内部	要	否	保留	要	否	保留				
I-①	営業店	窓口	個人営業	定期相談	個人顧客	—	—		○			○		¥○,○○○	¥△,△△△	¥×,×××	贅肉 筋肉
	・	・	・	・	・												・
	・	・	・	・	・												・
II-②	営業企画																

第5章 銀行経費管理の理論

左から２列目の項目は、銀行が行っている"活動内容"を示すものである。支店における活動としては、法人営業、個人営業、窓口業務、後方事務などがあり、本部セクションにおいては、報告資料作成、会議資料作成、商品企画など多岐にわたり、大項目、中項目などを設け、活動内容を構造的に理解する場合が多い。実際に銀行がどのような活動をしているかを洗い出し整理することが重要であり、"贅肉経費"あぶり出しの基礎的な作業となる。この行為自体は"ABC経費実測法"の一連の手続であり、本節で考察を深めるポイントではない。ここでのポイントは、その活動に対する"評価"を合わせて実行することであり、次の列の"活動最終ユーザー"が、第１の評価軸となる。

　この"活動最終ユーザー"の列は、当該活動が最終的にだれのために使用されているかを示す評価軸であり、事例では個人顧客のために消費されているケースを示す。窓口業務などは直接的な顧客サービスであると評価できるし、本部での会議資料作成などは逆に顧客サービスではない。マーケティング企画など中間的な活動もあり、顧客サービスか否かという二元的な評価ではなく、多元的評価も実務上ありうるだろう。重要なことは当該活動を"顧客サービス寄与"の視点から"評価"することにある。

　横の列は、"顧客の視点からの活動要否の評価"である。いくら顧客への活動だといっても、その活動自体、顧客は"不要"と考えている場合がある。そのような活動費用は、もっと顧客満足・利便性につながる活動原資として再活用されるべきものであり、その再活用の必要度合いを評価するものである。

　さらに、その横の列は、当該活動の"競争優位性の評価"を表すものである。本部の活動であって、直接的には顧客サービスとはなっていなくとも、"競争優位"の源泉となっている活動はある。この必要度合いを評価するものである。

　このように、銀行の"活動"に対し、顧客軸や競争力といった軸で評価する体系を経費実測の前に前もって企画実行する。これにより、経費の実測分

析が終了した時点で直ちに、それらの評価基準に沿って、いくらの経費が顧客サービスのために直接的に消化されているか等の重要な視点での計数集計が可能となる。"直接的な顧客サービス"に使用されている経費と認識されても、次の軸で"顧客が不要"であると評価しているのなら、この活動自体が"贅肉"であると論理的に評価できる。また、非顧客サービスと認識され、顧客からも不要と評され、競争優位の活動でもないと評価されれば、純粋な"贅肉"であると客観評価できる。

　本部セクションによる多層・多重的な会議や報告体制の維持のために消費している経費は依然大きい。経費改革のプロジェクトにおいて、部下がどれほどの金額を、部長への報告資料作成や会議のために消費しているかを"実額"で示すと、"自分のためにこれほどまでの経費をかけていたとは……"とあらためて驚く部長が大半である。

　その際、上述の"活動内容"を合わせて提示することにより、"贅肉的活動"に対する組織認知と客観対応を招来できる。当然ながら、上述例の切口と違った軸での活動評価は他に多々あり、もっと有効なものもあろう。ここでの論点は、自行の経費消費のうち、"贅肉である"と論理的に認定できる切口となるよう、経費実測の前に"活動を体系的に評価する"枠組みを構築することが重要であるということである。その際、顧客の視点、競争優位の視点等から、効果的な評価軸を組成することが基本となる。多元的な評価の組合せにより、"贅肉経費"と必要な"筋肉あるいは骨格経費"を論理的にあぶり出す評価体系を構築することがポイントである。

図表5-5　贅肉経費あぶり出しの基本(1)

> 　自行の経費消費のうち、"贅肉である"と論理的に認定できる切口となるよう、経費実測の前に"活動を体系的に評価する"枠組みを構築すること。その際、"顧客の視点""競争優位"の視点等から、効果的な評価軸を組成することが基本となり、"贅肉経費"と必要な"筋肉あるいは骨格経費"を論理的にあぶり出す評価体系を構築する。

　銀行は、自分たちの骨身に染み入っている保護行政的管理指向と決別すべきである。そのために、自己の活動を顧客満足の視点、競争優位の視点から

早急に見直す必要がある。日本の製造業が取り組み、いまも血のにじむような努力をしている生産性の改善、活動の顧客指向を精神論やスローガンではなく、客観的な論理で近づいていく経営力が、いま、まさに必要とされている。過当競争で構造不況業種である銀行業において、だれかは退出を余儀なくされる。漫然とした経費運営では、職員の雇用を守ることはできない。

　上記の一連の評価体系の樹立により、"活動内容"を基点とした論理的な"贅肉経費"のあぶり出しを進めることができる。しかしながら、問題が残る。それは、ある活動が、顧客への直接的なサービスで、顧客もそのサービスを必要とし、競争力の源泉でもあると評価されたとしても、贅肉"的"経費であると認識される場合がありうる論点である。その活動は必要な活動であるが、その筋肉の周りに脂肪が付いてしまっている場合である。活動自体は重要で必要であるが、その実行のプロセスに問題があり、非効率から生じる不必要な経費消費の場合である。その最も大きな問題が全行員レベルでの高給事象であり、同じサービスや活動を効率的な第三者が実行した場合の経費との差額が"贅肉経費"であると認定できる。

　これを客観評価する軸が"ベンチマーク経費"の列であり、外部へとアウトソーシングした場合の経費見積を示すものである。当該活動を効率的なアウトソーシング業者へ依頼した場合のコストと現状コストを比較検証し、必要な筋肉部分に"付着した脂肪"を実数としてあぶり出す客観的な仕組みづくりである。多大なシステム投資とその維持経費を計上する銀行において、競争優位や顧客利便性に大きな問題がない部分は、共同センター方式やITアウトソーシング会社へとソーシングする場合が、都地銀問わず最近顕著になっている[1]。ここでの議論は、その贅肉経費部分を客観的に認定する論理的な枠組みの構築である。筋肉に付着している脂肪量を"実額"で算定するよう、アウトソーシング業者などの効率的な経費指標をもとにベンチ

---

[1] 第Ⅲ部第15章『戦略的銀行経費改革の実務』にて、物件費を中心としたアウトソーシング戦略に関し、考察を深める。

マークする枠組みの醸成である。銀行経営者に対し、その実額差異の大きさを情報発信することにより、メリハリの利いた経費改善のアクションを想起できる環境を整えるものである。

その際、比較検証の数値分析は完全な精度である必要はない。経営者が大きく認識間違いをしない程度の精度でかまわない。また、すべての業務や活動に対し、この比較検証を実行する必要はない。経費消費が大きく、また重要な筋肉部分に対し焦点を当て、メリハリの効いた比較分析ができればよい。さもなければ、多大な経費が逆にかかり、総花的でメッセージも乏しくなる。どの活動や経費に焦点を当てるかが、まさに企画者の力量であるといって過言ではない。また、この比較分析を毎月する必要はない。年に1回程度でかまわない。経費構造の戦略的な見直しのための客観ツールであり、その実行・あぶり出しを毎月しているようでは、なんら具体的なアクションがとられていないことを意味するであろう。また、これらの比較評価を、そもそも外部の経費コンサルティング会社へとアウトソーシングすることが効果的な場合が多い。主観的な分析配慮や非継続的な経費見直しを構造的に改めることができるからである。

図表5-6　贅肉経費あぶり出しの基本(2)

- 活動が、顧客への直接的なサービスで、顧客もそのサービスを必要とし、競争力の源泉でもあると評価されたとしても、贅肉"的"経費であると認識される場合がある。
- 活動自体は必要であるが、その実行のプロセスに問題があり、非効率から生じる不必要な経費の消費である。当該活動を効率的なアウトソーシング業者へ依頼した場合のコストと現状消費コストを比較検証し、必要な筋肉部分に"付着した脂肪"をあぶり出す客観的な仕組みづくりが、第2の贅肉経費のあぶり出しである。
- この比較検証は完全精緻である必要はない。経営者が大きく認識間違いをしない程度の精度でかまわない。また、すべての業務や活動に対し、この比較検証を実行する必要はない。経費消費が大きく、必要な筋肉部分に対し焦点を当てればよく、毎月行う必要もない。そもそも、この"比較評価の活動"自体を、外部の経費コンサルティング会社へアウトソーシングすることが効果的な場合が多い。

上記の手続によってあぶり出された脂肪付きの筋肉活動に対し、一直線でアウトソーシングすべし、という結論は短絡的で支持できない。自行のプロセスや経費体質の抜本的な改革をまず想起すべきであり、競争優位の源泉である活動に対してはなおさらである。

(2) 運動による筋肉質経費の強化法

a 経費効率の引上げ

前項において、"贅肉経費のあぶり出し"に関する論理的なフレームワークについて考察を深めた。顧客の観点からも競争力維持の観点からも必要のない活動や業務に関しては、廃止といった思い切ったコストカットを実行しても、経営上弊害は生じない。一方、重要・必要な業務に関しては、入念な"ビジネス・プロセス・リエンジニアリング（BPR）"、あるいは"ビジネス・プロセス・アウトソーシング（BPO）"の設計とその実践が肝要である。ここで取り扱う"運動による筋肉質経費の強化法"とは、BPRあるいはBPOによって実現された筋肉質経費のさらなる強化法である。いくら効率的な経費構造が実現できても、経費支出を梃子とした"利益計上"がうまく達成できなければ、それらの経費自体も維持することができず、不採算から結果的にその筋肉活動も壊疽してしまう。効率的な経費体制も、それに見合う収益があがらなければ事業としては成り立たず、維持も発展もできない。当り前な私企業の論理である。したがって、いかに"経費効率"を引き上げるかが経費管理上、最も重要なポイントである。本項では、この経費効率の引上げ装置として、**"ベストパフォーマー評価法"**に関し議論を深める。

b　ベストパフォーマー評価法の活用

　ある支店、ある担当者は同じ経費を消費しながらも、営業のパフォーマンスは相違する。結果、経費効率の優劣が生じる。"ベストパフォーマー評価法"とは、同じ業務やサービスを実行する主体に対し、"ベストパフォーマー"との客観的な比較により、経費効率の引上げを企図するものであり、換言すれば、運動による筋肉質経費の強化にほかならない。

　この**"ベストパフォーマー評価法"**の確立は、現下の銀行業が抱える経費構造問題、すなわち高コストながら抜本的な削減が困難な人件費問題に対する一定の打開策となりうる側面も有する。経費構造の急激な改善が困難であるのなら、他産業よりも回転のよい営業と収益力の強化に心を砕き、経費対収益という経費効率の引上げにより、銀行経営の改善を生起させるものである。経費問題に対し、縮小的な思考ではなく、開放的なビジネス発展の観点

図表5-7　ベストパフォーマーの定義と対比

本部にて「営業店・担当者・個社・業種」等の切口に合わせ、ベストパフォーマーを定義

本　　部	管理セクション

（例）個社別上位10社

個社名	ROC	粗利	経費	純利
A社	30%			
B社	28%			
C社	25%			
︙	︙			
︙	︙			

(1) 上位10社の平均をベストパフォーマーとする

(2) トップの値をベストパフォーマーとする

(3) 抽出結果等もとに手補正によりベストパフォーマーを定義

ベストパフォーマーに近づけるようシミュレーションを行う

① 粗利を変更することなしにベストパフォーマーを達成するためには、経費をいくら削減すればいいのか

② 経費を変更することなしにベストパフォーマーを達成するためには、粗利をどれだけ確保すればいいのか

③ 実体に則した粗利・経費を設定し、ベストパフォーマーとの乖離を把握する

第5章　銀行経費管理の理論

からとらえるものである。自店あるいは自分が、いかなる経費効率をあげているか、またその効率がベストパフォーマー対比いかなる状況にあるか、ベストパフォーマーに近づくためには、具体的にどのぐらいのボリュームや金利改訂交渉に成功しなければならないかを客観的に示すものである。営業現場の生存能力を草の根的に生起させ、経営体質を強化するものである。これは贅肉経費の"削減"による経営体質の強化ではなく、経費情報を活用し、"利益を向上"させるよう草の根的に活動を改善させる、いわば運動による筋肉質経費の強化法である。

図表5-8　ベストパフォーマー評価法

- 自店あるいは自分が、いかなる経費効率をあげているか、またその効率がベストパフォーマー対比いかなる状況にあるか、ベストパフォーマーに近づくためには、具体的にどのぐらいのボリュームや金利改訂交渉に成功しなければならないかを客観的に示すものである
- これは贅肉経費の"削減"による経営体質の強化ではなく、経費情報を活用し、"利益を向上"させるよう、草の根的に活動を改善させる、いわば運動による筋肉質経費の強化法である

　消費している経費に見合った収益を獲得しているかどうかを現場レベルに認識させるため、論理的な共通尺度として、"経費効率（ROC）指標"を定め、現場に示す。いかに経費をリターンに連結させるかを、全層全人的に考えさせ、客観的な"経費効率評価"を行うものである。

　この手法は個社別採算運営においても適用できる。"ベストパフォーマー"と肩を並べるためには、具体的にいくらのコストを削減すればよいのか、あるいはリターンをいくらあげればよいかを算定し、現場に還元していく。
　経費管理に関する共通の尺度として"ベストパフォーマー評価法"を確立し、経費管理の意義と妥当性を行内に根付かせる。全行一体で考えさせるプロセスと評価を確立する。これにより、経費に関する現場への情報発信が機能し、現場の納得感と行動改革を招来しうる。経費管理と業績評価が有効に連動するメカニズムも構築できることとなる。

図表 5-9　ベストパフォーマー評価法と個社別採算運営

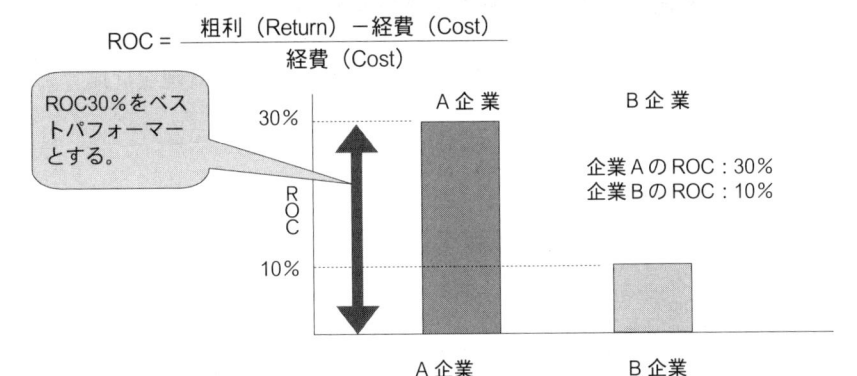

$$ROC = \frac{粗利（Return）－経費（Cost）}{経費（Cost）}$$

ROC30％をベストパフォーマーとする。

企業AのROC：30％
企業BのROC：10％

	粗　利	経　費	純利益	ROC
A企業	3,900	3,000	900	30％
B企業	1,650	1,500	150	10％

　A企業のほうが、ROC（経費効率）が高い結果が得られた。つまり、経費は高いが、利益が高いため、B企業に比べROCが高い。A企業のROC30％をベストパフォーマーと定義すれば、B企業のROCを少しでもベストパフォーマーに近づけるため、B企業に対する経費をいくら削減するか、どの程度の利益率の向上が必要かを客観的に算定することができる。

図表 5-10　運動による筋肉質経費の強化

- いくら効率的な経費構造が実現できても、経費の消費を利用した利益計上がうまく達成できなければ、それらの経費自体も維持することができない。
- いかに"経費効率"を引き上げるかが経費管理上、最も重要なポイントである。この経費効率の引上げ装置として、"ベストパフォーマー評価法"がある。
- ある支店、ある担当者は同じ経費を消費しながらも、営業のパフォーマンスは相違する。結果、経費効率の優劣が生じる。"ベストパフォーマー評価法"とは、同じ業務やサービスを実行する主体に対し、"ベストパフォーマー"との客観的な比較により、経費効率の引上げを企図するものであり、換言すれば、運動による筋肉質経費の強化に他ならない。

(3) 経費に関する管理会計運営法

本節『経費管理運営法』の最後として、"経費に関する管理会計運営法"に関し、議論を展開する。

a 経費管理会計の精度と頻度の設計

使用経費に関し、直接消費先に"直課"したり、商品開発費のように"共通費的色彩"の強いものは、利用度を表すドライバーによって関係部門や顧客に配賦処理していく管理会計の仕組みに関しては、次節『経費実測法』で詳述する。装置サービス業で、人件費という固定費の比率が高い銀行業においては、経費実測に関し、"直課"のみでは処理できず、なんらかの配賦処理が必要である。その際、完全な配賦ドライバーの計数捕捉が実務上困難であることをかんがみれば、"顧客別""支店別""部門別"あるいは"チャネル別"といった有用な切口での経費実測は、基本、財務というよりは『管理会計』として位置づけられ、精度に関し制約・限界もある。

人間という高度複雑な行動主体の行動に対し、各活動で分類した"ログ"の計測は、"精度"という面で完全とはなりえない。たとえば、営業担当は、自己の行動を正当化したいという"人間の本能"をもつのが当然である。計数目標を達成することを行動目的として活動する彼らにとって、いちいち毎日、あるいは毎時間の行動活動ログを記録し報告すること自体、意味がなく、正しい"申告"のメリットもない。メリットがないのは、銀行経営にとっても同じである。彼らの行動を監視する手段をもたないものが、囚人のようにいちいち行動を記録することは現実的に不可能であるし、それを追跡してもなんら銀行の利益は向上するものではない。最近、GPSの普及により、営業社員がどこにいるかの確認がとれるようになってきたが、これも"サボり"を抑制するためのもので、経費実測のためのものではない。経費実測のためには地図上で具体的に何をしたかという"活動分類"での"ロ

グ"が必要となる。

　また、机上の空論を駆使して、営業活動の"ログ"が正確にとれる方法を見出したとしても、それを実現するためには多大なシステム投資が必要であり、さらに"活動ログ"の記録付けのために全職員の一定時間を消費する必要があり、"多大な経費"がかかることになる。窓口業務のように処理プロセスのなかで、正確な"ログ"を計測できる場合があることは否定しない。問題はそのような"正確なログ"をなんのために使用するかということである。その目的が"正確な経費実測"であってはならない。なぜなら、前述の営業活動や本部活動のように、正確な経費実測において限界は存在し、その経費ボリュームも大きい。一部を精緻に計測しても、他の精度が悪ければ、悪いほうの精度によってしまうことは、中学の数学の授業で習ったはずだ。仮に正確に計測できても、その"正確捕捉の活動"に関する経費支出が、具体的にいかなる経費効率の向上に寄与するかを連動して事前に解いておかない限り、まさに"贅肉経費"と認定され、活動を抹消されることになる。

　たしかに、現状の銀行経費実測の精度に関しては、改善の余地が多数見出すことができる。しかし、その是正のために巨額な経費支出をする必要がないのも事実である。いくら投資しても精度向上には限界がある。経費管理会計の設計においては、いかに"経費効率の向上に寄与させるか"をまず最初に解き、それを実現する範囲内での精度実現でかまわないことを十重に認識する必要がある。

　前項の**"ベストパフォーマー評価法"**を実現するためには、"顧客別""支店別""部門別"といった重要な切口での経費実測は月次で実行する必要がある。しかし、これを日次、週次で行う必要はない。また、"ベストパフォーマー"との差異分析も"具体的な距離感"を示す程度の精度でかまわず、全層全人的な経費効率向上の運動に活用されればそれでよい。一方、前述(1)の"贅肉経費のあぶり出し法"に資する管理会計としては、月次で構築する必要もない。また"贅肉経費""脂肪付筋肉経費"の認知のための計数があればよく、すべての切口では必要ない。このあたりに贅肉がありそうだ

という活動や業務に焦点を当てた経費実測でかまわないし、半期に一度あるいは年に一度程度の実測インターバルで問題はない。

　経費管理会計の設計において重要なことは、"経費計測という活動"自体を評価し、その目的をまず正しくアドレスし、その実現のための"精度と頻度"をその"費用対効果"できちんと議論し設定することにある。これを事前に行わず、目的感のないまま、精緻な原価計算、経費実測システムを構築する"予定調和的無責任"は、いますぐ廃棄処分すべきである。

図表5-11　経費管理会計の精度と頻度の設計

- 装置サービス業で、人件費という固定費の比率が高い銀行業において、経費実測に関し、"直課"のみでは処理できず、なんらかの配賦的処理が必要である。その際、完全な配賦ドライバーの計数捕捉が実務上困難であり、その点、最初から"精度"の問題が存在する。完全な精度実現は不可能なうえ、目指せば目指すほど、"多大な経費"が逆にかかる。"費用対効果"で正しい経費管理会計の精度設計を行うことが肝要である。
- 経費管理会計の設計においては、いかに"経費効率の向上に寄与させるか"をまず最初に解き、それを実現する範囲内での精度実現でかまわないことを十重に認識する必要がある。
- "ベストパフォーマー評価法"を実現するために、"顧客別""支店別""部門別"といった重要な切口での経費実測に関しては、月次で実行する必要があるが、日次、週次での捕捉は不要であり、"ベストパフォーマー"との"具体的な距離感"を示す程度の精度でかまわない。
- "贅肉経費のあぶり出し法"に資する経費管理会計としては、月次で構築する必要もない。また、このあたりに贅肉がありそうだという活動や業務に焦点を当てた経費実測でかまわないし、半期に一度あるいは年に一度程度の実測インターバルで問題はない。

b　贅肉経費の顧客転嫁を回避するための管理会計的措置

　『経費管理会計運営法』として、"贅肉経費の顧客転嫁を回避する"会計的措置の設計とその実践も大変重要なポイントである。

　銀行はいまだ保護行政の思考から抜けきれていない。"厳格な経費実測を行ったら、個人業務は儲からない。われわれは準公共機関として、個人向け

のサービスを劣化させないよう赤字で取り組んでいる"といった間違った意見を聞く。たしかに異常低金利下、預金の収益性が劇的に悪化しているのは事実であり、口座維持にかかわる手数料方策は経営方針としては理にかなっている。ここで"間違った"といいたいのは、自行の"高コスト体質"の顧客への"勝手な転嫁思想"である。個人顧客向け業務の経費実測の際、よく陥る過ちとして、以下のようなものがある。

図表5-12　自行の"高コスト体質"の顧客への"勝手な転嫁思想"

銀行勝手な経費実測	顧客の視点(競争的な視点)
1. 個人取引の残高割りで支店スペースの物件費コストを個人業務へ経費配賦	⇒CD・ATMコーナーしか使用していない。支店スペースのほとんどは法人顧客のためではないか？
2. 窓口・後方事務の人件費および物件費を個人取引の残高割りで個人業務へ経費配賦	⇒窓口担当者や後方にいる方には、なんにもお願いしたことはない。たまに納税関係で利用するけど、待たされて待たされて。まさか経費負担されていないでしょうね!?
3. 支店長・管理職経費を個人取引の残高割りで個人業務へ経費配賦	⇒なんで私達が支店長の給与を負担しなければならないのか!?　何も私たちにしてくれないし、顔も知らない!　銀行って本当にビックリ!

　上記はよく経験する経費実測運営上の過ちである。銀行は"無意識に"自分たちの高コストを維持できるものと想定し、それを顧客へ"転嫁"しようとする。
　"護送船団方式で落ちこぼれずついていけば、経営は安泰である"という"幸せな時代"は終焉した。自分の高コストをそのままにし、顧客へと転嫁する行動は、顧客からの厳しい叱責を買い、顧客基盤は崩壊する。このような高コスト体質の顧客転嫁と、いま、銀行が進めている貸出金利の適正化とはまったく相違する。貸出金利の適正化の動きは、"個々の顧客の信用力に

応じた公正な価格付け"であり、基点は顧客自身である。

　一方、高コストの転嫁は、銀行の問題を顧客へと押し付けるものである。冷静に考えれば、このデフレ化において、自行の贅肉脂肪体質の経費を顧客へ転嫁することは許されず、競争市場においてはありえないことは容易に気づくであろう。いままでは、貸出金利の組成において、暗黙の皆平等思想（護送船団と表裏一体をなす、公共思想）から、"最優遇金利"をベースとした金利付けが、零細・中小企業を問わず実行されていた。この前提下においては、銀行の高コスト経費をうまくカバーする貸出金利となるよう、持ちつ持たれつ、どんぶり勘定的な金利運営で、銀行も顧客も"幸せな時代"を謳歌できた。しかし、この"幸せな時代"は終焉したのである。日本経済は成熟と後退のはざまにあり、もはや国の"全体成長"での信用リスク消化は実現困難となった。信用リスクに見合った金利を顧客に要求する、成熟的な金融慣行へと大きく社会が変貌している。

　従来、"どんぶり勘定"ですませていた、銀行の高コスト転嫁はもはや許されず、銀行は自行の経費削減を競争企業として実現しなければならない。さもなければ、価格競争力で敗退し、市場からの退出を余儀なくされる。

　銀行経費改革の実行プロセスの途上で間違ったメッセージを現場に与えてはいけない。現在儲からないお客様も、自分たちの経費に対し真摯な体質改善を実行すれば、誠に素晴らしい収益貢献先となる。逆にならなければ、その銀行の存続はむずかしい。

　経費管理会計の設計において注意しなければならないことは、顧客は悪くないのに、顧客が不採算・低採算の元凶だと曲解させる会計処理を回避することである。

イ．"BPR措置勘定""BPO措置勘定"

　米銀経費改革の成功事例において、この問題を正しくアドレスした場合が多い。競争力を維持強化するためには、コスト体質の抜本的な改善が急務であり、現在の悪状況で顧客をみてはいけない。顧客はいまもこれからも銀行

の収益を支える主体である。"顧客の視点"を入れた客観的な経費改革のプロジェクト（BPRやBPO）を複数立ち上げ、それぞれのプロジェクト・チームに対し、プロジェクト期間（たとえば1年）終了後の"目標経費削減額"を設定させ、達成をコミットさせる。経費管理会計上、その"目標経費削減額"を顧客採算評価上、"すでに改善されたものとして経費額から控除する"措置を行う。このことにより、営業現場は、経費改革に対する経営の意思と、体質改善がなされた後の顧客像をすでに得ることができる。新たな視点から、顧客取引の深耕や拡大を数字の裏付をもって実行できるようになる。この際、改善した採算をもとに、現場が金利ダンピングや優遇をしないよう、金利設定権限に関しては入念な設計を合わせて行う必要がある。また、予算運営においては改善した経費での収益目標値とすべきである。

　経費改革実行のために組成されたBPR、BPOのチームは、定められた期間に経費削減を実行しなければならない。さもなければ、この**"経費勘定処理（『BPR措置勘定』『BPO措置勘定』）"** を通じ、客観的な数字として未達成が赤裸々となる。

　従来のような経費改革のスローガンやお勉強のみではチームは逃げられない。自行の経営を維持するため、自分たちの生活を守るため、改革チームおよびその担当役員は獅子奮迅の企画力と行動力を発揮する。銀行経営者は、経費改革を実現するよう、また顧客アプローチに関し現場に誤解を与えぬよう、経費の管理会計に関し、入念な設計を実行しなければならない。

　ロ．「適材適所経費勘定」

　次に、もう一つの重要な経費会計措置に関し議論を深める。それは、**『適材適所経費勘定』** の創設である。

　物件費の切詰めに関しては、システム経費以外はかなりの実績をあげている銀行が多い。システム経費に関しても、上記のBPRあるいはBPO勘定により、抜本的な改革に道筋がつき始めている。残る大きな問題としては、高コストと評される銀行人件費の問題である。現場経営を担う支店長にとっ

て、人員の配置は"既得権益"といまだとらえている場合が多い。通常の経営者であれば、自社の経営をよくするため、特に困窮期には社員の合理化を行うのは、当り前の"修身"であるが、これが銀行では現状機能していない。その根因は盲目精神的な人事セクションによる"大家族主義"がなせるものであり、実直忠勤に励めば終身雇用を維持する人事戦略がベースとなっている。しかし、そのような"幸せな時代"は終焉したのである。構造不況業種である銀行がこれからも"大家族主義"を維持できるわけがない。いまは厳しいが、やがては黄金の時代がくると盲信してはならない。現実をきちんと認知しなければならない。このままでは"沈み行く船に乗船しているだけかもしれない"という危機意識を修身のようにもち、経営体が死滅しないよう、事前に、人材の再教育、適材適所、賃金の是正を断行しなければならない。この断行を主観的な判断や行動で行うことは厳に回避すべきである。いっそうの混迷と不満を招くだけであり、なんのプラスもない。論理をもって対処する枠組みが必要である。この工夫措置として、『**適材適所経費勘定**』の創設がある。

　支店長あるいは各部長に、配置された人材の人事部への**"返材権"**を与える。現状の顧客サービス、業務履行を維持するための必要限の人員体制を確立するよう、不要な人員を人事部へ返材する権利を現場に与える。これにより、全層的な筋肉質化を招来できる。当然ながら、人事部に大量の人材が返材されては混乱するであろうから、その人材を現場にとどめ、その経費を"人事部勘定"として人事部へ負担させる（別に全額である必要はない）。これが『**適材適所経費勘定**』である。投信販売などのこれからの成長分野に対しては、人材の配置要請が強いであろう。人事部はこれらのニーズを充足するよう、返材された人材に対し再教育を行い、新たな適所へ配属させていく。『**適材適所経費勘定**』の創設により、"人材に関する需給環境"を数値として認知できる仕組みをつくりあげるものであり、これにより、人件費の機能面での"新陳代謝"が自律的に生起させることができる。

　当然ながら、"不要""要"という二元的な選択とはならない可能性があ

る。たとえば、ある支店では単純な顧客サービスが主体なので、高スキルあるいは高経験のスタッフは必要ではなく、むしろパート主体でよい場合もある。この場合は、必要としている人材スペックと配置人材スペックとの差異に関し、人事部が『適材適所経費勘定』を通じ負担をする。人事部は現場の要望に合うスペックの人材を派遣し、高スキル、高経験の需要先を新たに開拓する、あるいは再教育を行い現場に送り出す。

　この"返材権"の現場付与に関しては、段階的な実行が必要であると考える。いきなり全支店長にまで"返材権"を与えると、粗利から経費を差し引いた純利を追求するあまり、人件費は大幅に減ったが、本来の営業をするための体力をも失ってしまい短期的な収益極大化で終わってしまう危惧もある。最初のステップとしては、部門もしくは支店を束ねる地域の責任者に権限を付与するのが適切と考える。そのレベルからスタートし、権限付与による効果分岐点がどこにあるか見極め、安全に実行するよう入念な設計が必要であることはいうまでもない。

　重要なことは、顧客への"価値提供"とその"提供コスト"がバランスするよう、現状の均衡度合いを認知する仕組みを経費の管理会計を通じ樹立することである。この状況に関し、正しく正直に職員に伝え、自己啓発と自己認識につなげる方策を経営は樹立しなければならない。

　このような仕組みが導入されたら職員が可哀想、という人たちは人間として誠実ではない。銀行はもはや一私企業であり、まぎれもない構造不況業種である。将来の雇用が保障されていないのはもはや厳然たる事実である。最後の最後まで、"幸せの時代"を盲信させ、最後に裏切る経営こそ、回避すべきである。

　製造業、流通業、他のサービス業の人たちにとっては当り前のことであり、銀行は一方で企業のリストラを強く進める。当り前のことを客観論理をもって行う力、これをいま、銀行経営者は発揮しなければならないし、顧客への"価値提供"とその"提供コスト"のバランスを職員全員が考える企業こそ、生き残る企業でもある。人事部は人材の再生のため、新陳代謝を実現

するため汗をかかなければならない。汗のかきどころである。

図表5-13 贅肉経費の顧客転嫁を回避するための管理会計的措置

- 護送船団方式で"落ちこぼれずついていけば、経営は安泰である"という"幸せな時代"は終焉した。自行の高コストをそのままにし、そのコストを顧客転嫁する行動は、顧客からの厳しい叱責を買い、顧客基盤は崩壊する。
- 経費管理会計の設計において注意しなければならないことは、顧客は悪くないのに、顧客が不採算・低採算の元凶だと曲解させる会計処理を回避することである。"顧客の視点"を入れた客観的な経費改革のプロジェクト（BPRやBPO）を複数立ち上げ、それぞれのプロジェクト・チームに対し、プロジェクト期間（たとえば、1年）終了後の"目標経費削減額"を設定させ、達成をコミットさせる。経費管理会計上、その目標削減額を顧客採算評価上、"すでに改善されたものとして経費額から控除する"措置を行う。このことにより、営業現場は、経費改革に対する経営の意思と、体質改善がなされた後の顧客像をすでに得ることができる。新たな観点から顧客取引の深耕や拡大を数字の裏付をもって実行できるようになる。
- 経費改革実行のために組成されたBPR、BPOのチームは、定められた期間に経費削減を実行できなければ、"経費勘定処理"を通じ、客観的な数字として未達成が赤裸々となる。従来のような経費改革のスローガンだけやお勉強では逃げられない。
- 『適材適所経費勘定』の創設も有効な経費会計措置である。これは、支店長あるいは各部長に対し、配置された人材に関する人事部への"返材権"を与えるものである。必要限の人員体制を確立するよう、不要な人員を人事部へ返材する権利を現場に与える。これにより、全層的な筋肉質化を招来できる。当然ながら、人事部に大量の人材が返材されては混乱するであろうから、その人材を現場にとどめ、その経費を"人事部勘定"すなわち『適材適所経費勘定』とし、人事部負担とする。人事部は返材された人材に対し再教育を行い、投信販売などの新たな適所へ配属させていく。『適材適所経費勘定』の創設により、人材に関する需給環境を数値として認知できる仕組みができ、人件費の機能面での"新陳代謝"が自律的に生起させることができる。

3 経費実測法

経費は発生した時点で把握しようと試みれば、かなり正確にできる。だれ（人や機械）がどのくらい活動し、消費した物（伝票、電気等）は何で、それ

はどのくらいの量か。しかし、実際には業務ごとに詳細な"経費ログ"をとることには、"経費面"においても"実行可能性"に関しても制約がある。銀行業は装置サービス業である特性から、経費の大半は固定費であり、その固定費をいかに適切に業務サービスごとに把握するかの計測手法の確立が本節の主題である。本節では、"単純配賦手法"と"ABC 適用配賦手法"の二つの経費計測法に関し詳述する。ここでいう"ABC 適用配賦手法"とは、アクティビティ・ベースド・コスティング（活動原価）の概念を取り入れた発展的配賦手法を指し、アクティビティ原価を算出して積み上げていくABC原価計算とはコンセプトが異なる。以下、これらに関し詳述する。

(1) 経費把握の重要プロセス

第1節で経営管理の理論的主題として、「無駄な贅肉を削ぎ落とし、筋肉質な経営体質をつくりあげるよう経費を的確に把握し情報発信する」を掲げた。また、第2節では「経費管理会計の精度と頻度の設計」についてポイントを説明した。経費を"的確に把握する"ことが本節の目的であり、発生した時点での"経費ログ"に関し、その固定費特性、経費権限と消費体の相違などの銀行特有の経費特性を十分に斟酌し、月次等のタイミングにより、これらのデータをいったん分解してから管理対象に集計していくプロセスの構築が重要となる。このプロセスの重要骨子として、①直課、②配賦、③非配賦、の3種類があり、以下説明する。

イ．直　課

経費と管理主体との因果関係が明確な場合、言い替えれば、だれ（何）のために消費した経費かが明確な場合は、管理主体に該当経費を全額集計する。たとえば、営業店を管理主体とするとき、各営業店の端末リース費用は全額該当店に割り当てられる。

図表5-14　直課・配賦・非配賦オペレーション

```
        ┌──────────┐
        │   経費   │
        ├────┬─────┤
        │直接費│間接費│
        └──┬─┴──┬──┘
           │    ⋮  ╲
        ┌──▼─┐┌▼──┐ ╲┌────┐
        │直課││配賦│  │非配賦│
        └─┬──┘└─┬─┘  └────┘
          │     ⋮
     ┌────┼─────┼────┐
     ▼    ▼     ▼    ▼
    ┌─┐  ┌─┐   ┌─┐
    │A│  │B│   │C│
    └─┘  └─┘   └─┘
      ╲___管理主体___╱
```

ロ．配　　賦

　間接費、たとえば本部による営業店へのサポート部門経費のように、経費と管理主体との因果関係が、なんらかの合理的な理由（技術上の捕捉限界、あるいは捕捉経費上の問題）により、個別取引やサービスとして明確に紐付けられない場合は、按分基準値を用いて配賦処理を行う。たとえば、広告宣伝費を営業店に割り当てる場合がこれに当たる。

　「間接費をいかに適切に配賦するか」、これを解決することが経費管理を実践するうえで欠かすことのできない重要なポイントとなる。これについては、以下、「単純配賦手法」「ABC適用配賦手法」にて具体的に説明していく。

ハ．非　配　賦

　管理主体に割り当てると納得感が得られない。経費管理の目的から乖離してしまうと判断される経費は管理主体に割り当てない。たとえば、営業店の業績評価を目的とした経費管理をする場合は、秘書室経費は営業店に対して割り当てない。

経費割当ての基本構造としては、最初に経費の費目や内容に照らし、それらの経費が、"経費管理主体"に対し、"直課"されるべきものか、"配賦"されるべきものか、"非配賦"であるべきかの吟味を行う必要がある。以下、この重要プロセスを念頭に置き、具体的な経費実測法に関し考察を深めていく。

（2）　単純配賦手法

　『単純配賦手法』は、伝統的な配賦手法であり、80年代の邦銀においてブームとなった伝統的原価計算においても使用された手法であり、その基本構造は非常にシンプルである。本項では、この『単純配賦』という経費実測法に関し考察する。

a　『単純配賦手法』の経費計測手順

　配賦のための要件として"どの経費"を、"どこを対象"として、"どういうルール"で配賦するのか定義しなければならない。以下その手順の概要を説明する。

イ．"どの経費"……間接費部分の明確化

　経費計上部店と消費された経費のカテゴリーを明確にする。経費管理の目的に照らして直課、配賦、非配賦への分類をする。その際には、各経費がプロフィットセンターに属する部署のものなのか、コストセンターに属する部署のものなのか分類することが重要である。この分類は直課および配賦グループと非配賦グループの二つのグループ分けを容易にしてくれる。次に、直課なのか配賦なのか分類する。この分類は取得できるデータ単位が直課できるものなのか否かによって必然的に決定される。たとえば、物件費の営繕費は、管理主体が営業店であれば各営業店に直課できるが、顧客の場合は直

課できず、配賦せざるをえない。非配賦と直課以外の経費、すなわち間接費が配賦のリソースとなる。

ロ．"どこを対象"……管理主体の策定

経費配賦の対象先を"管理主体"として定義する。管理主体は、経費管理の目的に照らして策定することが肝要である。営業店の業績評価が目的であれば各営業店を管理主体とするし、最終的な目的が顧客別採算管理であれば、各顧客が管理主体となる。また、管理主体を定義するにあたっては、経費管理は統合収益管理の一部であることを念頭に置き、収益管理や信用リスク管理の体系も勘案し、それらと整合性をとる必要がある。

ハ．"どういうルール"……配賦ルールの策定

配賦処理のためのルールを定義する。以下に、管理主体を営業店とした場合の営業統括セクションで計上された物件費・端末機器賃借料を配賦する事例を用いて配賦ルールの定義方法について考察を深める。

図表5-15 配賦ルールの策定

経費分類	科目	内訳科目	計上部店	配賦率	按分基準値	適応率
物件費	機械賃借料	端末機器賃借料	営業統括部	50%	預金平残	20%
					貸金平残	20%
					預金口座数	20%
					貸金口座数	20%
					ホスト処理件数	20%

① 配賦率の設定

　営業統括セクションの端末機器賃借料は、営業店をサポートするための業務を行うことによって発生した経費である。したがって、その経費は営業店に配賦する。ただし、端末機器を使用する業務は営業店サポートのみならず、部内資料や経営報告などの業務もある。実際の活動を分析し、営

図表5-16　単純配賦手法

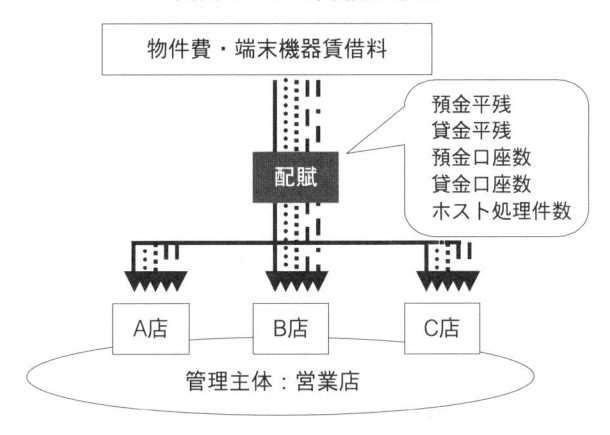

```
┌──────────────────┐
│ 物件費・端末機器賃借料 │
└──────────────────┘
         │
      ┌─────┐    ┌──────────┐
      │ 配賦 │────│ 預金平残    │
      └─────┘    │ 貸金平残    │
    ┌───┼───┐   │ 預金口座数  │
    │   │   │   │ 貸金口座数  │
   ┌──┐┌──┐┌──┐│ ホスト処理件数│
   │A店││B店││C店│└──────────┘
   └──┘└──┘└──┘
   （管理主体：営業店）
```

業店へ配賦する割合、**"配賦率"** を決定する。上表例は配賦率 "50％" の設定を示すものである。

② 按分基準値の設定

次のプロセスは、配賦率によって決定された営業店への配賦総額をいかに各営業店へと配賦するかである。上例は、端末機器賃借料の50％に当たる金額を五つの **"按分基準値"**（預金平残、貸金平残、預金口座数、貸金口座数、ホスト処理件数）で配賦する事例である。按分基準値を複数設定するのは、できる限り恣意性を排除し、的確な経費実測を実現するためである。また、この場合の按分基準値のデータには配賦対象となる営業店ごとの預金平残、貸金平残、預金口座数、貸金口座数、ホスト処理件数が含まれている。

③ 按分基準値の適応率の設定

按分基準値を複数適応する場合には、重み付け（**適応率**）の定義が必要となる。このケースでは、預金平残の適応率が20％となっている。按分する経費額のうち20％に当たる金額を各営業店の預金平残額に応じて配賦する。同様に他の按分基準値（貸金平残、預金口座数、貸金口座数、ホスト処理件数）についても適応率に応じた配賦処理が行われる。

第5章　銀行経費管理の理論

b 単純配賦手法の限界

ここまで『単純配賦手法』による経費計測手順について説明してきたが、近年、この単純配賦手法の説明力の低さが指摘されている。その原因は、商品、サービス、チャネル等の多様化による間接共通費の増大にある。配賦には多かれ少なかれ配賦ルール決定者の恣意性が発生してしまうが、単純配賦手法では間接費の占める割合が大きくなればなるほど、これが顕著に表れてしまう。これは単純配賦手法の限界ともいえる。そこで、単純配賦手法の限界を打破すべく説明力の高い配賦手法の考え方として、**"ABC適用配賦手法"** という考え方が生まれ、銀行業務に応用され始めている。

原価計算は製造業で生まれ、発展してきた。1980年代後半には活動（アクティビティ）基準という考え方が誕生した。誕生までには、次のような背景があった。

- 収益環境の悪化、価格競争激化のなか、正確な製品コストを把握する必要性の高まり
- 市場ニーズの多様化によって、多品種少量生産を余儀なくされ、製造間接費が急速に増大

実は、これらの背景は、いままさに金融機関が置かれている状況と一致する。どの銀行も不良債権処理で厳しい状況に置かれている。市場における優位性を確保するため、商品の差別化を図るべく、新サービスや商品の開発を急ピッチで進め、市場へ投入する。その際、プライシングは非常に重要な戦略事項となる。他行よりも少しでも価格を下げて売り出せば競争力の面で優位に立てる。その際、サービス・商品のコストを的確に把握し、大競争時代の採算管理を実行することが必須となる。また、インターネットやATM等の新たなチャネル戦略実現のために企画・開発・システム投資、宣伝、運営にかかわるコストが発生している。これらの経費は安易に現場には直課できない、21世紀の顧客戦略に直結する重要な間接共通費である。

次項では、ABC適用配賦手法について説明する。

図表 5-17　単純配賦と ABC 配賦

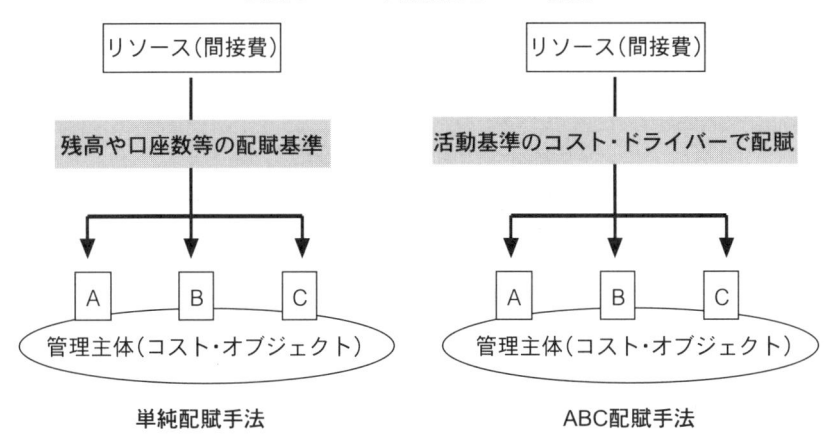

単純配賦手法 / ABC配賦手法

(3)　ABC 適用配賦手法

コストはなんらかの"活動"をするから発生するのである。それであれば"活動"を基準にしてコスト付けしていけば説明力の高い配賦処理が実現できる。

『ABC（Activity Based Costing）配賦手法』は、"活動（アクティビティ）"という切口を織り込んだ経費配賦処理を行う考え方である。間接費を活動単位に配賦して商品や顧客等の管理主体にコストを割り当てる一連処理の考え方である。実際の計算方法は経費（リソース）を、按分基準値を使用してコスト・オブジェクトに配賦するので、単純配賦手法と変わらない。単純配賦手法と ABC 適用配賦手法の違いは、配賦基準の相違でしかない。

a　『ABC 適用配賦手法』の経費計測手順

『ABC 適用配賦手法』を用いた経費配賦のプロセスは、図表 5-18 のとおりである。

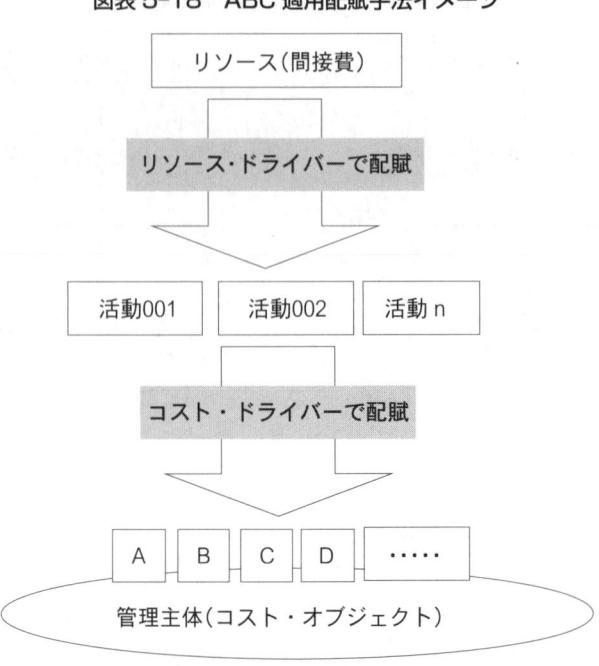

図表 5-18 ABC適用配賦手法イメージ

```
        ┌─────────────────┐
        │  リソース(間接費)  │
        └─────────────────┘
                 ↓
        ┌─────────────────┐
        │ リソース・ドライバーで配賦 │
        └─────────────────┘
                 ↓
   ┌────────┐ ┌────────┐ ┌────────┐
   │ 活動001 │ │ 活動002 │ │ 活動 n  │
   └────────┘ └────────┘ └────────┘
                 ↓
        ┌─────────────────┐
        │ コスト・ドライバーで配賦 │
        └─────────────────┘
                 ↓
       [A][B][C][D]……
       管理主体(コスト・オブジェクト)
```

イ．リソース（経費）を活動（アクティビティ）に配賦する

"リソース"とは、経費配賦処理のタイミングで計上された経費である。月次処理であれば月末時点の月間経費額となる。通常経費額データは、本部店番、営業店番ごとの経費費目単位で把握される。この把握された間接経費額を活動に配賦する。活動とは銀行における業務・事務プロセスで発生しているアクティビティである。活動として何を定義するのか、どこまで詳細に定義するかは経費管理の目的によって異なる。

"リソース・ドライバー"は、間接費をアクティビティに配賦する基準である。活動するからコストが発生しているという観点をもてば、リソース・ドライバーとして適用すべき配賦基準値データが明確となる。

ロ．活動に割り当てられた経費をコスト・オブジェクトに配賦する

次のステップは、活動に割り当てられた経費を件数や対応時間等の按分基

準値（コスト・ドライバー）を使用して活動の消費量に応じた経費額を管理主体に割り当てる。

単純配賦手法との差異は活動軸が入っていることである。活動に紐付く経費はコスト・ドライバーを介して管理主体に配賦される。

活動の構成とその数については、銀行ごとに異なってくる。ある銀行では数万に及ぶ活動を定義している。また、ある銀行では数百の活動からスタートして運用している。納得感があり、自行の経費管理の目的に合致する的確な精度が実現できればよい。活動数の多寡は配賦結果の善し悪し、経費管理の善し悪しにはつながらない。

b　ABC適用配賦手法の実践

管理主体を"顧客"とし、ABC適用配賦手法の実践に関し考察を深める。

"顧客別の経費"は、銀行が顧客にサービスを提供するという観点から、銀行の経費構造を紐解く必要がある。銀行の活動には、直接的に顧客への

図表5-19　財務経費⇒活動カテゴリーへの配賦イメージ

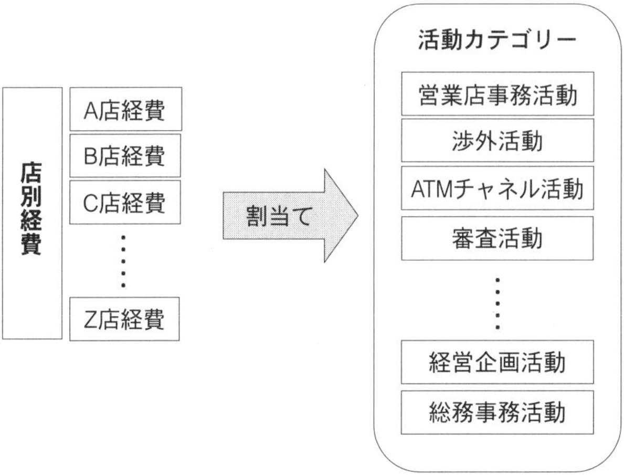

店別経費（A店経費、B店経費、C店経費、…、Z店経費）→ 割当て → 活動カテゴリー（営業店事務活動、渉外活動、ATMチャネル活動、審査活動、…、経営企画活動、総務事務活動）

サービス提供を行うためのものもあれば、銀行組織の運営維持のための活動もある。顧客にサービス提供を行う活動とは営業店事務活動、渉外活動、ATMチャネル活動、審査活動等であり、銀行組織の運営維持活動としては、経営企画活動、総務活動等があげられる。

　前者の活動経費は顧客と因果関係があると判断できるが、後者の活動経費は明確な因果関係が論理的に組成しにくい。このように、いったん銀行の活動を大枠（カテゴリー）でとらえて、顧客に割り当てるべき経費、割り当てない経費の分類を行い、各活動カテゴリーに経費を割り当てる。

　活動カテゴリーの経費が固まったら、次に各活動カテゴリー内の活動への経費割当てルールを策定する。経営企画や総務といった顧客と因果関係の薄い活動カテゴリーに関しては、顧客経費把握上、対象より外し、非配賦とする場合が多い。顧客と因果関係があると判断される活動への経費の割当てに関しては、銀行に導入されている事務量システムのデータを活用し、按分基準値を導出し実行する。一般的に事務量システムではチャネル・商品・作業ごとに標準時間や処理件数のデータを保有している。たとえば、「営業店窓口チャネル・普通預金・店頭入金」「ATMチャネル・普通預金・出金」という形で標準時間、処理件数を抽出できる。また、事務工程（活動）ごとに顧

図表5-20　財務経費⇒活動カテゴリー⇒活動への配賦イメージ

活動カテゴリー		活動
営業店事務活動		活動001
渉外活動		活動002
ATMチャネル活動	割当て	活動003
審査活動		活動004
⋮		活動005
経営企画活動		⋮
総務事務活動		活動n

客の利用回数や件数も抽出できるであろう。これらのデータを揃えることにより、①標準時間・処理件数を按分基準値とした事務工程（活動）への経費の割当て、②その活動を顧客の回数データや件数データを按分基準値とした活動から顧客への経費の割当て、の2フェーズで"顧客別の経費"を計算できる。

事務量システムは活動ごとの標準時間と処理件数を保有している。各活動カテゴリーから活動への按分基準値として"標準時間×処理件数"を使用する。つまり、標準時間を処理件数に掛けることで活動の重みを加味するのである。活動の経費が固まると、あとは活動を使用した顧客に経費を配分すればよい。したがって、活動の処理件数を顧客別に集計し直したものを顧客按分基準値とする。

図表5-21は、単純配賦手法とABC適用配賦手法の有機的結合イメージである。プロフィットセンター部門の経費は活動（アクティビティ）を基準とすることにより、納得感の高い配賦が可能となる。また、消費店番が明確な経費は各支店に直課される。コストセンター部門の経費については、二つの対応方法がある。営業店への配賦が妥当であるが、直接アクティビティに紐付かない経費は単純配賦手法の考え方のもと、口座数や処理件数等の按分基準値を採用して配賦する。営業店の営業活動に直接関係ない経費については非配賦とし、コストプール額を別管理する。

経費実測の目的や物理的限界を議論しないまま実測議論を行うと、理想論に突き進み、人的にもシステム的にも莫大な投資が必要となる。特に、ABC適用配賦手法は経費割当ルール策定の際、恣意性を排除することを目的に考えられたものであることから、こと細かな活動を定義することに注力してしまい、検討結果として必要なリソース・ドライバー、コスト・ドライバーがシステム的に取得できないというケースや多大な運用コストが必要となる場合が多い。活動のテンプレートは、すべての業務を分析していけば用意することは可能であるが、コスト・ドライバーに関するデータは、既存のシステムから取得するか、もしくは手作業で集める必要がある。一方、単純配賦手

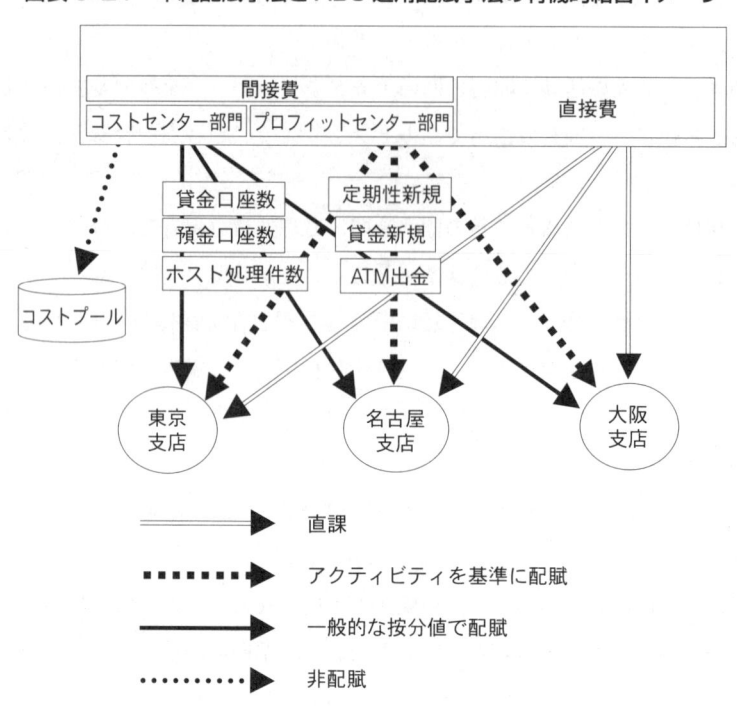

図表5-21　単純配賦手法とABC適用配賦手法の有機的結合イメージ

```
┌─────────────────────────────────────────────────┐
│         間接費              │                   │
│  コストセンター部門 │ プロフィットセンター部門 │    直接費      │
└─────────────────────────────────────────────────┘
```

（図）

──────▶　直課

┅┅┅┅▶　アクティビティを基準に配賦

━━━━▶　一般的な按分値で配賦

⋯⋯⋯⋯▶　非配賦

法はまず入手できるデータからスタートすることができる。チャネル情報やCRM顧客情報を付加していけば高度な配賦処理も可能となる。

正確な答えを求めて、すべての経費についてABC配賦手法を用いて緻密な検討を行うのは望ましくない。まず、経費管理の設計にて、いかに"経費効率の向上に寄与させるか"を解き、それを実現する範囲内での精度実現でかまわないのである。

●だれもが納得できる経費計測上の"黄金率"の発見に労力を消費するのではなく、資源投下の方向性や妥当性を展望できる指標を導き出すために経費を実測する
●現行のシステムや報告業務のなかで抽出できるデータを最大限に利用して経費の実測を行い、必要以上の作業負荷を発生させない

第6章

銀行自己資本統合管理の理論

1 自己資本統合管理の理論的構造

(1) "修身"から"経営発展"のための自己資本運営へ

a 銀行における"修身"

1988年、BIS規制が発表され、自己資本比率が8％以上となるよう自己資本を保持することが義務づけられた。1996年には市場リスクを考慮する規制（いわゆる、第2次BIS規制）が加わった。BIS規制は、「最悪状態になった場合でも倒産しないだけの自己資本を確保する」という目的のもとに導入されたものである。つまり、銀行を倒産から救う最後の手段は自己資本である、という認識のもとでつくられたものであり、それは現在検討されて

いる新 BIS 規制（信用リスク評価の高度化とその適用）においても同様である。

　日本においては、BIS 規制が導入された当初は自己資本規制に関する問題意識が高まったが、当時予定されていた"金利の完全自由化"に備えた"収益力"の強化のみに視点が大きく傾き始め、"リスク"に関する経営的取扱いが不明のまま、バブル経済へと突入していった。顧客企業の業績が悪くなっても、少し支援していればまたすぐに復活することも多かった。回復しなくても、土地の時価が右肩上がりだったので、担保さえきっちり取っていればそれを処分することによって資金を回収することができた。さらに、担保割れしたとしても、長い間累積されてきた保有株式の含み益で十分吸収できたのである。

　しかしながら、1990 年代初頭のバブル崩壊により、顧客企業の相次ぐ倒産、土地担保時価の急激な下落、株含み益の激減によって、銀行は自己資本の重要性を改めて認識せざるをえなくなった。国際基準、国内基準の違いはあるにせよ、銀行として業務を行ううえで BIS 規制の遵守は最低限の"修身"として位置づけられるようになったのである。

　当初の規制発表から 10 余年を経て、新 BIS 規制が 2006 年末より施行されようとしている。この 10 余年の金融技術、情報処理技術の発展に伴い、より精緻な所要自己資本の計測が可能になったためである。新 BIS 規制では、現行規制と同様の「最低自己資本比率規制」（第1の柱）に加えて、「金融機関の自己責任と監督上の検証」（第2の柱）と「市場規律」（第3の柱）の3本柱で構成されることになった。これは、最低自己資本だけ保有するだけではなく、銀行自らが内部管理の充実を行い、情報開示による市場規律が働くことが自己資本の充実と同様に重要であるというメッセージである。

　このように、新しい BIS 規制は単なる数値規制だけによる「最低自己資本比率規制」から一歩前進した枠組みといえ、今後も銀行の継続的な"修身"として認識されていくものと考えられる。

b "修身"から"経営発展"のための自己資本運営への移行

　銀行にとってBIS規制とは、あくまでも銀行が「倒産しない」ための"修身"であって、「銀行の安全性確保」が目的である。BIS規制の枠組みでは、最低自己資本を保持することを要求されるが、その自己資本を"どのように使用するのか"ということまでは言及していない。銀行全体として「安全性」を確保した後は、自己資本をいかに生かすかという「効率性」を、それぞれの銀行が考え、"経営発展"のための自己資本運営へ移行していかなければならない。

　銀行も"一私企業として収益をいかに上げるか"ということが経営の大きな目的となる。「リターン（収益）」を上げるためには、「リスク」をとらなくてはならない。「リターン」と「リスク」は表裏一体の関係にある。「リスク」は「最悪状態の際に被る損失額」であり、その「リスク」に対するバッファーが「自己資本」である。どのリスクをとり、どのリスクを捨てるのか、業務の「選択と集中」[1]を行うための枠組みが「自己資本配賦」である。銀行としてリターンを極大化するための最適な自己資本配賦を理論的に実行する体制を構築することが重要である。

　さらに、配賦された自己資本が思惑通り効率的に使用されているか、あるいは多大なリスクをとりすぎていないか、ということを「モニタリング」する体制が必要となる。また、そのモニタリングの結果、それぞれの自己資本が配賦された先の比較評価を行い、資本配賦の最適化を継続的に行っていくことが重要となる。

　これらの一連のプロセスを「自己資本統合管理」と呼び、本章でその理論について議論を深めていく。

---

[1] 現経営環境下での銀行業務の"選択と集中"に関しては、第Ⅲ部「銀行経営の実務」第14章『銀行業務の"選択と集中"の実務』で考察を深める。

図表 6-1　"自己資本配賦"の考え方

「自己資本配賦」は、銀行がリターンを上げていくためにどのリスクをとってどのリスクを捨てようとしているのか、銀行経営者が発する重要なメッセージである。

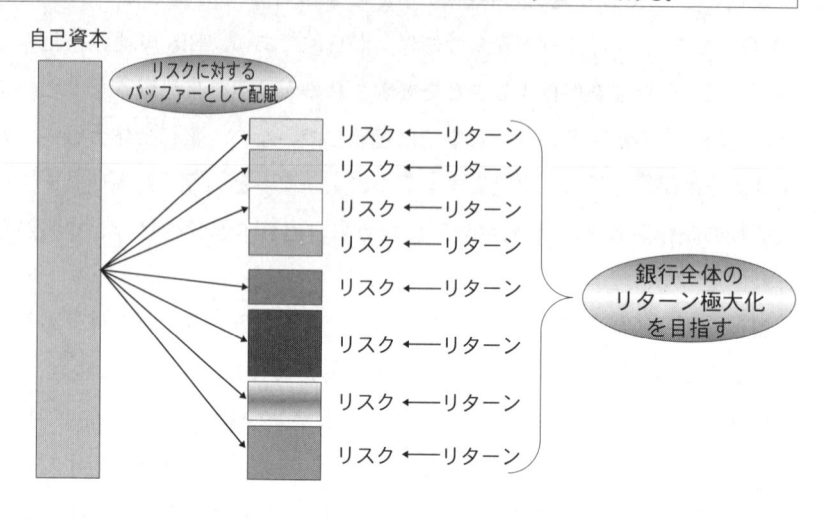

自己資本

リスクに対するバッファーとして配賦

リスク ← リターン
リスク ← リターン
リスク ← リターン
リスク ← リターン
リスク ← リターン
リスク ← リターン
リスク ← リターン
リスク ← リターン

銀行全体のリターン極大化を目指す

c　銀行が自ら考える自己資本運営へ

　それでは、自己資本運営を行う体制を、実際にどのように構築すればよいのだろうか。もちろん答えは一つには決まらない。大手都市銀行においては、実際に自己資本配賦による経営管理がすでに行われている。国際的に多様な業務が行われている大手都市銀行では、事業部門別（国内部門、国際部門、投資銀行部門、トレジャリー部門等）に自己資本が配賦されているケースが多く見受けられる。しかし、大手都市銀行と同じような自己資本運営の体制を、地方銀行が採用することには無理がある。また、前述したとおり、今後は各行の経営環境・経営資源を吟味し、業務の「選択と集中」が急速に行われることが予想される。そのなかで、一つの業務に特化する銀行も増えてくるであろう。決済業務専門銀行のアイワイ・バンクやイーバンク銀行、カストディー業務専門の米ステート・ストリート銀行などが例としてあげられる。今後、そのような動きがますます活発になることが予想されるなかで、

伝統的ななんでも取り扱う"百貨店型"組織を前提にした自己資本運営の枠組みでは、早晩経営が行き詰まる可能性がある。

　自己資本運営の具体的中身・内容に関して、デファクト・スタンダードと呼ばれるような標準的方法は存在しない。銀行がそれぞれ自ら考えてつくっていくものである。先行している大手都市銀行や米銀などのやり方を、参考にすることはできても、そのまま真似をしてうまくいくものではない。どのような"特色ある銀行"にしていきたいのか、そのためにどのような"自己資本配賦の運営"を行えばよいのか、ということを「経験」や「勘」といった観念的な尺度ではなく、銀行内外に対してきちんと説明のできる「理論」をもって構築することが、それぞれの銀行経営者に求められることである。

(2)　自己資本統合管理の理論的構造

　本節では『自己資本統合管理の理論的構造』に関して考察を深める。自己資本運営の具体的中身・内容は各行の経営戦略そのものであり、一律に定義・設定することはできない。本節の目的は、各行の経営環境・経営資源に即した自己資本運営を確立するための"理論的フレームワーク"を提示するものである。換言すれば、空手における"型"を示すことであり、より有効な経営実践を銀行が行っていくための基礎的な"枠組み"の提示である。

　自己資本統合管理は、**"資本効率評価"**、**"自己資本配賦"**、**"自己資本運営"**の三つの理論から構成される。

a　資本効率評価の理論

　まず第1の理論は『**資本効率評価の理論**』[2]である。自己資本統合管理の最終的な目的は、「資本効率の最適化、極大化」を実現することである。本

2　詳細は、次節「資本効率評価の理論」で解説。

図表6-2 "自己資本統合管理"の三つの理論

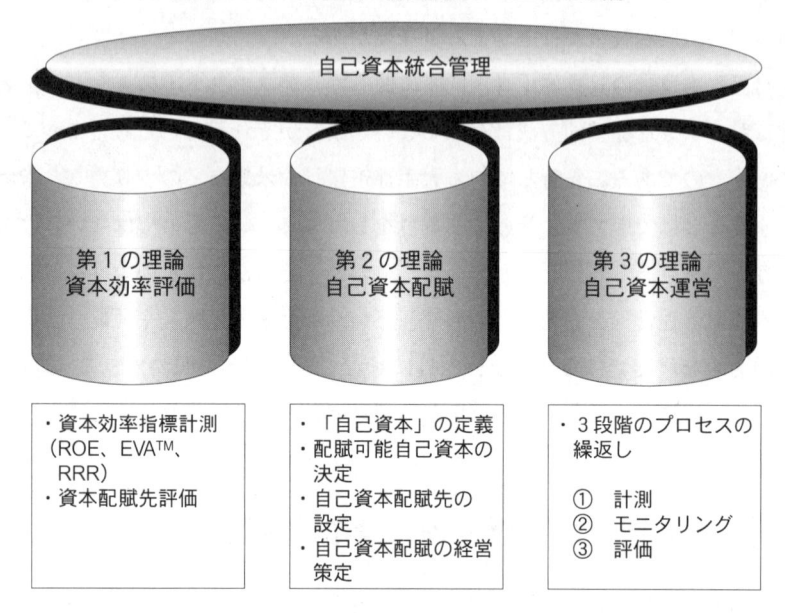

```
                    自己資本統合管理
    ┌─────────────┬─────────────┬─────────────┐
    │             │             │             │
  第1の理論      第2の理論      第3の理論
  資本効率評価    自己資本配賦    自己資本運営
```

| ・資本効率指標計測
　（ROE、EVA™、
　RRR）
・資本配賦先評価 | ・「自己資本」の定義
・配賦可能自己資本の
　決定
・自己資本配賦先の
　設定
・自己資本配賦の経営
　策定 | ・3段階のプロセスの
　繰返し
　① 計測
　② モニタリング
　③ 評価 |

章では、資本効率評価に、ROE、EVA™3 あるいは RRR（リスク・リターン・レシオ）といった基本的な資本効率指標を用い理解を深める。実務上では、これまでにさまざまな工夫をこらした特色ある資本効率指標が数多く考案されており、RAROC、RORAC、あるいは RAROA などが一般によく使用されている4。しかし、どのような名称であっても、「投資対象のリスク量を計測し、それをなんらかの形で調整を行い、そのリスクに対して、どれだけリターンを上げることができたか」を計るという目的は同じである。本章では、これら数多くの資本効率指標についての詳細解説は行わない。それぞれの銀行が、自行に最も適していると考える指標を採用すればよいのである。

採用する指標が決まれば、その資本効率指標によって、銀行がいま置かれている"現在位置の確認"を行う。その際には縦軸にリターン、横軸にリス

---

3 米国スターン・スチュワート社の登録商標
4 RAPM（Risk Adjusted Performance Measure：リスク調整後パフォーマンス評価）手法として総称される場合が多い。

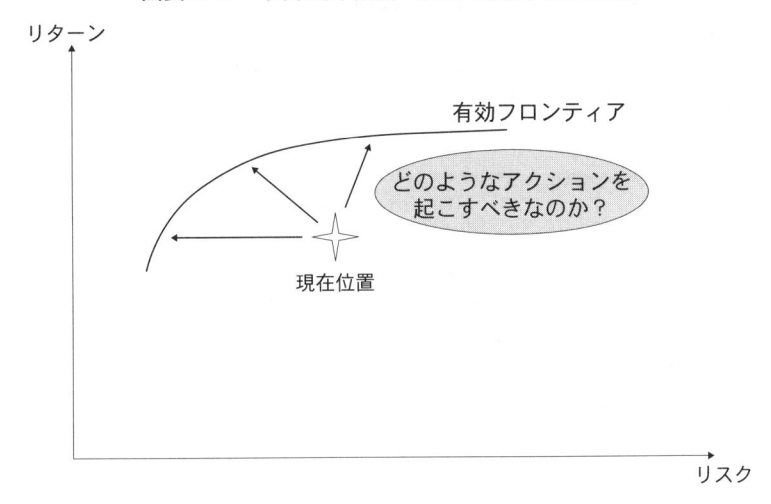

図表6-3 "資本効率指標"による現在位置の確認

リターン

有効フロンティア

どのようなアクションを起こすべきなのか？

現在位置

リスク

クをとった2次元のグラフ（リターン・リスク関連図）に現在位置をプロットするとわかりやすい。これによって、銀行が目指すべき「最適な位置」（有効フロンティアと呼ばれる境界線上に存在する）へ向かって、どのようなアクションをとるべきなのか、理論的な考察が可能となる。

b 自己資本配賦の理論

第2の理論は『**自己資本配賦の理論**』[5]である。この理論のフレームワークは、図表6-4のように4段階のプロセスによって構成される。

まず、銀行における「自己資本」の定義を行う。一言に自己資本といっても、狭義から広義に至るまで幅広い概念が存在する。BISの自己資本比率規制で採用されている「Tier 1」、「Tier 2」という概念を使用してもよいし、それにとらわれる必要もない。銀行経営者が自らが理解でき、納得できる定義で行えばよい。

---

5 詳細は、本章3「自己資本配賦の理論」で解説。

図表 6-4　自己資本配賦のフレームワーク

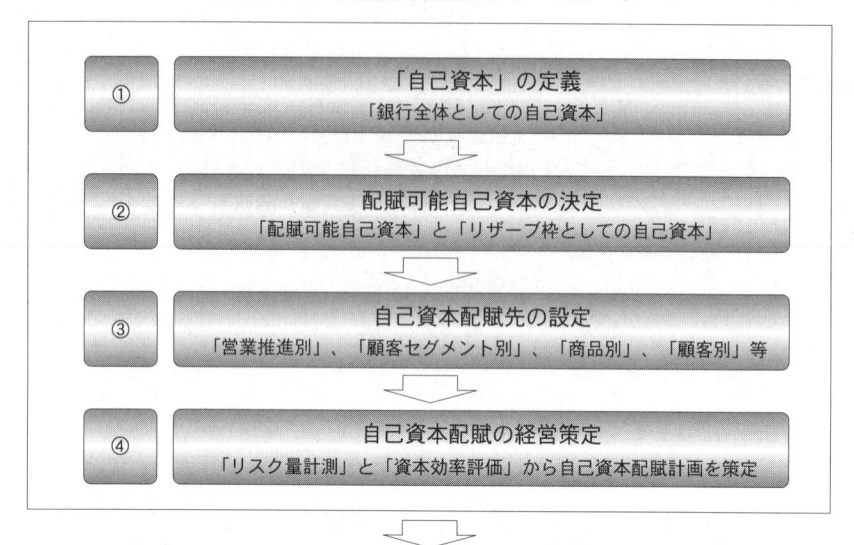

① 「自己資本」の定義
　　「銀行全体としての自己資本」

② 配賦可能自己資本の決定
　　「配賦可能自己資本」と「リザーブ枠としての自己資本」

③ 自己資本配賦先の設定
　　「営業推進別」、「顧客セグメント別」、「商品別」、「顧客別」等

④ 自己資本配賦の経営策定
　　「リスク量計測」と「資本効率評価」から自己資本配賦計画を策定

"選択と集中"により自己資本配賦額の決定
銀行の経営環境・資源を考慮した、資本効率極大化のための自己資本配賦の戦略決定

　自己資本の定義を行った後、銀行全体の自己資本のうち、どれだけを保有リスクに対するバッファーとして配賦するのか、「配賦可能自己資本額」を決める。その際、すべての自己資本を配賦してはならない。"想定する最悪よりもさらに悪い状態"、"予期せぬ最悪状態"が起こった場合でも、銀行が継続的に業務を行えるだけの「リザーブ枠」を、経営が保有しておく必要がある。現在のリスク量は把握できても、今後顕在化するかもしれない、予見不可能なリスクも存在する。つまり、「リザーブ枠」は銀行における「最後のリスクリザーブ」であり、ラストリゾート的な位置づけとなる。
　次に、自己資本を配賦する「自己資本配賦先」の設定を行うことになる。これは、銀行経営者が「どの単位でリスクを感知したいのか」という「知覚受容体」に他ならず、銀行の経営方針が明確に現れるところである。つまり、それぞれの銀行の独自戦略であり、差別化戦略そのものといえる。「事

業部門」等のような組織上の枠組みだけではなく、「営業推進別」、「商品別」、「顧客セグメント別」、「顧客別」といった基軸を、資本配賦先として考えていく必要がある。

　最後に、配賦可能自己資本を、設定された自己資本配賦先へ配賦する。配賦の基準となるのは自己資本配賦先が抱える「リスク量」がベースとなるが、「資産規模」、「取引件数」、「従業員数」など、基盤項目と呼ばれる情報も考慮することが可能である。もちろん計算された自己資本配賦額そのものを盲目的に使用するのではなく、「選択と集中」の議論のなかで、経営者が最終的な調整や判断を加え、決定していくことが大切である。

c　自己資本運営の理論

　最後の第3の理論は『**自己資本運営の理論**』である[6]。前述の第1と第2の理論により、「自行の体力」と「保有リスク」のバランス関係を客観的に知覚し、「体力」の範囲内で自己資本の最大効率を実現する"設定基盤"が整備された。最後に構築しなければならないのが、その設定基盤を"理想像"へ昇華せしめるメカニズムの樹立である。いかに知覚設定システムが機能しても、適切なアクションに結びつけられなければ自己資本運営は稼働しない。

　実際の運営は、「ALM会議」が行うことになろう。名称は「ALM委員会」など、銀行によって異なる場合があるが、ある一定以上の権限をもった経営層によって組成され、運営されなければならない。

　『自己資本運営の理論』は、「計測」、「モニタリング」、「評価」の3段階のプロセスを経て、実際のアクションへつなげる運営体制を整えるための理論的なフレームワークである。まず、それぞれの自己資本配賦先が当該時点で保有するリスク量を計量し、資本効率（ROE、EVA™、RRR等）を計測す

6　詳細は、本章4「自己資本運営の理論」で解説。

図表6-5　自己資本運営のフレームワーク

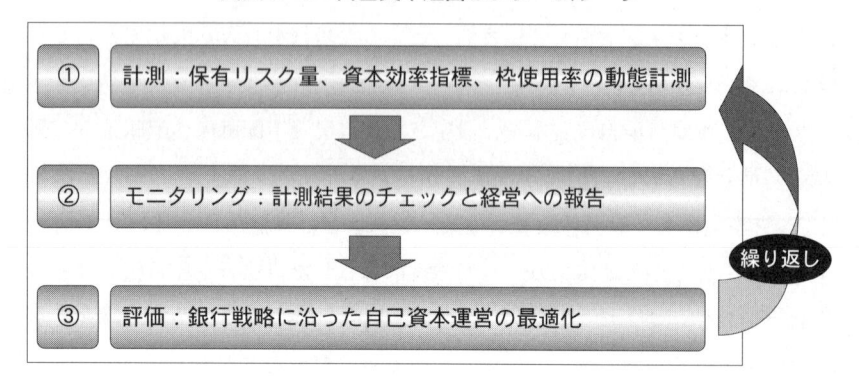

① 計測：保有リスク量、資本効率指標、枠使用率の動態計測

↓

② モニタリング：計測結果のチェックと経営への報告

↓

③ 評価：銀行戦略に沿った自己資本運営の最適化

繰り返し

る。また、配賦された自己資本額に対してどれだけ自己資本を使用しているか（リスクをとっているか）を示す「枠使用率」の計算も行う。ここまでが「計測」であり、現状を正確に把握することが目的となる。

次に、その計測された結果の「モニタリング」を実施する。枠使用率、資本効率指標を自己資本配賦先ごとに比較し、枠を超えて多大なリスクをとっているところはないか、資本が効率的に使用されていないところはないか、ということを明らかにすることが目的である。

最後に、実際のアクションにつなげるための「評価」を行う。最初に決めた枠組みが効率的に運営されているかどうか、客観的に評価を行うプロセスが重要になる。また、枠を超えてリスクをとっていたり、あるいは超えそうになっているところには、どのようなアクションをとるのか、また、資本が効率的に使用できていないところには、どのようなアクションが必要なのか等、これらを明文化して規程化することが、自己資本運営における重要な作業である。「計測」と「モニタリング」は行っていても、アクションの発動方法が内規化されていない銀行では、そのアクションも場当たり的で、「経験」や「勘」といった観念的な判断によることになり、「理論」に基づいたリスク管理とはなりえない。

2 ▶ 資本効率評価の理論

　本節では、自己資本統合管理の第1の理論である、『**資本効率評価の理論**』について詳細に解説を行う。はじめに資本効率評価の目的を、リターン・リスクの最適関係を表す「有効フロンティア」と関連づけて明らかにする。そして、実際に評価を行う際に使用する「資本効率指標」の具体的な取扱いについて考察を深める。

(1) 資本効率評価の理論的フレームワーク

　自己資本統合管理の最終的な目的は、「資本効率の最適化、極大化」を実現することである。そのためには、まず自行自身が、いまどのような"資本効率状態"にあるのかを確認することが第一歩となる。自行の"現在位置"を確認する地図には、リターンを縦軸、リスクを横軸にとった2次元のリターン・リスク関連図が理解しやすい。これはポートフォリオ理論[7]やCAPM[8]でよく使用されるものであるが、本節の資本効率評価においても、リターンとリスクの関係をベースに考えているという点では概念的に同じものである。

　図表6-6で描かれている曲線のうち、実線部分は「有効フロンティア」と呼ばれ、最適なリターンとリスクの関係を表す境界線である。まず、リターンとリスクの関係を表現する資本効率指標（ここではRRRで考える）によって、このリターン・リスク関連図上での現在位置を確認する。たとえば、星印が現在位置だと仮定する。この現在位置は最適な資本効率状態ではないた

---

[7] 1990年秋にノーベル経済学賞を授賞したマーコビッツ教授によって提唱された、最適な証券の組合せをリターン・リスクの関係から選択する理論。
[8] CAPM（Capital Asset Pricing Model：資本資産価格モデル）は、すべての投資家がポートフォリオ理論に従った行動をとったと仮定した場合の、「効率的な市場」における「証券価格の決まり方」、「リターンとリスクの関係」を明らかにした理論。

図表6-6 "資本効率指標"による現在位置の確認

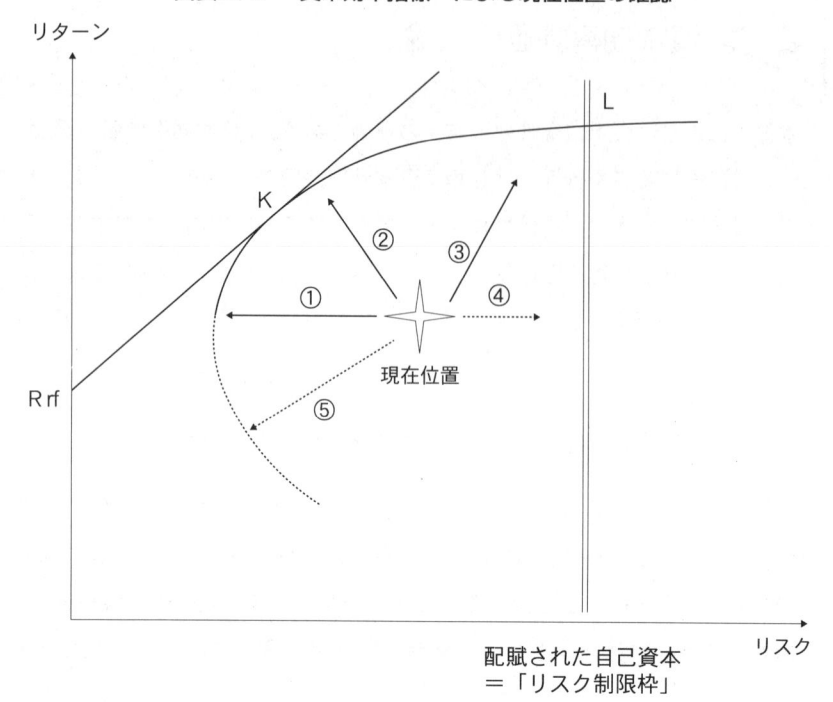

め、なんらかのアクションを起こして有効フロンティアを目指すことが必要となる。

　図上では、①〜⑤の方向性を例として示している。まず、④と⑤については、そもそも有効フロンティア上へ向かっていないため、選択することは一般的ではない。④の場合は、リスクは大きくなるが、リターンはまったく増えないため、選択肢としてはありえない。⑤の場合は、少し注意が必要である。リターンもリスクも減少しており、業務が縮小していくことを意味している。通常の状態であれば、これも選択肢とはならないであろう。ただし、「選択と集中」のなかで、撤退する自己資本配賦先（業務、商品、顧客等）においては、このプロセスを経て縮小していく可能性があることに留意しておく必要はある。

次に、①〜③について考える。①の場合は、リターンの水準は変化しないがリスクが減少するために、リスクに対するリターンの割合、つまり使用資本の資本効率が向上することになる。枠使用率に余裕ができるため、さらに別の収益機会に対して自己資本を振り向けることが可能となり、収益力向上が期待できることになる。②の場合は、リスク量の軽減を図りつつ、リターンの増加もねらっていく考え方である。資本効率は①と同様に向上する。③の場合も資本効率を向上させるという目的は①、②と同じであるが、より積極的な考えをとった方法である。リスク量を増やし、さらにそこからリターンの向上も期待するものである。ただし、リスク量を増やすといっても配賦自己資本という「リスク制限枠」が存在するため、無制限にリスクを増加させるわけにはいかない。図表6-6上で、リスクの制限枠である配賦自己資本と、有効フロンティアの交点であるLが、有効フロンティア上で選択できる上限となる。もちろん実際の運営上は、上限一杯まで許すわけにはいかないであろう。銀行によって内規は異なるが、たとえば、制限枠の80％ぐらいをガイドラインと定めるなどの工夫が必要となる。また、制限枠が設定されているからといっても、資本効率が高く、成長性が認められる分野であれば、自己資本配賦の再設定（増額）をALM会議で決議するなど、機動的な運営が重要になってくる[9]。

①から③まで、どの方法においても、結局のところ「リスクを押さえてリターンを上げ、資本効率を向上させる」という目的は同じである。それでは、実際に有効フロンティア上の、どの位置（たとえば、①から③のうちどの位置）を目指すべきなのであろうか。

ポートフォリオ理論では、最適な有効フロンティアの一点を求めるために、無リスク資産のリターン率[10]を導入することが多い。これは、リスクのない資産に投資した場合に得られるリターン率のことであり、代表的なものに国債の利回りがあげられる。国債には一般的に信用リスクはないと考え

9　具体的な運営の詳細については、本章4「自己資本運営の理論」で解説する。
10　一般的に「リスクフリー・レート」と呼ばれることが多い。

第6章　銀行自己資本統合管理の理論

るため、必ずクーポンのリターンが得られる。逆にいえば、最低限確保しなければならないリターンであるともいえよう。図表6-6上においては、リターンを表す縦軸にその無リスク資産のリターン率（R_{rf}）をとり、その点から有効フロンティアを表す曲線に向かって延ばした接点（K）が目指すべき最適な点だと考えるのである。

ポートフォリオ理論では、最低限確保しなければならないリターンを無リスク資産のリターン率としているが、銀行経営の観点からは、この無リスク資産のリターン率を確保しているだけでは業務の継続は困難であろう。自己資本を使用する限りは、株主が拠出した資本に期待するリターン、つまり資本コスト[11]を考慮する必要がある。すでに自己資本運営の体制が稼働している先進行では、資本コスト以外にも各種コストを考慮した最低限確保するレート[12]が実際に設定されている。

最適なリターンとリスクの関係を設定する方法には、さまざまな考え方が存在し、これでないといけないという標準的な方法があるわけではない。銀行自らが、他行の真似ではなく、経営方針に即した独自の理論に基づいて、自信をもって実施していくべきものである。

(2) 資本効率指標の種類

資本効率指標には、これまでにさまざまな工夫をこらした特色ある指標が数多く考案されている。一般的にはRAROC、RORACあるいはRAROAと呼ばれる指標がよく使用されている。しかし、それぞれの指標の名称や解釈に多少の違いはあっても、「資本配賦先のリスク量を計測し、それをなんらかの形で調整を行い、そのリスクに対してどれだけのリターンを上げることができたか」ということを計るという目的は同じであり、概念上大きく相違するものではない。

---

[11] 詳細は、当節（2）「資本効率指標の種類」で解説。
[12] ハードル・レートと呼ばれることが多い。

図表6-7　概念上峻別すべき二つの資本効率

〈1〉配賦自己資本効率指標（ROE、EVA™）
　　配賦自己資本（＝リスク制限枠）に対するリターンを評価する。
〈2〉使用自己資本効率指標（RRR）
　　実際に使用している自己資本（＝保有リスク量）に対するリターンを評価する。

　資本効率評価を行うためには、"概念上峻別すべき評価方法"として以下の二つがあり、この大別の枠組みに則して、資本効率指標を戦略的に活用することが重要となる。一つ目は、「**配賦自己資本効率指標**」である。これは資本配賦先に"実際に配賦された自己資本"に対するリターンを評価するものである。二つ目は、「**使用自己資本効率指標**」である。資本配賦先が"実際に使用している自己資本"、つまり"保有リスク量"に対するリターンを評価することを目的としている。

　ここでは事例として、「**配賦自己資本効率指標**」に"ROE"と"EVA™"、「**使用自己資本効率指標**」に"RRR（リスク・リターン・レシオ）"を取り上げて考察を深める。

a　配賦自己資本効率指標

　代表的な指標である"ROE"と"EVA™"を概観しながら、解説を行う。
　ROE（Return on Equity：自己資本利益率）は資本効率を評価する方法として、財務分析などの分野でも古くから使用されているもので、なじみのある指標である。

$$ROE = \frac{リターン}{配賦自己資本}$$

　分母の配賦自己資本は、自己資本配賦先が与えられたなかで自由にリスクをとることのできる、"リスク制限枠"のことである。つまり、ROEは与えられた枠のなかで、どれだけリターンを上げることができているかを評価す

るための指標である。当然数値は高いほうがよい。

EVA™（Economic Value Added：経済付加価値）は、近年注目を浴びてきた新しい概念の指標である。「資本コスト」という自己資本に係るコストを取り入れたことが特徴といえる。EVA™は、米国のスターン・スチュワート（Stern Stewart）社によって開発された指標であるが、近年ではさまざまな工夫がなされた数多くの類似した指標が考案されている。

EVA™ ＝ リターン － 資本コスト

この数値も、高いほうが資本効率が高いと評価できる。少ない資本コストで大きなリターンをあげているからである。EVA™における「リターン」には、しばしば"NOPAT"[13]という概念が使用されるが、これは法人税や事業税の控除、あるいは財務会計上の数値を目的に合う形に転換するなどの調整を加えたものである。調整方法についてはさまざまな考え方があり、一つの答えというものはない。銀行が自身の保有するバランスシート上の商品構成によって、リターンの定義を行うべきものである。

次に、「資本コスト」に関し考察する。銀行以外の一般事業法人の場合、「資本コスト」には、いわゆる「自己資本」に係るコストだけではなく「有利子負債」のコストも含んで総合的に考えることが多い。しかし、銀行業における「有利子負債」とは、預金あるいは市場調達のことであり、貸出、市場運用のための"仕入れ原材料"と位置づけられ、リターン形成上の一部であると考えることができる。そのため、銀行にとっての「資本コスト」は、あくまでも「自己資本」に係るコストのみを考えればよいことになる。つまり、EVA™の銀行業への適用においては、「有利子負債」を除外した「自己資本」のみのコストを考慮すればよく、シンプルな形として実務適用が可能である。また、実額で表示される指標のため、感覚的に理解しやすいというメリットもある。また、両辺を「配賦自己資本」で除せば、「EVA™スプレッド」と呼ばれる「率」に変換できるため、資本効率性について自己資本配

---

13 Net Operating Profit After Tax（税引後営業利益）の略称。

賦先ごとの比較、評価を行うことも可能である。

$$EVA^{TM} スプレッド = \frac{リターン}{配賦自己資本} - \frac{資本コスト}{配賦自己資本}$$
$$= ROE - 資本コスト率$$

　EVA^{TM} 計測でポイントとなるのが、「資本コスト率」の推定であろう。これも唯一の方法というものは存在しない。ただし、一般的には CAPM の手法を用いて、市場全体の株式の期待収益率と自行の株式の β（ベータ）値[14]より、自行の資本コストを推定する方法が採用されている。参考までに、資本コスト率推定の流れを図表6-8で簡単に示す。

図表6-8　資本コスト率推定の流れ（参考）

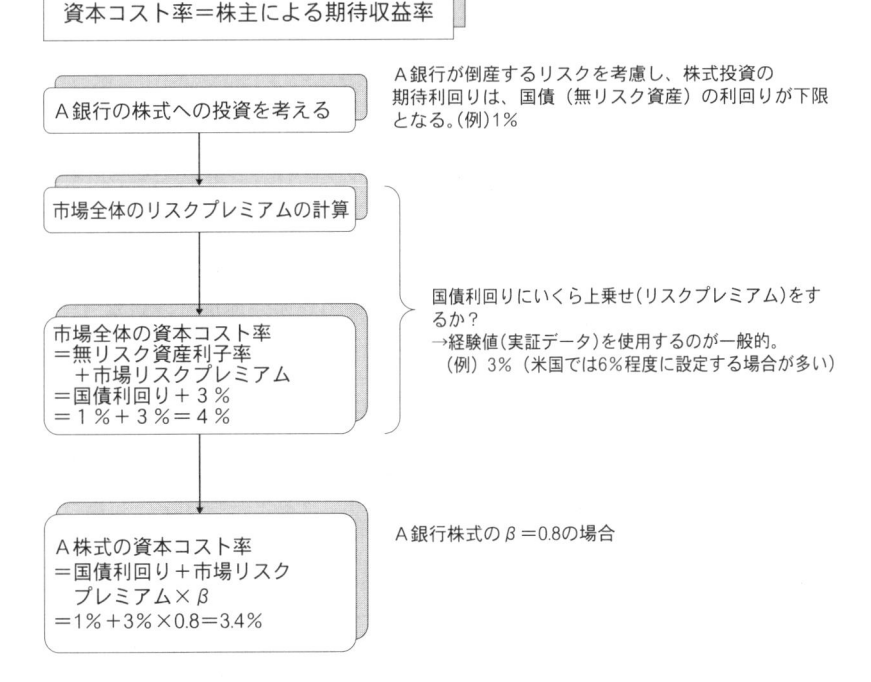

資本コスト率＝株主による期待収益率

A銀行の株式への投資を考える

　A銀行が倒産するリスクを考慮し、株式投資の期待利回りは、国債（無リスク資産）の利回りが下限となる。(例) 1 %

市場全体のリスクプレミアムの計算

市場全体の資本コスト率
＝無リスク資産利子率
　＋市場リスクプレミアム
＝国債利回り＋3 %
＝1 %＋3 %＝4 %

　国債利回りにいくら上乗せ（リスクプレミアム）をするか？
　→経験値（実証データ）を使用するのが一般的。
　　（例）3 %（米国では6 %程度に設定する場合が多い）

A株式の資本コスト率
＝国債利回り＋市場リスク
　プレミアム×β
＝1 %＋3 %×0.8＝3.4 %

A銀行株式の β ＝0.8の場合

第6章　銀行自己資本統合管理の理論

b 使用自己資本効率指標

　実際に使用した自己資本（＝保有リスク量）とリターンの関係を評価する指標である。ここでは RRR（リスク・リターン・レシオ）を取り上げ、考察を深める。

$$RRR = \frac{リターン}{使用自己資本}$$

　"使用自己資本" と前述の **"配賦自己資本"** は、当然ながら相違する。前者は実際に現在保有しているリスク量であり、現時点での実際の資本効率を表す場合に使用するものである。一方、"配賦自己資本" は戦略配分した経営の意思を反映した、"資本引当て" に対する資本効率を計測するために使用するものであり、両者の違いについて理解することが重要である。

　この RRR の数値も、当然高いほうが評価される。少ないリスクで大きなリターンをあげているからである。

c 指標数字の意味

　以上、資本効率指標について2種類の考え方を整理した。資本効率評価を行う際には、この2種類の概念を両輪として使用する必要がある。ROE と RRR は、計算式は似ているが、評価を行う目的は異なるのである。たとえば、ある資本配賦先の配賦資本が100、その枠のなかで使用した資本（＝保有リスク量）が20、そして、計上したリターンが5とする。ROE と RRR のそれぞれの資本効率指標を計算すると、ROE は5％（＝5/100）、RRR は25％（＝5/20）となる。使用自己資本に対するリターンは25％と非常に高い数値を示したが、配賦自己資本に対するリターンは5％と低迷した。この違

14　株価指標（日経225、TOPIX 等）と個別株式の価格変動の相関関係を表した指標。たとえば A 銀行の株式の対 TOPIX β値が0.8の場合、TOPIX が1％ 上昇すると A 銀行の株価は0.8％ 上昇する。

いは、"枠使用率"が20％（＝20/100）にとどまり、戦略配分された配賦資本を十分に使いこなせなかったことによる。このような情報があれば、自己資本配賦先に対して、以下のような検討がALM会議において可能となる。

⇒実際にとったリスク量に対するリターンの高さ、すなわち当業務の効率優位性の確認が可能となる。
⇒なぜ枠使用率が低迷したのか、顧客基盤に限界があるのか、営業努力・資源が足りなかったのか、そもそも配賦自己資本額の判断が間違っていたのか、などの問題提起が自動的に生起される。
⇒有効活用されていない配賦自己資本をどう扱うか、この自己資本配賦先に人材投入を行い積極的な営業を展開し、さらにリスクをとるようなアクションを起こさせるのか、あるいは他の資本効率性の高い自己資本配賦先へ配賦枠を移転させるのかの"意思決定"の導出を促進することが可能となる。

　2種類の資本効率指標のうち、どちらか一方のみではこのような検討、議論は困難である。たとえば、ROEだけで資本効率を評価しようとすると、上記例のような自己資本配賦先は、相対的に低評価となり、実際とったリスク量に対するパフォーマンスは良好であっても、その事実が看過されてしまうおそれもある。このように、常に「配賦自己資本」と「使用自己資本」の2側面から資本効率を評価する指標を備えておかなければならない。
　また、資本効率指標はあくまでも、ALM会議における意思決定を助けるための道具でしかないことに注意する必要がある。指標の数値そのものが、自動的にアクションを示すわけではなく、最終的なアクションは整備された内規に従い、ALM会議にて決議されるべきものである。

(3) 資本効率指標計測のための要素

これまで、資本効率指標の種類とその目的について検討を行ってきたが、ここでは具体的にどのような数値を使用して実際に計測を行うのかについて整理を行う。

資本効率指標を計測するのに必要となる情報は多くない。大別して「リターン」、「自己資本」[15]および「リスク」の3要素である。このうち「リスク」に関しては、第4章「銀行リスク管理の理論」で詳述した。ここでは「リターン」と「自己資本」の2要素について、自己資本統合管理の観点からの概念整理を行う。

a リターン

リターンとは「収益」のことであり、銀行全体で考えれば、財務会計上の収益額が最も基本的な収益の概念である。しかし、自己資本配賦先ごとにリターンを把握するためには、銀行全体として計上した収益を、どのようにして関連する自己資本配賦先に分割するか、収益管理の枠組みが必要となる。現在では、たとえば預金や貸金については、実際に業務を行う営業店と本部のALMセクションとの間で決められる「仕切りレート」を使用した銀行内部取引による「トランスファー・プライシング」の枠組みが、ある程度整備されているのが一般的である。

「トランスファー・プライシング」によって確定された収益から、経費を控除することにより、**「経費考慮後のリターン」** を得ることができる。銀行においても一般企業と同様に、人件費、物件費等、多種多様な経費が発生している。いままでの銀行は、「経費管理」と「収益管理」を統合的に把握す

---

15 EVA™の計測では前述のとおり「資本コスト率」というパラメータの計測・設定が必要となる。

る体制が弱かった面があることは否めない。これは銀行が他業種に比べて経費意識が相対的に高くなかったこと、また固定費の割合が高かったことなどから、きめ細かい経費管理の重要性がなかなか醸成されてこなかったことが原因ではないかと考える。しかし、現在の厳しい経営環境のもと、銀行は生き残りをかけて、経費削減に取り組むことが絶対条件となっている。資本配賦先に対し適切に経費を計上することによって、経費削減の意識が向上することが期待できる[16]。つまり、経費控除を考慮に入れた「経費考慮後リターン」の管理が大変重要になってくるのである。

次に、"リスクにかかわるコストの調整"を行うことを検討する。近年、顧客信用力の急激な悪化により、「信用リスク」が顕在化し、銀行経営を不安定なものとしている。一言でいえば、「顧客の信用力に見合った金利収入が得られていない」ということである[17]。これからの銀行経営は、想定される顧客のデフォルトによって被るであろう期待損失分を、「信用コスト」として、リターンから控除しておく必要がある[18]（近年注目され始めている「オペレーショナル・リスク」についても同様のアプローチが必要だと考える）。信用リスクから起こりうる、期待される損失額（信用コスト）をリターンから控除したものを、「**信用コスト考慮後リターン**」と呼ぶことが多い。前述の「経費」を控除したものと併せて、「**経費・信用コスト考慮後リターン**」の計測が可能となる。

さらに、信用コストがぶれることによって被る損失見合いである、信用リスクプレミアム部分をプライシングに反映させる動きが出てきている。信用コストと信用リスクプレミアムを合算したものを「**信用リスクコスト**」と呼ぶ。また、近年のプライムレートの形骸化に伴い、信用ランク別の標準金利導入の動きが、すでに大手都銀を中心に始まっている。このような新たなプライシングの考え方[19]が拡大していくに伴い、リターンに対する管理の枠

---

16 コスト配分については、第5章「銀行経費管理の理論」で詳述。
17 第2章「資金需給特性の資金消化と銀行経営の理論」で詳述。
18 詳細な考え方や計算方法については、第4章「銀行リスク管理の理論」で考察。

図表6-9 リターン管理の高度化

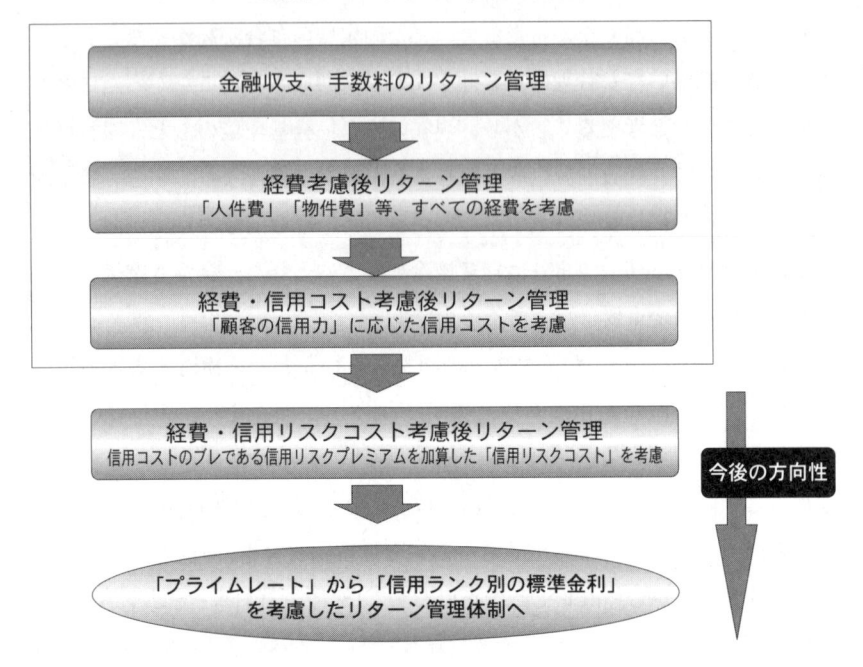

```
┌─────────────────────────────────────┐
│   金融収支、手数料のリターン管理    │
└─────────────────────────────────────┘
                 ↓
┌─────────────────────────────────────┐
│        経費考慮後リターン管理        │
│  「人件費」「物件費」等、すべての経費を考慮  │
└─────────────────────────────────────┘
                 ↓
┌─────────────────────────────────────┐
│   経費・信用コスト考慮後リターン管理    │
│  「顧客の信用力」に応じた信用コストを考慮   │
└─────────────────────────────────────┘
                 ↓
┌─────────────────────────────────────┐
│ 経費・信用リスクコスト考慮後リターン管理 │      今後の方向性
│ 信用コストのブレである信用リスクプレミアムを加算した「信用リスクコスト」を考慮 │        ↓
└─────────────────────────────────────┘
                 ↓
   ╭─────────────────────────────────╮
   │ 「プライムレート」から「信用ランク別の標準金利」│
   │    を考慮したリターン管理体制へ      │
   ╰─────────────────────────────────╯
```

組みも、柔軟に変化させていく必要がある。

b 自己資本

　自己資本統合管理の枠組みにおいて問題になるのは、配賦源資となる「銀行全体の自己資本」の定義である。この問題には、唯一の答えはない。自己資本配賦の枠組みをそれぞれの銀行が構築するなかで、独自の方針に基づいて銀行が定義していくものである。詳しくは、次節で述べる。

　また、自己資本には経営から自己資本配賦先に配賦された「配賦自己資本」と、自己資本配賦先で実際に使用されている「使用自己資本」の2種類

19　新しい貸出プライシングについては、第2章「資金需給特性の資金消化と銀行経営の理論」で詳述。

の考え方があることを既に述べた。この2種類の概念を混同せず、資本効率指標を計算する際にも切り分けて、2側面から使用していくことが、自己資本統合管理をうまく稼働させる重要なポイントとなる。

3 自己資本配賦の理論

本節では、自己資本統合管理の第2の理論である『**自己資本配賦の理論**』について解説を行う。

自己資本配賦のフレームワークは、図表6-10のとおり4段階に整理することができる。以降、段階ごとに理論的な考察を深める。

図表6-10 資本配賦のフレームワーク

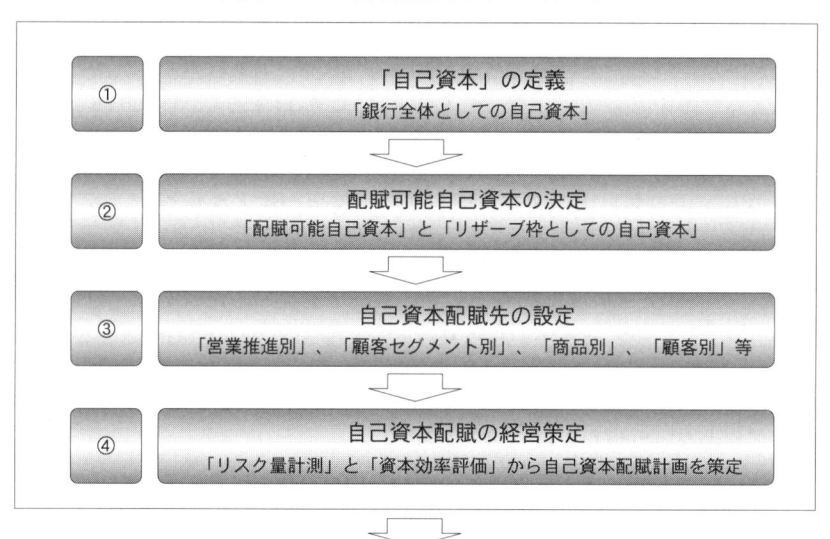

① 「自己資本」の定義
「銀行全体としての自己資本」

② 配賦可能自己資本の決定
「配賦可能自己資本」と「リザーブ枠としての自己資本」

③ 自己資本配賦先の設定
「営業推進別」、「顧客セグメント別」、「商品別」、「顧客別」等

④ 自己資本配賦の経営策定
「リスク量計測」と「資本効率評価」から自己資本配賦計画を策定

"選択と集中"により自己資本配賦額の決定
銀行の経営環境・資源を考慮した、資本効率極大化のための自己資本配賦の戦略決定

(1) 自己資本の定義

自己資本統合管理の枠組みを構築するにあたっては、まず「自己資本」の定義を明確にしておく必要がある。「自己資本」という言葉には、狭義から広義まで幅広い定義が存在し、その定義の違いによって銀行全体の自己資本額も大きく変わってくる。

自己資本の定義には、デファクト・スタンダードのような標準的なルールは存在しない。保有するリスクに対して、最終的に銀行を守るためのバッファーであるという自己資本の本来の意義に照らし合わせて、それぞれの銀行が定義していく事項である。

実際には、財務諸表上の「資本合計の部」を使用することもありうると思われる。あるいは、BISの自己資本比率規制と平仄を合わせ、「Tier 1」、「Tier 2」という概念を使用することも考えられる[20]。

重要なことは、どの定義を用いるにせよ銀行経営者がその自己資本の内容について十分理解し、納得したうえで決めるということである。たとえば、最近では自己資本の実際の中身において、「繰延べ税金資産」といった会計上のみなし資本が大きな割合を占めていることが指摘されている。また、すでに注入されている公的資金についても、その位置づけについて議論がなされている。1999年に大手銀行を中心に公的資金が注入されたが、多くの銀行は「将来は返済する」と明言している。国民の税金を使ったわけだから「返済して当然」という風潮もあるが、返済を前提にした資金は「負債」であり、将来的に「自己資本」ではないという考え方である。

このような、自己資本の内部にひそむ課題についても、経営者は十分に理解しておかなければならないのである。

株価の継続的な下落、不良債権処理の加速等により、自己資本の空洞化・

---

[20] 日本銀行考査局、「金融機関における統合的なリスク管理」(2001年6月、日本銀行) によれば、大手都市銀行の大部分が、自己資本配賦における銀行全体の自己資本として、「Tier 1 + Tier 2 の一部」あるいは「Tier 1 + Tier 2」を定義している。

脆弱化が起こっているのは事実である。財務諸表上、あるいは規制上の自己資本を、盲目的に採用しているだけではいけない。繰り返しになるが、銀行経営者は自行の自己資本の中身について十分な吟味と理解を深め、経営評価・運営上の「自己資本」を明確に定義する必要がある。

(2) 配賦可能自己資本の決定

　銀行全体の自己資本が定義されれば、次に銀行全体の自己資本を「配賦可能」の部分と「非配賦」の部分に分けることが必要となる。「非配賦自己資本」とは、配賦源資としては位置づけず、「リザーブ枠」として経営が確保しておくべき自己資本である。銀行全体の自己資本のすべてを自己資本配賦先に配賦することはできない。経済環境や業務環境の急激な変化により、過去の延長上では想定しえない新しいリスクの顕在化もありうるからである。経営環境の劇的な変化によって、各自己資本配賦先が重大な損失を被った場合でも、銀行として倒産を回避するための最終的な「蓄え」が必要である。つまり、「最後のリスクリザーブ」であり、ラストリゾート的な位置づけといえよう。

　また、各自己資本配賦先に配賦された自己資本も、その資本効率性によっては期中であっても増減が行われることが想定される。その場合に、この「リザーブ枠」を使用することによって機動的な自己資本の一時的な増減調整も可能となる。

　"リザーブ枠"として経営がどの程度自己資本を確保しておけばよいかは、銀行ごとの経営判断による。一般的には、経済・業務環境の急激な変化を想定した、論理的なシナリオによる「**ストレス分析**」によって決める場合が多い。

　たとえば、「経済環境が急激に悪化して、大口取引先上位〇社が一斉に倒産した場合」という"ストレス・シナリオ"を想定して計算し、損失額が17億円というストレス分析結果が出たとしよう。そのときのリスク量が10億

図表6-11　自己資本における"リザーブ枠"の考え方―例―

「リスク量」と「ストレス時に想定される損失額」の差額を「リザーブ枠」とする考え方

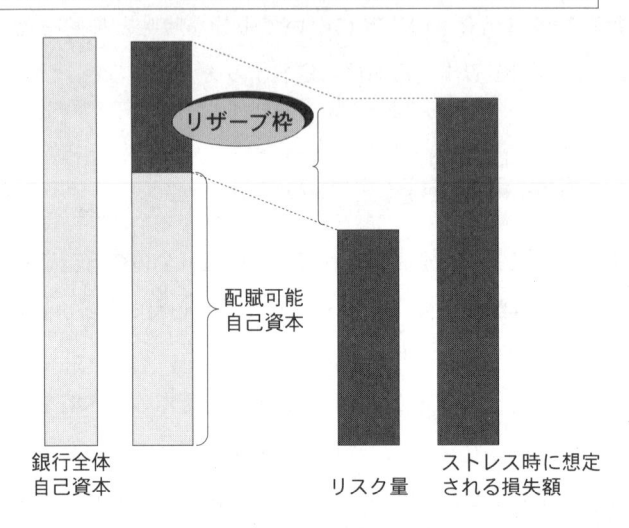

（グラフ）
- 銀行全体自己資本
- リザーブ枠
- 配賦可能自己資本
- リスク量
- ストレス時に想定される損失額

円であったとすると、その差額7億円（17億円－10億円）をリザーブ枠として考えることは理論的に可能であろう。リザーブ枠はリスク量（10億円）を超える損失に対する備えとなる。

　もちろん、1シナリオだけで判断をすることはありえない。また、銀行経営者の属人的なシナリオだけを使用するわけにもいかない。それぞれの分野の専門家（調査部門、リスク管理部門、市場部門、営業部門等）へのヒアリング等のプロセスを経て、銀行内で客観的に作成されたストレス・シナリオを採用する必要がある。そのうえで「ALM会議」において、「ストレス分析結果」の検討を定期的に行う仕組みをつくることが、最も効果的であると思われる。

(3)　自己資本配賦先の設定

　配賦可能自己資本が定義されれば、次にどの単位に実際に配賦を行うのか、「自己資本配賦先」の設定を行うことになる。これは、銀行経営者が

「どの単位でリスクを感知しようとしているのか」という「知覚受容体」の設定に他ならない。次項における「どのように自己資本を配賦するか」とあわせて銀行の経営方針が明確に現れるところである。つまり、それぞれの銀行の独自戦略であり、差別化戦略そのものといえよう。

銀行全体だけで、「自己資本」、「保有リスク」の管理と「資本効率評価」を行っていても、実際に具体的なアクションをとることは困難である。まず銀行内部に点在するリスクの発生箇所を整理し、コントロールする「軸」を設定する。その「軸」に存在するリスク発生箇所に自己資本を配賦することによって、現場に知覚させ、現場の自律的な発展を促すのが、自己資本配賦先を設定する目的である。ここでは、理論的に設定すべきと考えられる「営業推進別」、「顧客セグメント別」、「商品別」、「顧客別」という四つの軸について、以下みていきたい。

a 営業推進別

「営業推進別」は資本配賦先として、最も重要な軸といえる。「理想的な運調構造」[21] を目指すためには、まずは銀行各部門の営業推進セクションに自律的な発展を促すことが大切である。したがって、まずはこの「営業推進別」への自己資本配賦が必要となる。

営業推進セクションの代表的な単位は、「営業店」である。現場において自律的発展の意識が育まれていくことが、最終的には銀行全体の運調構造の改革につながっていくこととなる。営業店は営業推進別という軸の最小単位と考えることもできるため、営業店を配賦先として設定しておけば、「店質別」、あるいは「地域別」などの「営業部門別」という括りの管理も可能となる。

しかしながら、第14章「銀行業務の"選択と集中"の実務」で詳述され

---

21 第3章「(事業命題Ⅱ) 経営理想に基づく運調構造・制度の創造的改革」参照。

るように、もはや従来の"個店主義"による営業推進は限界にきている状況ともいえよう。今後も継続的に、営業店が営業推進別の最小単位となるとは限らない。

b　顧客セグメント別

　近年、銀行の組織改正の動きをみていると、事務部門の統合や審査業務の本店への集約等、業務機能の分業と集中化が進んでいる。特に、大手都市銀行ではこの動きが顕著であり、今後すべての銀行において、この流れは拡大していくであろう。

　その場合、前述のとおり「営業店」という組織はこれまでのように、「営業→事務→管理」という一連のプロセスが完結する「個店」単位ではなくなることが予想される。「大企業・中堅企業向け」、「中小・零細企業向け」、「個人・個人事業主向け」といった「顧客セグメント別」の営業担当者が集まる、営業最前線の「基地」としての位置づけに近づいていくことになろう。

　このような営業推進組織を採っている銀行は、「営業店」を自己資本配賦先に設定するよりも、「顧客セグメント別」としての営業部門組織を自己資本配賦先としたほうが効率的である。

c　商　品　別

　貸出商品においては、必ず顧客に対する信用リスクが内在する。特定の商品にリスクが集中したり、資本効率が悪化したりしないように、商品別の軸も自己資本配賦先として設定すべきである。これは銀行自身のためのリスク管理に有用であることのみならず、顧客の立場に立ったリスク管理でもある。不良債権処理のなかで、「貸手責任」について議論されることがあるが、これはバブル時期に、「土地」や「株式」の担保さえとれば、ほとんど

無制限に証書貸出を増加させていった銀行への批判である。もちろん、「借手責任」が最も人きな問題であることは議論の余地はないが、銀行は社会システムにおける「準公的機関」であることを再認識し、顧客の立場に立ったリスクの制限を行うための、自己資本配賦先設定を行う必要がある。

今後、個人・個人事業者向けの無担保事業性ローン、消費者ローンの取扱いが増えていくことが予想される。商品ごとのリスク限度枠の設定はもちろん、顧客が破綻しないように取引1件当りのリスク制限の設定にも考慮が必要となる。

d 顧 客 別

これまでの「営業推進別」、「顧客セグメント別」、「商品別」の軸は、顧客に対してマクロ的に管理を行っていく枠組みであった。ここでは直接的に「顧客別」という軸についても、自己資本配賦先として設定を行うことの重

図表6-12　資本配賦先設定における軸

資本配賦先の軸	概要
営業推進別	営業現場の「自律的発展」を促すために設定する、最も重要な自己資本配賦先。「営業店」が最小単位となり、その積上げで「店質別」や「地域別」等の管理も可能となる。
顧客セグメント別	業務機能の「分業と集中化」が進んだ組織体制になると、上記「営業店」が営業最前線の「基地」の位置づけとなり、営業店そのものへの自己資本配賦よりは、「顧客セグメント別」への配賦のほうが効率的となる。
商 品 別	特定の商品へのリスク集中や、資本効率の低下を防ぐという、銀行側からの視点のみならず、顧客の立場に立ったリスク管理の観点からも必要となる軸である。
顧 客 別	銀行・顧客両側からのリスク管理が直接的に可能となる。また、「収益性」のみならず「リスク枠の確認」、「資本効率性」の観点からの顧客採算管理、顧客採算シミュレーションへの発展が可能となる。

要性に関し議論を深める。顧客に対する直接的なリスク制限を設けることにより、銀行はもちろん、顧客の立場からのリスク管理も実現できることになる。

近年、顧客別に採算管理を実施する必要性が急速に高まっている。現段階では、資金収支に経費と信用コスト部分を考慮した、顧客ごとの「収益性」を把握することが大きな目的となっているが、「顧客別」を自己資本配賦先に設定することによって、収益性だけではなく、「リスク枠の確認」、「資本効率性」評価までが可能となる。さらに仮想取引を使って、収益性やリスク枠の確認、資本効率性を事前に分析できる「顧客別採算シミュレーション」にまで発展させることも、近い将来に検討すべきであろう。

(4) 自己資本配賦の経営策定

前述の(1)～(3)で、自己資本配賦のために必要となる基盤はすべてそろった。最後に、どのような理論をもって"自己資本配賦の経営策定"を行い、実際に配賦を実施するか、考察を深める。"自己資本配賦の経営策定"のプロセスは、図表6-13のように4段階に分けて考えることができる。

a 「保有リスク量」による配賦可能自己資本の第一次配賦

まずは、各自己資本配賦先が保有している"リスク量"によって配賦可能自己資本を配賦することがプロセスの第一歩となる。その際、実際に保有しているリスクだけではなく、新規目標取引における推定リスク量をも考慮することが望ましい。このときに、リスク量の総額が配賦可能資本額の範囲内にあることを確認する。もし超えていれば、すでにリスク量が自己資本の体力を超えているので、早急にリスク量を減額するか、自己資本の増資を行わなければならない。リスク量によって按分、配賦された自己資本の額を「第1次配賦試算値」とする。

図表6-13 "自己資本配賦の経営策定"のプロセス

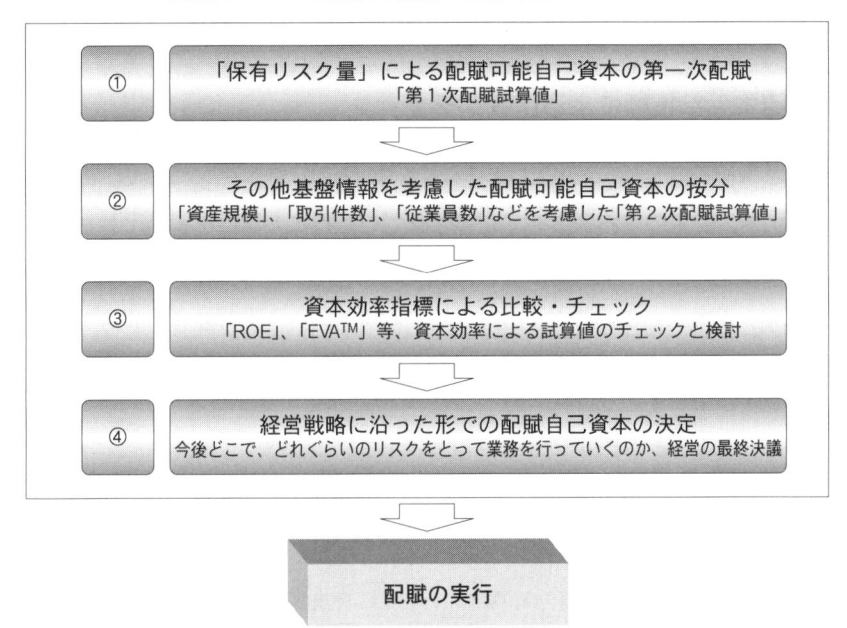

① 「保有リスク量」による配賦可能自己資本の第一次配賦
「第1次配賦試算値」

② その他基盤情報を考慮した配賦可能自己資本の按分
「資産規模」、「取引件数」、「従業員数」などを考慮した「第2次配賦試算値」

③ 資本効率指標による比較・チェック
「ROE」、「EVA™」等、資本効率による試算値のチェックと検討

④ 経営戦略に沿った形での配賦自己資本の決定
今後どこで、どれぐらいのリスクをとって業務を行っていくのか、経営の最終決議

配賦の実行

b その他基盤情報を考慮した配賦可能自己資本の按分

　本来、配賦自己資本とは自己資本配賦先のリスク量に対するバッファーという位置づけであるため、リスク量だけで按分する第1次配賦試算値で理論的には十分だといえる。しかし、実際上は「資産規模」や「取引件数」、「従業員数」といった基盤項目と呼ばれる情報も考慮したいという要望もある。そのため、「第1次配賦試算値」からの微調整という位置づけで、この「第2次配賦試算値」を置くことを想定する。

　たとえば、オペレーショナル・リスクの計量化を行っていない銀行の場合、オペレーショナル・リスク見合いの情報として上記の「資産規模」や「取引件数」などを基準データとして取り入れていくことは、実務上の対応として考えられよう。ただし、あくまでも理論的に計測された「リスク量」によって配賦自己資本を按分すべきという方針は変わらず、当該プロセスは

微調整という認識で理解しておくべきである。

c　資本効率指標による比較・チェック

　第2次配賦試算値（第1次の場合も当然ありうる）をベースにして、ROE、EVA^{TM}等、資本効率指標として定義されている指標の算出を行い、各自己資本配賦先の相対、および絶対評価を行う。その際、新規目標取引による「推定収益」が考慮されることもありうる。このチェックを行うことによって、資本効率の高低を考慮した配賦自己資本の自己資本配賦先間の振替えや変更などが可能となる。

d　経営戦略に沿った形での配賦自己資本の決定

　ここまでのプロセスを経て、経営による最終決議を行うことになる。計測された配賦試算値について、その数値で本当によいのか、何か問題はないのか、という検討が「ALM会議」にて行われる。この配賦試算値は、「新規目標取引」による「推定リスク量」や「推定収益」が考慮されている場合もあるが、あくまでも現在の業務環境をベースにした静態的な分析による数値である。

　経営として、「今後はどこで、どれだけのリスクをとって収益をあげていく」のか、動態的な観点から実際の配賦額を決めていく必要がある。これは自己資本配賦先の設定と合わせて、銀行戦略の方針が最も明確に現れるところである。この配賦額いかんによって銀行の行動自体が決まってしまうため、経営者が最も力を入れて考えなければならない事項であるといえる。

４ 自己資本運営の理論

　前節で自己資本の理論的配賦手法について整理を行った。これによって、自己資本配賦先ごとに保有リスク量の上限枠となる"配賦自己資本"が割り振られ、配賦先ごとの資本効率性が把握可能となる基盤ができあがった。しかし、これらの情報を「設定」、「知覚」しているだけでは、効果的な自己資本運営としては結実しない。配賦先ごとに把握された資本効率指標等をもとに、実際の「アクション」を起こすための枠組みを整備する必要がある。

　効果的なアクションが可能となる自己資本運営の枠組みは、図表6-14のとおり3段階で構成される。この枠組みの運営は、ある一定権限以上をもった経営層が主催、運営する「ALM会議」など[22]で行うことが重要である。

(1) 計　　測

　自己資本配賦先ごとに、「保有リスク量」、「枠使用率」および「資本効率

図表6-14　自己資本運営のフレームワーク

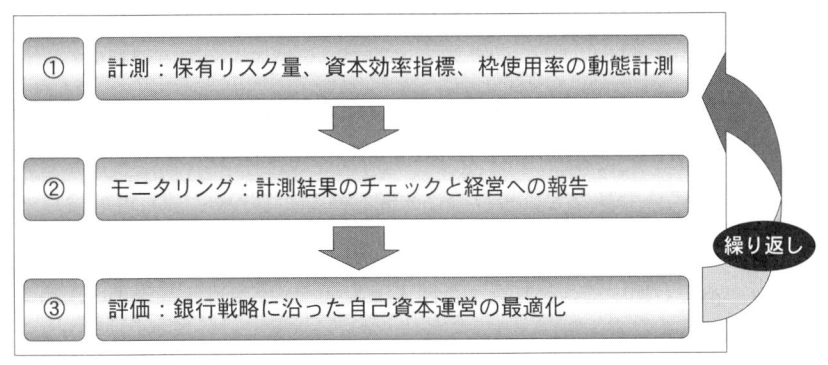

① 計測：保有リスク量、資本効率指標、枠使用率の動態計測

② モニタリング：計測結果のチェックと経営への報告

③ 評価：銀行戦略に沿った自己資本運営の最適化

繰り返し

---

[22] 銀行によっては「ALM委員会」等の名称を使用している場合もある。戦略的ALMに関しては、第Ⅱ部「銀行経営の実務」第10章『戦略的銀行ALMの実務』を参照。

指標」（ROE、EVA™、RRR等）の計測を行う。頻度はリアルタイム、日次、週次、月次で行うことが考えられる。どれぐらいの頻度で把握する必要があるのか、またアクションを起こす機会がどの程度必要と考えるのか、これらは銀行経営者が自ら決定するものであり、業務の質によっても異なるものと考える。

　頻度は銀行全体で"一律"である必要はない。自己資本配賦先の設定軸によって、頻度を変えて計測を行う必要も当然出てくるであろう。たとえば、商品別の軸を考えると、債券や株式のような市場性商品については、日々の価格変動やリスク量変化が大きいため、「リアルタイム」あるいは「日次」での計測が要求される。一方、「預金・貸金」のように、それほど大きく価格やリスク量が変化しないと想定される商品については、「週次」あるいは「月次」での計測を行う判断がなされるかもしれない。

　ここで計測された数値が、次のモニタリング、評価のプロセスに使用されるため、計測方法はきちんと銀行内部のルールとして内規化しておく必要がある。計測頻度、計測方法について経営者がきちんと理解し、一部の担当者による属人的な方法で計測する体制を避けることが重要である。

(2) モニタリング

　モニタリングとは、期末はもちろん、期中においても各資本配賦先がきちんとルールに基づいて自己資本運営を行っているか、あるいは配賦自己資本が有効に使用されているか、ということを(1)で計測された結果をもとにチェックし、ALM会議などに報告を行う機能のことである。銀行経営者はどのような様式、頻度で報告を行えばよいのか、担当部署に明確に指示を与える必要がある。期中モニタリングと期末モニタリングでは、報告書に求める内容、様式が異なることも考えられる。

　モニタリング体制についても銀行内部での内規化が必要である。誤った内容がALM会議に報告されることのないよう、組織的、理論的にルールを定

める。

(3) 評　　価

　(1)計測と(2)モニタリングの機能によって、銀行経営者が自己資本配賦先に対し、パフォーマンス評価を実行しうる情報が揃うことになる。自己資本運営には標準的な方法が存在するわけではない。常にトライ・アンド・エラーを繰り返しながら、最適な自己資本運営の枠組みを目指す作業を、継続して行う必要がある。そのために、期初に決めた枠組みが効率的に運営されているかどうか、客観的に評価を行うプロセスが重要となる。

　評価は、モニタリングが行われた時点ごとに実施する。そして、その評価結果によって、アクションを起こす仕組みを整えるのである。枠を超えてリスクをとっていたり、あるいは超えそうになっていたりするところには、どのようなアクションを起こすのか。また、資本が効率的に使用されていないところにはどのようなアクションが必要なのか。これらを明文化して規定することが、自己資本運営において最も重要な作業であり、最終目的ともいえる。「計測」と「モニタリング」は行っていても、「アクションの発動方法」が内規化されていない銀行では、アクションの起こし方も場当たり的となり、「経験」や「勘」といった観念的な判断によることになる。

　評価方法には、大きく分けて「期中」と「期末」の2側面が考えられ、以下考察を深める。

a　期中における評価

　自己資本の配賦は、実際には期ごと（あるいは、半期ごと）に行われることが多いと思われる。期初に配賦された自己資本は、期中は原則として一定であるが、資本効率を向上させるために、状況によっては期中であっても配賦自己資本の増減・組替えを行う場合もありうる。評価を行うポイントは、

「配賦自己資本枠の遵守状況」と「配賦自己資本の資本効率性」の2点である。

イ．配賦自己資本枠の遵守状況

各資本配賦先は、配賦資本枠を超えてリスク量をとってはならない。しかしながら、経済環境・業務環境の激変により、配賦枠に接近、あるいは超えてしまうことが当然ありうる。これを、"精神論"で「絶対にない」とか「あってはいけない」などと、柔軟な思考を遮断しては、有効なリスク管理も自己資本運営も招来しえない。また、「枠を超えたらアクションを起こす」というやり方では有効なリスク管理とは到底いえない。たとえば、「注意域（枠使用率85％以上）」、「警戒域（同87.5％以上）」、「準発動域（同90％以上）」、「発動域（92.5％以上）」、「緊急発動域（95％以上）」というような「防衛区域」を明確に設定し、各区域による「アクション発動方法」を規定として内規化しておくことが重要となる。

ロ．配賦自己資本の資本効率性

期中のモニタリングによって、自己資本配賦先ごとに"枠使用率"や"資

図表6-15　配賦自己資本枠の遵守状況

配賦自己資本枠 ＞ リスク量

枠（100％）を超過する前に、防衛区域ごとのアクション発動を実行できる体制が必要

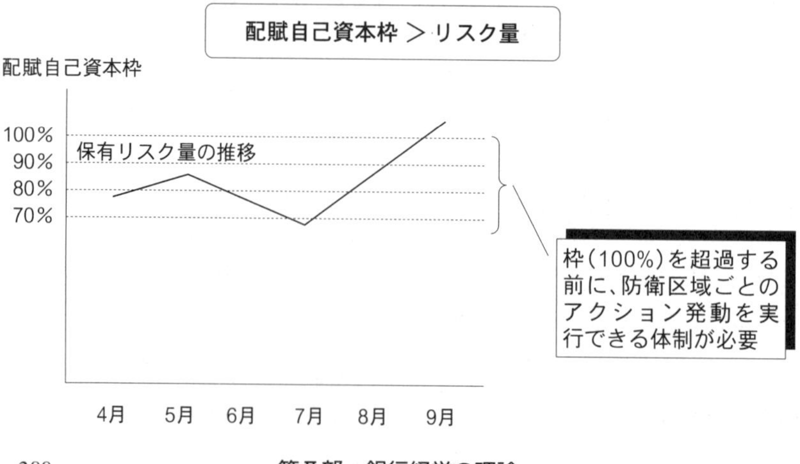

図表 6-16　配賦自己資本枠の再配賦（事例）

配賦自己資本枠使用率＝リスク量／配賦自己資本

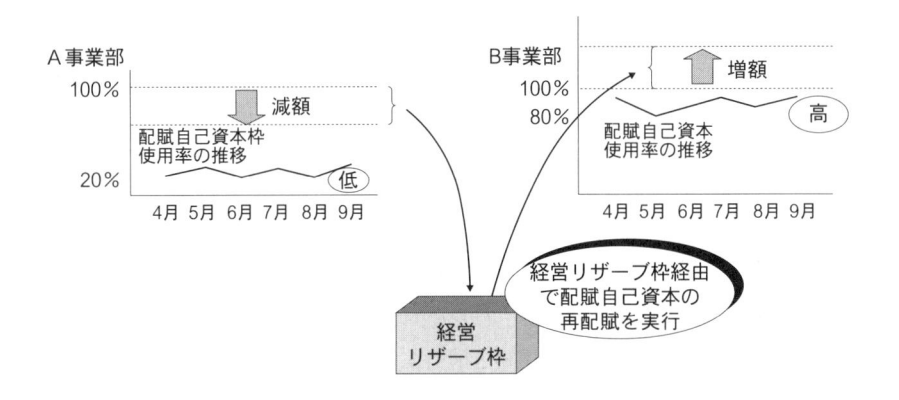

A事業部
100%
配賦自己資本使用率の推移
減額
20%
4月 5月 6月 7月 8月 9月
低

B事業部
100%
80%
配賦自己資本使用率の推移
増額
高
4月 5月 6月 7月 8月 9月

経営リザーブ枠経由で配賦自己資本の再配賦を実行

経営リザーブ枠

本効率性"の優劣がはっきりしてくる。期初に設定された配賦自己資本は、原則は期中一定であるが、"枠使用率"、"資本効率性"向上の観点から、柔軟、機動的に配賦資本枠の振替え、減額、増額という意思決定を行っていく必要がある。図表6-16は、枠使用率が低迷しているA事業部の配賦資本枠を減額し、枠使用率が高く、資本効率がよいB事業部にその分の枠を増額する事例である。その際、経営が確保する「リザーブ枠」を設置しておくことで、機動的な運営が可能となる。振替え、減額、増額の際の一時的な自己資本のプール先となるのである。

b　期末における評価

期末の評価も、基本的には期中で行っている評価の延長でシームレスに行えばよい。ただし、期初に設定された計画に対する達成率等により、自己資本配賦先ごとのパフォーマンスに関する順位づけを行い、業績評価として使用することが重要である。

また、当該期の自己資本運営の問題点、反省点を洗い出し、次期の自己資

本運営に生かしていくというプロセスをふむことが重要である。期初に設定した自己資本運営のやり方が、本当にうまくいったのか、あるいは何か問題はなかったのかということを、客観的に評価することが、最適な自己資本運営を実現していくうえで大切な作業となる。

図表6-17に示すように、「期初の設定」→「期中のモニタリング」→「期末の評価」というサイクルを、理論的に実施することが重要である。観念的で場当り的な判断でサイクルを繰り返しても、自己資本運営の発展は望めない。

自己資本運営は、まだ考え方自体が新しく、標準的な手法が固まっているわけではない。それぞれの銀行が自ら試行錯誤を繰り返して、自己資本をより効率的に使用していく経営体制を構築するという意識が最も重要であると考える。

図表6-17　自己資本運営のサイクル

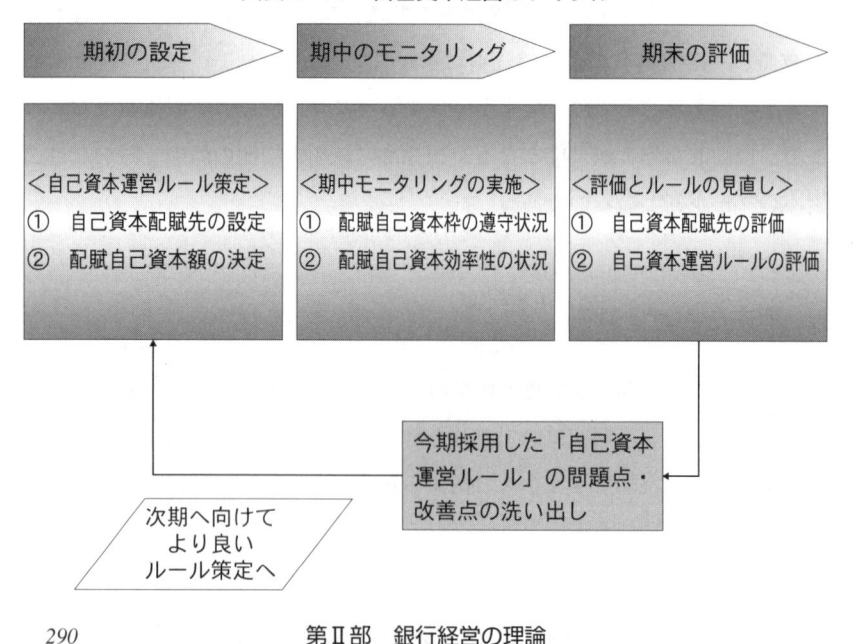

期初の設定	期中のモニタリング	期末の評価
<自己資本運営ルール策定> ① 自己資本配賦先の設定 ② 配賦自己資本額の決定	<期中モニタリングの実施> ① 配賦自己資本枠の遵守状況 ② 配賦自己資本効率性の状況	<評価とルールの見直し> ① 自己資本配賦先の評価 ② 自己資本運営ルールの評価

今期採用した「自己資本運営ルール」の問題点・改善点の洗い出し

次期へ向けてより良いルール策定へ

第 7 章

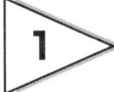

銀行管理会計の理論

1 銀行管理会計の目的

　本章『銀行管理会計の理論』をもって、第Ⅱ部『銀行経営の理論』を締めくくる。

　『銀行管理会計の理論』は、『銀行リスク管理の理論』(第4章)、**『銀行経費管理の理論』**(第5章)、**『銀行自己資本統合管理の理論』**(第6章)を銀行管理会計として内蔵・実現するための論理的なフレームワークである。管理会計内に内蔵すべきリスク計量、経費算定、資本引当算出等に関する方法論に関しては、前章までで詳述した。また、銀行管理会計の**"資金需給特性の資金消化"**への適用や基本的な**"行内移転会計制度(Transfer Pricing)"**のフレームワーク、**"信用リスク管理会計"**の実践に関しては、**第2章『(事業命題Ⅰ) 資金需給特性の資金消化』**で考察した。

　したがって、本章では銀行管理会計の"理論的フレームワーク"に焦点を

当て、会計処理における具体的な算出過程や"Transfer Pricing"の具体的な手法には立ち入らず、いかに管理会計として銀行経営理論を"実装"するかに焦点を当て、考察を深めていく1。

（1） 銀行管理会計の目的と意義

　銀行管理会計の目的は、第Ⅰ部で定義した"銀行の事業命題"を安全かつ確実に実行するための基盤装置として機能することにある。単に、さまざまな切口で期間収益を捕捉したいのであれば、財務会計高度化の範疇である。単年度の期間収益ではなく、多年度にわたる資産・負債の含み損益影響を把握するのであれば、"時価会計"の適用であり、これも財務会計の延長線上で足りる。

　銀行管理会計は、銀行の"事業命題の解決に資する"ものであり、会計的な実測がその最終目的ではない。本書第Ⅰ部において、現在の銀行が早急に解決すべき"事業命題"として二つを掲げた。第1は、『**資金需給特性の資金消化**』という命題である。これは、"間接金融"を業として営む銀行にとって、最も根本的な事業命題であり、20世紀からの未解決の重要課題でもある。金融自由化、大競争のもと、発展拡大する"資金供給者"の運用ニーズ。一方、"資金需要者"である借入企業等の資金調達ニーズの変貌。間接金融機関である銀行は、これら預金者・貸出先の、そもそも相容れない資金ニーズを納得いくように充足し、資金特性を安定的に消化することが"本業"として求められている。

　事業命題の二つめは、『**経営理想に基づく運調構造および制度の創造的改革**』である。"資本""人""営業基盤"といった限りある経営資源のなか、自行の間接金融の対象とし、"いかなる"資金需給者の資金を、"いかに"橋

---

1 『銀行管理会計の理論』に関し、ここ第7章で考察を深めるが、章立て制約のため、その理論骨格と重要留意点の研究にとどまらざるをえない。大久保豊著『スプレッド・バンキング』（金融財政事情研究会）を併読することにより、より的確な理解が進む。

渡しするかを『経営理想』として明確に定め、自行の運調構造と制度を、日本経済全体の構造的な変化を想定しながら創造的な改革を行う。

　これら事業命題を安定かつ確実に達成するよう、リスク・経費・自己資本統制の理論が整合効率的に反映された管理会計の樹立が必要である。各種理論を実践し、目指すべき目標果実を明らかにするためには、経営として**"評価上の真実"**を設定する必要がある。"管理会計"は、この"評価上の真実"を体現するものであり、各種理論の受け皿であり基盤でもある。会計という基盤をもって、理論を現実の経営へと反映し実践していく。

　いくらリスク管理の理論を机上で練り上げても、実践に移せなければまったく意味がない。信用リスクに関し、適切な"信用リスク・コスト"や"信用リスク・プレミアム"を算出したとしても、それが対顧プライシングやリスク管理として機能しなければ、ただの研究として終わる。これでは第1の事業命題の『資金需給特性の資金消化』もままならない。

　これは金利リスク管理においても同様である。金利リスク見合いの収益を会計上明確にしなければ、所管するALM部署のオペレーション方針も立たないし、実際に発動したオペレーションに対する事後評価もお手盛りとなる。完全自由化による厳しい価格競争と価格変動、多種多様な金融商品・サービスの開発による加速・複雑化する経営基盤。これらに対し、企業体組織の羅針盤となるべき"評価上の真実"として、有効な管理会計の樹立とその実践が経営体の維持のために大変重要となる。

(2)　経営体の神経系統としての管理会計

　銀行管理会計はまさに、銀行経営にとっての**"神経系統"**である。どこの部門のリスクが過剰であるか、リスク対比の収益率はどうであるか、経費効率は改善しているか等を、経営体として正式に知覚させる神経系統に他ならない。この"神経系統"である管理会計は、経営の重要な部位に対しては、より密度が高く知覚性能も反射性能も高いものとして機能しなければならな

いし、壊疽しそうな部分に関しては、より強力な信号発信と新たな神経系統の樹立が必要となろう。また、外部環境・経営戦略の変貌により神経系統の組み直しも必要となる。したがって、管理会計は"生き物"であり、絶対不変なものではない。常に内部・外部環境に対し思念を研ぎ澄ませ、管理会計の不断の改革・改善を実行しなければならない。なぜなら、銀行経営は生存・成長を企図し、絶えず変化する。銀行管理会計は、銀行経営体を知覚し映し出す鏡である。

一方、財務会計は結果であり、いわば定期健診の際の健康診断書に他ならない。この診断書のフォーマットは個々人によって相違することができず、共通の視点からなされるものであり、確実・共通な評価項目でなされ、継続的な取扱いも重要となる。自己の生命維持のための動的な器官ではない。

図表 7-1　銀行管理会計の目的

- 『銀行管理会計の理論』は、銀行が早急に解決すべき"事業命題"、すなわち『資金需給特性の資金消化』『経営理想に基づく運調構造および制度の創造的改革』の完遂に資するよう、各種銀行経営理論を整合効率的に実装する基盤である。
- 各種理論を実践し、目指すべき目標果実を明らかにするためには、経営として"評価上の真実"を設定する必要がある。"管理会計"はこの"評価上の真実"を体現するものであり、各種理論の受け皿であり、知覚・反応・自律を司る"神経系統"そのものである。
- 管理会計は"生き物"であり、絶対不変なものではない。常に内部・外部環境の変貌に思念を研ぎ澄ませ、管理会計の不断の改革・改善を実行しなければならない。

2　銀行管理会計の基本構造

銀行管理会計の基本構造として、二つの重要側面がある。

第1は、"リスク管理"、"経費管理"、"自己資本管理"の理論的実践基盤を体現するものでなくてはならず、『銀行経営理論の実装』であり、前章ま

図表7-2　銀行管理会計の理論の基本構造

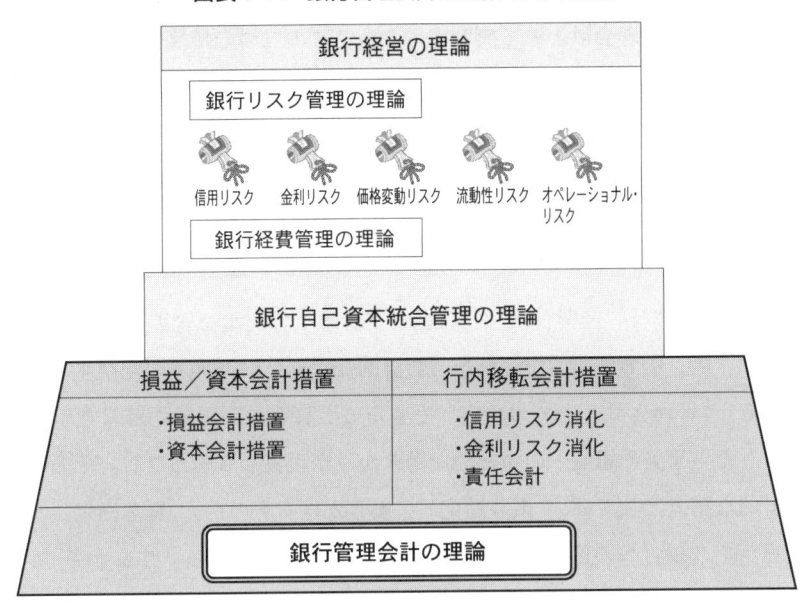

```
┌─────────────────────────────────────┐
│          銀行経営の理論                │
│  ┌───────────────────────────────┐  │
│  │      銀行リスク管理の理論        │  │
│   信用リスク 金利リスク 価格変動リスク 流動性リスク オペレーショナル・リスク
│  │      銀行経費管理の理論          │  │
│  └───────────────────────────────┘  │
└─────────────────────────────────────┘
     ┌──────────────────────────┐
     │   銀行自己資本統合管理の理論   │
     └──────────────────────────┘
┌──────────────────┬──────────────────┐
│ 損益／資本会計措置 │  行内移転会計措置  │
├──────────────────┼──────────────────┤
│・損益会計措置      │・信用リスク消化    │
│・資本会計措置      │・金利リスク消化    │
│                   │・責任会計          │
└──────────────────┴──────────────────┘
          ┌──────────────────┐
          │   銀行管理会計の理論  │
          └──────────────────┘
```

　ででその重要性に関し論述した。

　第2の重要側面は、"損益会計措置""資本会計措置"といった**『管理会計措置論の体現』**である。第1の側面である銀行経営理論の理論的実践は、この会計措置の方法論を戦略適用することにより、より明確・合目的に銀行管理会計のなかに組み込まれていく。

　本節では、第2の重要側面である**『管理会計措置論』**に関し考察を深める[2]。

　『管理会計措置論』は大きく分けて二つの"措置軸"により形成される。
　まず第1は、**"損益／資本会計措置"**であり、第2は、**"行内移転会計措置**

---

[2] 第4章から第6章において、管理会計上、計算してあてがうリスク、経費、自己資本に関する計測手法について詳述した。本章では、この計算数値の会計構造的な取扱い方法に関し焦点を当て議論を進める。リスク・プレミアム、経費算出方法論に関しては、該当章を参照のこと。

(Transfer Pricing)"である。"リスク管理""経費管理""自己資本管理"の理論的実践を管理会計として実装するとき、この二つの措置軸を自行の経営環境・経営戦略と合致するよう論理客観的に組み上げることが何よりも重要であり、『銀行管理会計の理論』の中枢部分である。

(1) 損益／資本会計措置

"リスク管理"、"経費管理"、"自己資本管理"の理論を管理会計において実践する際、その理論的な評価を"会計的な評価"へと昇華・変換する必要がある。"管理会計としての真実"とすることにより、理論が経営運行にもたらしたい果実や組織への精神的な働きかけが現実なものとなる。その際、会計的な措置としては、"損益勘定"に働きかけるものか、"資本勘定"というバランス項目への働きかけのものかの二つに大別される。すなわち、『**損益会計措置**』、『**資本会計措置**』であり、以下その要綱を論述する。

a 損益会計措置

"リスク管理"、"経費管理"の理論実践においては、"対顧プライシングにそのメカニズムを埋め込むこと"が何よりも重要となる。なぜならば、銀行は間接金融機関として、資金供給者と需要者を"連結"し、その価格（金利）差によって、収益を計上する産業であるからである。

資金供給者と需要者が相容れない金利ニーズ、商品ニーズをもっていることを第2章で述べた3。銀行が資金供給者、あるいは資金需要者間で締結する個別取引ごとに、その資金特性・ニーズを十分に客観斟酌し、その経済行為の理論的な意味を"価格メカニズム"に反映させることが、管理会計的昇華の第一歩となる。

---

3 （第2章）（事業命題Ⅰ）資金需給特性の資金消化を参照のこと。

"価格メカニズム"への作用とは、すなわち、"損益処理上の会計措置"であり、銀行管理会計の基本的な措置法である。銀行が多種多様な顧客と行う経済取引に関し、その一本一本の取引明細ごとに理論的な考察を加え、それらが内包する各種リスクに応じた見合いのコストを算出し、これを会計的にあてがう会計措置である。

イ．預金損益会計措置と金利リスク・経費管理理論の適用

たとえば、預金取引においては、受入れ預金の金利連動ルール、満期（資金・金利）期間を考慮し、同等性能の市場調達金利を管理会計上の評価金利として使用し、その差額を営業店の純利鞘収益として確定する『損益会計措置』が一般的である。

期間1年の固定預金金利が1％で、同等の資金属性の市場調達金利が1.5％の場合、"損益会計措置"として、この個別預金取引に対し、1.5％の採算金利を適用、当該取引の経済的な評価として、純粗利鞘＋0.5％（1.5％－1％）を損益会計措置する。この際、採算適用金利としていかなるものを適用するかの論理基盤が"銀行リスク管理の理論（市場・金利リスクの理論）"から導出される。キャッシュフローが簡単な預金の場合は、複雑な理論適用は必要ないが、定時償還条項や繰上げ返済などの特殊キャッシュフローが存在する貸出商品の場合は、市場の基本取引を論理的に組み合わせた擬似キャッシュフローの生成をベースに採算適用金利を算出する理論適用が必要となる。

また、預金取引実行のために経費は消費されており、"経費管理の理論"を適用することにより、当該取引に関する経費を会計的に損金処理する。仮に前例の経費コストが0.2％とすれば、当該預金の経費差引後純利益は＋0.3％（0.5％－0.2％）となる。

ロ．貸出損益会計措置と信用リスク管理理論の適用

上記預金事例は、損益会計措置における"金利リスク管理"および"経費

管理理論"の適用であった。次に、貸出事例をもとに、"信用リスク管理理論"を包含する損益会計措置の適用事例に関し考察を深める。

貸出は預金取引と違い、その取引に貸出先の信用リスクが内在する。信用リスクは間接金融を営む銀行にとって収益の根幹であり源泉である。銀行経営にとって、信用リスクを消化するよう管理会計を通し、信用リスク管理の理論を価格メカニズムに組み込み、実践することが、現下の最重要課題といって過言はない。

ここでは長期変動貸出（1カ月ごとの金利更改）を事例に理解を深める。1カ月ごとの金利更改であるため、1カ月物の市場調達コストをベースに採算金利を考える。1カ月物の市場金利を1％とすると、採算金利（粗利益調達コスト）は1％が適用され、これに貸出実行に伴う審査・事務・営業コストを加算することにより、経費勘案後の採算金利が管理会計上、当該貸出の明細に適用される。経費コストを0.5％とすると、この採算金利は1.5％となる。

しかしながら、この採算金利は信用リスク考慮前のものであり、これをベースにした対顧金利交渉は銀行にとって経済合理的ではない。貸出は預金とは違い、取引自体に貸出先への与信経済行為がある。貸出プライシング組成においては、貸出先の信用リスクを金利に置き換え実行する必要がある。

貸出先の**"信用コスト"**を金利に置き換えるためには、以下の手続をとる必要がある[4]。

╞══════（貸出先信用コストの金利スプレッド変換と損益会計措置）══════╡

1. 上場・非上場などの特性に合わせ、的確な信用リスク計量モデルを構築し、貸出対象先の想定デフォルト率を的確に計量する。
    （上　場）企業資産価値が企業負債価値を下回る状態（デフォルト状態）に陥る確率（デフォルト率）を企業価値の変動性（株価変動ボラティリティ）を仮定し、オプションの価格理論を用いて計測する方法
    （非上場）過去のデフォルト事例に注目し、債務者の観測可能な特徴から、デフォルトと相関をもつ特徴をとらえ、類似した特徴（説明変数）をもつ

---

[4] 第4章『銀行リスク管理の理論』第2節「信用リスク管理」を参照のこと。

> 集団に対するデフォルト率の実績あるいは理論値を、その特徴を有する債務者のデフォルト率の推定値とするもの（"信用スコアリングモデル"）
> 2．担保保全に関する的確な信用リスク計量モデルを構築し、担保保全状況に適合した想定保全率を計量する。
> 3．貸出明細の約定・与信条件（元利息返済スケジュールなどのキャッシュフロー、担保・保証徴求内容など）に対し、上記１および２の信用コスト要因を組み込み、金利換算における信用コストを算出し、管理会計として明細取引に当該信用コストをあてがう。

仮に、この手続により算定された**"信用コスト"**が１％とすると、信用コスト勘案後の採算適用金利は最終的には2.5％（1.5％＋１％）となり、この2.5％が管理会計上、当該貸出実行の際、採算ラインとして損益会計措置されることになる。現場営業店は、2.5％以上での貸出を実行しなければ、純利鞘を計上できず、赤字取引として管理会計上認定されることになる。

b 資本会計措置

上記ａの会計措置は、銀行の価格メカニズムに対し、各種銀行経営の理論が適切に機能するよう、"損益会計措置"を行う仕組みであった。各種理論も具体的な価格決定メカニズムとして機能しなければ机上の空論であり、そのために管理会計上、損益会計の措置を行うものである。

一方、管理会計としては、損益措置ではなく、自己資本勘定への引当て措置を行う場合がある。これは、主に"自己資本統合管理"の理論実践によるものである[5]。

財務会計において引当勘定処理を行う場合、損益処理（PL）を通じ、資本勘定というバランス項目へと最終会計処理がなされるが、ここでいう"管理会計上"の"資本会計措置"は、これとは概念を大きく相違し、まったく違うものである。

---

5 第６章『銀行自己資本統合管理の理論』参照のこと。

財務会計上の引当処理は、前項aの"損益会計措置"と基本的側面が同じであると"類型"される。与信先の顕在あるいは潜在信用リスクを考え、信用リスクの"期待値"を損益処理する。財務会計上はこの損益処理が最終的に資本勘定での引当ての増減として現れる。当然ながら財務会計上採用される引当金の算定は、算定というより財務会計としての"認定"の色彩が強く、保有信用リスクの現実表記のうえでは、よくも悪くも"保守的"であり、会計処理の"一貫継続性"が大きな焦点となる。管理会計における引当金の処理はもっと柔軟であり、対外共通ルールでの税制・法制面からの制約を受けず、もっぱら自行経営の安全運行のために実行できるし、実行しなければならない。前項aの管理会計処理は資本勘定を動かさず、"管理会計上の引当金"を直接、貸出受取利息から控除する"損益処理"である。この点で財務会計の信用リスク処理と大きく異なるが、あえて"類型"であると評した趣旨は、想定される"期待的信用損失"、すなわち"予想損失"に関する会計措置であることにある。この"予想損失"算定のスキームが財務会計と管理会計とは相違し、具体的な引当金の算出適用においては、財務会計と前項aの損益会計措置は乖離するのが一般的である6。

　本項で取り扱う**"資本会計措置"**は、いずれにしても上記の財務会計における信用リスク処理と大きく相違し、まったく違うものである。なぜならば、"資本会計措置"で取り扱う信用リスクは"予想損失＝信用コスト"に対する管理会計措置ではなく、想定した信用コストの予想外のブレ、すなわち**"非予想損失"**に対する資本によるリスク耐久力を保全するための会計措置、すなわち"信用リスクプレミアム"に対する資本会計措置である。

6　近年、信用リスク顕在先の引当算定において、財務と管理会計の一致が進んでいる。一方、信用リスク潜在先（正常先）に対する引当金算定においては、財務会計では一律的な税務会計処理が一般的であり、管理会計においてはいまだ整備されていない状況にある。しかしながら、上場・非上場企業に対する外部格付モデルの開発が急速に進んでおり、近い将来、体力・経営力の強い銀行は、これらを一致させる会計方針を打ち立てるものと思う（外部格付モデル等に関しては、（第11章）『信用リスクモデルと信用格付の実務』を参照のこと）。

信用リスク量とは、"信用コスト"と"信用リスクプレミアム"から組成される[7]。"信用コスト"は、想定デフォルト率等の平均的な（デフォルト）事象の生起に対し発生する"損失の期待値"である。一方、これに対峙する概念として"信用リスクプレミアム（狭義の信用リスク）"がある。ここでいう"信用リスクプレミアム"とは、"設定し想定されたデフォルト率の実際との乖離"や"モデル性能の劣化"を一定の統計的な取扱いにより算出したリスクプレミアムである。"信用コスト"に関しては、前項aの損益会計措置によって、貸出プライシングに埋め込むプロセスを通し、期待される状況でのデフォルト・リスクを消化することができる。しかしながら、その信用コストの"想定外のブレ"に対するリスクは内在する。このリスクを考慮して設定するリスクプレミアムがここでいう"信用リスクプレミアム"である。"信用コスト"の組成因子である"想定デフォルト率"や"担保保全率"の一定ブレ幅を、期待値と分散の概念を用い算出する。

　この"信用リスクプレミアム"部分に関しても、当然ながら"損益会計措置"をすることに論理的な正当性を見出すことはできる。債権流動化市場の未発達により、金融社会制度として銀行が貸出債権に対し"バイ・アンド・ホールド"せねばならず、この非予想損失部分に関しては、貸出先のリスクプロファイルの構造的変化が原因であり、原則受益者負担を得なければ、金融サービスは恒常安定的には成長しえない、という論理である。

　しかしながら、この論理も100%の正当性はない。

　債権流動化市場の未発達は、市場取引にかかわる事務・法務面の未整備がもはや原因ではなく、債権流動化の買手、売手側の行動革新が現実のものとして結実していないことが原因であるという指摘もある。金融・銀行サイド側の行動要因により、債権流動化市場がいまだ十分には拡大していないとい

---

[7] 信用リスク計測上における、"信用コスト"と"信用リスク"に関する概念整理と計量論理式に関しては、第Ⅱ部第4章『銀行リスク管理の理論』を参照のこと。また、この二つの概念の管理会計への示唆に関しては、第Ⅰ部第2章3(2)「信用リスクに関する消化メカニズム」を参照のこと。

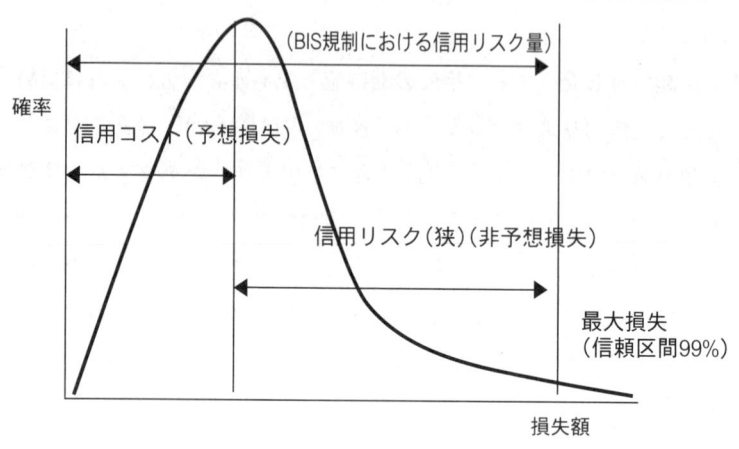

図表7-3　信用コスト（予想損失）と信用リスク（狭）（非予想損失）

（グラフ：確率を縦軸、損失額を横軸とし、BIS規制における信用リスク量、信用コスト（予想損失）、信用リスク（狭）（非予想損失）、最大損失（信頼区間99%）を示す）

う論点である。当然ながら、債務者の譲渡承諾や情報開示の問題は完全には払拭されていないが、匿名式のCLO商品の定型開発により、この問題も解決できる道筋もある。要は、金融のプロである銀行、金融機関の行動革新が未だ生起されていないこちら側の問題であるという論点である。地方銀行・地域金融機関の単線的国債運用という原初的なALMでは、都銀からの債権流動化の受け皿とはいまだなりえない。一方、都市銀行自身、できる限り貸出をホールドしようという"瀬戸際としての債権流動化"であるという指摘もある[8]。"**新たな信用ALM**"に関し、金融のプロとして銀行および機関投資家が行動原理を確立することが債権流動化問題解決の根本であると理解すれば、"信用リスクプレミアム"を顧客へと一方的に転嫁することの完全な正当性は成立しにくい。

　そもそも、大宗が1～3カ月での金利更改である変動金利建てである銀行貸出ポートフォリオを考えれば、短プラに関し、調達コストのみならず、信

---

[8] しかし最近、大手銀行の大半が"バイ・アンド・ホールド"の従来の貸出ビジネス・モデルを大きく変革している。地銀の信用ALMの動きも活発化しており、近い将来、債権流動化は日本の金融大動脈として機能することが期待される。その際は、"信用リスクプレミアム"は基本、"資本会計措置"で管理会計されることになる。

用コストの見直しをも含めて改定する行動原理が確立されれば、非上場企業向けの貸出に関し、債権流動化が実現できていなくとも、"信用リスクプレミアム"は、信用コストの改定として随時吸収されていくことになる。

　以上のことを斟酌すれば、顧客へ"信用リスクプレミアム"を前面転嫁することに、論理的正当性を見出すことは困難であり、銀行サイドで吸収・消化する仕組みを構築すべきと考える。

　この会計的な実践が"資本会計措置"である。

　信用コストのブレという"信用リスクプレミアム"に関し、銀行事業を営む、銀行自身が吸収し消化するよう、管理会計として処理をする。損益措置をせず、保有信用リスクが自己資本という銀行体力内にあるかを常に斟酌するよう、"使用自己資本"という資本勘定を当該営業店あるいは営業部門に付帯させることにより、リスク対比の収益効率、リスク極度管理を実行していく。これが銀行管理会計における"資本会計措置"である。

　この"資本会計措置"により、各営業セクションや各事業セクターは、自分の事業を営むことにより不可避に発生しているリスク量（非予想損失）を把握でき、リスク対比のリターンというリスク・収益の総合管理が実行できるようになる。経営企画としては、自己資本の効率的配分・再配分の客観・具体的な尺度を、この"資本会計措置"により会計事実としてもつことができるようになる。

　個別銀行の経営環境・経営体力によっては、この"信用リスクプレミアム"のすべてを自己資本で吸収するのは困難である場合があろう。これは個別銀行事情のみならず、"予想外の予想外"が常態化しつつある、この異常経済というマクロ要因も大きい。このようななかで、安定的な資金創造業務を遂行するために"信用リスクプレミアム"の一部を貸出プライシングへ組み込むことも経営戦略上ありうることは十分理解でき、すべてを否定する気持ちはない。重要なことは、銀行の私企業としての"独立"である。それなくしては日本の再生はありえない。注意すべき点は、信用リスク運営に関し、その時代その時代の感覚的な経営の帰結として実行し、時代の経過とと

もに忘却する事態を何が何でも避けることにある。忘却せず、顧客の痛み、自行の弱さ強さを客観論理を通し、制度恒常的に把握する仕組みが重要であり、これがここでいう管理会計の樹立に他ならない。"信用リスクプレアミアム"の"損益会計措置"を会計制度として明示的に取り扱い、また"資本会計措置"部分もきちんと行う、この一連の経営定義を管理会計という仕組みを使い昇華させる、このことが銀行管理会計理論の中枢部分である。

"資本会計措置"とは、損益勘定として会計措置するのではなく、"所要自己資本"を行内認定するための会計措置である。このような"資本会計措置"は、信用リスクのみならず、"市場リスク"、"オペレーショナルリスク"、"流動性リスク"にも適用される。

"市場リスク"の"コスト部分"はすでに採算適用金利という形で"損益会計措置"されている。多種多量の預金、貸出の取組みにより銀行内に内在する巨額な金利リスク（金利リスクに関する非予想損失）は当然ながら顧客へは転嫁できない。リスクヘッジ市場が質量ともに十分に拡大充実した現在、わけもなく、このリスクを顧客へと転嫁することを、完全自由な競争が許すはずがない。それを強行する銀行は顧客からの信頼を失い、退出せざるをえなくなる。銀行は間接金融機関として預金者・借入人の相容れない金利嗜好を完全自由化という動態環境下、消化することを競争企業として義務づけられている。また、そこにこそ収益の源泉がある。金利リスクに関する部分も、しかるべき手順に則り、"資本会計措置"を行い、金利リスク管理部門の使用自己資本として会計認識しなければならない。これにより市場ALM部門は、自己のリスク量、使用資本量を把握し、定められたリスク極度内での運営となっているかを会計的な真実として管理・行動していくとともに、金利リスク対比の収益効率も把握でき、リスク・リターンの統合管理が現実のものとなる。

"オペレーショナルリスク"、"流動性リスク"に関しても同様である。これらのリスクは、特に"非予想損失"の性質が強く、"資本会計措置"とし

て管理会計として明確に取り扱うことを始めることが、これらのリスク管理の高度化へとつながる。

　管理会計における"資本会計措置"は、"銀行自己資本統合管理の理論"を実践するうえでの会計的な実現方法の中軸である。

(2) 行内移転会計措置 (Transfer Pricing)

a　行内移転会計措置の概要

　『管理会計措置論』の第2の措置軸は、**"行内移転会計措置"**である。多種多様な預金者・借入人の資金ニーズを間接金融機関として的確に"資金消化"するため、またその過程を通し収益機会を見出し、確実な収益を計上できるよう、一つ一つの銀行取引を所管担当セクションへ切り分け、会計上移転させる仕組みが、ここで考察を深める"行内移転会計措置"であり、一般的に**"Transfer Pricing""スプレッド・バンキング"**と呼ばれている管理会計手法である。

　たとえば、貸出取引のなかには、"金利リスク""信用リスク"が内在している。これらのリスクが経済環境や行政面の手当てにより抑制できる時代は終焉し、その平穏な時代への回帰も許されない。

　銀行はこれらのリスクを的確に"消化"し、その過程自体に収益創造できるよう自行の金融技術を高めなければならない。その具体的な手段として"行内移転会計"は有効に機能する。

　貸出取引に内在する"金利リスク"と、その"見合い収益"を切り分け、金利リスクを能動機動的に管理するALMセクションへと移転し、会計計上する。これにより貸出実行による金利リスクを集中管理でき、また"長短ミスマッチ・リスク""短プラ・ベーシス・リスク"など金利リスク種別ごとの"リスク消化"という具体的な高度化も招来できる。

　"信用リスク"に関しては、"信用コスト"見合いの貸出利息収入を、"信

用コスト"管理セクションへと移転会計処理することにより、想定した信用リスク損失内に貸出金利運営や審査業務が実現できているか、短プラ試算における信用コスト算定が適切に行われているかを、"会計勘定"という客観事実により捕捉できる仕組みが実現できる。

　一つ一つの貸出取引における受取利息を、その利益源泉別（各種リスク見合い収益、営業見合い収益など）に論理切分けし、各所管部署（営業店、ALMセクション、融資企画セクションなど）に会計計上する。この仕組みが"行内移転会計措置"であり、"会計移転"されることにより、各管理セクションは銀行経営理論を具体的に実践適用し、確実な収益を計上していく。

　経費管理においても"行内移転会計措置"は有効に機能する。経費管理の実践において、"贅肉経費の顧客転嫁を回避する"会計的措置が重要であることを、先に述べた9。

図表7-4　自行の"高コスト体質"の顧客への"勝手な転嫁思想"

銀行勝手な経費実測	顧客の視点（競争的な視点）
1．個人取引の残高割りで支店スペースの物件費コストを個人業務へ経費配賦	⇒CD・ATMコーナーしか使用していない。支店スペースのほとんどは、法人顧客のためではないか？
2．窓口・後方事務の人件費および物件費を個人取引の残高割りで個人業務へ経費配賦	⇒窓口担当者や後方にいる方には、なんにもお願いしたことはない。たまに納税関係で利用するけど、待たされて待たされて。まさか経費負担されていないでしょうね!?
3．支店長・管理職経費を個人取引の残高割りで個人業務へ経費配賦	⇒なんで私たちが支店長の給与を負担しなければならないのか!?　何も私たちにしてくれないし、顔も知らない！　銀行って本当にビックリ！

9　第5章『銀行経費管理の理論』2 (3)「経費に関する管理会計運営法」にて詳述。

銀行は"無意識に"自分たちの高コストを維持できるものと想定し、それを顧客へと"転嫁"しようとする。自行の高コストをそのままに放置し、顧客転嫁する行動は、顧客からの厳しい叱責を買い、顧客基盤は崩壊する。
　経費管理会計の設計において重要な視点は、顧客は悪くないのに、顧客が不採算・低採算の元凶だと曲解させる会計処理を回避することにある。
　米銀経費改革の成功事例において、この問題を正しくアドレスした場合が多い。"顧客の視点"を入れた客観的な経費改革のプロジェクト（BPRやBPO）を複数立ち上げ、それぞれのプロジェクト・チームに対し、プロジェクト期間（たとえば、1年）終了後の"目標経費削減額"を設定させ、達成をコミットさせる。経費管理会計上、その"目標経費削減額"を顧客採算評価上、"すでに改善されたものとして経費額から控除する"よう行内移転会計措置を行う。このことにより、営業現場は、経費改革に対する経営の意思と、体質改善がなされた後の顧客像をすでに得ることができる。新たな視点から、顧客取引の深耕や拡大を数字の裏付をもって実行できるようになる。
　経費改革実行のために組成されたBPR、BPOのチームは、定められた期間内に経費削減を実行しなければならない。さもなければ、この行内移転会計で会計計上された『BPR／BPO措置勘定』を通じ、客観的な数字として未達成が赤裸々となる。

　次に、"行内移転会計措置"の発展過程と具体的な特徴に関し考察する。
　原初的な銀行管理会計として"本支店レート管理"があった。現在ではほとんどの銀行で時代・経営環境にそぐわないと判断され廃止されている。これは営業店と本部との間の資金移動に対して本支店レートと呼ばれる内部振替レートを設定することで収益を計量化する管理会計手法であり、"差額法"から"総額法"、そして"フロー・ストック法"へと時代変化とともに高度化が図られてきた。
　しかしながら、これらの手法の変遷も金利自由化における営業店運営の不整合から生じた段階的な調整であり、リターンの裏側に潜むリスクとそのリ

スク見合いの収益を整合的に会計処理する思想はなく、完全自由化に即した会計手法としては発展に限界があった。

図表7-5　本支店レート管理会計の類型

本支店レート管理	特　　徴
差　額　法	・営業店における預貸ボリュームの運調尻に対して本支店レートを設定し、本部と貸借するもの
総　額　法	・営業店は預金として調達した資金を本支店貸レートで本部へ貸し付け、本部から本支店借レートで借り入れた資金を貸出として運用するもの ・調達サイド、運用サイド各々に対して設定されることから本支店レートは貸借両建ての2本から商品ごとの複数本による運営がある
フロー・ストック法	・総額法の発展型であり、本支店レートの適用方法は総額法と同じ ・本支店レートは、新規取引に適用される本支店フローレートと既存取引に適用される本支店ストックレートに大別される

　本支店レート管理の第1の限界は、営業店と顧客との取引が固定相場制であるのに対して、営業店と本部間は時々の市場金利の動向によって変更するという変動相場制を敷いていることにある。結果、取引当初はあたかも儲かっているかのようにみえても市場金利の変動による本支店レートの変更によって、収益性は他律的に変動してしまう。金利変動リスクを、ヘッジ手段をもたない営業店へと暗黙転嫁する会計制度である。第2の限界は、対顧レートが期間構造を意識した金利体系であるのに対して、本支店レートは期間構造をもたないことにある。すなわち、対顧レート上は1カ月物、2カ月物などの短期取引から1年や2年などの長期取引というような取引期間によって金利体系が異なるのに対して、本支店レートは期間構造をもたないことから非常に粗い収益性捕捉しか実現できない会計制度であり、期間構造のギャップにより生じる銀行全体としての長短ミスマッチ見合い損益も捕捉できない。第3の限界は、もはや自由に変動しはじめた市場金利動向に対し、

本支店レートを「値」としていかに設定するかの運営規範や根拠が曖昧となり、管理会計としての客観・信頼性を維持できなくなったことにある。

金融自由化に伴い、もはや預貸利鞘が一定せず、ボリューム拡大路線が必ずしも収益拡大に直結しなくなった90年代、リスクとリスク見合いのリターンを客観的に計量するとともに、計量したリスクを消化するメカニズムを構築することが喫緊の課題となった。ここにおいて、会計上の取扱いに関し、急速な高度化が進んだ。**"行内移転会計措置"、"Transfer Pricing（以下TP）"** の始まりである。

TPの基本構造は、第1に預貸取引を資金としてALMセクションが引き受けALM管理できるようフェアバリュー、すなわち市場金利（あるいは、擬似市場金利）に洗い替えて、ALM所管部署に会計移転させるものである。

そして第2に、ALMセクションへの移転価格（取組時点、取組期間相応の市場金利）を営業店との仕切りレートと位置づけ、金利リスク調整後の営業店預貸金収益（スプレッド収益評価）を取引明細ごとに満期まで確定する会計処理である。

第3に顧客預貸金取引を、営業店スプレッド収益、長短ミスマッチ損益などに大別し、各々の損益を守るべきセクションへ移転することで、会計責任を明確化するものである。管理会計によって明確化された部門別損益の積上げは財務会計上の資金収支と基本一致する。

こうした基本構造によって、本支店レート管理で発生した歪みを解消することができた。

第1のゆがみである営業店にとっての収益性の他律変動に関しては、取組みから満期までスプレッド収益が確定することから、もはや発生せず、営業店は金利変動リスクから開放された。

一方、第2のゆがみである期間構造に関しても、1カ月物の取引には1カ月物の市場金利を、1年物の取引には1年物の市場金利を評価軸として適用することで、期間構造をきちんと意識したきめ細かな収益捕捉が可能となった。

図表7-6 "Transfer Pricing"の基本構造

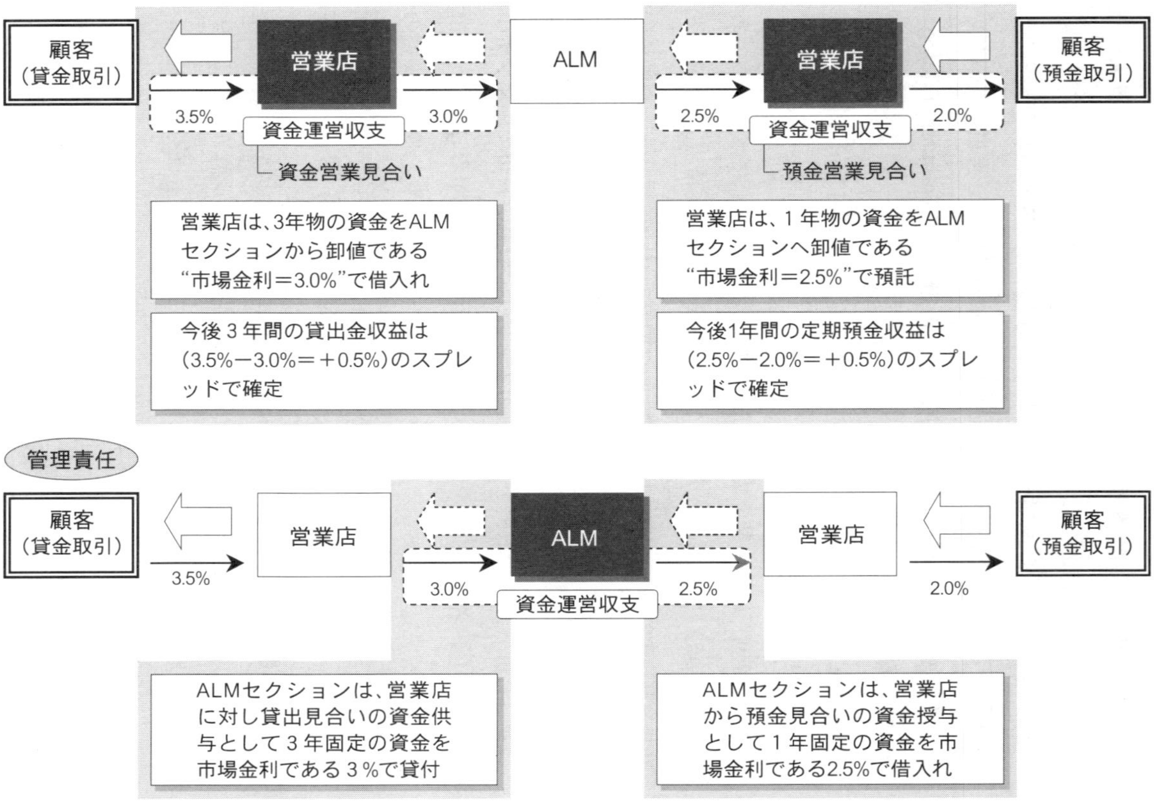

営業店は、3年物の資金をALMセクションから卸値である"市場金利=3.0%"で借入れ

今後3年間の貸出金収益は(3.5%−3.0%=+0.5%)のスプレッドで確定

営業店は、1年物の資金をALMセクションへ卸値である"市場金利=2.5%"で預託

今後1年間の定期預金収益は(2.5%−2.0%=+0.5%)のスプレッドで確定

顧客（貸金取引） → 営業店 3.5% ← ALM 3.0% 資金運営収支

顧客（預金取引） → 営業店 2.0% ← ALM 2.5% 資金運営収支・預金営業見合い

ALMセクションは、営業店に対し貸出見合いの資金供与として3年固定の資金を市場金利である3％で貸付

ALMセクションは、営業店から預金見合いの資金授与として1年固定の資金を市場金利である2.5％で借入れ

顧客（貸金取引） → 営業店 3.5% ← ALM 3.0% 資金運営収支

顧客（預金取引） → 営業店 2.0% ← ALM 2.5% 資金運営収支

管理責任

そして、第3のゆがみである仕切りレート設定の恣意性に関しても、設定基軸として「市場金利」を採用することで客観性を確立するとともに、その改定ルールや承認部署もきちんと内規化することができ、営業・顧客現場での納得性や公明性が飛躍的に改善した。
　こうして市場金融型間接金融に即した管理会計の樹立が始まった。
　90年代前半、"行内移転会計措置"の導入当初は、金利変動リスクの消化を基本目的に管理会計が組み上げられていった。しかしながら、90年代後半から一過性ではない信用リスクの顕在化が、信用リスク消化のためのTP導入を急速に後押ししはじめた。デフレのいっそうの深刻化、増勢一途の信用リスクの高まりが、有効な信用リスク消化機能の樹立を銀行経営に要求しはじめたのである。
　信用リスクモデルの高度化、信用情報データの整備充実から、客観性があり、社会合意可能な"信用コスト"の計測・会計方法が樹立しはじめた。この"信用コスト"を会計上、明示的に取り扱う（損益会計措置）際、その算定"信用コスト"と実際の"信用コスト実績"の差異をいかに管理するかという経営思想を取り入れた**"信用 Transfer Pricing"**が樹立されはじめた。
　営業店に対し、信用コスト控除後で収益会計評価する場合は、信用コスト見合いの貸出利息収入分は、信用コスト算定・設定部署である審査企画セクションの収入として、管理会計上、営業店からトランスファー（移転会計措置）される。一方、実際にデフォルト損失が発生した際は、この損失分に関し、当該審査企画セクションに会計計上させる。これにより、信用コストが企図したリスク運営方針内に収まっているかを管理会計という制度を通し、客観的な数値として把握できるようになった。当該審査企画セクションの信用コスト勘定が、仮に赤字となれば、想定していたデフォルト率が上ブレしたか、あるいは回収保全率が下ブレしたかによるなどの客観的なトレースが可能となり、勘定が原点復帰するためには、いかにモデルのパラメータやモデル式を現実に整合すべきか[10]の理論実践の高度化も招来している。
　客観・合目的で自己学習的な信用リスクマネジメントが現実のものとなっ

た。

　営業現場においては、この"自律復帰的信用コスト運営"により、力強くかつ確実な貸出プライシングを実行していく。これにより、完全自由化での信用リスク消化機能が管理会計措置により確実なものとして実現できるようになる。

　補足となるが、前項(1)で述べた"資本会計措置"との関係でいえば、営業現場においては、信用コスト控除後のリターンを分子に、所要自己資本量、すなわち"信用リスク・プレミアム"を分母にすることにより、リスク・リターン・レシオなどのリスク効率をみることができるようになる。

　一方、経営にとっては、審査企画セクションが企画設定した"信用コスト"の"誤り"を確率的に捕捉でき、仮にある最悪確率で信用コスト設定に関する現場統制を間違っても、自己資本で吸収可能な範囲であるのか、それでも自行経営体力内にあるのかを経営管理することができ、信用リスク運営として二重の安全化を管理会計を通じ実行できることになる。信用コストのブレを、企図した信用リスク管理内に抑えるオペレーションは審査企画セクションにあることから、彼らの"ポジション枠"の実績値として、"信用リスクプレミアム（資本会計措置部分）"は、審査企画セクションへとトランスファーすることが一般的であり実効的であると考える。

b　行内移転会計措置の類型[11]

　前項でTPの基本構造について俯瞰してきたが、ここでは代表的なTransfer Pricingの類型に関し考察する[12]。

10　信用コスト理論値と実績値の差異は、大きく分けて、当該貸出市場（セグメント別）の全体想定デフォルト率と実績値の差異という要因と、モデル構造式の性能劣化によるデフォルト判別力の低下という二つの構造要因から論理的な検証が可能である。信用リスク管理会計の樹立は信用リスク計量モデルの高度化へのフィード・バックという双方向の好循環を呼ぶ。
11　第2章『(事業命題I) 資金需給特性の資金消化と銀行経営の理論』の3(1)参照。

イ．市場金利手法

"市場金利手法"は、対顧客との約定金利が市場金利に連動していることを受け、対顧客との取引主体である営業店と ALM セクションとの移転価格を、市場金利を基軸に実行適用する移転価格手法である。預金であれば、営業店は顧客から調達した資金を市場金利で本部へ運用することから、本部への運用レートである市場金利と顧客からの調達レートである対顧レートとの差が預金スプレッドとして確定評価される。

一方、貸出金であれば営業店は顧客へ運用する資金を市場金利で本部から調達することから、本部からの調達レートである市場金利と顧客への運用レートである対顧レートとの差を貸出スプレッドとして評価確定するものである。たとえば、0.15％で対顧約定した3年物スーパー定期を例にみてみると、約定時点の3年物市場金利が0.35％であれば営業店は0.15％で調達、0.35％で運用することになるため、0.35％－0.15％＝0.2％が営業店の確定収益として位置づけ会計処理がなされる。当然のことながら、営業店にとっては運用レートである市場金利は、ALM セクションからみれば資金調達レートとなる。すなわち、移転された ALM 部門別損益は▲0.35％であり、これに営業部門収益「営業店＝0.2％」を合算すれば財務会計上の支払利息である「預金調達レート＝0.15％」と一致する。

ロ．プライム手法

プライム手法とは、対顧客との取引価格である約定金利が市場金利に直接連動するのではなく、短期プライムレートや変動金利型住宅ローンの基準金利など金利満期の概念のない「基準金利」に基づいて対顧折衝が行われる取引に適用される。資金満期の長さによって相違する長期プライムレートも短期プライムレートに期間プレミアムを乗せたものであることから、同様のプライム手法が適用されることになる。

12　"行内移転会計措置"における具体的な "Transfer Pricing 手法"に関しては、大久保豊著『スプレッド・バンキング』（金融財政事情研究会）が詳しい。

このプライム手法は、営業店と ALM セクションの二者間の移転価格であった市場金利手法とは異なり、営業店、本部（短プラベーシスリスク管理セクション）、ALM セクションという三者間の移転価格制度となる。

ここに短期プライム連動貸出を想定し、短プラ対比の上乗せ幅が 1 ％と同一である 1 カ月物と 3 カ月物の手形貸付を想定する。短プラの水準を 2 ％とすれば、約定金利は 3 ％となり 1 カ月物市場金利が 0.3％、3 カ月物市場金利が 0.5％ という水準であれば、"市場金利手法" のもとでのスプレッドは各々 3 ％ － 0.3％ ＝ 2.7％（1 カ月）、3 ％ － 0.5％ ＝ 2.5％（3 カ月）となる。これは正しい収益評価であるが、短プラ対比同じ上乗せ幅、換言すれば同じ対顧折衝努力にもかかわらず、収益性が貸出のサイトによって異なることを意味し、営業店にとっては「わかりにくい」収益評価となる。

一方、1 カ月経過し、1 カ月物市場金利が 0.5％ へ上昇したとする。1 カ月サイトの手形が書替えになった場合、仮に短プラが据え置かれていれば同じ約定金利での貸出実行になり、貸出スプレッドは 2.5％ と前月対比▲0.2％減となる。このスプレッド増減の原因は市場金利の変動にもかかわらず、貸出基準金利である短期プライムレートが追随しない、あるいは遅行することにより発生する "ベーシス・リスク" に他ならない。したがって、短プラ連動貸出に対して "市場金利手法" を単純適用するということは、「市場金利の変動」と「基準金利の変更」のズレによって生じる "ベーシス・リスク" を営業店に転嫁することに他ならない。

こうした「収益評価上の問題」と「ベーシス・リスクの問題」双方を解決する移転管理会計の手法として考案され実践されているのが、**"プライム手法"** である。

図表 7 - 7 は、"プライム手法" の基本型を示すものである。

短プラ連動貸出の利息収入を三つに分解し移転会計措置を実行するものである。短プラ対比の上乗せ 0.5％ と短プラ基準金利での "企図した" 粗利益スプレッド（＝αスプレッドと呼称） 1 ％の 1.5％ を営業店勘定として移転・確定する。一方、約定期間 3 カ月に応じた市場金利部分を ALM（長短ミスマ

ッチ管理セクション）に運用収入として計上させ資金管理をさせる移転価格を実行する。

さらに、αスプレッドを1％として"企図した"ALM（短プラ・ベーシス・リスク管理セクション）セクションに、（短プラ－αスプレッド）と3カ月市場金利（長短ミスマッチ管理セクションの移転価格）の差額を管理会計として移転計上する。これが"短プラ・ベーシス・リスク見合いの収益勘定"であり、"企図した1％"というαスプレッドの差異を経営管理できるよう管理会計処理がなされることになる。図表7－7では、（1.5％－1％）－0.25％＝＋0.25％となり、経営方針として短プラの粗スプレッド1％であれば、

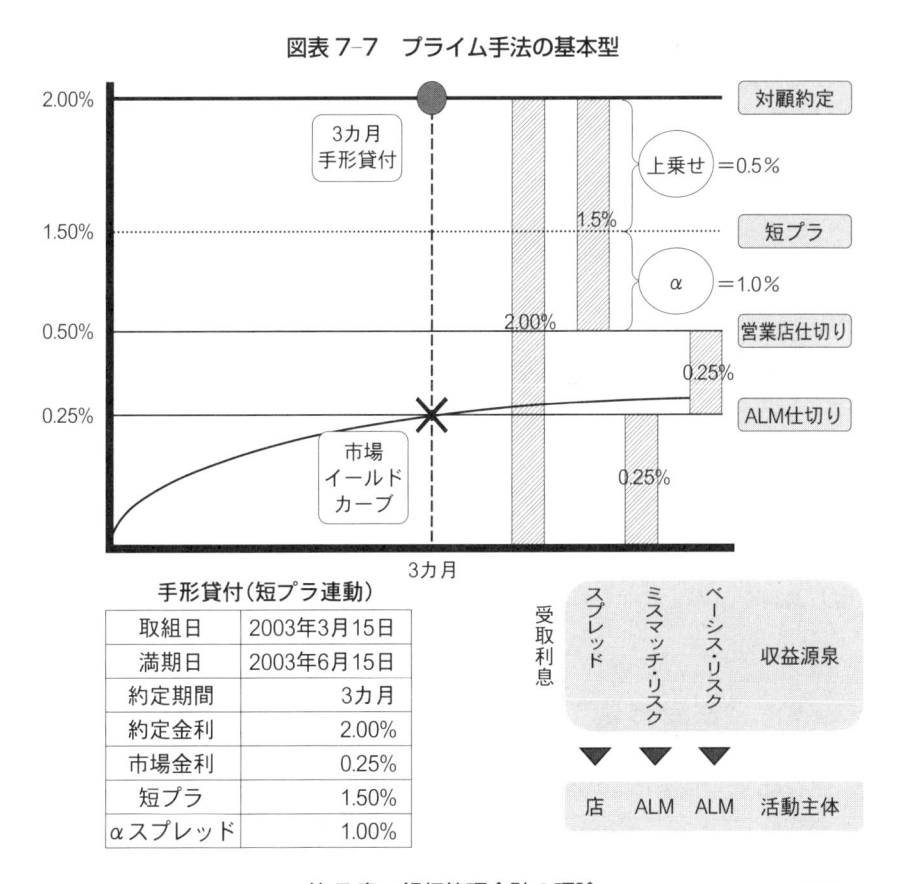

図表7-7　プライム手法の基本型

手形貸付（短プラ連動）	
取組日	2003年3月15日
満期日	2003年6月15日
約定期間	3カ月
約定金利	2.00％
市場金利	0.25％
短プラ	1.50％
αスプレッド	1.00％

第7章　銀行管理会計の理論

△0.25％の短プラ引下げで理論的に方針どおりとなることを意味している。短プラ運営の羅針盤となる会計勘定であり、"ベーシス・リスク"の消化機能を会計的に担保したものである。

"プライム手法"とは、ベーシス・リスクが内在する預貸金取引において、長短ミスマッチ、ベーシス・リスクを分離移転するとともに、営業店収益をスプレッド確定する移転価格手法である。

ハ．一定スプレッド手法

一定スプレッド手法は、対顧約定金利が市場金利や基準金利にも連動しない特殊な金利形成でなされる貸出取引や金利交渉が困難な取引、あるいは資金として不確実な取引であるがゆえに市場金利手法を用いると ALM セクションとの移転価格が毎月変動してしまい、営業店に金利変動リスクが残ってしまうような取引（たとえば、流動性預金取引）に対して適用する移転会計手法である。上乗せ幅がないという点以外は、プライム手法と基本同型である。

▶3 銀行管理会計の構築・運営上のポイント

銀行経営の"神経系統"であり、制度・組織運営における"評価上の真実"として機能する『銀行管理会計』の樹立のためには、入念な計画が必要である。本節では銀行管理会計の構築・運営においては、重要である諸点に関し議論を深め、本章を締めくくる。

(1) "経営原書""経営教書"としての制度的な確立

銀行ほど、"医者の不養生"はない。厳しい言葉でいえば、企業再生、再構築の指南をしている銀行自身に"脈々と受け継がれる経営技術"の制度的

な蓄積を十分には見出すことはできない。

　銀行は間接金融機関として、資金需要者・供給者の相容れないニーズを"リスク消化"を含め調停し、日本経済の原動エネルギーである"与信"を恒常安定的に供給することにより"生業"している企業体である。したがって、どの企業よりも入念な経営技術を蓄積していかねばならず、前近代的な"一子相伝的経営継承"は廃棄すべきである。世の中はそれほど単純ではない。

　護送船団方式により、社会制度として経営維持が可能な時代はすでに遠い昔となった。もはやその昔には帰れない。また、将来は予定的にも調和しない。社会・経済の構造変化から、与信先の信用管理も一筋縄ではいかず、不慮の事態がいつ何時でも継続的に起きる経営環境である。間接金融のプロフェッショナルとして、社会システムの重要な担い手として、銀行経営を維持・発展させるためには、銀行経営に関する技術を明文化し、経営継承の過程で、過去の有用な経験や知恵が消失することなく、また新たな試みとその成果の検証をきちんと次代の経営者へ"財産"として継承できるよう、頑健な制度的手当てを行う義務が、現在の銀行経営者にある。

　その際、中軸となるのが『銀行管理会計』である。

　銀行は多種多様、濃淡さまざまの顧客取引により生業している。その取引は貸借対照表にブッキングされ、利息収支による損益計算書により利益が確定する。会計は銀行経営の本質であり実態である。この会計を能動的にコントロールし、明確客観な銀行経営の理論を用い、"資金需給特性の資金消化""経営理想に基づく運調構造・制度の創造的改革"という重要な事業命題を"継続的に実行"する。そのためには、"神経系統"であり、"評価上の真実"である管理会計の制度的な樹立とその承継が、経営の最重要財産である。なぜならば、銀行経営の理論は管理会計として経営実装されるからである。

　このような明確な制度・精神的な裏付をもって、銀行管理会計の樹立を図ることが、第1の重要な構築上のポイントである。次項で規定する管理会計にまつわる諸項目を明文化し、その明文というドキュメントに対し、制度と

して権威、魂、息吹きを与え、財産として経営継承していく、この一連の仕組みづくりが何よりも重要である。

　素晴らしく機能的な管理会計の構築を、卓越した今の銀行経営者が実行できるであろう。問題は、いくらそれを明文化しても、その位置づけ自体を制度・精神化しなければ、一代限りの属人的な活動として終結される。銀行経営は年々高度化している。また、銀行が解決すべき事業命題も複雑化の一途をたどっている。どんな卓越した経営者も、組織・制度として蓄積された知識を活用しなければ経営にはあたれない。また、その過去からの財産である知恵の活用・再構築が現経営陣の重要な経営命題であり、各時代の微分連続的な経営の高度化が恒常的な経営発展を招来する。

　上記を担保するよう銀行管理会計は制度・精神的に昇華する必要がある。すなわち、『経営原書』『経営教書』としての銀行管理会計の樹立である。

　『経営原書』としての銀行管理会計（管理会計原書）は、現在適用の管理会計に関し、次節で論述する必要規定項目を体系的に取りまとめたものであり、現在までの自行の適用経営理論や思想の集積物である。銀行経営者に任命を受けたものは必読し、過去の銀行経営に関する知識を得る。また、経営企画に属するスタッフは、担当業務におけるバイブルと考え、拝命直後熟読し、今後の連続一貫した業務の発展向上に尽力する。

　一方、『経営教書』としての銀行管理会計（管理会計教書）は、現在の銀行経営者が自分の経営方針・経営思想を明示し、その下に、新たに適用する経営理論や、資本／損益会計措置、行内移転会計措置（Transfer Pricing）の改訂を明文化するものである。新たな経営のチャレンジを明文化するととともに、それを考える"責務"を経営トップに与えるよう制度化するものである。

　これにより、『銀行管理会計』という"経営神経系統"に関し、暗黙知を恒常的に形式知に変換する知としての息吹きが注ぎ込まれることになる。

図表7-8　"経営原書"と"経営教書"としての『銀行管理会計』

- 会計は銀行経営の本質であり実態である。この会計を能動的にコントロールし、"資金需給特性の資金消化""経営理想に基づく運調構造・制度の創造的改革"という重要な事業命題を"継続的に実行"するためには、"神経系統"であり、"評価上の真実"である管理会計の制度的樹立とその承継が、経営の最重要財産である。なぜならば、銀行経営の理論は管理会計として経営実装されるからである。
- 管理会計にまつわる諸項目を規定明文化し、その明文というドキュメントに対し、制度として権威、魂、息吹きを与え、財産として経営承継していく。この一連の仕組みづくりが何よりも重要である。
- どんな卓越した経営者も組織・制度として蓄積された知識を活用しなければ経営にはあたれない。また、過去からの財産である知恵の活用・再構築が現経営陣の重要な経営命題であり、各時代の微分連続的な経営の高度化が恒常的な経営発展を招来する。

上記を担保するよう、銀行管理会計は制度・精神的に昇華する必要がある。すなわち、『経営原書』としての銀行管理会計（管理会計原書）であり、『経営教書』としての銀行管理会計（管理会計教書）である。

■ （管理会計原書）とは
　　現在適用の管理会計に関し、必要規定項目を体系的に取りまとめたものであり、現在までの自行の適用経営理論や思想の集積物である。銀行経営者に任命を受けたものは必読し、過去の銀行経営に関する知識を得る。

■ （管理会計教書）とは
　　現在の銀行経営者が自分の経営方針・経営思想を明示し、その下に、適用する経営理論モデル、資本／損益会計措置、行内移転会計措置(Transfer Pricing)の改訂を明文化するものである。新たな経営のチャレンジを明文化するとともに、それを考える"責務"があることも制度化する。

(2)　銀行管理会計の規定項目

　銀行管理会計の構築・運営において、具体的な中身と自行経営戦略との整合確保が重要なことは言うまでもない。融資業務戦略上、いかなる貸出にかかわる管理会計を樹立するかは、まさに経営の重要事項であり差別化の源泉でもある。本章では、管理会計の理論的なフレームワークや構造に焦点を当てているため、詳細な戦略や内容論には踏み込まないが、本章の締め括りと

して、管理会計が規定すべきいくつかの重要項目を、以下列挙する。

a 「管理会計原書」における重要規定項目

管理会計原書においては、以下の重要項目を内規として規定する必要がある。

(管理会計原書の総則)
- 現行管理会計制定日付と施行日
- 管理会計原書の改訂権限者と機関決定プロセス内規
　管理会計改訂の起案権限者(部署)および会議(経営会議→取締役会など)機関決定プロセスの全定義。
- 管理会計原書の基本構成規定
　管理会計原書の基本構成項目・構造の規定(本総則をはじめ、管理会計の目的、預金・貸出に関する管理会計など)。
　補則として毎期の管理会計実績を資料具備するとなお効力が上がる。

(管理会計原書の目的・運用定義)
- 管理会計原書の目的定義
　管理会計樹立の目的と位置づけを経営思想とともに明文化する。
- 管理会計原書の運用定義
　管理会計原書の適用・運用方針の明確化を行う。
　営業店評価、部門業績評価、個人業績評価における全行共通の評価軸として使用し、収益・リスク管理上の評価としては、本定義の管理会計以外ありえず存在しないことを明記する。
　業績評価、リスク評価として時代・環境にそぐわないものとなれば、前項定義の"改訂プロセス"により正式に管理会計原書を変更することを明記し、その改訂履歴も明記保存する。
　また、新任の取締役・本部幹部に対しては、経営企画セクションから就任時、銀行管理会計に関する制度的な研修を実行し、営々と受け継ぐべき自行の経営思想と技術を確実に承継する旨を明文化する。

(管理会計原書の基本規定)
- 管理会計原書の基本規定項目総括および担当管理セクションの定義
　管理会計の基本規定項目を総括定義し、加えて当該規定項目の運用状況や問題・改善点の整理を担当する所管セクションを明文定義する。

- ●管理会計の全科目とその構造定義
  預金、貸出、投資有価証券、その他の勘定における詳細管理会計科目の全規定と構造定義を行う。
- ●管理会計の措置法の全定義
  管理会計適用上の各種措置法や手法に関する明文全定義を行う。
  （資本会計措置）（損益会計措置）（移転価格会計措置）
  上記に関する具体的な技法とその目的の明文定義を行う。
- ●管理会計で適用・採用する各種金利／価格体系および銀行経営理論の全定義
  管理会計に実際適用される各種金利や価格の名前、内容、目的定義とその管理運営部署の明文定義を行う。
  たとえば、
  （ALM資産・負債レート）（スーパー定期店頭標準金利）
  （自由金利定期店頭標準金利）（短プラ・レート）（短プラαスプレッド）
  （信用スコアリング・モデルと想定デフォルト率定義）……など
  理論的な計算プロセスによって導出される各種金利／価格、あるいは付帯必要情報に関する銀行経営理論の全定義。
  たとえば、
  （金利リスク管理の理論……EaR／VaR／金利期間構造モデル）
  （信用リスク管理の理論……信用スコアリング・モデル／内部格付モデル／信用VaR）など
- ●管理会計における各種損益勘定、資本（リスク会計）勘定の総括全定義
  管理会計上発生する各種損益勘定の詳細全定義と構造の明文定義を行う。
  たとえば、
  （営業店貸出スプレッド収益…その内訳）（営業店預金スプレッド収益…その内訳）
  （営業店貸出経費…その内訳）（営業店預金経費…その内訳）
  （ALM長短ミスマッチ損益…その内訳）（ALMベーシスリスク損益…その内訳）
  （経営勘定損益…その内訳）（インセンティブ勘定損益…その内訳）
  （信用コスト損益…個人・事業性個人・零細企業・中小企業・中堅企業など）
  （信用リスク・プレミアム資本会計…その内訳）
  （流動性／オペレーショナルリスクなどコスト損益会計、資本会計）など
- ●管理会計適用の詳細全定義
  管理会計の全勘定科目に対する、会計措置の具体的な適用（資本／損益会計措置、移転価格会計措置）に関する詳細全定義を行う。
  その際、会計実測上適用される各種金利／価格体系の詳細全定義も行う。
- ●管理会計各種損益勘定、資本（リスク会計）勘定の所管担当セクションの全定義
  上記の規定により明文客観化された各種勘定科目、損益勘定、資本（リスク会計）勘定の所管担当セクションの全定義を行う。

> また、所管担当部署における、予算・モニタリングなどの経営管理業務の基本規定も付記する。

b 「管理会計教書」における重要規定項目

　管理会計教書とは、現在の銀行経営トップが、先代より継承した管理会計に対し、現下の経営環境、自分の経営方針に則し、新たに改正を行う明文定義書である。

　銀行を取り巻く環境は不断なく変化している。銀行の事業命題を安全かつ確実に遂行するためには、外部環境、行内資源という制約条件を吟味し、適時適確な経営戦略の立案とその実行が何よりも重要となる。

　先代より経営を継承した銀行トップは、輝かしい未来を創造するよう、新たな価値創造を実現しなければ、この厳しい環境下での大競争を乗り切ることはできない。

　経営を理論的にとらえ、情熱をもって理想に近づく力強い経営を、リーダーシップをもって実現しなければならない。

　新たな経営トップに対する、この管理会計教書発布の義務づけは、過去の経営財産の不断なき継承と新たな経営革新とリーダーシップの駆動装置として機能することになる。

> ●管理会計教書の骨子と目的
> 　経営戦略の提示とそれに付随した現行管理会計の問題点提示
> 　管理会計の改正基本事項の提示
> ●管理会計教書の詳細定義
> 　管理会計改正事項の詳細定義
> 　改正スケジュール提示
> 　各担当セクションの改正作業示達

第III部

銀行経営の実務

第8章

格付会社からみた邦銀経営の重要課題

　日本の銀行の格付は、他の先進国と比べて非常に低い。しかし見方を変えれば、今後の格上げの余地は大きいともいえる。すでに高い格付の銀行がAAの格付をAA+に上げるのはむずかしいが、平均より下に乖離してしまった格付を平均程度に戻すことのほうが実現しやすいのではないだろうか。本章では、1. 邦銀の格付の現状、2. 格付上の問題点、3. 格上げのための課題、の順に述べてみたい。

1 格付の現状

(1) 低い日本の銀行の格付

　日本の銀行の格付は、過去10年間、低下し続けてきた。1990年代初めには平均AA-（ダブルAマイナス）であったが、現在はBBB（トリプルBフラット）にまで下がった。図表8-1のとおり、他の先進国の主要行平均（AA-

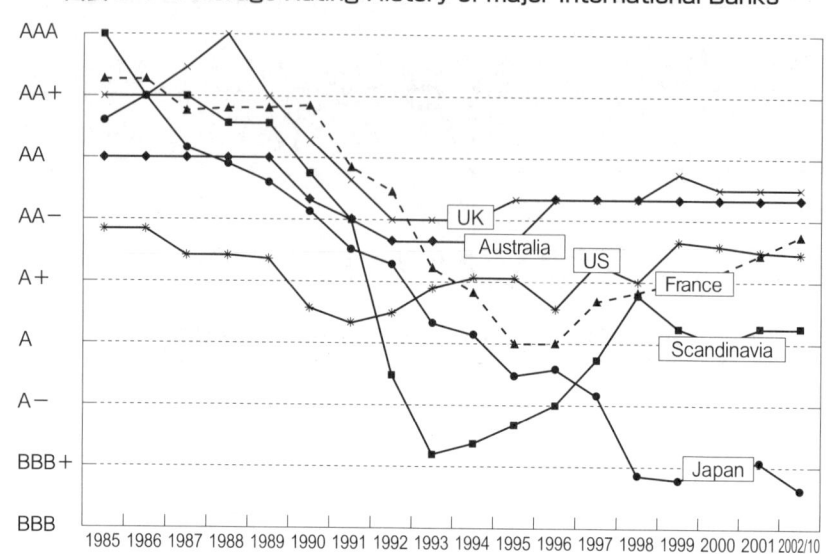

図表 8-1 Average Rating History of major International Banks

からA+)と比較すると、かなり低い水準である。

また、格付のアウトルックはネガティブである。これは、今後2～3年を展望した場合、格付が低下する可能性が高いことを示している。

海外先進国でも、銀行の格付は全般的に低下傾向にあるが、日本においては低下幅が非常に大きく、かつ長期にわたって低迷している点が特徴的である。北欧やフランス、韓国など主要銀行の格付が低下した国もあるが、おおむね3～4年で回復に転じている。

(2) 低い格付は問題か

銀行の場合、他の業態に比べてレバレッジが高く、預金者や債権者の信用に依存するため、少なくとも平均的な格付を確保することは重要である。低い格付は、以下のようなデメリットをもたらしている。

第1に、銀行の本源的な競争力である資金調達の条件が不利となる。たとえば、1997～98年の金融危機において、海外市場での邦銀の調達コストは

Libor＋100 bp と新興国銀行をも上回る水準に跳ね上がった。日銀の発表数字によれば、ジャパンプレミアムは99年以降落ち着いているが、これは邦銀が外貨建て資産の圧縮や、円投活用などによって、調達を絞っているためであり、海外での邦銀の資金調達環境が厳しいことに変わりはない。このため、邦銀の海外市場での活動は制約されている。

第2に、日本国内においても、海外ほど顕著ではないが、銀行の信用力が資金調達力に対し、より大きな影響をもつようになっている。銀行の発行する劣後債券のスプレッドをみると、東京三菱銀行と他の大手銀行との間で約200 bp の差が開いている。また、2001年3月のペイオフの一部解禁などをきっかけに、定期預金から全額保護の対象となる普通預金へのシフトが進んだが、定期預金の減少幅は格付の低い銀行のほうが高い銀行より総じて大きかった。

第3に、格付が低い銀行は収益の多様化を進めにくい。たとえば、顧客企業のための保証業務、証券化における信用補完などである。また、他企業との提携を活用した事業の多角化においても、不利である。

海外先進国では、大手銀行が許容範囲とする格付レベルは、おそらくシングルAマイナスからトリプルBプラスくらいであろう。たとえば、米国バンカーストラストはトレーディングの損失拡大などによる業績の悪化に直面し、ドイツ銀行に合併されたが、その際の格付はA－であった。日本においては、主要銀行の財務内容が軒並み悪化したため、低い格付が、致命的な競争力の低下につながってはいない。このため格付の低下に対して危機感が薄いともいえる。

▶2 格付上の問題点

格付をするにあたって、スタンダード＆プアーズは、事業リスクと財務リ

スクを総合的に勘案して決定している。事業リスクとは、マクロ経済環境、規制環境、競争の程度、経営方針といった定性的な要素を織り込んでいる。一方、財務リスクは、資産の質、収益性、自己資本、市場リスクなどの定量的要因を反映する。格付にあたっては、それぞれの項目にスコアをつけ、合計点を算出する。ただし、「この合計点が90点だからAA」というように、機械的に決めているわけではない。スコアは主に、各項目のトレンドをみるうえでの参考値であり、最終的にはアナリストの総合判断による。

(1) 事業リスク

邦銀の事業リスクは、国際的にみて平均よりやや高い。事業リスクのなかで、経済リスク、銀行の市場地位などはリスクが低い（すなわち、評価は高い）。一方、産業リスク、経営陣、経営戦略は、リスクが高い（評価が低い）。

a 経済リスク

銀行の所在する国の経済状況について分析が行われる。分析の視点として

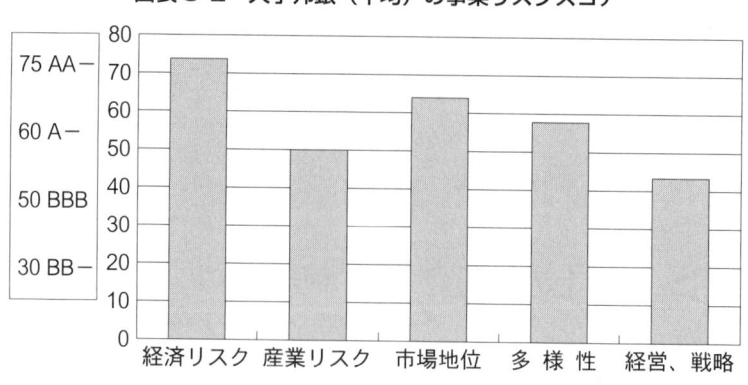

図表8-2　大手邦銀（平均）の事業リスクスコア

は、金融機関の経営にどのような影響を与えるか、ということであり、国の信用力（ソブリンリスク）とは必ずしも一致しない。経済の規模、安定度、多様性、好不況の循環のなかでの政府の政策運営能力などを評価する。

　日本の経済リスクは平均よりやや低い。経済規模の大きさ、多様化した産業基盤、潤沢な対外流動性、高い貯蓄率などがプラスの要因である。一方マイナスの点は、景気低迷が長期化していること、財政・金融政策に追加発動の余地が乏しいこと、デフレが企業収益や経済活動にマイナスの影響を与えていることなどである。さらに、過剰設備、過剰借入の問題を抱える業界（たとえば、不動産、流通、商社、建設等）があることもネガティブな要因である。

b　産業リスク

　銀行が金融市場に占める地位、ノンバンク等との競争の度合い、業界の集中度、規制、監督制度の質の高さ、などが分析される。日本の産業リスクは他の先進国に比べて高い。解決の遅れる不良債権問題と、銀行業界や当局への信認の低下などが主因である。一方、プラスの点としては、国内での堅固な顧客基盤、預金融資業務の金融仲介に占める高いシェア、他国に比しても手厚いセーフティネットなどがある。しかし、政府の支援的な姿勢は、一方で銀行経営者による問題の先送りやモラルハザードを招いている面もある。1990年代初めには、日本とドイツの産業リスクの評価は、非常に高かったが、その後、両国とも大幅に悪化した。両国の銀行業界に共通する問題としては、①市場が分散しており、寡占度合いが低いこと、②公的金融部門のウェイトが高いこと、③銀行が旧来の産業育成型のビジネスモデルから転換できないこと、などがある。

c 市場地位

　主要業務における市場シェア、その安定度、市場地位から生じる具体的なメリットや優位性が検討される。

　大手銀行、大手地銀の場合、安定した顧客基盤、堅固な営業基盤が評価され、市場地位の評価は平均よりやや高い。しかし、一方で、金融仲介に占める銀行の主導的な地位が低下するかもしれない変化の兆しは現れている。たとえば、企業の債務に占める民間銀行の貸出シェアが低下していること、新規参入銀行や外資との競争も激化していることなどである。アイワイバンク銀行、ソニー銀行など効率性や親会社とのシナジーをもつ新規参入者がすでに現れており、業容を拡大しつつある。そうしたなかで、従来の店舗ネットワークを維持し、フルラインで人員を配置することの意義は薄れつつある。

　銀行の規模やシェア、口座数、企業系列や伝統的な取引関係などは、引き続き重視するが、その意義は近年低下している。今後は、①貸出、預金のプライシング能力、②マーケティング力、③システムの機能や効率性、といった点に重点を置くことになろう。

d 多 様 性

　事業内容、扱う金融商品やサービスの多角化、国際化も含めた地理的な多様化を分析する。特にポイントとなるのは、多様化から具体的なメリット（たとえば、収益の安定性）を得ているかどうかである。

　大手銀行の場合は、平均程度である。ただし、シティグループやドイツ銀行など、グローバルな総合金融グループとの比較ではかなり劣位する。大手銀行の収益は、大企業向け貸出部門、市場部門に依存しており、手数料収入は粗収入の15～20％程度と、海外大手銀行に比べて低い（海外大手銀行は30～60％）。海外の金融グループは投資銀行業務、資産管理・運用業務、クレジットカード、口座手数料、証券、保険販売など幅広い業務から比較的安定

した収益をあげている。

e　経営陣、経営戦略

　変化する環境のなかで、現在とっている経営戦略が適切か、実行可能性はあるのかを判断する。また、主にこれまでの実績をベースに、経営陣の能力、実行力、信頼性を評価する。さらに、最近はコーポレートガバナンスの確立が重視されている。マネジメント評価については、定量的な指標や数字に求めることがむずかしい面もある。経営陣とのインタビューの結果などは重要である。

　銀行によって違いはあるが、総じて邦銀は、海外銀行より低い評価となっている。問題の認識と解決が遅れがちであり、トップのリーダーシップも十分とはいえない。

　格付会社の立場からみると、以下のような点があれば、格付上マイナスの評価となる。

- トップが不良債権処理を断固として促進すると標榜しながら、非常に財務内容が弱い系列の企業に対して多額の金融支援を行っている。その再建計画は甘く、銀行の出口戦略が明確でない。
- 毎年、不良債権処理額や業績が大幅に修正されている。今後は回復するというシナリオが信頼できない。
- 赤字の子会社、収益の低い事業の整理などが遅れている。
- 自己資本などのバッファーに比べて、多額のリスクをとっており、その状況が是正されていない。

　邦銀の問題解決が遅れているのは、コーポレートガバナンスが有効に機能していないことも一因として考えられる。これは、持合い制度を背景に株主が伝統的にサイレントであること、主要株主である国が、フォーベアランス路線（長い目で見守る）をとり、株主価値の向上を強く求めないことなどが理由とみられる。

(2) 財務リスク

　以上みたように、邦銀の事業リスクは高まっている（悪化している）とはいえ、まだ平均から大きく乖離するほどではない。しかし、財務リスクについては他国に例をみないほど悪化しており、格付低下の主な要因となっている。

　財務リスクのなかで、比較的リスクが低いのは資金調達／流動性である。一方リスクが高いのは、信用リスク、資本、収益性、財務の柔軟性である。

a　信用リスク／信用コスト

　銀行の資産の質と特徴を分析し、その対象は、貸出、有価証券投資、保証業務やデリバティブ取引などオフバランスシート取引すべてを含む。リスクの集中・分散度、引当水準とその妥当性、信用コストの過去の推移と今後の予想などに注目する。また、審査や自己査定の手法、債務者区分の規準なども重要なポイントである。

　邦銀の信用リスクは非常に高い。過去10年間に82兆円の処理を行ったにもかかわらず、不良債権は増え続けている。また、公表される不良債権以外

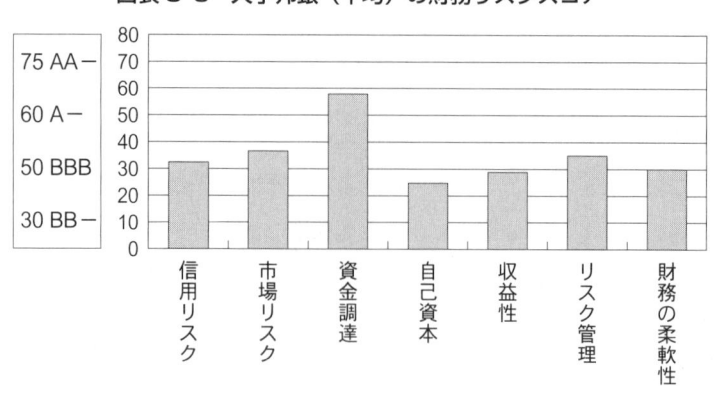

図表8-3　大手邦銀（平均）の財務リスクスコア

に、銀行業界はおよそ103兆円の要注意先向け貸出を有している。要注意先を含めると、問題債権は貸出額のおよそ25％にのぼる。大手銀行の不良債権処理額は2001年度で貸出金の1.7％であり、欧州の銀行の0.3〜0.5％に比べて高い。米銀は、昨年度は不良債権コストが貸出額の1.4％にまで高まったが、収益率が邦銀の3〜4倍あるので、比較的早い段階で売却等の処分を進めており、日本ほどには深刻な問題となっていない。

邦銀の引当額は、潜在損失額に比べて不十分とみられる。過去、邦銀の不良債権処理額は、年初の見通しに比べて、常に大幅に上方修正されてきている（たとえば、2001年度は大手行は4倍に修正）。地価の下落や大型倒産の増加といった要因で説明されているが、こうした要因はある程度は予測できることであり、資産査定や引当金が過小に見積もられていた、とも解釈できる。

邦銀の信用リスクの悪化は、デフレや不況の長期化、事業会社の過剰設備・過剰供給が原因であり、その点の改善がなければ、完全な治癒はむずかしい。しかも、銀行の側にも、以下のような構造的な問題がある。

イ　信用リスクを反映しない利鞘

大手銀行の与信関係費用は、過去9年間業務純益を上回っている。これは、景気の悪化という外部要因だけでは説明できない、経営体制、戦略上の問題といえる。貸出の25％を占める要注意先以下への与信は、信用コスト、資本コストを勘案すると大半の銀行で逆鞘となっている。新BIS規制により、低格付先への貸出や不良債権の資本コストはさらに上昇すると見込まれる。

ロ　貸出集中リスク

貸出額で上位にランクされる企業への集中リスクは、邦銀の最大の問題の一つである。過去に二つの長期信用銀行が破綻しているが、1件当りの貸出額が銀行の体力を超えて大きく、集中リスクが他の業態に比べて高かったこ

とがその背景にある。メインバンクの1企業（グループ）に対する与信が集中している場合（多い場合 Tier 1 自己資本の 20% 以上にのぼる）、1企業の破綻が銀行の体力に大きな影響を与えてしまう。このため、問題を先送りして融資を継続したり、メインバンクが他行融資の肩がわりに応じ、与信がさらに集中してしまうケースもある。現に、都銀の上位12社向けの貸出額の比率＜平均＞は、1998年の3.9%から2001年には4.9%にまで上昇している。

ハ　流動化などのポートフォリオ管理の遅れ

債権の流動化、証券化、クレジットデリバティブその他のヘッジを用いた能動的なポートフォリオ管理について、取組みが遅れている。これは、市場自体が成熟していないことに加えて、大手銀行が経営健全化計画の融資目標をクリアするために、貸出残高の量を確保しようとしていることも一因である。

b 収 益 性

銀行の長期的にみたコアの収益力が評価される。総資産（リスク資産）と対比したコアの業務純益の水準およびトレンド、利鞘の傾向、手数料への多様化、今後も安定した収益を維持できるのかをみている。

資産の抱える高いリスクに対して、日本の銀行の基礎的な収益力は依然低い水準にある。コア収益率（償却前の実質業務純益をリスク資産で除したもの）でみると、大手銀行は2001年度で平均1.1%と、ドイツを除く他の先進国の2分の1から4分の1の水準である。収益率の低さの要因を考えると、第1に預貸金利鞘が薄い。これは金利水準が低いことに加え、利鞘の厚いリテール貸出が少ないこと、事業会社向け融資も信用リスクに見合った利鞘をとっていないことが原因である。

第2に、手数料収入の割合が少ない。大手銀行の手数料収入は粗利益の15

〜20％であり、海外大手銀行の30〜60％には及ばない。

第3に、持合い株式、関連会社向け貸出（連結対象外）、手元流動性として保有する国債など、収益性の低い資産の割合が高い。

一方、経費率は45％と、海外主要行と比較して遜色のない水準にある。ただし、これを業務別にみると、今後の収益の柱と期待されるリテール業務での経費率が非常に高く、合理化の余地がある。

地方銀行については、一部例外を除いて、不良債権の処理コストは大手銀行よりは低めであり、恒常的に赤字が続いているわけではない。しかし、業務純益でみたベースの収益力が低く、今後も下方圧力が続く点で懸念される。

構造的に貸出が伸びない地方においては、有価証券やインターバンク運用への投資が増加する傾向にあるが、現在の低金利の下では、預金保険料と調達コストを上回る運用益を得ることはむずかしい。地銀各行は、経費削減などを打ち出しているが、その変化は緩慢であり、抜本的な改革にまで踏み込んでいる銀行は少ない。たとえば、地銀の従業員数は過去4年間で13％減少しているが、これは主に新規採用を抑制しているためであり、1人当りの人件費は逆に3％ほど上昇している。

c 自己資本

銀行が事業を継続することを前提に、自己資本が損失の緩衝材としてどのように有効な役割を果たすのかに焦点が当てられる。

大手銀行の自己資本は、水準および質の点で相当低い。Tier 1 自己資本は2002年3月末で5.4％と前年同期の6.1％から低下した。これは海外の主要行（7〜10％）と比較してかなり低い水準である。修正自己資本（定義については、「(3) 格付会社が注目する指標」参照）も2〜5％と、海外主要行（5〜8％）に比べて低い。また、自己資本の質も低下している。すなわち、繰延税金資産と優先株式など質の弱い資本の比率が高まっている。Tier 1 自己資本

から税効果と優先株式を引いた部分をコア資本と定義すると、コア資本は1999年3月の2.4%から、2002年3月は0.0%になっている。

S&Pの簡易モデルで計算すると、大手銀行が米国マネーセンターバンクと同様の資本力をもつには、リスク資産を半分に落とすか、自己資本を90％増加させる必要がある。リスク資産の構成をみると、米国大手銀行は、消費者ローン、証券化資産のウェイトが高めである。一方邦銀は保有株式、事業会社向け融資が大半を占めている。

一方で、地銀、信金については、大手銀行に比べ自己資本比率、および資本の質は良好である（2002年3月の地銀のTier 1比率7.4%、信金9.4%）。国際的な水準でみても平均以上の自己資本比率を維持している金融機関もある。

d 財務の柔軟性

財務の柔軟性とは、厳しい環境のもとで、予想外の損失や経費増加に対応する能力を指す。具体的には売却可能な資産の有無、資本市場にアクセスできる能力、株主からの支援の可能性などを評価する。

過去数年、邦銀の財務の柔軟性は著しく低下した。かつて邦銀の自己資本を補強していた多額の株式の含み益は、益出しと株価の低下によって多額の含み損になっている（2002年9月時点での大手行の含み損は3.5兆円＜98年3月は含み益2兆円＞）。また、2001年度は、あさひ銀行、UFJ銀行が本店を売却、みずほフィナンシャルグループは海外子会社を売却するなど、含み益のある資産はほとんど売り尽くした状況になっている。

第2の問題として、赤字の累積と有価証券の評価損の拡大に伴い、剰余金が減少し、配当可能利益が少なくなっている。2001年度は、法定準備金を取り崩して、配当可能利益を嵩上げする銀行もあったが、こうした措置の効果は一時的である。リスク資産を大幅に減らすか、収益力を上げない限り、配当可能利益は株価の下落や不良債権処理コストの増加によって、枯渇する可能性が高い。格付会社としては、カウンターパーティ格付（発行体格付）

を検討するにあたって、普通株式、優先株式の配当が支払われるかどうかをさほど重視しているわけではない。むしろ自己資本の水準が低い状況で、無理に配当を行うことはマイナスと考える。

e 市場リスクとリスク管理

　資産、負債が構造的に抱える金利変動リスク、為替変動リスク、株価変動リスク、および銀行が戦略的にポジションをとるトレーディングリスクを分析する。

　市場リスクに関する経営陣の方針、リスク許容度、管理体制、コンティンジェンシープランも評価する。リスク管理の評価にあたっては、過去のトラックレコードを重視する。市場リスク指標としては、VaR（ヴァリューアットリスク）を採用する銀行が多いが、格付会社としては、ストレステストを行っているのか、複数の指標をモニターしているのか、といった点をヒアリングする。さらに、最も重要な点は、算定したリスク量を経営判断に活用し、適切な対応策に結びつけているかどうかである。

イ　政策投資株式のリスク

　邦銀の最大の問題は、政策投資株式の高いリスクである。1998年以降株式の売切りが進められているが、2002年3月末の株式保有額は大手銀行でTier 1 自己資本の1.4倍を占めている。地銀についてはTier 1 自己資本の50％とより低いが、海外の銀行（30％以下）との比較では高めである。銀行が多額の政策投資株式を保有することには、以下のような問題がある。

i）　高い市場リスクと自己資本への影響

　　東京三菱銀行のディスクロージャー誌によれば、同行の政策保有株式の評価損益はTOPIXが1ポイント下落すると約46億円低下する。つまり2002年3月時点のポートフォリオに変化がないと仮定して計算すると、2002年3月から9月の間で、9,020億円の時価の減少が生じたことにな

る。これは、同行のトレーディング部門のVaR 30億円、バンキング部門（政策投資株式を除く）のVaR 274億円と比較して、非常に大きい金額である。

ii）低い収益性

保有株式の利回りは各行によって異なるが、仮に東証上場企業の平均株式利回り（1.36％＜2001年度＞）とした場合、都銀の資金運用利回り（1.81％）と比べて低い。

iii）リスクの相関性

金融機関同士の株式の持合いは、1997年末のように金融システム全体にストレスがかかった状況では、リスクの波及と拡大につながりうる。

iv）コーポレートガバナンス上の問題

安定的でサイレントな株主を維持していくことは、銀行業界にとっても産業界にとっても、市場の規律の働きを弱めることになる。

ロ　高い金利リスク

政策投資株式に加えて、バンキング勘定で保有する有価証券や金利スワップのネットポジションに関係する金利リスクも、実質的な自己資本と比較して高水準にあるケースが多い。大手銀行の国債保有残高比率をみると、1990年代は資産の2～3％であったが、99年以降急増し、2002年3月は8％となっている。これは預金が増加傾向にある一方、企業の信用リスクの上昇などから貸出が伸び悩んでおり、そのギャップを有価証券投資が埋めているためである。また、日銀の超低金利政策のもと、銀行が長短金利差から利益をあげようとしている事情もある。有価証券のほかに大手銀行はバンキング勘定で固定受けの金利スワップのネットポジションを有しているが、これは、資産、負債のリスクを削減するヘッジとして行われているというより、相場観に基づき、利益機会を追求するトレーディングとして行われている面がある。なお、部門別利益を公表しているUFJ銀行、三井住友銀行、東京三菱銀行を例にとると、2001年度の業務純益の32％（平均）は市場リスクに関

連する部門に依存している。銀行が金利ポジションをとること自体が問題ではないが、将来の変動に対してリスクの分散などで対応をとっているのかが注目される。また、地方銀行、信用金庫の場合、一般に貸出機会が少なく、預証率が上昇する傾向にあり、市場リスクのコントロールは重要な問題となっている。

f 資金調達

資金調達基盤の安定性・多様性の評価、および資産の流動性とそれらに関する経営陣の方針が検討される。

邦銀については、預金流出に見舞われているといった特殊なケースを除き、預金吸収面では比較的良好な状況にあり、評価も高めである。これは、高い貯蓄率、預金を中心とした個人の資産運用、長年にわたって構築した堅固な営業基盤などを反映している。しかし、一方で問題もある。海外での資金調達は制約を受けていること、国内においても、一般に金融機関への信認が低下していることなどである。さらに、日銀のゼロ金利政策と量的緩和の長期継続によって、短期金融市場の縮小と貸手の不在という状況が生じている。市場の機能低下は、銀行が必要なときに資金調達ができない、という事態をもたらすおそれがある。

(3) 格付会社が注目する指標

a 資産の質

引当金控除後の不良債権比率、分類額・要注意先債権比率、不良債権処理額／貸出額あるいは不良債権処理額／コア業務純益比率、大口融資先50社リスト（公的機関は除く、業界別）と企業の状況、大口先融資額（上位20社）／Tier 1 自己資本（水準と傾向）。

b 収　　益

　コア業務純益[1]や当期利益を総資産、リスク資産、資本で除した ROA、ROAA、ROE などの収益率、役務収益／粗利益でみる多様性、営業経費／粗利益でみる効率性等。なお、銀行の資産のリスク、業務のリスクが高い場合、収益性はより高いことが求められる。また、トレーディングなど変動率の高い収益のウェイトが高い場合、安定した収益に比べて、収益の質は低いと評価される。

c 資　　本

　スタンダード＆プアーズは資本の条件として、①無期限か非常に長い償還期限をもつこと、②デフォルトを起こさずに配当（利息）の支払を制限できること、③継続企業として損失を吸収できること、をあげている。この規準に照らして、Tier 1 資本（基本的項目）を重視している。また、資本の質を考慮するため、修正自己資本を計算する。修正自己資本は、優先株式については一定の枠（普通株式、優先株式の合計額の 25％ まで）を設けて自己資本にカウントしている。また、ネット税効果資産（税効果資産－負債）は原則控除する。BIS 規制上の TierII 資本は、大半は自己資本とみなしていない。たとえば、期限付き劣後ローン、有価証券の含み益、土地の再評価益、一般貸倒引当金などである。含み益を資本とみなさない理由は、厳しい経営環境になった場合に、即座に流動化して損失の補填に充てることが困難なためである。ただし、その売却可能性、市場価値を吟味したうえで、財務の柔軟性として格付に織り込んでいる。

---

[1] コア業務純益とは、一般貸倒引当金繰入れ前の業務純益から債券関係損益を除いたものであり、コア収益とは、債券関係損益も含めた償却前の収益である。

d 市場リスク

たとえば、四半期のトレーディング損益の変動率（標準偏差）を、他の銀行との比較などで分析する。継続的に高い変動率はリスクをとる意欲が高い、と解釈できる。市場リスク指標としては、VaR（ヴァリューアットリスク）を採用する銀行が多いが、VaRは過去の市場の変動をもとにしているため、市場のショックに際しては予測以上の損失が生じる点は注意する必要がある。

3 ▶ 中長期的な格上げの課題

以上のように、邦銀の財務リスクは先進国中最低となり、それが市場地位や資金調達といった従来の強みにまで悪影響を与えている。それではどのような手段をとれば格付を安定化させ、さらに格上げを実現できるのだろうか。

第1段階としては、格付上最大のネックとなっている問題、すなわち長年にわたって不良債権処理コストが業務純益でカバーできず、自己資本を毀損している状況を改善することである。そのためには不良債権処理コストを落とすか、収益を上げることが必要となる。現在のように新たな不良債権が増える環境下で、処理額を大幅に削減するには、引当金を保守的に積み増し、不良債権（潜在的な不良債権も含む）をバランスシートから除去するしかない。また、保有株式をできればゼロに、少なくとも自己資本に多大な影響を与えない水準にまで削減することが必要である。この2点が解決しないと、たとえ他の市場地位やリスク管理体制が改善したところで、格付は上がらないだろう。野口悠紀雄教授の著書に、「超勉強法」という本がある。そのなかで、試験に合格するには苦手科目の点数を上げることが肝心というアドバイスがあるが、格付においてもこうしたアプローチは有効であるように思わ

れる。すなわち、国際的にみて突出して悪いスコアを平均程度にもっていくことが最も効果的であり、即効性がある。

第2のステップとして、中期的な観点から、収益構造の転換、新たな収益源の開拓、リスク管理の改善、資本の増強などを進めることが必要である。こうした点は第1の問題とも関連しており、優先度の高い課題であるが、おそらく効果をあげるにはある程度の時間を要することになるだろう。

こうした諸点が、図表8-4のような形で改善すれば、大手銀行や地方銀行

図表8-4　格付向上のための課題（評価の点数は一例）

	評　価	課　題
事業リスク		
経済リスク	75→90	企業の過重債務の減少。構造的問題の解決と安定した成長の達成。
産業リスク	50→75	不良債権の減少。不健全な銀行の整理淘汰、市場規律とディスクロージャーの改善。
市場地位	65→70	価格設定能力、リスク管理、マーケティングなどでの優位性の確立。独自の強みの強化。
事業の多様性	60→70	収益の多角化。アセットマネジメント、証券など子会社の地位強化。
マネジメント／戦略	45→70	市場の変化に即応できる体制。明確な戦略と実行力。コーポレートガバナンスの機能強化。
財務リスク		
信用リスク	30→50	不良債権のオフバランス化、貸出ポートの改善、集中リスクの排除。
市場リスク	35→55	政策株式の売切り。国債投資など金利リスクの抑制。
資金調達／流動性	60→75	預金者の信頼の回復。市場調達への依存度の抑制。
資本	30→50	剰余金の増加。普通株による増資。リスク資産の見直しと圧縮。
収益性	30→50	利鞘の拡大。手数料の増強。経費の配分見直し。顧客のセグメント化。管理会計の精緻化。
リスクマネジメント	35→50	明確なリスクリミット設定と実効性の証明。
財務の柔軟性	30→50	業績改善による資本調達能力の向上。含み益の増加。
	BBB→A	

の格付はシングル A レンジにまでは回復するだろう。

ただし、AA レンジの格付を目指す場合は、さらに以下のような条件を満たすことが必要になる。
- 国際規準に近い財務内容（修正自己資本比率 7%、ROA 1% 以上）
- 安定した収益のトラックレコード
- 多様化した収益源（手数料が 40% 以上が望ましい）

以下では、各項目についての課題をより詳しく説明する。

(1) 信用リスク：不良債権をオフバランス化する

　不良債権そのものをバランスシートから落としてしまう。このことのメリットは大きい。銀行のキャッシュフローが改善する、担保価値の下落リスクから解放される、不良債権の管理・回収に投下されている経営資源をより前向きな営業に活用できる、投資家の信頼も回復する、などがあげられる。たとえば、韓国の主要銀行が 2000 年以降格上げとなった最大の理由は、資産管理会社やバルクセールを活用し不良資産比率が 3 年で 3 分の 1 に減少したことである。2002 年 10 月に発表されたわが国の金融再生プログラムでは、2004 年度までに主要行の不良債権比率を半分程度に低下させる、と定めている。これは、従来の方針を倍のスピードで行うということである。おそらく最大の制約となるのは、2 次ロスが拡大し、銀行の収益や自己資本でカバーできなくなるという点であろう。しかし、計画どおり実現すれば、格付上は非常にプラスである。

(2) 信用リスク：集中リスクの削減

　集中リスクの是正も重要である。現在のように 1 社（グループ）への与信が自己資本の 20% 以上に達し、その会社の破綻が銀行の体力に多大な影響を与えてしまうため、出口戦略が立てられない、といった状況から脱却する

必要がある。たとえば、米国の銀行も 80 年代に集中リスクによって打撃を受けたが、その後改善させ、現在は大手 20 社向け貸出が Tier 1 自己資本の 20～30% 以下にまで分散化が進んでいる。

　2001 年の特別検査などをきっかけに、大口先の再建計画が進められているが、当該企業についての市場の評価は総じて厳しい。すなわち、金融支援後も、財務内容が依然として業界他社に比べて弱すぎ、先行きの回復が見込めない、といった点が指摘されている。過剰債務企業については、業界全体としての再編や収益力の強化が必要であり、銀行のみの対応では解決がむずかしい。その一方で銀行は、再生可能な企業を的確に選別し、市場に受け入れられる再建計画の策定を支援したり、証券化などで調達手段を多様化して、借入金を削減する、といった措置を引き続き進めていく必要がある。

(3)　リスク管理体制の強化

　韓国の銀行が格上げとなった理由は、不良債権額の減少だけでなく、リスク管理体制の変革にある。この点は、やはり格付が回復したオーストラリアのウエストパックや、フランスのクレディリヨネなども同様である。

　格上げに成功した銀行は、不良債権の減少が一過性のものではなく、今後も期待できることを、投資家や格付会社に納得させている。たとえば、韓国の最大の銀行である住宅銀行は証券会社出身者が頭取となり、大手財閥の大宇グループに集中していた与信を大幅に削減した。国有化されたソウル銀行は、ドイツ銀行から、リスク管理部門の部長を招聘し、内部格付の精緻化や、適正な金利の徴求、リスク管理規則の徹底などを断行した。

　一方日本においても、リスク管理体制の強化が、損失を抑制したという例がある。たとえば、三菱信託銀行は、90 年代初めから弱い企業とのメインバンク関係を縮小している。信託銀行において格付上ネガティブにみている点の一つは、銀行業務部門での信用リスク、集中リスクの高さである。しかし、同行は、業種別、貸出先別の集中リスクをモニターし、管理するという

ことを早めに行ってきたので、近年の損失は他の主要行に比べ相対的に低くなっている。

〔参　考〕

韓国の例
─大胆な金融改革により5年で3～4ノッチの格上げを達成

1997年に金融危機に陥った韓国では、大手銀行の格付が平均BBB＋からBレンジに低下した。しかし、政府主導の大胆な政策が奏効し、2000年以降は大半の銀行も黒字に転換、銀行の格付もほぼ投資適格の水準にまで回復している。

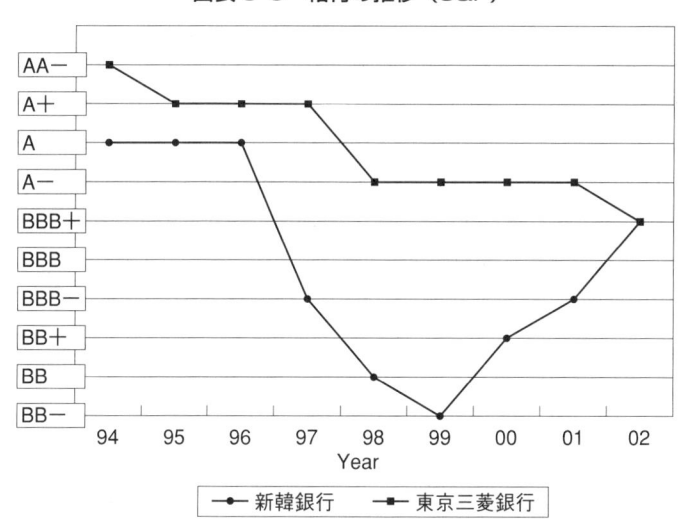

図表8-5　格付の推移（S&P）

（凡例：新韓銀行、東京三菱銀行）

格上げの要因は、以下の点である。

1．不良債権の減少

大手銀行の引当金控除後の不良債権比率は6.7%（99年）から0.6%（2001年）にまで低下した（図表8-6）。これは、資産管理会社（KAMCO）への不良資産の売却や、企業の業況改善などを反映している。また、財閥の過剰債務の削減が進んだことも大きい。政府は4大財閥の負債・資本比率に上限を設定

し、情報開示を徹底したり、企業間部門の交換を促進する政策をとって、企業再生を支援した。また、不良債権の一因ともなった財閥への緩い貸出慣行の見直しや集中リスクの排除など、リスク管理体制が抜本的に改革されたことも格付上ポジティブに評価されている。

図表8-6　格付の推移（S&P）

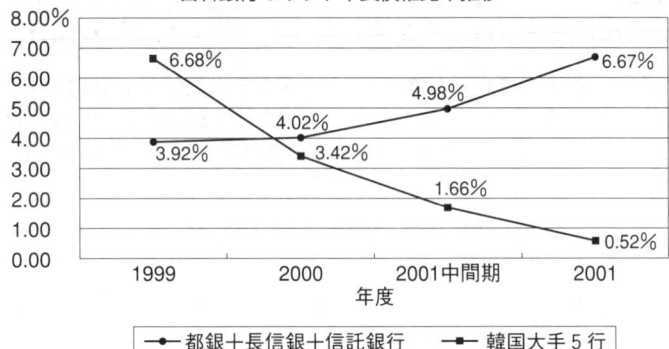

日韓銀行のネット不良債権比率推移

年度	都銀＋長信銀＋信託銀行	韓国大手5行
1999	3.92%	6.68%
2000	4.02%	3.42%
2001中間期	4.98%	1.66%
2001	6.67%	0.52%

*）　韓国の大手5行：国民、Woori、新韓、朝興、韓国外換銀行。
*）　日本（都銀＋長信銀＋信託銀行）の不良債権の定義は、リスク管理債権。数値の出典は金融庁公表値。
*）　韓国の不良債権の定義はloans classified as 'substandard & below'。日本のリスク管理債権の定義とほぼ同意。
*）　ネット不良債権比率は、日韓とも、分子および分母より貸倒引当金を控除後計算。
*）　韓国5行の決算月は12月（中間期6月）、邦銀は3月（中間期9月）。

2．リテール業務の拡大

　韓国の銀行は、新たな収益源として、住宅ローンやクレジットカードなどのリテール業務を推進した。たとえば、ホールセール主体の韓国外換銀行の場合、リテールの貸出比率が16％から34％に上昇しており、資産の入替えが急速に進んだ。この結果、資金利益／資産比率は1.6％から2.3％に改善した。

　リテール関連の収益拡大の理由としては、経営、戦略の転換に加えて、リテール市場が比較的未開拓であり、日本の消費者金融会社のような強力なライバルが存在しなかったこともあげられる。

3．経営の刷新

　韓国の銀行が、従来のビジネスモデルを転換し、財閥に集中した貸出を削減することができたのは、経営の刷新とコーポレートガバナンスの強化によると

ころも大きい。国有化された銀行、公的資金を受けた銀行の経営陣はすべて交代した。新経営陣は、ノンバンクや、証券会社、外資系銀行などかなりが外部から登用され、主要部門でも外部の専門家の登用が増えた。また、外資の持株比率が上昇（20〜30％程度から50〜60％へ）し、取締役の半数を社外取締役とすることが義務づけられた。この結果、業務の合理化など過去のしがらみにとらわれない大胆な改革を進めることができた。

経済規模も発展段階も違う日本において、韓国の例がすべて該当するというわけではない。しかし、財務内容や、企業統治が韓国の銀行のように大幅に改善すれば、格付が大きく変わりうる、という一つの見本を示している。

（4） 株式のリスク

政策投資株式については、日銀の購入や株式取得機構などを活用して、自己資本の2分の1以下に削減することが望ましいのではないか。S&Pは、銀行の株式投資は価格変動リスクの高さにかんがみ、原則として投資額の50％の資本をもつことが望ましいと考えている。大手銀行は、2004年9月までに、Tier 1自己資本と同額までの株式の削減を義務づけられているが、現在の体力、収益から許容できるリスクの限度としては、自己資本と同額でも多すぎると思われる。ちなみに、英国の大手銀行は自己資本の15％以下、ドイツ銀行は50％程度である。ドイツの銀行も伝統的に産業界との結びつきが深く、多額の株式を保有しているが、優遇税制の適用などを受けて近年かなり売却を進めている。たとえば、ドイツ銀行をみるとTier 1の66％（98年）から48％（01年）にまで落としている。保有株式の削減の方法として、①現物株の売切り、②エクイティスワップ、③年金基金への拠出（信託形式）等があるが、このうち格付上最も望ましいのは売切りである。②については、市場リスクの削減や計理処理につき不透明な点が残る。③は、時価で拠出した株式がその後値下がりし、年金勘定が赤字になった場合、企業の負担を回避できるのか、といった点が確認されなければ、バランスシートから完全にはずれた、とみなすのはむずかしいだろう。

(5) 収益性

　収益性については、信用リスク、株式のリスクに比べて短期間でのめざましい改善はむずかしいだろう。それは、金利水準の低さ、公的金融機関の高いシェアや貸出需要の低迷など、構造的な問題が収益の足かせになっていると考えられるからである。しかし、以下のような点に取組みが進めば、格付上はプラスに評価できる。

a　適正な利鞘の確保

　貸出業務が収益の柱である邦銀にとって、金利の適正化の効果は大きい。また、プライシングが、感覚的に行われるのではなく、企業の戦略をきっちり反映していくことの意義は大きい。貸出利鞘において信用リスクプレミアムを検討することは、同時に、経費、資本コスト、期待利鞘の考察につながる。この結果、銀行が、収益性の高い分野に資源を効率的に投入していく、と期待される。

　なお、英国の銀行においても、競争激化のなかで利鞘が圧迫されており、適正金利の確保は重要課題となっている。バークレー銀行はこの点を非常に上手にコントロールし、高い収益をあげている。たとえば、①顧客別の収益管理、②顧客のニーズをつかんだうえで、付帯的なサービスによって、金利を確保する、③財務的なアドバイスを提供し、内部格付を上げて、適正金利を確保する、などの努力を行っている。

b　リテール業務の効率化

　リテール業務については大半の銀行が、将来の収益の柱と位置づけているが、現在のところ、収益の貢献は少ない。ローンなどの資産をより増やすこと、手数料を増やすこと、経費を下げ効率性を高めること、が課題である。

たとえば、規制時代に預金吸収を目的として構築した店舗網をより軽量化させる必要があるのではないか。また、店舗を通じてのアクセスが減少しつつあるなかで、インターネットやコンビニ提携など新たな顧客接点を拡大することも重要である。

〔参　考〕

ロイヤルバンクオブスコットランド
　―経費削減で、迅速に合併効果を実現

　同行は2000年3月に、規模では約2倍のナットウエストと合併した。合併後同行の格付はA＋から、AA－に格上げされた。日本や米国では、大半の大手金融機関の合併が予想どおりの成果をあげていないのに対して、同行は計画よりも大幅な経費の削減と収益の伸びを達成している。合併にありがちな、顧客の流出や文化の不適合といった問題も少なく、統合は比較的順調に進展した。

　特徴としては、以下の点である。
① ブランドの並立
　ナットウエストとロイヤルバンクオブスコットランドは、持株会社の下に並立し、支店や商品など顧客とのインターフェースは、原則そのまま維持された。これは、リテールの顧客が、長年なじんだブランドの変更を好まない傾向にあると判断したからである。
② 経費の削減
　一方、ITプラットフォームは統一化され、また、バックオフィスの重複業務は即座に合理化された。3年間で、総経費の20％、従業員20％の削減が見込まれており、予定より達成のスピードは早い。経費率やその他の収益性指標は、競合他行を上回っている。
③ 得意分野に特化
　同行は総資産が約60兆円と、世界的にもトップクラスの規模にあるが、原則としてリテールおよびコーポレートファイナンスにフォーカスしている。他のグローバルな金融機関に比べて収益の変動が大きく、競争の厳しい投資銀行業務や市場業務の拡大にはあまり積極的ではない。それでも、収益の多様化（非金利収入と金利収入はそれぞれ50％）と安定性を実現している。

c 新たな収益源開拓

　銀行は決済業務を営むこともあって、他の金融機関に比べて豊富な顧客の情報や多様な接点をもっている。日本の銀行の場合、そうした強みや、銀行の高い市場地位を、十分に活用していないのではないか。たとえば、米国で、格付の高い地方銀行は、強い財務基盤のほかに、非金利収入が粗利益の40〜70％に達する、という特徴をもっている。

　日本の例では、三井住友銀行は投信業務において大和証券に迫る販売手数料をあげている。これは、外部から証券の専門家を招いたこと、系列にこだわらない商品選びなどにおいて他行を凌いでいるためである。投信販売においては銀行により大きな格差がある。これは、手数料獲得が、各行の戦略や商品企画、営業員の教育などに左右され、工夫の余地が大きいことを示している。

(6) 資　　本

　最終利益を上げて、質の高い自己資本を回復させることが最も重要である。

　外部の資源を活用するのであれば、増資（公的資金、もしくは民間）、資本提携などの手段がある。ただし、優先株式のようなハイブリッド型の資本である場合、現在すでにTier 1自己資本において優先株の比率が高い銀行の場合、資本増強の効果は弱いものになる。格付上、最も望ましいのは普通株式による増資である。

　ただし、融資先や系列企業を対象とした増資の場合、そうした企業に対する融資規律を弱めてしまう、あるいはコーポレートガバナンスが十分に機能しなくなる、といった懸念がある。

(7) 有価証券投資リスク

大手銀行、とりわけ市場関連業務で収益をあげることに積極的な銀行は、長期的には、市場部門への依存度が低下していくほうが収益の安定性からみて望ましい。

また、地方銀行で、構造的に預金が集まって、有価証券が増えてしまうという場合は、①運用でのリスクを勘案して預金を調節する、②適切なリスクプレミアムをとって貸出を伸ばす、③有価証券業務の強化、といった対応が必要である。預金については、規制時代のように入るものは拒まずの体制から、より柔軟な調節や、口座手数料の付加などを考慮してもいいのではないだろうか。

また、有価証券でもある程度リスクをとっていく、というのであれば貸出主体の組織を変える必要がある。銀行はこれまで経営資源のほとんどを預金貸出業務に割いていたと思われるが、一方で預証率が3～4割にのぼるとすれば、同じくらいの比率を有価証券に向けるような意識改革が必要ではないだろうか。たとえば、適切な権限委譲による決裁速度の向上、システムの強化、専門職の育成と市場に沿った業績評価などが必要である。さらに、将来の課題としては、貸出と有価証券のリスクを一体的に把握し、機動的に裁定を図って運用するといった統括した管理があってもいいのではないだろうか。

(8) 戦略実行面での工夫

行員の方のなかには、ここまで述べてきた課題はすでに認識しており、計画に織り込んでいる、との反論があるかもしれない。むしろ問題は、なぜこれまでの努力が業績に結びつかなかったのか、というインプリメンテーション（戦略の具体的実行）にあるように思われる。長年の組織、行動を変えることは容易なことではない。まず、経営計画については、やるべき項目の列

挙になっていて、人を動かす形になっていないことが考えられる。どうすれば納得感をもってもらえるか（なぜ、それをするのか）、シンプル化しているか（優先順位を明確に）、中間目標の形などを出して行動に移行しやすくなっているか、といった点に抜本的改革が必要ではないか。日々の業務に追われる従業員にとっては、いまある仕事を減らすこと、すなわち、やめることのリストアップも必要である。また、リストラとか引当て、整理といった後ろ向きの話題が多く、職員がモチベーションや生きがいをもちにくい、という問題もある。経営トップは、2〜3年たいへんな状況があっても、それを乗り越えればこんなによくなるという、明るいビジョンを打ち出すべきである。さらに、計画をつくることよりも、実行に移すほうが何倍もむずかしい。方針に沿って、人事、組織を変え、実行段階にトップ自らが深く関与することが必要である。

(9) まとめ

　以上述べたように、邦銀の格付の低下は、財務リスクのバランスが大きく崩れていることに主因があり、そのアンバランスを是正すればある程度まで格付を改善させることができる。具体的には、不良債権コストを管理可能な水準に抑え、株式リスクを自己資本の半分以下に減らし、利鞘の適正化と手数料増加を根気よく進めるということである。

　格付を上げるには、小さいことでも目標を達成し、さらに、その実績をコンスタントに積み重ねていくことが必要である。たとえ小幅でも、継続して改善する指標は重みをもつ。経営環境が悪く、他社が悪化している状況であれば、なおさら、強みとして評価される。また同時に、戦略を具体化していく過程で、相当の根気も必要だ。格付の向上を計画する場合、3〜5年先を目標にしたほうが、現実的ではないだろうか。

　マネジメントへの信頼は、悪い状況になったときの「ラストリゾート」ともなる。たとえば、ある企業が環境の悪化に直面しているが、過去に優れた

実行力を示してきたという場合、マネジメントに信頼を置いて格付を据え置くケースがある。その判断の根拠になるのは、前述したような、小さな実行の積重ねである。

第 9 章

銀行予算統制と
業績考課の実務

1 序　論
〜予算統制と業績考課の実態は……

　銀行の予算制度や業績評価制度について、以下のような状態を見聞きした覚えはないだろうか

(1) 予算統制と業績考課の事例

a 「積み上げ」と「調整」の本部予算

　本部予算を策定するプロセスをみてみよう。多くの銀行では、各部が作成した計画を企画部で単に集計し、全体目標との兼合いから逆算して各部と「調整」しているにすぎない。この調整の過程においては、企画部が収益の積増しと経費の削減を迫り、これに対して各部は激しく抵抗する。両者の間

で、建設的な戦略議論ではなく単なる数字を巡っての不毛な議論が延々と続く。筆者も銀行員時代に国内部門の利益を代弁して、企画部に在籍していた共著の大久保氏と議論……というより怒鳴り合いの喧嘩をよくしたものである。

　こうして戦線が膠着しているうちに、最後は時間切れで「えいやっ」と決めてしまう。膨大な作業と不毛な論争の末にスタッフは疲れ果てて、予算が承認されるとすべてが「終わった」気分になる。その後、数字の進捗状況管理は行われるものの、数字の背景にある前提条件が現実とどれだけ乖離しているのか、それはなぜなのか、という検証作業は行われない。実質的には「つくりっぱなし」のまま半期が経つと、また一から同じ作業の繰返しを始める……。

b　カラ回りする新しいモノサシ

　経営の舵を従来のボリューム志向から収益志向に切り替えるために、経営指標が高度化される。信用リスクや活動原価を織り込んだ高度な経営指標が採用される。業績評価においても新指標に基づく「収益項目」の配点が増やされ、「資金運用調達項目」や「基盤項目」の配点は減らされる。

　にもかかわらず、現場の人の行動はあまり変化しない。そもそも新しい指標が現場の人にはわかりずらい。仮に理解されても、自分の行動と指標がどう関連するのか実感が湧かない。「わけのわからない指標」よりは「慣れ親しんだ指標」のほうが明快であるし、目標を達成する術も知っている。こうして本部が笛を吹けども、現場は踊らない。現場の行動は遅々として変化しないのである。

c　個人表彰制度をつくれども……

　個人の行動が変化しないのであれば、直接に個人の行動を評価して行動を

変えさせる観点から、「個人表彰制度」がつくられる。そして、このような制度がつくられると、最初は士気も上がり業績も一時的には上向く。頭取も喜んで、ますます個人評価の比重を上げていく。

しかし、二期三期と経つうちに、個人の単独行動が蔓延しはじめる。行内のコミュニケーションが極端に悪くなり、情報共有など掛声倒れに終わる。さらに顧客からは「御行は人によって対応がバラバラすぎる！」というクレームが入るようになる。

d　人事制度とリンクすれども……

個人表彰制度のように業績評価制度だけで対応することには、どうも無理がある。そもそも業績評価制度と人事考課制度が２本立てになっているのがおかしい。そこで業績評価制度と人事制度を繋げる。その一環として目標管理制度が導入、精緻化され、これによって個人の行動を組織の目標と繋げることが企図される。

しかし、目標管理制度を導入すると、行員は意欲的な目標を設定しなくなる。「設定した目標によって評価が異なるのは不公平だ。」という声があがり、士気は逆に低下していく。高い目標に挑戦する気風も薄れて、銀行の競争力が失われていく……

（2）　結局は変わらない組織文化

このように予算制度や業績評価制度をいろいろと改革しても、なかなか業績向上に繋がらない。その理由は行員一人一人の考え方や行動が、基本的にはあまり変わっていないからである。それではなぜ、行員の考え方や行動が変わらないのか？　それは行員一人一人の考え方や行動を左右する「組織文化」が変わっていないからである。銀行の組織文化には未だに、以下のような特徴がみられる場合が多い。

a　近視眼〜短期志向

　業績評価が半期半期の「競走」である以上、行員は基本的には半期ごとに物事を考える。半期ごとに与えられた金融商品の販売目標を達成するために、「売りやすい」顧客に押売りを続ける。顧客の悩みごとを聞く時間的余裕などない。また、目標に追われると後輩を育成する精神的余裕もなくなる。いま配属されている営業店の３年後のことを考えても、まったく自分のためにはならない。とにかく、今期中に数字をあげなければ、自分の人生に明るい未来はないのだ……という思考にはまりこむ。

b　勝てば官軍〜結果志向

　目標を達成すれば銀行内での評価は高まる。達成しなければ、50歳を前にして出向しなければならない。未だ住宅ローンが残っているし、子供の教育費も払わなければならない。とにかく結果を出す以外に手はない……。
　こうして「結果オーライ」でも結果を出せばよしとする一方、結果を分析して組織学習に貢献するという「余分な活動」は行わない。単に、結果を出すことだけに全精力が注がれることになる。

c　言われたことしかやらない〜他律志向

　とにかく、目標さえ達成すればよい。目標以外のことに時間を使うことは自殺行為だ。普段、顧客と接していると、「もっと、こうすればよいのに」というアイデアがふと浮かぶが、そんなことに時間をかけてはいられない。とにかく、言われたことだけやればいいんだ……
　こうして、「言われればやる」けど「言われなければやらない」他律型の人材が大量に育成される。本来であれば顧客に一番近い現場こそが、組織のなかで最も知恵が創造される場所であるにもかかわらず、このような知恵は

生かされない。

　ここにあげた例は、筆者自身の銀行員時代の経験や、経営コンサルタントとして数々の銀行の現場をみてきた経験から、比較的多くみられる症状を取り上げたものである。もちろん、銀行によって症状はさまざまである。しかし、多くの銀行で予算制度、業績評価制度が金属疲労を起こしている点については異論がないであろう。制度にいろいろと手を加えてみても、どうも成果に繋がらない。いったい、どこに問題があるのか？　一体、どうすればよいのか？

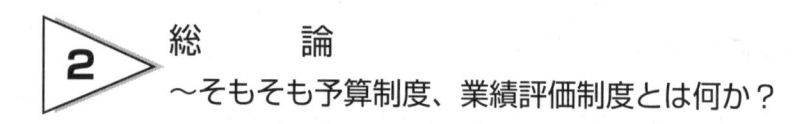

2　総　　論
～そもそも予算制度、業績評価制度とは何か？

(1)　そもそも、どのような道筋で考えていくべきか？

a　HOW？の前にWHAT？

　最近は困ったことが起きると、すぐに解決策に飛びつく安易な風潮がある。本屋さんに行っても、こうしたハウ・トゥー本が山と積まれている。経営コンサルタントである筆者にも「わが行にはこういう問題がある。したがって、『どうやって』解決したらよいのかを教えてくれ」という依頼がよくくる。予算制度、業績評価制度についても上記に述べた症状を「どうやって」解決すればよいのか、という相談が数多く寄せられる。

　このようなニーズに対して、米国の事例や他の銀行の事例を教科書として持ち出す人は多い。事例を「正解」と信じて受け取ってしまう人も多い。しかし、残念ながら、こうした対処療法では物事は解決しない。

　「予算制度や業績評価制度の問題を『どうやって』解決するのか？」という前に、そもそも「予算制度や業績評価制度の『問題』とは『何か』？」を

問う必要がある。予算制度であれば、「各店の市場特性が反映されていないこと」や「特殊要因が考慮されていないこと」が問題の本質なのであろうか。業績評価制度であれば、「項目数が多すぎること」や「点数の配分がおかしいこと」が問題の本質なのであろうか。そもそも本質的かつ根源的な問題が何か？　という「問題の構造」を理解せずに解決策が議論できるはずがない。

　さらに深く考えれば、最初に「予算制度や業績評価制度とは『何か？』」という点がわからなければ、制度に係る問題を正しく定義することができない。予算制度や業績評価制度の「あるべき姿」を確認しなければ、現状とのギャップは議論できない。そこで、そもそも「予算制度や業績評価制度とは何か？」という点をまずは考えてみよう。

b　手段と目的の逆立ちをもとに戻す

　「制度」とは、なんらかの「目的」を達成するための「手段」である。しかし、「手段」であるはずの「制度」が自己「目的」化した議論は実に多い。制度を高度に進化させていくと、ついつい本来の目的を忘れて、制度自体が目的化してしまう現象は至るところでみられる。「手段と目的の倒置」は経営に限らず、あらゆる人の営みにみられる。たとえば、国民の生命・自由・財産を守るという目的を達成するために手段として軍隊がつくられる。しかし、手段である軍隊が、逆に自己目的化して国民を戦争に巻き込んでいくという事態は歴史上、何度も繰り返されている。

　「予算制度・業績評価制度とは何か？」という質問に答えるためには、予算制度・業績評価制度を再び「手段」として位置づけ、その**「目的」を再確認**する必要がある。目的を再確認することができれば、これまでとは異なるまったく新しい手段を考えることが可能になる。

(2) 予算制度・業績評価制度の目的は何か

なぜ予算をつくり、業績を評価するのか？　予算制度は予算制度単独で成り立つものではない。それは業績評価制度と組み合わされて、「計画立案（PLAN）→実行と管理（DO）→結果の検証と原因の探求（CHECK）→改善策の立案・実施（ACTION）」という「PDCAサイクル」を回すための手段として位置づけられる。

それでは、なぜPDCAサイクルを回す必要があるのか？　PDCAサイクルの目的は何なのか？

筆者は、PDCAサイクルを回す根源的目的は二つあると考えている。

第1の目的が、「組織の目標を達成する」ことである。組織にはなんらかの目標がある。逆にいえば、目標があるから人は集まって組織をつくる。この目標を具体的な行動「計画」に落とし込み、組織の構成員を実際に行動させることによって、組織は目標を達成する。こうした一連の活動を通じて、目標を達成することが第1の目的である。

第2の目的は、「組織の環境適応能力を高める」ことにある。目標は達成できる場合もあれば、残念ながら達成できない場合もある。特に、環境変化が激しい時代においては、物事が計画どおりに実現するとは限らない。目標が達成されようと未達に終わろうと、当初計画したことのどこに差異が発生し、なぜそうなったのか、という点を解明することは重要である。なぜなら、そうすることで組織の環境適応能力を高め、次の目標を達成する確率を着実に向上させることができるからである。結果オーライですませている組織と、結果から着実に学習する組織では、長い目でみれば目標を達成する能力に如実な差が現れてくる。PDCAの目的は、単に「現在」の目標を達成することだけにあるのではない。ゴーイング・コンサーンとして継続的に将来の目標を達成できる能力を高めることが、より重要な目的であるといえよう。予算制度と業績評価制度の目的も、こうした観点から理解する必要がある。

(3) 制度要件～制度の目的を達成するのに何が必要か？

PDCAサイクルならびに予算・業績評価制度の目的を上記のように捉えた場合、必要不可欠な制度要件がみえてくる。ここでは要件として重要な点を四つ指摘しよう。

a 明確な目標（要件①）

「組織の目標を達成する」ことが制度の目的である以上、**「明確な目標」**が設定されていることが必要である。

それでは、明確な目標とは何か？　明確な目標には何が必要か？

目標についてここまで深く考えずに漫然と目標「らしき」ものを掲げている銀行は多い。しかし、PDCAサイクルの出発点である目標が漫然とした状況では、いくら予算・業績評価制度を精緻化しても機能しない。

「目標」とは、組織の「ビジョン」を具現化したもの、として捉える必要がある。

それでは、ビジョンとは何か？　ビジョンには何が必要か？

多くの銀行にビジョン「らしき」ものはある。しかし、真の意味でのビジョンと呼べるものはあまり多くない。

ビジョンとは組織の根源的思想であり、組織の存在意義そのものであり、組織の求心力の源である。ビジョンには少なくとも三つの要素が必要になる。一つが**「何のために」**という組織の存在意義である。この存在意義に独自性がなければ、そもそも社会的に組織が存在する意義が認められず、継続的な競合優位性は築けない。二つめが上記存在意義のために**「何を目指すのか」**という「夢」である。この「夢」は、人々の心を掻き立て、人々を結集させ、人々を動かす魅力的なものでなければならない。三つめがその夢のために**「何をするのか」「何をしないのか」**という価値観（行動規範）であ

る。

　こうしたビジョンを必要な行動に移すために翻訳されたものが「目標」である。つまり目標とは、ビジョンと組織構成員の行動を繋げるものである。生まれながらにして自由な人間は、放置すればバラバラに行動してしまう。こうした自由人を組織のビジョンに沿って行動してもらうために、目標は **SMART** と呼ばれる要件を満たしたスマートなものでなければならない。

　SMART の第1要件は、行動するうえで疑義を生まないように具体的（Specific）なものであること。第2は、行動を管理するために計測可能（Measurable）なものであること。第3は、各人に最大限の力を発揮してもらえるように納得性（Agreeable）があること。第4は、到達可能（Realistic）であること。第5は、時間軸（Time）が明快であること。目標に以上の五要件が充足されてはじめて、組織構成員の行動をビジョンに沿って導くことが可能になる。

b　目標を達成する手段＝戦略（要件②）

　予算・業績評価制度の目的は、目標を達成することにある。しかし、単に「目標をヤレヤレ！」と組織構成員に向かって叫んでも埒が空かない。真珠湾に浮かぶ米国機動部隊を壊滅させるという目標があっても、「どうやって」壊滅させるのかという戦略を示さなければ水兵は行動することができない。したがって、目標を実現する手段が必要になる。この「**目標を達成する手段**」である「**戦略**」が第2の制度要件として指摘することができる。

　「なんだ。当り前ではないか」と思われる読者もいよう。しかし、この「当り前」のことが行われず、戦略もなしに水兵に向かって「早く戦艦を1隻撃沈してこい！」と怒鳴っている銀行は多い。なぜなら、銀行は永らく厳しい規制を受けてきたために真の意味での戦略を立てることができず、戦略が存在しなかったからである（にもかかわらず、これまで一応の成果をあげてこれた理由は、高度成長という経営環境にある。安定した成長環境のもとでは、

戦略不在でも前例を踏襲すれば結果は出せた。この点は後ほど述べたい)。そして、**戦略不在の時代にできあがった予算・業績評価制度**が、未だに構造改革されずに今日に至っているのである。

c 環境適応能力を高める仕掛け＝学びのサイクル（要件③）

予算・業績評価制度の目的は単に現在の目標を達成することにあるのではなく、将来の目標を達成できるように結果から学んで組織の能力を高めることにもある。「**組織能力を高める仕掛け**」としての「**学びのサイクル**」が制度要件の3番目として指摘することができる。

学びのサイクルを回すためには、まず予算策定の段階から単に表面的な目標数値を議論するだけではなく、戦略と戦略の前提となる前提条件を明確にする必要がある。そして、実行段階においては、単に数値の乖離だけではなく、当初予測していた前提条件に、どういう差異が生じているのかを把握し、その原因を探求することが求められる。そして、原因に対する対策を打つことで新たな目標を達成する能力を高めていくことが必要である。

d コミュニケーション（要件④）

読者の多くは小学生のときに「伝言ゲーム」を経験したことがあるだろう。人は目や耳などから入ってくる知覚情報を必ず「解釈」して頭に入れる。したがって、関係者が多くなればなるほど、ゴルフのボールがスライスするように情報は曲がっていく可能性がある。

いくら経営者が立派なビジョンを打ち立てても、それを組織の構成員が全員、経営者と同じレベルで理解していなければ意味はない。しかし、実際には伝言ゲームでゆがめられてしまう場合が多い。

また、目標を達成する戦略を正しく立案するためには、営業現場の情報が迅速かつ的確に経営者に届けられる必要がある。しかし、これも時には意図

的な伝言ゲームでゆがめられてしまう。

　このように予算・業績評価制度が目的を達成するためには、組織全員が情報を正しく共有できることが大前提となる。つまり、制度要件の4番目として、適切な「コミュニケーション」を指摘することができる。情報という血液がうまく循環しなければ、制度をいくら手直ししてもうまく機能するはずがない。

　コミュニケーションをうまく機能させるためには、まず大前提として「コミュニケーションとはむずかしいものである」ということを理解することが不可欠である。「この前、言っただろう！」と言って怒鳴っているようでは経営者として失格である。一度言えば組織のすみずみにまで物事が伝わる、という安易な考え方は早々に改める必要がある。意識転換なくしてコミュニケーションの仕掛けづくりを行うことはできないのである。

(4)　要件を満たした「あるべき姿」とは

　予算・業績評価制度はPDCAサイクルの中核であり、経営における最重要プロセスである。これまでに定義した制度要件に沿って、「予算・業績評価制度のあるべきプロセス」の全体像をまとめてみよう。

a　第1段階：ビジョン、大枠目標、企業戦略を立案する

　まず、第1段階として経営陣が組織の「ビジョン」を策定し、その実現に向けた大枠の目標を設定し、実現手段としての企業戦略を立案する。

　たとえば、90年代に大躍進を遂げた旧ノーウェスト銀行の事例をみてみよう。食品会社勤務の経験もあるコバセビッチ会長のリーダーシップのもとで、まずは「銀行の衣をまとった小売業」と評されたユニークなビジョンが打ち立てられた。次に「四つの挑戦」という「財務」「顧客」「組織能力」「人材」に関する大枠の目標が掲げられた。そして「生き残り6ケ条」とい

う基本戦略がつくられた。

　この過程は、経営陣が一枚岩になって進める必要がある。欧米の銀行ではホテルやリゾートに泊まりこんで集中的に議論して策定することが多い。筆者も数多くの銀行で「役員合宿」を行って策定を支援している。

b　第2段階：トップダウン

　次に、第2段階として経営陣から組織全体に「**トップダウン**」で、ビジョン、大枠目標、企業戦略が示される。

　この際に伝言ゲームの弊害を阻止する仕掛けが必要になり、欧米の銀行では、通達、社内報、電子メールなどのあらゆる媒体を利用するとともに、経営陣自らが現場に足を運んでプレゼンテーションと討議を行うことが多い。このときに原稿を棒読みする人は経営者として失格である。なぜなら、ビジョンは人々の心を掻き立てる必要があるからである。その意味では、邦銀の経営者に真の意味でのトップ・ダウンを行う能力のある人はそう多くない。

c　第3段階：ボトムアップ

　経営陣から示された大枠に沿って、第3段階として各現場で各々の実情に即して詳細設計が行われる。目標をより具体的な一里塚に分解し、企業戦略をより詳細な事業戦略に具体化する。

　その際、大枠の目標はあくまでも所与である。目標が現実的（Realistic）でないと思うときには、立証責任は現場が負わなければならない。そして、各現場で立案された詳細プランが、「**ボトムアップ**」で経営陣に示されることになる。

図表9-1 PDCAサイクルとしての予算・業績評価制度

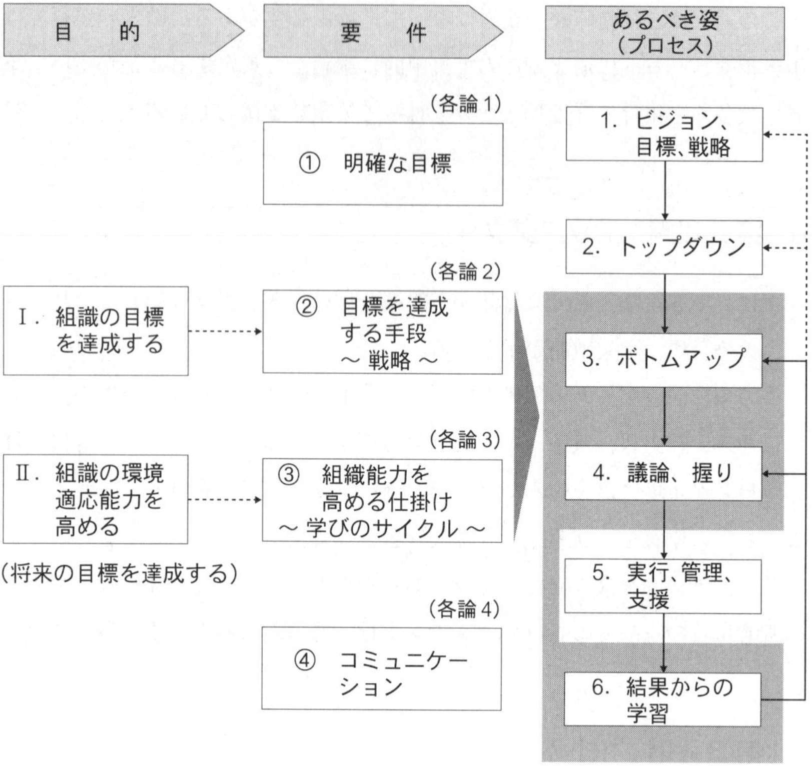

目的 → 要件 → あるべき姿（プロセス）

- I. 組織の目標を達成する
- II. 組織の環境適応能力を高める（将来の目標を達成する）

要件：
- （各論1）① 明確な目標
- （各論2）② 目標を達成する手段 〜戦略〜
- （各論3）③ 組織能力を高める仕掛け 〜学びのサイクル〜
- （各論4）④ コミュニケーション

あるべき姿（プロセス）：
1. ビジョン、目標、戦略
2. トップダウン
3. ボトムアップ
4. 議論、握り
5. 実行、管理、支援
6. 結果からの学習

d 第4段階：議論を尽くして握る

　ボトムアップで提案された現場の案をもとに、経営陣は各現場の長と長時間にわたって議論を行い、目標の水準だけでなく、目標を達成する手段としての戦略、戦略実施のために必要な経営資源・権限、その見返りとしての成果、責任が議論されることになる。「経費予算は総務部、営業目標は営業統括部……」という具合にバラバラに議論されることはない。インプットである必要資源と、アウトプットである成果責任は一貫して議論される。「**議論を尽くす**」と経営陣と部門長は計画を「**握る**」ことになるのである。

e　第5段階：進捗状況を管理する

　実行の段階に入ると、基本的には各現場に執行が任される。ただし、経営陣としては進捗状況を詳細に計測して観察する必要がある。欧米の銀行の場合、「握る数字」は絞られた簡潔な数字であるが、進捗状況を「管理する数字」は非常に詳細である。つまり、**「握る数字」**と**「管理する数字」**を分けて考える必要がある。

　また、進捗管理として**「信号方式」**がとられている場合が多い。つまり、目標値以外に黄信号と赤信号になる水準値があらかじめ決められている。青信号であれば経営陣は「みている」だけで口は挟まない。しかし、黄信号の水準を割り込むと、注意を喚起すると同時に、必要であれば**「支援」**を行う。現場を「叱る」のではなく、具体的に「支援」を行うことで赤信号まで割り込むことを回避する。不幸にして赤信号に割り込めば、経営陣は早急に介入することになる。

f　第6段階：結果から学ぶ

　四半期なり半期の結果がおおよそみえてくると、今度は当初の計画と結果の**差異**分析が現場で行われる。その際、単に表面的な数字のズレだけではなく、数字の背景にあった戦略やその前提条件にどういう差異が生じたのかが検証される。次に、差異が発生した**原因**がどこにあるのか、外部環境にあるのか内部要因にあるのか、保有する権限と資源で対応可能であったのか否かといった点が検討される。さらに、今期の反省をふまえて、来期には何をすべきかという**対策**が議論される。

　今期の反省と来期の計画策定は実際には「同時」に行われることが多い。したがって、先ほど述べた経営陣と現場の長が握る際の議論（第4段階）のなかで、今期の反省点と対応策が来期の計画とともに議論されることになる。こうすることで、PDCAのサイクルは連続性が確保され、組織としての

学びが来期の計画に反映されることになる。

(5) なぜ「あるべき姿」と異なるのか

　上記のような予算・業績評価制度は、欧米の銀行であれば当然のように実施されている。しかし、邦銀の現状は「あるべき姿」からはほど遠い。実際、どのように異なるのかという点は、次の各論で一つ一つ詳細に議論する。ここでは、「なぜ、本来の姿とは異なる制度になっているのか？」という点をあらかじめ総論的に考えておきたい。

　なぜ、現状の制度は「あるべき姿」と異なるのか？　という問いに対する筆者の考え方は明快である。昔の銀行を取り巻く経営環境が**特殊な経営環境**であったためである。特殊な経営環境のもとでできあがった特殊な制度が、経営環境が構造的に変化したにもかかわらず、制度としては構造的に変化しないまま残っている。すなわち、経営環境が金融ビッグバンにより「特殊な環境」から「あるべき環境」に構造転換したにもかかわらず、予算・業績評価制度は「特殊な制度」のまま構造転換していない。あるべき姿との間に格差があるのも、現在の経営環境のもとでさまざまな問題が発生するのも、こうした点に根本的な原因を求めることができる。

　もう少しわかりやすく説明してみよう。金融ビッグバン以前の銀行を取り巻く経営環境の特徴は、「安定した高度経済成長」と「がんじがらめの規制」にあった。たとえば、後者についてはマーケティング戦略における四つの戦略要素（4P）である商品（Product）、価格（Price）、チャネル（Place）、広告宣伝（Promotion）はすべて規制されていた。このように銀行は経営戦略を立てたくても立てられない状況にあった。つまり、真の意味での経営戦略は銀行経営には存在しなかった。存在していたのは旧大蔵省銀行局における国家レベルでの戦略モデルであり、銀行はその一翼を担う執行機関にすぎなかったといっても過言ではない。

　高度経済成長という比較的安定した経済環境のもとでは、国家主導の計画

図表9-2　予算・業績評価制度における構造転換

（現行制度）

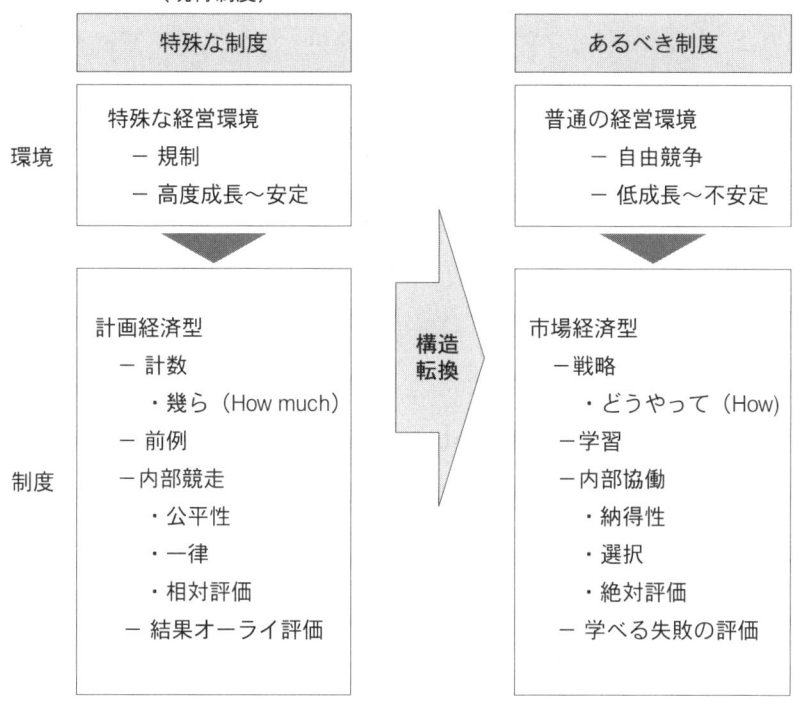

特殊な制度	あるべき制度

環境
- 特殊な経営環境
  - 規制
  - 高度成長〜安定
- 普通の経営環境
  - 自由競争
  - 低成長〜不安定

構造転換

制度
- 計画経済型
  - 計数
    ・幾ら（How much）
  - 前例
  - 内部競走
    ・公平性
    ・一律
    ・相対評価
  - 結果オーライ評価
- 市場経済型
  - 戦略
    ・どうやって（How）
  - 学習
  - 内部協働
    ・納得性
    ・選択
    ・絶対評価
  - 学べる失敗の評価

　経済モデルはうまく機能した。計画経済のもとでは**「計数」**ですべてが語られる。安定した経営環境のもとでは前例を墨守すれば物事はうまく運び、あえて「具体的なやり方（＝戦略）」を議論する必要はなかった。前例が金科玉条の「正解」である以上、結果から学ぶ必要もなかった。毎年毎年、同じやり方を繰り返すことで、実際に高度経済の波に乗って結果も出た環境では、「戦略」も「組織学習」も不要であった。したがって、国家から配布された計数を各銀行、各部門、各営業店、各銀行員に分解して、あとは前例に従って「ヤレ！　ヤレ！」と叫んでいればことはすんだ。

　このような環境で、さらに確実に目標を達成するには**「競走」**をさせることが好ましい。銀行間、部門間、営業店間、銀行員間で「よ〜い、ドン」と

「競走」をさせる壮大な仕組みがつくられた。銀行間では、希少な金融資産を吸い上げるという国家目標に沿って、預金量で序列化され「競走」をさせられた。各銀行内部で営業店間の「競走」を担ったのが予算・業績評価制度である（ついでにいえば、銀行員間の「競走」は人事制度が担った）。店性格により多少の違いはあるものの、基本的には「競走」をするために**「同一項目」**が**「一律」**に全店に割り振られ、一等賞、二等賞という**「相対評価」**がなされた。そして、この構造はチャネル改革によるエリア制の導入により、営業店間の競争が複数店エリア（ブロック）間の競争に「改良」されても基本的には変わっていない。

(6) 経営思想を転換し、本来の目的に沿った新しい手段を創造する

経営環境は著しく変化した。安定的な高度成長経済ではなく変化の激しい低成長デフレ経済においては、単に前例を墨守すれば結果が出るわけではない。むしろ、前例とは異なる、かつ競合とも異なる独自の戦略を考え、実行しなければ限られた市場機会のなかで結果を出すことはむずかしくなる。こうした環境のもとでは、計数しか語らない計画経済は破綻する。旧社会主義諸国の崩壊はこうした観点から必然的な帰結として理解することができる。

いまの邦銀に求められているのは単なる予算・業績評価制度の「改良」ではない。高度な収益管理システムを導入しても、予算編成のプロセスを参加型に改良しても、業績評価の項目数を削減し収益項目の配点を上げても、基本的な構造を変えない限りは問題を根本的に解決することはできない。

いま、必要なことは、予算・業績評価制度の目的に立ち返り、新しい経営思想に基づいて「新しい手段」を構築することにある。構造転換を行ううえで特に考慮すべきポイントを二点指摘しておきたい。

a　構造転換の要諦①——「計数計画」から「戦略計画」へ

　まず、第1の制度目的である「目標を達成する」ことに絡む問題である。目標を達成するために、これまでの予算・業績評価制度では「いくら」(How Much) という目標計数を示すことに重点が置かれてきた。しかし、今後は「どうやって」(How) という戦略の中身に重点を置き換える必要がある。

　たしかに、最近は単に計数目標だけでなく多種多様な戦略がつくられるようになった。しかし、戦略の多くは「目標を達成するために具体的に何をやるのか」という観点から計数目標と関連づけて作成されているとはいいがたい。計数目標は数値計算の世界のなかで自己完結的に作成され、「戦略的にこういう手を打つから、こういう数字になる」という観点からつくられているわけではない。そのため、営業現場からは「どうやって、こんな数字を達成しろというのか？」「市場環境を理解していない無謀な計画だ！」という不満の声が絶えない。戦略と目標が、真に一体化された制度をつくる必要がある。

b　構造転換の要諦②——「結果オーライ」から「学べる失敗」へ

　次に、第2の制度目的である「組織の能力を高めること」に絡む問題を指摘したい。この点で、これまでの業績評価制度は単純に「結果」を問うてきた。もちろん財務指標の結果だけで評価されるわけではなく、いわゆる「管理項目」のなかで営業店の運営姿勢などを問う部分もあったことは確かである。しかし、たとえば、偶然に特殊要因が転がり込んできてよい結果が出せた支店長のAさんと、優れた戦略を立案・実行しながら環境が悪く結果が出せなかったものの、反省をふまえ戦略を再考し来期に臨もうとしているB支店長のどちらを評価してきたかといえば明快である。前者である。

　筆者は何も短期的業績の評価を否定するつもりはない。ある期に結果を出した人材を評価し短期的褒賞（たとえば、賞与）で報いる制度は必要であ

る。しかし、こうした制度だけでは変化の激しい経営環境を生き抜くことはできない。結果を反省するという嫌な作業に時間と手間隙をかけ、そこからの学びを組織全体に発信し、来期の計画策定に生かすという作業自体を評価することも必要になる。

　要は、「**結果オーライ**」には短期的に報いるものの、組織としては「**学んだ失敗**」をより評価する姿勢を示していくことが必要になる。今期の目標に対する貢献だけが組織に対する貢献ではない。組織能力の向上に対する貢献のほうが生涯価値という観点からは銀行の企業価値に対する貢献度は高いのである。

▶3 「明確な目標」（各論1）

　ここまで述べてきた考え方をもとに、予算・業績評価制度について、より詳細な議論を進めていこう。先にあげた四つの制度要件に即して、現状どういう問題があり、それをどう解決していくべきかを検討していきたい。

(1) 現状の課題は何か？

　そこで、まず第1の要件である「目標」に関する問題点をみていこう。あるべき姿を前提に考えると、現状の目標には、以下のような問題点を指摘することができる。

a　財務指標に偏った指標

　従来は預金や貸金、住宅ローンの「残高」や、○○商品の新規獲得「件数」といった指標に重きが置かれていた。しかし、ボリューム偏重の指標は銀行全体の業績と連動しない。そこで、銀行全体の業績と連動性を高めるた

めに、スプレッド金利や活動原価、信用コスト、不良債権回収額などの新しい指標が採用されつつある。業績評価の配点も、ボリューム指標から収益指標に重点が移されてきた。この動きは高く評価することができる。しかし、新しい収益中心の指標も所詮、財務指標にすぎない。顧客忠誠度や従業員満足度などに関する指標はほとんどない。後で述べるように、欧米の銀行と比較すると、経営を図るモノサシが圧倒的に不足しているのである。

b 「何でもヤレ」の総花的項目

前にも述べたように、従来の銀行経営には真の意味での経営戦略が存在しなかった。護送船団的規制のためにできることには著しい制約があったからである。このために「できることは、すべてやる」という総花的経営を行わざるをえなかった。この影響が自由化が進展した現在でも、未だに予算制度や業績評価制度に色濃く残されている。制度の大項目だけでも収益項目、ボリューム項目、基盤項目、管理項目、営業協力項目などがあり、その大項目ごとにさらに詳細な項目が続く。とにかく、項目数が多く、それでいて項目の間に一貫性があるわけではない。最近では、項目数を減らす動きが顕著にみられるが、単に数を減らせばすむ問題ではない。どういう項目を目標として適用するかは、本来であれば戦略から導かれるべきである。現状ではフォーカスされた戦略的な「打ち手」と連動して項目が選ばれているとはいいがたい。

c グループ別の一律適用

店性格別にグループ分けを行い、同じ店性格であれば同一項目で「競走」させる構図は基本的に変わっていない。競走をさせる以上は**「公平性」**が要求される。同じ店性格で同じ条件で競走させるためには、同じ項目で揃えるしかない。しかし、現実には営業店によって市場環境は異なる。なるべくな

ら、市場環境要因を考慮したいが、あまり考慮しすぎると公平な「競走」にならなくなる。ある程度、割り切らざるをえない。このように銀行内部で「競走」させる経営思想に基づいて公平性を重視する以上、目標項目を一律に適用せざるをえない。市場ごとに顧客ニーズに基づいてきめ細かく行動できる体制にはなっていないのである。

(2) 課題にどう取り組むか

問題に対して、どういう対応策がとられるべきであろうか。ここで打つべき施策のポイントをいくつか指摘したい。

a モノサシを多様化する

目標に求められる要件の一つが、測定可能性（Measurable）にあることは前に述べた。測定可能であるためには、現実問題として**数値化**できなければならない。しかし、数値化できるものは何も残高や件数や収益などの財務指標に限定されるわけではない。もっと多様なモノサシを使って経営を多面的に測定することが必要である。経営の一面に偏った指標ではなく、経営全般をなるべく広くカバーする「**均衡のとれた指標（バランスト・スコア）**」が必要なのである。そこで、指標に関して打つべき施策のポイントを指摘しよう。

イ 新しい効率性指標をつくる

財務関連の指標については、すでにすべてを網羅しているようにみえる。しかし、欧米の銀行と比較すると、財務関連の指標ですら重大な抜け漏れを指摘することができる。そのなかで最も重要なものが「**効率性**」に関する指標である。

これまで経営の効率性を図る指標としては、一店舗当りの預金残高とか、

一人当りの貸金残高という指標が主に使われてきた。ボリュームをボリュームで割る静態的な効率性指標である。しかし、静態的指標だけで経営の効率性をみている点に大きな問題がある。欠落している以下の指標を早急に補う必要がある。

① 回　転　率

　一つは、「**回転率**」である。およそ商売においては、限られた資源からいかに最大の成果を収めるかが問われる。そのため投入した経営資源をなるべく高速で回転させることが必要になり、効率性が高まる。銀行員であれば、だれでもそんな初歩的なことは理解しているし、顧客の財務分析を行うときには必ず議論する。

　にもかかわらずである。不思議なことに銀行員は自分たちの商売の回転率をほとんど議論しない。貸出資産は約定返済期限まで塩漬けにされたまま放置されている。「**資産回転率**」という指標を採用して積極的に資産を流動化し、手数料収入を稼ぐ欧米銀行との彼我の格差はあまりにも大きい。回転率指標を導入することは、単に経営の効率性を高めるだけでなく、資産流動化に伴う新しい収益機会の獲得にも繋がるのである。

② 時　　　間

　二つには、「**時間**」に絡む指標である。邦銀の経営者は時間外手当てを制限する一方で、長時間労働を強いることで人件費単価を引き下げてきた。これは一見すると経営効率を高めているようにみえる。しかし、実際は時間を「最大限」に使わせるというこの思想こそが、時間に対する管理を麻痺させてしまった。ダラダラと時間をかけて仕事をする割には、なんら付加価値を生み出さない文化をつくりあげる原因となったのである。

　欧米企業では単位時間当りの人件費は所与と考える。したがって、最低の時間で最高の付加価値を生み出した人間を高く評価する。時間という資源をどれだけ消費したのかが厳しく管理されるだけでなく、それに対する付加価値も問われるのである。そこでは「3時間でたったこれだけ？」とか「2時

間でこんなにできたの？」という会話がなされる。2時間の会議で何も話さずに黙っていると「2時間分の給与を返せ」といわれる。時間に関する指標を採用していくことが必要不可欠なのである。

ロ．バランスト・スコア・カードを採用する

さらに必要なことは、財務に偏った指標をもっと**多様化**するとともに、多用化された指標を関連づけて**一貫性**をもたせることである。解決策としては、「バランスト・スコア・カード（以下BSC）」を採用することが求められる。財務指標という株主・債権者向けの指標だけでなく、顧客満足度や従業員満足度など、さまざまな利害関係人を対象とする多面的な指標をつくる。また、短期的指標だけでなく中長期的指標をつくると同時に、先行指標と遅行指標もつくる。そして、それらの指標を仮説に基づいて関連づけていく。BSCの導入方法については、すでにさまざまな著作が出ているので、詳細はそれらの本に譲ることとしたい。

ただ、ここではBSCを採用する場合に留意すべき点を五つ指摘しておきたい。

① まず、BSCの「制度」だけを取り入れようとしても機能しない点である。先に述べたビジョン、組織目標、戦略が明確でなければ、そもそもBSCをつくることはできない。実際、BSCを導入するときには、多くの時間をビジョン、組織目標、戦略の議論に費やさざるをえない場合が多い。

② 第2に、教科書や他社他行事例は当てにしないで自行「ならでは」の指標をつくり込む必要がある。BSCは自行のビジョンや組織目標、戦略さらには組織文化を反映したものでなければ機能しない。

③ 第3に、BSCでもカバーできない「地味だけど重要な仕事」が残る点に留意する必要がある。BSCも万能ではない。BSCを採用しても「目標以外のことは何もやらない」文化が変わらなければ、「地味だけど重要な仕事」が看過されてしまう危険性が残る。

④ 第4に、最初から完全なものをつくろうと思わないことである。BSC

自体に因果関係の「仮説」が織り込まれる以上、結果から学びながら修正していく必要がある。したがって、「学びのサイクル」が予算・業績評価制度において機能しなければ、せっかくBSCを採用しても立ち枯れてしまう。

⑤ 第5に、BSCは組織内のコミュニケーションの共通言語となりうる点である。そのためには、共通言語を正しく解釈し真に共有化できるコミュニケーションの仕掛けがあることが大前提となる。活動原価などの新指標を導入するときの最大の問題がここにある。いかに伝言ゲームを防ぎ、活動原価などの新しい指標の意義を現場の人に理解してもらい、行動を変えてもらえるかが重要なのである。

b 戦略と繋げる

目標は、それを達成する手段である戦略と繋げる必要がある。ここでは目標と戦略を繋げるためのポイントを、二つ指摘しよう。

イ．限定された一貫性のある指標を握る

「規制されている以上、許された範囲内では何でもやる」という総花的経営思想が自由化された以降も未だに色濃く残っている。総花的経営思想をもった経営者は、自由化されたものはすべて実施しないと気がすまないし、そのことが銀行の収益を向上させると信じて疑わない。そして、投資信託から保険に至るまで目一杯に手を広げ、すべての金融商品に目標を貼り、販売させることになる。

しかし、現場はたまったものではない。膨大な種類の商品内容、事務取扱い要領を覚えるだけでも、すでに人間の能力を超えている。さらに、取扱い要領がコロコロ変わる。加えて顧客の質問に答えるためには、自行の商品だけではなく競合する他業態の商品内容にも精通しておく必要がある。こんなことが本当にすべてできるスーパーマンは、この世に存在するはずがない。

顧客もたまったものではない。目標を張られている銀行員が供給者論理に基づいて押売り販売を行う例は、未だに後を絶たない。顧客は銀行との関係を維持するために仕方なく契約するも、不愉快で仕方がない。何十年も前にメーカーが押売り販売を行っていたときの戦略を未だに銀行業は踏襲しているのである。

本来、どういう金融商品が売れるのかは顧客ニーズに基づいて決まるのであって、市場によって千差万別である。そして、最終目標である収益の向上に向けてどういう手段を講じるかは、日頃顧客と接している現場に極力任せるべきである。欧米の銀行の場合、経営者と現場の長が「握る」数字の項目はあまり多くない。10項目ぐらいの場合が多い。しかも、BSC的な考え方に基づいて、項目間の因果関係が明確に示されている。当然、その目標項目と、それを達成するために必要な戦略はセットになっている。

戦略は市場によって異なるし、フォーカスされなければならない。したがって、握る数字は市場別にフォーカスされた一貫したものにする必要がある。項目体系をBSCの枠組みに基づいて大幅に簡素化することが必要なのである。

ロ．握る指標と観る指標を分ける

握る数字の項目を10程度に減らすべきであるというと、「そんなに減らして経営ができるのか？」と不安になる経営者もいるであろう。この議論には暗黙の前提がある。握った数字でそのまま管理するという従来の体制が前提となっているのである。

今後は握る数字と管理する数字は分けて考える必要がある。握る数字は10項目に限定しても、その10項目の進捗状況を管理する指標は10項目では足りない。各項目を因数分解した詳細な指標体系をあらかじめつくっておくことが必要である。成果があがった要因が短期的要因によるものなのか構造的なものなのか、逆に成果が出ない原因はどこにあるのかといった点を現場と経営がタイムリーに共有することが速やかな改善策を講じるうえで必要不可

欠となる。

c 現場に選択させる

　企業内部で競走させる考え方は、銀行に限らず日本企業に共通する経営思想であった。電機業界も各事業部を次々に分社化して業績を競わせた。運輸業界でも地域ごとに事業部を分けてお互いの業績を競わせた。競走させるためには条件をなるべく揃えなければならない。したがって、目標は一律的なものにならざるをえない。

　高度成長期にはうまく機能したこうした経営思想も、成熟社会では通用しない。ゼロ・サム・ゲームの成熟社会では「共食い」の弊害が大きくなる。顧客ニーズが多様化し高度化している状況のなかで、「一律」のボリューム目標では顧客のニーズにこたえることができない。

　「**内部競走**」の経営思想は、「**内部協働**」の経営思想に転換される必要がある。成熟社会では高い付加価値を顧客に提供するために、むしろ組織の英知を結集することが求められる。組織全体の目標に対して自分たちの部店がどう貢献すべきかを自分たちの置かれた状況から判断して主体的、自律的に動くことが必要になる。そのためには何をすべきか、という点について現場に選択の幅を広くもたせることが望ましい。

　現場に選択の幅をもたせることは、現場の自律性を高める。「目標以外のことはやらない」「言われたらやるけど、言われないとやらない」他律的な文化を払拭し、現場主体の文化を築くうえで、現場に選択肢をもたせることは必要不可欠なのである。

4 「目標を達成する手段＝戦略」(各論2)

ここまで目標に関係する問題点と解決策を検討してきた。次に、目標を達成する手段としての戦略に関する問題を議論していきたい。

(1) 現状の課題は何か？

目標を達成する手段である戦略についてもさまざまな問題点が指摘できるが、ここでは大きく三つの点を指摘したい。

a 目標を達成する手段としての戦略がない

高度成長期には、マクロ経済がどんどん伸びるのに比例して銀行の業績も伸びた。したがって、次年度の予算をつくるときには、まずマクロ調査部門が経済成長率を予測する。それに基づいて銀行としての成長率の目安を経営者の意志も加味してつくる。ボリュームを、その成長率で伸ばして収入を算出する。業容拡大に必要な資源を経費として折り込み、加えて金利の変動状況を ALM 部門で検討し、資金調達と運用の目安から最終利益が大方出る。後は他行との競争や、市場の期待を勘案して最終目標水準が決められる。

全体の目標数値が決まると、今度は各部門で同様の数値を算出し、積み上げてみる。普通は各部門が控えめな数字を出すので、目標計数の水準をめぐって調整が図られる。部門の目標数値が決められると、今度は各営業店と同様の作業を行って各営業店の計数目標が定められる。

こうした一連の作業が過去から延々と繰り返されてきた。しかし、そこで議論されているのは「計数」にすぎない。「どれだけやるのか」(How Much) がもっぱら議論され、その割には「どうやってやるのか」(How) という戦略はあまり議論されていない。さすがに、近年は単に計数だけでなく戦略の

議論も増えてきたことは確かである。しかし、自己完結した計数議論にどれだけ戦略が反映されているのかといえば、心もとない。計数計画は従来どおり完結した体系のもとでつくられる一方で、戦略は別途議論され「作文」されているにすぎない場合が多い。戦略と計数を連携づけている場合でも、そこで語られている戦略は抽象度が高く目標を達成する「手段」としての具体性がない。現場からみれば、未だに「どうやって」がないまま、「どれだけ」という数字だけが降ってくるようにみえるのである。

b 戦略立案の前提となる情報収集が不十分

目標を達成する手段としての戦略を立案するためには、現場の詳細な情報が必要になる。

欧米の銀行では、さまざまな調査活動を定期的に行っている。顧客満足度、従業員満足度、業務運営リスク……といったさまざまな角度からさまざまな調査活動が行われる。たとえば、人材開発だけでも、従業員意識調査、転職意識調査、行員錬度調査……といったさまざまな調査に加え、頻繁な面接が実施される。また、各営業店の市場調査においても、営業店の情報収集だけでなく、客観的なデータが本部で幅広く調査・収集される。次に、徹底的に集められた情報をもとに、「どうやって」目標を達成するのかが具体的に議論されることになる。

たしかに、邦銀でも顧客満足度調査や従業員満足度調査が行われているところは多い。しかし、調査の質と量における格差は大きい。たとえば、調査項目をみても、欧米の銀行ではインタビューから導かれた仮説を前提に調査項目や内容を毎回工夫する。邦銀の多くは、毎年かわりばえのしない定型的な質問表を送付するだけにすぎない。また、集められた情報は確かに頭取に報告はされている。しかし、それが戦略にどう反映されたのかは不明確である。したがって、声を発した人にフィードバックされることもない。この結果、顧客からは「銀行に文句を言っても、全然改善してくれない」という不

満が噴出する。

　邦銀の場合、本部の調査活動が不足しているだけでなく、現場における顧客ニーズ収集活動も十分とはいいがたい。現場が「顧客はこう言っている」というとき、「どういう顧客が言っているのか」が問われない場合が多い。そして、そもそも顧客が「言っていること」をそのまま「ニーズ」と捉える浅い思考が戦略を狂わす原因ともなる。市場の「本音」は現場からだけでなく、他のルートからも収集することが必要である。にもかかわらず、施策を打っている銀行は少ない。

c　戦略行動から目標達成に至る因果関係が不明

　業績評価上の目標は達成したのに、なぜか銀行全体の業績は低下してしまう……つまり、「全体」と「部分」のミスマッチが頻繁に発生している。

　一つの要因としては、不良債権の増加に伴い信用コストや回収率の影響がこれまでとは桁違いに増えているために関連指標を高度化し信用コストや回収状況を織り込んでいくという対応が図られているためである。しかし、一つ一つの「モノサシ」は高度化されても、一人一人の行動が全体の結果とどう繋っているのかという因果関係の体系は未だにない。したがって、いつまで経っても全体と部分は切れたままの状態になる。

　たとえば、経費の問題を考えてみよう。経費については、従来のドンブリ勘定でなく活動原価に基づく指標を採用する銀行が増えている。しかし、そうした指標を採用しても問題は解決しない。なぜなら、経費は「経費予算」として総務部の所管である。厳しい経営環境の折、経費を担当する総務部はとにかく、経費を削ることしか考えない。「経費予算」とは別の世界で、「資金運用・調達計画」が営業部門とALM部門を中心に組み立てられる。その他に「投資計画」「手数料計画」といったものが、パーツパーツで組み立てられて予算編成が行われる。このような体系のもとでは、「こういう戦略行動をとるから、これだけの経費がいる。そのかわりこれだけの収益をコミッ

トする」という各指標を一貫した因果関係の議論はなされない。

(2) 課題にどう取り組むか？

ここで対応策に関する主なポイントを指摘しよう。

a 現場の知恵を生かす

　「いくらやるのか」という数字だけの議論を改めて、「どうやってやるのか」という戦略議論を強化していく必要がある。しかし、問題は「どうやってやるのか」という知恵がなかなか浮かばない点にある。大型店の営業店長から「こんな数字、どうやってやるんだ！」と突き上げられた本部担当者は、あの手この手の「作文」を試みるが、どれも抽象論の域を出ない。

　「どうやってやるのか」は、何もすべて本部が考える必要はない。戦略の武器を取り揃えるのは本部の役割であっても、実際に武器を使ってどう攻めるのかは現場が考えるべきである。計画経済のもとでは、「計数」と「正解」は上から降ってきた。しかし、市場経済における「正解」は市場に一番近いところにある。現場で普段顧客と接触する過程で、「もっとこうしたい……」という想いを単なる思いつきでなく戦略に昇華する必要がある。

　欧米の銀行では、こうしたボトムアップによる戦略アイディアの収集が頻繁に行われる。たとえば、先にあげた旧ノーウェストでは、現場から2000ものアイディアを収集して5億ドル以上の収益改善効果を出したといわれている。筆者もコンサルティングでこのような手法をよく使う。たとえば、某銀行で融資業務について現場のアイディアを収集したところ、200項目以上のアイディアが集められた。机に噛りついてウンウン唸る暇があれば、現場を歩き回って眠れる暗黙知を拾い集めるべきである。

　現場にある戦略アイディアを収集する作業は、予算策定の過程のなかで定期的に行われる場合もあれば、もっと大規模な構造改革プロジェクトの一環

として行われる場合もある。後者の場合には、うまく運営すれば相当大量の知恵を集めることができるが、それには仕掛けがいる。特に重要なのが、コミュニケーションのとり方である。

まず第1に、経営側の意図を現場に正しく理解してもらうことが必要になる。第2に、適切な質問内容、方法、時期、媒体でアイディアを収集する必要がある。第3に、アイディアを整理し優先順序づけする過程にも現場の参加を求める必要がある。そして、第4にフィードバックをきっちりと行うことである。

コミュニケーション技術の巧拙で、集まる戦略ネタの質と量が大きく左右されることになる。詳細はコミュニケーションの項で再度、述べたい。

b 調査機能、情報収集機能を充実させる

現場の知恵を集めるためには、現場をうまく刺激する「問いかけ」が必要になる。そのためには現場の実情に関する情報が必要不可欠である。

現場は営業活動を行っているために忙しい。商売に直結する情報の収集は現場に期待しても、それを超える活動は期待すべきではない。したがって、本部主導の調査活動の質と量を格段に強化する必要がある。こうした活動は間接費用であるためにカネをケチる経営者が多い。しかし、ケチケチ行為は自らの目を塞ぎ耳を削いでいるに等しい。

そこで、調査活動を拡充する際のポイントを指摘してみよう。

第1に、従来よりも幅広な調査活動を行うことである。BSCで議論される「ヒト」「業務プロセス」「顧客」「財務」に関する指標を計測するためには多様な調査を行う必要がある。それと同時に、多様な調査をBSCの因果関係の構図に沿って一貫して関連づける必要がある。全体の体系のなかで**「漏れなく、重複なく」全体をカバーする調査体系**をつくる必要がある。

第2に、**第三者機関**をうまく活用することである。第三者機関のメリットは客観的な情報、ホンネの情報が集まりやすいことにある。営業現場の人か

らすれば、本部の施策をあからさまに否定する意見は出しにくい。しかし、第三者であれば（出所をマル秘とする約束のもとで）気軽に話すことができる。また、第三者機関が保有している他行・他社のベンチマーク情報を活用することも可能になる。

　第3に、**仮説主導**で行うことである。毎回、定型的な内容で行う「乾いた」調査から得られる情報はすぐに陳腐化する。ある程度の戦略仮説をもって調査を行うことが望ましい。事前にインタビューなりサンプル調査で実態を把握したうえで仮説を構築し、その仮説に沿って調査項目を考えていく作業が内容を戦略に生かすうえで重要なのである。

　第4に、**調査対象に関する「割切り」**である。新しい調査は準備から実施、集計、分析に膨大な労力と時間がかかる。これを全行規模で行うとカネも人手も時間も足りない場合が多い。したがって、たとえば店性格別にサンプルを抽出するなどの「割切り」が必要になる。

　第5に、最初から完璧な調査を期待しないことである。最初から完璧を期そうとすると、項目が多く網羅的になってしまう場合が多い。**ポイントを絞り**、最も重要な点から調べ始め、**徐々に進化**させていくべきであろう。

c　全体と部分を構造化する

　一人一人の組織構成員の行動により組織全体の目標が達成されるためには、巨大な銀行組織内における各部門の戦略行動と全体の目標が繋がっている必要がある。つまり、全体と部分を構造化することが求められる。

　ここでいう構造化は、二つの方向で繋げることを意味する。一つが、タテ割機能をヨコに繋げる方向であり、もう一つが、上から下までタテに繋げる方向である。まず、前者のタテ割機能を繋げる点からみていこう。

イ．タテ割機能予算をヨコに繋ぐ

　銀行の本部は人事、営業、システム……という具合に経営機能をタテ割に

分割した構造になっている。そのため、経費予算であれば経費を所管する総務部が取りまとめる。資金調達と運用についてはALM部門に諮られる。投資計画のなかでも重要なシステム投資計画については、システム資源全体との兼合いからシステム部門が立案する。結局は、各機能部門がバラバラに作成した予算が企画部で予算編成という形で調整されているにすぎない。これでは戦略と目標の一貫性を担保することはできない。

　この点を是正するためには、そもそも本部組織体制のあり方を構造的に変更する必要がある。タテ割の機能部門に対し、ヨコ糸を通す組織が必要になる。こうした新しい組織体制については、第16章で述べることとしたい。

　ここでは、予算・業績評価制度のプロセスを通じてヨコ串を刺すべき点を指摘したい。現状のプロセスの実態は、各タテ割部門の事務局が主体となった**ミドルアップ・ミドルダウン型**である。これを前に述べた**トップダウン・ボトムアップ型**に変更することで、実はヨコの繋がりを確保することができる。なぜなら「トップ」の経営陣は機能別のタテ割ではないし、またボトムの現場もタテ割りではないからである。特に、現場の営業店長の視座で「何をする（戦略）から何が必要（経費、投資、権限）であり、そのかわりに何をコミットする（目標、責任）」という議論を行うことが、タテ割部門別の部分最適議論を打破することに繋がる。

ロ．個人と組織を繋ぐ

　次に、上から下までの構造化について議論しよう。組織の目標は最終的には個人の行動によって達成される。したがって、組織目標と個人行動の繋ぎが問題になる。

　この点は業績評価制度と人事考課制度の関係を抜きには議論できない。これまで多くの銀行では個人を評価する制度は、人事部が所管する人事考課制度であって、営業部門の業績評価制度と必ずしもリンクしていたわけではない。各部門長、営業店長のレベルではリンクしていても、一般行員のレベルではリンクしていたとはいいがたい。

一般行員のレベルにおいても、二つの制度を連携させるためには、人事制度に目標管理制度を導入し、その目標の一部を業績評価制度の目標とリンクさせる必要がある。

　こうした試みはすでになされている。しかし、必ずしも期待した成果を出していない場合が多い。なぜか？

ハ．目標管理制度をうまく運用するには

　問題は必ずしも制度自体にあるわけではない。むしろ、制度をいくら精緻に設計しても、「運用」がうまくいかない点に問題がある。運用も視野に入れた目標管理制度のポイントを、いくつか指摘してみよう。

① 　まず第1に、**挑戦する**という行動をいかに評価するかが問題となる。目標管理制度は人事制度の一つとして、営業制度である業績評価制度と切り離されて設計される場合が多い。このときによく問題となる点が二つある。一つが、意欲的な目標を設定しなくなること。二つめが、長期的な目標を設定しなくなる点である。目標をなるべく低く、短く設定しようとする動きが蔓延し、組織の競争力が低下する。

　　この問題を解決するには、目標管理制度を予算・業績評価制度と繋げて、大枠の挑戦目標は所与とすることが必要になる。挑戦的かつ長短のバランスがとれた大枠の目標を設定するのである。こうした点に加え、あえて高い目標を掲げて挑戦する行動自体を評価する必要がある。絶対的な成果量の測定も必要であろう。

② 　第2に、自律性をいかに確保するかという点が鍵となる。目標管理制度を独立した体系として導入した場合、設定した目標以外の業務にはきわめて消極的になるという弊害が生じやすい。「それは私の仕事ではありません」という風潮が蔓延し、組織としての協働が図れなくなり、地味だが大切な仕事も放置されるような状況で業績が上がるはずがないのである。

　　目標管理制度を予算・業績評価制度と同じPDCAサイクルの一つとし

て位置づけ、**トップダウンとボトムアップのプロセス**を経て、組織構成員の**自律性**を喚起することが必要になる。トップダウンで設定した大枠目標のなかで、各人が「どうやって」目標を達成するのかをボトムアップで自律的に考える。**コーチング手法**を採用し、上司は正解を指示命令するのではなく、各人の自律性を引き出すことを支援することで無責任な他律的、排他的な行動を排除していく。

　目標管理制度を、予算・業績評価制度と同じPDCAサイクルとして位置づけ、PDCA本来の目的に沿った運営を行うことが必要である。この結果として、個人の行動変化を引き起こすことが可能になれば、目標の達成により近づくことができるであろう。

5 「組織能力を高める仕掛け」～「学びのサイクル」(各論3)

　予算業績評価制度の目的は短期的な目標を達成することにとどまらない。組織の能力を高めて将来の目標を達成する能力を磨くことが、むしろ重要である。以下、この観点から、問題と対応策を考えてみよう。

(1) 現状の課題は何か？

　組織の能力を高めるために「**学びのサイクル**」がうまく回転しているだろうかという観点から現状を分析してみると、さまざまな問題点が浮かび上がる。

a 予算策定時の問題

　そもそも組織として何を学び進化させるのかというと、答えは目標に到達する手段としての戦略である。したがって、PDCAの最初の段階で英知を結

集して**戦略「仮説」**を立案しなければ、学びのサイクルを始めることができない。しかし、実態は前にも述べたとおり、数字の議論に終始し、具体的な方策については営業店長に対して「貴職自ら範を示し……」という精神訓を与えるだけで終わっている場合が多い。

　予算策定時における戦略は仮説にすぎない。仮説には**前提**がある。したがって、どういう前提でどういう戦略仮説をつくり、その結果としてどういう目標を目指しているのかという点が明らかになっている必要がある。にもかかわらず、予算策定が終了すると、ファイリングされてどこかに埋もれてしまう場合が多い。これでは後で検証を行うことができない。

b　実行時点の問題

　環境の変化が激しい時代に、当初の予測どおりに物事が運ぶとは限らない。にもかかわらず、単に数字だけを管理し、進捗状況の芳しくない部店に「もっとヤレヤレ！」とハッパをかけるだけでは結果が出ない。なぜ進捗状況が悪いのか、どういう手を打てばよいのか、という点を**診断し解決策を支援する**体制が必要であるが、現状は十分に整っているとはいいがたい。たしかに支店統括部門の推進役が臨店を行うものの、コンビニのスーパーバイザーのようなコンサルティング機能を発揮している場面は少ない。

c　評価段階の問題

　学びのサイクルで最も重要なのが、この評価段階であることはいうまでもない。結果がなぜ当初の予測と異なっていたのか、という検証が学びには必要である。

　しかし、現状はこのような検証がなされているとはいいがたい。

　まず第1に、そもそも策定の段階で戦略仮説なりその前提が不明確であるために、**差異を分析**する材料がない。このため差異分析は看過され、単なる

数値比較だけが行われる。結果として「達成率何％」「前期比何％」という計数だけがクローズアップされる。

第2に、仮に差異を分析する殊勝な部店長がいたとしても、それを説明する**「説明責任」**が明確に規定されていないために、この知恵は、その部店長の暗黙知にとどまってしまう。組織としての形式知に昇華できないまま、属人芸として放置されてしまうのである。

第3に、このような状況から、達成率が高ければ誉められ低ければ叱られるという運営に終始する。組織学習という観点からすれば、**「誉める」「叱る」**ということよりも、**「改善案を作成する」**ということが重要であるにもかかわらず、努力は行われない。翌期の目標なり戦略は、また「別のレース」として一から新しい策定作業が始められる。

第4に、中身の反省が行われないために、経営陣から部店長に対して、「何はよかったが、何は悪かったので改善して欲しい」という**フィードバック**が客観的情報に基づいて詳細になされない。「経営者が育たない」というボヤキを頭取方からよく耳にするが、無理もない。経営者を育てるには、学びのサイクルによるOJTが本質的な唯一の手段である。「よく頑張った！」といって、表彰状を渡し酒を飲ますだけのフィードバックで経営人材が育つはずがない。

第5に、表面的な数値で測った結果としての褒賞は、表彰、賞与といった「みえる報酬」にとどまる。しかし、**報酬**だけで人間にとって最上位の欲求である**自己実現の欲求を満たす**ことはできない。部下を酷使し短期的成果を刈り取って業績表彰の壇上に上がっている部店長に、憧れを抱く行員はいない。

PDCAサイクルの目的は、「組織」学習に止まらず、さらには「個人」学習にも繋がると理解する必要がある。PDCAサイクルの学びを通じて個人に能力を磨く機会を提供することは、組織の求心力を維持・向上するうえできわめて重要である。特に、若年世代の優秀な人材が組織に望むものは、カネでも名誉でもなく、**自分の市場価値を向上する機会**である。邦銀から優秀な

人材が流出する原因の一つは、こうした機会を提供できないことにあり、その最も大きな原因の一つが、組織としての学びのサイクルが回転していないことに求められるのである。

(2) 課題にどう取り組むか？

このような課題を解決するためには、以下のような対応策が必要になる。

a 学べる予算をつくる

　学びのサイクルを回すためには、学びの出発点をきっちりとつくる必要がある。そのためには、組織の知恵を結集する場を予算策定段階で設ける必要がある。前にも述べたとおり、ビジョンから大枠目標と戦略を策定する段階においては、経営陣のなかで腹に落ちるまで議論を尽くす必要がある。経営陣から異なる意見が下に漏れると、組織の力は拡散する。役員陣が一枚岩になるまで、時間という希少資源を大量に投入して議論する必要がある。

　また、経営陣と部各店長の間でも時間をかけて具体的な目標と戦略について議論を尽くすことが必要である。その際、現場が自ら考え知恵を出すことがポイントになることは何度も述べた。

　次に、議論を尽くしたうえで「握る」際には、単に目標だけでなく、それを達成するための戦略とその前提条件を明確にしておくことが必要である。戦略を実行するうえで前提となった経営環境や必要資源、さらに結果との因果関係を示す仮説を明確にしておく。これが後の検証作業のスタート台になるからである。

b 現場に対して継続的にコンサルティングと支援を行う

　昔に比べると、本部が営業店を支援する体制は整いつつある。しかし、支

援の多くは「税務」「投資銀行業務」「システム商品」など、なんらかの専門性が要求される業務の支援である。現場に不足している専門知を補う支援は多くても、**営業店経営**というジェネラリスト知を支援する体制は驚くほど弱い。先にあげたコンビニのスーパーバイザー制度との格差は歴然である。単に計数目標を振り回し、昔の営業スタイルを説いて回る支店統括部門の推進役は、むしろいないほうがいい。予算策定時にあわてて各店の市場分析を行うようでは心もとない。営業店長の参謀となる**スーパーバイザー**を置き、営業店経営を支援する体制を整える必要がある。

　彼らの使命は、常日頃から学びのサイクルを回すことにある。つまり、第1に、店周のマーケット情報の収集について本部の協力を得て営業店を支援する。第2に、常に差異分析を行って原因を追求する。第3に、他店の事例などを参考に解決策を提示する。つまり、行内の情報と知恵の循環を担うのが彼らの重要な役割となる。

c　学べる評価制度をつくる

イ．組織学習のためのルールをつくる

　単に表面的な数値の比較で達成率や前年比率を議論し、誉めたり叱ったりするという評価制度は早く卒業する必要がある。結果から学ぶためには、部店長に新しい「三つの責任」を課す必要がある。

　一つ目は、**「差異分析の責任」**である。結果を「握った数値」と比較するだけでなく、前提条件と比べてどこが異なっていたのか、それはなぜなのかという点について分析させる。達成率が100％以上でも免責されるわけではない。むしろ、達成率が150％の部店長は達成率が98％の部店長よりも厳しく分析責任が追及される必要がある。

　二つ目は、**「改善策作成の責任」**である。原因を分析したうえで、来期はどう改善していくのかという点も現場で考えて、再び現場の知恵を結集するのである。

三つ目は、「**経営に対する説明責任**」である。以上の二つの責任は、いまでもデキル営業店長は属人的に行っている。しかし、「学び」が組織のなかを流れることがない。経営陣と部店長の間における目標設定の議論の場で、前期の検証結果と対策を現場側から説明する責任を負わせる必要がある。

ロ．人材育成のためのルール

こうした「下」の義務とともに、「上」の義務もルール化することが必要になる。上に対する義務づけは、下の人材を育成する観点からきわめて重要になる。上は下に対して少なくとも「二つの責任」を負うことがルール化される必要がある。

まず第1に、経営陣は部店長に（そして、部店長は部下に）対して「**フィードバックの責任**」を負う。単に数字の達成率だけでなく定性的な中身をみて、「経営者として」「何がよくて、何が不足しているのか」を明示する義務を負う。こうした指摘は、用意された客観的な事実、材料に基づいて詳細になされる必要がある。「たとえば、こういう点」という具体例を示す必要がある。

加えて、足りない点については「どうすれば改善できるのか」という解決策を具体的に示す必要がある。

このようなフィードバックは、一対一で個別に1時間以上かけて行うことが望ましい。「忙しい」ことは理由にならない。次世代の経営者を育てる以上に大切な仕事はないからである。

第2には、「**結果の所有を明確にする責任**」である。単なる短期的財務指標だけでなく、さまざまな指標に基づく結果を評価する必要があることはいうまでもない。しかし、指標で経営のすべてを語ることはできない。「地味だけど大切な仕事」は組織の至るところに転がっている。普段、スポット・ライトの当たらない仕事にあえてスポット・ライトを当てて、その組織に対する具体的な貢献の結果を全員に認知させることはトップの重要な責務である。また、結果は失敗しても、その結果からの学びで他部署が成功するという組織貢献も評価する必要がある。このために何も定型的な○○表彰制度を

つくる必要はない。すなわち、「□□さんのおかげで、こんな結果が出ました。ありがとう」とトップが結果を所有する人物を明確にし、それを周知することが重要である。

人を動機づける手段はカネや表彰状やトロフィーだけではない。顧客から感謝される、家族から感謝される、仲間や上司から感謝される。この「**感謝**」に優る褒賞はないのである。

6 ▶ コミュニケーション（各論4）

予算・業績評価制度は組織の上から下まで、右端から左端までを縦横無尽に流れる経営プロセスである。組織の全構成員が巻き込まれる以上、「伝言ゲーム」の弊害をいかに除去するかが課題となる。ここでは紙面の都合もあるので最も重要な点に絞って議論したい。

（1） 現状の課題は何か

コミュニケーション面での課題は明確である。真の意味でのコミュニケーションの「仕掛け」が整備されていないために、**伝言ゲーム**が残念ながら組織の至るところで発生している点にある。

たとえば、予算・業績評価制度に対する現場の「**納得性**」は決して高いとはいいがたい。「ウチの店の置かれた状況がわかっていない」「頑張ると翌期にさらに高い数字が降ってくる」「初めから無理な目標水準で部下の士気が保てない」といった不満は後を絶たない。

(2) 課題にどう取り組むべきか

a 大前提：「戦略単位」をつくる

　現行の「特殊な」予算・業績評価制度を本来の「あるべき姿」に戻し、PDCAサイクルを回す……こういう筆者の主張に対して腑に落ちない部分があるであろう。その最大の要因は「全部店長とそんなコミュニケーションなり討議の場はとても設けられない」という点にある。これまでの銀行経営は頭取のもとに全店が「平等」に一列に並び、「よ〜い、ドン！」の競走を行ってきた。こうした状況が前提の場合、議論とかコミュニケーションといっても、絵に描いた餅になってしまう。

　しかし、現在では多くの銀行で「全店平等」の経営思想はすでに放棄されているはずである。経営効率を高める観点から構造的なチャネル改革がすでに行われている。全店同機能店舗をすでに中核店と衛星店に再編している。中核店の数は、これまでの全支店数の３分の１程度の銀行が多い。何も全店と同レベルのコミュニケーションを図る必要はすでにない。

　ただし、いままでのチャネル改革は、営業店「機能」を再編し経営効率を高めることに主眼が置かれたものである。予算制度と業績評価制度はこの改革に「伴って」部分的に修正されたにとどまる。これまで支店単位で行ってきたことを中核店と衛星店からなるグループ単位で行っているにすぎない。端的には括る単位を広げただけである。そこには「新しい『あるべき』予算・業績評価制度を導入するためのチャネル改革」という視点はない。

　これまでのチャネル改革を第１ステップとするならば、第２ステップの改革が必要である。それは「新しい経営制度を導入するための」チャネル改革である。これまで述べてきたような徹底した議論を経営陣と行える営業店長の数は15人から多くても30人くらいであろう。逆にいえば、次世代の経営人材として再生産できる人材の数は、この程度が現実的である。15ないし30の戦略単位をつくり、その下に２ないし５程度の中核店を収める体制が新制

度を回していくうえでの大前提となる。これまでも、戦略単位に類似した「ブロック」は存在した。しかし、その数は3ないし5程度で、その傘下に余りにも多くの営業店が入っていたために実質的に機能していたとはいいがたい。たとえば、大手銀行で400カ店あれば、中核店が120程度、それをさらに6カ店ずつ括った20の戦略単位が考えられる。地方銀行であれば150カ店に対し、50の中核店と、それを3カ店ずつ括った15程度の戦略単位が考えられよう。

　15ないし20程度の戦略単位ごとに、市場調査などの各種調査が行われ、具体的な目標と戦略の議論が経営陣と戦われ、各単位を担当するスーパーバイザーが経営を指南する。戦略単位の長が、次世代の経営人材として学びのサイクルを通じて育成されていく。現時点では希少人材を本部に集中せざるをえない営業店支援部隊（たとえば、投資銀行業務の部隊など）も、将来はこうした戦略単位ごとに市場特性を睨みながら配置されていく。戦略単位のなかでの資源の移動、繁閑の調整が自由になされる……このような体制をとることが、新制度を導入するうえで必要不可欠となる。

b　コミュニケーション「プログラム」をつくる

　単に通牒を営業店に発しても、営業店の人がすべてを読んでいる保証はない。タテ割機能別の本部からバラバラと大量に降り注ぐ通牒を真面目に読んでいたら、それだけで日が暮れる。経営に必要な情報の量と質が格段に向上したにもかかわらず、情報が通る道は昔のままなのである。都市の近郊で、昔の畑道を舗装した片側一車線の道路に車が殺到して大渋滞を引き起こしている状況をよくみかける。これと同じ現象が銀行で起きているのである。電子メールなどの新しい媒体を追加しても、本質的な解決策とはならない。

　情報の「道路」は全行レベルで根本的につくり変える必要がある。そのためには、きっちりと計画を練り直して、計画的に実行していく必要がある。その際にブランド戦略で発達したコミュニケーション・プログラムの手法を

社内向けに活用していく必要がある。ブランドというとすぐに行外向けの広報宣伝活動に目がいってしまう場合が多い。しかし、行外にメッセージを発信する前に行内向けにコミュニケーションを図り、行員が実際に行動しなければ、「言っていることと、やっていることが違う」と顧客から文句をいわれかねない。道路を企画、設計、施工するのと同様に、コミュニケーション・プログラムを創造する大規模なプロジェクトを導入する必要がある。

c マズイ情報も開示する

　最後に情報の内容の点について一つだけ指摘しておきたいのが、経営情報の開示についてである。従来、本部と営業店では保有している経営情報の量と質において、隔絶した差があった。むしろ、情報の非対象性を本部が利用して営業店を無理やり引っ張ってきた側面がある。

　現場の知恵を生かして具体的な戦略を立案する新制度のもとでは、経営情報はなるべくオープンに開示することが望ましい。少なくとも15ないし30の次世代を担う戦略単位の長には、本部と同レベルの情報を確保させる必要がある。末端の行員にどこまで伝えるかは、戦略単位の長が戦略遂行の観点から時と場合によって臨機応変に判断すればよい。経営上、好ましくない結果についても、なるべくオープンにしたほうがよい。なぜなら、そのほうが危機意識を芽生えさせることができるからである。

7　最後に〜文化大革命へ

　人には外見と内面がある。人が行動するという外見は、行動をもたらす動機や人生観という内面からくる。思考や感情といった内面を変えなければ、外見も変えることができない。それでは人の内面を変えるにはどうすればよいのか？

人の内面を変える方法には二つある。一つは、心理学的手法を使って、内面を直接変えていく方法。もう一つは、外見を変えることによって内面を変える方法である。髪型、服装、顔の表情、身のこなし……といった外見を意識して変えることで内面が変わりうることは読者も経験しているであろう。

　組織も本質的には同様である。組織にも外見と内面がある。外見とは本章で述べた経営プロセスとしての予算・業績評価制度や、第16章で述べる組織体制が該当する。これに対し、組織の内面とは**組織文化**と呼ばれる、普段は目にみえない暗黙のルールやタブーなどである。

　これまで多くの銀行で予算・業績評価「制度」が手直しされた。しかし、それによって組織文化が根本的に変わったとはいいがたい。短期的な結果を追い求め、人材育成や長期的な顧客との信頼関係づくりが手薄になってしまう文化は未だに払拭されていない。自分の部店のことだけを考える個別最適の文化も払拭できていない。

　こうした文化を変えるには二つの方法がある。一つは、企業文化そのものに働きかける方法である。組織心理学の手法がここでは使われることになる。もう一つの方法が、**「型から入る」**方法である。ただし、後者の方法は、文化を変えることを当初から意図するとともに、根底にある経営思想から転換したものでなければ効果は出ない。本章で筆者が述べた予算・業績評価の新制度は、こうした文化改革を当初から想定し、そのために制度の本質にまで遡って構造的に改革しようとする試みである。このような試みに着手できた銀行とそうでない銀行との間には、今後**「目に見えない」隔絶した格差**が生じてくるであろう。

第10章

戦略的銀行 ALM の実務

1 戦略的 ALM 運営の骨子
—"勉強"から"戦略運営"へ—

　第Ⅱ部『銀行経営の理論』において、銀行 ALM に必要なリスク計量や統合自己資本管理の理論に関し考察を深めてきた。90年代は金融工学の飛躍的な発展により、銀行 ALM への応用可能な"リスク管理技術"、たとえば VaR、EaR といったリスク計量のフレームワークや金利期間構造モデル、デフォルト推定モデルなどのリスクファクターに関する確率モデルに関し、実務応用できる環境が十分に整備された。

　しかし、重要な問題が未解決のまま残っている。ALM の"戦略的運営"である。

　利用可能となったこれらの"道具"をいかに実務運営上、戦略適用するかという、そもそもの基本命題である。

　銀行のトップは、以下の疑問をもち、立ち止まる。

> ALMといっても、予算進捗管理の月次運営的なものであり、市場動向や資金繰りの動向を監視する程度のもので、リスク量に関しいろいろと報告があがるが、単なる連絡会、勉強会であるのが実態だと思う。これが銀行経営上、重要なものであろうか？

　80年代央から90年代央の、護送船団行政が次第に弱まる自由化過渡期においては、将来予想される厳しい自由金利競争や金利上昇がもたらす経営インパクトを"事前勉強"すること、そして、その"勉強"の成果を当局検査という"試験"を通し確認する執行機能が、ALMの中心的な目的であったと考える。金利上昇局面での金利スワップ等による試験的なヘッジは経験したものの、・市・場・型・間・接・金・融・へ・の・移・行・準・備・的・な・勉・強が、いままでのALMの目的であったといって間違いはない。

　この"勉強"自体はとても重要であり、なんら間違った行為ではない。問題は"勉強"の段階から依然抜け出せないところにある。長短金利を問わず、ゼロ％に限りなく接近している異常な低金利状態とその長期化が、市場中心での金利形成という完全自由化現象を秘匿し、予定調和的なマインドと相まって、ALMの運営に関し、いまだ"勉強"の範疇から脱却させない。しかし、邦銀の取り巻く経営環境、たとえば貸出需資の低迷や国債中心での運用形態の限界、信用リスクの高まりと逼迫する自己資本状況、異業種・同業種のチェリーピッキング（ゲリラ的摘み食い）、そして底に張り付いたイールドカーブの上昇変動リスクなど、冷静に分析すれば、**ALM**（Asset & Liability Management；**資産負債の総合管理**）の"**戦略的な運営**"の樹立が何よりも重要な喫緊の課題であることがわかる。

　ここでは、"**戦略的なALM運営**"とは、運調構造・制度に関し、"**合理的な意思決定**"を導出するプロセスであると定義し、考察を深める。当然ながら市場環境、資産負債状況の報告や勉強会の執行目的もありうるが、それは従的なもので主ではない。"意思決定"の導出のないALMはもはやALMではない。また、その意思決定は、会議の場の雰囲気、経営者の主観的判断の結果であってはならない。ALMは感覚・直感的な意思決定を導出するもの

であってはならず、むしろ、それを抑制する客観的な制度でなければならない。

(1) 戦略的なALM運営とは

"戦略的なALM運営"とは、運調構造・運調制度に対し、"客観合理的な意思決定"を導出するプロセスである。

まず、銀行のトップが以下の意見をもち、ALM担当部長に指示をする事例で考察を始める。

> 私は長年の実務経験により市場動向に精通しており、私の金利観は抜きん出ている。これから金利は必ず上昇すると観る。したがって、固定払いの長期スワップのポジションを積み上げたいので、その趣旨でALM会議の資料を作成し付議してくれ。

この事例は背景によっては、"主観直感的なALM運営"とも解せるし、"客観合理的なALM運営の断片"ともとることができる。もし、上記の意思決定が、経営トップのポジション運営に関する事前の明文規定がなされていない環境で実行されれば、トップの主観、思いつきによるもので、もはやALMとはいえず、責任の曖昧な"経営ディーリング"と位置づけられる。かりに、その金利観が天才的で、よく的中するとしても、それは経営者の仕事ではないし、歴代の経営陣がその素養を維持できる確証はない。内規の伴わない属人主観的なポジション運営は、一時的には好成績をあげることがあるかもしれないが、いずれは経営の根幹を揺さぶる巨額損失につながる事例を、日本ならずとも米国にも多数検証することができる。

一方、もし経営トップ層のポジション運営を認めるALM内規が客観合理的に事前設定されており、ポジション枠の遵守、責任と成果の検証プロセスが確立しているのであれば、上記の事例は客観合理的な意思決定、すなわちALM運営と評価できる。この場合、このオペレーションを指示した経営者の"個人名を付したポジション勘定"とするか"経営勘定"として、ALM

内規に則し、成果と責任を監視することがALM運営の本質であり骨子である。

（2） 戦略的なALM運営の骨子とは

上述のALM運営に関する論点は、"リスク認知の装置・内規化"と"リスク迎撃の客観構造化"という戦略ALMの適用問題である。これらは銀行が間接金融という事業を行うことにより、必然的に保有するリスクへの"対応戦略"というALM運営の重要な一側面を示すものである。

しかしながら、戦略的なALMは、この"リスク対応戦略"のみにとどまらず、"資産・負債の総合戦略運営"という重要な違った側面もある。貸出・預金金利の決定運営といった"プライシング"や、"運調構造の変革や組み替え"がこれに当たる。

本章では、"戦略的なALM運営"として、次に掲げる四つの骨子に関し考察を深めていく。

① リスク認知の装置・内規化
② "リスク制限"の客観構造化
③ "リスク迎撃"の客観構造化
④ プライシング・ルールの客観構造化
⑤ 運調構造の創造的な改革

▶2　リスク認知の装置・内規化

戦略的ALMは、リスク対応に関し、行き当たりばったりであってはならず、事前想定での客観対応でなければならない。"リスク対応"という経営執行を合目的に実行するには、起こりうる"最悪な状態"でも、預金者に対し、預金払出し能力を維持できることにある。換言すれば、最悪状態でも自

己資本を消失しない状態に保有リスクを抑制・押さえ込むことにある。

　最悪状態の定義、すなわちリスクの計量手法に関しては、第4章『銀行リスク管理の理論』で詳述した。また、リスク対応の"源資"としての自己資本とその配賦・運営理論に関しては、第6章『銀行自己資本統合管理の理論』で考察を深めた。ここでは、それらを"戦略ALMの実務"としていかに応用適用するかに焦点を当て、議論を展開する。

（1）　戦略的なALMにおけるリスク対応

> 起こりうる"最悪な状態"でも、預金者に対し、預金の払出し能力を保持できる、換言すれば、最悪状態でも自己資本を消失しない状態に保有リスクを抑制・押さえ込むこと

　"戦略的なALMにおけるリスク対応"を実現するためには、『リスク認知の装置・内規化』を行う必要があり、これが本節の主題である。換言すれば、"位置確認レーダーを設置すべし（リスク計量手法の確立とその実行）"である。リスク制限の装置化としてまず必要なのが、"リスク測定機能"の構築である。

　自国防衛力の配置状況とその体力の把握、そして敵国軍隊の接近・活動状況を事実として正しく捕捉していなければ、適時的確な防衛はままならない。このことはALM運営においても同様である。現在の保有リスク量を適時正確に把握していなければ、リスク管理などできるわけがない。敵国軍隊（保有リスク）に関し、陸、海、空の観点からカテゴリー化（金利、信用、株価等のリスク因子別）し、それぞれに関し正確に位置確認できる"レーダー装置"（リスク計量手法）を構築する。これが戦略的なALM樹立の第一歩であり、最も重要な実行能力の一つでもある。

　"自行の体力"と"保有リスク"のバランス関係を客観的に計測し、"体力"の範囲内での業務運営を実現する。そのためには、『現在の保有するリスクを客観的に測定するメカニズム』を構築する必要がある。銀行が抱える

リスクを、"信用リスク""市場リスク""流動性リスク""オペレーショナル・リスク"等の『リスク発生源』に分解し、それぞれに適合したリスク計量理論と具体的な評価手続を整理し、『リスク計量規程』として**"明文・内規化"**しなければならない。

　古今東西、政府、会社のトップはその理想執行のため、"権力"を得る。権力がなければ、集団組織は右往左往し、対処を誤り、滅亡する。したがって、"権力"の集中は、組織運営のため必要不可欠であり問題ではない。問題は、トップや経営者を"神"のようにあがめ、諸制度の変更を属人的に実行せしめる風土をつくりあげてしまったことにある。経営者が"全知全能の神"であるという潜在意識を廃し、どの経営者も"人の子であり、そのほとんどが経営トップの経験も初体験である"という謙虚合理的な認識を"制度"として樹立することが、戦略的なALMの重要な第一歩である。つまり、位置確認レーダーとしてのリスク計量に関しては、『リスク計量規程』として**"明文・内規化"**しなければならない。権力の集中者である経営者も、"合理的な個人"であり、自己の効用の最大化を図る。その効用関数には当然ながら、社業の発展という"利他の精神"が中軸にあると考える。しかしながら、行動選択に関し、すべてが客観的に実行できるわけでなく、かなりの戦略策定域は主観的な判断を必要とする。

　"戦略的ALM"とは、経営者行動を人間工学的に理解しガイドするものであり、彼らの主観本源的な行動を精神論として押さえ込むものであってはならない。むしろ、経営者の直感・主観的な意思決定を大事にし、その行為を前提とし、経営者が安心して自由な発想を発露することができる環境を整えること、それが戦略的なALMの本質である。そのためにALMに関する"明文・内規化"を行わなければならない。

　極度のストレス状態という執行環境のうえ、解決しても解決しても湯水のように湧いてくる難問に対し、時には常軌を逸することは人間としての真実であり、これを否定すること自体、リスク管理の放棄となる。"自分の判断はいつも正しい"という自負心はなければならない。ただし、それが当り前

の真理であると追い込む企業文化を邦銀は改革しなければならない。人間は時により合理的であったり、非合理であったりする。重要なことは状況や問題に適合するように、自己を内省し、意思決定の戦略を合理化する内在的な力の醸成である。戦略的な ALM の中軸思想はここにある。

(2) 戦略的な ALM と ALM 規程の制定

> "戦略的 ALM"とは、経営者行動を人間工学的に理解しガイドするものであり、彼らの主観本源的な行動を精神論として押さえ込むものであってはならない。むしろ、経営者の直感・主観的な意思決定を大事にし、その行為を前提とし、経営者が安心して自由な発想を発露することのできる環境を整えることが戦略的な ALM の本質である。そのために ALM に関する"明文・内規化"を行わなければならない。

Hammond、Keeney、Raiffa は共同著書"Smart Choices"のなかで、数々のマネジメントにおける心理的な落とし穴("罠")を客観化している。たとえば、"アンカリング（固定化）の罠"では、最初に得た情報に意思決定がゆがめられること、"現状主義の罠"では、なるべく現状を維持したい人間の本質的な性向が意思決定にバイアスを与えることを客観的に指摘した。現状を打破することは摩擦軋轢を招来し、"エネルギー"を消費する。失敗した際の責任が固有名詞として紐付く。結果、人間は消耗と責任を回避したい性向がある。

"埋没原価の罠"では、過去に下した決定に対する失敗責任を避けるため、埋没原価（回収不可能な過去の投資）を、その無意味な状態で放置する人間の性向を指摘した。過去の融資判断が間違っていたことを認識した状況でも追い貸しを実行する。米銀においては、融資担当システムに関し、人間工学的な観点から制度設計がなされている。担当融資先の行内格付が大幅に下がった場合や準不良化した段階で、第三者のクレジット・オフィサーを新たにアサインする。これも"埋没原価の罠""現状主義の罠"に陥らないよう

にする人間の知恵である。人間の弱さを認め、それを前提に対処する。人間は責任追及を避けたがる性向にある。

"ご都合主義の罠"は、自分に都合のよい情報のみを偏重する性向から発生する意思決定の歪みである。思込みを正当化し安易かつ簡易に意思決定したい性向が人間にはある。

"フレーミングの罠"では、本質的に同じ問題でも、問題の出し方や与えられ方によって間違った意思決定を行ってしまうことを客観論理的に証明した。

人間の本性から生じる"意思決定の罠"に陥らないよう、また人間の本性から発露する機械・コンピュータからは創出されない創造的な価値を導出するため、ALM運営に関する規程を明文化しなければならない。

したがって、『リスク認知装置』の樹立において、その"ハード面"のみならず、"ソフト面"すなわち、"内規明文化"も同等に重要である。さもなければ、リスク量が小さくなる手法や計量範囲へと"レーダー機能"に関し、バイアスがかかる可能性を除去できない。古今東西、失敗は突然やってくるのではなく、その"端緒"を初期の段階で見出すことができる。問題は、その端緒が、"ご都合主義の罠"や"現状主義の罠"などによって、覆い隠されてしまうことにある。ALMは自らの状態を写す"正直な鏡"として、したがって、リスク計量の"レーダー"もそのように機能するよう、"思想面"から"詳細技術論"まで内規明文化しなければならない。"リスク認知の内規化"は、"リスク計量数理手法の開発"と勝るとも劣らない重要事項であるため、本節はあえて『**リスク認知の装置・内規化**』と題した。

(3) 明文化されるべき「リスク計量規程」

自行が採用する"リスク計量にかかわる数理手法の具体的な定義"と"その選択事由と留意点"、"リスク計量にかかわる具体的な係数設定方法"、"リスク計量実行セクションの定義"や"リスク計量規程の変更規定"などに関

図表 10-1　明文化されるべき『リスク計量規程』[1]

①	自行が保有するリスクに関する認知とその分類
②	認知分類された各種リスクに対する計量理論の具体的な定義
③	リスク計量にかかわる具体的な係数設定方法（たとえば最悪状態）の定義
④	算出計量される各種リスク量とリスク管理適用先の具体的な定義
⑤	上記リスク計量理論および係数設定に関する選択設定事由とその留意点
⑥	リスク計量計測セクションの定義とその事由
⑦	"リスク計量規程"に関する年次認証および変更に関する規定

し機関決定し、各部門長に周知徹底を図らなければならない。

明文化されるべき『リスク計量規程』があることにより、"戦略的なALM"は時代・経営環境の変化に即応し、安全に**"再生産"**される。

3　"リスク制限"の客観構造化

有事を念頭においた**"防衛大綱の策定"**は、『リスク認知の装置・内規化』だけでは完結しない。敵国艦隊が、いかに日本領海に接近しているか、敵国空軍がいかに領空を侵犯しているかに関し、状況の逐次掌握が可能になっても、"防衛対応"に関しなんら明記されていなければ、"看過する"だけとなる。戦略的な ALM が樹立されていない銀行に多くみられる現象である。リスク量は把握しているが、ALM 会議は勉強報告会で、適時有効な意思決定を導出しえないでいる。

各種のリスク動向の実態が事実として収集するできるレーダー、信用リスク、金利リスクなど、それぞれのリスクに適合したレーダー（リスク計量手

---

[1] リスク計量手法に関しては、第 4 章『銀行リスク管理の理論』にて詳述。また、リスクとリターンを自己資本を媒体として結びつけた管理手法に関しては第 6 章『銀行自己資本統合管理の理論』にて詳述。リスク制限の規程化・明文化に関しては、第 2 章『(事業命題 I) 資金需給特性の資金消化』も参照のこと。

法）を確立しても、"有効な防衛アクション"へと結実しなければ、レーダー設置のそもそもの意味がない。客観合理的なアクションへと結実するALMの仕組みが必要である。本節ではその重要な第一歩である、**『リスク制限の客観構造化』**に関し議論を深める。

　人間はコンピュータと違う有用な能力を発揮する。その土台として、データを連続数値として処理しないことがあげられる。たとえば、信用リスクに関する数理モデル構築の事例で考えてみる。

　信用スコアリング・モデルの発展の歴史は、数理手法の発展の系譜ではなく、優秀な審査担当者の意思決定に関し、いかに論理客観的に模倣できるかの歴史である。米国の研究者は、優秀な審査技能者に、より近づくことを目標にモデルの高度化を行った。"利益指標""借入比率指標""自己資本指標"など、優秀な人間が着目する評価指標を論理的に抽出し、それぞれの指標数値に関し、線形あるいは非線形の数理式を当てはめ、説明能力の最大化が得られるよう各説明変数の係数を決定する。しかしながら、米国における、この手順に則った草創期のスコアリング・モデルの精度は人間に比し十分なものではなかった。優秀な人間は"意思決定"を導出するため、無意識に各財務指標の値に関し、"上""中""下"などのカテゴリー化を実行し、融資の諾否のメリハリを利かす2。たとえば、大変よい数値の場合は無意識に"加点"し、並のレベルは"無視"し、悪い場合は"減点"する。人間は有用な判断を行う際、"素データ"を質的に変換させ"情報"へと昇華させ、メリハリの利いた意思決定を導出する。

　このことは、"**リスク制限の設定**"に関しても応用適用できる。各種リスク量という"素データ"を意味ある複数の**"数値帯情報"**に変換する措置が、本節でいう**"リスク制限の客観構造化"**に他ならない。

2　このような人間のメリハリを利かした信用リスクモデルの構築は、筆者がAT&Tベル研究所時代に経験した。数値を非連続で処理する方法として、"離散化処理"があり、カート法やエントロピー法など多数ある。現在の信用スコアリング・モデルの構築においては、このような離散化数理手法が当り前のように利用されているが、優秀な人間の判断能力により近づきたいことがその原点である。

いくら、信用リスク量、金利リスク量が計測把握されても、ALMとしての"合理的なアクション"につながらなければ意味がない。そのためには、リスク量に関し、その"量の大きさ"がALM運営上、または銀行経営上いかなる"意味"をもつかを事前に議論し決定することが重要である。

リスク量の大きさをいくつかの"段階"へと分け、現在どのリスク段階に位置しているかというシンプルなリスク現況の認知システムの構築が、本節でいう**"リスク制限の客観構造化"**である。

保有するリスク量があるリスク量以下であれば、平常域として理解し、特段のアクションを検討しないでよいと考えられる。しかし、ある水準を超えた場合は、リスクヘッジの準備検討を図るとか、即時実効的なヘッジを実施する必要がある。"リスク制限"に関し段階的な設置を行わなければ、戦略的リスク管理は実行しえない。"リスク上限値一本設定"という"単様なリスク制限"では具体的なアクションの発動が困難である。たとえば、金利リスクのリスク上限を設定した下記の事例で考える。ある銀行は、VaRあるいはEaRの数値が最悪95%で50億円をリスク上限値として設定したと考える。

銀行のトップは、以下の疑問をもち立ち止まる。

> 先日のALM会議で今期の金利リスクの上限値を最悪95%想定で50億円とした。これは、当行の自己資本体力とのバランスからみて、健全経営を維持できるリスク上限値であったはずだ。本日の報告によると、リスクの現在値は45億円であるという。50億円以下なので何もしなくてもよいのか？　来月、上限値を超えていたらどうしよう？　これがリスク管理か？

この経営トップの悩みは健全である。単一単様なリスク制限値では、具体的なアクションをとる"タイミング"がわからない。来月になってリスク量が上限値を超えていたら、リスク管理としては機能していないことになる。

したがって、戦略的なALMを実現するためには、ALMに関する"行動規範"を各リスク量の段階レベルにおいて事前設定する必要がある。たとえば、"注意域""警戒域""準発動域""発動域""緊急発動域"など、リスク

図表 10-2　リスク制限の客観構造化

> 　戦略的な ALM を実現するためには、ALM に関する"行動規範"を各リスク量の段階レベルにおいて事前設定する必要がある。たとえば、"注意域""警戒域""準発動域""発動域""緊急発動域"などのリスク制限値"手前"での"リスク防衛区域"を明確に設定することが肝要である。
> 　これにより、現在保有の計測されたリスク量の素データ（連続データ）をリスク段階（離散的な区域情報）という"情報"に転化することができ、より客観的で、メリハリの利いた実効力のある ALM 運営を招来できる。

上限値"手前"で**"リスク防衛区域"**を明確に設定する。

これにより、現在保有のリスク量の素データ（連続データ）をリスク段階（離散的な区域情報）という"情報"に転化することができ、より客観的で、メリハリの利いた実効力のある ALM 運営を招来できる。

これは有事を想定した**"防衛ライン"**の設定に他ならない。

戦略的な防衛を実現するためには、単純な"防衛ライン"の設定ではだめで、複層構造的な防衛ラインの設定が肝要となる。

▶ 4　"リスク迎撃"の客観構造化

（1）　ヘッジ・オペレーションの複層構造的な実行

有事を想定した**"防衛大綱の策定"**は『リスク認知の装置・内規化』、『リスク制限の客観構造化』では完結しない。防衛レーダー（各種リスク計量手法の構築と実践）により、逐次掌握が可能となった敵国軍事状況（現時点の保有リスクの状況）、そして現時点が事前設定された"リスク防衛段階"、たとえば"注意域""警戒域""準発動域""発動域""緊急発動域"のどこに位置するかの事態認識、これらが実現されたあとの ALM アクションは、リスクに対する**"迎撃"**である。現状の"位置"と"事態"が客観的に認識されて

も、いかにリスクに対し対応するかの内規が事前設定されていなければ、主観直感的なALMとなってしまう。

　"戦略的なALM運営"とは、"客観合理的な意思決定"を導出するプロセスであると冒頭で定義した。"意思決定"の導出のないALMは、もはやALMではないが、その意思決定が会議の場の雰囲気、経営者の主観的判断のみの結果であってはならない。ALMは感覚・直感的な意思決定を導出するものであってはならず、むしろそれを抑制する客観的な制度でなければならない。したがって、戦略的なALMを客観確固たるものとするためには、リスクに対する**"迎撃行為"**に関し、"リスク防衛段階（注意域、警戒域、準発動域、発動域、緊急発動域）"に応じ、その**"迎撃規模""迎撃手段""迎撃手続"**について、"事前に"、内規として取り決めておく必要がある。

　有事の際のリスク発現に対し、いかなる規模（リスクヘッジの規模）でいかなる手段（リスクヘッジ方法）を用い、的確に対応するかを、"平時"に冷静客観的に議論し、設定することが戦略的なALM樹立の中心部分である。

　保有リスクが、リスク上限値に近づいたことが認知された場合、その"迎撃規範"に基づき、冷静沈着にヘッジオペレーションを制度構造的に実施する。リスクはリターンの源泉でもある。完全ヘッジの実行は銀行の収益機会を狭小化する。銀行は自己資本という自行の体力に照らし、取り組んだリスクに対し、適度に消化しながら保有していく事業体である。つまり、"迎撃規模（リスクヘッジの規模）"を戦略的に設定することがALMの真髄ともいえる。ヘッジ規模が小さければ、自己資本の毀損を招来するであろうし、ヘッジしすぎれば収益機会を消失する。平時に、リスク発現の状況や場面に関し構造的に想定し、適度適切なリスクヘッジ規模や手段を事前に策定する、このことが何よりも重要である。

　リスクヘッジの規模そして手段に関し、事前に内規明文化し、その実行までの手続プロセスまで事前策定することにより、盤石な戦略ALMを実現できる。特に"緊急発動域"という高レベルのリスク事態に関する事前の内規化は最も重要であろう。

ここまでの議論は"専守防衛のALM"である。

"専守防衛のALM"とは、リスク状況に対し"受動的に対応"するものである。したがって、ALMアクションとして発露するアクションは"ヘッジ・オペレーション"に限定される。事前に設定された"最悪基準"でのリスク量が、ある水準を超えた場合、その水準位置により、適時適切な規模のリスク消化を行うことである。

(2) ストラテジック・オペレーションの実行

次に、ALM会議のなかで金利観を議論し、その金利観に基づき、リスクをあえてとるオペレーションを実行する場合を考える。この場合はもはや"ヘッジ・オペレーション"ではなく、"ストラテジック・オペレーション"と定義される。経営が承認した"経営レベルでの戦略的なポジション運営"となる。

この形態でのオペレーションは基本的に好ましくない。

市場・現場から遠く、情報取得に関し密度・スピード両面において限界がある銀行経営者が主導する"経営レベル"での戦略的なポジション運営は、時として成功する場合もあろうが、往々にして責任が曖昧なまま損失放置される場合が多い。これに関しては、日本のみならず米銀においても顕著な事例を多数みることができる。相場観が抜群な経営者が存在することは否定しない。しかしながら、経営者としての本来業務の激務や常勝の困難性、評価者自らが実践者である問題等を斟酌すれば、"経営の制度"として好ましくない。いくらポジション運営に長けた経営トップが現在いても、未来永劫そのような素質のある人が発掘登用できるかは確かではない。経営体として、長期に維持できる能力でないならば、後世の事故を回避するためにも、経営者による"ストラテジック・オペレーション"は原則禁止したほうがよい。

経営者としては、戦略的なポジション運営を企画・実行する専門セクションを別途組成し、優秀適切な人材を登用し、"ストラテジック・オペレーシ

ョン"に関してはその部署に任せればよい。

　その際の"ポジション枠"は、ALM内規において客観明文化し、その枠の設定や変更に関し、ALM会議等で経営者の権限として意思決定すればよい。銀行経営者はALMの制度や機構を司る主体であって、オペレーションの実行者であってはならない。もし、それでもどうしてもポジションをもちたいという経営者がいれば、彼の個人名を付したポジションとして別勘定で管理し評価すべきである。資金運用セクションの主管者は、ALM内規で制定されたポジション枠内で、研ぎ澄まされた相場観を武器に全知全霊をもって収益機会を追求する。評価もきちんと実行し、運用に関するノウハウを形式知として蓄積していく。この枠組みにおいては、当然に"ストラテジック・オペレーション"は是認され、今後、収益の柱としての成長が期待される。

5　プライシング・ルールの客観構造化

　前節までのALMは、"リスク運営"に関する戦略構造的な対応の樹立であった。本節の主題は、"プライシング"に対する戦略ALMとしての関与の仕方である。

　銀行事業環境でのプライシングの場面は、預金・貸出の種類別にあるし、手数料運営もある。

　当然ながら、すべてをALMレベルで採択決定することは現実的ではなく、効率も悪い。しかしながら、プライシングの中身によっては、経営を大きく左右するものもあり、手放しにすべてを担当セクションの現場任せともできない。そこで戦略的なALMを樹立するためには、プライシング・ルールに関し客観構造化する必要がある。以下、その骨子に関し考察を深める。

（1） 資産負債金利の"ビルトイン・スタビライザー（自動安定化装置）"としての合目的な"交渉基準金利"にかかわるプライシング・ルールの企画・実践とその更改

規制金利時代のように、必ず鞘が抜ける金利統制はもはや期待できない。銀行は、資金需給者それぞれの相容れない"質的なギャップ・ニーズ"を消化する『社会的な使命』を負っている。高度成長期のような資金需給の"量的ギャップ"を解消することがもはや銀行の社会的な使命ではない。預金者

図表10-3　金利ベーシスリスクの資金消化

（運用）			
法人向貸出			
	大企業	短期貸出	（市場連動）
		長期貸出	（市場連動）
	中堅中小	短期貸出	（短プラ）
		長期貸出	（長プラ）
			（固定）
個人事業主向貸出			
	短期貸出	（短プラ）	
	長期貸出	（長プラ）	
		（固定）	
個人向貸出			
	住宅ローン（アパートローン）	（長プラ）	
		（固定）	
		（選択式）	
	消費性ローン	（長プラ）	
		（固定）	
その他部門向貸出（公共部門等）			
	短期貸出	（短プラ）	
	長期貸出	（長プラ）	
		（固定）	
有価証券			
	国　債	長期市場金利	
	地方債	長期市場金利	
	事業債	長期市場金利	
短期市場運用			
	コール市場等	短期市場金利	
その他資産			
	仮払金・動不動産等	無利息運用等	

（調達）			
法人預金			
	流動性預金		
		当座／別段預金	無利息
		普通預金／貯蓄預金等	普通・貯蓄預金金利等
	定期性預金		
		スーパー定期100	スーパー定期100金利
		スーパー定期300	スーパー定期300金利
		自由金利定期	自由金利定期金利
個人事業主預金			
	流動性預金		
		当座／別段預金	無利息
		普通預金／貯蓄預金等	普通・貯蓄預金金利等
	定期性預金		
		スーパー定期100	スーパー定期100金利
		スーパー定期300	スーパー定期300金利
		自由金利定期	自由金利定期金利
個人預金等			
	流動性預金		
		当座／別段預金	無利息
		普通預金／貯蓄預金等	普通・貯蓄預金金利等
	定期性預金		
		スーパー定期100	スーパー定期100金利
		スーパー定期300	スーパー定期300金利
		自由金利定期	自由金利定期金利
短期市場調達			
	コール市場等	短期市場金利	
その他負債			
	仮払金等	無利息等	
自己資本勘定			
	自己資本	無利息等（配当金）	
	損益資金	無利息等	

"ベーシスリスク"とは、間接金融という業務特性から発生する、市場金利に準拠するも完全には連動しない"不整合"から発生する金利リスクと定義できる。

と借入人の相反する金利ニーズを消化する。そのために銀行は、市場金利を"基軸"に預貸金商品のプライシングを行う。その際顧客に提示する**"交渉基準金利"**[3] は、図表10-3が示すとおり"準市場金利"であり、その運営権限は銀行事業体にある。銀行は、銀行という"擬似仲介市場"を通し、預貸金の資金ニーズを繋げる。その際、"市場金利"そのものを"交渉上の基準金利"としては使用せず、"短期プライム"や"預金店頭掲示レート"等の銀行独自の"金利交渉上の基準金利"を設置し交渉する。資金調達・運用者のさまざまな相容れないニーズを"構造的に調整する手段"として、短期プライム、流動性預金金利、定期店頭掲示レートなどの"交渉基準金利"が存在する。戦略的なALMを実現するためには、これらの"交渉基準金利"が、あたかも資産負債の全体金利づけに関し、**"ビルトイン・スタビライザー（自動安定化装置）"**として機能するよう、プライシング・ルールを企画立案し合目的な実行に移すことが肝要である。

　前節までで述べたリスクヘッジの対象としては、依然"長短ミスマッチ・リスク"に限定される場合が多い。なぜならば、短プラとLibor、普通預金金利とLibor等のベーシス・スワップに関し、いまだ市場規模は小さく、実効的なヘッジを行えうる環境ではないからである。また、そもそもこれらの"交渉基準金利"に関する"プライシング・ルール"が不確定であり、市場での取引も発展しない側面もある。"交渉基準金利"の設定は現在の銀行事業体の権利である。これらを"構造的なリスク消化機能"として実現するよう"プライシング・ルール"を企画立案し、市場・経営環境の変化に即応し更改する力が戦略的ALMの大変重要な部分である。**"ベーシスリスク"**という、間接金融特有の業務特性から発生する、市場金利に準拠するも完全に連動しないことから発生する金利リスクを戦略的に統御し、あたかも資産負債の全体金利付けに関し、**"ビルトイン・スタビライザー（自動安定化装置）"**として機能するよう構築する。換言すれば、間接金融機関として資金

3　第2章『(事業命題Ⅰ) 資金需給特性の資金消化』において詳述。参照のこと。

図表10-4　ベーシスリスクの構造理解と将来展望

◆ベーシスリスクは、銀行が間接金融業を営むうえでリスク消化上の"特別な消化酵素"として自ら生み出したものである。
◆この自覚を十分もって、金融完全自由化が浸透するこの21世紀において引き続き、バランスのよい"消化効力"を維持しうるかを注視し、適時適切に短プラ等の指標基準金利の運営を理論をもって再構築する力が勝ち残る銀行には必要である。

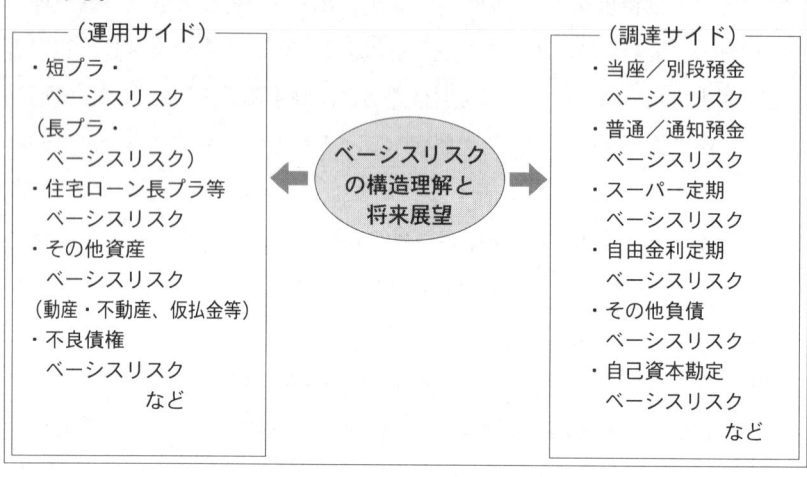

（運用サイド）		（調達サイド）
・短プラ・ 　ベーシスリスク （長プラ・ 　ベーシスリスク） ・住宅ローン長プラ等 　ベーシスリスク ・その他資産 　ベーシスリスク （動産・不動産、仮払金等） ・不良債権 　ベーシスリスク 　　　　　　など	ベーシスリスクの構造理解と将来展望	・当座／別段預金 　ベーシスリスク ・普通／通知預金 　ベーシスリスク ・スーパー定期 　ベーシスリスク ・自由金利定期 　ベーシスリスク ・その他負債 　ベーシスリスク ・自己資本勘定 　ベーシスリスク 　　　　　　など

　消化を実行する際、銀行自らが生み出した"消化酵素"として最大限機能するように企画設計し実践する、このことが戦略ALMの重要な構成要素である。

　"ビルトイン・スタビライザー（自動安定化装置）"としての合目的な"交渉基準金利"にかかわるプライシング・ルールの企画方法としては、以下の手続をふむとよい。

　まず、競合他行の動向や顧客納得性、市場環境に注意を払い、短プラ（長プラ）、各種定期店頭掲示レート、各種流動性預金金利などに関するプライシング・ルールを、所管現場セクションより企画（変更）立案させる。たとえば、短プラのプライシング・ルールとして、連動する市場金利（市場3カ月物など）の設置と変更閾値の設定など、各種定期店頭掲示レートとして

は、期間対応の市場金利連動で、長短金利の下限・上限値、イールド形状（順イールド前提）の前提、変更閾値の設定などに関し、客観的に企画（変更）立案させる。

　ALM統括セクションは、このプライシング原案に則し、長短ミスマッチを含めた総合的な金利リスク状況に関し、理論的な構造把握を実行する。その際、リスク状況の長期展望は欠かせない。短期・長期双方で満足いく"ビルトイン・スタビライザー機能"を発揮しているかどうかを十分にチェックし、必要に応じ各商品所管セクションとプライシング・ルールの再協議を実行し、理想として発揮させたい機能を実現できるよう、プライシング・ルールの企画調整を行う。

　この"ビルトイン・スタビライザー機能"をチェックする論理モデルとしては、"Earning at Risk（EaR）"[4]が"Value at Risk（VaR）"よりも優れている。VaRは現時点の既存取引のみを対象に現在価値ベースのリスク評価を算出する数理手法であり、預金・貸出などの継続取引が恒常的であり、加えてその取引条件や環境も変動するバンキング取引に対しては不向きである。また、プライシング・ルールによるリスク影響を時系列の期間収益推移で捕捉することが"ビルトイン・スタビライザー機能"のチェックとなることから、"Earning at Risk（EaR）"が分析数理手法としては優れている。

　適切な金利の期間構造モデルを選択し、数千本の将来市場金利シナリオを算出、それに"交渉基準金利"にかかわるプライシング・ルールを適用、同じく数千本の"交渉基準金利"の将来シナリオを種別ごとに算出する。この一連の金利前提シナリオ群を使用し、将来の期間収益動向の"確率分布"を時系列推移で捕捉することにより、"ビルトイン・スタビライザー機能"の実効度合いをチェックする[5]。

　メガバンクの短プラ貸出は急速に市場連動貸へシフトし、様相を一変させている。流動性預金に関しても、今後の景気回復期に従来のような収益性の

4　大久保　豊編著『アーニング・アット・リスク』（金融財政事情研究会）に詳しく理論展開。

図表10-5 "交渉基準金利"にかかわるプライシング・ルールの企画方法

- ✓ 競合他行の動向や顧客納得性、市場環境に注意を払い、短プラ（長プラ）、各種定期店頭掲示レート、各種流動性預金金利などに関するプライシング・ルールを、所管現場セクションより企画（変更）立案させる（期間対応の市場金利連動、長短金利の下限・上限値、イールド形状の前提など）。
- ✓ ALM統括セクションは、このプライシング原案に則し、長短ミスマッチを含めた総合的な金利リスク状況に関し、理論的な構造把握を実行する。満足いく"ビルトイン・スタビライザー機能"を発揮しているかどうかを十分にチェックし、必要に応じ各商品所管セクションとプライシング・ルールの再協議を実行し、理想として発揮させたい機能を実現できるよう、プライシング・ルールの企画調整を行う。
- ✓ "ビルトイン・スタビライザー機能"をチェックする論理モデルとしては、"Earning at Risk（EaR）"が"Value at Risk（VaR）"よりも優れている。プライシング・ルールによるリスク影響を、バンキング勘定の継続性向を考慮した"時系列"の期間収益推移で捕捉することで、"ビルトイン・スタビライザー機能"の実効度合をチェックできる。
- ✓ この"ビルトイン・スタビライザー機能"の実効度合いに関しては、常時ALM会議等でチェックする内規化が戦略ALMを構造的に実現するためにも重要である。

向上を単純には期待できない。従来のような半規制的な低金利の設定は、決済性を帯びた投資信託などの競合商品の登場により、今後困難となろう。場合によっては、短期市場金利を上回る金利設定になるかもしれない。定期預金に関しては、その傾向がいっそう強くなるであろう。したがって、"特別な消化酵素"の機能は、今後大幅に低下する懸念がある。それゆえ、"ビルトイン・スタビライザー機能"の実効度合いに関しては、常時ALM会議等でチェックする内規化が戦略ALMを構造的に実現するためにも重要である。

---

5 "Earning at Risk（EaR）"や"Value at Risk（VaR）"に関する数理手法の詳細に関しては、第4章『銀行リスク管理の理論』にて詳述。プライシング・ルールの検証モデルとしては、EaRを発展拡張させた『拡張EaR』が一層有効である。『拡張EaR』は、将来各時点での期間収益の変動状況に加え、その時点末でのロールオーバー性向を加味した残存予想取引に関する現在価値評価を融合するものであり、バンキング勘定のリスク管理数理手法としては最も優れていると考える。

(2) 信用リスクを安定消化するためのプライシング・ルールの企画立案、調整とその実行

信用リスクの消化手段として、クレジット・デリバティブやCLO、CDOといった貸出債権流動化市場も整備されつつあるが、現在のところ、"消化手段"として十分な実効性を伴う規模にまでには成長していない。したがって、多種多様な貸出先の信用リスクを消化するためには、信用リスクを消化するよう、"適切な対顧プライシング"を設定実行することが必須であり、戦略ALMの重要部分であることはいうまでもない。

しかしながら、邦銀においては、プライシング・ルールの企画立案に関し、蛸壺的で部分整合的な組成形態が一般的である。預金金利に関しては営業統括セクションが、短期プライム等の貸出金利に関しては融資企画セクションが実行する。短プラ運営に関しては、「金利リスクの消化機能」と「信用リスク消化機能」という二つの側面があり、部分整合的なプライシング・ルールの企画ではうまく機能しえない。したがって、短プラ決定においては、金利リスクと信用リスク消化の双方の観点からプライシング・ルールを企画・実行するよう、戦略ALMとして明確に位置づけ明文化する必要がある。各部が頑張って企画すれば必ずや成功するという、予定調和的甘えを廃することが、リスク管理の基本中の基本であることを十分に再確認しなければならない。

"短プラ"にかかわるプライシング・ルールの企画方法としては、以下の手続をふむとよい。

図表10-6 "短プラ"にかかわるプライシング・ルール企画の重要点

短プラ運営には、「金利リスクの消化」と「信用リスクの消化」という二側面があり、部分整合的なプライシング・ルールの企画ではうまく機能しない。
したがって、短プラ決定においては、金利リスクと信用リスク消化の双方の観点からプライシング・ルールを企画、調整し実行あるいは変更を行うよう、戦略ALMとして明確に位置づけ明文化する必要がある。

まず最初は、資産負債金利の"ビルトイン・スタビライザー（自動安定化装置）"としての合目的な短プラ・プライシング・ルールの設計であり、これに関しては前述した。金利リスクの全体消化機能を短プラ・プライシング・ルールの土台として基礎設置する。
　次は、各種信用リスク量の捕捉と組織認定であり、図表10-7の"三つ"の信用リスク評価モデル、すなわち、『**外部格付モデル**』『**内部格付モデル**』『**審査モデル**』を有機結合させることにより得ることができる6。
　信用リスク評価モデルを構造的に組み上げ定義し、信用リスクを適正に把握し、適切な対顧プライシングの理論値をはじき出す一連の企画フローをALMとして内規明文化する。この内規に則し、融資企画セクションは具体的な企画作業を実行する。要はその場限り、あるいは属人的な対応による短プラ・プライシング・ルールの決定とならないよう、構造内規化することが戦略的なALMの重要機能であることを認識し実行に移すことである。

　次は、具体的な信用リスク消化のためのプライシング・ルールの企画立案である。
　どのような貸出先に対しては個別のリスクプロファイルに準拠した個別対応の貸出金利を適用するか、またどのような貸出先には、短プラを基軸としたマス対応での金利設定とするかを、顧客戦略、信用リスク消化の観点から立案する必要がある。
　財務体質が良好な上場企業は、直接、市場からの資金調達が可能である。銀行はこのような企業に対し、短プラというマス対応の交渉基準金利を適用することには限界がある。ALM内規として、いかなる企業に対し、市場型の個別貸出プライシングを適用するかの明確な定義づけを行う必要がある。

6　信用リスク消化方法の全体像に関しては、第2章『（事業命題Ⅰ）資金需給特性の資金消化』の3の（2）の"信用リスクに関する消化メカニズム"にて詳述。また、信用リスク計量モデルに関しては、第4章『銀行リスク管理の理論』を、信用格付運営に関する実務に関しては第11章『信用リスクモデルと信用格付の実務』を参照のこと。

図表10-7 "信用リスク評価モデルの体系"と信用リスク消化のメカニズム

- "多産開業型"への移行という日本経済の構造的な転換に資するよう"信用リスク消化のメカニズム"を新たに創造すること が銀行の事業命題であり、今後の"収益の源泉"である。
- そのために『外部格付モデル』『財務格付モデル』『内部格付モデル』『審査モデル』という三つの信用リスク評価モデルを有機結合する。

与信判断・貸出実行
↓

外部格付モデル

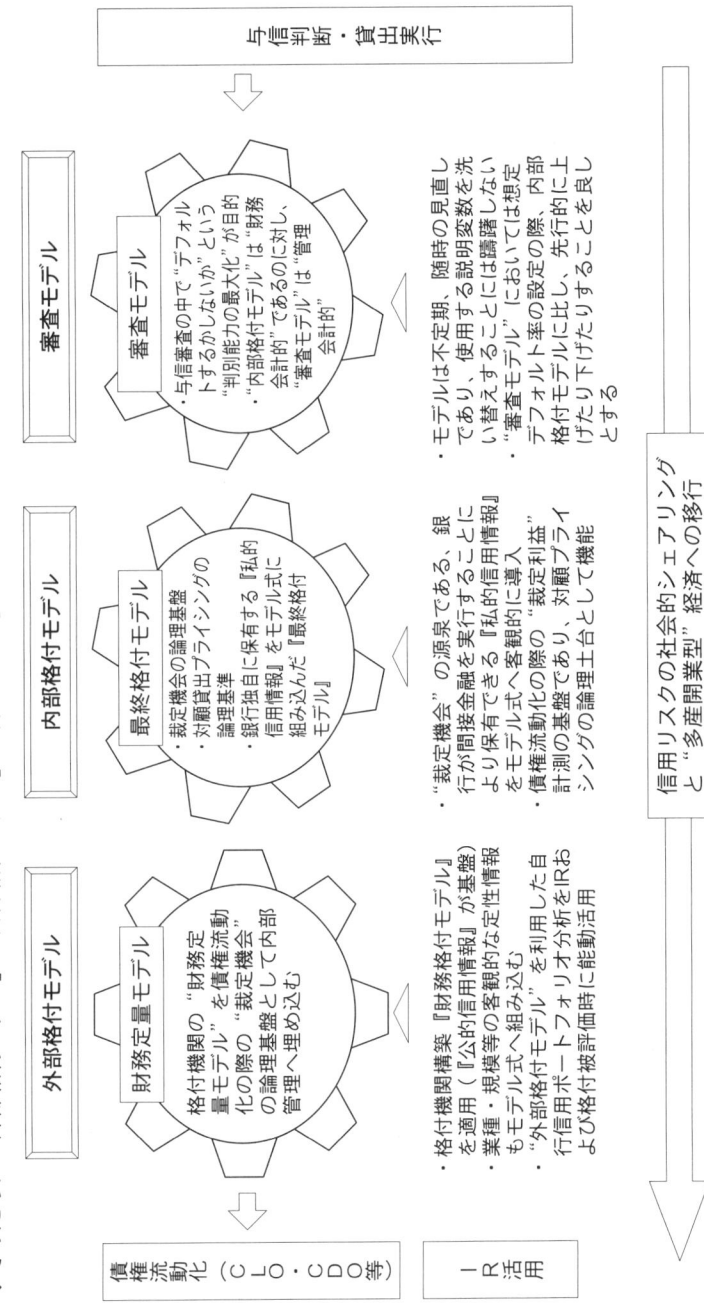

財務定量モデル

格付機関の"財務モデル"『財務格付モデル』が基盤を適用し(『公的信用情報』『債権流動化等の定量的な定性情報』業種・規模等の客観的な定性情報もモデル式へ組み込む
"外部格付モデル"を利用した自行信用ポートフォリオをIRBおよび格付被評価時に能動的活用

- 格付機関構築(『公的信用情報』が基盤
- 業種・規模等の客観的な定性情報もモデル式へ組み込む
- "外部格付モデル"を利用した自行信用ポートフォリオをIRBおよび格付被評価時に能動的活用

↓
債権流動化(CLO・CDO等)
IR活用

内部格付モデル

最終格付モデル

- 裁定機会の論理基盤
- 対顧貸出プライシングの論理基準
- 銀行独自に保有する『私的信用情報』をモデルに組み込んだ『最終格付モデル』

- "裁定機会"の源泉である。銀行が間接金融を実行することにより保有できる『私的信用情報』をモデル式で客観的に導入
- 債権流動化時の"裁定利益"計測の基盤であり、対顧プライシングの論理土台として機能

↓
信用リスクの社会的シェアリングと"多産開業型"経済への移行

審査モデル

審査モデル

- 与信審査の中で"デフォルトするかしないか"という"判別能力の最大化"が目的
- "内部格付モデル"は"財務会計的"であるのに対し、"審査モデル"は"管理会計的"

- モデルは不定期、随時の見直しであり、使用する説明変数を洗い替えすることには躊躇しない
- "審査モデル"においては想定デフォルト率の設定の際、内部格付モデルに比し、先行的に上げたり下げたりすることを良しとする

↓

第10章 戦略的銀行ALMの実務　　421

信用リスク消化の観点から、戦略的なALMプライシングの設計を行う場合、"信用コスト"と"信用リスクプレミアム"を客観的に認識し、プライシング・メカニズムに組み込む必要がある。

　信用リスクは、"信用コスト"と"信用リスクプレミアム"から形成される[7]。"信用コスト"は、想定デフォルト率等の平均的な（デフォルト）事象の生起に対し発生する"損失の期待値"である。一方、これに対峙する概念として"信用リスクプレミアム（狭義の信用リスク）"がある。"信用リスクプレミアム"とは、"設定し想定されたデフォルト率の実際との乖離"や"モデル性能の劣化"を一定の統計的な取扱いにより算出したリスクプレミアムである。"信用コスト"を貸出プライシングに埋め込むことにより、期待される状況でのデフォルト・リスクは吸収されるが、その信用コストのブレに対するリスクは内在する。このリスクを考慮して設定するリスクプレミアムがここでいう"信用リスクプレミアム"である。

　図表10-8は、その具体的な事例を示したものである。左のケースは、1件1件の貸出先に対する信用リスクプロファイルごと、あるいは"信用ランクごと"での"信用リスクプレミアム"の設定とし、"信用コスト"と合算して、広義の"信用リスクコスト"として、営業部門にコスト認識させ、対顧プライシングへ組み込む単層的な適用である。

　一方、右のケースは、1件1件の貸出、あるいは"信用ランクごと"での"信用リスクコスト"一体での認識とせず、短プラ基準金利の設定の際に、この"信用リスクプレミアム"部分を加算して行うもので、全体的な"信用リスクプレミアム"の動向に合わせ、"信用リスク"を消化するものである。

　前者を採用すれば、より精緻な価格運営が実現し、結果、"信用リスク"

---

[7] 信用リスク計測上における、"信用コスト"と"信用リスク"に関する概念整理と計量論理式に関しては、第Ⅱ部第4章『銀行リスク管理の理論』を、また二つの概念の実務応用に関しては、第Ⅲ部第12章『戦略的「審査工場」の実務』を参照。"信用コスト"と"想定デフォルト"は同義ではない。"信用コスト"は"想定デフォルト"と"期待担保保全"を考慮して計算される。

図表10-8　"信用リスクコスト"の管理会計

『広義の信用リスク』は、平均的な期待損失を表す"信用コスト"とその信用コストの"ブレ幅"を表す"信用リスクプレミアム"（『狭義の信用リスク』）からなり、"信用コスト"と"信用リスクプレミアム"を加算したものを、ここでは『信用リスクコスト』と定義する。

◆ "信用コストの変動"は、財務状況、倒産状況（想定デフォルト率の予実差異など）の変化など、原因の特定ができ、貸出金利の変更の際、貸出先への説明が比較的容易であるが、"信用リスクプレミアム"（注）は抽象数理的であるため、貸出プライシングに織り込むとき、一段の工夫が必要となる。

単層的適用	複層的適用
個社別あるいは内部格付のランクグループごとに"信用リスクコスト"として"一体化"させ、価格メカニズムに埋め込む	短プラ水準内に"信用リスクプレミアム"を"信用コスト"とは別に埋め込む

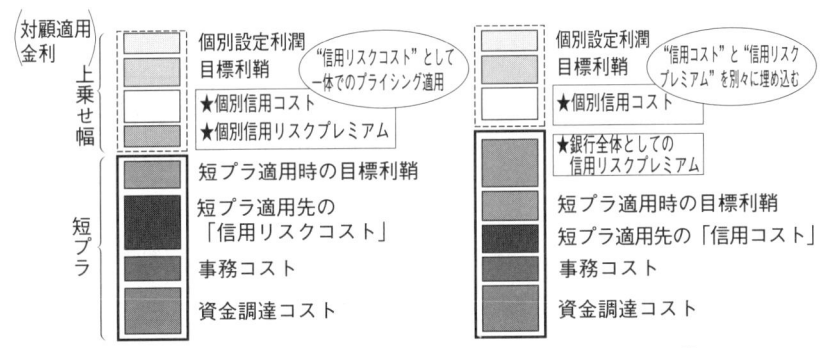

対顧適用金利
- 上乗せ幅
  - 個別設定利潤
  - 目標利鞘
  - ★個別信用コスト
  - ★個別信用リスクプレミアム
  （"信用リスクコスト"として一体でのプライシング適用）
- 短プラ
  - 短プラ適用時の目標利鞘
  - 短プラ適用先の「信用リスクコスト」
  - 事務コスト
  - 資金調達コスト

- 上乗せ幅
  - 個別設定利潤
  - 目標利鞘
  - ★個別信用コスト
  - ★銀行全体としての信用リスクプレミアム
  （"信用コスト"と"信用リスクプレミアム"を別々に埋め込む）
- 短プラ
  - 短プラ適用時の目標利鞘
  - 短プラ適用先の「信用コスト」
  - 事務コスト
  - 資金調達コスト

（注）"信用リスクプレミアム"の算定方法としては、"信用リスク算出法"と"資本コスト算出法"の二つおよび折衷法がある。

消化もきめ細かくなる。ただし、顧客との金利交渉において納得感の醸成がむずかしく、現場も混乱する懸念がある。"信用コスト"の変動は、貸出先の財務状況や倒産状況（想定デフォルト率の予実差異）の変化など、原因の特定が比較的に容易であり、貸出金利変更の際、貸出先への説明を客観的に実行できる。一方、"信用リスクプレミアム"の変化は抽象数理的であり、顧客納得性の観点から、貸出プライシングに埋め込むときは一段の工夫が必要である。

図表10-9 "信用ランク別の標準金利"の創設と貸出商慣習の改革

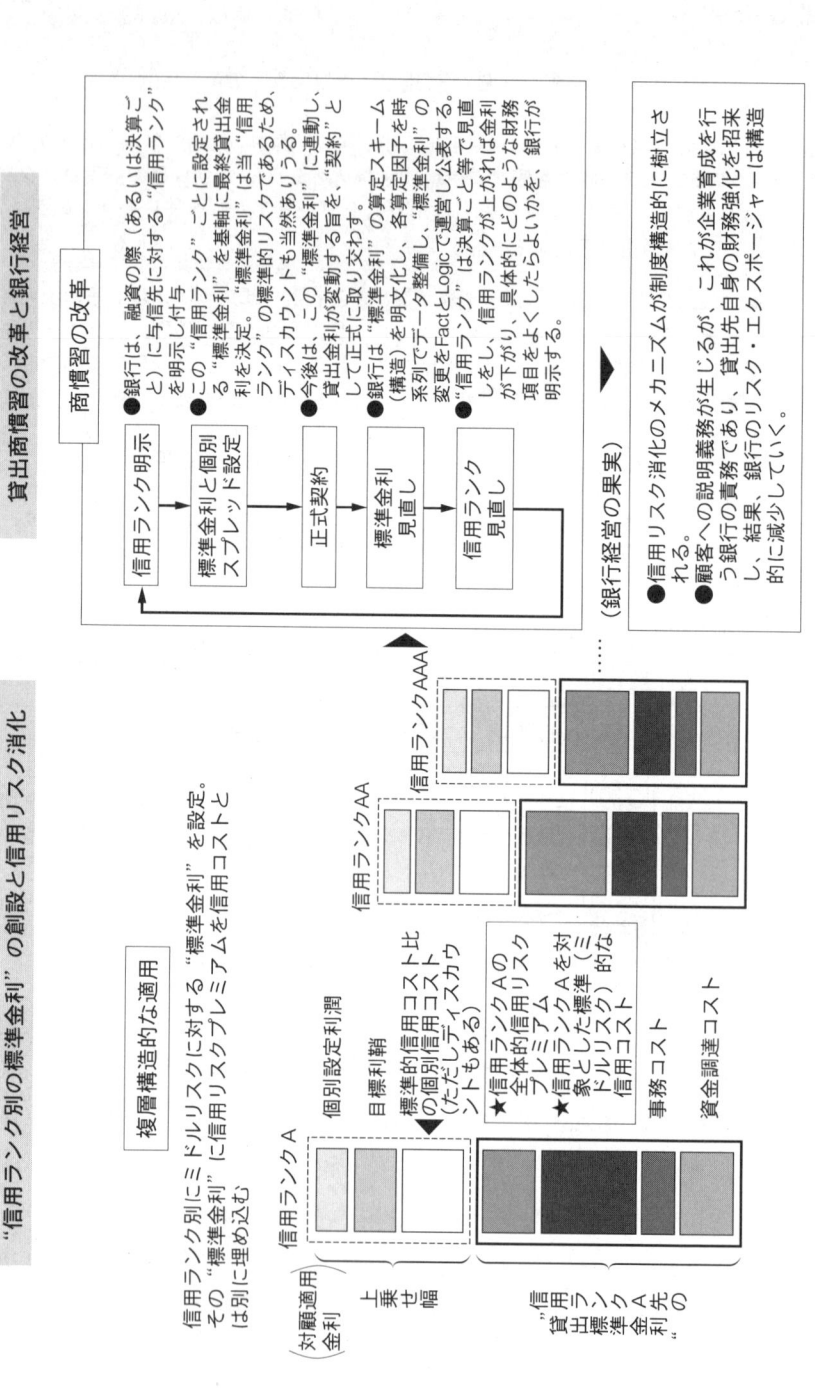

"信用ランク別の標準金利"の創設と信用リスク消化

複層構造的な適用

信用ランク別にミドルリスクに対する"標準金利"を設定。
その"標準金利"に信用リスクプレミアムを信用コストとは別に埋め込む

(対顧適用)(金利)
- 信用ランクA
  - 個別設定利潤
  - 目標利鞘
  - 標準的信用コスト比の個別信用コスト
  - ★信用ランクAの全体的信用リスクプレミアム
  - ★信用ランクAを対象とした標準(=ミドルリスク)的な信用コスト
  - 事務コスト
  - 資金調達コスト

- 上乗せ幅
- 信用ランクA標準金利
- 貸出先の

- 信用ランクAA
- 信用ランクAAA

貸出商慣習の改革と銀行経営

商慣習の改革

- 信用ランク明示
- 標準金利と個別スプレッド設定
- 正式契約
- 標準金利見直し
- 信用ランク見直し

● 銀行は、融資の際(あるいは決算時)にも与信先に対する"信用ランク"を明示し付与する。
● この"信用ランク"ごとに設定される"標準金利"を基軸に最終貸出金利を決定。"標準金利"は当然貸出先の標準的リスクであるため、ランクによってはディスカウントも当然ありうる。
● 今後は、この貸出金利が変動する旨を、"契約"として正式に取り交わす。
● 銀行は"標準金利"の算定スキームや、各算定因子を明文化し、系列でデータ整備、Logicで運営し公表する。変更をFactとLogicで等しく表す。
● "信用ランク"は決算ごとに見直しとなり、信用ランクが上がれば金利が下がり、具体的にどのような財務項目をよくしたらよいかを、銀行が明示する。

(銀行経営の果実)
● 信用リスク消化のメカニズムが制度構造的に確立される。
● 顧客への説明義務が生じるが、これが企業育成を行う銀行の責務であり、貸出先自身の財務強化を招来し、結果、銀行のリスク・エクスポージャーは構造的に減少していく。

424　第Ⅲ部　銀行経営の実務

図表10-9のとおり、上記2ケースの"複層構造的な適用"の融合戦略もありうる。

　"信用ランク別の標準金利" の創設である。"プライム"という最優遇金利を起点に金利交渉するという、銀行取引上の商慣習を改め、中小企業に制度的に適用する**"標準金利（ミドルリスク先への標準適用金利）"** という概念を用いる。さらに一歩進め、**"信用ランク別の標準金利（ミドルリスクをクラス分けしそれぞれに標準金利を設定）"** を創設する。

　銀行は融資の際、与信先に対し、"信用ランク"を付与し、今後の貸出金利はこの信用ランク別の"標準金利"を基準に設定および変更する旨を"契約として"正式に取り交わす。これにより、融資開始の際に、連動ルールを枠組みとして提示し、承諾を得られれば、その後の"信用リスク"の動向に応じた貸出金利の改定は、"標準金利"の変更処理により終了することになる。顧客は、信用リスクに応じた"標準金利"を交渉基準として、取引ぶりや担保保全の状況により、上乗せ幅やディスカウント幅を最終合意し、融資を受けることになる。

　各信用ランク別の"標準金利"を公正かつ合理的に設定運営するためには、"標準金利"の組成メカニズムを明文化する必要がある。このメカニズムを明示しなければ、顧客は納得せず、銀行にとって競争力を失うことになろう。戦略ALMの最重要な部分である。

　銀行は各信用ランク別のデフォルト実績を"統計指標"として正確に時系列で計測することになり、これ自身が、"信用リスク"を消化するために必要な数値となる。やがて、このような経営実践が流布することにより、信用リスクに関する共通の尺度が進化組成され、中小企業向け貸出債権の流動化は加速的に発展し、"消化手段"であるクレジット・デリバティブ市場も並行して成長することになろう。

　上記に関する一連のプロセスを構造的に組み上げ定義し、ALMとして内規明文化する。また、日々の基準金利運営が、戦略ALMで総則定義された

図表 10-10　戦略 ALM としての貸出プライシング

> √　資産負債金利の"ビルトイン・スタビライザー（自動安定化装置）"としての金利リスク消化機能を、短プラ・プライシング・ルールの土台として基礎設置する。
> √　各種信用リスク量の捕捉と組織認定を行う。"三つ"の信用リスク評価モデル、すなわち、『外部格付モデル』『内部格付モデル』『審査モデル』を有機結合させることにより得ることができる。
> √　どのような貸出先に対しては個別対応での貸出金利設定とするか、またどのような貸出先には、短プラを基軸としたマス対応での金利設定とするかを、顧客戦略、信用リスク消化の観点から立案する。
> √　信用リスク消化の観点からのプライシング・ルールを設計する。その際、"信用コスト"と"信用リスクプレミアム"双方の安定的なリスク消化を念頭に入念な設計を行う。
> √　"プライム"という最優遇金利を起点とする金利交渉を改め、"信用ランク別の標準金利"を創設することが 21 世紀の貸出プライシング・ルールの構造的改革であり進歩と考える。銀行取引上の商慣習を改め、中小企業に制度的に適用する"標準金利（ミドルリスク先への標準適用金利）"という概念を創設する。
> √　上記に関する一連のプロセスを構造的に組み上げて定義し、ALM 内規として明文化する。
> √　日々の基準金利運営が、戦略 ALM で総則定義されたプライシング・ルールに則しているかの監査・確認として ALM 会議を機能させる。

プライシング・ルールに則しているかの監査・確認として ALM 会議を機能させる。

6　運調構造の創造的な改革

銀行の使用できる資源には制約がある。

この制約条件のなかで、いかなる資金需給者間の資金流通を間接金融業として橋渡しするか、いかなる資産負債の運調構造を資金消化の対象とし"選択"し、資源を"集中"し、他行他社に対し、いかなる比較優位でこのサー

ビスを実現しうるかが、もはや"一私企業"となった銀行の重要な"事業命題"であり、戦略ALMの本質的な課題でもある。

　従来のバイ・アンド・ホールド型の貸出運営では、自行のリスク耐久力を超える事態も想定されよう。今後の銀行経営は、自己資本の状況とリスク資産の動向を睨み、機動的に貸出債権の流動化を実行していくことが求められる。欧米の銀行ではこのような貸出債権の流動化戦略が一般必需となっており、"債権流動化のプロセス自体に収益機会の源泉を見出す"ビジネスモデルが確立している。

　柳沢前大臣の私的懇話会が取りまとめた"金融ビジョンレポート"のなかでも、"集中する信用リスクの社会的な分散システム"の樹立が21世紀の金融システムには必要であると提唱されている。都市銀行に集中している日本国の信用リスクを、地方銀行と地域金融機関とで構造的にリスクシェアリングする仕組みが必要である。そのためには、地方銀行における漫然受動的な国債余資運用を改め、貸出流動化債権の買取りによる能動的な信用ポートフォリオの組上げ等の"ALM力"を醸成することが喫緊の課題といえる。

　本節では、"運調構造の創造的な改革"の観点から、戦略的ALMの骨子を抽出する[8]。

(1) "リスクの出口"と"リスクの入口"のALM創造

　銀行経営者は、"銀行の体力"と"保有リスク"のバランスを常時注視し、適切な対応をとらねばならない。そのためにはALMとして安定的で制度構造的な"リスクの出口"と"リスクの入口"をつくりあげる必要がある。『債権流動化』は"リスクの出口"と"リスクの入口"として有効に機能する。銀行は『債権流動化を実践することによる、裁定利益計上の論理基

---

[8] "運調構造の創造的な改革"に関しては、第3章『(事業命題Ⅱ) 経営理想に基づく運調構造・制度の創造的改革』にて詳述。ここでは戦略ALMの観点から要旨を取りまとめる。

図表 10-11　債権流動化によるリスク出口と入口の戦略創造

- 自行貸出ポートフォリオに対し、債権流動化実践の際の裁定損益状況を詳細に分析
- "リスク迎撃基準"に則し、"流動化規模"と"流動化銘柄"の事前選定を行い、その常時確認と準備を実践（試行的流動化も実践）
- "過大資本・余資"の優良銀行は自己資本の有効活用のため、"債権流動化の買手"として、自行ポートフォリオに編入した場合のリスク・プロファイルをシミュレーションする力、"リスクの入口"を組成（「信用ALM」）

盤』を戦略ALMとして樹立しなければならない。銀行経営者はまずどの商品、どの顧客セグメント、どの顧客に裁定機会があるのかを客観的に計数把握し、いざというときの"リスク出口プラン"、すなわち、**"仮想的な債権流動化ポートフォリオ"** を定例の会議でいつも確認する。事前準備万端であるため、当然ながら債権流動化で"利益"を計上する9。

　一方、"過大資本"の優良銀行や預貸率が低い地方銀行・地域金融機関は、"債権流動化の買手"として、自行ポートフォリオに買取り編入した場合のリスク・プロファイルをシミュレーションする力、"リスクの入口"を組成することが戦略ALMの重要な骨子となる。これを**「信用ALM」**と定義する。

（2）　余資運用思想の訣別と"本資"運用思想の樹立

新たな個人向けの国債発行が検討されている。

期間10年で従来の5万円単位から1万円単位での販売であり、半年ごとの変動利払いで、券面はなく、過去1年分の利子相当額を支払えば、政府が

9　債権流動化で"利益"を計上するためには、貸出取組時点での対顧設定金利が十分な水準である必要がある。80年代からの過当競争により貸出粗スプレッドは大幅に低下し、一方信用リスクは大幅に上昇している。日本金融を再生させるためには、貸出金利形成に関する社会的な改革は避けて通れない。

元本額面で買い取る。今後の景気回復過程で現出する金利上昇期には受け取る利息は増えるうえ、価格下落リスクを抑制することができる。預金者にとっては、このような新国債が浸透するにつれ、間接金融機関である銀行の預金商品の価値は急減する。

預貸率の低い地方銀行や地域金融機関は、漫然たる余資運用を改め、金融のプロフェッショナルとして効率的な運用を組成する必要がある。従来延長型の国債中心の運用では、預金者が期待する利回りを還元することはむずかしく、将来上述の新国債の浸透により"中抜き"される懸念が強い。

日本経済の現状と構造改革を俯瞰すれば、かりに景気が好転しても、地元地方での大幅な預貸率の改善を期待するのは現実的ではない。したがって、地方銀行は地元県民のため、金融のプロフェッショナルとして効率的な運用を組成する準公共的な運用専門機関であるという認識を強め、従来の余資運用思想と訣別し、各地方独自の**"本資"運用思想の樹立**を図ることが、戦略的ALM樹立の重要な部分となる。

CLO、CDO等の債権流動化債券を自行ポートフォリオに編入した場合のリスク・プロファイルを積極的ににシミュレーションし、地元預金者のニーズにこたえる理想的な運用構造を構築することが戦略的ALMの中心命題である。

このことは見方を変えれば、顧客情報を直接自分で収集し運用（貸出）判断する従来の事業モデルから、"公表されている情報"をもとに、運用のプロフェッショナルとして効果的なポートフォリオを組成する事業モデルへと軸足を移すことを、地方銀行は求められていることを意味する。

運用のプロフェッショナル能力の育成と発展が、今後の地方銀行生残りの重要ポイントであり、事業命題そのものであるともいえる。

一方、預金者の運用ニーズは時代の進展とともに、預金からリスク性向のある商品へと範囲を広げていく。**"投資信託"**はその典型的な商品であり、銀行運調戦略への論理客観的な組込みとその実行は、重要なALMの責務でもある。

第10章 戦略的銀行ALMの実務

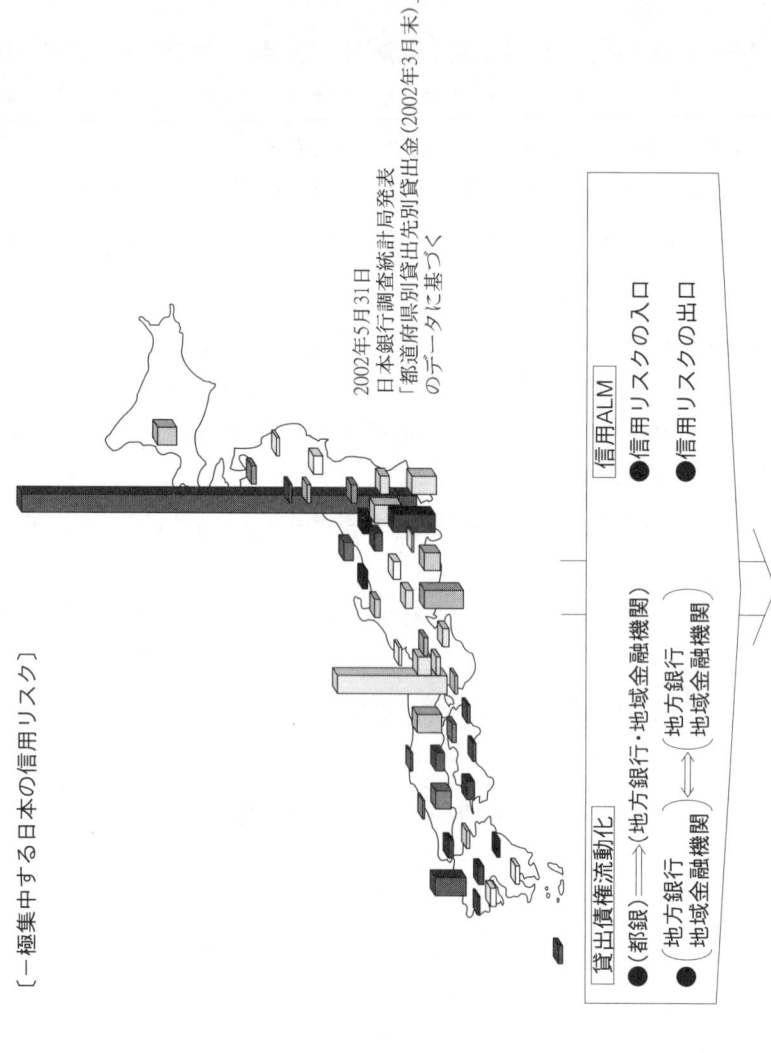

図表10-12 新たな金融動脈（"都市銀行" ⇔ "地方銀行" 間の債権流動化市場）の創設
〔一極集中する日本の信用リスク〕

貸出債権流動化
- （都銀）──→（地方銀行・地域金融機関）
- （地方銀行／地域金融機関）⇄（地方銀行／地域金融機関）

信用ALM
- ●信用リスクの入口
- ●信用リスクの出口

2002年5月31日
日本銀行調査統計局発表
「都道府県別貸出先別貸出金（2002年3月末）」
のデータに基づく

430　第Ⅲ部　銀行経営の実務

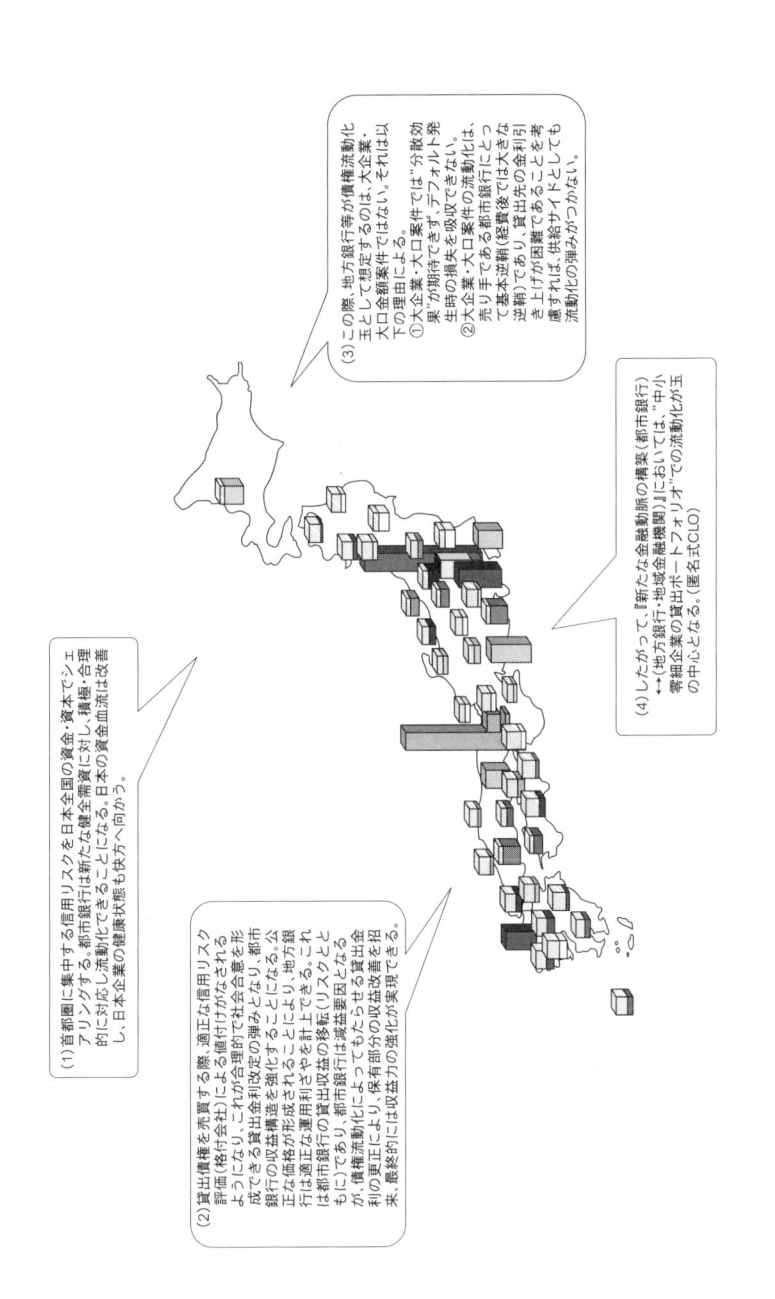

(1) 首都圏に集中する信用リスクを日本全国の資金・資本でシェアリングする。都市銀行は新たな健全需資に対し、積極・合理的に流動化できることになる。日本の資金血流は快方へ向かう。

(2) 貸出債権を売買する際、適正な信用リスク評価(格付会社)による値付けがなされるようになり、これが合理的で社会合意を形成できる貸出金利改定することに合意を形成できる価格が形成されることにより、都市銀行の収益構造を強化することになる。地方銀行は適正な運用利ざやを計上できる。これは都市銀行の貸出収益の移転(リスクとともに)であり、都市銀行にとってもたらされる収益改善を招くが、債権流動化による保有部分の収益性の更正により、最終的には収益の強化が実現できる。

(3) この際、地方銀行等が債権流動化王として想定するのは、大企業、大口金額案件ではない。積極リスクの理由による。
① 大企業・大口案件では"分散効果"が期待できず、デフォルト発生時の損失を吸収できない。
② 大企業・大口案件(経費後では大企業・大口案件)は経費であり、売り手である都市銀行にとっては基本逆鞘(経費後では大きな逆鞘)であり、貸出先の金利引き上げが困難であることを勘案すれば、供給サイドとしても流動化の弾みがつかない。

(4) したがって、『新たな金融動脈の構築(都市銀行↔地方銀行・地域金融機関)』においては、"中小零細企業の貸出ポートフォリオ"での流動化が王の中心となる。(匿名式CLO)

第10章 戦略的銀行ALMの実務 *431*

図表 10-13　投資信託の銀行経営上の意味

- 調達した預金に対し、優良適切な貸出資産が十分量組成できない場合は、リスクの高い資産への運用を余儀なくされる。その際、自己資本が十分量存在しないと、運調構造は定常的なリスク過多を示すことになる。このような場合、"投資信託"という直接金融へのバイパスを強化することにより、バランスを構造的に復帰できる。
- したがって、"投資信託"は、21世紀の金融システムが達成しなければならない、"社会的なリスク・シェアリング"の具体的な手段として、経営上明確に位置づけ、必要な『投資信託』のバイパス金額を"論理的に逆算"し、計画的に成長・強化する必要がある。
- 銀行は銀行サイドの論理で、投信販売を強制誘導してはならない。銀行は投資信託の販売において、個人等の資金運用者への教育、リスク・プロファイルの周知徹底、個人のリスク嗜好の度合いを調整できる十分な品揃えを実現しなければならない。

　預金→貸金という間接金融の"大動脈"が、リスク血流の増大により破裂警戒となる場合、"投資信託"の販売は、いわば"バイパス"となり、保有リスクの軽減と統御を招来できる。調達した預金に対し、優良適切な貸出資産が十分量組成できない場合は、リスクの高い資産への運用を余儀なくされる。その際、自己資本が十分量存在しないと、運調構造は定常的なリスク過多を示すことになる。このような場合、"投資信託"という直接金融へのバイパスを創設することにより、バランスを構造的に復帰できる。

　すなわち"投資信託"は、21世紀の金融システムが達成しなければならない"社会的なリスク・シェアリング"の個別銀行レベルの具体的な手段であると解せる。銀行経営者は、"投資信託"の販売に関し、"社会的なリスク・シェアリング"の重要手段として明確に位置づけ、必要な『投資信託』のバイパス金額を論理的に逆算、計画的に成長・強化する必要がある。

　日本国内における事業リスク、資金ニーズの構造的な先細りと資金余剰の状態は、今後いっそう定着する。もはや、資金マクロ循環として日本の預金を量的に充足する貸出先は国内のみでは見出しにくい。したがって、日本の銀行は、成長途上で資金需資が潤沢なアジアの諸企業への運用を通し、資金

運用ニーズにこたえていくことが必然となる。"アジア運用業務"の強化が、国内的な視点からも、また国際的な視点からも必要となる。この際、国際的なメガバンクは現地貸出の組成とその証券化により、"投資信託商品"等の**"金融製造業"**として発展するし、発展しなければならない。アジアだけにとどまらず、地球規模で貸出需資を探索し、証券化することを実践、欧米に負けず劣らない、金融競争力を発揮することを真摯に期待する。メガバンクのグローバルな活動の再生は、21世紀の銀行システム樹立において必要不可欠なものである。

　地方銀行、地域金融機関は、"金融製造業"によって組成される各種証券や投資信託の商品性・リスクプロファイルをよく理解吟味し、日本全国津々浦々の資金運用者に適切かつ十分な品揃えをもってして、"地域の運用専門会社"として販売、その地位を不動なものとしていく。**"金融サービス業"**としての色彩をより鮮明に打ち出す必要がある。ただし、そのなかでも体力ある地方銀行、地域金融機関は、"大都市圏"での現地貸を実行したり、その証券化による地域での販売を担うことも期待される。

(3) "顧客"を基軸としたALM戦略の樹立

　21世紀の目指すべき"理想的な運調構造"の設計においては、やはり"顧客"を中心に考えたい。それが勝ち残る条件でもある。

　従来の"プライム的な産業"のサブプライム貸付候補企業の深掘よりも、**"サブプライム業種におけるプライム先"**の発掘のほうに注力すべきと考える。日本の経済・社会は構造的に大きく変貌する。従来までのプライム産業が今後もプライム企業である保証はどこにもない。むしろ、すでに斜陽産業の懸念すらある。21世紀の銀行使命は、経済合理性に適うよう"安定的な多産開業型の社会"を社会システムとして金融面で支えることにある。今後、期待される開業業種を新たに研究し、その業態を戦略的に育成する。そのなかで、安全かつ合理的な需資を生起させる。

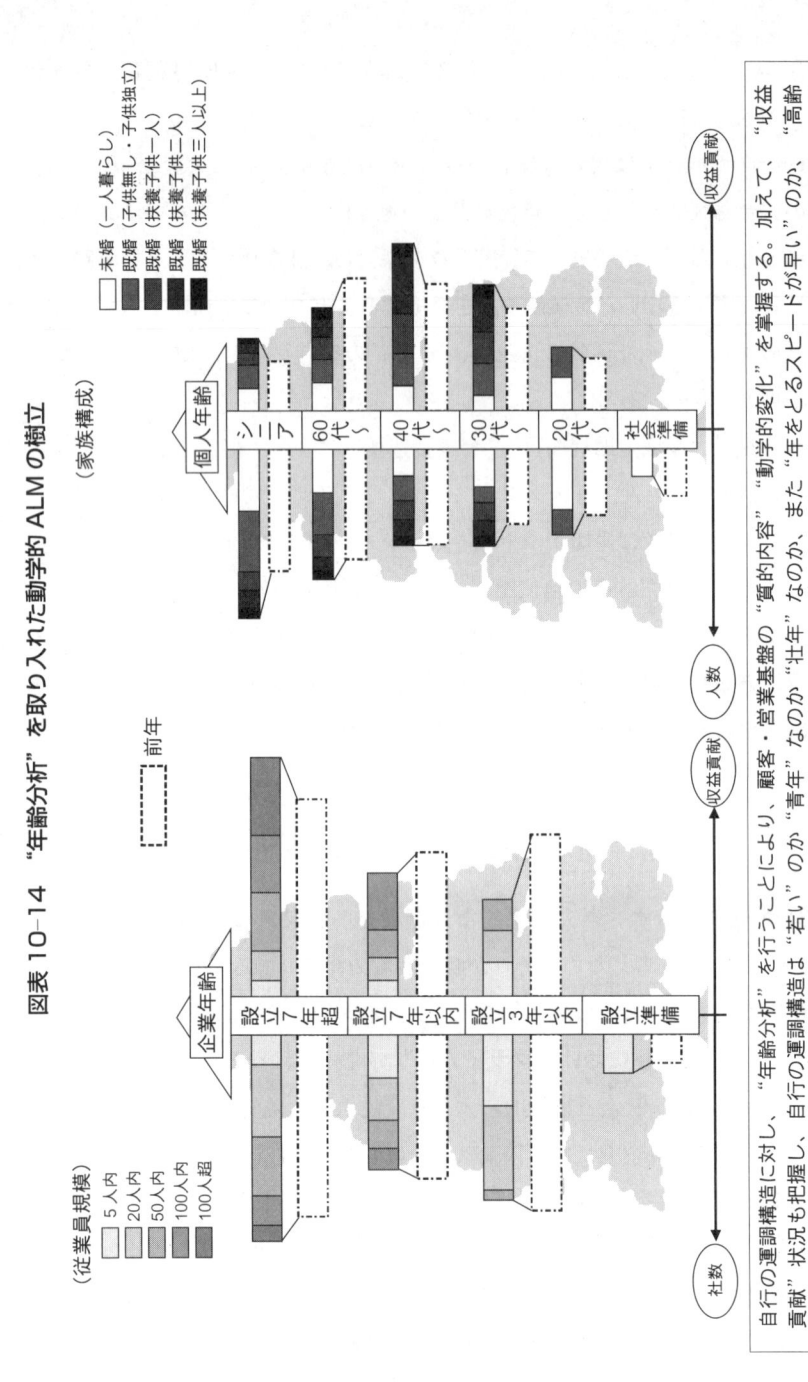

figure 10-14 "年齢分析"を取り入れた動学的ALMの構立

(従業員規模)
- 5人内
- 20人内
- 50人内
- 100人内
- 100人超

前年

企業年齢
- 設立7年超
- 設立7年以内
- 設立3年以内
- 設立準備

収益貢献 — 社数

(家族構成)
- 未婚 (一人暮らし)
- 既婚 (子供無し・子供独立)
- 既婚 (扶養子供一人)
- 既婚 (扶養子供二人)
- 既婚 (扶養子供三人以上)

個人年齢
- シニア
- 60代〜
- 40代〜
- 30代〜
- 20代〜
- 社会準備

収益貢献 — 人数 — 収益貢献

自行の運調構造に対し、"年齢分析"を行うことにより、顧客・営業基盤の"質的内容""動学的変化"を掌握する。加えて、"収益貢献"状況も把握し、自行の運調構造は"若い"のか"青年"なのか"壮年"なのか"年をとるスピードが早い"のか、"高齢化"を迎えているのか、どの"年齢層"の顧客基盤が自行収益の根幹であるのかを客観的にとらえ、動学的な観点から戦略ALMを構築する。

434　第Ⅲ部　銀行経営の実務

戦略的な ALM として、サブプライム業種の調査および需資の算定を実行する"常態的な"研究セクションの機能を充実させる必要がある。
　"顧客"を基軸とした ALM 戦略の樹立の際、既存顧客の**"年齢分析"**も有用に機能する。
　企業においては、"設立からの年数"、個人においては"年齢"で区切り、"従業員数""家族数"などの規模情報と合わせることにより、自行の運調における年齢構造の大要が立体的に把握できる。自行の運調構造は"若い"のか"青年"なのか"壮年"なのか。年をとるスピードは早いのか、"高齢化"を迎えているのか。どの年齢層でどの規模の顧客が、自行の現収益を支えているのか。この傾向は、"動態的に"今後も期待できるのか。運調構造の"年齢分析"を行うことにより、銀行は必要なサービスを顧客の視点からつくりあげることができる。
　以上、銀行 ALM の戦略的運営の実務に関し考察を深めてきた。
　上記の"戦略的 ALM 運営"を実現するためには、"経営トップの明確なビジョンとコミットメント"が必要不可欠であることはいうまでもない。"妄信的な予定調和をベースとした事なかれ主義の勉強的 ALM"から"問題発見・解決型の能動戦略的 ALM"を実現する、そのためには、経営トップのリーダーシップが何よりも重要である。これから経験する、あるいはいまも経験している経営環境は、現経営陣にとっても"前人未到の未知の領域"である。いまこそ老若男女を問わず、銀行内の英知を結集し、銀行の資産・負債に関し、将来目標を明確に定め、全員の英知をもって確認しながら進んでいく総合的な経営が、ALM 運営として結実しなければならない。
　"銀行の英知を組成し引っ張っていく"、このことができるのは、経営トップでしかない。
　経営トップの新機軸で強いリーダーシップを望む。

第11章

信用リスクモデルと信用格付の実務

本章では、銀行の貸出先の大宗を占める非上場企業に関する**"信用格付"**の付与における、**"信用リスクモデル"**の活用と**"信用格付制度"**の運営に関して考察を深める。ここでいう"信用格付"とは、債務者を同様の信用リスクプロファイルごと、あるいは同等の信用リスクごとに集約した**"信用ランク"**を指し、銀行が信用リスクに見合った適正貸出金利の運営やポートフォリオ・リスク計量を行うにあたっての信用リスクの認識単位と考える。

1 信用格付の現状と信用リスクモデルの位置づけ

現在、ほぼすべての本邦金融機関において「内部信用格付制度」と呼ばれるものがすでに導入されている。しかしながら、まだ導入後間もないこともあり、信用格付の見直しや精度の向上が大きな課題となっている。本章においては、「内部信用格付制度」の概要を示したうえで、同制度の構築から実

務利用までを体系的に整理することを試みる。

「信用格付」に関しては、金融検査マニュアルにおいて、"債務者の信用リスクの程度に応じた格付をいい、信用リスク管理のために不可欠のものであるとともに、正確な自己査定および適切な償却・引当の基礎となるもの"と定義されている。「内部信用格付制度」を導入する目的は、信用リスクの"管理"および"コントロール"、すなわち"マネジメント"のための実行手段を提供することにあり、多様な債務者をなんらかの基準において統一的な尺度である格付と呼ばれる集団に分類することで、確率として導かれるデフォルト率に代表される、確率論的アプローチによって信用リスクの"マネジメント"を実現することにある。

したがって、各格付にはある程度以上の債務者数が区分される必要があり、それぞれの格付において推計値と実績値を常に検証しうることが必要とされる。

「内部信用格付制度」を導入するにあたっては、債務者のデフォルトのしやすさを基準として、債務者を区分することがほとんどである。すなわち、格付が上位なほどデフォルト確率が低く、下位なほどデフォルト確率が高くなるように債務者を区分していくというものである。この場合に、自行内のデータを過去に遡って確認をしていった場合に、最上位の格付が付与された群団からは1件のデフォルトも発生していないケースも多く、場合によっては上位3ランク程度までは過去数年にわたって1件のデフォルト実績もないこともある。そのため、「内部信用格付制度」に対して、「最上位の格付からは絶対にデフォルトは発生してはいけない」などの間違った認識をされているケースがあり、上位の格付から1件のデフォルトが発生した場合に、「格付の基準がおかしい」とか、「格付を導いたモデルの精度が低い」といった議論になってしまうことがあるので注意が必要である。

具体的な「内部信用格付制度」の体系、特に法人の格付付与の実務をみてみると、第1次的に"財務情報"を中心とした『財務格付』を実施し、第2次的な要素として、業界動向や親会社の支援等といった"定性要因"の加

図表 11-1　内部格付体系の一例

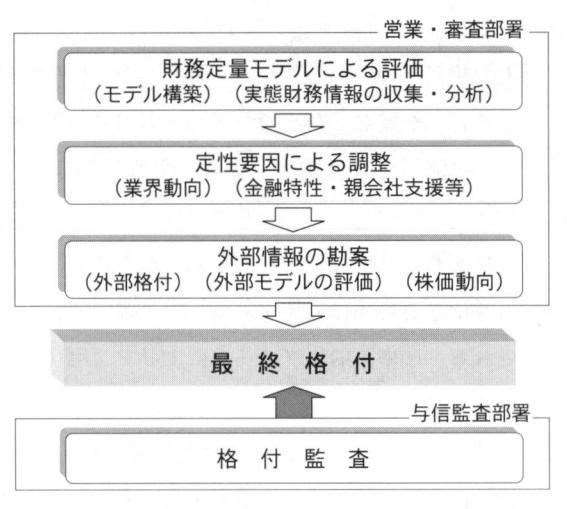

```
                        ┌─ 営業・審査部署
    ┌─────────────────────┐
    │  財務定量モデルによる評価  │
    │ (モデル構築)(実態財務情報の収集・分析) │
    └─────────────────────┘
              ⇩
    ┌─────────────────────┐
    │     定性要因による調整     │
    │ (業界動向)(金融特性・親会社支援等) │
    └─────────────────────┘
              ⇩
    ┌─────────────────────┐
    │      外部情報の勘案       │
    │ (外部格付)(外部モデルの評価)(株価動向) │
    └─────────────────────┘
              ⇩
    ┌─────────────────────┐
    │       最　終　格　付       │
    └─────────────────────┘
              ⇧           ┌─ 与信監査部署
    ┌─────────────────────┐
    │       格　付　監　査       │
    └─────────────────────┘
```

出典：「信用格付を活用した信用リスク管理体制の整備（H13.10.3日銀）」より抜粋

味、第3次的要素として外部格付や株価動向といった"外部情報"を勘案し『最終格付』が行われ、この最終格付を与信監査部門等によって監査を行ったうえで『最終格付』が決定される（図11-1参照）。

このようなプロセスを経て格付が決定されるべき債務者は、いわゆる"非デフォルト先"に限定される。つまり、デフォルト先として分類される破綻懸念先、実質破綻先、破綻先、3カ月以上（90日以上）延滞先に該当する債務者は、当然ながら債務不履行等の客観事象等により区分され、本プロセスの対象外とされる。

第1次の『財務格付』においては、経験則に基づいた"財務指標"の選定とその主観的なウェイトづけによる設定で実施している金融機関も存在するものの、今日では統計的にデフォルトと相関が高い財務指標を抽出し回帰分析等の手法を用いて財務定量モデルを構築するケースが増えている。信用リスクモデルを構築するにあたっては、統計的に有意なモデルが構築できるだけの十分量のデータサンプルが最低限必要である。また、精度のよいモデル

図表11-2　モデルを活用した内部信用格付制度構築までの流れ

構築ステップ	検討事項等（担当部署）
モデルによる評価対象の決定	モデルによって信用格付を付与する対象を設定 例：中小企業〜中堅企業（融資企画）
モデル構築用のデータの検討・決定	自行データの確認と、外部データの活用を検討、地域性、業種特性の反映（融資企画）
モデリング手法の検討	ロジスティック回帰等の数理統計手法の策定（融資企画）
モデル体系の検討 （業種別や規模別）	データ量と手法、自行のポートフォリオ構成を勘案し決定（融資企画）
モデル構築	モデリング手法に沿ってモデル構築（融資企画）
モデル検証	自行データ、検証用データ等による多角的検証（融資企画）
モデル監査	モデルの構築が決められた手順で行われているか、また必要な検証をすべて実施したか（検査・監査部門）
テスト運行	過去データを含めテスト運行、関連部門における業務・手続の明確化（融資企画、営業、システム等）
格付制度の検討〜決定	現行の格付制度からの移行を含めて、手順等を明確化、経営においてのオーソライズ（融資企画、経営陣）
格付制度の監査	格付制度が適正に運行されているか（検査・監査部門）

を構築するためには、説明変数の候補が十分にとれるだけの項目数、低い欠損率、異常値データの少なさといった正確性、デフォルト先と非デフォルト先のサンプルに関し偏りがないといったデータの質が重要になってくる[1]。

　信用リスクモデルにおいては、いわゆる表面財務データを用いたモデル構築と、実態財務データ等を用いたモデル構築といった選択肢が考えられる。『最終格付』を付与するにあたっては、実態財務データ等による調整が必要

---

[1] 特に、デフォルト先のサンプル数は個別金融機関の保有するデータサンプルでは十分ではなく、統計的に有意なデータ量を確保することがむずかしい。しかしながら、近年、日本リスク・データ・バンク株式会社（RDB）の創設等、モデル構築・分析に十分耐えられる共同利用のデータベースが急速に整備され、データのボトルネックは基本的に解消した。

とされるが、収集データの整備においては問題が生じる。つまり、実態財務データをすべての債務者から収集することは、コスト面、および客観的な実態基準の運用に関する困難性などで現実的にはむずかしい。会計制度の進展とあわせて、将来的には企業の財務諸表がより厳格に実態状態を表すことが保証されることが期待される。しかしながら、当面は表面財務データを土台としたモデル構築が主体とならざるをえない。

　信用リスクの特徴の一つとして、一債務者における信用事象の観測機会が限られるということがある。典型的な信用事象であるデフォルトは一債務者について複数回生起することは例外的であり、同一債務者について繰り返して観測できない。つまり、基本的には債務者自身の情報を債務者の将来推定に利用することができないことになる。たとえば、株価変動リスクでは、債務者自身の過去の価格変動を繰り返し観測することが可能であり、この情報をもとに将来の価格や価格変動を推定することが可能である。信用リスクについても、債務返済の延滞や外部格付の変動も含めれば観測機会は増えるものの、非上場企業については、外部格付をもたないケースが大多数である。延滞事象についても、銀行実務では3カ月以上延滞は実質デフォルトであり、これをデフォルト事象ととらえれば、信用事象の観測は、ほぼデフォルト時に限られているというのが、非上場企業の信用リスク分析における実態である。

　このような側面もあり、信用リスク分析では、リスクプロファイルが類似する債務者を統計的手法により集約し、その集合（信用格付）ごとに生起するデフォルトやその変動を観測して、リスク推定を行うことが一般的である。債務者自身の情報を利用する手法として、オプション理論2や生存関数を用いた信用リスク分析も存在するが、利用データの制約や、理論と実務感覚の融合途上といったこともあり、銀行実務における主たるモデルとしては、一般的な手法とはいえない状況にある。ちなみに、第2次バーゼル規制

2　オプション理論を利用したモデルは、債務者の株価を用いてデフォルト率を推定するが、非上場企業は株価をもたないため適用ができない。

においても、信用格付を用いた『内部格付手法』を信用リスク規制改訂の柱として位置づけており、債務者集団ごとの信用リスク把握が大きな方向性となっている。

ここで、信用格付の付与基準をいかに設定するか、個々の債務者に対して信用リスクの程度、つまりデフォルトに至る可能性を推定する評価基準をいかに設定するかという問題が生じる。信用格付をベースとした一連の信用リスク管理を適正に行うためには、統計的有意性のある債務者のランク分けが重要となるからである。信用リスクモデルは、このような背景のもと、銀行内の信用評価基準の客観的な統一を実現するために創出される。

当然ながら、信用リスクモデルだけで評価の完結を指向するのではなく、蓄積された審査ノウハウとの融合を図ることが基本となるが、信用リスクモデルの利用により、信用リスクを客観的基準、すなわち**"デフォルト率"**という具体的数値として把握することが可能となる。これにより、信用格付の客観有意性が高まることが期待できる。

▶2▶ 信用リスクモデルの体系

第2章で述べたとおり、"多産開業型"への移行という日本経済の構造的な転換に資するよう、**"信用リスク消化メカニズム"**を新たに創造することが銀行の事業命題であり、そのために、"三つ"の信用リスク評価モデルを有機結合させるメカニズムを構築することが必要となる。ここでは、**『外部格付モデル』『内部格付モデル』『審査モデル』**という三つの利用形態に応じた、信用リスクモデルに関する整理を行う。

なお、以下、特に断りがない限り、事業法人に関するモデルやデータを前提に話を進めることとする。

図表11-3 "信用リスク評価モデルの体系"と信用リスク消化のメカニズム

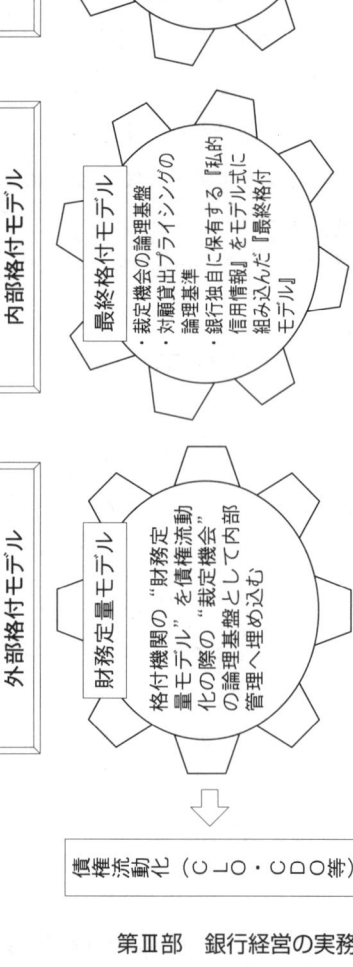

◆ "多産開業型"への移行という日本経済の構造的な転換に資するよう "信用リスク消化のメカニズム" を新たに創造すること が銀行の事業命題であり、今後の "収益の源泉" である。

◆ そのために『外部格付モデル』『内部格付モデル』『審査モデル』という三つの信用リスク評価モデルを有機結合する。

```
                          ┌─────────────┐
                          │与信判断・貸出実行│
                          └──────┬──────┘
                                 ↓
   外部格付モデル          内部格付モデル          審査モデル

   ┌─財務定量モデル─┐    ┌─最終格付モデル─┐    ┌──審査モデル──┐
   │格付機関の"財務│    │裁定機会の論理基盤│    │与信審査の中で"デ│
   │格付モデル"を基盤│    │対顧貸出プライシング│    │フォルトするかしない│
   │量モデル化(『公的│    │の論理基準       │    │か"という判別能力│
   │信用情報』が基盤)│    │銀行独自に保有する│    │の最大化"が目的    │
   │の際の論理基盤  │    │『私的信用情報』を │    │"内部格付モデル"は│
   │の論理基盤として│    │モデル式に組み込んだ│    │"財務会計"であるの│
   │内部管理へ埋め込む│    │最終格付モデル    │    │に対し、"審査モデル"│
   │               │    │                │    │は"管理会計"      │
   └───────────────┘    └───────────────┘    └───────────────┘

• 格付機関の"財務格付     • "裁定機会"の源泉である、   • モデルは不定期、随時の
  モデル"『公的信用情報』    銀行が間接金融を実行する     見直してあり、使用する
  を適用(『公的信用情報』    ことにより保有できる『私     説明変数を流い替えする
  が基盤)                  的信用情報』を自行信用式     ことには躊躇しない
• 業種・規模等の客観的な    に客観的に導入            • "審査モデル"においては
  定性情報もモデル式へ組                            想定デフォルト率の設定の
  み込む                                          際、内部的に先行きたがる
• "外部格付モデル"を利用                           ことをもとし、格付モデルに
  した自行信用ポートフォリオ                       比し上げたり下げたりすること
  分析を IR 格付披露評価時                        をもとする
  に能動活用

        ↓                      ↓                      ↓
   債権流動化                                    信用リスクの社会的シェアリング
   (CLO・CDO等)                                  と"多産開業型"経済への移行
   IR活用
```

442 第Ⅲ部 銀行経営の実務

(1) 外部格付モデル

信用リスクモデルの利用形態の一つとして、新 BIS 規制を含むレギュレーション対応、債権流動化取引におけるリスク分析、あるいは IR 活動における自行ポートフォリオの評価等、"外部利用"を目的とするケースが想定される。この場合のモデル性能としては、**"リスク評価における共通的尺度"** である必要があり、客観的な評価基準として**銀行間の比較可能性**を備えた『**外部格付モデル**』が利用される。新 BIS 規制において、格付等級ごとの平均 PD(想定デフォルト率)の推計に際して考慮すべき情報としていくつかがあげられているが、『外部格付モデル』はこの目的での利用も可能である。

この『外部格付モデル』は、共通尺度を提供するモデルであるため、全国ベースのデータに立脚したモデルとなる。したがって、分析データの情報項目としては、全国共通で標準化されており、制度的な裏付のある **"公的信用情報"** が主たる情報基盤となる。事業法人モデルに関して例示すると、財務情報(企業会計原則等に基づく財務諸表)、地域属性情報(JIS 都道府県コード等)、業種属性情報(日銀業種コード等)等が該当する[3]。つまり、全国的に情報項目が標準化されておらず制度的な裏付のない情報については分析データに含まれず、説明変数としてモデル式内には組み込まれない。

ただし、標準化された情報項目の範囲が拡大された場合には、モデル式に採用される説明変数が定性情報等まで広がることも想定される。銀行における通常融資業務のなかで収集が可能(情報収集コストが軽微)で、デフォルトとの因果関係が高い情報項目から順次整備されるものと期待される。効率的なデータ収集とモデル精度の向上は、コストと効用のバランスを図りながらの試行錯誤を伴うが、非上場企業における円滑な資金還流を図るうえで、

---

[3] 全国ベースのデータに立脚しても、財務情報に対し、類似業種分析を行い、複数のグループ業種ごとに信用リスクモデルを構築し、地域のデフォルト特性を加味した"個別化"を「外部格付モデル」でも行うことが一般的である。地域特性は、業種ごとのモデル適用により十分な説明ができることがつとに実証されている。

重要なファクターになると想定される[4]。

　また、モデル式の推定に際しては、恣意性を排除した客観性の高い統計的プロセスによりモデル構築を図る必要があり、説明変数の選択、係数の設定等を行う際に留意が必要である。結果論として特定の業種や企業に有利に働くモデルであったり、構築プロセスに恣意性の介在する余地があるためにモデル改訂ごとに評価の視点が変わったりすることは、公正中立的な信用リスク評価を行うためには避ける必要があるからである。これは、後述する「内部格付モデル」についても同様であり、格付モデルに求められる重要な要件となる。

　上記のモデル性能をもつ『外部格付モデル』としては、"格付機関"策定・承認の**『財務格付モデル』**を使用する場合が一般的である。格付機関は、公正中立的な立場で貸付債権の流通市場における CDO 格付等に携わり[5]、モデル実践・検証を経験しており、提供するモデルは共通尺度としての実務適用性が高い。また、新 BIS 規制への対応や国際的な IR 活動を想定すると、現状グローバルな格付機関によるモデルが主流になると想定される。このような実務適用性・市場適用性のある格付機関策定の『外部格付モデル』は、銀行間の比較可能性を備えたモデルであるため、必要な検証や調整を行ったうえで、後述する『内部格付モデル』として内部に組み込み、銀行の定性評価等と融合的に利用することが実務有用性の高い方法となる。内部格付体系のなかで、外部との接点となる『外部格付モデル』を**"第一次財務格付"**の付与モデルとして取り入れ、定性要因等により調整を加えることで**"最終格付"**を導くプロセスが想定される。この場合には、外部評価（市場評価）となる第1次財務格付でのポートフォリオ評価と、自行評価となる最終格付でのポートフォリオ評価との差異認識が容易となり、信用リスク裁

4　たとえば、日本リスク・データ・バンクでは情報項目の標準化や客観的なデータ収集基準設定の検討を進め、個人事業者に係るデータ収集・蓄積も開始している。

5　CDO（Collateralized Debt Obligation）…資産流動化商品対象資産を貸出債権のみに限定したものを CLO、社債のみに限定したものを CBO と呼ぶ。CDO は、CLO と CBO を包含した商品概念の名称。

定機会に資する論理基盤を備える形での内部格付制度の整備を行うことができるようになる。

(2) 内部格付モデル

　内部利用を目的とする信用リスクモデルは銀行内での利用となるため、**"銀行内部の評価尺度"** の性能を備えることが要件となる。このため、必ずしも全国ベースのデータに立脚したモデルである必要はなく、ローカルベースのデータ、自行データの効果的活用が重要であり、データ選択に自由度をもつ。ただし、『内部格付モデル』については『審査モデル』とは異なり、その適用範囲や統計的安定性等の観点から、モデルは銀行の与信対象を広く反映した分析データに立脚することが求められており、自行データ数が不足する場合には、当該銀行のある地域をカバーする外部データを使用したモデル構築や、『外部格付モデル』の利用により対応することとなる。

　自行データを用いる場合には、自行内で標準化された定性・実態等の情報項目を分析データに取り入れることが可能となり、銀行が保有する債務者のプライベートな信用情報をモデルの説明変数として採用することができる。このような **"私的信用情報"** は、債務者との接点となる銀行だけが保有する情報であり、情報優位を背景とした **"信用リスク裁定の源泉"** となるものである。

　プライベートな信用情報については、さまざまな類型化が可能であるが、概観すると次のようなものがあげられる。"企業定性情報" として債務者の技術・販売力・取引状況・組織構成等の情報、"代表者定性情報" として代表者の経歴・風評・後継者等の情報、"取引履歴情報" として預金残高・公共料金振替動向や返済状況等の情報、"代表者資産情報" として代表者および家族の資産負債や収支の状況、"系列情報" として債務者の系列関係・金融支援等に関する情報、"外部情報等" として債務者の訴訟案件の有無・ブラック情報等があげられる[6]。

これらの"私的信用情報"のモデル式への組入れを検討する場合、情報の網羅性、情報項目の定義や評価基準の客観性、情報収集コスト等を考慮して実務判断する必要がある。そして、検討課題を整理して、モデルへの反映が可能となるデータ整備、モデル分析を行っていくことが喫緊の課題である。

　一方、外部データを使用しモデル構築を図った場合には、情報項目としては財務情報が主となるため、モデルの説明変数に自行審査ノウハウに基づく財務指標を取り入れる等して、独自モデルの開発を図ることとなる。また、『外部格付モデル』を利用する場合には、外部格付モデルに対し地域のデフォルト状況を踏まえた数理調整を施し、第1次財務格付の付与モデルとして位置付け、定性・実態等の「私的信用情報」をこれに数理的に組み込み、最終格付を導出する"構造的"な「内部格付モデル」を構築するアプローチが一般的である。

　プライベートな信用情報の利用や独自の財務指標の活用は、各銀行における信用リスク裁定の源泉である。『内部格付モデル』の開発を含めた基盤整備の取組みは、信用リスク裁定機会の確保、つまり銀行の収益源泉の確保に繋がる命題である。

　次に、『内部格付モデル』だけでなく、『外部格付モデル』とも共通して考慮すべき要因である業種・規模・地域に関する取扱いについて述べる。

　信用リスクモデル構築に際しての具体的な対応としては、業種・規模要因に関しては区分ごとにモデル構築を行うモデル構造としての対処、あるいはダミー変数を含む説明変数による対処等が想定される。地域要因に関しては、『外部格付モデル』では必ずしも明示的に取り扱う必要がないが、ローカル使用である『内部格付モデル』では、**"地域性"**を明示的に取り扱う必要がある。この"地域性"としては、全国企業と比較して同様の財務内容の企業において、実際の信用リスクの程度、具体的にはデフォルト率に差異が

6　上場企業に関しては、株価や外部格付等も外部情報としてあげられる。

あるケースがあげられる。産業特性の違いから、地域ごとのデフォルト率に違いが生じることも想定されるが、これについては、"業種別"のモデル構築で対処可能であり、この対応と全体デフォルト率の調整設定により、十分に"地域性"を反映したモデル構築がすでに実施されている。

(3) 審査モデル

　内部利用を目的とする、もう一つのモデルとして『審査モデル』があげられる。このモデルは、銀行の審査現場で用いられるモデルであり、**"個別債務者に係るデフォルト判別力の最大化"**を優先したモデルである。格付モデル(『外部格付モデル』および『内部格付モデル』)では、ポートフォリオで保有する**"債務者集団の網羅的・包括的な序列評価およびデフォルト確率の推定"**を行うモデルであり、『審査モデル』との間でいくつかの差異が認められる。

　一つには、モデルの安定運用についてであり、通常、格付モデルでは短期でのモデル改訂を避けて、中長期的に利用できるモデル構築を図ることとなる。これに対して、『審査モデル』では、直近のデフォルト傾向の反映によるモデル精度向上を企図して、短期での適宜適切な改訂を行うこととなる。また、格付モデルは適用範囲や統計的安定性等の観点から広範なデータ(全国ベースあるいは地域ベース)に立脚したモデルとするが、『審査モデル』では適用範囲を狭めて特定ポートフォリオや特定業種・マーケットに適合させることでモデル精度の向上を図る。説明変数の面では、自行の情報差別性のあるデータが利用可能となるため、独自の私的信用情報をより強く取り入れていくこととなる。格付モデルでは、恣意性を排除した客観性の高い統計的プロセスが強く求められるのに対して、審査モデルでは独自の審査ノウハウや実務者感覚を優先した変数選択も行われる。財務指標の取扱いに関しても、連続的な情報を人的感覚に合った**"離散処理"**による活用を行うなど、総じて自由度の高いモデル構築が図られる。

また、審査モデルにおいては、想定する**"デフォルト率の設定"**において、景気や業態の動向に対する見込みや、債権ポートフォリオの運営方針等をふまえて、自由度の高い運営を行うことも可能である。自行の収益やリスク管理を優先した運営を行うものであり、『内部格付モデル』が"財務会計的な運営"を行うものとすれば、審査モデルは"管理会計的な運営"を行う性格のものと位置づけられよう。また、審査モデルは、すべての業種に対し、一様に構築する必要がなく、自行が強化したい業種・業態に戦略的に特化したモデルの構築と適用を行うものである。

　以上、本節では活用目的の観点から信用リスクのモデル体系について論理的な整理を行ってきた。信用リスクモデルの体系については、第2章で触れたとおり、その利用目的に応じて、新BIS規制を含むレギュレーション対応、債権流動化およびIR活動等の"外部利用"を目的とする『**外部格付モデル**』、内部格付や与信審査等の内部利用を目的とする『**内部格付モデル**』と『**審査モデル**』とに分けられる。『**外部格付モデル**』は、**"リスク評価における共通的尺度"**を提供し、銀行間の比較可能性を備えることが必要機能となる。『内部格付モデル』は**"銀行内部の評価尺度"**を提供することが必要機能となるが、同時に銀行が保有する債務者のプライベートな信用情報を取り入れることで、全国共通尺度との間で**"信用リスク裁定の源泉"**を提供する機能をもつ。また、『審査モデル』については、個別債務者の**"デフォルト判別力の最大化"**を最優先とし、信用リスクに対し、より機敏なモデルとすることが必要機能となる。

▶3　信用リスクモデルの分析データ

　信用リスクモデルで最も配慮しなければならない点は、モデル構築に使用する分析データの質と量である。モデル構築は、分析データからある事象を

引き起こすリスクファクターを抽出し、当該事象に至るロジックを推定する作業である。したがって、できあがったモデルはデータを反映したもの、すなわち、データを映す鏡となるからである。信用リスクモデルを評価・検証するにあたり、分析データに対する評価・検証が大きなウェイトを占めるのも、このことによる。ここでは、分析データに関する一般論を述べた後で、モデル種類ごとに分析データについての整理を行う。

(1) 分析データとしての一般的要件

　信用リスクモデルを構築するためには、信用事象を引き起こすリスクファクターの抽出とそのロジック推定が必要となる。分析に用いられるデータは、直接の分析材料となる**"モデル構築用データ"**と、構築されたモデルを偏りがない形で選別する**"モデル検証用データ"**とに分けて使用される。後者は、構築されたモデルがモデル構築用データに極度に適合していないか、いわゆる、**"オーバーフィッティング"**の状況をチェックする役割も果たす。ここで検証をパスしないモデルは最終モデルとしては採用されず、モデルの修正・再構築を行うこととなる。構築用データにオーバーフィッティングしているモデルでは、信用事象を引き起こす普遍的なファクターではない構築用データ特有のファクター・ウェイトが高まっているため、他の一般的なデータへの適合度が低く、モデルの実際使用の際、モデル精度に問題が生じることとなる。なお、分析データを十分量確保している場合には、さらに分析データを分けて留保しておき、検証をパスしてきたモデルの最終チェックを行う。モデル構築と検証を何回か繰り返す間に、モデル検証用データにオーバーフィットする可能性もあることから、**"最終確認用データ"**として第3のデータを用意し、モデルのチェックを行うものである。したがって、分析データとしては、上述のとおり二つないし三つに分けられたデータの総体を指すこととなる。

a 一般性と正確性

質の面で具体的に留意すべき点として、データの**"一般性"**と**"正確性"**がある。

"一般性"とは、銀行の与信対象となる集団を正しく反映しているか否かということである。たとえば、分析データがある業種や規模等に偏っていないか、収集情報が主観的であったり網羅性に欠けていないか、ということがチェック項目となる。特に、"定性情報"では各情報項目が、**"客観性のある基準により収集"**されているか否かといった点が問題となる。特殊なデータではない、普遍的なデータであることがデータ要件の一つである。

また、正確性に関しては、文字どおりデータの正しさであり、たとえば欠損項目が多数あったり、財務諸表に誤りが存在したり、決算情報が時系列で歯抜けになっているケース等があげられる。偏ったデータや不正確なデータに基づくモデルは、正しいリスクファクター抽出、適切なロジック構築が困難であり、モデルの適用範囲が限られるケースやモデル精度が低水準にとどまることが想定される。このような分析データに基づくモデル構築は、いうまでもなく避けるべきである。

b データ数の確保

一方、分析データの量としては、**"統計的有意性を十分確保するデータ数"**が求められる。特に、データ量の確保が困難なデフォルト・データが問題となる。正常先データについては、一般性が保たれていれば量的な問題はなく、たとえばランダムサンプリング等の手法により抽出されたデータを整備することで十分となる。

具体的にデフォルト・データ数について述べると、主要な業種区分ごとのモデル構築を想定した場合、区分ごとに1,500件前後のデフォルト・データを確保することが望ましい。したがって、3～4業種区分ごとのモデル構築

を想定した場合、最低でも全体で 5,000 件以上のデフォルト・データが必要になる計算となる。デフォルト・データとしては、一般的にはモデル精度の観点から直近 1～2 年以内のものが対象となるため、データ量の確保は、さらに厳しくなる。通常、単体の金融機関では困難な状況である。これを解決するために、日本リスク・データ・バンク（RDB）が 2000 年 4 月に設立されており、現在、デフォルト・データ約 6 万件が集積され、日本全国の 7 割程度のデフォルト事象を捕捉している。このデータをベースとした信用リスクモデルは、銀行単体のデータによるモデルと比較して飛躍的にモデル精度が向上しており、データ量確保の重要性が確認されている。

(2) 『外部格付モデル』におけるデータ要件

『外部格付モデル』では前述の"一般性"が強く求められることから、基本的には全国ベースの分析データに基づくモデル構築を行うこととなる。現状、事業法人を対象としたモデルとしては、財務指標を主な説明変数としたモデル（"財務定量モデル"）が基本となる。モデルの性能としては、**"全国共通でのリスク評価尺度"** の機能確保が重要であり、また債務者についての **"全国ベースの相対評価"** が可能となることがあげられる。全国ベースのデータを用いて、全国企業のなかでの相対位置の確認や、全国企業のなかでの **"序列評価"**（全国順位）の認識が可能ということである。このことは、想定デフォルト率算定による **"絶対評価"** に加え、全国ベースでの **"相対評価"** が可能となることを意味しており、付加価値の高い情報提供となる。たとえば、全国ベースと自行の債務者分布を比較することで、自行ポートフォリオの偏りを把握することが可能であり、より普遍的な格付区分設定に有用な情報となる。また、自行ポートフォリオの特性が把握できることから、債権ポートフォリオの運営方針策定に役立てることも可能となる。

また、客観性の高い評価基準の提供という観点では、時系列で安定的な同質データを分析データとして保持し、利用することが必要となる。モデル構

築手法に客観性の高い手法を採用しても、分析データの質が変わってしまうと、モデル改訂を行った際に、同質の評価を行うモデルを再現することが困難となるからである。これは、データの正確性という意味でも重要であり、日常的に確立された手順でデータ収集されることは、格付モデルのベースとなる分析データの監査という観点から必要要件となる。上記より、モデル構築および改訂のつどデータを準備するのではなく、統制のとれた恒常的なデータを保持する体制整備が、格付モデル利用にあたって必要な基盤である。

(3) 『内部格付モデル』におけるデータ要件

『内部格付モデル』では、『外部格付モデル』と比較して、分析データ選択の自由度が高まる。自行データのみを活用したモデル構築、外部データをも活用したモデル構築、この他に全国データを活用するケース（『外部格付モデル』の利用と同義）が考えられる。

自行データを利用してモデル構築を行う場合には、分析データに偏りがあるケースが想定されるため、外部データや外部モデルを利用した検証が必要となる。

また、自行データを分析データとした場合、非財務情報を説明変数として利用できる利点があるが、当然ながら自行内での標準化が行われていること、当局や監査法人および与信先顧客への説明に耐えうる項目であること等、いくつかの要件を満たすことが必要となる。

たとえば、プライベートな信用情報を分析データの情報項目として利用する場合、
① 債務者について網羅的に情報収集がなされているか否か
② 客観化された基準による情報か否か
③ 確認のとれる正確性のある情報か否か（特に申告ベースの情報の場合）
④ 信用事象が発生した後で修正された情報が含まれていないか

等について十分な吟味が必要となる。

　特に、デフォルトが発生した後で判明した事項について情報修正されるケースがあり、そのまま当該情報を利用した場合、事前に把握できない情報を反映しモデル構築を行うこととなる。この場合、モデル構築時の検証において見かけの精度は高くなるものの、実際に実務適用した場合に精度が低く運用に苦労するといったケースが見受けられる。このように、非財務情報の取扱いにあたっては十分に留意する必要がある。

　一方で、外部データを用いてモデル構築を行う場合には、分析データの切出しについて若干の留意が必要である。地域性の考慮であるが、前述のとおり、地域性はさまざまな要因が相まって形成されていると想定されるが、たとえば産業特性の相違や商慣行の違いを反映してどのように地域の線引きを行うか、データの切出し（セグメント）をいかにするかという問題がある。現状、県単位でのデータ・セグメントが一般的な想定であるが、必ずしも県単位で地域性を反映できるとは限らず、商圏等まで考慮する必要があると想定される。したがって、市町村単位での地域属性情報を整備する必要が見込まれるが、個人情報保護の観点から、単純な情報整備ではなく、データ提供の仕組みを検討する必要がある。情報管理を適切に行うことのできるデータ管理者（データベース会社等）を特定して、当該主体によるデータ集約を経たデータ提供を行う等、データベースの進化に応じたインフラ整備が必要となろう。

(4)　『審査モデル』におけるデータ要件

　最後に、『審査モデル』に関してであるが、個別債務者に対するデフォルト判別力の向上を優先するため、ある意味ではモデルの一般性を緩和した分析データの取扱いとなる。格付モデル（『外部格付モデル』および『内部格付モデル』）では、ポートフォリオとして保有する債務者について網羅・包括的に"信用ランクごとのデフォルト率"の推定を行う機能を要求されるた

め、全国あるいは地域を広くカバーする分析データが必要となる。一方で、審査モデルでは、高精度の個別債務者ごとのデフォルト判別力を要求されるため、特定ポートフォリオや特定マーケットに対応した分析データとなる。また、データ数（特にデフォルト・データ）については、データ量が少ないマーケット、たとえば新規参入を企図するスモール・マス等については、データ量の確保は困難であり、統計的有意性に留意する必要がある。外部データを利用して、マーケットデータに類似したデータを抽出して分析データとして利用する等、工夫を要する。なお、分析データの正確性、あるいは情報項目が客観性のある基準で収集されているか否か等の点については、格付モデルと同様である。

▶4 信用リスクモデル活用上の留意

(1) モデル手法の選択

　信用リスクモデルとしては、デフォルトの構造をあらかじめモデル化（構造化）し、株価を用いたオプション・アプローチ等により信用事象を説明する"理論モデル"と、過去のデータ分析によりデフォルト要因を組み合わせてモデル化し、信用事象を説明する"統計モデル"がある。オプション・アプローチによるモデルは、債務者自身の株価変動に立脚し、自己完結的なデフォルト率の推定が可能であるが、上場企業でなければ構築不能であり、また、株価には当該企業に関する情報すべてが含まれることを前提とするため留意をも要する。類似企業の株価を用いる等の応用も考えられるが、モデルの前提を考慮すると参考数値としての利用となろう。また、統計モデルについては、デフォルト事象を説明する"デフォルトモデル"と、格付等の信用ランクを説明する"格付推定モデル"とがある。後者については事前に信用ランクが設定され、それに基づく分析データが蓄積されていることが必要と

表11-4　信用リスクモデル手法の一覧

手　　法	アプローチ	説明能力	監査性	柔軟性
判別分析モデル	分類	△	○	○
決定木モデル	分類	△〜○	○	○
DIPOL	分類	△	×	×
最近傍法	分類	×	○	○
MARS	分類	△	×	×
ロジスティック回帰モデル	数式	○	○	○
ニューラル・ネットワーク	数式	○	×	○
射影追跡法	数式	○	×	×

(注)　説明能力：該当する手法により作成されるモデルの性能
　　　監査性：スコア算出過程の容易な追跡
　　　柔軟性：多様なパラメータ設定による柔軟なモデル開発
(出典)　安田隆二、大久保豊編著『信用リスクマネジメント革命』金融財政事情研究会

なる。外部格付機関の格付をベースに、これを推定するモデルが一般的である。ただし、いずれも信用リスクの程度である"デフォルト可能性"を推定することが目的であり、"デフォルト率"、あるいはデフォルト率と結び付く"スコア"や"信用ランク"等のアウトプットを得ることとなる。

　このようなモデル手法のなかから、どの手法を選択するかという問題がある。観点としては、モデルの説明力、柔軟性、監査性等があげられる。一般的にはモデルの説明力のみ重視されがちだが、信用格付への利用においては"監査性"、つまりモデルのロジックが明快で事前のモデル評価と結果との検証が容易であることが重要な要素となる。銀行における格付制度自体に"監査性"が必要であることは周知のとおりである。個々の評価プロセスの監査性をも求めるという意味で、プロセスの一つである信用リスクモデルに同様のことが求められるのは当然のことといえよう。また、モデルを含めた評価プロセスを組織全体に理解・浸透させることは組織運営上も重要なことであり、ブラックボックス的なモデルを採用することは避けるべきと考えられ

る。現状、説明力、監査性、柔軟性および分析データの整備等の観点から、統計モデルのうち"デフォルトモデル"が銀行における格付モデルとして最も適しており、具体的な手法としてはロジスティック回帰モデル等が一般的である。

(2) 信用リスクモデルのメンテナンス

次に、モデルのメンテナンスとして、利用途上のモデル検証およびモデル改訂について述べる。モデル構築にあたっては、モデルの耐用年数や安定性のことも考慮の対象となる。特に、信用格付への利用を目的としたモデルについては、中長期的に利用でき頻繁な改訂を避けることを念頭に置いたモデル構築を行う。これはユーザーの利便性の面もあるが、信用リスク分析を行うに際しての要請が大きい。前述のとおり、信用リスク分析では、類似する債務者を集合としたうえで観測を行うが、構造的なリスク分析を行うためには多年度にわたる実績データが必要となる。このため、債務者を信用ランクに分ける信用リスクモデルは、データ観測上のノイズ（誤差）を避ける観点から安定的であることが望ましい。このため、各債務者に係る時系列のモデル評価が各年で大きく変動しないことや、モデル自体の短期での改訂を避けることを意図した対応を行う。たとえば、時系列でみて安定的な財務指標を説明変数に採用したり、中長期を通じて共通したリスクファクターとして観測される財務指標を説明変数として取り入れたり、モデルの安定性・耐用年数への対応を行う。

モデル構築に際するこのような対応を行っても、さまざまな要因から、直近のデフォルト・データへの適合度は時間の経過とともに逓減していくことが判明しており、モデルの説明力について利用途上の定期的検証が必要となる。これを"トラッキング"と称し、デフォルト判別力に係るチェックを行うほか、信用ランクごとのデフォルト率についてモデルの想定値と実績との比較を行い、モデル改訂の要否を判断する。なお、審査モデルについては、

適宜適切なモデル改訂を行う前提であることから、実務利用を行うなかで少しでも違和感があればモデル検証を行うほか、短期での（少なくとも年1回の）モデル改訂を行う。したがって、内部格付と審査のモデル検証においては、改訂のタイミングやスタンス、運用が大きく異なる。

(3) 想定デフォルト率の設定

次に、信用リスクモデル活用に際して重要な、デフォルト率設定の取扱いに関して述べる。第2章において、**"審議眼"**という論理式と**"想定デフォルト率"**の設定を組み合わせて、信用リスクモデルを構築することを記した。ここでは、銀行で一般的に利用されている"統計モデル"（デフォルトモデル）を前提に述べる。

a デフォルトモデル

モデルのアウトプットであるスコア等は、"審議眼"による判定結果であり、特定のスコア等を閾値としてデフォルトに至るか否かを推定する利用法が従来の利用形態の中心であった。昨今は、貸出金利の適正設定や信用リスク管理の要請から、スコア等による"信用ランク"に対し、デフォルト率を結びつけた利用法が中心となってきている。この際に、全体デフォルト率の水準をいかに設定するかが重要な手続となり、過去の実績や今後の推移等をふまえた調整となる。

信用ランクとPD（想定デフォルト確率）の結付けを行う方法としては、モデル式から直接PDを計算する方法と、信用リスクの推定対象となる債務者集団の信用ランクごとのデフォルト実績を用いる方法がある[7]。後者につい

---

[7] モデル式から直接デフォルト確率（PD）を導出する方法としては、分析データのデフォルト率を前提とする方法と、分析データのデフォルト率と"全体想定デフォルト率"によるオッズ比の調整によりモデル式を調整する方法がある。

ては、分析データ（モデル構築データを除く）や自行ポートフォリオ・データを用いて、信用ランクごとのデフォルト実績を観測し、全体想定デフォルト率や信用ランクごとのデフォルト率を設定する。

　金融機関単体ではデータにバイアス（偏り）があるケースが一般的であり、正しい PD 設定がむずかしい場合がある。たとえば、優良格付区分は、通常、デフォルト発生件数が僅少で、統計的に安定した PD を設定することが困難となる。また、優良先にポートフォリオが偏っている銀行が、リスクの高いゾーンの貸出を増やす場合にも、該当する格付区分の実績データの不足により対応は困難となる。この場合においても、外部データあるいは外部格付モデルの活用が有効である。

b　想定デフォルト率の調整

　『外部格付モデル』を、個別銀行における『内部格付モデル』として利用する場合には、状況に応じて PD の調整を行う。この PD 調整は、銀行の与信対象集団に対しての前述の"地域性"の調整である。同様の財務内容でもデフォルト可能性に差異が観測される地域があり、この際にモデルの示す PD の調整が必要となる。ただし、自行ポートフォリオが低リスク先（あるいは高リスク先）に偏っているために、自行全体の実績デフォルト率が低い（高い）というケース等は、与信対象集団の特性（地域性）ではなく、自行ポートフォリオの偏りが原因である。あらかじめポートフォリオの分析を行う必要がある。当然ながら、自行ポートフォリオの偏りが原因の場合には PD の調整は不要である。また、自行ポートフォリオ・データへの『外部格付モデル』の適合性チェックについても別途必要となる。モデル評価にエラーが多い場合や、信用ランクごとのデフォルト実績が事前に想定した PD と大幅に差異がある場合には、『外部格付モデル』の修正や、新たなモデル構築の検討が必要となる。

c 最終格付への適応プロセス

次に、信用リスクモデルから推定される信用ランクごとのPDを、最終格付のPD推定に活用するプロセスについて触れたい。信用リスクモデルを活用することで第1次財務格付の付与を行い、さらに定性情報等を勘案したノッチ調整を行うことで最終格付の確定に至ることを想定するが、定性情報等による調整をいかにPDに反映するかという問題が残る。基本的には各行における最終格付ごとのデフォルト実績を観測して格付ごとPDを設定することが方法としてあげられる。デフォルト・データの件数面の問題はあるが、一般的な方法である。また、このノッチ調整を特定の格付（要注意先等）への移行に限定した場合には、信用リスクモデルの評価から導かれる債務者ごとのPDを信用ランクごとに件数加重平均することで、最終格付ごとの平均"想定デフォルト率"の設定が可能となる（移行先の格付を除く）。

これ以外に、財務格付を付与した後の、定性情報等による調整による効果を財務格付ごとのPDに反映させる方法も考えられる。具体的には、財務定量モデルにより区分される信用ランク別に、定性情報の調整有無（あるいは調整ランク）ごとのデフォルト率を観測した条件付デフォルト率として認識することがベースとなる。これを用いて、定性情報調整がPDに与えるインパクトを把握し、各信用ランクにおける定性情報等によるノッチ調整の幅を統計的に設定するものである。これにより、最終格付区分ごとの想定デフォルト率として、信用リスクモデルの評価から導かれるPDベースに"想定デフォルト率"を設定することが可能となる。ただし、この方法ではデータ量が少ない場合が想定され、統計的な安定性に留意が必要となる。

5 内部格付制度における格付プロセス

「内部信用格付制度」を構築していくうえで、格付付与のプロセスを明文

化し、運用として規定していく必要がある。格付付与のプロセスにおいては、各与信先の状況について決算書を中心とした年次での業況フォローを行い、毎期信用格付を見直すことが基本となる。さらに、一部大口先や、延滞発生先等の信用状況に懸念のある先については、年次での業況フォローに加えて月次や日次でのモニターによって、随時信用格付を見直すことができるプロセスを構築することが望まれる。対象企業の属性によって、モニターできる情報に格差はあるものの、当該企業の業況変化や外部評価の変化、債権の弁済状況について適宜フォローしていくことが重要である。

したがって、信用格付については日次で更新が可能な体制とするべきであり、信用リスク量の計量化についても、日次で更新できる体制の整備が求め

図表11-5　信用モニターすべき情報（例）

対象	随時的フォロー	年次的フォロー
上場・社債発行企業	株価・社債価格 外部格付 決算修正プレスリリース 弁済状況	決算書
大口先	売上状況 決算修正プレスリリース 弁済状況	決算書
上場企業子会社	売上状況 親会社の株価 親会社の外部格付 弁済状況	決算書
中堅中小企業	弁済状況	決算書に基づくモデル
延滞発生先	売上状況 弁済状況	決算書
条件変更先	売上状況 経営健全化計画の進捗状況 弁済状況	決算書
低格付先	売上状況 弁済状況	決算書に基づくモデル

られる。最新の信用リスク管理システム等においては、日次での格付更新と信用リスク量等に関するレポートを出力する機能を有している。

(1) 具体的な格付プロセス

格付の付与の流れを概観すると、まず、第1段階としてモデル等のプロセスを経て格付を付与する非デフォルト先に該当する債務者と、外形的な基準でデフォルト先として該当ランクを与える先とを区分する。第2段階として、非デフォルト先について、格付制度のベースとなる財務情報を入手次第、当該債務者の該当する業種や規模別の財務定量モデルにより信用リスクの評価を与える。

さらに第3段階として、当該債務者に関する業界動向等の定性要因による

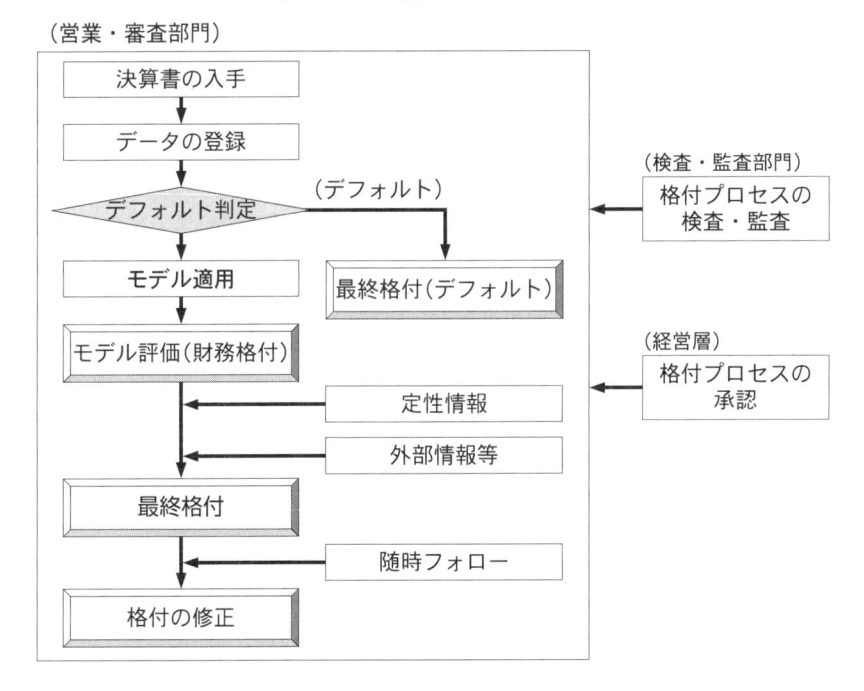

図表11-6　格付付与の流れ（例）

（営業・審査部門）
- 決算書の入手
- データの登録
- デフォルト判定 →（デフォルト）→ 最終格付（デフォルト）
- モデル適用
- モデル評価（財務格付）
  ← 定性情報
  ← 外部情報等
- 最終格付
  ← 随時フォロー
- 格付の修正

（検査・監査部門）
- 格付プロセスの検査・監査

（経営層）
- 格付プロセスの承認

第11章　信用リスクモデルと信用格付の実務

図表11-7 デフォルト判定～モデル適用（例）

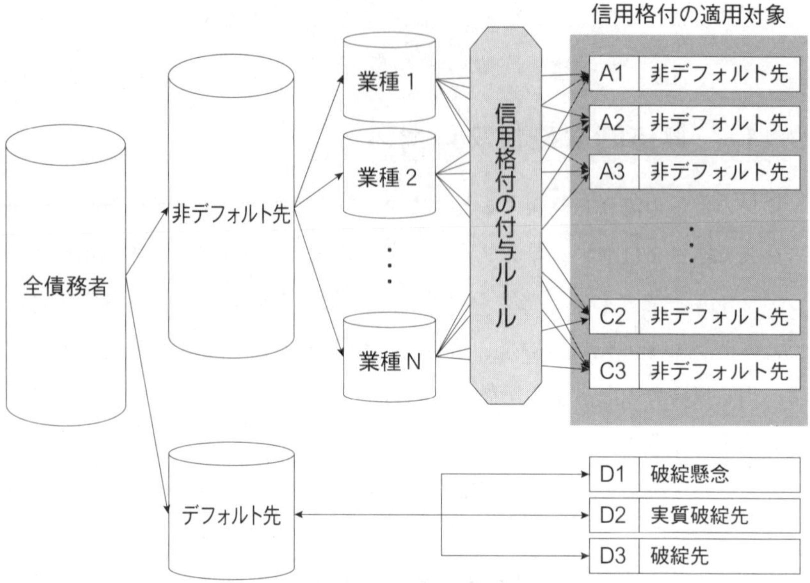

全債務者 → 非デフォルト先 → 業種1, 業種2, …, 業種N → 信用格付の付与ルール → 信用格付の適用対象：A1 非デフォルト先／A2 非デフォルト先／A3 非デフォルト先／…／C2 非デフォルト先／C3 非デフォルト先

全債務者 → デフォルト先 → D1 破綻懸念／D2 実質破綻先／D3 破綻先

　調整を行い、第4段階において、当該評価を確認するため外部格付や外部モデル等の情報や、上場企業等であれば株価動向等の随時フォローすべき情報をも勘案して最終的な格付案を作成する。最後に、検査・監査部門による格付付与プロセス等の確認を経て最終格付が決定される。

　一部の金融機関においては、上場企業に関しては決算書による格付に加えて、株価を利用したオプション・モデルにより倒産確率を推計し、格付の随時変更の基準とするなどの取組みがみられる。上場企業以外の中堅中小企業に関しても、新たな決算書を入手したのであれば、速やかに新たな信用格付を付与し、自行のリスク量を適時把握することが必要である。

　また、これら以外にも不良資産や含み損の判明、重大な訴訟事件の発生等の営業部門から入手される情報や、自行の当座預金の残高推移や口座振替の動き等の自行のデータから入手できる情報を活用し、決算書の入手以外のタイミングであっても、債務者の信用状況の確認と、格付の見直しを行う事象を決定しておくことも必要となろう。

(2) 内部格付制度の運営について

　内部格付制度を運営していくにあたっては、その根幹であるモデル精度を維持するために、モデルの構築～検証～トラッキング～チューニングといった一連のプロセスを業務として組み込んでいくことが重要である。統計モデルは、過去のデータを統計的に解析し構築されていることから、金利変動や業種ごとの業況、会計制度の変更等の影響によって、時間の経過とともにモデルの精度が徐々に低下していくことが一般的である。そのため、モデルについては定期的にトラッキングを実施し、必要であればチューニングを実施し、デフォルトを説明する要素が大きく変化した場合等ではモデルの再構築を行う必要がある。

a　トラッキング

　モデルのトラッキングは、原則として毎年実施することが望ましい。トラッキングのポイントとしては、直近のデフォルト事象に対してのモデル精度の検証と、想定していたデフォルト率と実際のデフォルト率との乖離を中心に検証を行う。また、モデルに利用している個別の要素（財務指標等）についても、デフォルト判別能力を依然として保持し続けているかどうかといった検証を行う必要がある。

b　チューニング

　モデルのチューニングとは、モデル精度を維持するために、モデルに投入している指標等は変更せずに、各指標に与える係数を調整することであり、毎期モデルを再構築することに比べると期間と費用の面から優れていることと、採用されている指標が変わらないことから、格付の一貫性が保たれるといったメリットがある。モデルをチューニングしても、必要なモデル精度が

維持できない場合や、マクロ環境に大幅な変化があった場合については、モデルの再構築を行う必要がある。モデルを再構築する場合には、既存モデルの精度や外部モデルのパフォーマンスを参考にしながら構築を行っていくことが望ましい。

(3) 検査・監査部門のかかわり方

　検査・監査部門においては、構築モデルについての検査の実施、モデルの適切な運営、モデル精度の検証プロセスに関与する必要がある。

　構築モデルについての検査においては、モデル構築に利用したデータの質・量の確認、モデル構築プロセスにおいて、オーバーフィッティングになってしまっていないかどうかといった点を主に確認する。モデルの適切な運営においては、企業から入手した決算書等のインプットデータの正確性や、インプット方法等についての検証の実施、信用格付の定性情報等による

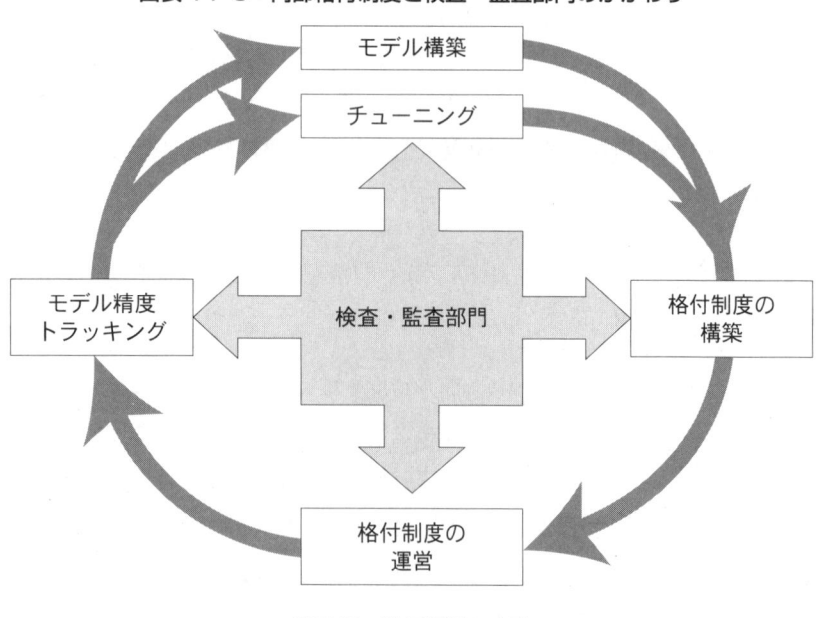

図表11-8　内部格付制度と検査・監査部門のかかわり

修正の恣意性の有無などについて確認をする必要がある。

モデル精度の検証においては、精度に関する定期的なレビューと、主管部門における精度のトラッキングプロセス・検証手法、経営陣等への適切なレポーティングが実施されているかといった点についての検査を行っていく必要がある。

6 信用格付を利用したポートフォリオ運営

信用格付制度を適用することで、企業が各格付ごとに分類されることになり、この格付区分に基づいた信用ポートフォリオ運営が可能となる。

信用格付の各区分には、それぞれ想定デフォルト率が推定され、また各区分に分類された企業に対する与信額、与信期間、貸付形態、保全状況といったデータから、自行のポートフォリオのもつ期待収益率と信用リスク量が計量化される。

信用リスクの計量化の対象としては、大きく分けて、①予想損失（EL）と、②非予想損失（UL）に区分される。

個別の予想損失は、債務者ごとあるいは債権ごとに、以下の算式から算出されるのが一般的である。

予想損失＝信用リスク・エクスポージャー×予想デフォルト率
　　　　×（1－予想回収率）

上式における予想デフォルト率（PD）は、信用格付区分ごとのPDから与えられる。PDの推計に関しては、将来の景気変動やそのデフォルトとの関係推計が非常に困難であることから、実際には過去のデフォルト実績率をもとに、その時系列的な推移を勘案して決定することが一般的である。また、個別金融機関における過去のデフォルト実績データのみに立脚した場合には、安定したPDを設定することが困難となることはすでに述べたとおりで

あり、外部データベース等のデフォルト実績の推移等を検証材料しながらPDを設定することとなる。

予想回収率に関しては、さらに推計が困難であり、現時点においては、担保種類ごとに設定した掛け目を利用する方法や、担保価値と担保別等の過去の回収実績率によって推計するといった方法が採用される。不動産担保の比重が高く、また不動産価格の下落傾向が続いているなかにあって、適切な担保価値の推計自体大きな課題である。回収率に関しても、デフォルト率推計と同様に、共同データベース等の構築によって、より精度の高い推計モデルが構築されることが期待されているところである。

個別の予想損失が算出されたものを合算したものが、ポートフォリオ全体の予想損失となるが、非予想損失の計量化は単純ではない。そもそも、非予想損失は、一定の信頼区間内で生じうる損失の最大値から予想損失を差し引いて算出されるが、損失の最大値の計量化にあたっては、業種、地域等におけるデフォルトの相関、特定企業グループとのデフォルト相関、債権の残存

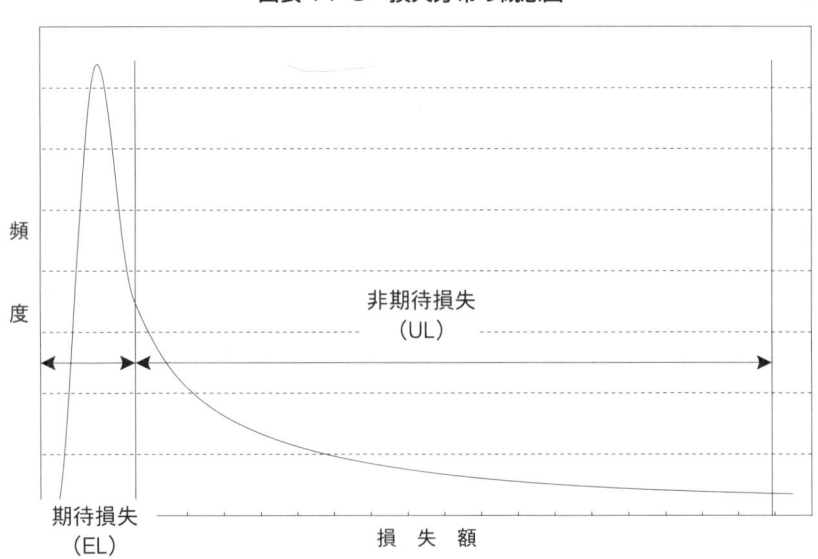

図表11-9 損失分布の概念図

期間、信頼区間といった変数を新たに与えなければならない。現在、用いられている方法としては、モンテカルロシミュレーションを利用したシミュレーション法による算出と、損失の発生に関して特定の分布を仮定した解析法による算出が考案されている。

現時点ではどちらの方法を採用したとしても、精度の高い十分な結果を算出しきれないのが現状であるが、健全性や収益性を図る経営指標として利用に向けて取り組む必要がある。

信用リスク量の計測にあたっては、まず第1に、図表11-10にあるような格付別の残高推移と予想損失額、非予想損失額を算出する必要がある。この表は自行の各時点ごとのポートフォリオの概要を把握するものであり、前期、前々期との対比によりポートフォリオの変化を確認する目的で用いられ

図表11-10　格付別残高・信用リスク量分布表

	格付	与信残高（末残）						信用リスク計量結果(13/6月末)			
		12/3月期	13/3月期	13/6月	構成比	先数	13/3月比増減	予想損失	13/3月比増減	非予想損失	13/3月比増減
正常先	1	1,419	1,349	1,214	5.7%	19	▲135	0	▲0	0	▲0
	2	2,066	1,867	1,415	6.7%	38	▲452	0	▲0	1	▲0
	3	3,910	3,766	3,566	16.8%	96	▲200	4	▲0	36	▲2
	4	3,388	3,255	3,376	15.9%	226	121	10	0	68	2
	5	2,147	2,318	2,502	11.8%	438	184	13	1	75	6
	6	4,256	4,498	4,867	23.0%	844	369	34	3	243	18
要注意先	7	2,241	2,117	2,134	10.1%	954	17	26	0	128	1
	8	1,215	1,344	1,316	6.2%	599	▲28	59	▲0	132	▲3
破綻懸念先	9	777	668	624	2.9%	117	▲44	-	-	-	-
実破・破綻先	10	264	216	175	0.8%	69	▲41	-	-	-	-
合計		21,683	21,398	21,189	100.0%	3,400	▲209	145	2	683	22

(出典)『信用格付を活用した信用リスク管理体制の整備』（日本銀行 2001/10/3）8

図表 11-11　格付推移行列の例

(単位：％)

前期格付	当期格付	正常先						要注意		破綻懸念	実破・破綻	対前期変化		
		1	2	3	4	5	6	7	8	9	10	良化	維持	悪化
正常先	1	95.66	4.13	0.01									95.66	0.01
	2	0.01	90.12	6.44	2.66	0.77						0.01	90.12	9.87
	3		1.22	85.55	7.57	3.79	1.20	0.66		0.01		1.22	85.55	13.23
	4		0.11	2.97	82.54	9.16	3.65	1.09	0.23	0.22	0.03	3.08	82.54	14.38
	5			0.02	4.53	80.27	10.63	3.34	0.55	0.55	0.11	4.55	80.27	15.18
	6			0.01	0.10	4.66	81.77	8.96	2.92	1.07	0.51	4.77	81.77	13.46
要注意	7			0.01	0.01	0.06	3.65	89.03	4.31	1.94	0.99	3.73	89.03	7.24
	8						0.10	1.50	90.25	5.48	2.67	1.60	90.25	8.15

(出典)『信用格付を活用した信用リスク管理体制の整備』(日本銀行 2001/10/3) **8**

る。

　第2には、第1で作成した表を、業種別、地域別、規模別等の自行での管理単位ごとに区分したものを作成する。これにより、自行のポートフォリオの偏りなどを把握する。

　第3に、格付ごとの推移に注目して、格付推移行列を作成する。図表11-11が示すとおり、格付推移行列においては、個別の債務者ごとの信用状態の変化が現われており、現在のポートフォリオの信用状況がどのように変化するかをシミュレートするために主に利用される。

　金融機関経営において、今後も「信用格付制度」は経営の根幹制度であり、より精度の高い「信用格付」を求めて、「信用リスクモデル」の構築および実務利用が盛んに行われるものと思われる。

　「信用リスクモデル」を支えるものは、金融機関の与信先についての情報

8　著者により一部追記あり。

収集能力とデータベースであることは紛れもない事実であり、正しく情報を収集し蓄積すること、共同データベースや外部データベース等との検証を行い自行データの特性把握を行うこと、さらには外部モデルと自行モデルの相互検証等を行う等が重要となる。日ごろから「信用リスクモデル」の定期検証やチューニングの実施を行い、データベースという基盤を整備し、信用リスクモデルを含めたインフラに係るメンテナンスを実行していくことが信用リスク・マネジメントの第一歩であり、変わらぬ基本でもある。

第12章

戦略的「審査工場」の実務

1 「審査工場」導入の意義とその目的

　銀行業とは、そもそもリスクと対峙することで収益をあげるビジネスである。リスクに向き合い、適切なリスクをとることで、はじめて収益が生まれる。逆に、無謀なリスクをとることは、銀行経営そのものを揺るがすことになる。21世紀の信用リスク運営は、貸出是非を判断するリスクチェックのみならず、体力に見合った適切なリスクと対価をとり、それらを客観合目的にコントロールすることで収益をあげていく"メカニズム"の実践にほかならない。

　収益をあげていくには、リスクやコスト（調達コスト＋経費率＋信用コスト[1]）に見合ったプライシングがなされる必要があるし、そもそも融資を伸

---

[1] 信用リスクにおける信用コストと狭義の信用リスクの区別は、第4章2参照。

ばしていくことが重要である。

　信用コストは、債務者の信用力によって決まるものである。また調達コストは、ほほどの銀行でも同程度である。したがって、顧客に対する競争力を強化し融資残高を伸ばすためには、審査効率を上げることで経費を極力抑え、顧客にとって魅力あるプライシングの提示を行うことや審査のスピードアップによる顧客サービス向上を実現する必要がある。また、顧客の財務状況の分析、改善策の提案などの財務コンサルティングを通じて、顧客の財務体質を強化し、信用コストを極力下げる努力も重要である。顧客の信用力を強化することは、顧客と銀行にとって、双方にメリットがあり、銀行の価値を高めるものである。

　本章では、信用リスクと積極的に向き合い、それを客観統御することで確実強固な収益を計上していく新たな取組みとして、**「審査工場」**の戦略的な導入について考察を深める。

　審査業務のプロセスは、規制行政下のままであるという指摘が多い。
　たとえば、"審査結果の待ち時間"がある。銀行に融資の相談にいっても、結果が出るまで多くの日数を必要とし、結果が悪い場合は突然追加の書類を要求され振出しに戻る場合がある。謝絶であれば、なるべく早く結果を聞きたいが、そのような配慮はされず、銀行の事情により融資サービスが行われている。
　これらの事情は、やはり規制行政下の保護産業としての振る舞いから脱却しきれていない証左であると考える。右肩上がりの経済成長と旺盛な資金需要から、銀行は基本的に"選別融資"を行えばよい時代が長く続いた。その結果、確実な先をよくよく吟味して貸し付ける、担保もがっちり押さえる、したがって、貸出金利はプライムレートから大きく乖離しないものの、安定的な利鞘収入を計上できた。しかしながら、このような"よき時代"はすでに終焉を迎えている。
　現在の融資業務の事業環境は、①融資需資先が少なく、この傾向は日本経

済の構造変化を反映して定常的な状態となっている、②チェリー・ピッキング（いいトコ取り）を実行する異業種の参入も急であり、顧客基盤が侵食されつつある、③競合銀行の地域を超えたデフレ競争が激化している、④老舗で従来は安泰と思われた企業の倒産企業が多発しており、信用リスクの状況は以前に経験したことがないほど悪化しており、その状況変化も激しい。

　預金・決済業務の低収益性を斟酌すると、銀行はやはり融資業務を安定強固な収益源として確立しなければならないし、生き残り、勝ち残りの最も重要な課題であると判断される。

　すでに意識改革を行い、新たな取組みを行っている銀行も多くある。

　ある銀行では、これまでまったく取引を行っていなかった顧客層をターゲットに、市場を拡大することを試み、すでにその成果が現れている。また、ある銀行では、既存顧客のなかでも比較的規模が小さく、貸出額が少ない先から自動審査を導入することで、審査にかかわるコストの削減を図ると同時に、迅速に審査結果を顧客に伝えることで、顧客のいっそうの囲込みを実現している。信用保証協会との業務提携により、従来1カ月程度かかっていた保証審査を数日内に行うことを可能にし、中小・零細企業向け融資の拡大を図る銀行も目立ってきた。また、事前に既存全顧客に対しスコアリングモデルによる自動審査を行い、その結果高い評価がなされているにもかかわらず、これまで取引関係が希薄だった先に対し、顧客利便性の高い定形型の新商品を開発し、貸出を伸ばしている銀行もある。

　「審査工場」導入の意義は、護送船団・規制行政下で染み付いた、安楽な顧客軽視の審査プロセスを構造改革し、21世紀の経営環境に相応した機能効率的で生産競争力のある"融資プロセス"を構築することにある。この"融資プロセス"の構築とは、貸出是非を判断するリスクチェックのみならず、体力に見合った適切なリスクと対価をとり、それらを客観合目的にコントロールする融資業務メカニズムの総合的な樹立を意味する。

　以下、「審査工場」導入の具体的な目的として、以下の二つをあげ考察を深める。

図表 12-1　「審査工場」導入の意義

護送船団・規制行政下で染み付いた、安楽・顧客軽視の審査プロセスを構造改革し、21世紀の経営環境に相応した機能効率的で生産競争力のある"融資プロセス"を構築することにある。この"融資プロセス"の構築とは、貸出是非を判断するリスクチェックにとどまらず、体力に見合った適切なリスクと対価をとり、それらを客観合目的にコントロールする"融資業務メカニズム"の総合的な樹立を意味する。

〈戦略的「審査工場」における二つの具体的な目的〉

① 融資諾否基準に関する一貫整合メカニズムの構築
② "集中"と"分業"による大量生産・コスト削減とビジネス拡大

(1) 融資諾否基準に関する一貫整合メカニズムの構築

「審査工場」における審査業務の工場化の意義は、生産物である審査結果の"品質向上"にある。

「審査工場」における基幹的な生産物は、"融資諾否にかかわる意思決定の生産"である。

従来の人的判断のみでは、諾否の意思決定に関する一貫的な品質管理は困難であった。できる審査担当と、できない審査担当のギャップを埋めるよう、徒弟主義的な教育が実施されてきたが、中小・零細案件に対する物理的な処理能力の問題やバブル・金融自由化という激しい外部環境の変化に対し旧来の品質管理は有効には機能しえなかった。過去の融資判断における客観的な過誤認識や審査ノウハウの蓄積と改良が制度的には実行しえず、不良債権の山が品質不良の証左として発生し続けている。口伝伝承の"暗黙知"を基本とした"品質向上"はこの複雑流動化している経済環境下、もはや十分な実効力を発揮しえない。

「審査工場」の第1の目的は、審査における従来の口伝伝承的な"暗黙知"

を"形式知"へと変換昇華させることにあり、**"融資諾否基準の一貫整合メカニズム"** の構築にほかならない。

"融資諾否基準の一貫整合メカニズム"は大別して、①デフォルト発生により生じる損失可能性と、②リスク対価としての貸出金利の設定により、どのくらいの収益を期待できるか（するか）の客観認識により構成される。融資戦略を策定するためには、信用リスクをコントロールするための統一的な意思決定基準が必要となる。

上記前者①のメカニズムは、"信用リスク計量モデル"の構築と実践が基本となる。審査先がデフォルトするかしないかという2元的判断を廃し、どの貸出先もデフォルトの可能性があると認識し、その程度を客観表記する論理モデルを構築する。これを審査の諾否基準として活用する。諾否基準の基軸となるのがスコアリングモデル[2]から算出される想定デフォルト率である。想定デフォルト率、回収率、貸出明細のキャッシュフローから、DCF法[3]により信用コストを計量する。このリスクコントロールの基軸となる債務者の予想デフォルト率の算定は、「審査工場」での活用にとどまらず、信用格付や自己査定、貸倒引当金の算出（信用コスト額の計量）や信用リスクに対する必要自己資本の算出（信用リスク量の計量）に至る総合的な信用リスク管理業務において、一貫して使用される基準であることが望ましい。

"融資諾否基準の一貫整合メカニズム"の第2は、リスク対価としての貸出金利の設定と諾否基準設定のメカニズムである。上述で客観整合的に計量された信用リスク量と貸出適用金利を論理統合し、"信用コスト控除後の期待収益率"を算定し、その度合いやグロスとしての信用リスク量など、融資諾否における論理因子を明確にし、その具体的な運営のための基準値を設定

---

2 信用リスク計量モデルに関する詳細説明は、第4章2参照のこと。
3 要管理先債権と破綻懸念先債権の引当金については、債務者の財政状態、今後の事業計画などから、将来のキャッシュフローを合理的に見積もり、約定利子率で現在価値に割り引いて算出するDCF法（ディスカウントキャッシュフロー法）が今日推奨されている。予想デフォルト率と将来の回収予想の合理的な前提に基づくDCF法による信用コスト（引当金）の算出方法は、第4章2を参照。

するものである（通常、"**与信意思決定モデル**"あるいは"**AVRモデル**"と呼ばれるもの4）。

　どこまでリスク・テイクし、それを客観確実にリスク消化するため、貸出金利をいかに設定し、想定収益をいかに企図するかに関し、一貫整合的なメカニズムを構築していくことが、「審査工場」樹立の第1の目的である。

　これにより、融資諾否に関する意思決定が"形式知"化でき、継続的な審査能力の向上が実現できる。融資判断に対する"過誤"は、想定デフォルト率と実績デフォルト率の差異として客観認識される。モデル論理式の構造問題なのか、全体デフォルト率の想定外変動なのかなどの論理的な究明がなされることにより、一貫整合的な融資判断に関する"品質管理"とその向上が"メカニズム"として実現できる。特に、現在のような過去に経験のない信用リスクの顕在化と日本経済の変貌に対し、信用リスクに関する客観的な"羅針盤"をもたなければ、いつかは難破する。航海の荒波を検知して適切な航路へと舵をとる、これは最新技術を搭載した堅牢な船舶でなければ、21世紀の間接金融機関としては機能しえず、預金の安全運用もままならない。

　融資業務を私企業として事業展開するためには、企図した想定収益とその結果検証も欠かせない。安定確実な収益を計上するよう、貸出金利の運営や融資の諾否基準を戦略統御する、このことが「審査工場」導入の第1の目的であり、根幹でもある。

4　"与信意思決定モデル"に関しては、安田隆二、大久保豊編著『信用リスクマネジメント革命』（金融財政事情研究会）にて詳細な理論展開を行っている。

図表12-2 信用リスク・マネジメントモデルの基本体系

信用リスク・マネジメントモデルの基本体系は、「顧客の客観的なデフォルト確率を測定するモデル（スコアリング・モデル）」と、「あるデフォルト率が想定される顧客に対し、与信を行うかどうかの明確な意思決定モデル」から構成される。

（債務者評価）
信用リスクの客観的なスコア化

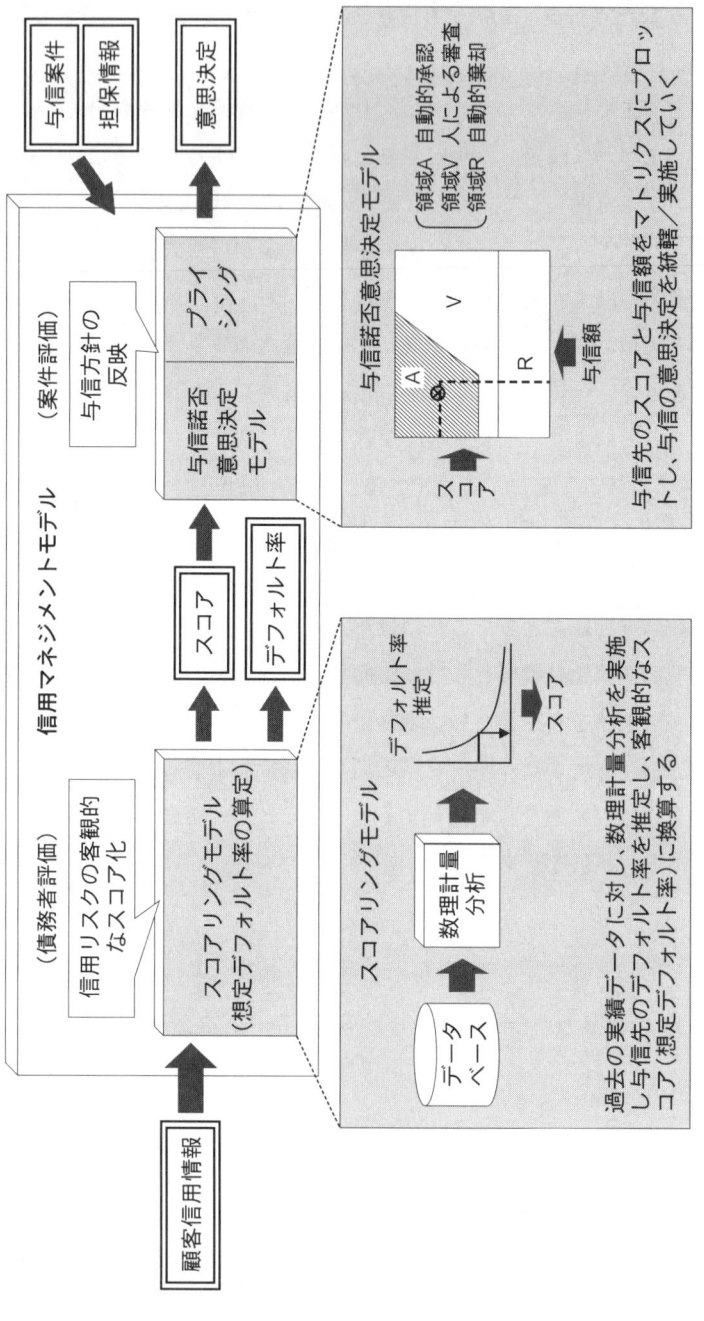

スコアリングモデル
（想定デフォルト率の算定）

顧客信用情報

スコアリングモデル

データベース → 数理計量分析 → デフォルト率推定（スコア）

過去の実績データに対し、数理計量分析を実施し与信先のデフォルト率を推定し、客観的なスコア（想定デフォルト率に換算）する

信用マネジメントモデル

スコア
デフォルト率

（案件評価）
与信方針の反映

与信諾否意思決定モデル
プライシング

与信案件
担保情報

意思決定

与信諾否意思決定モデル

（領域A　自動的承認
　領域V　人による審査
　領域R　自動的棄却）

スコア ↑
与信額 →

与信先のスコアと与信額をマトリクスにプロットし、与信の意思決定を統轄／実施していく

第Ⅲ部　銀行経営の実務

(2) "集中"と"分業"による大量生産・コスト削減とビジネス拡大

「審査工場」の第2の導入目的は、"集中"と"分業"による大量生産・コスト削減により、審査結果の迅速回答による顧客サービスの向上と審査コスト削減による魅力あるプライシングの提供である。これにより、顧客満足と比較優位を達成し、もって融資ビジネスの拡大を図るものである。

中小零細企業・個人事業主向けの小口融資は、大企業取引、個人住宅ローンに比べ、厚鞘の貸出金利設定が可能であり、今後リテール・バンキングの大きな収益源としての成長が望まれる。この市場は、間接金融の主戦場でもある業務領域である。しかしながら、従来の人的審査中心のビジネス・モデルでは、信用評価の困難性、審査コスト面の問題があり、融資ビジネスとして展開できる体制にはない。人的審査は審査先を"個別"としてしか審査・評価できず、その"個別先"が倒産するか、しないかという2元的判断のもと、融資の可否を決定する。したがって、"個別先"としては信用力が低いこのような中小企業向けの融資は棄却されやすい。

一方、「審査工場」は、個別の融資先に対し、信用スコアリング・モデルなどにより信用力の絶対評価を行い、そのデフォルト確率に対し見合う貸出金利の設定により、融資業務全体として確実な収益を計上するビジネス・モデルである。これは"ポートフォリオ型の融資ビジネス"として位置づけられる。人的な個社別判断では困難な貸出先に対し、貸出全体として、"融資ポートフォリオ"として確実な利益を計上できるよう、リスクに見合った貸出金利を個別に算出し適用する。これを実現するためには、「審査工場」を樹立し、貸出案件の一元的な評価・管理体制と集中・分業処理による大量生産を築き上げる必要がある[5]。

「審査工場」とは審査の工場化であり、"集中"と"分業"にほかならない。審査案件を本部の審査センターに集中することにより、審査に関する業務を分業化することができ、一気に事務効率を引き上げる。抜本的なコスト

図表12-3 審査工場概念図（参考）

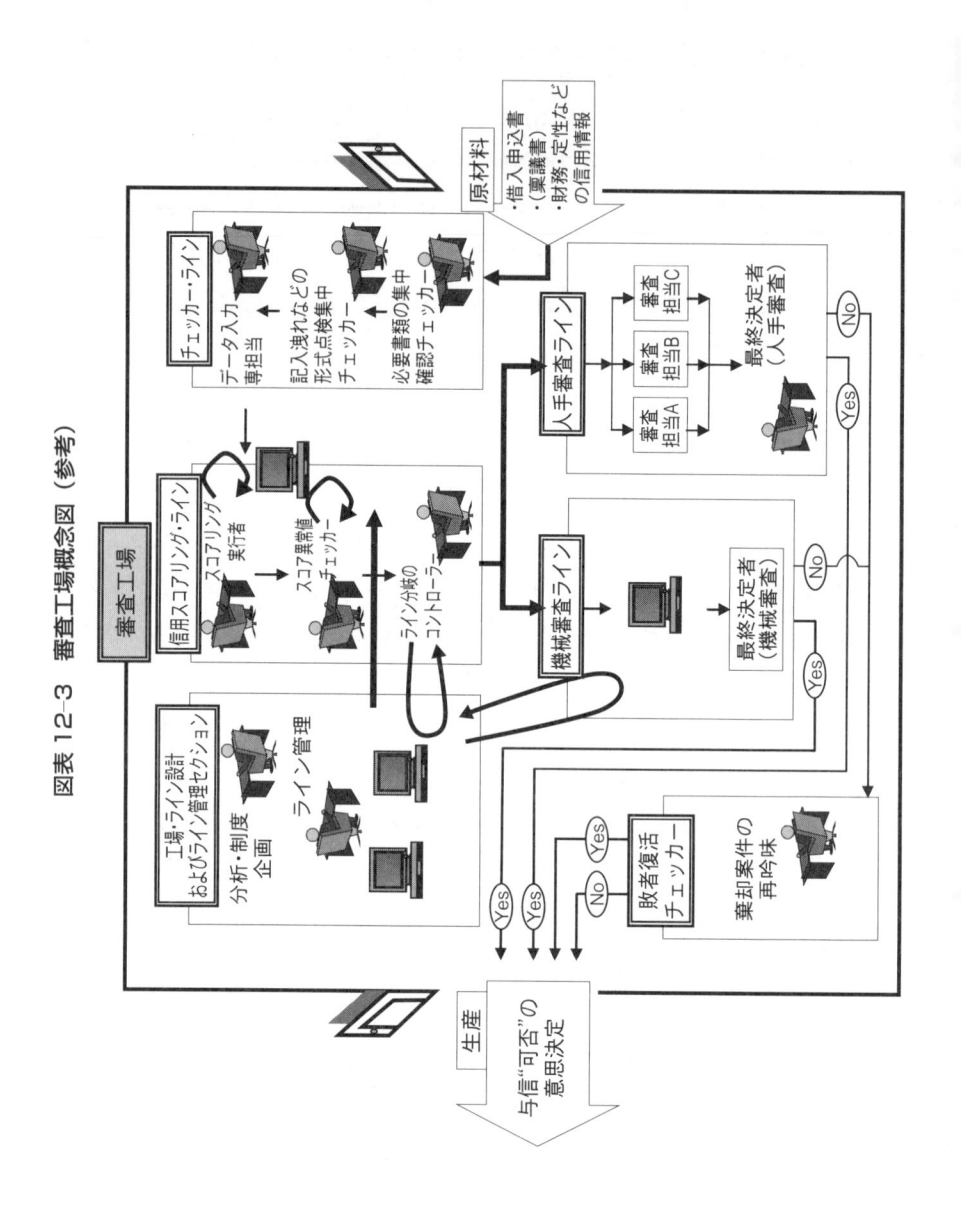

削減とクイック・レスポンス、品質向上を実現する。審査業務が支店に分散していた場合は、ほとんどの事務を一人一人の人間で完結する仕組みをとってきた。これを本部センターへと集中することにより、審査ドキュメントの形式チェック、データ入力、信用リスク判定、融資可否判断などが分業され、それぞれの業務プロセスでの効率を一気に高めることができる。銀行はIT技術の適用により、他産業に100年遅れて業務の工場化に取り組み始めたものである。

「審査工場」の導入は、小口案件の貸出業務に新たな収益機会を創出することのみならず、人手による審査判断が必要な大口案件の業務に対し、重点的な人的資源の再配置を可能とする。「審査工場」を導入することで、機械で行う部分と人手で行う部分との「分業」体制を確立し、限られた有効な人的資源を大企業審査や営業などの必要業務へと「集中」させることもできるようになる。

小口案件において、人手による判断がまったく必要ではないかといえば、そうではない。審査工場における意思決定の生産は、すべてが機械（モデルとコンピュータ）でなされるものではなく、人と機械による分業体制を最も効率よく、また審査精度を十分に引き出せるよう工場設計することが成功の必要条件である。

以上、「審査工場」導入の意義とその目的に関し議論を深めてきた。次節からは、「審査工場」をビジネス発展のテコとして昇華させる"工場設計"およびその"運用設計"に関し、実務的な考察を行う。

---

5 「審査工場」は、中小・零細企業あるいは小口案件のみを対象とした概念ではない。「審査工場」は、"集中"と"分業"による審査にかかわる意思決定の効率化と品質向上を図るものである。当然ながら大口案件に関する意思決定の構造化により、"集中"と"分業"という審査工場の適用が可能である。しかしながら、これらにおいては、モデル活用の完結性という点で小口案件よりも限定的となることから、まずは中小・零細案件から「審査工場」を導入することが一般的であり、本章はそれを考察の主対象とする。

2 ▶ 「審査工場」設計のポイント

　本節では、「審査工場」の全体像をとらえたうえで、実務において重要となる工場設計上のポイントに関し詳細を述べる。

(1) 「審査工場」の全体像

　「審査工場」の設計とは、単にスコアリングモデルや与信意思決定モデルによる自動審査の設計を意味するものではない。「審査工場」を"融資実行"という製品を生産する工場としてとらえ、業務全体を設計することが何よりも重要である。工場における最大のミッションは「生産性の向上」と「質の高い製品製造」といえる。要するに、「いかに効率よく、いい製品を生み出すか」につきるわけである。審査業務に置き換えてみれば、「いかに審査コストを抑え、かつ迅速に、正確な審査（債務者評価および案件評価）結果を出せるか」ということになる。

　これらの工場要件を充足するための設計上の実務ポイントとして、以下の

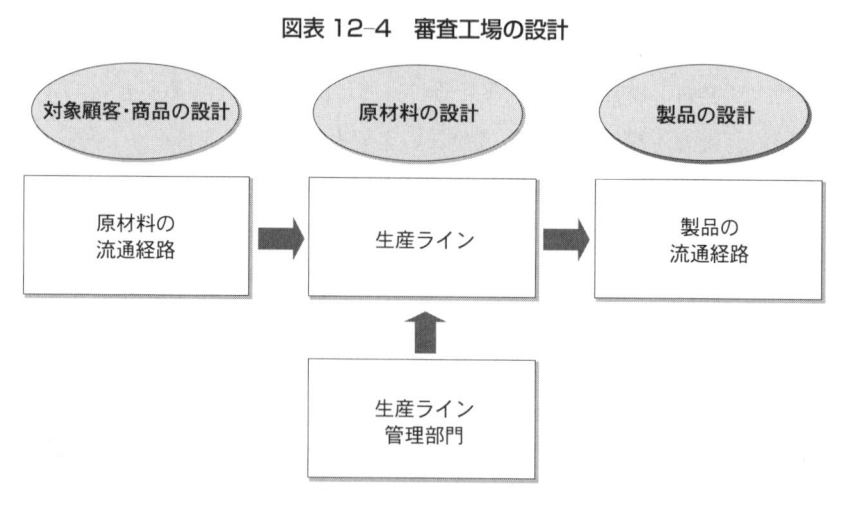

図表12-4　審査工場の設計

諸点があげられる。
① 対象顧客・商品の選定
② 製品（審査基準・審査結果）の設計
③ 原材料（必要な書類・信用情報）の設計
④ 原材料の流通経路の設計
⑤ 生産（審査）ラインおよび審査ライン管理部門の設計
⑥ 製品（審査結果）の流通経路の設計

　まずは、だれを対象（審査の対象顧客および対象商品）に、何を生産する（審査基準・審査結果）のかを明確にしておく必要がある。どのような製品をだれに売るのかということが、そもそも決定されていなければ、製品を生産する工場は存在しえない。
　次に、効率的に生産（審査）ラインを動かすために、生産（審査）に必要となる原材料（必要な書類・審査情報）を効率よく収集しなければならない。要するに、原材料の特定とその効率よい流通経路の確保が必要となる。
　さらに、心臓部である生産（審査）ラインの設計を行う。なるべく作業を分業・標準化し、集中化による生産効率の最大化を目指すことが基本的な設計概念となる。また、どこまでをオートメーション（モデル・情報処理コンピュータによる自動審査）化し、どこを人による作業とするかを設計する。機械によるオートメーション化は、原材料の質が安定的で製造物も固定的な場合にその効力を発揮する。しかしながら、審査の"生産"においては、原材料（審査先の信用状況）や製造物（与信諾否の判断）の中身が、経済動向や競争環境の変化により恒常的に変動するものであり、単なるオートメーション化は"事故"のもととなり、不良品を生産し続けてしまうリスクが存在する。作業の集中・標準化、生産（審査）ラインの有機的な稼動を念頭に、機械と人手による分業体制を構築することがポイントとなる。加えて、これらの生産（審査）ラインが常に正しく稼動しているかに目を光らせる必要がある。これらの管理・改善を司る審査ライン管理部門を設置する必要があり、

その設計が「審査工場」成功の重要な鍵となる。

　最後に、製品（審査結果）を消費者（審査先、融資顧客）に届けるまでの効率よい流通経路を設計する必要がある。いかにその工場で、優良な商品を生産できても、顧客へのデリバリーに関し問題がある工場立地や営業現場との関係では、最終目標である"ビジネス発展"を招来しえない。

　次項以下、設計上の重要諸点に関し考察を深めていく。

(2)　対象顧客・商品の選定

　「審査工場」設計の第1は、「工場」による生産（審査）を適用する"顧客層"や"審査案件"を特定することから始まる。どのような顧客や商品を「審査工場」の対象とするかによって、「審査工場」の設計は大きく異なってくる。

　「審査工場」の導入にあたっての対象顧客や対象商品の設計は、大きく二つに分けて考える必要がある。一つは、これまで審査ノウハウがなく、まったく取引を行っていなかった顧客層をターゲットに定型・非定型の商品を販売する場合である（**"新規顧客用「審査工場」"**）。

　もう一つは、すでに取引のある顧客を対象に、比較的企業規模が小さく、貸出額が少ない先を対象にする場合である（**"既存顧客用「審査工場」"**）。

　前者は、新たな市場でビジネスボリュームの拡大を図ることを主たる目的とするものである。後者は、審査・貸出にかかわるオペレーションコストの削減を図ると同時に、迅速な審査結果を通し、顧客満足と既存顧客のいっそうの囲込みを図るものである。

　"新規"と"既存"では顧客属性（信用リスクや産業・顧客プロファイル）が大きく相違し、販促すべき商品も明らかに相違する。「審査工場」の設計においては、これらを十分に斟酌し実行することが肝要である。また、以下の視点も入れ、対象顧客・商品の選定を構造・論理的に行い、「審査工場」

設計の起点とすべきである。

```
＜対象顧客の構造・論理選定＞
① 新規顧客・既存顧客の特定
② 対象業種、法人格・個人格の選定と特定
③ 企業規模（売上、資本金、総資産）の選定・特定
④ 顧客属性（開業年数、地域）の選定と特定
```

```
＜対象商品の構造・論理選定＞
① 定型の融資商品、非定型の融資商品の選定と特定
② 無担保融資、有担保融資（または保証付）の特定
③ 商品のマチュリティ（短期・中期・長期）、返済キャッシュ・フローの選定と特定
```

　対象顧客、対象商品を特定するうえで、戦略上重要となることがある。それは、「貸出先は1社たりとも潰してはならない」という発想から、「ある一定の割合（予想デフォルト確率）で、貸倒れは必ず発生する」という考え方へ転換を図ることである。要するに、「個社・案件単位での管理」から「予想デフォルト率に基づくポートフォリオでの管理」へと転換を図る必要がある。経営戦略として、どのような融資ポートフォリオを構築するかということが重要なポイントとなる。ポートフォリオ管理の理論を実践に移すためには、ポートフォリオに組み込まれる債務者や貸出件数を十分に得ることと、貸出の集中を避け、分散を図らなければならない。

（3）　製品（審査基準・審査結果）の設計

　対象顧客・対象商品が決まったら、次に「審査工場」で生産する製品（審査基準・審査結果）を設計する。この製品の設計は、「審査工場」で、どのような基準に基づいてどのような審査を行うかに依存する。審査の基準設定によって、必要となる原材料（必要な書類・信用情報）も違ってくる。

　最終的な生産物である「審査工場」の製品とは、「審査結果通知書」や

「審査稟議書」といった審査の結果を示すドキュメント(電子稟議であればデータ)であり、「審査工場」内で融資の実行まで行う場合は、「融資実行記帳」や「融資実行通知書」等も含まれる。したがって、製品(審査基準・審査結果)の設計なしに、それ以降の具体的な「審査工場」の設計は進まない。

単なるコンピュータ審査による審査結果の通知ケースに、「審査工場」の失敗例をみることができる。工場で生産すべき製品の入念な設計と事業戦略がなければ、意味のないものを生むだけとなり、ビジネス発展は招来しえない。単に、現状の事務に対し合理化を行えばよい、という安易な目標に「審査工場」の構築目的を歪曲してはならない。経営者は明確な経営ビジョンを提示し、「審査工場」設立の指示を行わなければならない。

審査の基準については、生産(審査)ライン設計の項で述べるが、ポイントとなるのは、以下の三つである。
① 債務者の予想デフォルト率
② 信用コストを反映させた金利水準
③ 信用リスクに見合った期待収益性

これらの基準に加え、定性情報など人間が判断・確認すべき項目を設計することになる。

(4) 原材料(必要な書類・信用情報)の設計

審査基準が設計されれば、審査を行うのに必要となる情報は自ずと決まる。信頼性の高い情報を効率よく調達するためには、顧客からどんな書類や情報(決算書や納税証明書等)を徴収すべきか、受け付けた部店・窓口で確認・準備するものは何か、あらかじめホストコンピュータ等から取り込んでおく必要情報は何かを具体的に設計していく。

審査の基軸となるのは、債務者の予想デフォルト率やどこまでのリスクをとり、どれだけの収益を望むかの与信判断の指標である。債務者に対する予

想デフォルト率は、内部格付やスコアリングモデル等により算出される。顧客層に合ったスコアリングモデルを使用できるよう、信用評価モデルの顧客セグメント化や適用構造化を図る必要がある。これに相応した整合的な原材料（必要な書類・信用情報）の設計を行うことが重要である。

顧客層によって、取得できる信用情報項目も異なるうえ、デフォルト判別に有効な項目や指標も異なる。どのような項目や指標がデフォルト判別に有効なのか、どのようなスコアリングモデルを構築・使用するのかは、あらかじめ過去のデータを分析し決定する。一般的に、法人であれば決算書情報が中心となるが、個人事業主では、詳細な財務情報をもたない先が多く、損益情報（青色申告情報等）や定性、口座履歴情報に重きを置く。個人審査においては、勤務形態や勤務先属性、年齢と年収の整合など法人とは当然相違する。このように、対象顧客により収集すべき情報は異なってくる。

また、既存顧客を対象にする場合は、審査する案件情報に加え、すでに実行ずみの貸出明細や担保・保全情報も必要となる。

(5) 原材料の流通経路の設計

次に、これらの原材料をどのような経路で収集するかを設計する。収集経路の設計においては、入口として顧客にどのようなチャネルでアクセスするかというマーケティングの視点も重要となる。

電話・FAX・郵送による受付、インターネット、専門部店、既存一般支店窓口など、入口としてのチャネルは幅広い。ビジネス発展を招来するためには、顧客利便性・満足度の向上、審査精度の引上げ、審査コストの圧縮を戦略整合的に実行しうるよう、各入口チャネルの設計とそこからの流通経路（入手経路）の効率設計を実行しなければならない。

新規顧客や定型商品の販売を対象とする場合は、ローンセンターや専門ビジネスセンターなどを通し実行する場合が一般的である。また、第1次的な顧客コンタクトとして、電話や郵送による問合せ・受付を本部やコールセン

図表12-5　原材料流通経路

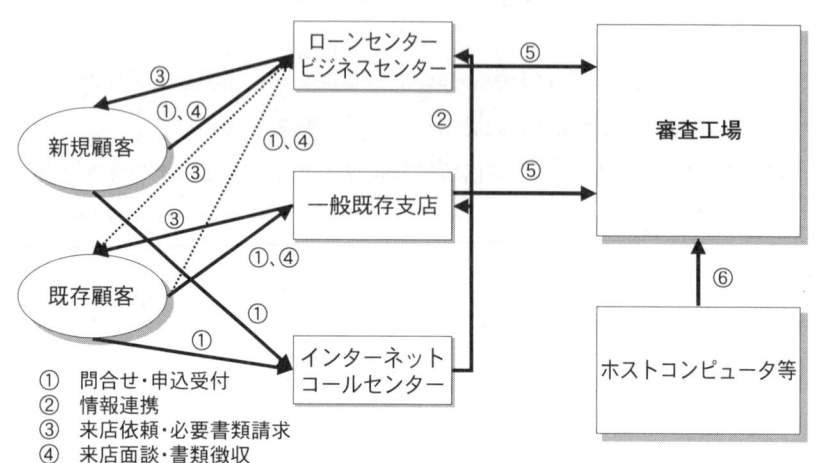

```
                     ローンセンター    ⑤
                 ③   ビジネスセンター  ←――→  審査工場
          ①、④  ↗↖                ②
   新規顧客         ↘              ⑤
          ③                    ←――→
                 ③   一般既存支店
          ①、④  
   既存顧客
          ①      インターネット           ⑥
          ①      コールセンター    ←―― ホストコンピュータ等
```

① 問合せ・申込受付
② 情報連携
③ 来店依頼・必要書類請求
④ 来店面談・書類徴収
⑤ FAX・行内便・画面入力
⑥ データの取込（既存顧客）

ターで一括して行い、その後の手続はこうした専門部店で行うケースも多い。「審査工場」は自動審査を基本とするが、人手による確認・判断をまったく否定するものではない。顧客の利便性だけを考慮すればすべて郵送で受け付けることも考えられるが、一度は顧客に来店いただくことで必要な書類の受渡しを通じ、あらかじめ定められた定性項目などの確認事項の情報収集を行うことが望ましい。最近の法人融資においては、新規、既存を問わず、"物理的な受付"としてはすべて専門のビジネスセンターで行う場合が多い。しかし、これも"物理的な設計"であり、受付内容という"内部設計"は既存と新規とでは大きく異なる。すでに融資取引がある顧客であれば、審査に必要となる多くの情報はすでに銀行内に蓄積されていることから、融資申込み時に新たに収集する情報数は新規先に比べて少ない。しかしながら、ある情報項目に特化した信用情報の収集に腐心することになる。

　申込みを受け付けてから「審査工場」まで必要な情報を運搬する手立ても設計する必要がある。受け付けたビジネスセンターや一般支店で直接「審査工場」のシステム端末に入力するケースもあれば、FAXや行内便で本部に送付し、「審査工場」内で集中して入力するケースもある。

新規顧客が対象の場合、決算情報などをその都度入力する必要があり、本部で集中入力するほうが効率的である。また、FAX―OCR等の機能を利用すれば、受付部店から送られてくるFAXの画像データをそのまま数値データに変換でき、本部側での入力効率を上げることが可能である。

　既存顧客が対象の場合は、審査に必要な情報はホストコンピュータ等銀行内にすでに蓄積されている場合が多い。これらの情報は、事前に「審査工場」内に取り込んでおくことで、審査時の事務負担は大幅に軽減できる。極端にいえば、審査する案件のみを登録すれば審査結果が得られることになる。したがって、ビジネスセンターや一般支店で直接入力を行うほうが効率的なケースもある。ただし、審査時に必ずしも最新の決算情報や担保・保全情報が登録されているとは限らず、注意を要する。

　これらの情報は審査に使用されるだけではなく、格付や自己査定、貸倒引当金の算出など、信用リスク管理全般に直接結びつくものである。既存顧客を対象とした「審査工場」の原材料（必要となる書類・信用情報）の流通経路を設計するにあたっては、信用格付、債務者・債権評価（自己査定・債権分類）、貸倒引当金算出、リスク計量（必要自己資本等）といった信用リスクに関する一連の業務を俯瞰して、有機的な設計を行うことが重要である。

(6)　審査ラインおよび審査ライン管理部門の設計

　生産（審査）ラインの設計においては、なるべく作業を分業・標準化し、無駄を省くことが基本的な概念となる。また、どこまでをオートメーション（モデルとコンピュータ審査）により自動化を図り、どこを人による作業とするかを設計することが重要となる。

a　審査ラインの設計

　『**審査ライン**』は、大きく分けて「**入力ライン**」と「**自動審査ライン**」、

図表 12-6　審査工場生産ライン

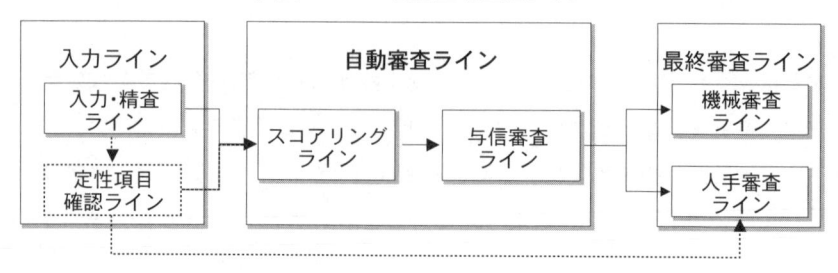

```
入力ライン              自動審査ライン                    最終審査ライン
┌─────────┐   ┌──────────────────────┐    ┌─────────┐
│ 入力・精査 │   │ スコアリング → 与信審査 │    │ 機械審査 │
│  ライン   │──▶│  ライン      ライン    │──▶│  ライン  │
├─────────┤   └──────────────────────┘    ├─────────┤
│ 定性項目  │                                │ 人手審査 │
│ 確認ライン │ ─ ─ ─ ─ ─ ─ ─ ─ ─ ─ ─ ─ ─ ─ ─▶│  ライン  │
└─────────┘                                └─────────┘
```

「**最終審査ライン**」の三つからなる。「自動審査ライン」は"**スコアリングライン**"と"**与信判断ライン**"に、「最終審査ライン」は"**機械審査ライン**"と"**人手審査ライン**"に、それぞれ二つに分けることができる。

イ　入力ライン

　入力ラインは人による作業となる。その主たる役割は、担当者による原材料（審査に必要な情報）の自動審査ラインへの入力および財務諸表等の情報精査と、上席者による入力内容の整合チェックと検証である。単純作業ゆえ、専担者の配置など効率化が求められるラインである。モデル・コンピュータ審査は、この入力情報により行われるため、入力データに誤りがあれば結果も間違う。単純であるが重要な作業ラインである。

　FAX-OCR 等の利用により、決算情報などの入力負荷を大幅に軽減することも可能となった。既存顧客の場合は、この入力ラインをビジネスセンターや一般支店に現場設置するほうがむしろ効率的である場合もある。

　銀行内にすでに蓄積されている情報を、ホストコンピュータ等から事前に「審査工場」内に取り込む場合は、入力ライン（データ・インポート）の設計として、データ種類、項目、取込時間、頻度、洗替・差分など詳細な設計が必要となる。

　また、この過程において、定性項目確認ラインを設けることも考えられる。自動審査にかける前に確認項目を設け、その確認項目に引っかかった債務者や案件は、自動審査ラインに回さず、最終審査ラインの人手による審査

ラインに回すという生産ラインの設計もありうる。

ロ　自動審査ライン

自動審査ラインはモデル・コンピュータによる作業となり、"スコアリングライン"と"与信判断ライン"からなる。**"スコアリングライン"**とは、債務者の予想デフォルト率をスコアリングモデルにより算出する過程であり、**"与信判断ライン"**は、スコアリングモデルによるスコア（予想デフォルト率）、信用コストを反映させた金利水準（適正プライシング）、信用リスクに見合った期待収益性（リスク・リターン比率）等から、総合的に与信可否の判断を下す過程である。

スコアリングについては、第4章第2節ですでに詳しく述べたので、ここでは、信用リスクの消化を果たす与信判断ラインの設計について焦点を当て考察する。

与信可否の判断基準を策定するには、融資実行における収益シミュレーションを行う必要がある。いくつかのシナリオに基づき、基準（基本はカットオフスコア、金利水準、リスク・リターン比率）を変動させた場合の貸出実行総額、期待収益、貸倒損失、機会損失を算出する。その結果のなかから、そ

図表12-7　自動審査基準設定のポイント

信用コスト計測モデル
- ●スコアリングモデル－予想デフォルト率算出モデル
- ●予想回収率算出モデル

信用リスク計測モデル
- ●信用VaR算出モデル

与信の集中の回避　　　　　　　　　　　　　　　　ポートフォリオアプローチ

審査基準モデル
- ●予想デフォルト率によるCutOffの設定
- ●信用コストを反映した貸出金利の基準設定
- ●信用リスクを消化する上乗金利の設定
- ●信用リスクに見合った限度額の設定

れらの最適なバランスをもつ、すなわち、経営方針に即したリスクプロファイルを有するポートフォリオを構築する与信判断基準を設定する。重要なことは、"ポートフォリオの構築"を想定して、収益シミュレーションを行うことにある。単体貸出の可否ではなく、ある具体的な融資諾否方針を想定する融資ポートフォリオにあてがったときに、どのような収益動向になるかを論理的に俯瞰し、個別案件に適用する融資諾否基準を客観的にあぶり出すことにある。

この与信判断基準のコントロールこそが、戦略的な「審査工場」運営の根幹である。クレジットデリバティブや債権流動化市場が限定的で、いったんとった信用リスクの消化手段が限られる現状では、融資取組み時点での的確な行動（金利設定や融資可否判断など）が何よりも重要となるからである。

与信可否の判断基準の設計において、信用コストを反映した貸出金利水準は最も重要なポイントとなる。さらには、予想デフォルト率や回収率の変動により発生する狭義の信用リスクに見合った期待収益を得るという視点も必要である。貸出金利に信用コストを反映させる際、実務上ポイントとなる事項について、以下簡単に整理しておく。

① 貸出実態による融資姿勢の見直し
　資金使途、返済計画に適した貸出形態に変更する。短期貸出のなかで満期時に無条件で継続、貸出の長期化が常態化しているものは、長期貸出への変更を本部の統一的な顧客折衝方針のもと実行していく。
② 与信ポートフォリオの十分な分散
　信用コストをその金利収入でカバーするという運営手法は、デフォルト率を機軸にしたポートフォリオ管理が前提である。貸出先を増やし、少ない債務者への与信集中を避け、分散を図ることが必要である。
③ 平均信用コストを反映した貸出基準金利の公表と変更運営
　市場金利が変化するとプライムレートが変動するように、市場全体の平均デフォルト率の変動に対応した平均信用コストの変動分を貸出基準金利へ反映させる運営を新たに樹立する。
④ 債務者への説明責任と適切なアドバイス
　顧客に対し信用評価の説明を行い、改善点を明示する。顧客が改善に向けて努力し、結果として信用力が高まれば、金融機関にとっても貸倒損失が減少し、お互いにWINWINの関係を築くことができる。

図表12-8 信用リスク率を利用した貸出限度額の設定例

図表12-9 信用リスクを考慮した与信諾否基準の設定例

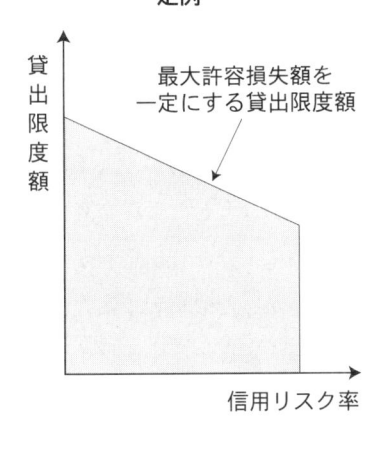

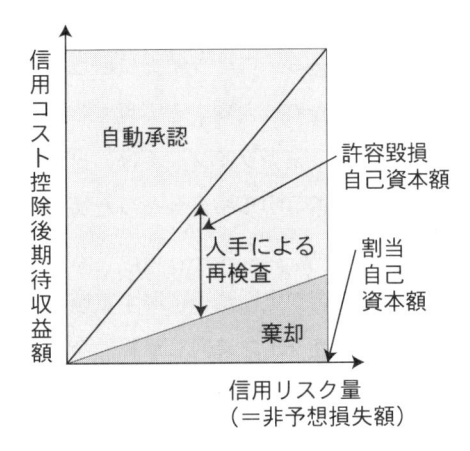

 次に、狭義の信用リスク（非予想損失）に見合った期待収益の確保、すなわち狭義の信用リスクをコントロールする与信判断の基準運営に関し議論を深める。

 狭義の信用リスクを審査入口でコントロールするポイントは、①与信の集中をなるべく避け、②信用リスク率を反映した目標金利を設定し、③リスクに見合った貸出限度額の設定を行うことにある。ある一定の信頼区間で起こりうる非予想損失額に相応した金利収入を得ていれば、その信頼区間をはずれる信用イベントが発生しない限り、銀行は安定的な収益を得ることが可能となる。信用リスク率を反映した目標金利の設定、リスクに見合った貸出限度額設定についての考え方は、第4章第2節で述べたとおりである。図表12-8および12-9にて、信用リスクに対する貸出限度額の設定、信用リスクに対する信用コスト控除後期待収益額での与信判断基準の設定についての例を示しておく。

　ハ　最終審査ライン
 「最終審査ライン」は"機械審査ライン"と"人手審査ライン"に分けら

れる。

　"機械審査ライン"とは、自動審査ラインで自動承認の領域に当てはまる案件に対し、人による最終判断を組み込まず、融資可否の最終判断処理を行うラインである。このラインに回される案件は、原則完全オートメーション化され、審査の最大効率を実現する。

　一方"人手審査ライン"とは、自動審査ラインの中間生産物が、人手による再審査を指示する結果となった場合の人的判断をテコとした最終審査処理ラインである。たとえば、信用リスクを消化するのに十分な貸出金利が設定できない場合や定性情報に関する確認事項で引っかかった債務者や案件に関し、人手審査ラインに回し最終的な与信諾否の意思決定を生産するラインである。また、スコアリングモデルによる予想デフォルト率が、たとえば10％以上である先、債務超過先、延滞発生先、自己査定の債務者区分上要管理以下である先、入手している最新決算情報が15カ月経過先等もこのラインの適用が考えられる。人手審査ラインといっても、最終判断の基準に関してはできるだけの客観性確保を行う必要がある。

　以上みてきたように、自動審査ラインと最終審査ラインから構成される生産（審査）ラインは、「審査工場」の心臓部である。「審査工場」を有機的に機能させるためには、人と機械による分業体制をいかに効率よく、さらに審査の精度が十分に引き出せるように設計するかが、ポイントである。単純不用意な完全オートメーションでは、不良品（誤審査）が増えることが想定される。一方、人による作業、特に主観的な作業が増えると、作業の標準化、効率化が図れず、生産（審査）における品質（精度）の向上、統一も図れない。

b　審査ライン管理部門の設計

　設計された生産（審査）ラインが、滞りなく、また当初想定のとおり正し

く稼動しているかどうかを監視・管理する部門が「審査工場」内には必要である。この審査ライン管理部門には、「審査工場」での生産物（審査結果）が設計どおりの時間・費用で生産されているかを監視・管理する**「作業ライン管理」**と、正しく稼動（審査結果が想定どおりの結果となっている）しているかを監視・管理する**「審査基準管理」**、生産（審査）や売上（融資）、貸倒発生、経費、収益に対する予算と実績を管理し、それらを経営に対し報告する責任を有する**「計数管理」**の機能をもたせる必要がある。

「審査工場」の失敗は、つくることのみに注力し、具体的な運用や活用に関しては、"頑張ってつくったのだから成功する"という根拠のない"予定調和"を妄信する場合に確実に発生する。「審査工場」をつくるのが仕事ではない。「審査工場」をテコとして、融資ビジネスの発展を具体的な現実のものとするのが仕事である。

工場をつくっても売れなければ、その企業は倒産する。目標とするビジネス発展を、この審査ライン管理部門がきちんと「計数管理」し、「作業ライン管理」や「審査基準管理」の具体的な改善を実行し、工場を生きた経済・経営環境へと効率的に整合適用することが何よりも重要となる。

審査ライン管理部門の設計については、次節の「審査工場」運用における設計のポイントにて詳しく述べることにする。

(7) 製品（審査結果）の流通経路の設計

最後に、「審査工場」で生産された製品（審査結果）を消費者（審査依頼者、顧客）まで届ける流通経路を設計する。製品（審査結果）の流通経路の設計においても、原材料の入手経路と同様、最終的な出口である顧客の利便・満足性と流通効率性・コスト削減などを考慮した総合的な設計が必要となる。

新規顧客にせよ既存顧客にせよ、ローンセンターやビジネスセンターなどの専門顧客部店や一般支店からFAXや行内便で原材料（必要な情報や書類

を入手する場合、同様にFAXや行内便で担当部店に製品（審査結果）を配信する方法が一般的である。また、電子メールや行内LANを利用しての電子データによる配信の方法もある。顧客への迅速な回答を実現するため、まずは、FAXや電子メール等で最低限必要となる審査結果を配信、詳細な審査結果は後から行内便などで送付するなどの設計も考えられる。

「審査工場」がローンセンターや部店に展開され、直接「審査工場」にローンセンターや部店の担当者が登録するような場合は、「審査工場」で生産（審査）された製品（審査結果）を部店の担当者が、「審査工場」より直接参照・取得可能にすることが望ましいであろう。

さらには、顧客への審査結果の連絡方法や融資実行に至るまでの事務手続についても設計しなければならない。原材料の流通経路の設計では、基本的に一度は顧客に来店させることが望ましいと述べたが、審査結果の通知および融資実行に至るまでの事務手続については、顧客の利便性を考慮して、電話や郵送、電子メールなどによりすべてを完了させることも可能であろう。

原材料の流通経路（必要な情報収集方法）や製品の流通経路（審査結果の配信方法）をどのように設計するかによって、「審査工場」のシステム構成は大きく変わってくる。また、審査結果は配信されるだけではなく、その後の検証や、信用リスクの総合管理の観点から「審査工場」内に電子データとして蓄積されるべく設計がなされることも重要である。

▶3 「審査工場」運営のポイント

本節では、「審査工場」を運営するうえでのポイントについて述べる。「審査工場」の運営においては、ビジネスを発展させるという観点からの権限体系および収益管理・業績評価体系の設計と、生産（審査）における品質管理が重要となる。そして、実際に運用していくために、権限体系や品質管理を含めた「審査工場」運用に関する内規の策定が必要となる。

「審査工場」の工場設計、「審査工場」の運営設計が完成すれば、業務フローは最適な形に構築され、その最適な業務フローを実現する「審査工場」システムの設計・構築がなされる。あとは、実際に運用するのみである。

（1） 営業戦略的権限体系と収益管理・業績評価体系の設計

「審査工場」の運営において、審査基準の策定と同じほど重要なのが、権限体系の構築とその権限に合わせた収益管理および業績評価体系の構築である。

自動審査導入の目的は、オペレーションコストの削減、迅速な与信判断、意思決定における審査基準の一貫整合性の樹立を図り、もって信用リスクを戦略的にコントロールすることにあった。この審査基準に関し、支店により異なった運営を行っているのでは、信用リスクの戦略的統御は不可能である。機械による自動審査および人手による審査の両方において、審査基準の策定および審査の権限は「審査工場」（主管である本部）に集中させるべきである。審査権限をもつ本部は、貸出ポートフォリオの信用リスクを計測し、自己資本に見合ったリスク量になっているかを監視、コントロールする役割を担うことになる。

これに対し、支店に付与される権限は、定められた金利方針のもと、どこまで金利引下げを行うかに関する決定権限である[6]。これは、その支店の収益・業績評価とリンクするものである。支店の収益は、調達コスト・経費・信用コストを差し引いたスプレッド部分として評価される。信用コストを考慮した基準金利を下回る貸出は赤字評価となる。しかしながら、貸出をいっさい行わなければ、固定経費部分がすべて赤字になってしまうため、ある一定量までは、最低限適用金利（＝調達コスト＋変動経費＋信用コスト）を限度

---

[6] 当権限体系のあり方については、DFV主催第2回銀行経営研究会でのブーズ・アレン・アンド・ハミルトン社の岸本氏の講演内容を参考にした。

図表 12-10　審査融資における本支店権限

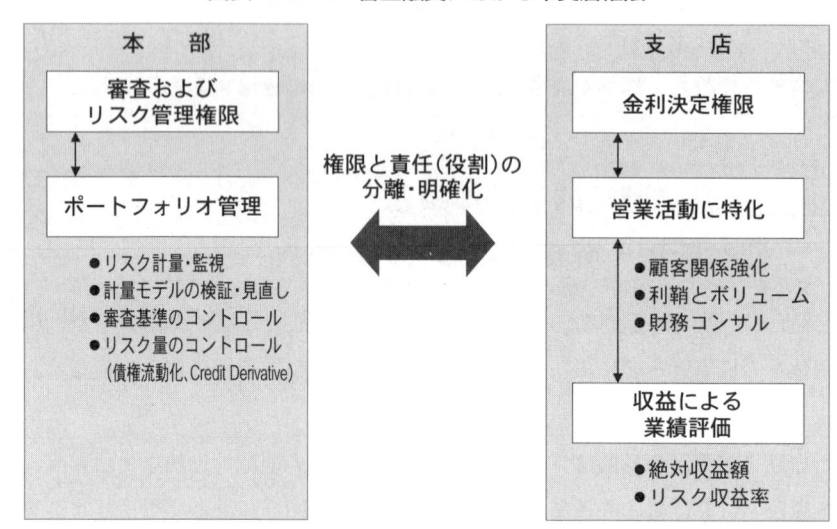

本部
- 審査およびリスク管理権限
- ポートフォリオ管理
  - ●リスク計量・監視
  - ●計量モデルの検証・見直し
  - ●審査基準のコントロール
  - ●リスク量のコントロール
  　（債権流動化、Credit Derivative）

権限と責任（役割）の分離・明確化

支店
- 金利決定権限
- 営業活動に特化
  - ●顧客関係強化
  - ●利鞘とボリューム
  - ●財務コンサル
- 収益による業績評価
  - ●絶対収益額
  - ●リスク収益率

として金利を引き下げて貸出実行額を伸ばす必要がある。支店としては、支店の貸出実行状況や収益状況をみながら、どこまで金利を引き下げて、さらに貸出を伸ばすのかを判断することになる。

　信用コストを考慮した基準金利を上回る貸出においては、その超過部分が支店の純収益として計上されることになる。ただし、同じ予想デフォルト率をもつ債務者でも、その変動度合いは異なる。そのリスクに見合った金利設定がなされているかが、狭義の信用リスクを考慮した基準金利に対する達成率（資本コスト収益率や信用リスク収益率）として評価されることになる[7]。

　支店に付与される権限が、この"金利引下げ権限"に限定されることで、支店の評価は収益主体となり、支店は収益目標達成のための営業活動に特化することになる。支店の業績評価は、これらの収益評価（絶対収益額およびリスク収益率）を主体としたものになるべきである。

　支店における活動は収益評価を主体にしたものにはなるが、収益をあげていくには、顧客との関係強化を図る必要がある。不良債権処理に追われた今

---

[7] 信用コスト、信用リスクを反映させた段階的な目標金利の設定方法については、第4章2を参照。

日の銀行へ向けられる視線は、銀行の一方的な都合による貸渋り、金利引上げの実施など厳しいものとなっている。支店における活動のもう一つの重要な視点は、顧客からの信頼を勝ち取る顧客との関係強化にある。

　顧客との関係強化を図るには、顧客にとって魅力的なサービスを提供することはもちろん、互いにとって発展・成長していくために真に有益な取引関係を築いていくという観点が重要となる。ただ単純に融資を伸ばし、収益を上げることを支店の営業活動の目標に据えるのではなく、顧客にとって適切な財務コンサルティング等を実施し財務体質を改善させることで、顧客の発展・成長に積極的に寄与することを支店の重要な営業活動に位置づける。日本の経済を下支えする多くの中小・零細企業に対しこのようなサービスを提供し、発展・成長・再生を促進することは、経済活動を健全に活性化することが事業命題である銀行にとって、現在最も求められるところである。

　そのためには、まず、過去データ等に基づいた統計的なアプローチによる財務分析能力を向上させ、企業の財務診断を行ったうえで、行内格付や財務診断書などを積極的に開示し、財務的に評価される点、改善すべき点、その具体的処方箋などを、顧客にわかりやすく説明していく必要がある。

　こうした活動により顧客の財務体質が改善され、信用力が向上されれば、結果的に銀行が抱える信用リスクは軽減する。顧客の信用リスクが軽減すれば、これまでより低金利での貸出が可能になり、サービス向上が図れるであろう。また、狭義の信用リスクが軽減されれば、リスク対比の収益性も向上される。

　信用リスクに見合った金利による貸出を実施していくことは、銀行だけでは消化しきれない信用リスクの一部を、社会（顧客）全体で負担することを意味する。その分、銀行は顧客からみて真に必要なサービスを提供できる存在となることが重要である。顧客の成長・発展・再生をサポートするサービスはそのために必要となる。

(2) 品質管理の設計

a　審査ライン管理部門の設置

　前節「審査工場」の設計で触れたように、「審査工場」をうまく機能させるためには、「審査工場」での生産物（審査結果）が設計計画どおりの時間・費用で生産されているかを監視・管理する**「作業ライン管理」**、また、正しく稼動（審査結果が想定どおりの結果となっている）しているかを監視・管理する**「審査基準管理」**が、不可欠である。

　「審査工場」は、審査業務を製造業における工場生産の視点から設計しているが、審査という業務の性格上、生産のしすぎで過剰在庫になるということは起こりえない。よって、監視の一つめのポイントは、生産ラインが滞っていないかという点にある。設計どおりの時間内に審査結果を配信できていない場合、どのラインがその原因となっているかを監視し、その原因を取り除くための改善を図っていかなければならない。

　監視の項目としては、
① 　生産（審査）に必要な原材料が、必要な時に確実に送り込まれているか
② 　送り込まれていない場合、どのような戻り作業が発生し、どの程度の時間を要しているか

図表12-11　審査工場生産ライン管理部門

作業ライン管理	審査基準管理	計数管理
●ラインの滞り管理 ●ライン内の無駄に対する改善 ●分業体制の有効性管理	●モデルの検証・見直し・再構築 ●収益シミュレーション実施 ●審査基準の見直し・再構築 ●ポートフォリオのリスク計量	●信用リスク量、売上げ、貸倒損失、収益等の実績管理 ●予算の策定・予実管理 ●経営への報告

③ 原材料の入力における作業は標準・平準化されているか
④ 入力の効率化がもっと図れないか
⑤ 生産ラインにおける機械と人の分業体制は機能しているか
⑥ 人を有効に活用しているか
⑦ 作業者の業務インセンティブはどうか、モチベーションの低下により作業効率が落ちていないか
⑧ 作業に無駄やブレが生じていないか

などがあげられる。これらを監視する「作業ライン管理」の運用の仕組みを設計することが、「審査工場」をうまく機能させるうえで欠かせない。

二つめの監視のポイントは、生産（審査）ラインが正しく稼動しているか、要するに審査結果が想定どおりの結果となっているかを監視・管理する「審査基準管理」の運用の仕組みを設計することである。

一言でいえば、「審査工場」の心臓部であるスコアリングモデルや信用リスク計量モデル、与信判断基準の精度についての検証・見直しを継続的に行うことである。これらのモデルや収益シミュレーションは、近未来は直近の過去によりある程度予想できるという前提に基づき、過去データに対し統計的な処理により算出されたものである。したがって、構築した時点の過去のデータとその後の実データに関し、信用リスク判断上の相違が生じていないか、モデルの精度やシミュレーション結果に狂いは生じていないかを定期的に検証し、問題が生じている場合、直ちにモデルや審査基準の見直し、再構築を行う必要がある。

「審査基準管理」には、1件1件の審査におけるモニタリングに加えて、「審査工場」により構築される貸出ポートフォリオの信用コスト、信用リスクの計量、モニタリングを行う仕組み、必要に応じて信用リスク量を調整するアクションを起こす仕組みの設計も必要である。

また、審査ライン管理部門では、信用リスク量、生産（審査）や売上げ（融資）、貸倒発生、経費、収益に対する予算と実績のモニタリング（計数の取りまとめ）も行う必要がある。そして、実績が未達である場合の原因調

査、改善案の提案を含めて、それらを経営に対し報告する「計数管理」の役割をもたせることになる。

b 内規および会議体系の設計

　上記でみてきた「審査工場」を、実際に運用していくためには、「審査工場」に関する運用ルールとなる内規を定めることが不可欠である。内規は、大きく以下の三つの体系に区分される。
① 意思決定に関する会議体系およびプロセスの規定
② ローンセンターや部店における運用ルール
③ 「審査工場」内における運用ルール

　「意思決定に関する会議体系およびプロセスの規定」とは、たとえば、「審査工場」運営・管理委員会、「審査工場」実行委員会といったような組織体系、各会議・組織での役割（意思決定に関する権限と責任）、決議事項、決議方法、参加メンバー、開催頻度、開催方法などを定義するものである。「ローンセンターや支店における運用ルール」や「審査工場」内における運用ルール」の内容およびその改定は、これらの会議で決議される。

　ローンセンターや支店における運用ルールとは、「審査工場」の設計でみてきた、対象顧客や対象商品の定義、原材料の定義、原材料の流通経路、製品の流通経路などに関する運用規定や事務フロー、「審査工場」運用の設計で述べたローンセンターや支店における権限の範囲を定めたものである。

　「審査工場」内における運用ルールとは、「審査工場」の設計でみてきた、生産（審査）ラインにおける運用規定や事務フロー、「審査工場」運用の設計で述べた審査ライン管理部門における検証事項と見直し事項に関する運用規定、権限範囲を定めたものである。たとえば、審査ライン管理部門における市場デフォルト率の取得方法および改定規定、スコアリングモデルや信用VaRモデル、与信判断基準に対する検証項目、検証方法および改定規定などのルールを定義するものである。また、「審査工場」によって戦略的に構築

するポートフォリオ管理に関して、許容信用リスク量の設定および改定規定、信用リスク量調整に関する行動規定なども含まれる。

c　システム設計および構築

　「審査工場」の工場設計およびその運営設計がなされ、会議体系、運用ルール、権限体系などの内規が定まれば、自ずと「審査工場」運営に関する業務フローは最適な形に構築されていく。「審査工場」の物理的なシステムは、最適な業務フローを最も効率よく実現するように設計、構築されることになる。

　また、先でみたように「審査工場」を設計、システム化を行うにあたっては、信用格付や債務者・債権評価（自己査定・債権分類等）、信用コスト計量（貸倒引当金の算出）・信用リスク計量（必要自己資本等）といった信用リスクに関する一連の業務が俯瞰され、反映されるべきである。また、収益管理における信用コストの反映（Transfer Pricing）や業績評価（ROE、EVA）とも連携をとる必要がある。「審査工場」をさらに発展的に使用するためには、信用リスク管理に関するこれら一連の業務が、同一の基準のもと、整合性ある管理・運営がなされるよう、システム構築を実現しなければならない。

　図表12-13に、「審査工場」から信用リスク管理に関するこれら一連の業務を総合的に管理・運営することを想定したデータ処理の一例を示す。

　本章では、信用リスクに積極的に向き合い、それを消化するメカニズムを構築することで、確固たる収益基盤を築いていく「審査工場」の戦略的な導入について考察を深めてきた。今日、ほとんどの銀行は、不良債権処理や過小資本といった経営基盤の問題、預貸比率の低下や中小・零細企業向け融資の縮小といった諸問題を抱えている。

　本来、競争が激しく採算が厳しい大企業取引よりも、そのアプローチの仕方を間違わなければ収益性が比較的高い中小・零細企業向け融資は銀行に

図表12-12 「審査工場」システム構成例

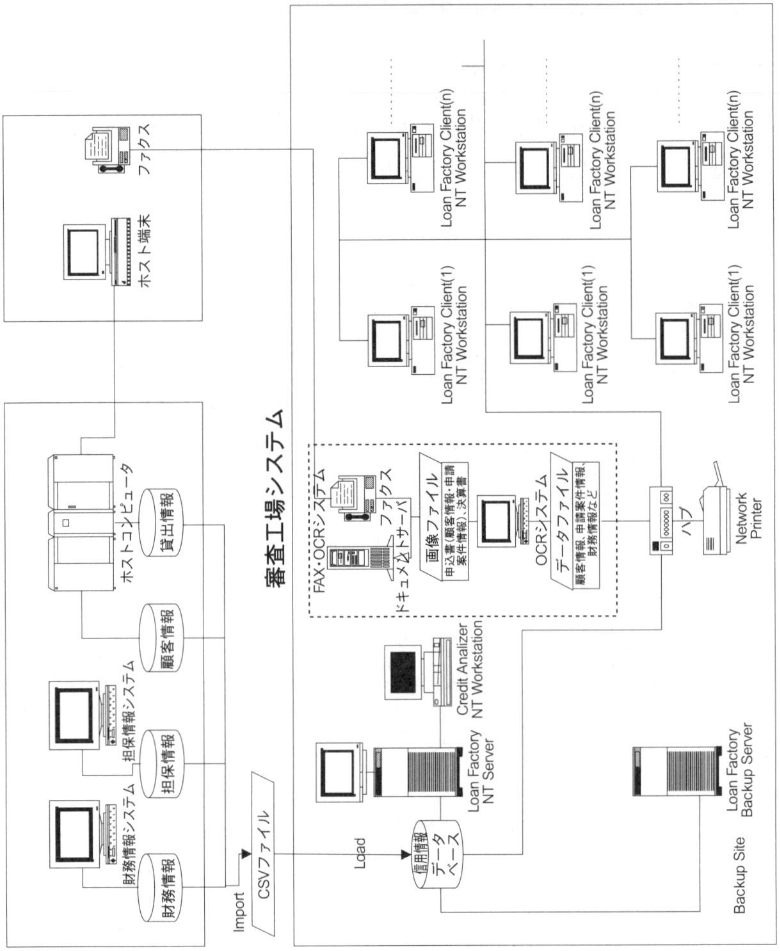

図表12-13 審査・融資関連総合リスク管理・運営システムデータ処理フロー

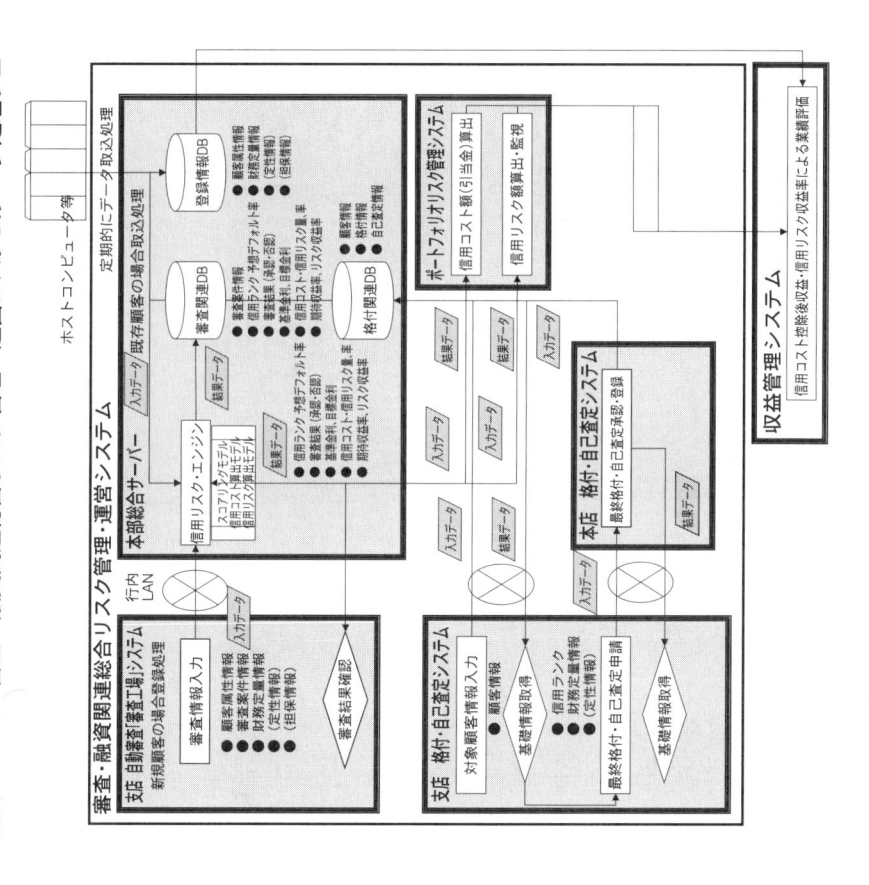

第12章 戦略的「審査工場」の実務

とって最も重要な市場である。また、経済社会における血液といえる資金を必要とするところに円滑に流すことこそが、間接金融を主業とする銀行の存在意義であり社会的な使命である。さらに、中小・零細企業向け融資ポートフォリオは、与信の分散を図りやすく、予期せぬ巨額の損失が発生するといった信用リスクを抑える効果もある。

　経営基盤を健全化し、少しでも収益性の高い運用を増やしたいと考える銀行にとって、中小・零細企業向けの融資ポートフォリオを再構築し増強していくことには多くのメリットがある。「審査工場」は、そのような戦略を実現するための有効な手段となる。

第 13 章

銀行マーケティングの論理と実務[1]

1 「マーケティング」の不在

　日本の銀行サービスにおいて、「マーケティング」という概念は、長らく無視され、または誤解され続けてきた。規制に守られた環境下で他行と同じ預金商品をお願い営業することは、「セリング」ではあったかもしれないが、「マーケティング」ではなかった。「床柱を背負う」といわれたような力関係のなかで、申込みを断るのが仕事とされていた融資の営業は、「セリング」ですらなかった。

　ピーター・ドラッカーは、「マーケティングの究極の目的は、セリングを不要にすることである」と主張し、「マーケティング」と「セリング」の違

1　本章は、岸本義之著「金融商品の特徴」(朝野煕彦、木島正明編『金融マーケティング』朝倉書店 2000 年) および同「マーケティングの新しい考え方と信用金庫」(『月刊信用金庫』2000 年 1 月号) をもとに大幅に加筆修正を加えたものである。

いを対比させた。「セリング」とは今日の糧を得ることであり、いわば収穫作業である。一方、「マーケティング」とは、明日の糧を得るものであり、いわば成長の仕組みづくりである。

　規制緩和が進み、自由競争へと突入した後も日本の銀行は、「マーケティング」の概念をもたずに「セリング」に邁進した。金利自由化に伴い、預金を集めるだけでは儲からなくなったため、今度は融資において「セリング」を推し進めた。リスクを伴う事業であるという基本的な認識すらなかったかのように残高を積み上げ、過去の蓄積をすべて使い果たしても足りないほどの不良債権を築き上げてしまった。

　いわゆるビッグバン以降、日本の銀行もようやく「マーケティング」の重要さに目覚めたのか、広告代理店の意見を取り入れたり、消費財メーカー出身者を登用したりするようになった。しかし、「消費財マーケティング」と「サービス・マーケティング」の違いを理解せずに、表面的な技法の真似に終わってしまったようである。

　以上のように、ざっと振り返ってみても、日本の銀行において、「マーケティング」が不在であったことがよくわかる。残念ながら、今後も「マーケティング」が日本の銀行に理解され、定着する可能性はきわめて低い。最大の阻害要因となるのは、支店長にすべての責任を委譲するという「個店主義」的な組織構成にある。仮に、本部の営業企画セクションにおいて、どんなにすばらしい顧客セグメンテーションができたとしても、顧客セグメントごとに異なるサービスが企画できたとしても、それを実行するかどうかは数百人もいる支店長の個々人の方針次第というのでは、結局なんの変化も起きるはずがない。では、どうしたらよいのだろうか。

　本章では、真の自由競争時代における銀行経営のバックボーンとなるべき、「銀行サービスのマーケティング」について考えてみる。

2 「財」としての特徴

　銀行のマーケティングが消費財などと大きく違う点として、金融商品という「財」がサービス財という性質を有し、かつリスクを扱っているという点があげられる。金融商品には、個人向け、企業向けのさまざまな形態のものが含まれており、各々にマーケティング上の異なった課題を有している。図表13-1は、主な金融商品を分類して示したものである。

a 資金運用型商品

　資金運用型商品としては、預金およびその類似商品が代表的であるが、これはマーケティング上は比較的単純な課題しか有していない。預金とは事前に取り決めた金利で満期時に返戻するものであり、その返戻は（当該金融機関が破綻しない限り）確実である。顧客の側にとっても長年慣れ親しんだ商品形態であり、業界横並び的な商品設計であったため、特に顧客の商品知識や判断力は必要ない。預金商品を「販売」する金融機関は運用にかかわるリスクを自らの貸借対照表上で吸収しているが、こうした形態は通常、間接金融と呼ばれる。
　一方、投資対象となる企業や機関が発行する証券を、投資家が（直接・間接に）所有する形態は直接金融と呼ばれる。国債・社債・株式などは投資家が直接的に証券を所有するものであり、投資信託は間接的に証券を所有するものといえる。いわゆる間接金融の場合と違って、この形態の商品は、投資家が運用にかかわるリスクを負うことになる。証券商品は市場で価格が常に変動しており、そのリスクを負うかわりにリターンを追求できるのである。
　また、形態上は間接金融の預金商品ではあるが、顧客からみるとリスクを負っている形態の商品もある。外貨預金は、円以外の通貨で預金するものであるが、為替が変動すると円換算の利回りが変動するというリスクがあり、

第13章　銀行マーケティングの論理と実務

図表 13-1 主な金融商品の分類

商品のタイプ	取扱い金融機関	顧客が負うリスク	金融機関が負うリスク
資金運用型商品			
預金型商品			
定期性預貯金	銀行・信金・信組・郵便局・農漁協など	金利リスク	金利リスク
貸付信託・金銭信託	信託銀行など	金利リスク	金利リスク
金融債	長期信用銀行など	金利リスク	金利リスク
投資型商品			
外貨預金	銀行など	市場リスク・金利リスク	金利リスク
投資信託	証券会社・銀行など	市場リスク	
国債	証券会社・銀行など	市場リスク	
社債	証券会社	市場リスク・信用リスク	
株式・転換社債・ワラント	証券会社	市場リスク	
資金調達型商品			
間接金融商品			
融資・ローン	銀行・貸金業者など		信用リスク
直接金融商品			
社債	証券会社		
株式・転換社債・ワラント	証券会社		
資金決済型商品			
普通預金	銀行・信金・信組・郵便局・農漁協など		流動性リスク
現金振込	銀行・信金・信組・郵便局・農漁協など		
クレジットカード	クレジットカード会社・銀行など		信用リスク
保障型商品			
生命保険	生命保険会社	金利リスク	死亡リスク・金利リスク
傷害・医療保険	生命保険会社・損害保険会社		事故リスク
損害保険	損害保険会社		事故リスク
その他商品			
投資情報提供	投資顧問・信託銀行など		
企業買収仲介	証券会社・銀行など		
不動産信託・動産信託	信託銀行		

この為替リスクは預金者が負っている。

　日本の銀行は、これまで市場リスクのある商品を「販売」したことがほとんどなく、また日本の個人顧客も市場リスクのある商品を「購買」したことがほとんどない。しかし、顧客からすると多額の資金を投じるものであり、その意思決定には困難がつきまとう。こうした点に、投資商品（リスクのある資金運用型商品）のマーケティング課題が存在している。

b　資金調達型商品

　資金調達型商品として、まずあげられるのは融資商品であり、個人向けには住宅ローンや消費者ローンなど、企業向けには運転資金融資、設備資金融資などがある。

　日本の場合は高度成長期に大企業向け融資需要が非常に強く、預金金利が規制によって低く抑えられていたために、個人から預金を集めて大企業（倒産のリスクが低い）に融資を行えば銀行は自動的に儲かる構造になっていた。預金金利の規制が緩和され、大企業の融資需要が減退すると、中小企業や個人向けに融資を行わなければ収益があがらなくなる構造になっていった。しかしながら、マーケティングのみならず与信リスク管理のノウハウも蓄積してこなかった日本の銀行は、そうした融資を成功裏に拡大することができず、ノンバンクの台頭を許してきた。

　資金調達型商品のもう一つのカテゴリーは、企業にとっての直接金融手段である証券の引受けである。企業からみると融資も社債も、バランスシートの負債の欄に計上される点において同じではあるが、融資が金融機関との相対取引であるのに対して、社債発行は不特定多数の投資家を相手にする市場取引である。経営内容の安定している、格付の高い大企業であれば、通常は相対取引よりも市場取引の方が低コストで資金調達ができる。このために、近年では市場からの調達が増える傾向にある。また、バランスシートの資本の欄に計上されるものとして株式がある。これは事前に金利や期間を特定せ

ず、企業の収益に応じて配当を支払い、企業の所有権・議決権を株主に付与するものである。株式や社債などを企業が発行する際、通常は幹事証券会社が証券形態や発行条件を決定し、証券会社がいったん「引き受け」た形をとって市場で転売する。この証券形態を決めるうえで、欧米の金融機関はさまざまな革新的商品を開発してきた。

c その他の商品

顧客がだれかにお金を送りたいというときにサービスを提供するのが資金決済型商品である。顧客自身が必要に応じて現金を引き出すサービスもここに含めて考えることができる。銀行などの普通預金は、CD・ATMを通じた現金引出、預入、送金のほかに、給与振込や公共料金自動引落などの資金決済を行えるようにする商品である。預金口座を経由しなくても、窓口で税金納付や振込を行うこともできる。日本ではほとんど利用されていないが、小切手も資金決済型商品である。クレジットカードも、本来は融資商品だが、日本では翌月1回払いの利用が多く、実質上は資金決済型商品となってしまっている。

顧客(または、顧客の所有物)になんらかの事故が起きたときにその保障を行うものとして、保険という商品群も存在している。保険のマーケティングにおいては、常に「逆選択」という問題が付随する。死亡保障商品の場合、健康な若い顧客は自ら保険に加入するニーズを強く感じておらず、病気がちな高齢者のほうがニーズを感じることになる。しかし、そうした病弱者だけから保険を引き受けてしまっていては、保険金が多額になりすぎてしまう。そこで、外交員なる「販売部隊」が健康な若い人に対して保険加入を勧めるのである。

金融の範疇に入る商品としては、顧客との間で資金の移転を伴うもののほかに、情報提供という形態をとるものもある。投資顧問などのように、資金運用のアドバイスを行って、その対価として手数料を得るものや、企業買収

(M&A) のように、売却側・買収側のアドバイザーとなって、売買交渉をまとめる対価として手数料として得るものもある。

3 サービス財としての金融商品

以上の説明においては、「販売」「購買」といった言葉にカギカッコを使ってきた。通常の財のように商品やサービスと現金とを交換するのではなく、お金とお金（にかかわる権利）とを交換するという特殊性があるため、「販売」「購買」という言葉がなじみにくいためである。しかし、金融商品の特殊性は、お金を商品として扱うことだけではない。ここでは、サービス財としての特殊性について考えてみる。

(1) サービス財としての無形性

金融商品は、証書や通帳のような形で目にみることはできるが、証書や通帳が商品なのではなく、それらは商品の「預り証」のようなものでしかない。金融商品そのものは、なんらの形も有していないのである。商品が無形的であるということは、その内容や品質の程度を事前に顧客に伝達することが困難であり、他社との差別化をしようとしても、差別化の内容を伝達することが困難ということを意味している。

このことは、サービスの品質管理の困難性、価格設定の困難性の問題にもつながる。無形であることゆえに品質を管理することはむずかしく、顧客がどのレベルの品質を期待しているのかを認識することもむずかしいために、その期待を上回っているのかどうかを判別することも困難である。品質や差別化の程度を伝達することが困難である以上、競合より高い価格を設定することは困難であり、逆に値引き競争（貸出金利の引下げ、預金金利の上乗せ）に走りがちになる。

(2) 顧客の参加

　ホテルなどのサービス業においては、顧客がそこに存在しない限りサービスが発生しない。メーカーの商品のように工場でまとめて生産して、後で顧客に販売するということができず、顧客自身が参加しないとサービス商品は生産ができない。このことを生産と消費の同時性という。

　しかし、金融商品の場合は、顧客のもっている無形の所有物（現金、信用）がサービスの対象であり、顧客自身がサービスの対象なのではないため、生産と消費の分離が部分的に可能になり、「流通」が起こる。銀行などの金融機関においては、「商品生産者」と「商品販売者」が別の会社に分かれていることは一般的ではないが、これはたまたまそういう規制がしかれているためである。現に、そういう規制のない投資信託においては「商品生産者」（投信会社）と「商品販売者」（証券会社や銀行）が分かれており、損害保険においても「商品生産者」（保険会社）と「商品販売者」（自動車ディーラーなどの保険代理店）は分かれている。

(3) 顧客リレーションシップの経済性

　サービス財と消費財のマーケティング上の最も大きな違いは、顧客リレーションシップのもつ意味合いである。消費財のマーケティングにおいては、100個の商品を売るときのメーカーのコストは、100人の顧客に売るときでも、10人の顧客に売るときでも、新規顧客に売るときでも、既存顧客に売るときでも、基本的には違いがない。これは卸売業と小売業を経由して販売するからであり、多くの場合、小売店頭ではセルフ販売（顧客が棚から商品を選んで購買する）だからである。

　しかし、サービス財においては、既存顧客を維持するコストは、新規顧客を開拓するコストの数分の一になるといわれている。サービス財においては、その無形性ゆえに、新規顧客に自社サービスの品質を納得してもらうこ

とが困難であり、そのために新規顧客開拓が高コストになる。また、サービス財は、個々の顧客ごとにカスタマイズすることが行われることが多いが、そうした場合には初回の販売時に顧客事情・ニーズを理解するための手間とコストが発生する。こうした事情があるために、サービス業においては既存顧客とのリレーションシップが強調されるのである。

金融サービスにおいても、新規顧客の開拓コストは高い。特に投資商品や保険商品のような場合は、顧客に理解・納得してもらわなければならないが、そのためには多くの手間とコストがかかっている。融資商品に関しては、顧客の信用度に合わせたカスタマイズ（融資可否判断および融資条件・金利の設定）のためのコストが多大にかかっている。海外のリレーションシップ・マーケティングの事例として金融サービスが取り上げられることが多いのも、こうした特性によるところが大きい。

こうした経済性構造をもつサービス業においては、「顧客生涯価値」という概念が非常に重視される。サービス業の経済性構造とは、新規顧客獲得の費用は非常に高いが、それが長期的な関係のなかで回収されるというものである。これは実は事業投資や設備投資の評価として使われる正味現在価値（NPV）の概念に近い。顧客生涯価値を求める方法は、単純化して書くと、

```
　今年の収益
＋来年の期待収益　×　来年の期待維持率÷（1＋割引率）
＋再来年の期待収益×再来年の期待維持率÷（1＋割引率）$^2$
＋……
```

となる。NPVとの違いは、顧客の維持率という概念が入っている点にある。既存顧客を重視し、顧客維持率を高めることによって、顧客生涯価値は高まり、その合計としての事業価値も高まるのである。

4 ▶ 金融商品の本質としてのリスク

　金融商品をマーケティングしていくうえで最も困難な課題の一つは、リスクという、通常の商品にはあまりみられない要素が商品の性質に大きくかかわっている点である。預金という商品においては、リスクがほとんどなかったために、金融機関の職員が人海戦術的な「お願い営業」を行っても（コスト効率の悪さという問題はあったにせよ）かまわなかった。しかし、投資商品、融資商品、保険商品などに関しては、リスクを考慮した商品設計とマーケティング戦略が必須となる。

（1） 金利リスクとマーケティング

　預金商品には顧客にとってのリスクがほとんどないと考えられることが多いが、リスクがまったくないわけではない。たしかに元本割れのリスクは（金融機関が破綻しない限り）ない。しかし、インフレ率に対して預金が目減りするというリスクは存在する。仮に金利1％の10年定期預金に固定金利で預けたとすると、その後10年の間にインフレ率が上昇し、それに合わせて金利も上昇する可能性がある。そうすると、10年後に受け取る金額は、その他の金融商品（たとえば、変動金利の定期預金）に預けていたときに受け取れていたであろう金額よりも少なくなっているかもしれない。

　郵便局の定額貯金は、顧客が固定金利のメリットと変動金利のメリットの両方を選択できるという特性をもっている。高金利時に預入した場合、満期である10年めまで、その金利が固定的に適用される。一方、低金利時に預入した場合、その後に金利が上昇すれば、預入1年以降は自由に解約できるため、解約して預けなおせばよい。つまり、そのつど金利上昇のメリットを受けられる変動金利的な対応ができるのである。しかし、これは顧客にとってのメリットであり、金融機関側としては多大な金利リスクを負っているこ

とにほかならない。郵貯の場合は、これまで自主運用があまり認められていなかったため、金利リスクを当時の大蔵省資金運用部に転嫁させることができ、そのために、多大な金利リスクを抱え込む金融商品を長年にわたって販売できた。しかし、自主運用の比重が高まるにつれて、金利リスク管理の問題が重要になってきている。

金利リスクの問題は、融資商品にも存在している。住宅ローンの場合は20年などという長期にわたるが、これだけの長期にわたって固定金利でローンを提供してくれる金融機関は（特に、低金利時においては）あまりない。しかし、借手である顧客の収入は、金利に連動して増減するわけではない。収入の側が金利とは無関係である一方で、支出（ローン返済）の側が金利によって増減するのでは、生活設計が立てにくい。いまは低いが将来高くなるという不確定な金利と、やや高いが将来も一定の金利という選択肢があれば、後者を選好する顧客も多いはずである。日本の銀行は、なるべく金利リスクを抱え込まず、顧客に押し付ける（預金の場合は固定金利、ローンの場合は変動金利）ことをしてきたが、顧客から金利リスクを引き取り、証券化などのスキームを使ってそのリスクを外部に移転することも可能なはずである。実際、米国の住宅融資はモーゲージ証券として転売されており、生命保険会社などのように（長期の固定的負債を負っているために）長期固定金利の資産を必要とする機関投資家が購入している。

(2) 市場リスクとマーケティング

銀行にも投資信託の販売が認められ、市場リスクのある商品をどう販売するかが、新たな課題となっている。預金やローンのような金利リスクの問題は、顧客にとっては「みえにくい」問題であり、顧客の意思決定にあまり影響を与えていないが、市場リスクの場合は、元本割れするかもしれないという「みえやすい」問題である。ここで市場リスクとは、株式や債券などの商品が値動きするリスクとして考える。また、外貨預金のように為替の変動に

よって円建てでの価値が変動するリスクも市場リスクに含めて考える。

　市場リスクのある投資商品の場合、自己責任原則が働くかどうかが問題となる。自己責任のもとに投資をした結果であれば、元本割れしたとしても仕方ない。しかし、金融機関の営業担当者に「必ず儲かります」などといわれて買った商品が元本割れした場合が問題である。日本の金融機関は営業ノルマのようなものを担当者に割り当てることがあり、そうすると「お願い営業」で投資商品を販売してしまいがちである。逆にいうと、「お願い営業」以外の形で商品を販売するノウハウ（すなわち、マーケティング・ノウハウ）がないのである。

　日本においても米国の401k型企業年金に類似した確定拠出制度が導入されることになった。この場合、企業が金融機関（複数でもかまわない）と契約し、複数の投資信託型ファンドを自社のメニューに採用し、従業員はそのメニューのなかから運用ファンドを選択することになる。その運用成績いかんで将来の年金受取額が増減するのである。金融機関は、自社のファンドを企業の年金メニューに加えてもらえるように「お願い営業」することは可能であるが、従業員がそのメニューから自社ファンドを選択してもらえるかどうかに関して、「お願い営業」は行えない。消費財のように、「小売店の棚」（企業の年金メニュー）に自社商品を並べることは「お願い営業」できても、顧客が「棚」から自社商品を選ぶかどうかは、広告・ブランドなど「プル・マーケティング」にかかってくるのである。

(3) 信用リスクとマーケティング

　融資商品においては、顧客が返済不能になるかもしれないという信用リスクがかかわってくる。高度成長期の日本の銀行は、返済不能になる可能性の低い大企業融資を中心に行ってきたため、「1件たりとも貸し倒れない」ことを目標に融資審査を行ってきた。しかし、零細企業や個人においても同じスタイルで審査をしていては、だれにも貸せなくなってしまう。

零細企業や個人への小口融資において必要なのは、「一定割合は必ず貸し倒れる」ことを織り込むことである。損害保険で「1件たりとも事故を起こす顧客は受け付けない」という方針をとることはありえない。「一定割合は必ず事故が起こる」ことを織り込んだうえで、保険料を設定しているのである。小口融資の場合には、貸し倒れる確率に応じた分を金利に上乗せして価格を設定すべきである。その際には保険会社のように過去の事故率（貸倒率）のデータベースを分析することが必要になる。

特に、日本の銀行は零細企業向けの融資において、過去の貸倒率データベースを整備する努力を行っておらず、いくらの金利を上乗せすべきかがわかっていない。また、担保主義できたために小口融資であっても担保をとろうとする傾向があり、担保関連のコスト（融資時の担保価値査定コスト、貸倒れ後の担保売却回収コスト）を考えると、小口融資はコスト倒れになるとして、取扱いに消極的であった。しかし、貸倒率が予測できるようになり、その分を金利に上乗せできれば、担保をとらなくても、金利上乗せ分で貸倒金額はカバーできるのである。

このような体制ができあがれば、小口融資を積極的にマーケティングすることも可能になる。逆にいえば、こうした体制がない限り、小口融資のマーケティングは行いえないのである。

保険商品において特徴的な「逆選択」問題は、銀行の個人ローンでも発生している。消費者金融会社は広告を行ったり街頭でティッシュを配るなどしているが、それ以上の勧誘は行っていない。しかし、銀行は営業行員に勧誘目標を割り当てるなどの形でローン件数を増やそうとしたために、「お金を借りたい人」を見つけ出して融資していった。しかし、銀行の審査基準は形式上は細かいため、会社員や公務員などで勤続年数が長く年齢の高い顧客の審査は通りやすく、そうでない顧客の審査は通りにくい。会社員や公務員で「お金を借りたい人」のなかにはギャンブル好きの人なども含まれているが、銀行の優秀な営業行員はそうした人を見つけては貸していった。フリーターに30万円貸しても、1カ月程度道路工事などして働けば返せるので実

はリスクが低い。しかし、公務員に300万円貸してしまうと、収入を増やす方法がないので、実はリスクが高い。つまり、銀行は（その意図に反して）平均よりもリスクの高い人をわざわざ見つけ出して貸していたことになる。顧客側にリスクのある商品のマーケティングにおいては、逆選択をいかに避けるかが重要なのである。

「逆選択」問題は、企業融資においても起こっている。最近は中小・零細企業向けの無担保・小口ローンを拡大しようと、さまざまな銀行が広告を打ち始めている。スコアリングに基づいた小口ローンという手法そのものに問題はないのであるが、これをマス媒体で広告するとなると、問題が起こる。残念ながら、日本の零細企業経営者のほとんどは、「銀行はなかなか融資してくれない」ということを前提に行動している。資金繰りに困った場合には、在庫を安く処分したり、売掛・買掛の期間を（価格条件面で不利になることと引換えに）変更してもらったり、取引先から融資を受けたり、経営者の個人資産から融資を行ったり、などさまざまな自助努力を行うことが一般的である。本来であれば銀行融資を先に受け、その返済時に自助努力を行うところではあるのだが、過去の経緯などから自助努力を先に行い、それで行き詰まってから融資を受けようという行動になりやすい。

こうした状況で広告という媒体を使うと、自助努力に行き詰まった経営者に訴求してしまい、結果的に平均値よりもリスクの高い顧客を集めてしまうことになりがちである。「逆選択」をいかにして防ぐかが、この分野でも重要になってきている。

▶5 リレーションシップ・マーケティング

銀行のマーケティングが消費財のマーケティングと大きく異なる点は、取り扱う「財」がサービスであり、リスクを伴っている点にあるが、その帰結として、顧客とのリレーションシップが非常に重要な意味をもってくる。

そもそもマーケティングは、大量生産の技術が確立した消費財において大量販売を可能にするために編み出されたものであり、マーケティングの目的は、「自社のサービスや商品に対する需給マッチングの水準を高め、かつその効率を高める」ことであった。
　その需給マッチングの方法としては、
① 　供給者が顧客に働きかけて需要を「操作」する
② 　顧客のもつ需要に対して供給者がうまく「適応」する
③ 　供給者と顧客が「共同」で需要と供給をつくりだす
の三つのパターンに分かれている。消費財メーカーのマーケティングには①の側面が強く出たものが多く、一般的なビジネスマンが「マーケティング」という言葉を聞いたときにイメージするものは、①に近いと思われる。しかし、金融機関のマーケティングにおいてはむしろ、③の「関係性」の要素が強く出てくるのである。以下において、この3パターンの違いをみてみよう。

(1) 顧客を「操作」するマーケティングとは

　顧客は自分の必要としている商品やサービスに関して、必ずしも完全な情報をもっているわけではないので、最適な購買意思決定を行えるとは限らない。そこで供給者側が情報を積極的に発信して、顧客の意思決定プロセスに介入し、顧客が自社の商品・サービスを購入する可能性を高めようというのが、「操作」型のマーケティングである。この「操作」は、属人的な営業力で行う場合（これは「セリング」にほぼ等しい）と、広告などの媒体を使う場合とに大別される。日本の銀行の場合は、属人的な営業力で個人預金を集めることを得意としてきた。しかし、規制金利の時代とは違って、属人的営業力だけに依存していたのでは、収益的に成り立たなくなる。また、金融サービスに対する情報量が増え、顧客の知識も高まってくると、属人的な力で需要を「操作」すること自体も困難になっていく。

その一方で、最近では金融サービスの広告を非常に多くみかけるようになっている。特に、損害保険や証券の分野では、新規参入の「ダイレクト」型企業が積極的に広告を打ってきた。では、銀行も広告を増やすべきなのだろうか。答えは、たぶんノーである。広告が最も意味をもつのは、低い知名度を高めたい場合と、十分に差別化された商品・サービスのメリットを訴えたい場合である。しかし、すでに知名度を確立していて、横並び的なサービスを提供している銀行にとっては、広告を増やしたところで需要が増えるとは限らない。このため、「マーケティングとは大量に広告を投入して需要を喚起することである」というような解釈は、既存型の銀行には当てはまらないということがわかる。

(2) 顧客に「適応」するマーケティングとは

　日本の銀行の場合、そもそも「横並び的にしかサービスを提供していない」ことが問題といえる。顧客のニーズがどのようなものであるかに関係なく、旧大蔵省が決めた範囲内のことだけをやっていたのでは、顧客からは「どこも一緒」にみえてしまう。そこで、顧客のニーズを探り当て、それに合うサービスを提供しようというのが「顧客適応」型マーケティングである。顧客ニーズを探り当てるためには、消費者調査を行ったり、テストマーケティングなどを行うことが、消費財メーカーの場合には多い。

　個人ローンにおいては消費者金融会社が、零細企業融資においては商工ローンが、（多くの非難を浴びたにもかかわらず）業績を大きく伸ばしてきた。これは、ある特定の顧客層のニーズのみに的を絞った結果である。本来であれば銀行や信金がとり込むべきであった顧客ニーズに、ノンバンクがうまく「適応」したからである。

　では、顧客調査を行えばニーズを探り当てることができ、「顧客適応」型マーケティングが行えるようになるのだろうか。消費財メーカーの場合は、消費者調査を行ったり、テストマーケティングを行ったりして、新商品の投

入前に綿密な調査を行うことがある。その前提となっている考えは、対象となっている新商品が十分に差別化された特徴を有しているという点である。しかし、銀行の場合は提供サービスが十分に差別化されているような場合はほとんどなく、仮に商品サービスで差別化できたとしても、すぐに追随・模倣されてしまう場合が多い。

　もちろん、顧客調査を行うこと自体は悪いことではない。しかし、銀行の本部担当者が考えたようなアンケートでは、その担当者のイマジネーションの範囲内でしか設問をつくることができず、新たな発見が何もできないという結果になりかねない。「融資を受けるときに金利を重視しますか」という質問には、「はい」という答えしか返ってこない。これでは調査をかけた意味が何もない。しかし、「融資審査にかかる日数が3日以内だったとしたら、どの程度の金利を払ってもいいと思いますか」という質問を行ったとしたら、顧客ごとにさまざまな回答が寄せられるであろう。そして、その回答の違いと、各々の顧客の属性とを掛け合わせた分析を行えば、なんらかの発見ができるはずである。このような発想の転換は通常困難なため、「顧客調査を行って顧客ニーズを反映した商品を開発することがマーケティングである」という解釈も、残念ながら、現在の銀行には当てはまりにくいということになる。

(3) 顧客と「共同」するマーケティングとは

　おそらく銀行にとって最も可能性のあるのが、顧客との長期的関係性をうまく活用したマーケティングであろう。流通業者を介在させる消費財メーカーなどと違って、金融サービスにおいては顧客との直接の関係性が構築されており、しかもこれが長期にわたって継続する傾向がある。また、「顧客適応」型マーケティングでは、顧客があらかじめ自分のニーズをわかっていて、提供者側がそれにいかに適応していくかを問題としているが、そもそも顧客は自分のニーズを明確に認識していないという可能性もある。

たとえば、プライベート・バンキング（PB）という言葉が最近よく聞かれるようになってきているが、提供者がそうしたサービスを説明するよりも前に「PBサービスをほしい」と要求した顧客は、たぶんいない。相続対策や資産運用の「悩み」はもっていたとしても、それはPBサービスへのニーズという形には具体化されることはなく、PBサービスの説明を受けてはじめて、それが自分の「悩み」を解決するサービスかもしれないと認識するのである。

　特に、富裕個人向けや零細企業向けの金融サービスは、カスタマイゼーション（個別の顧客ごとにサービス内容を調整すること）の余地がきわめて大きい。こうした顧客はさまざまな「悩み」を抱えているはずであるが、それはサービスへのニーズという形では具体化していない。サービス提供者側も、さまざまなサービスメニューは抱えていたとしても、どの顧客がどういうニーズをもっているのかはわからない。事前には知覚されていなかったニーズが、サービス提供者との接触によってはじめて知覚されるようになるのである。お互いがニーズを知らないという状況では「需要操作」も「顧客適応」も効果が低い。「リレーションシップ」に基づくマーケティングが必要になるのである。

　「リレーションシップ」に基づくマーケティングでは、提供者側が顧客のことをどれだけ理解しているかが重要になる。顧客のこと（事業内容、資産内容、リスク選好、「悩み」など）を理解したうえで、その顧客に最も合うようなサービスを提供できればよい。顧客の側も「自分のことをこれだけ理解したうえでの提案ならば」といってサービスを購入してくれる可能性が高まる。金融サービスにおける「顧客との信頼関係」とは、このような関係性を指すのではないだろうか。たとえば、証券会社の従来の営業マンは、顧客に対して「この株を、いま買いましょう」などといってくる。これが、単に株の売買回数を増やして証券会社に入る手数料を増やそうとしているような営業マンの言葉であったとしたら、顧客はたぶん聞き入れないであろう。しかし、顧客の資産内容もリスク選好も過去の売買の経緯もすべてわかった営業

マンが、同じように勧めたとしたら、顧客は「有益なアドバイス」を受けたと考えるかもしれない。「自分のことを理解しているか」の違いによって、同じアドバイスでも受け入れられ方が大きく異なるのである。

銀行と零細企業の場合でいうと、融資判断におけるスピードの問題が大きくかかわってくる。「自分のことを理解してくれている」信金であればすぐに審査してくれるが、そうでない大手銀行と新規に取引をしても審査が後回しにされるのではないかという懸念をもつ零細企業は多いはずである。理解に基づく関係性が確立されていれば、その顧客との取引は長期に継続し、金利優遇などを行う必要性も低下するはずである。一方的「お願い営業」ではなく、双方向的な「共同」関係に基づくリレーションシップ・マーケティングが特に重要になるのである。

(4) リレーションシップを確立すべき「優良顧客」とは

顧客と「共同」するリレーションシップ・マーケティングとは、地縁・人縁を武器としたこれまでの「お願い営業」と表面上は似ているかもしれない。しかし、「お願い営業」は需要「操作」型マーケティングの一種でしかなく、これを全顧客に行おうとすると、効率面からも効果面からも問題を生じる。

リレーションシップ・マーケティングを指向しようとする場合、どの顧客と関係性を確立すべきかが重要な課題となる。関係性の確立と維持にはかなりのコストがかかるため、そのコストを上回るようなメリットが得られない限りペイしないからである。全方位外交で関係性を確立していたら、コスト倒れになることは間違いない。どの顧客と関係性を確立すべきかの見極めが、リレーションシップ・マーケティングの効果を大きく左右するのである。

たとえば、土地売却益などで資金を大量にもつ富裕個人は、「関係性を確

立すべき顧客」なのだろうか。預金量を伸ばしさえすれば自動的に儲かるという時代であれば、この答えはイエスであった。しかし、顧客の大口預金を、金利優遇までして取り込む必要が本当にあるのだろうか。複数の金融機関に金利優遇を要求し、最も高い金利を提示したところに預金を移すという顧客が、本当に「優良」顧客なのだろうか。足繁く通わないと、すぐに預金を移し替えてしまうような顧客が、本当に「優良」顧客なのだろうか。その顧客との預金取引を続けることによって他の収益機会が広がるのでない限り、このような顧客と関係性を構築してもコスト倒れかもしれない。

　一方、預金量のあまり多くない30代男性は、「関係性を確立すべきでない顧客」なのだろうか。こうした顧客のなかには、親の家を受け継ぐ人もいれば、そうでない人もいる。後者のなかには住宅をいつか購入しようと考えている人もいるはずである。「住宅購入予備軍」（すなわち、「住宅ローン予備軍」）をみつけることができれば、彼らは「優良顧客」となるはずである。もし、地縁・人縁の情報網が有効なのであれば、こうした情報もわかるはずである。では、「住宅購入予備軍」とどうやって関係性を確立すればよいのだろうか。残念ながら彼らの多くは多忙であり、夫婦共働きかもしれない。また、彼らは現在の居住地（借家である可能性が高い）とは違う場所に住宅を購入する可能性がある。現居住地の近くの支店ではなく、新居の近くの金融機関で住宅ローンを組もうと考えても不思議ではない。つまり支店の営業マンでこうした顧客層をカバーすることには無理があるのである。銀行全体としては「優良顧客」であったとしても、支店の営業マンにとっては「接触できない顧客」となってしまう顧客に対しては、なんらかの形のダイレクト・チャネルを構築する必要がある。

　では、零細企業はどうだろうか。融資における顧客関係には、預金の場合よりも高度な信頼関係が求められるはずである。いざというときに迅速に融資審査を行ってくれるはずだという期待を顧客の側がもっていて、銀行側がその期待を満たすことができれば、その顧客は銀行に対して信頼を寄せてくれることになる。

インターネットなどの普及により「近くて便利」という支店網の意義は大幅に低下したといわれている。たしかに個人顧客にとっては、「行かなくてもすむ便利さ」のほうが重要になるかもしれない。しかし、企業にとってはどうだろうか。依然として「近くて便利」が評価される可能性が高いと考えられないだろうか。商店や町工場などでは、日常的に現金の出入れをしたり、手形の決済を行ったり、振込を行ったりする必要性がある。特に、現金や手形・小切手などを扱ううえでは、近くに支店があることが重要なはずである。また、普段から顔を合わせる機会のある近隣の支店の支店長が融資の審査を担当してくれるというのであれば、融資の申込みにも行きやすい。遠くにある大規模な「母店」の、顔もみたこともない支店長が融資審査を担当するというのであれば、零細企業にとっては「敷居が高い」と映る。零細企業こそ、地域密着型の支店営業に価値を認めてくれる顧客層だとはいえないだろうか。実際、信金の貸出金利が多少高くても、大手銀行などにスイッチしない顧客が多いのは、こうした地域密着性、さらにはそこから生じる信頼関係が理由ではないだろうか。

(5) CRMへの希望と誤解

近年では、データベース・マーケティングおよびその発展形としてのCRM（カスタマー・リレーションシップ・マネジメントの略とされることが多い）に注目が集まっている。特に、銀行は既存データが豊富にあることから、何か新しいシステムを入れると大きな効果が出るのではないかという期待が集まりやすい。

しかしながら、CRMは決して魔法の杖ではない。それなりの投資がかかるものであり、その投資をどこでどうやって回収するのかがみえていないと、単なる無駄づかいに終わってしまう。ここではCRMを成功させるためのポイントを2点あげてみよう。

第1に、「優良顧客」を識別してターゲットにすることである。投資を回

収するためには、その後に大きな収益があがらなければならない。全顧客向けに一律的な施策を行うための投資を行っても、大半の顧客からはなんの追加的収益も期待できないため、トータルで不採算投資になることは間違いない。追加的収益が見込める顧客セグメントおよび「個客」を事前に特定し、彼ら向けに投資を行うことが必要になるのである。ターゲットを特定するためには、「顧客生涯価値」分析が必要になる。どのような顧客セグメントが長期的に収益をもたらすのかを確認し、そのなかでどの「個客」がターゲット候補たりうるのかを分析することが、CRM戦略の最大の眼目の一つである。

　第2に、追加的収益を獲得するための最終的な「ゴール」の設定、そして、そこに至るまでの「ふるいわけ」と「重ね売り」のプロセスを明確化することである。残念ながら現在の日本の銀行においては、住宅ローンくらいしか収益を期待できる商品がない。もし、そうした状況を是認するとしたら、住宅ローンを最終「ゴール」とする戦略を設定しなければならない。そのためには、住宅ローン見込み客の候補を既存データのなかから発見し、彼らとの接触（ダイレクトメールや、キャンペーン企画など）を通じて、見込み度合いの高い個客へと「ふるいわけ」を行い、彼らに対して追加的キャンペーンを行いながら、最終的な住宅ローンにつなげるという、「シナリオ」を描く必要がある。

　CRMは「コンティニュアス・リレーションシップ・マーケティング」の略であるという主張もなされている。単なる「顧客管理」（カスタマー・リレーションシップ・マネジメント）でもなければ、「機械的管理」（コンピュータライズド・リレーションシップ・マネジメント）でもない、連続的な関係性マーケティングなのである。サービス提供者が「優良顧客」をよく知り、「優良顧客」がサービス提供者をよく知るというプロセスを経て、長期的な顧客関係の維持が可能になるのである。長期的に安定した顧客基盤があれば、価格ダンピングで新規顧客を取り合うという不毛な競争に依存する必要性が低下し、銀行としての収益性も安定してくるはずである。

何度も繰り返すが、銀行のマーケティングは、いわゆる消費財のマーケティングとはまったく異なるものである。銀行商品は、無形性の高いサービス財であり、リスクが介在するという特徴を有しているため、顧客との関係性の構築と維持がきわめて重要になってくる。これまでは属人的な関係性のなかで「お願い営業」がなされてきたが、今後は顧客をよりよく理解するという関係性が重要であり、CRMなどの技法もその一環として位置づけられるべきである。

▶6　実務上の問題

　銀行のマーケティングが、ある意味で特別な課題を抱えていることを本章では明らかにしてきたが、ここでは特に信用リスクの介在するローンのマーケティングについての実務的な解決方法について、検討してみよう。

(1) 住宅ローンにおける優良顧客発見手法

　前述のように、日本の銀行の現状において、住宅ローンは個人向けサービスとして（残念ながら）唯一、収益性の期待できる商品である。多くの銀行が近年、住宅ローンセンターを拡充するなどして、住宅ローン業務を伸ばそうとしてきている。

　この住宅ローンセンターは、住宅購買時点をつかまえるうえでユニークな役割を果たすことができる。顧客が住宅を買おうとして住宅業者と商談を進める場合、最終段階にきて資金の相談になる。そのとき顧客に強い選好がなければ、その住宅業者は「われわれと取引の深い○○銀行さんでローンを組みましょう。細かいやりとりは、われわれに任せてください」という。その住宅業者としては、せっかく住宅を買う気になった顧客が、ローンの相談を

第13章　銀行マーケティングの論理と実務　　527

している期間に他の物件に目移りされてしまうことが一番恐い。ローンの相談期間を最小限に短縮し、できればローンの手続そのものに自らが介在することで、目移りの危険を最小化したいと、気の効いた住宅業者ならば考えるであろう。

銀行の住宅ローンセンターは、気の効いた住宅業者にとっては好都合な存在である。支店の担当者を相手にするよりも、ローンセンターの専任者のほうが事務処理が速く、専門性も高い。住宅ローンセンターが住宅業者を実質上の顧客紹介窓口として活用するという形態になるのである。この戦略は、顧客の住宅購買時点を押さえるという点においてきわめて効果的である。

しかし、この戦略の最大の問題点は、顧客が事前に強い選好をもっている場合である。「私は××銀行でローンを組むことに決めているのです」といわれてしまうと、手出しができない。逆にいうと、事前に見込み顧客を押さえることができれば、より確実に住宅ローンを獲得できるのである。

ここで事前に見込み顧客を押さえる方法として、CRMの手法が活用できる。日本の銀行では、給与振込や公共料金の自動振込のついている口座を「メイン化口座」と呼んで重視してきたが、この口座の重要性に関して正確な理解をしているところはまだ少ないようである。メイン化口座には流動性預金が滞留し、ひいては定期性預金の残高も増えるはずだから重要であるというのが、多くの銀行における理解であろう。しかし、預金業務の収益性が低下しているなか、そうした「残高効果」では銀行収益にはあまり寄与しない。むしろ、「メイン化口座」は、顧客維持率が高まり、住宅ローンのセット率が高まるという効果に注目すべきなのである。

30歳代、40歳代の顧客のうち、「メイン化」度合いが高く、預金残高も一定額以上ある顧客（残高が着実に増加している顧客であればなお望ましい）のデータを、他の顧客と比較分析してみると、住宅ローンのセット率に顕著な違いがあることがわかる。また、口座開設時点や給振・自振開設時点と、住宅ローン実行時点との比較を行ってみると、両時点のあいだに1年以上の間隔の空いている口座のほうが多いということもわかる。つまり、顧客は事前

に「メイン銀行」と決めたところからローンを借りる傾向が高いのである。

　さて、ここからが「ふるいわけ」と「重ね売り」のプロセスである。30歳代、40歳代のメイン顧客といえども、持ち家取得の意向のない顧客も一定割合含まれているはずであり、この顧客層は、あくまでも「ターゲット顧客の候補」でしかない。なんらかのコミュニケーションを通じて、持ち家取得の意向のある顧客を「ふるいわけ」る必要が出てくる。たとえば、マイレージ型のポイント制を採用しているのであれば、そのポイントの景品のなかに住宅関係の書籍を入れておく。これをわざわざ選択する人であれば、持ち家取得意向の可能性が高い。ダイレクトメールに簡単なクイズやアンケートをつけ、それの賞品に旅行関係、趣味関係、住宅関係などのものを並べておけば、住宅関係の賞品を希望する人が、持ち家取得意向の可能性が高いとわかる。

　こうしてある程度「ふるいわけ」できたとしたら、住宅取得向けの積立預金のセールスを行うのである。これは数十カ月の積立を「完走」したらそのお祝いとして、たとえばローンの頭金を減額したり、ローンの金利を優遇するというものである。この戦術のミソは、積立を「完走」するくらい堅実な人であれば、信用リスクも低いはずであり、ローン金利を優遇してもおつりがくるという点にある。これを広告せずに、自行のローン見込み顧客にだけダイレクトメールで案内すれば、他行に真似される危険性も下がる。「ふるいわけ」プロセスのダイレクトメールなどに費用が多くかかりはするが、住宅ローン獲得の確率が高まれば、これは投資としてペイするものである。

（2）　個人ローンにおけるリボルビング

　日本の銀行の個人業務において収益商品が住宅ローンしかないのは、残念ながら現状の事実であるが、本来であればその他の個人ローンも収益商品となる可能性はあったはずである。事実、米国のリテールバンクでは、クレジットカード業務が収益の柱の一つとなっている。日本において個人向けの小

口ローンは消費者金融会社の牙城であり、銀行や銀行系カード会社は、ここにほとんど食い込めてこなかった。

　無担保・小口で使途不特定という、いわゆるキャッシング事業において、銀行系が消費者金融会社を凌駕するという可能性は残念ながら低いといわざるをえない。上限金利を利息制限法の定める 18% 以内で成り立たせようとするなら、なおさらである（ちなみに、利息制限法には罰則がないが、出資法には罰則があるため、消費者金融会社は出資法の定める 29.2% を上限金利としている）。18% で採算を成り立たせるには、1件当りの貸出金額を上げるか、コストを大きく下げないといけないが、そのどちらもむずかしい。

　貸出金額に関していうと、フリーターに 30 万円貸しても、そのフリーターがアルバイトをすれば返済可能であるが、公務員に 300 万円貸しても、その公務員が収入を 300 万円増やすことはむずかしい。無担保・小口・使途不特定という内容であれば、上限金額を抑えないとリスクをコントロールしにくいのである。では、コスト効率を上げられるだろうか。消費者金融会社はイメージをよくしようとして広告と無人店舗網に莫大な投資をしてきているが、これがコスト負担として大きなものになっている。一方の銀行系は、個人ローン事業の知名度をあげようとして、負けずに大量広告を行っている。消費者金融会社よりも 10% も低い金利でなければならない割には、コスト負担が大きいといわざるをえない。

　では、銀行が小口ローンを行う方法はないのだろうか。そんなはずはない。事実、米国のリテールバンクは、そこで収益をあげているからである。彼我の差がどこにあるのかといえば、クレジットカードのリボルビングである。米国でクレジットカードを使うと、毎月の明細が送られてくるが、その合計額をみてから小切手を送付する方法が一般的である。このとき、合計額全額を払う必要はなく、最低額以上を払えば残りは来月に（利息がついて）繰り延べられる。この方法は意外と便利なようで、ついつい繰延べ残高が残っていく。一方、日本でリボと呼ばれているものは定額リボルビング方式であり、毎月の利用額がいくらであろうと、一定金額のみが毎月自動引落し

されていくというものである。この支払方式はカード加入時に決定しなければならないが、普通に考えると「無理やり金利を支払わされる」ようなものであり、わざわざこのカードをつくろうという人は残念ながらあまり多くない。この種の意思決定は、出きる限り遅いほうがいいのである。カード加入時点でもなく、買物の時点でもなく、買物が終わった後の月末に明細をみてからであれば、「今月は苦しいから、繰り延べようか」と思うかもしれない。

　日本では、銀行系クレジットカードには1回払いしか認められなかった時期があるため、銀行の自動引落しという手法が社会習慣として定着してしまった。このため金利収入のないクレジットカードは与信手段と位置づけられず、単なる決済利便性商品となってしまったのである。しかし、クレジットカードは資金使途がわかるという点で、リスク管理上は非常に好都合な商品である。また、顧客の継続利用率も非常に高いため、コスト効率上も非常に有利な商品である。このような潜在力のある商品にもかかわらず、日本の銀行はクレジットカードを柱にしようとはせず、より経済性の厳しいキャッシングに合弁事業を設立して参入しようとしているのである。

　では、日本においてクレジットカードのリボルビングは無理なのだろうか。そんなはずはない。ターゲットを明確に定めればよいのである。たとえば、食品スーパーとの提携カードをつくったとする。スーパーの側はキャッシュレス・レジで利便性を提供でき、売上げデータを分析するためにもカード情報を活用できる。利用者は当該スーパーのなんらかの特典を受けることができる。1回ごとの支払いは数千円でも1カ月まとめれば10万円を超える金額になるはずで、「繰延べ」を行いたいときもあろう。決済は自動引落しとはせず、そのスーパーに設置したATMで支払額を入力するという形式にすればよい。実際、消費者金融会社のキャッシングにおける返済方法はATMの利用が多いのである。

　そもそも日本の家計は貯蓄率が高いので、個人ローンの利用率が米国ほどに高まるとは考えにくい。そうしたなかで、不自然な戦略をとると、「逆選

択」を起こしてしまい、平均値よりもリスクの高い顧客だけを集めてしまう。貸出限度300万円などというカードローンを支店に目標を与えて伸ばすというやり方では、支店の行員にわざわざハイリスクな顧客（ギャンブル好きの公務員など）をみつけてこいといっているようなもので、最悪の結果を招くことは明らかである。「繰延べ」という利便性サービスとして、使途のわかる小口与信を行うという方法で、特定のターゲットを対象にすることを考えるべきであろう。

(3) 零細企業ローンにおける逆選択の予防法

　零細企業ローンもまた、逆選択の危険性をはらんだサービスである。前述のように、自助努力が優先してしまうという商慣行があるなかで、無担保・小口・スピード審査という広告を出してしまうと、自助努力の策の尽きた企業が多く申し込んでしまうということになりかねない。また、計画倒産を行おうという「悪意の借手」にとっても無担保・小口・スピード審査というサービスは格好の標的になりやすく、表面上のデータをきれいにして申し込んでくる可能性がある。このため、零細企業ローンを「試行」しようとした銀行のなかには、あまりにも申込内容が危ないために許諾率を低く抑えることにしたが、かえって「悪意の顧客」が審査を通ってしまい、貸倒れ率が異様に上がってしまったという例もある。

　ここにおいて銀行が打つべき手は、自助努力を行う前に自行にきてもらうことである。そのためには、資金ニーズが発生するよりも前に零細企業を顧客として維持しておかなければならない。インターネット・バンキングなどのリモート・サービスは、なぜか個人顧客限定で行っている銀行が多いが、零細企業向けのリモート・サービスなどは非常に大きな潜在ニーズがあるはずである。人数の少ない零細企業であっても、かなりの頻度で送金、支払、納税などの事務が発生しているが、銀行のロビーで順番待ちさせておくための社員を雇うほどの余裕はない。往々にして経理的な判断にも経営者自身が

関与せざるをえない SOHO と呼ばれるような個人経営的零細企業になれば、経営者が経理を行うことになるが、経営者は平日の昼間は顧客開拓や商品製作に時間を使わなければならず、銀行に行く暇などないはずである。

　こうした零細企業向けのリモート・サービスとして、昔は専用の FB・EB 端末というものがあったが、いまはほこりをかぶっているかもしれない。専用ソフトでパソコン・バンキングというサービスもあったが、むしろ汎用的なブラウザで行うサービスが現状の主流のはずである。通帳記帳せずともすべての取引を画面表示できるといった機能は、個人向けよりも零細企業向けのほうがニーズは高い。法人名義の口座は開設が面倒という認識もあるが、これを簡便に開設できる法人リモート・バンキングには潜在ニーズがあるはずである。

　法人リモート・バンキングのメニューとしては、当座預金も必須である。なぜか日本の銀行では「当行の名前のついた小切手が不渡りになってはいけない」という信念からか、零細企業に当座預金をつくらせないところも多い。しかし、すべての資金の出入りを自行の口座に集中できれば、この口座の動きの異常を検知して信用リスク上の警告を発するというシステムを構築することも可能である。個人のメイン化口座に特典をつけるだけではなく、零細企業のメイン化口座も、なんらかの特典をつけてでも獲得すべきものといえる。

　もう一つのメニューとして、経費精算用のクレジットカードも必須である。零細企業の経営者は、自らの判断で経費を使えるため、社内的な決済の手続の必要もなくカードを使える。しかし、多くの場合、経営者は個人名義のカードを使ってから後で清算するか、請求書を回してもらうか、現金で払うケースが多い。銀行系カード会社の提供する経費精算用の法人クレジットカードというものもあるが、これは大企業向けにしか利用されていない。このカードの引落とし状況の度合いも、信用リスク上の重要な情報たりうる。この状況に応じて１カ月当りの利用限度額を引き上げていけばよい。

　この延長上に、リボルビング払いを位置づけることもできる。引落し状況

第13章　銀行マーケティングの論理と実務

の良好な先に限って、引落し額を一部来月に繰り延べることを認めるのである。これは実質上の「クレジットライン」になるため、現行の規制上は零細企業に提供できないと考えられるが、その場合には、ネット上で個別に与信申込みをしてもらう形式をとるなどの措置が必要になる。

　零細企業向け融資の課題は、自助努力よりも先に自行の与信サービスを使ってもらうことである。まず、決済性のサービスを提供し、その状況のよい先を見極めてから与信サービスを提供するのである。この方式であれば、マス広告で融資を宣伝する必要もないので、逆選択問題を引き起こすこともなく、他行に真似される心配もない。

　住宅ローン、個人ローン、零細企業ローンの三つについて課題と解決方法を論じてきたが、ここで強調すべき点は、マス広告が無益かつ有害になりうるという点である。信用リスクの介在するサービスにおいては逆選択を回避することが重要である。そのためには、事前に関係性を築いてから与信サービスに移行するか、資金使途のわかるような手段を講じてリスクの程度を限定するか、特定のターゲットを絞るかなどの手段が必要になる。また、競合他行の無用な追随を避けるという意味でも、マス広告は避けたほうがよい。基本原理の異なる消費財マーケティングの常識を、銀行マーケティングに中途半端に導入することは非常に危険なのである。

第 14 章

銀行業務の
"選択と集中"の実務[1]

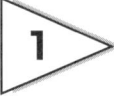

1 ▶ 「横並び参入」から「選択と集中」へ

　1980年代の後半、バブル景気が始まりかけていた頃、日本の金融界には「業態問題」というテーマが流行していた。普通銀行、信託銀行、長期信用銀行、証券会社、生命保険、損害保険という「業態」の区分が明確に分けられていたが、この区分を見直して、幅広い業務を営めるようにしたいという主張がなされていた。その結果として、業態別子会社方式による相互参入という決着がなされ、銀行系証券会社、証券系信託銀行などの子会社が多く設立された。

　この「業態問題」において典型的にみられた現象は、認められた業務はす

---

[1] 本章は、岸本義之著「銀行はアセットマネジメント業へと進化する」（ブーズ・アレン・アンド・ハミルトン編『戦略経営コンセプトブック 2003』東洋経済新報社 2002 年）をもとに大幅に加筆修正を行ったものである。

べて横並びで参入するというものであった。それまでは業務範囲が厳格に縛られていたため、認められた業務はすべて行うということが当然の行動原理とされていたが、新規に認められた業務に関しても全行が一斉に横並びで参入したのである。以前の規制環境下においては、金利規制や固定手数料制など、必ず儲かるという保証があったが、規制緩和のなかで料率競争が促進されるようになったにもかかわらず参入者が増加したため、ほとんどの新規業務は儲からないままとなってしまった。

　その後、96年にいわゆる日本版ビッグバンが宣言され、業態をまたがる相互参入や再編がさらに可能になったのであるが、その頃には大手金融機関といえども経営資源を消耗しており、新たな業務に挑戦するというムードはなくなってしまった。むしろ逆に、「選択と集中」という言葉を口にする銀行経営者が増えてきたのが、この時期ではなかっただろうか。

　では、その「選択と集中」とは何を意味するのだろうか。一つの解釈は、他業態へのやみくもな多角化をやめて、本業に回帰しようというものである。もう一つの解釈は、自分たちの強みが最も生きる業務分野にのみ集中しようというものである。この二つの解釈は、似てはいるものの大きく異なっている。なぜなら、「本業＝自分たちの強みが生きる業務分野」という図式が当てはまっているのかどうかが、きわめて怪しいからである。

　そもそも銀行（ここでは普通銀行を念頭に置いて議論を行う）の本業とはなんだったのだろうか。「預金・貸金・決済」を一体とした「銀行業務」という本業が存在しているというのが、一般的な認識かもしれない。では、その本業に回帰するということが何か意味のあることなのだろうか。この本業が儲かっているのならよいのであるが、残念ながら、あまり儲かっているようではない。なぜ儲かっていないのかというと、いわゆるオーバーキャパシティ（供給能力の過剰）状態のなかで同質的な低価格競争に走ってしまったからである。

2 オーバーキャパシティ問題の背景

　では、なぜオーバーキャパシティ状況が生じてしまったのだろうか。歴史的経緯を振り返ってみよう。日本の銀行制度の基本的な枠組みは1950年代に定められたとみることができる。この当時は、外貨蓄積のないなかで、いかに重工業への傾斜生産を実現していくかが国家的な目標であり、銀行制度もその一環として再定義されたといってよい。そのポイントは、家計から貯蓄を効率的に吸収し、重工業セクターへと長期資金を供給することにあった。都市および地方の家計から貯蓄を吸収して中央の大企業に資金を供給するために、金融債や貸付信託などという特殊な金融商品が導入されたのも、預金金利規制としての臨金法が定められたのも、1950年代のことであった。

　この当時の銀行運営は、ごく単純化していうと、支店で預金を集めて本店で大企業に貸すというものであった。地元の町工場や商店への融資は、信金・信組などが行うものであり、銀行の支店業務の中心は預金獲得にあった。預金を獲得する能力のある銀行は大企業貸出を伸ばすことができ、収益を拡大することができた。預金量のランクが、銀行のランクそのものを表すという風習はこの頃にできたものといってよい。この時期、銀行の出店には厳しい規制がかけられており、現有の限られた店舗数のなかでいかに預金を獲得するかが競争の焦点であった。

　しかし、1980年前後に高度成長が一段落して以降は、この構図の前提が一部崩れることとなった。重工業の設備資金需要が一巡し、株式や社債の市場も徐々に整備が進んできたため、大企業貸出の伸びが鈍化しはじめたのである。金利規制は預金に対して適用されていたが、貸出に対しては適用されていなかったため、大企業向けの貸出金利は銀行間競争のなかで徐々に低下していった。しかし、経済全体としての資金需要はまだ堅調であり、銀行は中堅・中小企業融資や個人の住宅ローンに業務を拡大して、大企業貸出の収

益低下を補っていった。

　この時期から、銀行の支店の役割が大きく変わっていくことになる。もともと大企業向けにリスクの低い貸出を行ってきた銀行が、多拠点を通じて中堅・中小企業や個人にも貸出を行うようになった。リスクの高い貸出業務に進出していったにもかかわらず、土地担保という手法に依存し、全員に審査能力があるとは限らない支店長の権限で一定額まで貸出を行うというスタイルを確立してしまった。どの程度のリスクをとっているのかも知らないままに、近隣の他行との競争関係のなかで、支店長が貸出金利の決定権限までもって突入してしまったのである。往々にして大手銀行は、地元の信金・信組よりも低い金利で融資先を攻略するという戦術をとりがちであった。預金金利が規制されていて収益が確保されていたなかでは、価格競争戦略のデメリットが顕在化することもなかった。

　しかし、そこに預金金利の自由化が起こる。大口定期の部分自由化の時期に、銀行はこぞって金利優遇を連発し、預金量の維持・拡大に走った。預金量ランクがまだ重視されていた当時、価格競争戦略のデメリットはまだ認識されていなかった。しかし、預金金利の段階的自由化のなかで金利優遇の対象の裾野が大きく広がるようになり、自由化の完了時には、預金をとっただけではほとんど儲からないという水準にまでなってしまった。90年代後半以降の低金利環境下では、金利設定の自由度もなくなってしまい、預金保険料の引上げも手伝って、預金業務の収益性は決定的に悪化した。

　預金金利の自由化の時期とバブル景気の時期はほぼ重なっていた。信用リスクの大きさはともかく、表面上の金利の高い巨額融資が次々と積み上がっていったのがこの時期である。後に巨額の処理をしなければならなくなるのであるが、当時は十分な引当てのないままに収益が過大に計上されることとなってしまい、表面上の業績のよさのおかげで、多くの問題が看過されることとなってしまった。

　そして、バブルが崩壊してみると、バブルの傷の大きさがみえただけでなく、バブル処理を終えたとしても収益力が回復しないという現実がみえてし

まったのである。実際のところ、オーバーキャパシティが引き起こした価格競争は、1980年前後から大企業向けに始まっており、ほぼ同時期から中堅・中小企業向けでも始まっていたのである。この問題を覆い隠していたのが預金金利規制であり、その後のバブル型融資であった。

3 「銀行業務」の崩壊

　バブルが崩壊してみると、実は「銀行業務」も崩壊していたことに気づかされた。大企業融資の収益は薄く、中堅・中小企業融資も採算割れ、預金収益は悪化し、個人ローンは伸び悩み、住宅ローンのみがかろうじて収益を稼ぎ出すという構図がくっきりと浮かび上がってきたのである。この構図は20年以上かけて形成されたものであったが、規制という覆いがかかり、バブルという霧がかかっていたために、はっきりとはみえてこなかったのである。この状況では、本業回帰という言葉が空虚に響くのは当然である。回帰すべき場所に「銀行業務」はもうないのである。

　ここに面白いデータがある。1960年当時の個人金融資産はわずか12兆7,000億円、企業の資金調達は12兆8,000億円（うち銀行借入れは11兆2,000億円）であり、ほぼバランスしていた。逆にいうと、企業の資金調達能力の総計が、個人金融資産の総額に制約を受けていたということになる。これがビッグバン時点の1996年でみると、個人金融資産1,183兆円に対して、企業の資金調達は730兆円（うち銀行借入れは561兆円）であった。この間に政府セクターが資金調達を大きく伸ばしていることもあって、大幅な「預超」状態になってしまっている。

　オーバーキャパシティ、またはオーバーバンキングという言葉が最近になって頻繁に使われているが、何が過剰なのかというと、預金吸収能力（すなわち、貸出の原資）が過剰なのである。もちろん、銀行の数や、支店数さらには従業員数が多すぎるとか、さまざまな批判もある。しかし、経営的な

図表14-1 資金の需給関係の変化

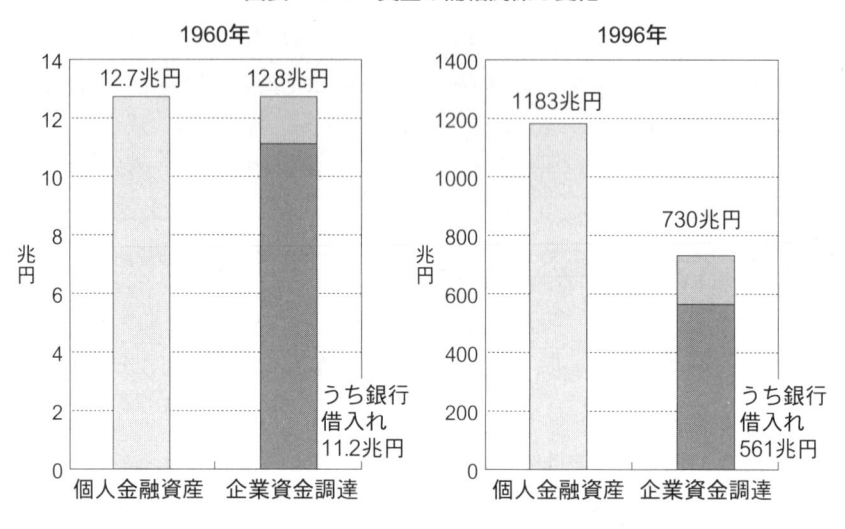

1960年
- 個人金融資産: 12.7兆円
- 企業資金調達: 12.8兆円（うち銀行借入れ 11.2兆円）

1996年
- 個人金融資産: 1183兆円
- 企業資金調達: 730兆円（うち銀行借入れ 561兆円）

インパクトからいうと、貸出原資の5割しか貸出には回せない全体構図のなかで、貸出金利の値崩れが必然的に起きているということが、最も深刻な点ではないだろうか。

それでも、なお預金は必要なのだろうか。現実的な貸出能力に合わせて資金を調達するという、ある意味でノンバンク的な行動をとるということも、理にかなった行動とはいえないだろうか。昨今の日本のように、預金の対顧金利と市場での運用金利との間の利鞘から預金保険料を差し引くと粗利鞘でほぼゼロ（もしくは、マイナス）になるというような状態にあって、それでもなお預金を拡大する意味はあるのであろうか。

以下においては、「選択と集中」の考え方の例として、預金を中心に据えるモデル、貸出を中心に据えるモデル、個人の資産運用を中心に据えるモデルの三つを簡単に紹介する。

4 ▶ 「預金主業モデル」の問題点

　銀行経営者として「当行は預金を中心とした経営を行うべき」と判断し、預金金融機関として生きていくことも、一つの選択肢としてはありうる。ただし、その場合には、徹底的な低コスト化を推し進める必要がある。預金特化ということになると、ある意味では新興のオンライン・ダイレクト銀行とも金利で競争しなくてはならないため、よほどコスト効率がよくならないといけない。

　コスト効率を上げるためには、支店貸出業務を縮小していくことも必要になるであろう。全支店に貸出機能を求めるために高コストになるのであって、ほとんどの支店を順次、出張所化、無人店舗化していかない限り、全体の低コスト化にはつながらないからである。貸出にかわる運用先としては、債券運用などを拡大させる必要がある。信金などのように中央機関をもっている業態であれば、中央機関にそのまま再預託してしまうこともできる。

　実は、これは郵貯とほとんど変わらない。郵貯並みのコスト構造が実現できるのであれば、預金主業で生き残ることも可能である。しかし、実際のところ、郵便・保険事業を兼営している郵貯並みのコスト構造を預金主業で実現することはむずかしい。

　もし本当に、預金主業で生き残りを図ろうというのなら、郵貯とは違う形で、コスト効率を追求しなくてはならない。徹底的な無人化を図るというのも一つの方法である。新興のオンライン・ダイレクト銀行は、新興ゆえの顧客基盤のなさを埋め合わせるために高金利預金のキャンペーン広告をうつ必要があり、結果として高コストになってしまうが、すでに顧客基盤を有していて地元での知名度・信用度も高い銀行であれば、そうした高コストのキャンペーンを行わなくても、従来からの預金量を維持できるかもしれない。既存店舗を徹底的に無人化し、スーパー・マーケットなどのインストア・ブランチなどの少人数店舗で顧客接点を拡大することが考えられる。

ちなみにインストア・ブランチとは、1998年頃に日本でも一瞬流行しかけたものであるが、戦略的位置づけが中途半端になってしまったため、その後はあまり活発になっていない。米国で定着したインストア・ブランチとは、米銀の収益商品であるクレジットカードを勧誘する場として、買い物の現場であるスーパー・マーケットが最もふさわしいという戦略的な動機をもつものであった。しかし、日本のインストアブランチは、米銀のような収益商品もなく、スーパー・マーケットとの関連性の強いコンセプトもなく、単なる小規模な出張所の増設に終わってしまった。もし小規模な出張所として展開するのであれば、既存の支店を閉鎖・縮小しない限り、単なる重複投資になってしまう。むしろ、既存支店を閉鎖する戦略の一環として、積極的にインストアブランチを位置づけるべきであったのかもしれない。

　無人化戦略の根源的な課題は、大胆な人員削減を行うための「出口の設計」である。いくら業務を効率化しても、人の出口がないと、どこかに大量に余剰人員が滞留してしまう。たとえばのアイディアであるが、米国の証券会社では、「一人支店」を地方部に展開するという手法を取り入れている会社もある（E. D. ジョーンズ）。証券子会社を設立して、銀行を早期退職した人々を「歩合外務員」もしくは「一人代理店」として再組織していくことも検討に値するかもしれない。地方であれば大手証券の支店もなく、地方銀行のブランドを冠した証券会社には一定の信用をおいてもらえる可能性はある。ただし、ここでのポイントは、業績に変動のある証券業において、固定費として人員を抱え込んではならないという点である。

▶5　「貸出主業モデル」のチャレンジ

　別の判断として「当行は貸出中心であり、預金はそのための入口商品という経営を行うべき」というものもありうる。個人に対して住宅ローンを提供しようとすれば、頭金のための貯蓄機能を提供することで顧客リレーション

シップを事前に構築することができる。中小企業に対しても預金・決済サービスを提供することで事前に信用状態を把握しやすくなる。

　この方向性を推し進めるとしたら、今度は預金業務を支店からはがしとることが必要になる。支店のバランスシートに預金を載せ、本店との貸借を行うというスタイルを続ける限り、支店は預金を重要だと考え続けてしまうからである。預金はすべて本店のバランスシートであり、たまたま支店はその取次ぎを行っているだけというスタイルにすべきであろう。実際、預金顧客の多くは、どの支店の顧客だという意識はもっておらず、引っ越したとしても同じ口座を使い続け、支店のカウンターを訪れることはめったにない。預金を失うと損益が成り立たなくなる「大幅預超店」は、いわば出張所に降格となる。この場合も近隣の他支店の出張所というイメージではなく、「本店預金営業部の出張所」というイメージになる。

　この貸出主業モデルの最大の問題点は、日本全体として企業の資金需要が相対的に低下してきていることであり、すべての銀行がこのモデルを指向することができるほどの市場規模がないという点であろう。もう一つの問題点は、日本の銀行の多くは、中小・零細企業に対する融資（特に無担保小口融資）のノウハウがほとんどないという点である。スコアリングを活用した小口ローンを展開する動きが1990年代終盤からようやく起きてきたが、いまだ試行錯誤段階の銀行のほうが多く、本格展開に移行した銀行はごく少数派のようである。

　この貸出主業モデルとは、いわば「ノンバンク型銀行」を目指すものであり、なんらかの分野に特化して貸出ノウハウを築き上げることが鍵になる。住宅ローンは、どの銀行も重点分野としてきているが、ここはすでに過当競争気味であり、むしろそれ以外の分野の貸出ノウハウをいかに開拓できるかが問題となる。たとえば、特定の業種に特化して、その業種の企業を見る目をもつ提携先（問屋など）を開拓していくというのも、一つの方法かもしれない。銀行において業種特化には、「与信先情報の審査能力を高める」というメリットと、「特定の業種を不況が襲った場合にリスクを集中してかぶる」

というデメリットの両方がある。デメリットに関して貸出債権流動化による解決が可能であるとしたら、メリットをねらって業種特化することも、有効な手段といえるのではないだろうか。

「ノンバンク型」という言葉が意味するところは、比較的リスクの高い顧客層、すなわち従来の銀行が敬遠してきた層を取り込むということでもある。リスクの高い融資のことを「サブプライム融資」と呼ぶことがあるが、銀行カルチャーにおいては、これは「プライムな業種のサブプライムな企業」向けを指してしまうようである。業種としては優良であっても業界内の地位が劣る企業というのは、市場が縮小する場合に淘汰されやすい「負け組」企業であることが多い。このため、きわめて高リスクなはずであるが、業種としては優良なため、あまり高リスクとは認識されず低金利で融資開拓が行われてしまう。逆に、むしろ「サブプライムな業種のプライムな企業」向け融資を拡大すべきなのである。社会的な地位はあまり高くないかもしれないが、うまく経営すれば利益を大きくとれるサービス業など、業界全体として融資が受けにくい分野のなかで、相対的に業績のよいところであれば、高い金利であっても融資が可能なはずである。

「ノンバンク型銀行」は単なるノンバンクではなく、「銀行」である。このため、銀行独自のサービスである預金商品をいかに活用するかが戦略上のポイントになる。預金を通じて顧客の資金繰りパターンを把握した後に、安全そうな顧客を選んで融資営業を行うというのは、一つの方法である。たとえば、個人向け住宅ローンにおいては「住宅頭金向け積立預金」のような商品を企画し、5年または10年の積立を完走した人には金利優遇をするというアイディアがありうる。実際に積立を毎月欠かさずできる人は信用リスクも低いはずであり、貸出金利を優遇しても採算に合う。何よりも、「住宅頭金向け」にしかメリットのない商品をわざわざ選んでくれる預金客は、かなり確率の高い住宅ローン見込み客である。企業向けにも「SOHO経営者向け法人クレジットカード」のような商品を企画できる。企業の買物のほとんどをクレジットカード（翌月1回払い）で精算してもらうようにして、その明

細を市販の会計ソフトに読み込める形で送付するのである。これでその企業の資金繰りパターンがわかれば、与信可能かどうかの判断もできるようになる。

6 「アセット・マネジメント」モデルの可能性

(1) 日本のアセット・マネジメントビジネス

　もう一つの判断は、「当行は個人金融資産の管理を中心とした経営を行い、預金はその一つのメニューと位置づける」というものであろう。日本において投信などの証券商品が拡大しない理由として、顧客の保守性があげられることが多いが、担い手の信用性というのも重要な理由ではないかと考えられる。

　日本では証券会社が一部のセミプロ的投資家や超富裕顧客を相手にマージン率の高い業務を行ってきたが、その成功体験と経費構造ゆえに、小口の貯蓄顧客に対する十分なサービスを行ってこなかった。証券スキャンダルなどが何度か報道されたこともあり、大方の個人顧客にとって、証券会社とは「むずかしい」「こわい」ところと思われている。一方、銀行からみると、元本割れするリスクのある商品を銀行員が売ることに対する抵抗感が強いことも、また事実であろう。しかし、銀行が明確な拡大戦略を打ち出すことができれば、小口・中口顧客向けの資産管理業務は一定の規模にまで拡大するはずである。

　では、ここで日本におけるアセット・マネジメント業とは何かということを考えてみよう。一部のセミプロ的投資家を除けば、大多数の個人顧客のニーズは短期リターンというよりも、長期的資産形成にあると考えることが本来は自然なはずである。実際にアンケートなどをみると、貯蓄や投資の目的は老後の不安に対応するためという人が多い。しかし、日本では預金か短

期リターン型証券投資かの二者択一になってしまっていた。証券会社およびその系列投信会社の最大の問題点は、短期リターンばかりを追い求めてきた点にある。証券会社にとっての短期リターンとは、頻繁に売買をさせることで手数料をとることであり、顧客にとっての短期リターンとは、文字どおりすぐに値上りする銘柄だけを追いかけることである。

　一方、長期リターンという点では、生保会社の個人年金型商品がその役割を担うはずであったが、変額年金は短期リターン型営業で失敗し、一時払い養老保険も逆鞘問題で苦しむきっかけとなってしまった。たとえば、65歳になってはじめて受け取ることのできる年金商品という設計になっていれば、ある年にリターンが多少悪くても、別の年に取り返すことも可能であり、短期リターンにそれほど目を奪われる必要はない。このような長期運用型商品が、なぜか日本には存在していなかった。これには税制の問題も関係している。米国のIRA（個人退職年金）は、401ｋの個人版ともいわれる商品であるが、毎年のリターンから税金は差し引かれず、税引前の金額を再投資に回し、65歳以降の受取り時点ではじめて利息・配当課税されるというものである。このように長期投資を促進する税制になっていれば、年金商品を通じて証券市場に資金が回るようになる可能性が高い。

　では、仮にそうした長期投資の年金商品が設計できたとして、その商品を販売するのに適した担い手とはだれだろうか。証券会社は、その短期リターン指向のカルチャー、評価制度、手数料体系を改めない限り、長期運用商品の販売チャネルとしては機能しない。生命保険会社は、高コストの外務員に依存している限り、運用商品の販売チャネルとしてふさわしくない。長期運用商品はハイリスク・ハイリターン型ではなく、ミドルリスク・ミドルリターンで着実に運用していくものであり、大きなコストを販売時点で差し引いてしまうと、最終リターンに悪影響が大きく出てしまうからである。

(2) 銀行のアセット・マネジメントビジネス

　このように考えると、消去法的ではあるが、銀行はそれほど悪いポジションにいるわけではないことがわかる。安全指向（少なくとも短期リターン指向ではない）の顧客が自然と集まるというポジションにあり、既存の店舗・インフラをそのまま活用することができる。短期の損得を謳う商品ではなく、個別銘柄の説明をする必要もないので、銀行員のスキルで対応可能である。預金者の預金離れの受け皿として位置づければ、銀行としても預超構造の解消に役立つ。

　長期投資商品の販売に銀行が適しているとして、銀行にそうした商品の運用ができるかどうかが問題である。この問題に対する解決策は、海外の年金運用ファンドなどに運用を再委託し、為替リスクだけを自行の判断でヘッジするという方法であろう。国内企業の資金調達ニーズが相対的に不足している以上、国内に閉じていて運用していては、高いリターンは望みにくく、むしろ資金ニーズの高い国（すなわち、期待リターンの高い国）を運用対象に大きく組み入れるべきである。しかし、日本の銀行に海外市場への投資を行う能力があるとは、残念ながら思えない。その能力をつけようとして、10年以上も人材を海外に派遣してきたものの、大した成果をあげているようでもない。むしろ運用実績の高い海外のファンドに委託したほうが確実であろう。

　もう一つの問題は、日本の個人顧客が「元本保証型」以外の投資商品を本当に買うのかという懸念である。長期運用なので長期的には安全といくら説明しても、これまで何度も短期運用の元本割れを経験してきた顧客にとって、そうした説明は役に立たない。この場合、かつての貸付信託のようなスキームを持ち出して、元本保証に近い形式を設計することも必要になるかもしれない。

(3) 市場型間接金融への取組み

どうしても個人顧客が預金に集中してしまうのであれば、預金をバランスシートに背負ったままで証券商品に投資をするという、一種の「市場型間接金融」のスタイルにならざるをえない。住宅金融公庫などの貸出債権が証券化され、投資対象となる証券商品が充実すれば、「市場型間接金融」も現実味を増してくる。ただし、長期負債を背負い、長期資産に投資するというスタイルになるため、ALMのあり方が銀行型というよりは生保型に近くなっていく。

預金をバランスシートに背負ったままで証券投資を行うというのは、実は現状の多くの銀行の姿である。ここで問題なのは、そうした自覚のないままに「市場型間接金融」に突入してしまっていることである。明確な自覚をもち、ふさわしいALM体制を構築していかなくてはならない。

▶7 支店長は一国一城の主か

以上に三つのアイディアをみてきたが、現在のところ、こうした「選択と集中」の経営判断を明確に打ち出している銀行はまだないようである。銀行にとってこのような変革が困難と思われている最大の要因は、「個店主義」のカルチャーである。日本において銀行の支店は、すべての銀行業務を営み、独自のバランスシートと損益計算書をもった、ミニ独立銀行のように運営されている。支店長ともなれば一国一城の主であり、すべての銀行員は支店長になることを目指して出世競争をしてきた。この大前提を覆すことは容易ではない。

(1) 支店役割の見直し

　数年前に、法人業務を大型店に集約して、大型店に２人の支店長（個人向けの支店長と、法人向けの法人営業部長）を置き、残った小型店は個人向けに特化させようという試みを行った銀行があった。銀行支店がすべてフル機能をもたねばならないという常識にチャレンジした点では、大きな意義があったが、実行上は問題も多かった。

　最大の問題は、「法人を集約する」という発想に無理があった点である。特に中小・零細企業にとっては、遠くの大型店の支店長に融資の審査を受けるよりは、近くの小型店の顔見知りの支店長のほうが、審査を後回しにしないだろうという意味において、「安心」である。また、現金や伝票の出入れが多い企業にとっては、近くの支店のほうが便利であり、銀行の都合で遠くの店に勘定を移されては迷惑でもある。「法人の集約」は審査にかかわる人員を集約したいという銀行側の発想から出たものであるが、審査人員を集約するならば、本来は本部に集約すべきである。事実、欧米の銀行では本部への集中化が普通である。審査は支店営業から切り離せないという制約条件を課してしまったがために、こうなってしまったのである。個人顧客の側を本店に集約してしまい、支店は地場の中小零細企業を担当するというほうが、むしろ自然な発想だったのではないだろうか。

　この試みは、「すべての支店は地区内のすべての顧客に対応する」という旧来型の発想から転換するうえでは、大きな一歩になるはずであったが、結果的にはあまりうまくいかなかったようである。この件に懲りて、他の銀行も支店の役割の絞込みには消極的になってしまっているのかもしれない。

(2) 新規チャネルの開拓

　従来型の支店を解体するというレベルには至っていないものの、支店以外のチャネルを展開しはじめている銀行は、すでに多く存在している。個人向

けインターネット・チャネルにおいて口座は既存支店ではなく、（インターネット支店などの名称を便宜上使っているが）本部直属である。住宅ローンを拡大するために住宅ローンセンターが住宅業者を相手に獲得活動を行っているのも、一種のチャネルである。中小・零細企業相手にスコアリング・ローンを行う「ビジネスセンター」などの拠点を展開している銀行もある。富裕個人相手の「プライベート・バンキング」的サービスを別拠点で展開しようとしている銀行もある。

これらの新規チャネルはいまのところ小規模であり、既存支店の業務に大きな影響を及ぼすには至っていない。しかし、今後はなんらかの形で既存支店の業務範囲を絞り込んでいかない限り、チャネルへの多重投資という非効率をもたらしてしまう。

(3) 支店での業務の絞込み

もし、支店レベルでの顧客の絞込みができないようであれば、銀行レベルで顧客や業務の絞込みが行えるはずがない。一方で、ノンバンクのなかには、企業全体として顧客または業務を絞り込むことで大きな収益をあげているところも多い。すべての銀行がすべての支店で、同じ業務を横並びで行っているのでは、コストがかさむだけではなく、差別化の要素のない同質的な価格競争に陥るだけである。銀行レベルで「選択と集中」を行おうというのであれば、支店レベルでの業務の絞込みが前提であり、「支店長は一国一城の主」という状態は否定されなければならないのである。

▶8 すべての業務を内製化すべきか

「選択と集中」を行ううえでは、顧客に提供するサービスの幅そのものを狭く絞るという考え方だけではなく、同じサービスを顧客に提供する際に自

前で行う業務を絞るという考え方も可能である。これはすなわち、業務の一部を外部の企業に委託することである。

(1) 業務内製化の限界

　日本の銀行においては、すべての業務を内製化することがほぼ暗黙の前提となってきた。住宅ローンという業務を例にとってみると、見込み客の開拓、申込者の信用審査、担保物件の評価、契約の締結、信用保証、返済管理、延滞時の督促・回収、貸出原資（預金）の調達、などほとんどすべての業務を同一銀行内で行っていることが普通である。一方、米国のモーゲージ業務においては、見込み客の開拓を行う会社（住宅販売業者など）、融資の実行を行う会社（モーゲージ会社、もしくは銀行）、返済管理や督促・回収を行う会社（サービサー）、貸出原資の調達に際して証券化を行う機関（FNMAなど）、その証券を長期投資として保有する会社（生命保険などの機関投資家）などが各々の得意業務に分業することが行われている。

(2) 業務特化のメリット

　特定業務に特化することのメリットは、事務的なスケールメリットのある場合に典型的にみることができる。たとえば、カストディ業務のような事務集約型の業務においては、効率のよいインフラを構築し、そのインフラを最大限稼動させることが重要となるため、少数の大型プレーヤーがコスト競争力を確立できるようになる。大多数のプレーヤーは自前で業務を行うよりも、大型プレーヤーに委託したほうが安くなるので、大型プレーヤーのもとにはさらに業務量が集中する。

　リスク管理の能力に違いのある場合にも、業務特化のメリットが出てくる。先ほどのモーゲージの例でいうと、長期資産である住宅ローン債権は、長期負債を負っている生命保険会社のほうが、短期負債を負っている銀行よ

りも、期間にかかわるリスクをより自然に負担できる。零細企業向け貸出債権も、資本力に限りのある地域金融機関が個別に抱えるよりは、資本力のある大規模な金融機関に移転したほうが、信用リスクの許容力が高いだけでなく、プール化することによりリスク発現の「ブレ」を最小化することもできる。

ノウハウに違いがある場合にも、また業務特化のメリットがある。たとえば、海外債券に投資運用する能力が日本の金融機関全般に求められているとしても、全金融機関が各々に能力を構築することはほぼ不可能である。海外の投資信託商品を「輸入」しようとしても、多くの海外運用会社と英語で交渉する能力を全金融機関が各々にもつこともほぼ不可能である。そうした場合には、大手銀行または中央機関のようなところに業務を委託することが必要となる。

銀行業務（預貸業務）の分解を促すものとして、「証券化」という概念がある。損害保険における再保険のように、業界全体として最適なリスク分担を行うツールとして証券化が普及すれば、業務特化も行いやすくなることが期待される。証券化が日本においてあまり進まなかった理由は、かつては法制度の未整備などであったが、現在は必ずしもそうではない。むしろ銀行がすべての業務を内製化するスタイルから脱却していないために、証券化の需要も供給も起きていないというのが、より根源的な理由なのかもしれない。

(3) 外部委託のメリット

そうしたなかで、ようやく外部委託というスタイルが定着し始めたのが、システムセンターの共同化である。もともと地銀の多くは第3次オンライン以降、都銀のパッケージソフトを購入してきた経緯もあり、その意味ではすべてを内製化するというスタイルから決別してきた。近年ではNTTデータなどの運営する共同センターにシステムを移管する銀行も増えてきており、特定の企業に業務を集中化することのメリットを享受しようという傾向が出

始めたといえる。そのほかにも、間接業務を共同化するという動きも始まってきているようである。

　しかし、直接業務の分野においては、すべての業務を内製化するスタイルがまだ根強い。各行が独自のオペレーションを行ってきたため、合併行においてさえ業務フローがなかなか統一できないのが現状である。自行の業務フローを変えてまで共同化や外部委託に踏み切るのは、現実的にはかなり困難なことなのかもしれない。

　本稿の前半でも述べたように、旧来型の「銀行業務」のビジネスモデルはすでに崩壊してしまった。ビジネスモデルの枠組みごと再定義するような思い切った変革を行わない限り、生き残りすら困難になってきているのが現実である。すべての分野ですべての業務を内製化するというやり方も、すでに限界を迎えている。「選択と集中」とは、「何をやらないか」の意思決定であり、まさに経営トップの強い意志をもってビジネスモデルを転換することなのである。

第15章

戦略的銀行経費改革の実務[1]

1 物件費の大幅削減を可能にする三つの調達管理手法

　銀行の収益力・競争力をいかに回復するかに再度耳目が集まっている。ここ数年間、物件費、人件費にも大胆に手をつけたわが国の銀行に、さらなるコスト削減の最終兵器として**"戦略的ソーシング"**を提言したい。

(1)　さらなる合理化を迫られる金融界

　日本の産業界全体が厳しい環境に直面している。特に、銀行をはじめとする金融機関は、株価の下落と時価会計への対応、不良債権処理という三重苦のなかでなんとか経営の活路を見出そうとしている。最大の経営課題は、

---

[1] 本章は、「週刊　金融財政事情」（社団法人　金融財政事情研究会刊）の2001年12月10日号、2002年2月4日号、2002年4月8日号から転載したものです。

「いかに収益力をつけるか」であることはいうまでもない。粗利を短期的に大きく引き上げることが期待できないいま、再度コスト削減に抜本的に取り組むことが必要とされている。

すでに多くの金融機関は、従来は聖域であった人件費にも手をつけるなど、大規模なリストラクチャリングに果敢に取り組んできた。今回の中間決算を受けて、大手銀行においてはさらなる賞与カット、人員削減計画が発表されている。コストの半分を占める物件費についても、「一律X％削減運動」を中心とした施策で大ナタを振るおうとしてきた。

しかし、こういった活動も限界にきていると感じている銀行経営者も多いのではないか。コストを削減することは、本来、収益力を高めるための一手段であるはずだが、利益を稼ぐために必要なコストも絞ってしまうと、収益も伸び悩むという悪循環、すなわち縮小均衡に陥るリスクも存在している。

ここでは、「コスト削減」という古くて新しい命題に対して、「いかに収益力を高めながらコストを落としていくのか」という原点に立ち返って、コストのなかでも特に物件費に焦点を当て、その削減策を考えてみたい。

そもそも金融機関にとっては、ヒトが最大の資産であり、物件費はあくまでも間接費用と位置づけられており、いままで真剣に考えてこなかった文化があるように思う。製造業ではよくみられる調達部門が確立されておらず、責任の所在も曖昧なまま、どうしたら物件費を減らせるのかといったノウハウ自体が蓄積されてこなかった。もちろん、一部の優秀な担当者により、ある部分は非常に割安に購入されているものもないわけではないが、企業全体でみたときには、非常にお寒い状況であるといわざるをえないのではないだろうか。

その点、**「戦略的ソーシング」**は、欧米で数多くの実績をもち、日本でもすでに一部の金融機関が大きな実績をあげている手法である。空理空論ではなく、実際に大幅に物件費を削減しうる現実的な一つの解である。

（2） 戦略的ソーシングとは何か

「**戦略的ソーシング**」という言葉を初めて聞かれる読者もいるかもしれない。「ソーシング」は聞きなれない英語かもしれないが、「調達」という意味で、英語圏ではごく普通に使われている言葉である。「戦略的ソーシング」とは、すなわち従来の慣行や継続的な購買慣習を打ち破って、戦略的に調達を行うということである。過去に当社が実施したプロジェクトにおいては、金融機関サイドは、「調達慣習の見直しプロジェクト」とか「資材調達見直しプロジェクト」と呼んでいる。

戦略的ソーシングの起源は、1980年代後半の欧州のある自動車メーカーの取組みであったといわれる。

当時は日米自動車摩擦で自動車産業のグローバル化が進展していた時期であり、欧州においても直接費用を含めた物件費の削減が喫緊の課題になっていた。しかしながら、自動車部品においてはEC域内での協定から部品価格は高止まりしており、当プロジェクトにより部品調達をEC域外に求めることによって従来の価格慣行を打ち破ることに成功し、大幅な経費削減を実現した。これを契機に、従来は事務処理部門と位置づけられていた購買部門がコスト競争力を高めるうえでの戦略部門になると同時に、供給業者に対して継続的なコスト改善意識を植えつけることに成功した。その後、当該部門の調達を管轄するマネジメントが、その価格情報をもってライバル社に転職して、訴訟になったりもしている。

このような動きに目をつけたのが、当時経営危機から抜け出そうとしていた米国金融機関であった。80年代終わりに経営危機に陥った米国金融機関は、当初はリストラの一環として、不採算部門の売却や人員の徹底した削減を行ってきたが、経費の半分を占める物件費には手がついていないことに気がついた。自分達は血を流してリストラを進めているというのに、「供給業者は、以前の価格で、以前のままの取引を続けているのはおかしい」という発想である。こうして銀行やカード会社、生命保険会社などの大手金融機関

は「戦略的ソーシング」に取り組み始めた。

とはいえ、米国金融機関における「戦略的ソーシング」の手法を、そのまま日本に持ち込むのはむずかしい。日本の金融機関に適用するにはなんらかの工夫が必要である。手法そのものに本質的な違いはないが、日本向けに味つけすることにより、経営も従業員も経費削減を実施しやすくすることが重要である。われわれの過去の経験では、日本の金融機関においても、年間の物件費を1割以上削減することができる。「1割だけか」という声もあるかもしれないが、そもそもコスト削減の対象になりえない「減価償却費」や「預金保険料」などを含めた全物件費の1割削減は非常に大きい。実際に経費削減の対象になった部分は2割、3割削減されていることになるからである。

(3) 戦略的ソーシングの三つの柱

それでは、具体的にはどのようにすれば経費を減らすことができるのだろうか。

物件費を減らしていく手法は、図表15-1のとおり、三つ考えられる。すなわち、「サプライヤー・マネジメント」「ユーザー・マネジメント」「投資・経費管理体制」である。

a サプライヤー・マネジメント

「サプライヤー・マネジメント」は、購入している物の単価が妥当な価格で提供されているかどうかを分析して、割高な場合は業者交渉を行って適正価格まで引き下げさせることである。こう書くと「そんなことはやっている」と受け止める読者も多いと思われるが、実はこれは非常にむずかしい。

そもそも適正価格とは何か。そのことを考えるためには、まず価格には「市場価格の存在するもの」と「存在しないもの」があることを理解する必

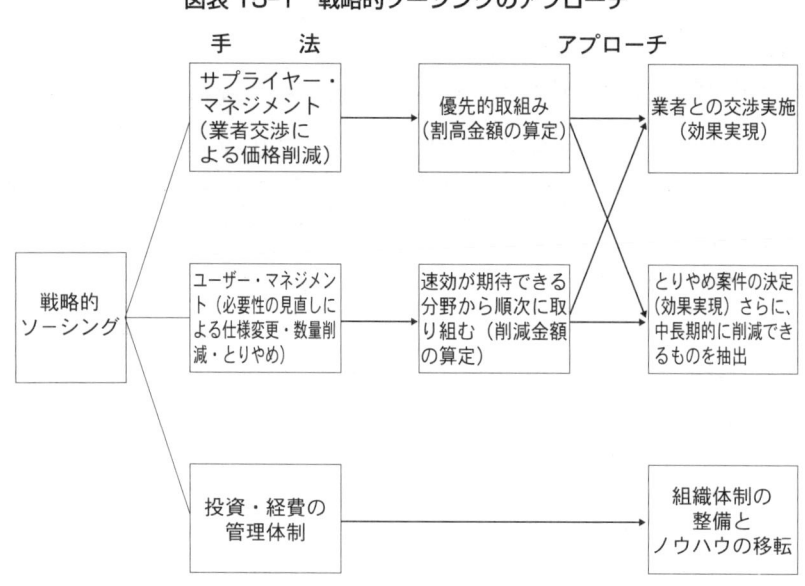

図表 15-1 戦略的ソーシングのアプローチ

手法		アプローチ	
戦略的ソーシング	サプライヤー・マネジメント（業者交渉による価格削減）	優先的取組み（割高金額の算定）	業者との交渉実施（効果実現）
	ユーザー・マネジメント（必要性の見直しによる仕様変更・数量削減・とりやめ）	速効が期待できる分野から順次に取り組む（削減金額の算定）	とりやめ案件の決定（効果実現）さらに、中長期的に削減できるものを抽出
	投資・経費の管理体制		組織体制の整備とノウハウの移転

要がある。たとえば、事務用品などは、きちんとしたオープンなマーケットが存在し、市場価格は存在するといってもよい。しかしながら、ITアウトソーシングのように、市場価格が存在せず、ともすれば業者のいいなりになりがちな価格がある。

しかも、「市場価格が存在するもの」でも、適正価格を知ることは非常にむずかしい。というのは、「金融機関プライス」とでもいえるような価格が存在するからであり、金融機関がどこから見積りをとっても同じような価格が提示されるケースが実際にある。すなわち、単に見積りをとっても、その業界慣行の価格がわかるだけで、それが適正なのかどうかはわからない。それを各種の情報から推定していきながら、適正価格かどうかを判断する必要があるわけである。

さらに、「市場価格が存在しないもの」に至っては、ほとんどの金融機関はお手上げである。製造業の場合は、自分たちもモノづくりをしているので、原価構成などを推定することがある程度できるが、金融機関の場合はそ

れがまったく想像できない。そうなると、下手をするとサプライヤーのいいなり、よくてもこれまでの購入費用から数％値引きというレベルで終わってしまうおそれがある。こういったものは、原価を推定するしかない。推定する方法は、公表されている各種資料をベースに、一部はサプライヤーに聞く必要もある。そうして原価や間接費・利益を積み上げて、適正価格を推定する。

　適正価格がわかったとしても、次に業者交渉が待っている。簡単に別の業者に切り替えられるならば交渉はそれほどむずかしくないが、ほとんどのものはなんらかの理由で業者変更には制約がつきまとう。業者もそれを心得ているから、そう簡単に価格を引き下げてくれない。そうなると業者との交渉戦略・戦術を明確にして交渉する必要が出てくる。そして、それがうまくいって価格は初めて下がるのである。

b　ユーザー・マネジメント

　次に、「ユーザー・マネジメント」である。これは購入している物が、業務を遂行するうえで妥当なスペックなのか、必要なものなのか、を判断して、必要でないものはやめる、または数量を減らすことを判断することである。これも「実行している」という銀行が多いだろうが、実際は過去のしがらみや慣行があるため、純粋に業務上必要かどうかという判断がなかなかできないものである。しかも、ほとんどのものは過去の経験上、経営判断を要するもので、やめるべきものをボトムアップであげることは現実的には至難の技なのである。

c　投資・経費の管理体制

　三つ目の物件費削減手法は、「**投資・経費の管理体制**」の樹立である。仮に、トップの強力なリーダーシップで、ある程度コストを削減できたとして

第15章　戦略的銀行経費改革の実務　　559

も、そのままの体制ではなかなかそれを維持できない。購入するモノも、一年も経つと1～2割ぐらい入れ替わってしまう。そうなると、元の木阿弥になりかねないのである。そのために投資・経費を全社的に管理できる仕組みをつくる必要がある。これまでのように費目レベルの粗い管理ではなく、「何を、全体としてどれぐらい、いくらで、誰から、どういう条件と方法で、どのぐらいの期間にわたって購入しているのか」というレベルで管理しなければ、意味がない。

(4) 抜本的な物件費削減はなぜできなかったか

それでは、金融機関がこれまで、戦略的ソーシングによるコスト削減が独自に行えなかった理由はどこにあるのか。われわれのこれまでの経験からは、大きく六つの理由があるように思える。

まず、「**自社情報の未整備**」があげられる。経理用の科目や費目データだけでは、対前年比の増減しか分析できず、「実際に必要かどうか」「価格が妥当かどうか」といった判断ができないからである。とはいえ、そういった必要な情報は、部門・担当者に分散しており、最悪の場合は業者に聞かないとまったくわからないというケースも多々ある。

次に、「**市場情報の欠如**」がある。調達担当者による業者の市場構造や市場価格に関する情報収集や分析がほとんどされていないケースも多い。同じ業者を使い続けているため、見積りをとったことすらないというケースも数多くみられる。

第三は、「**組織的問題**」である。同じモノを複数部署で購入していたり、同一業者を複数の窓口で担当していたり、企業全体で調達の全体像を把握することが困難となっている。また、調達部門と利用部門が異なり、当事者意識が徹底しないこともあげられる。

第四に、「**意識の問題**」がある。特に金融機関では、これまでコストを度外視して信頼性を重視してきた部分がある。そのため、調達担当者は「調達

図表 15-2　コスト削減の六つの罠

①　自社情報の未整備

②　市場情報の欠如

③　組織的問題

④　意識の問題

⑤　交渉力の弱さ

⑥　購買監視の弱さ

コストを多少下げても褒められないが、何か調達でトラブルがあれば必ず問題となる」と考えている。その結果、どうしても担当者は「受け身」の姿勢になり、自ら変えていくことに対して消極的になる。

　第五に、「**交渉力の弱さ**」がある。金融機関における調達担当者は本業は調達ではなく、それを生業としている業者と交渉するには、情報やスキルが決定的に不足している。また、既存のサプライヤーから追加購入することに慣れており、新規サプライヤーを探してまで交渉していく習慣がついていない。さらに、サプライヤーがほぼ独占状態にある場合、交渉できないと思い込んでいる場合すらある。

　最後に、「**購買監視の弱さ**」がある。新規に購入する場合は、稟議処理をして、皆チェックするが、追加購入については価格が上がらない限りほとんどノーチェックである。その結果、当初より価格が下がっているにもかかわらず、「総額で変わらなければよい」と、当初契約に存在しない余分な購入が発生していることもある。

(5) コスト削減の実施局面における課題

　仮に、以上のような課題を乗り切ったとしても、コスト削減を実施するうえでは、さらに現実的な課題に直面する。

a　総合的経営判断の欠如

　まずは、調達担当者が、調達先との銀行取引への影響を「勝手に」勘案してしまうことである。過去に交渉しようとしたが、営業店からクレームがついたことがあれば、完全にお手上げである。そうなると、価格の妥当性そのものよりも銀行取引を優先して、非常にいびつな関係が継続することも珍しくない。実際、ある業者からの調達が市場価格に比べて数億円も割高だったのに、銀行取引による資金収益が1億円に満たなかったケースも存在した。取引の総合的な状況を経営レベルで判断していないことから、こういった問題が生ずるのである。

b　関連会社の問題

　次に、関連会社の問題がある。関連会社や社員の出向先など、いわば「もちつもたれつの関係」となっている場合、価格の妥当性をいっさい考えなくなるケースも多々ある。よく「人件費見合いだから仕方がない」といわれるが、その部分を差し引いても割高に購入しているケースは多い。また、関連会社において「収支トントン」になるように業務委託を設定しているケースでも、その関連会社で過剰な交際接待費などのムダがあったケースもある。

c　役員等の経費

　さらに、役員の経費も誰もが言い出しにくい物件費の一つである。これは

現役役員だけでなく、役員 OB などの経費も含む。トップが「気にするな」といくらいっても、現場は思考停止してしまう。

最後に、金融機関に根づいた慣行という障害がある。以前は、護送船団行政のもと、店舗仕様など、こと細かく決められていたこともあるが、現在では規制緩和も進んで、かなり自由度は高くなっているはずなのに、前例をよしとする企業風土から抜け出せないでいることが、経費削減を中途半端なものにしてしまっているきらいがある。また、製造業では考えられない贅沢な金の使い方が、いまだに残っている面のあることも否定できない。

(6) 戦略的ソーシングの次のステップ

では、戦略的ソーシングの手法をどのように利用して、物件費のコスト削減を図っていくのか。まず、聖域なき現状診断がカギになることはいうまでもない。また、いままでの原価管理の方法論を抜本的に見直して、正しい市場価格をチェックできる"調達スキル"の育成が重要である。多種目にわたる支出項目について、業界でのプライシングの構造、論理、要素価格の情報を本格的に研究する必要が生ずる。これらは、いわばコスト削減の必要条件である。実際の成果刈取りには、さらに進んで、全行で一丸となった運動原理を導入するのが重要だ。言い訳や過去を語るより、ここからどれだけ進捗したかが褒められる体質に銀行を変えなければいけない。

この戦略的ソーシングを一時的コスト削減運動であると思ってはならない。いったん、この手法を身につけた銀行には、多くのさらなるビジネスチャンスが巡ってくる。この手法を銀行の顧客に公開し、顧客の調達活動の効率化に資することで付加価値を提案している銀行も、米銀にはすでに存在する。また、個々の調達額、交渉力に限界のある銀行が横断的になり、いわばテコを効かせた調達に向かうことも可能である。IT の視点という器の議論から語られることの多いコモンマーケットプレースの本当の中身は、こうした手法によりつくられるのである。1 回限りのコスト削減から、永続するコ

スト削減に昇華させることが重要である。

2 ITアウトソーシングをソーシングする

　物件費削減を図るうえで、銀行にとって最大かつ最難関の経費はITである。しかし、これにメスを入れることなしに、真の抜本的コスト削減は実現しない。コスト削減の観点から、ITアウトソーシングは有力な選択肢であるが、これにより、なぜコストが下がるのかを理解して進めないと、逆にコストが増加してしまうリスクも大きい。ITアウトソーシングを、外部からのサービス購入であると考えれば、戦略的ソーシングの手法を適用することができる。

(1) マネジメント・ソリューションとしてのITアウトソーシング

　ITは、銀行にとって事業運営上不可欠の手段であるがゆえに、「ITの上手なマネジメント」ができるか否かは、銀行の競争力に大きな影響を与える。ITマネジメントは、①事業戦略に基づいてITの方向性を決めること、②決められた方向性に従って、最適なITを実現すること、の二つに分解されるが、その双方のスキルを向上させないと、銀行は競争力を維持することができない。事業戦略に基づいてITの方向性を決めることは、銀行の最もコアな業務であり、簡単に外部に任せるわけにはいかない。
　一方で、決められた方向性に従って、最適なITを実現するためには、高いITスキルを維持し、ITリソースを管理する能力が必要とされるため、ITを生業としない銀行が、自前で維持・拡張することには、本来高いハードルがある。そこで、ITアウトソーシングが有効な選択肢となる。ITアウトソーシングとは、高いITスキルとリソース管理力を保有するアウトソー

サーに、システム開発・運用など、銀行におけるITプロセスの大部分を一括して委託したうえで、アウトソーサーからサービスとして購入することである。

　銀行をはじめとする金融機関は、厳しい経営環境を背景に、ITコストの抜本的削減、高度なITの活用、場合によっては、IT要員への新たなキャリア機会の提供など、ITにかかわるさまざまな経営課題を抱えている。この課題を解決することは、経営の競争力を維持するうえでの重要命題であり、逆に、その解決策をもたぬことは、経営にとってのリスクを意味する。ITアウトソーシングの実施は、ITマネジメントにかかわるさまざまなリスクを、「だれが」「どのように」負うのが合理的かという高度な判断に基づくものであり、これらをうまくマネジメントできれば、現下の課題を解決するうえでの有効なソリューションとなりうる。

(2)　活発化するITアウトソーシング

　銀行のITアウトソーシング事例は、1998年4月の大和銀行に端を発する。アウトソーサーと共同でシステム子会社を設立し、銀行から出向した数百人の出向者とアウトソーサーが運営を担当しているが、これはいわば、アウトソーサーとの「リスクシェア型」のアウトソーシングととらえることができる。

　一方、2000年8月の横浜銀行の事例は、銀行からの出向者を前提に、アウトソーサーに運営を全面的に委託する、「リスク移転型」のアウトソーシングである。また、福岡銀行・広島銀行やみちのく銀行・山陰合同銀行・肥後銀行、八十二銀行をはじめとする七行、京都銀行、岩手銀行など六行が参加する地銀共同センターなどのシステム共同化を前提としたアウトソーシングは、銀行間の商品や事務を標準化することによって、開発費の大幅削減をねらい、これをアウトソーシング・スキームのなかで実現するものであり、横浜銀行方式の発展型と考えられる。

第15章　戦略的銀行経費改革の実務

このように、アウトソーシングは、解決すべき経営課題や、ユーザー側のアウトソーシング・スキームの構築力、アウトソーサー選定・管理スキルの向上によって変貌を遂げつつある。また、このようなユーザー側からの要請に対応することによって、アウトソーサー側における、アウトソーシングとは何かという基本的な枠組みの理解や、それを実現するためのスキルも向上の途上にある。ITアウトソーシングは、ここ数年間で、金融機関のマネジメント・ソリューションとして定着しつつあるといえよう。

長引く金融不況のなかで、抜本的なITコスト削減や、高度なITによる競争力強化を要請される金融機関の環境は今後も不変であり、前述のようなアウトソーシング事例が増加することになろう。

(3) ITアウトソーシングの理想と現実

このように増加するアウトソーシングであるが、そのすべてが成功事例といえるのだろうか。ITアウトソーシングで成功をおさめるための要因はなんであろうか。「物件費を戦略的に削減する」主題に従い、特に、ITコストの切口から、これらについて考察してみたい。

アウトソーシングを成功させる要因は大きく三つある。まず、アウトソーシングを実施する銀行が、自分は何を実現したいのか、すなわち経営課題を明確にすることが大前提である。特に、ITコストの面からは、削減目標が定量化されていないと、そもそも実施前と実施後のコスト比較における評価基準をもちえない。

次に、アウトソーシングすると、なぜITコストの削減が可能なのかを理解したうえで、課題を解決できるアウトソーサーを見極めること、さらに継続して効果を実現するスキームを、自社内ならびにアウトソーサーとの間に構築することである。

過去のコンサルティングを通じて散見した事例には、残念ながら成功しているとはいいにくいケースが存在する。代表的な問題事例を、ここにご紹介

する。

　ITコストのなかで、大きな比率を占めるシステム開発費の増加を抑えることを主たる目的に、A社はアウトソーサーB社から提案書を取得した。提案は、今度10年間で発生する予定の開発投資の10％を削減するので、開発費・運用費合わせて定額での契約を結ぶという内容であった。新規案件は、すべてB社に発注することが条件となっている。また、システム運用関連コストは、ほぼ現状並みであったが、今後発生する機器更改や増強については、都度協議のうえ、価格に反映することになっている。

　A社は、B社の提案書内容に従いアウトソーシングを実施したが、B社から、アウトソーシング開始にあたって必要といわれた開発投資などもあり、初年度からITコストは3割増加した。驚いたA社は、あらためてB社と交渉しようと試みたが、そもそも基本契約のなかにこのような事態を想定してなかったため、有効な打開策がみつからず苦慮している。

（4）　誤算はなぜ生じたのか

　契約面で十分な配慮を行わないでアウトソーシングしてしまうと、価格構造がブラックボックス化してしまう傾向がある。この事例のように、現実には、コストは減少するどころか大幅に増加し、長期契約を結んだために、その修正も困難な事例も散見される。本事例の問題点と対応の方向性について分析してみよう。

　まず、システム開発費は、事業施策に基づいて開発案件の可否が検討された結果発生するものであり、本来、変動すべき費用である。長期契約のなかで固定化してしまうと、ベースを下げるための交渉に多大な負担が発生する。まして、確定していない将来のシステム投資との比較において削減を議論しても、まったく意味がない。

　次に、システム投資の削減ないし最適化は、まず、銀行内で適切な投資判断が可能な仕組みを構築することが先決であり、投資判断プロセスの見直し

などを行うことが必要となる。そのうえで、投資すると意思決定したものについて、開発生産性を向上させるスキームを、アウトソーサーとの間で考えていくことになる。

新規案件について、すべてB社に発注することが前提となると、基本的にはB社側にコスト削減のインセンティブが働かず、はなはだしい場合には、B社の業績を主眼に「コストのかかる仕組みの立案」がなされる可能性も否定できない。新規案件に関し、少なくとも、ホスト上で一体運用される基幹系システムなどと異なるプラットフォームのシステムについては、他業者との競合環境をつくれるよう、契約上の考慮が必要である。

アウトソーシング開始時に適切なコストが実現できたとしても、その後の機器増強や更改のタイミングに合わせて、コストが増加する機会は多数存在する。アウトソーサーの立場に立てば、このような機会を収益向上の機会と考えてもなんら不思議ではない。したがって、契約上考慮すべきは、現在の価格の前提となっているシステムリソースやサービスレベルを明確にしたうえで、それらを変更した場合に、アウトソーサー・ユーザー双方が納得できる単位・単価をあらかじめ取り決めておく。また、当初のシステムリソースが適正規模であるかどうかも、十分検討すべき項目である。

ITのプロであるアウトソーサーにとっても、8～10年の長期間にわたり発生する費用を定量化することは容易ではない。また、銀行から、要員も含めてどのような資源を引き受けるか、どこまでIT機器の肩がわりを行うかによっては、銀行に変わって大きなリスクを抱えることになる。ITアウトソーシングの困難さは、アウトソーサー側、銀行側ともに、契約締結の時点では、このような不確実性を抱えたままで合意を行わざるをえないことにあり、このような不確実性を合理的に管理可能なように、両者でどこまで取決めがなされているかが成功のカギとなる。

(5) アウトソーシングをソーシングする

新規にアウトソーシングを始めるにあたって、コスト削減の観点から押さえるべき点である。それでは、すでにアウトソーシング契約を実行してしまった場合、どうしたらよいのであろうか。アウトソーシングは、アウトソーサーとの間で、通常8〜10年にわたる長期の契約で規定されることになるが、もし、所定の効果があがらなかった場合は、契約期間が終了するまで、耐え忍ぶしかないのであろうか。

前述の事例のとおり、コスト削減を継続的に実現するために押さえるべきポイントは三つある。すなわち、①ユーザ側の適切な投資判断の仕組み、②アウトソーシング開始当初の適正な価格水準の設定、③継続的に、適正価格の実現が可能となるような契約上の取決めである。

アウトソーシングを開始したケースについても、このような観点から、スキーム全体を見直すことが必要になるケースは多いのではないだろうか。われわれはこれを、「**IT アウトソーシング監査**」と呼んでいるが、過去のコン

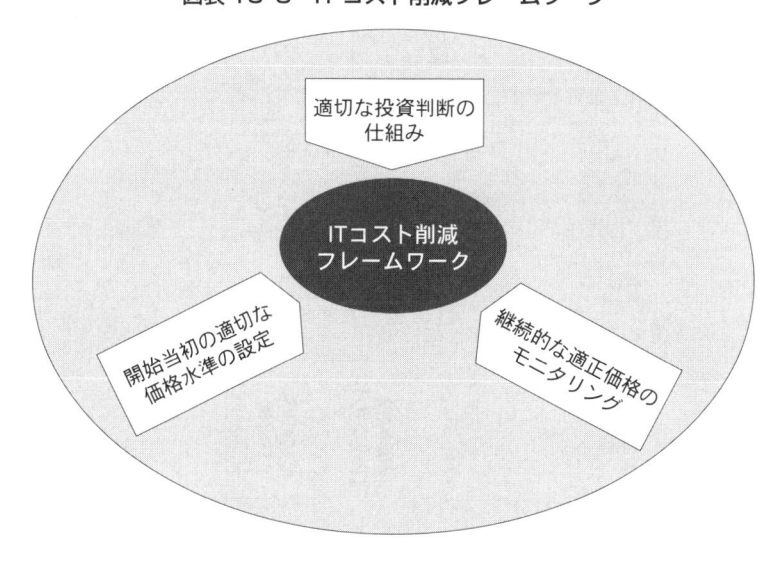

図表 15-3　IT コスト削減フレームワーク

- 適切な投資判断の仕組み
- ITコスト削減フレームワーク
- 開始当初の適切な価格水準の設定
- 継続的な適正価格のモニタリング

図表15-4 ITアウトソーシング監査のアプローチ

判断のフレームワーク確認	現状把握	課題検討・抽出	対応策策定・実施

- 事業戦略／IT戦略の整理
- ITコスト
- 契約内容
- 運営の仕組み
- 経営的ねらいをふまえて、アウトソーシングのあるべき姿を整理
- 課題の検討・抽出
- 課題改善のための対応策の策定

事業戦略／IT戦略 → アウトソーシングの現状把握 → あるべき姿の整理 → {ITコスト削減フレームワーク／アウトソーシング運営・管理の仕組み／契約} → 対応策策定 → 実施

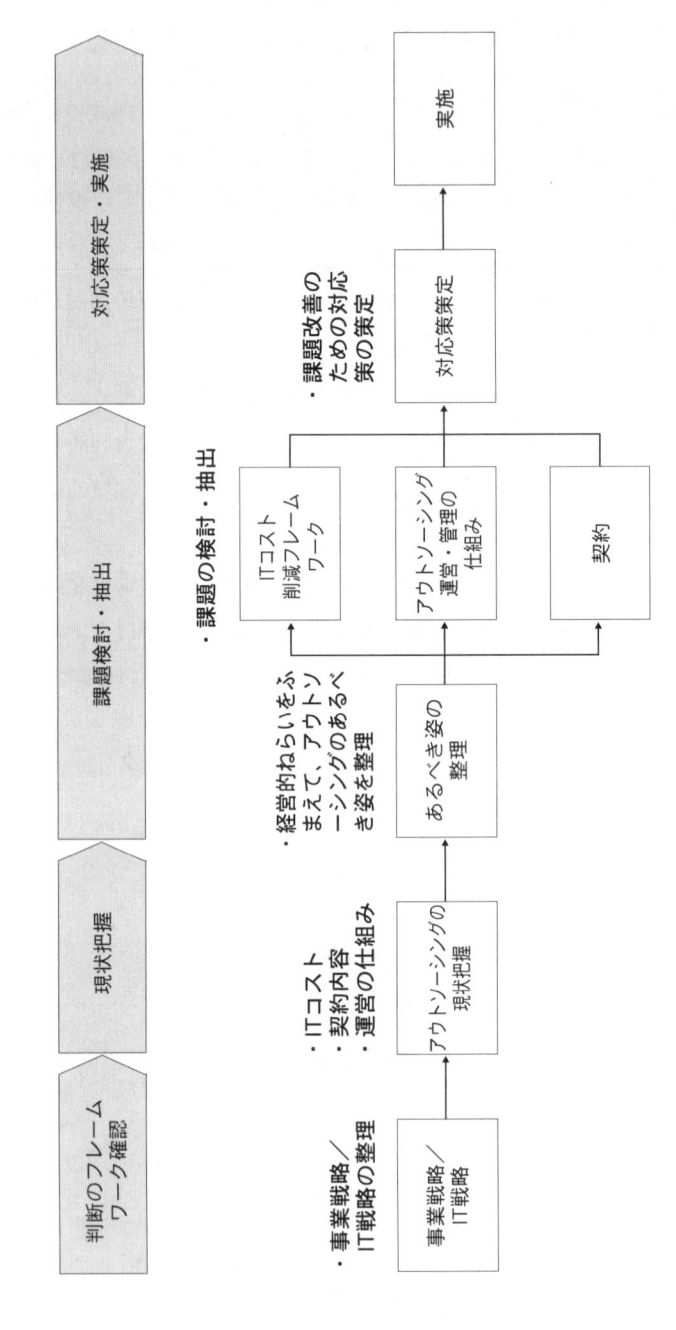

第Ⅲ部 銀行経営の実務

サルティング事例から、そのアプローチをご紹介する。

　まず、事業戦略・IT戦略を整理・把握する。これらは、「なんのためにアウトソーシングするのか」や「どの程度のITコストの削減が必要となるのか」を明らかにし、アウトソーシング・スキーム構築の過程で、「その仕組みはよいのか、悪いのか」を判断する重要なフレームワークとなる。

　次に、アウトソーシングの現状把握を行う。対象となるのはアウトソーシングの前後でのITコスト比較、アウトソーシング契約の内容、運営の仕組み、銀行内の投資意思決定プロセスなどである。次に、あるべき姿の整理である。事業戦略・IT戦略の整理を通じて得た経営的な要請をふまえて、自行におけるアウトソーシングのあるべき姿を整理する。

(6) 戦略的ソーシングの手法をどう活用するか

　これらの作業を通じて、現状のアウトソーシングの課題を抽出し、対応策を策定する。ITコスト削減の観点から、アウトソーシング開始時点のコストの妥当性を検証し、継続的にコスト削減が可能な仕組みの具体化（ITコスト削減フレームワーク）を図るわけである。コストの妥当性を明確にするために、前項「物件費の大幅削減を可能にする三つの調達管理手法」で示した、ベンチマークや適正価格の推計手法を活用する。また、必要最低限のシステムリソースを定義して、現状との差分を分析する。

　アウトソーシングを円滑に運営するためには、銀行内の適切な投資意思決定プロセスや問題判別プロセス、アウトソーサとの明確な役割分担を前提とした運営管理の仕組みが必要となる。これらについても、あるべき姿を整理したうえで、課題の抽出と具体的な対応策の策定を行う。

　ITコスト削減フレームワークやアウトソーシング運営管理の仕組みを検討することにより、アウトソーシング契約で押さえるべきポイントが明確になる。これらを、あるべき契約条項としてまとめたうえで、現状の契約の評価を行う。通常、さまざまなレベルの課題が発見される。最も重大なもの

は、そもそもアウトソーシングを行う意味がなくなるような性格のもので、これらについては、契約条項の修正をアウトソーサーと交渉することが必要となる。

次に、リスク管理の観点から、契約上取り決めるべき条項もある。解約時の現状復帰の役割分担などである。また、コストの透明性と継続的な削減を可能とする観点からも、さまざまな条項の見直しをアウトソーサーと交渉する必要が生ずる。

これらをふまえたうえで、アウトソーサーとどのように交渉するのか、どれを必須の達成項目とするのか、また努力目標とするのかといった交渉戦術を考えていく。

いずれにしても、「われわれはなぜアウトソーシングをするのか」「現在のアウトソーシングは目的を達成できているか」を明確にしないと、次のステップに進めない。ITアウトソーシングは、経営課題達成のためのツール、マネジメント・ソリューションである。これからITアウトソーシングを検討する銀行はもちろん、すでに開始した銀行にとっても、これらを再度整理することがきわめて重要である。

▶3 戦略的ソーシング・ノウハウを生かした新たなビジネスチャンスの創出

多くの企業が収益力の低下に悩まされている現在、戦略的ソーシングの手法は、わが国の産業界に共通の大きなニーズとなりうる。戦略的ソーシングを実践した金融機関には、自ら会得したノウハウを生かした新たなビジネス展開の可能性がみえてくる。

(1) 戦略的ソーシングの発展形態

戦略的ソーシングが大幅で継続的な物件費削減を実現し、金融機関の収益

図表15-5 戦略的ソーシングの展開

```
取引先
  当行顧客（取引先）  他行顧客（取引先）  …

    ↓フィー収入    ↑コスト削減ノウハウと効果

金融機関
  戦略的ソーシングを実施した金融機関
      →コスト削減ノウハウと効果→  他金融機関
      ←フィー収入←

    ↓戦略的ソーシングを実施    ↑経営効率向上による低価格・高付加価値提供

サプライヤー（納入業者）
  サプライヤーA業界  サプライヤーB業界  …

    ↓サプライヤー自身が戦略的ソーシング実施も
```

力・競争力回復のきわめて有効な手段となることを説明してきた。

翻って考えると、多くの企業が収益力の低下に悩まされている現在、戦略的ソーシングの手法は、金融機関のみならず、わが国の産業界に共通する大きなニーズである。そして、金融機関は資金のパイプ役として多くの企業と接していることを考えれば、戦略的ソーシングを実践した金融機関が自ら会得したノウハウを、取引先企業に伝授すれば、新たな企業とのビジネスを展開できるであろう。

その対象として考えられるのは、取引先企業、他金融機関、サプライヤーの三つである。まず取引先、なかでも地域金融機関の重要な顧客である中堅中小企業には、継続的かつ抜本的な経費削減や事務効率化へのニーズが強い。戦略的ソーシングを実施した金融機関が、中堅中小企業にそのノウハウを公開することは、付加価値のある提案となり、競合他行との差別化を図り、ひいては取引全体の拡大も可能となる。

次に、他金融機関と協働し、集中による調達ボリュームの拡大や交渉窓口一本化により、対業者交渉力を強化することも可能である。大手行並みの購買ボリュームを実現するために、地域金融機関同士で調達コンソーシアムを設立することも視野に入ってこよう。

最後は、金融機関への資材・サービスのサプライヤー（納入業者）である。彼らが金融機関から戦略的ソーシングのノウハウを吸収できれば、革新的サプライヤーとして生まれ変わることができ、彼らの取引先と新たな関係構築に動くはずである。戦略的ソーシングは、金融機関単独で成功すればそれで終わりといったものではない。そこには、金融機関の戦略的ソーシング活動を通じて、これをレバレッジ（テコ）とした新たなビジネスの広がりの可能性が秘められている。

(2) ノウハウを軸に、eプロキュアメント立上げ

ITを利用したB to Bのeコマース（企業間電子取引）が飛躍的に拡大しているなかで、最近特に注目を集めているのが、eプロキュアメント（インターネットを介した調達）である。ネット上に設けられた市場で、従来の取引関係を超えた形で売手企業と買手企業を結びつけるものだが、IT化により情報の伝達が飛躍的に効率化したことで、膨大な数の企業の調達と供給のきわめて効率的なマッチングが可能となったのである。さらに、資金決済、事務処理とも連動した事務合理化機能を加味したパッケージソフトにより、ユーザーの利便性も格段に向上しつつある。

eプロキュアメントにおいて買手企業は、大幅なコスト削減メリットを受けることができる。発注ロットをまとめることで、買手（主に中小企業）は従前より割安な調達が可能となる。さらに、購買・支払事務の合理化や、データ蓄積による価格やプロセスの管理といったメリットも生まれる。

戦略的ソーシングのノウハウをもつ金融機関は、eプロキュアメント市場を立ち上げ、競合優位性を築くことが可能である。アメリカでは中小企業の

7割がオフィス用品やコンピュータ用品、ソフトウェアや書籍などをインターネットで発注するといわれているが、先進的な米銀は、すでにeプロキュアメントを中小企業開拓の切札と位置づけ事業展開を進めている。

eプロキュアメント市場の創設を成功させる条件は三つである。

第1は、「信用ある参加者プール」である。インターネットを介した取引においては取引先や取引内容の信用が重要である。B to Bのeコマースには信用の壁があるといわれる。市場への参加者が不特定多数だと、相手企業や商品の信用を調査するコストがみえず、提示価格は安くても結局高くつくのではと調達に躊躇してしまうという意味である。

しかるに、金融機関は従前より取引先との信頼関係を構築し企業取引の仲介者としての絶大な信用を保っている。eプロキュアメント市場においても、金融機関は「親派」企業を軸に信用ある売手・買手を比較的容易に集めることで、信用の壁をクリアすることができよう。

第2の条件は、ITの「器」である。ユーザーが快適に利用でき、事務合理化につながるために、最新システムやソフトウェア、ネットワーク技術の活用が望まれる。その点金融機関は、専門スキルの高いベンダーとの提携、適切なベンダーマネジメント能力をもっており、十分な対応力があるといえる。

最後に、サービスの「中身」も重要な条件となる。買手を引きつけるためには、競争力のある価格の提示が前提となる。加えて、購買事務の合理化と効率化、管理体制の構築も重要なポイントである。これらの「中身」はいずれも戦略的ソーシングにより蓄積されるノウハウである。戦略的ソーシングを実践した金融機関は、顧客に支持されるeプロキュアメントの「中身」をつくるうえで優位に立つと考えられる。

(3) キーコープのeプロキュアメント戦略

米国オハイオ州に本拠をもつキーコープ（KeyCorp）は総資産900億ドル

のスーパーリージョナルバンクである。キーコープは、コア顧客である年商1,000万〜10億ドル（約10〜1,000億円）の中堅・中小企業顧客をターゲットに、eプロキュアメントサービスを提供する「キー・プロキュア」を立ち上げている。

同行は自らの使命を「（顧客にとって）最も信頼されるビジネスのアドバイザーであり、革新的なパートナー」であると位置づけ、「貸付、運用などの伝統的な銀行業を超えて、日々の業務プロセスの管理支援に拡大」するためBtoBのeコマースに取り組んでいるという。

まず、自行の顧客を中心とした買手・売手企業を募集する。次に、キーコープ自身が、銀行も含めた買手の安定的な発注ボリューム等の条件を材料に売手企業と交渉、買手が一般的に調達できる価格よりも割安な価格を提示させる。この結果、買手は割安価格を享受、売手は安定的市場を拡大、キーコープは送金手数料、販売手数料等を徴収、売手・買手・銀行の「三方一両得」となる。

キー・プロキュアで取引されるサービスは文具、什器備品、印刷物、贈答品等の日常的な消費財にとどまらず、システム関連（システム機器、ソフトウェア、電話・通信等）、施設関連（清掃、設備保守、電力等）、委託関連（警備、物流、教育等）と多岐にわたっている。中堅・中小企業にとってこれまで調達価格の見直しがむずかしかった分野も含まれており、参加によるメリットは大きいと考えられる。

キーコープは、すでに戦略的ソーシングを実施し、物件費の大幅削減を達成しており、「フォーチュン500企業」としての購買ボリュームとあわせ強力な価格交渉力をもっている。したがって、中堅・中小企業顧客はキー・プロキュアへの参加により割安なコストの削減が実現できるのである。

(4) 業界横断的なコンソーシアムの可能性

わが国の金融機関は、収益力強化のために早急かつ抜本的コスト削減の実

現が不可避である。地域金融機関は大手行に比べ規模が小さいがゆえに経費効率が落ちるという悩みを抱えている。そこで、戦略的ソーシングのノウハウをもつ金融機関がリーダーシップを発揮してコンソーシアムを設立し、業界横断的な調達ネットワークを構築するというビジネスが現実味を帯びてくる。

金融機関にとって、コンソーシアムの意義は三つあると考えられる。

第1は、「戦略的ソーシングのノウハウを他金融機関にビジネスとして展開し、自行が収益を得ること」である。すなわち、自ら開拓・修得した戦略的ソーシング技術をさらなる下位業態の金融機関などに販売するのである。

第2の意義は、「金融機関自らが継続的により有利な価格水準を獲得・維持できること」である。戦略的ソーシングを単独で実施した地域金融機関が複数の金融機関へ声をかけ、発注量をまとめボリュームディスカウントをねらった共同購買を行えば、さらなる経費削減効果が期待できよう。さらに、金融機関の間で価格情報の交換を行い、ベンチマークを得てさらなる価格交渉や必要性見直しの検討を進めることも可能である。

第3の意義は、「最新購買技術によるコスト競争上の優位性確保」である。たとえば、間接材やサービスの海外調達を検討することも十分に可能だ。実際、ある外銀のステートメントは海外からエアメールで送付されている。郵便・印刷・事務費用等を勘案すれば、邦銀でも検討可能な選択肢である。また、ネットオークションなどによるさらなるコスト削減策も現実味があり、検討に値する方法となりつつある。こうした情報もコンソーシアムで共有することで、単独で実施するよりも効率的に検討でき、より具体化しやすくなる。

(5) 銀行が生んだコスト削減サービス会社

イー・スカウト社は、ユナイテッド・ミズーリ銀行（UMB）の調達部門から独立したユニークな企業である。UMBは米国ミズーリ州を本拠とする

図表15-6　イー・スカウト社のビジネスモデル

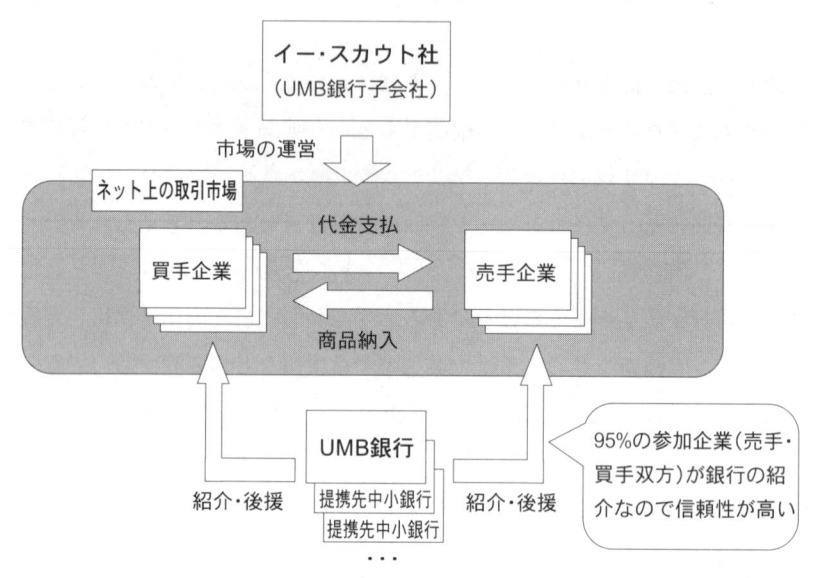

```
              イー・スカウト社
              （UMB銀行子会社）
                   │市場の運営
                   ▼
   ┌─────────────────────────────────┐
   │ ネット上の取引市場              │
   │                 代金支払        │
   │   買手企業  ──────────▶  売手企業 │
   │            ◀──────────          │
   │                 商品納入        │
   └─────────────────────────────────┘
         ▲                ▲
         │紹介・後援        │紹介・後援      95％の参加企業（売手・
              UMB銀行                      買手双方）が銀行の紹
              提携先中小銀行                介なので信頼性が高い
              提携先中小銀行
                 …
```

　総資産70億ドルの地銀であるが、地元で競合する大手行が購買ボリュームを生かした低コスト調達を行っているのに対抗するため、全米各地の他地銀との共同購入による調達価格の削減に取り組み始めた。UMBの購買部門は、他行調達の請負も開始、戦略的ソーシングにより経費削減ノウハウを強化してきた。

　その後、共同購入先を銀行の企業顧客にも展開、これが飛躍的に拡大したためUMBは2000年には独立企業体としてイー・スカウト社を立ち上げることにした。名門地銀が戦略的ソーシングのノウハウをもとに、中小企業向けの付加価値サービスを提供するベンチャー企業を設立したのである。

　現時点で、コミュニティバンクも含めた全米の銀行の1割強がイー・スカウトのメンバーであり、顧客企業も含めて6,000社以上がこのネットワークに参加している。大手金融機関並みのボリュームをまとめ、戦略的ソーシングのアプローチをもって達成した調達価格の水準は、中堅中小企業や小規模な金融機関にとっては収益性改善のうえで大きな付加価値となる。この実例

からは、このビジネスモデルが十分に成り立つことがわかる。

イー・スカウトの参加企業の95％は加入銀行の紹介先で占められているため、トラブルは皆無であるという。同社のサム・ケンパー社長によれば、「銀行の真の優位性は、顧客とのリレーションを確立しているということ」である。つまり、銀行取引により培われた「顧客企業の信用」を基盤とした市場が構築され、企業や商品の信用を確立しているのである。

むろん、銀行が個別の企業や取引の内容を保証するわけではない。しかしながら、銀行が自らの取引先を中心とした市場を主導とすることで、個別の参加者はもちろん、市場全体への信頼感が供与される。ブランド力のない売手にとって「○○銀行取引先」という信用付与の効果は絶大なのである。

(6) 先進的サプライヤーによる戦略的ソーシング

金融機関に資材・サービスを提供するサプライヤー側にも変化がみられる。金融機関からのプレッシャーによる収益の低下と競争の激化に直面したサプライヤーのなかには、自社のビジネスを顧客の視点で再定義し、真に顧客に必要なサービスを提供することで、受注を獲得しつつある企業も少なからず存在する。彼らは、サービスレベルを維持する範囲で業務の見直し・合理化を進め、収益性を確保している。

さらに、先進的サプライヤーは金融機関の戦略的ソーシングを目の当りにし、自社でも戦略的ソーシングの手法を実行、コスト構造を転換して収益性向上を実現している。また、こうしたサプライヤーは、顧客との適度の緊張を保ちつつも、取引の拡大と長期的な維持に成功するであろう。

金融機関からみれば、経営効率を改善し付加価値を強めたサプライヤーとの新しい関係構築も考えられる。前述したeプロキュアメントの売手として継続的に参画、価格競争力を軸に取引を拡大していくサプライヤーも出てくると思われる。また、革新的業務プロセス改善の提案などを通じてコスト削減をリードするサプライヤーも登場することはまちがいない。

従来、少なからぬわが国の市場はサプライヤーの論理で構築されていた。戦略的ソーシングに端を発するユーザーの知恵の武装により、市場はユーザー主導に転換していかざるをえない。このような変化をチャンスととらえ、ニーズに対応したサービス提供と飽くなきコスト構造の改善を行うことのできたサプライヤーが生き残り、新たな市場の革新の旗手として成長していくのである。

第 16 章

銀行組織および
制度改革の実務

1 ▶ 序論～組織制度の実態は……

　読者は銀行の組織制度について、以下のような症状を見聞きしたことがないであろうか。

（事例1）タコ壺に立てこもる経営陣

　経営リーダーシップのスリム化と強化を目指して取締役の数を減らし、執行役員制度を導入し、○○委員会に外部人材を招請し、最新の企業統治手法を採用する。しかし、こうした改革により意思決定のスピードと品質が目にみえて向上したかというと、正直いって従来とあまり変わらない。それどころか、役員の所管責任を明確にするという点が強調されすぎて、各役員が所管部門のタコ壺に嵌って出てこない。会議の席上でも部門の利益代表として

発言をする一方で、銀行の全体最適を考えた発言はみられない。この結果、所管部門を跨る構造問題となると、調整、調整の連続でなかなか解決できない。

(事例2) 繰り返される組織改革

　本部組織の肥大化を是正し、市場を起点とした体制を整えるために、本部の組織改革が行われる。まずは、「スリム化」を合言葉に部や課の数を減らす。副部長職や次長職もなくす。しかしながら、「箱」と「ポスト」の数は減ったものの、本部の仕事が速くなったわけでも、経費が劇的に低下したわけでもない。むしろ、頻繁な組織改革でだれがどこで何をやっているのか、わかりづらくなり混乱する。加えて、本部行員は従来よりも多忙を極め、営業店の新たな要望に対応する余力がなくなる。現場からみると、本部の対応スピードはむしろ低下してしまったように感じる。

　また、市場を起点とした体制を整えるために市場別組織が採用され、「法人」「個人」ごとに戦略を立案し実行する体制が整えられる。しかし、どの顧客がどちらに属するのかという線を引くだけで大変な労力がかかる。特に、中小企業のオーナー取引をどちらに線引きするのかは一筋縄ではいかない。個人、法人の両方から攻めるべき職域取引の連携がうまくいかずに手薄になる。営業店の窓口では、ハイカウンターの行員が長蛇の列を前に泣きながら仕事しているのに、横では資産運用窓口の行員が手持ち無沙汰にしている。「手伝いたくても、部門が違うから手伝えない……」という屁理屈は、並んでいる顧客からするとまったく理解できない。いったい、これが「顧客のための」組織なのであろうか。

(事例3) 権限を委譲すれども行使せず……

　顧客ニーズが多様化し、変化のスピードが高まる経営環境においては、す

べてを中央で決定する中央集権型組織では対応しきれない。「なるべく市場に近いところで意思決定を迅速にさせよう」ということで、たとえば、融資権限を営業店長に大幅に委譲する案が事務局から提出される。しかし、経営者からすると営業店長の融資審査能力に不安を感じる。営業店長は営業（特に預金集め）のプロであるが、そのことが必ずしも融資審査能力に長けていることを意味しないからである。営業店長の能力の実態からすると、こうした権限委譲案に安易にハンコを押すことはできない。

　その一方で、複雑化する経営課題をなんでも上に「お伺い」する状況に、経営者はこれ以上耐えることができない。そこで本部の担当役員や部長クラスには大幅に権限を委譲する。ところが、権限を委譲しても相変わらず「お伺い」を立ててくる。リスクをとる能力があっても、リスクをとる意思なり気概がある人材は多くない。意思決定を部長同士がお互いに「譲り合っている」場合すらある。これではいくら権限を委譲しても、具体的な成果には繋がらない。

　組織の能力を高めるために、組織改革が繰り返されてきたにもかかわらず、残念ながら成果を発揮しているとはいいがたい。いったい、どうして効果が出ないのであろうか。

2　そもそも組織とは何か？

(1)　企画部における「箱」の議論の限界

　人事は人事部門、経費は総務部門、システムはシステム部門……というタテ割機能別の所管のなかで、組織は企画部の所管とされてきた。企画部の仕事は頭取のスタッフ機関として経営全般に及ぶとはいえ、他部門の領域を「侵犯」することははばかられる。組織については、企画部ですべてを決め

られる一方、組織以外のことについては各部と「調整」をしなければならない。このため組織については組織だけに閉じた議論が行われやすい。〇〇部を新設するとか、□□課と△△課を統合するといった議論に終始する。部や課といった「箱」を新しくつくったり、廃止したり、くっつけたり、ばらしたりといったことを延々と繰り返す。昔はこうした組織改革も機能したが、現在では機能しない場合が多い。なぜか。

　答えは簡単である。経営環境が激変したにもかかわらず、**従来の組織思想を暗黙の前提に議論している**からである。本来、組織とは経営の目的ではなく手段である。一体、なんのための組織か？　組織とは何か？　という目的に立ち返った議論が絶えずなされる必要がある。にもかかわらず、このような議論を抜きに組織自体が「目的」化され、従来の組織思想の枠組みのなかで単なる技術論が戦われている場合があまりにも多い。これでは成果が出るはずがない。

(2)　組織とは何か

　ここでもう一度、組織とは何か？　なんのために存在するのか？　という原点に立ち返ってみよう。組織論という学問分野では、組織とは「目的を達成するために構成された社会単位」と定義されている。ちょっとむずかしい言い回しなので、もっと噛み砕いて考えてみよう。

　いま、あなたが大地に一人でポツンと残された状況を考えてみよう。雨や雪が降ったり暑くなったり寒くなったりする環境のなかで、「環境の変化を和らげるために」家をつくらなければならない。一人でもつくれるが、強風にも豪雪にも耐える家をつくるとなると人手がいる。だれかが歩いてくれば、「一緒に家をつくりましょう」と声をかけるであろう。家を建てるという「**目的**」を達成するために、二人は作業を「**分担**」しながら「**協力**」していくであろう。人数を増やしていけば、田畑を耕して食料を安定的に確保することもできる。さらに治水工事を行って、洪水という環境の変化から身を

守ることもできる。ちっぽけな人間が恐竜でもできなかったことを実現することが可能になる。組織の本質はここにある。

このように考えてくると、「組織」とは「環境」と「人」を繋ぐものであることが理解できる。つまり**「環境」**―**「組織」**―**「人」**という構図を描くことができる。一番右に位置する「人」は、個体では激変する自然環境のなかで生き延びることがむずかしい。そこで、「組織」という大きな体（組織体）をつくることで「環境」に対する適応力を強化する。つまり、「組織」とは「環境」の変化に適応するという「目的」に対して、「人」が分担し協力しながらその目的を達成する手段と考えることができる。

したがって、組織には二つの側面がある。「環境―組織」という側面と「組織―人」という側面である。以下、この二つの観点からさらに議論を進めよう。

(3) 第1の側面：環境と組織

組織には環境に対する適応力を強化する目的があると述べた。したがって、環境が変われば、組織も異なる形態をとることが必要になる。たとえば、平時の軍隊組織と戦時の軍隊組織は異なる。海軍であれば、平時には各海域で哨戒を行うために○○艦隊という編成をとる。戦時には、真珠湾にまで出掛けていくために連合艦隊という編成をとる。組織は環境に適応する目的がある以上、その時々の環境に合った形態をとらなければならない。

a 安定した環境下の第1世代組織

高度成長期の日本社会はある意味で安定した社会であった。もちろん、景気の変動はあったが、循環的変動であり、今日を凌げば明日にはなんとかなった。商品に対する需要は供給を常に上回り、大量生産が企業組織に求められた。こうした安定的環境で大量生産ニーズに応えるのに最も適した組織

が組織論者のいう「**中央集権的機能部門別組織**」である(『創発型組織モデルの構築』唐沢昌敬教授(慶応義塾大学出版会)など参照)。いわゆる、「ピラミッド組織」と呼ばれる**第1世代**の古典的組織モデルである。

　この組織の特徴は、タテ割の機能別組織を通して計画化と標準化を推し進め、効率性を極限まで追求し、大量生産を可能にする点にある。高度成長期においては業界普遍的にタテ割の組織形態がとられた。なかでも銀行は護送船団行政という、さらに安定した環境のもとで当局から大きな影響を受けてきたために、官庁に近い官僚型のピラミッド組織が強固に築かれた。

b　環境の構造転換と第2世代組織

　高度成長社会から成熟社会へと経営環境が構造的に変化すると、従来の環境に適した組織体では環境にうまく適応できなくなる。計画化と標準化で効率性を推し進める第1世代型組織では、環境の変化を吸収しきれなくなる。複雑な環境の変化に耐えうる新しい組織形態が他業界では早くから採用されてきた。組織論者が「**環境適応型組織モデル**」と呼ぶ、**第2世代**の組織形態である。この組織の特徴は、タテ割の機能別分担では対応できない横断的な構造問題に対して、ヨコを繋ぐ仕掛けをつくり対応する点にある。同時に、もう一つの特徴として、激変する環境になるべく速く適切に対応するために、環境に近いところで即座に対応する分権型の体制がとられる。

　銀行の場合は、他業界に比べて明らかに動きが遅れた。1980年代半ばまで強固な護送船団行政に守られ、その後はバブル経済が到来したために、90年代の前半に至っても第1世代の組織体制が堅守されていた。さすがに、90年代半ばから第2世代の組織技術が表面的に採用されはじめたが、組織思想自体が転換されていないために、いまだに第1世代の殻を抜け切れていない。筆者は多くの銀行で組織改革の議論に耳を傾けてきたが、議論の大半は第1世代の組織モデルを、「暗黙の前提」として議論しているにすぎない。タテ割の機能別組織を通して計画化、標準化を図る「中央集権的機能部門別

組織」の構造自体にメスを入れずに、絆創膏をペタペタ貼っているにすぎない。環境の構造転換に対応した組織の構造転換が行われているとはいいがたいのである。

(4) 第2の側面：組織と人

組織は目的を達成するために人が「分担」と「協力」を行う仕掛けである。組織論では「**分業**」と「**協働**」と呼ぶが、両者はコインの裏表の関係にある。以上の観点から、いくつか重要な点を指摘しよう。

a 人を「分ける」だけでなく「繋げる」

組織は構成員である多くの人々に「重複なく漏れなく」作業を行ってもらうことが、効率を高めるうえで重要である。効率を極限まで追求する第1世代の組織では、こうした観点から明確な職務構造を規定する。ここでは「どうやって『分ける』のか」が最重要論点となる。銀行の組織改革でも同様である。しかし、こうして「**分けた**」組織は、次第にセクショナリズム化し自己目的化していく。部門の部分最適が優先され、部門間の「調整」コストはウナギ上りになる。

第2世代組織の表面的な技術論を採用しても事態は変わらない。その典型例が、1980年代初頭という早い時期に旧住友銀行が採用した総本部制である。銀行を複数の総本部に「分ける」この体制は先進モデルとしてもてはやされた。しかし、この総本部制が80年代後半に入るとすでに行き詰っていた事実はあまり知られていない。各総本部のセクショナリズムが進行し、一つの銀行としての体をなさなくなり、企業活力が大幅に減退した。87年頃には旧平和相互銀行合併の負担を跳ね返す力が、もはや失われていたのである。88年初頭の組織改革により少なくとも国内部門については、「分けた」ものを再び「繋げる」ことにより、同行は再び活力を取り戻した。

90年代に流行った「市場別組織」を採用して同様の事態に陥っている銀行も多い。個人・法人、リテール・ホールセールと機械的に「分けた」結果として、顧客に対する付加価値提供能力が逆に低下してしまった事例は枚挙に暇がない。

なぜ、こうした改革が短期的には成果を収めても長期的には沈滞するのであろうか。

その答えは、「繋げる」ことを忘れたからである。第1世代の組織思想を前提に、いかに効率的に「分けるか」に腐心するあまり、人々の力をいかに「繋げるか」という観点が欠落してしまったのである。第2世代の組織思想は、「分ける」ことよりも「繋げる」点を重視する。人と人の間における情報と知恵の「ネットワーク」をどう構築するかが重要な論点となる。「学習する組織」「ナレッジ・マネジメント」といった概念は、こうした文脈で理解する必要がある。

b 人が「育つ」組織

組織の力は一人一人の力に依存する。したがって、一人一人の力を強化することは組織にとって重要な課題である。それでは人の力を強化するためには、何が必要なのであろうか。

世界最強の組織の一つである米国海兵隊には数多くの教育訓練プログラムが用意されている。それでは、ある国の軍隊が同じ教育訓練プログラムを採用すれば、米国海兵隊と対等に戦えるであろうか。答えは否であろう。人材を育成するには教育・研修も重要であるが、それより組織における職務の遂行を通して人は育つ。組織で与えられた役割によって人は育ったり育たなかったりする。

経営学の教科書にミスミという会社の組織が事例として紹介されることが多い。読者もご存知と思うが、同社はこれまでのピラミッド型の固定的組織ではなく、プロジェクト単位の柔らかい組織で運営されている。留意すべき

は、こうした組織形態を同社は「組織改革」の結果として採用したわけではない点である。むしろ、議論の出発点は「人材育成」にあった。「どうやって人を『育てる』のか」という点から議論は出発したのである。そして、さまざまな人材育成制度が試みられたが、効果はあまり出なかった。思い悩んだ同社は、議論に議論を重ね、最後には「人を『育てる』のではなく、**人が『育つ』**組織をつくることが最善の育成方法である」という結論に至った。人が育つ基盤としての機能を組織がもつか否かが、人材の育成に決定的な影響を及ぼし、ひいては組織の長期的持続的な力（競合優位性）を規定するのである。

c 組織＝人事の問題

　このように考えてくると、組織の問題は人の問題であり、人事の問題であるといえる。組織は企画部の所管であり、人事は人事部の所管として、これまでバラバラに検討されてきた。このため両者とも詳細な技術論にはまり込み、なかなか効果が出せない。これに対し、組織は人の問題であると理解するとき、組織改革においていくつか重要なポイントを指摘することになる。

　第1に、組織改革が**人事制度改革と連動**して行われるべき点である。たとえば、（後ほど詳細に述べるが）組織論から権限委譲が必要であるといっても、権限を委譲される人材に権限を保有するだけの能力がなければならない。人材が不足しているのであれば、人材を育成する必要がある。権限委譲は人材開発と一体的に議論される必要がある。

　第2に、上記の点と関係するが、組織論から「こういう箱の組立てが望ましい」と結論づけられても、実際にそうした**箱にはまる人材が固有名詞で特定**できなければ絵に描いた餅になる。組織が保有する人材を固有名詞で把握したうえで、「その人」が力を発揮するためには、どういう組織体制が望ましいのかという現実的な議論が必要になる。

　第3に、こうした観点を突き進めて行くと、人材によって「変えられる」

図表16-1 大前提：組織思想の転換

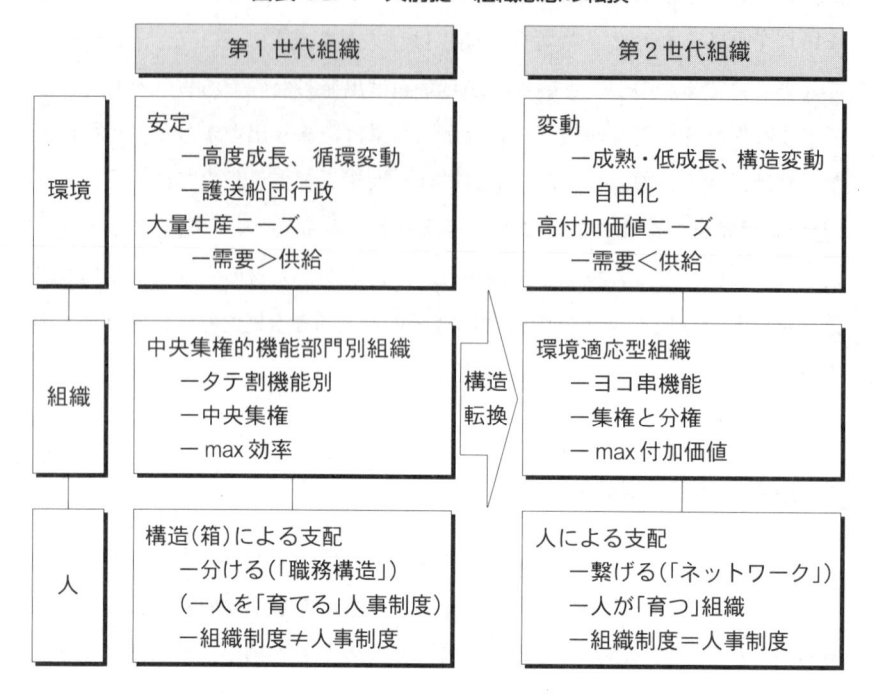

	第1世代組織		第2世代組織
環境	安定 　―高度成長、循環変動 　―護送船団行政 大量生産ニーズ 　―需要＞供給		変動 　―成熟・低成長、構造変動 　―自由化 高付加価値ニーズ 　―需要＜供給
組織	中央集権的機能部門別組織 　―タテ割機能別 　―中央集権 　―max 効率	構造 転換	環境適応型組織 　―ヨコ串機能 　―集権と分権 　―max 付加価値
人	構造（箱）による支配 　―分ける（「職務構造」） 　（―人を「育てる」人事制度） 　―組織制度≠人事制度		人による支配 　―繋げる（「ネットワーク」） 　―人が「育つ」組織 　―組織制度＝人事制度

組織であることが望ましい。つまり、**「可変性」**をもたない組織はすぐに陳腐化する。なぜなら、異動で2代目、3代目がポストに就いていくと、「その人」には合わなくなるからである。組織改革は1代目がポストにいる間は効果が出ても、2代目以降に崩れる場合が多い。

したがって、第4に、組織が成果をあげるには、ある程度の**人的連続性**を確保することが望ましい。特に、改革プロジェクト・チームのような成果をあげることが容易でない組織の場合、特定の人を一定期間「貼り付けておく」ことは必要不可欠である。

つまり、「箱」（組織論でいう「構造」）により支配された静態的組織ではなく、人の側面を強調し、**「人」が支配する動態的組織**を考えていく必要がある。激しく変動する環境に適応する組織は、こうした人の側面を強調したも

のでなければならない。第1世代組織と第2世代組織の決定的な違いがここにある。こうした本質を看過して表面的な技術論に終始しても、成果は出ない。

3 現状の課題は何か？

これまで述べてきた観点に立って現状の課題をみてみると、ほとんどの問題が第1世代の組織が共通して抱えている問題点であることがわかる。ここで、主な問題点を簡単に整理しておこう。

a リーダーシップの問題

まずは、リーダーシップの問題である。稟議書を「広くあまねく」回議し、ハンコを10個以上押していては、だれに責任があるのかわからない。リーダーシップの責任と権限はもっと明確にする必要がある。こうした観点から、取締役の数を減らす一方で執行役員を増やし、所管を明確にする。ところが、今度は執行役員が部門代表化してしまう。経営会議の席上でも、他部門のことに口を出さないかわりに、自分の所管事項には口を出させまいとする。万が一、批判的な意見が出ようものなら、部門の利益代表として猛然と反発する。経営会議では感情的な衝突は起きても健全な衝突は起きない。銀行の全体最適よりも、部門の**部分最適が優先**されてしまうのである。

b 本部の問題

本部の最大の問題は、タテ割機能別に分化した組織が、自己増殖して**タテ割の壁**をつくってしまう点にある。この結果、さまざまな弊害が生まれる。まず第1に、各部がバラバラに動くため、各部から指示を受ける営業店は

たまったものではない。指示を伝達する通牒の数が多いことも大問題であるが、それよりも内容に一貫性がなく、時には矛盾している場合すらある点には閉口する。

第2に、各部門における調整・調整の連続で意思決定のスピードが低下する。建設的な議論の結果として遅れるなら仕方がないが、多くの場合は単に部門利益の調整に終始しているにすぎない。

第3に、意思決定の質にも問題が生じる。部門の利益を優先するあまり、銀行全体のことを考えない。たとえば、システム投資案件においては、システムを導入すること自体が自己目的化し、「そもそも新システムをなぜ導入する必要があるのか」といった初歩的な質問さえ出ない。

そして第4に、各機能部門を跨る構造的問題が解決できない。結局は、すべての問題が企画部に回されて、企画部長がパンクする。

こうしたタテ割機能の弊害に加えて、もう一つ問題を指摘するとすれば「悪貨は良貨を駆逐する」のと同様、**「日常の執行業務が戦略業務を駆逐する」**状態になっていることである。業務は大雑把にいえば戦略業務と、その戦略を執行する業務に分けられる。タテ割機能体制の問題は、人事なら人事に関係する業務、すなわち、戦略業務から執行業務に至るすべての業務が人事部の所管になる点にある。戦略業務も執行業務も「ごちゃ混ぜ」の状態では、とりあえず処理しなければならない目前の仕事に忙殺される。実際、人事部員の圧倒的大多数の時間は執行業務に費やされている。これでは戦略的な組織とはいいがたい。

c　本部と営業店の問題

本部と営業店の関係については、第1世代組織の特徴である上から下に**指示・命令**するという軍隊式関係が、いまだに色濃く残されている点に問題がある。多くの銀行では両者の間に信頼関係があるとはいいがたい。むしろ抜

き差しならない相互不信の状況にあるといっても過言ではない。本部行員は、「こんな素晴らしい新制度をつくったのに、営業店が理解せず、うまく運用しないために効果が出ない」といって営業店を非難する。一方、営業店からすれば、そもそも企画自体が宙に浮いた机上の空論にすぎないようにみえる。Ｆ１レースで、運転手は「車が悪い」と非難し、スポンサー・メーカーは「運転手の技が悪い」と非難し合っているチームは存在しない。お互い勝利に向けて信頼関係で繋がっている。しかし、多くの銀行にはこうした信頼関係がない。

特に、下から上への情報と知恵の流れが悪い。たしかに多くの銀行で、従来に比べると営業店が経営に「参加」する仕掛けをつくりつつある。しかし、そうした仕掛けに営業店の「ホンネ」が流れている事例は筆者の経験では非常に少ない。なぜなら、営業店にとって本部は自分たちを「評価する人」であり、あからさまな本部批判を行うことは憚られるからである。

ここに指摘した以外にもさまざまな組織の問題がある。また、そうした問題に対してさまざまな「組織改革」の手が打たれてきた。しかし、第１世代組織の構造的問題を第１世代の基本思想のもとで手直ししようとしても、うまくいかないのである。

▶4 課題にどう取り組むか？

ここで第１世代の組織から抜け出し、第２世代の組織へと脱皮する方法論を述べていくことにしたい。

(1) まずは目的を確認

組織を改革するときには、なぜ改革を行うのか？　改革は何を目指してい

るのか？　といった点を明確にする必要がある。

　たしかに、これまでの組織改革においても、「人件費を削減するとともに、スピードを上げる」とか「お客様へのニーズに対応する能力を高める」という文言が並んでいる。しかし、目的だけで組織改革がうまくいく保証はない。なぜか。

a　目的要素間の「相克」

　理由の第1は、**目的要素間の「相克」**が理解されていないからである。理想をいえば、経費が最小（min Cost）で、リスクも最小（min Risk）で、スピードは最速（max Speed）で、付加価値提供能力も最大（max Value）となる組織が望ましい。しかし、リスクを最小にとどめたければ牽制機能を強化する必要があり、経費は増える。スピードを速めると、稟議の時間が限られリスクは増える可能性がある。スピードを上げるためには仕掛けが必要であり経費は増える。こうした相克のなかで、どういう場合に、何をどこまで優先していくのか、という議論が不可欠であるにもかかわらず、議論はほとんどなされていない。特に、昨今では経費を最大限に落とすことが最優先されるあまり、リスクが増加し、スピードが低下し、付加価値提供能力が陳腐化している例はきわめて多い。行きすぎた経費削減は短期的には組織の目標を達成できても、長期的には組織能力に致命的な打撃を与える可能性がある。第9章で述べたバランスト・スコア・カード（BSC）の思想を取り入れて、各要素間における相克の構造を把握したうえで、**均衡のとれた目標（バランスト・スコア）を設定する**ことが必要になる。

b　ヒトが育つ組織をつくる

　理由の第2は、ヒトの面が看過されているからである。ヒトに関する目的は人事制度の目的であり、組織改革の目的とは考えられていない。しかし、

先にも述べたとおり、組織改革の本質的な目的は、一人一人の力を高め、それを繋ぐことで目標に到達する点にある。「**ヒトが育つ基盤をつくる**」という目的が第2世代の組織論では必要不可欠である。

最近の若者のニーズは、カネや地位や名誉だけではない。むしろ、彼らが会社に求めるものは、自分が成長する機会をどれだけ与えてくれるのか、自分の市場価値を高める機会をどれだけ提供してくれるのか、という点にある。優秀な人材に対して組織が求心力をもつためには、こうしたニーズに応えることが不可欠である。常に自己研鑽に励む人材の目からみて魅力ある「セクシー」な組織になるという目的なくして、組織の永続的発展はありえない。

(2) 現状分析 〜箱の中身まで開けてみる

第2世代の組織改革にふさわしい目的を設定したら、次に行うべきは、業務の洗出しである。

組織を部とか課という「箱」単位で議論しても、構造的な改革はできない。箱の中身まで開けて、全部取り出して並べてみる必要がある。組織のなかにある業務内容、さらには活動にまで分解して、いったい何を行っているのかという点を詳細に把握する必要がある。

ここでの問題は、組織の業務内容があまりにも多すぎる点にある。組織改革チームをつくって、チーム・メンバーが調査するという方式では機能しない。調査対象が膨大すぎるからである。

そこで、調査表を配布して、各部に自分で記入してもらう方法がとられる。しかし、これもうまくいかない。部署によって業務を分ける基準がバラバラで、レベルが揃わないからである。

こうした作業は、「**仮説**」を**前提**に行う必要がある。「付加価値が低く廃止すべき業務がある」という仮説や、「各部に跨り重複していてシェアード・サービスとして括れる業務がある」という仮説をまず立てる。

次に、各部の業務に最も精通している人に**個別に**インタビューを行う。そのヒトが自部門の業務をどういう括りで整理しているのかを語ってもらう。次に、こちら側の仮説を提示して、こうした仮説で整理するとすれば、どういう括りがさらに必要であるかを議論する。こうして議論した枠組みを、さらに二、三人ほどインタビューして検証、修正する。そして、各部門の枠組みを集めて全体としての整合性をとり、「**業務分析調査票**」をつくる。

この調査票の主な内容をみてみよう。まずは部署名と主な業務内容である。主な業務内容については、インタビューをもとにすでに調査票に記載されている大枠の項目に沿って具体的に記入してもらう。その際、一つの具体例を示すことが有効である。

次に、その業務がどういう性質の業務であるのかを選択肢によって選択させる。たとえば、「A：企画」「B：管理」「C：営業」「D：事務」……といった区分を設けて、AなりBなりCに分類してもらう。

第3に、その業務にはどういう知恵なりスキルが必要であるのかを記入してもらう。たとえば、「□□の経験年数が○○年以上」という具合である。

第4に、解決策の仮説をぶつける。廃止可能な業務、パート化が可能な業務……を指摘してもらう。また、廃止するための前提条件が必要であれば、「前提条件」の欄に書いてもらう。

こうした調査票を取りまとめることで、業務の全体像をさまざまな観点から分析することが可能になる。

(3) 業務の再編

a 伝統的な整理方法

前述のように、箱の中身をすべて取り出したうえで、整理整頓を試みる。

昔からなんとなく続けてきた業務のなかに、**廃止**できるものはないかが検討される。また、各部で重複している業務があれば、それを**集中**できない

か、さらに**シェアード・サービス化**できないかが検討される。また、パート戦力に**代替**できる業務はないか、**アウトソース**可能な業務はないかといった点も検討される。

このような業務の再整理は、これまでにも部分的に行われている。どこまで徹底的に再整理するかは別として、これまで使われてきた手法で十分に対応できる。

ただし、再整理を行う場合に、再整理の「視点」に問題がある場合が多い。多くの再整理は、「銀行の視点」から行われている。特に、経費削減の視点から重複をなくし、パート戦力に代替することはこれまでにも行われてきた。しかし、より重要なポイントは、**「顧客の視点」**を加えることである。顧客からみて意味のある業務なのか、という観点が重要である。たとえば、大型融資案件を経営会議に付議する場合に、経営陣から何を聞かれても大丈夫なように、事務局で膨大な資料を作成している場合が多い。なかには顧客の商品の英語名まで調べさせている場合がある。しかし、実際には経営会議でほとんど議論らしい議論は行われない。顧客からすれば、こうした余分な作業はもっと減らしてもよいのではないか、ということになる。

b 新しい再整理

第2世代の組織をつくるうえでは、上記のような再整理にとどまらず、さらに新しい視点から業務を再整理する必要がある。現状の組織に関する問題のなかで、「悪貨は良貨を駆逐する」と同様な「日常の執行業務が戦略業務を駆逐する」という問題を指摘した。戦略的機能が日常業務に阻まれて、いつまで経っても強化されないことはゆゆしき事態である。

そもそも、こうした問題が発生する原因は、**業務がタテに切られていても、ヨコに切れていない**ことに起因する。つまり、人事、総務、営業……という具合にタテ割機能ごとに業務が編成されている一方で、人事であれば人事部門のなかに戦略業務も管理業務も執行業務も「ごちゃ混ぜ」になってい

ることに根本的な原因がある。

　したがって、各々の業務をヨコに切って再整理する必要がある。ヨコに切るにはいくつかの方法があるが、ここでは大きく三つに切る方法を紹介したい。

　三つとは、「企画」「管理」「執行」である。

　「企画」とは、主に戦略を立案する業務を指す。変化する環境を捉えて、これに対して組織がどう対応していくべきかを考える業務である。組織の頭脳に相当する業務である。

　「管理」とは、組織のなかの情報や知恵の流れを管理する業務である。情報を収集し、分析し、フィードバックする流れを管理する。組織の神経系統に該当する業務である。

　「執行」とは、文字どおり戦略を実行していく業務である。組織の運動機能に該当する業務である。

　各部門の仕事を、こうした三つの区分で再整理したうえで、現在どれだけの時間を「企画」「管理」「執行」に費やしているのかを測定する。結果は、驚くほど「執行」に偏っている場合が多い。「執行」のなかに削減可能な業務がないのか、代替できる業務がないのか、集中できる業務はないのか、徹底的に検証される必要がある。その一方で、「企画」と「管理」業務については、むしろ「足りない」のではないかという視点が必要になる。多くの銀行で「企画」と「管理」の業務は看板倒れで中身がない。戦略を立てるといっても、前年に立てた計画の「改良版」をつくるにすぎない場合が多い。情報は散乱し、担当者の机のなかか頭のなかにしか存在しない場合が多い。

　予算・業績評価制度の章でも述べたように、欧米の銀行が実施しているさまざまな調査方法により、情報を収集し分析し、現場を巻き込んで戦略を立案するという新しいPDCAサイクルの創造が必要になる。これまでに行われてきた業務の再整理の仕方では、業務を一律に「減らす」圧力しかかからない。従来の整理の仕方では弱体化している「企画」「管理」業務をますます弱体化することに繋がりかねない。「執行」と「企画」「管理」を区分し、「減

らす」業務と「増やす」業務のメリハリをつけることが肝要なのである。

　業務を、このようにヨコに切ることは、単に各タテ割機能のなかで「企画」と「管理」機能を強化することにとどまるわけではない。より重要なことは、各タテ割機能を「企画」、または「管理」という観点から横断的に繋げる点にある。

　タテ割機能を跨る昨今の構造的な環境の変化に対応するためには、横断的な企画機能が必要になる。たとえば、組織の問題は人事と切り離して議論することはできない。また、多くの施策はシステムと切り離して議論できない。

　企画だけでなく、管理の問題でも同様である。銀行内部の情報は各部店に分散されていて、どこにどういう情報があるのかわからない場合が多い。知恵も、その多くが属人芸として分散されたままである。こうした点を是正するためには、タテ割組織を跨った横断的な情報と知恵の流れをつくる必要がある。

(4)　新しい組織形態の設計……「高さ」を調整する

　ここまで述べてきた再整理を前提に新しい組織が設計されることになる。設計にあたっては、第1世代組織の呪縛にとらわれずに第2世代組織の考え方に沿うことがポイントになる。ここでは、まず「箱」の「高さ」の問題を取り上げよう。

　安定した経営環境のもとでは、中央集権的に物事を決める第1世代組織はきわめて効率的に機能した。しかし、激変する経営環境のもとでは、新しい課題が次々に発生するため「中央」がパンクしてしまう。そこで、環境に接する現場で臨機応変に対応する体制がとられる必要がある。

a　フラット化

　まず、規模の拡大に伴って多層化されてきた組織の階層を減らすことが組織の対応スピードを速めるうえで必要になる。たとえば、「副部長」「副支店長」などの権限と責任が不明確なポストを廃止し、なるべく階層を少なくする。こうした改革は、すでに多くの銀行で取り組まれているところである。フラット化は、第2世代組織の必要条件の一つであり、こうした動きは加速する必要がある。

　ただし、問題がまったくないわけではい。第1に、階層を減らすかわりに管理の範囲（スパン・オブ・コントロール）が拡大しすぎる点にどう対応するのか。第2に、ポストが減少するために起きうる士気の低下をどう考えるべきか。第3に、中間管理職が担っていた独特の機能が喪失しないかという点である。

　第1の問題点については、そもそも現実問題として副部長なり副支店長を削減しても、部長なり支店長の管理範囲が広くなるわけではない場合が多い。また、こうした議論をみると、「管理」業務の中身について従来の第1世代組織のパラダイムを引きずっている場合が多い。第1世代組織と第2世代組織の**「管理」は概念が異なる**ことを理解する必要がある。前者は、上が決めて、下に対して「上が決めたとおりに動く」ことを指示・命令する関係の上に成立する。これに対し、後者はコーチング理論でいわれているように、下が自律的に考え行動することを前提に、上が「問いかけ」を行う関係の上に成り立つ。「管理の範囲」といった場合の「管理」の概念を変えることが必要なのである。

　第2の士気の問題は、そもそもポストが権限と士気の源泉であるという第1世代組織のパラダイムを引きずっていることから発生する。後ほど述べるが、第2世代組織では「ポスト」と「権限」は切り離して考える。両者を切り離したとき、ポストが動機づけに占める割合は低下する。

　また、単線のキャリアパス、単一の処遇制度を前提に議論している点も見

直される必要がある。第2世代組織では自律的な組織を担うさまざまな人材が必要になり、キャリアパスを複線化する必要がある。「だれが偉いのか」という点について、一つのレールの上だけではなく、何本かのレールの上で示していくことが必要になるのである。

より本質的な問題は、第3の問題である。この3点目の問題は看過されてしまう場合が多い。中間管理職は、単に第1世代組織におけるピラミッド型の指示命令系統を担っているだけではない。他にも重要な役割がある。一つは、環境変化に遭遇したときに迅速に組織を修正して対応する役割である。もう一つは、他の部署との連結点になり、情報や知恵の流れを担う「要」の役割である。**組織修正機能や組織学習機能**を中間管理職のかわりにだれが担うのか、という議論を抜きに、単に経費削減の観点から中間理職を排除することは危険である。組織としての効率性が逆に低下することに繋がりかねないからである。

b 権限委譲

中央ですべて物事を決める第1世代組織に対して、なるべく環境に近いところで迅速に対応する第2世代組織においては分権化が図られる。この過程で権限の委譲が行われることになる。こうした動きは、すでにほとんどの銀行で進行しつつある。しかし、権限をいったい、どこまで委譲すべきなのであろうか。

イ．分権と集権のバランス

権限は委譲すればするほど、よいと安易に考えることはできない。第1世代組織が中央集権であった理由は、「効率性」にある。権限を分散することは、効率性を損なう部分があることを看過してはならない。したがって、何を委譲し何を委譲しないのかという議論が必要になる。

この問題に欧米の銀行はどう取り組んでいるのだろうか。最近の米銀の動

きとしてサン・トラスト銀行の組織改革の事例を紹介しよう。同行のリージョナル部門は総資産1000億ドル（約10兆円）でジョージア、フロリダ、バージニア、メリーランドなどの地域に展開している。同行が2002年に行った組織改革は、まさに集権と分権の二兎を追求するものであった。

改革の第1のポイントは、よりきめ細かく顧客に対応する観点から分権を徹底した点にある。従来は30の地域銀行から構成されていた同行を、50の地域銀行に細分化したうえで、各地域銀行のトップに大幅な権限委譲を行った。各々の地域特性に応じた戦略をよりきめ細かくとれる体制を整えたのである。

その一方で、集権の観点から30の地域銀行にあった部門の一部を15の地域に集約した。この集権の趣旨は三つある。一つは、顧客と直接関係のない間接業務を集中し効率化を図ること、第2に、高度な専門能力をもつ人材をなるべく広く活用すること、第3は、50の地域銀行が顧客と接触する時間を最大限確保することである。

ここでは、効率化よりも収益を伸ばす体制づくりに重点が置かれているとみるほうが適切である。収益を伸ばすために分権化して顧客に密着する一方で、高い付加価値を提供できる体制を集権化により確保しているのである。

こうした米銀の事例を教科書的な正解と安易に考えることはできないとしても、欧米の銀行の最近の動向をみると、ある程度、普遍的な傾向を指摘することができる。第1に、分権と集権のバランスをとって「二兎を追う」こと。第2に、その際、何を基準に考えるのかという点については、端的にいえば「顧客に直接関係がある業務」か否かという点が重視されていること。多様化する顧客ニーズに迅速に応える業務は分権化する。その一方で規模の経済効果を効かすべき業務は集中する。持株会社を設計するときに、「何を持株会社の機能とし、何を子会社の機能とするのか」という議論と本質的には同じ議論が、一つの銀行のなかでもなされる必要がある。

ロ．権限委譲の落し穴

　何を権限委譲するかが決まれば、あとは委譲するだけと安易に考えると罠にはまる。権限を委譲するとき、委譲する側が躊躇するのはリスクを伴うからであり、リスクが実際に顕在化した事例は少なくない。

　たとえば、旧日本長期信用銀行が 80 年代半ばに行った改革がその一つの例である。同行では、「大企業だけでは飯を食っていけない」という危機感から中堅中小企業に市場を拡大する戦略が新中計で採用された。新しい中小企業市場は 1 件当りの与信額が少ない一方で件数は膨大なものになる。従来の大企業向け審査体制のままでは審査業務がパンクする。したがって、審査業務の権限が大幅に現場に委譲されることとなった。しかし、こうした施策が結局は同行の財務体質を弱める結果となった。原因の一つとして、権限委譲に見合った牽制機能の強化が看過された点が指摘される。審査部門をはじめ本部機能は一律に縮小され、牽制機能が一緒に弱体化されてしまったのである。さらに重要な問題は、バブル経済に突入するに及び、戦略の舵が再び大企業向けに変更されたにもかかわらず、体制は牽制機能の弱い分権体制をそのまま維持したことにある。

　権限を委譲する以上、それに見合った体制を整備しておくことが大前提となる。なかでも重要なのが、まず第一に**牽制機能**の強化である。第 9 章の予算・業績評価制度でも述べたが、欧米の銀行は収益を中心とした数項目だけを握り、後は権限委譲を進めて現場に任せる。その一方で、詳細かつ多様な経営指標を絶えず「見ている」。必要とあれば関与する。経営責任を全うできる監視体制の整備が、まず必要である。

　二つめに大きな問題として**人材**の面があげられる。権限を行使するには、行使できるだけの能力と意思が必要になる。しかし、銀行によっては権限を委譲しても自らリスクをとることを忌避し、相変わらず上にお伺いを立てる例が後を絶たない。また、融資権限を委譲したくても、預金集めの能力だけに長けた営業店長に、あまり大きな権限を任せるわけにはいかない。その一方で、権限がなければいつまで経っても人材は育たない。人材を育成する人

事施策と連携した手が打たれる必要があるとともに、足らざる能力を支援するアドバイザーなどの仕掛けも不可欠となる。

ハ．次世代の権限委譲〜「機能的権限」へ

　現実の経営現場における権限委譲の最大の障壁は、人材の能力にある。この問題を根本的に解決するには、大胆な発想の転換が必要になる。

　第1世代組織の思想から抜けられない銀行の組織は、「ポスト」に権限を配布している。しかし、現実にはポストについている人材のバラツキが大きい。ポストの数は、これまで業務量の増大に伴って増加してきたが、その増加スピードに必ずしも人材の能力が追いついていないのである。

　そうであればポストではなく、**能力自体に権限を付与する**考え方が生まれる。組織論で、たとえばメアリー・パーカー・フォレット氏のいう「機能的権限」がこれに該当する。氏のいう「権限は知識と経験に従うべきこと」「ラインに関係なく服従は知識と経験に対してなされるべきこと」は権限の本質に根ざした考え方である。

　実は、欧米の銀行と邦銀の格差がこの点にあることは、あまり知られていない。たとえば、融資業務における与信権限を取り上げてみよう。邦銀の場合は与信金額、見返りの有無などを基準に店格別の営業店長「ポスト」に権限が付与されている。この線引きをどう変更するかという議論が、昔から延々と繰り返されているのである。

　これに対して欧米の銀行は、「クレジット・オフィサー」という**認定された能力に対して権限が付与**される。多くの銀行ではクレジット・オフィサーになるためには5年程度の融資業務における実践経験が要件とされる。この実践経験のなかで、日常の審査業務における「受け答え」の巧拙を観て、優秀な人材を選抜する。彼らをホテルに2、3カ月カンヅメにして、徹底的な研修を行う。試験を何度も課す。こうして厳しいトレーニングを修了した人材をクレジット・オフィサーとして認定する。認定されれば、相応の権限が付与される。報酬も上がる。行内的な地位も上がる。その一方で責任も負う

ことになる。

　彼らクレジット・オフィサーに対する牽制機能は、クレジット・オフィサーをさらに数年経験したクレジット・オフィサーの親玉（シニア・クレジット・オフィサーなどと呼ばれる）によって行われる。親玉はクレジット・オフィサーの継続的な自己研鑽状況と権限行使状況を厳しくチェックして評価する。時にはアドバイスを行って支援する。

　このような欧米式と邦銀式では、融資の意思決定にかかるスピードと品質に歴然とした差が生じるのは容易に理解できるであろう。稟議のプロセスについては、稟議書に数多く並んだハンコの数が昔から問題とされてきた。時間がかかるうえに集団無責任体制にほかならないという指摘がなされてきた。これに対する対応策として多くの銀行でハンコの数を減らす努力が行われてきた。それでも本部審査案件であれば、いまだに相当数のハンコが押されている。

　これに対し、欧米方式ではサイン（ハンコ）は、リレーションシップ・マネジャーとクレジット・オフィサーの二つだけである。重要な案件であれば、さらにシニア・クレジット・オフィサーのサインがいるが、それでも三つである。たとえ二つか三つしかサインがなくても、能力のある人材が自分の生活を賭けてサインしているのである。判断における品質とスピードの彼我の格差は隔絶したものとなる。

　機能的権限の思想は、第2世代組織においてはきわめて重要である。この点は意思決定の品質とスピードの問題にとどまらない。この後に述べるタテ割機能を跨る横断的組織に対する権限付与の問題を議論するときに重要な考え方となる。昨今はプロジェクト・チームや自然発生的なヨコの繋がりが必要に迫られてつくられている。こうした横断的組織においては、リーダーの「能力」に応じて実質的な権限が付与されているし、付与されるべきなのである。

　しかし、機能的権限を導入するためには、組織、人事に跨る大幅な仕掛けの変更が必要なことは、先の融資の事例で想像できるであろう。クレジッ

ト・オフィサーを「育成」・「認定」し、「評価」「処遇」するという人事の諸制度を一貫してつくるだけでなく、それを組織上の「権限・責任」配分と一体化することが求められる。こうした仕掛けづくりを行えるか否かによって、今後、銀行間に目にみえない隔絶した格差が生じるであろう。

(5) 新しい組織形態の設計……「幅」を調整する

組織の「高さ」の次は、「幅」の調整である。第1世代組織の特徴であるタテ割機能別組織では構造的な問題に対応することはできない。第2世代組織の特徴の一つは、構造的問題に対してなんらかの形でヨコ串を刺して解決を図ることにある。それでは、どういう手が考えられるのかを議論していこう。

a 大部屋組織

まず一番簡単な手法が、大部屋組織をつくることである。つまり、これまで細分化されていたタテ割組織を統合してしまうのである。すでに、いくつかの銀行で企画部と人事部が統合されている。これまで述べてきたように、組織と人事はコインの表と裏の関係にある以上、こうした動きには一定の評価ができる。

これまで組織については、「分ける」圧力が働き続けてきた。特に、営業部門を個人と法人、あるいはリテールとホールセールに分ける動きがその典型である。市場別ニーズに対応して事業モデルを多様化し高度化するために、本部の支援組織を分化していくことには意味はある。しかし、あまり組織を細分化しすぎると、かえって組織の「協働」に支障をきたす場合が多いことはすでに述べた。

第1世代組織において分断しすぎたタテ割りの本部組織を、むしろいかに繋げていくのかという視点が重要である。また、内部競争原理でバラバラに

動いてきた営業店同士を、いかに有機的なネットワークにしていくのかという点も考える必要がある。

エリア制の導入だけで、課題が解決できるわけではない。今後は、「分ける」ことよりも「繋げる」ことを重視すべきである。

この点、企画部と人事部を統合するという動きは評価されるべきである。「分ける」方向から「繋ぐ」方向へ組織改革のベクトルが180度転換されたからである。しかし、こうした大部屋組織にも問題がある。代表的なものを三つあげよう。

第1点目として、あまり大部屋化すると、部屋のなかに小部屋ができてしまう点である。特に、人事部のなかでも人事担当は「守秘性」を盾に壁をつくりやすい。現に、ある銀行では人事部人事のスタッフが実際に大部屋のなかに物理的な壁をつくってしまった例がある。これでは、なんのための大部屋組織であるのかわからない。

また、同じ「部」であっても、横のシマ（机の列）と会話も人事交流もなく、何をやっているのかよくわからない状況では、真の大部屋とはいいがたい。

第2点目として、あまり大部屋化すると、今度は階層化してしまう点である。組織の幅を調整するあまり、高さが高くなっては意味がない。せっかく「副部長」職を廃止したはずが、大部屋をつくると部長一人では見切れないために、次々に副部長だの次長だのといったポストが増員されていく例は多い。削減したはずの経費がもとに戻り、意思決定のスピードも遅くなってしまう。

第3に、大部屋といっても自ずと括れる範囲に限界がある点である。企画部と人事部を統合したのはよいが、そこに総務部、システム部、さらには営業統括部まで統合できるであろうか。理想からいえば、すべて統合するほうが好ましい。営業戦略も人事やシステムと一体である以上、全部統合できれば一貫した構造的な施策が打ちやすくなる。しかし当然のことながら、こうした考え方は現実的ではない。管理の範囲が広すぎて、一つの組織体として

機能しなくなってしまうからである。

　以上の問題の根源には、すべて「管理の範囲（スパン・オブ・コントロール）」の問題がある。構造的問題に対応するために、いままでの箱をなるべく広く統合する方向で検討しても、「管理の範囲」が障害として立ちはだかるのである。大概の場合は、ここで思考が停止してしまう。

b　第2世代組織の次の一手　～統合参謀本部

　タテ割の機能組織を単に大部屋組織として統合することには限界がある。それでは、どうすればよいのか。

　ここで、経営機能はヨコにも切れることを想起する必要がある。人事機能は人事部にあるが、そのなかには、「企画」「管理」「執行」の各機能が渾然一体となっている。経費管理・法務などの機能は総務部にもあるが、同様に「企画」「管理」「執行」の機能が混ざっている。混ざっているために、「執行が企画を駆逐する」状態になっている事態を改善するには企画機能を、各部門のなかで分離して強化する必要がある。さらに、構造的問題にも対応するために、他部門の企画機能を統合していくことが考えられる。つまり、タテ割機能組織の企画機能部分だけを取り出して、それを統合しようという考え方である。こうすれば単に大部屋組織をつくるときよりも広く統合することができる。

　もう一歩突っ込んで考えると、「企画」機能もさらに細分化することができる。大まかにいうと、企画には**概念設計・大枠設計**の段階と、詳細な設計図に落とす**詳細設計**の段階がある。前者においては、構造的問題に対応するために、各機能を跨った経営者の視点から有機的な解決策を描く必要がある。一方、後者においては、実際に実行に移すために専門的技術的観点から詳細に検討することが必要になる。前者を担当する人材は、深い洞察力をもって真の課題を定義し、大所高所の視点から解決策を立案できる能力が必要になる。**真の意味でのジェネラリスト**としての**経営戦略人材**が必要になる

のである。これに対して、後者の業務には専門的な知識と豊かな経験をもつ**スペシャリスト人材**が必要になる。

多くの銀行における問題は、後者のスペシャリスト人材が前者の業務まで担当している点にある。スペシャリスト人材が「関東軍化」して経営者の手に負えなくなっている事例は少なくない。特に、システム部門において、こうした傾向は顕著である。

これでは、いつまで経っても構造的な改革案が出てこない。それどころか、経営の屋台骨が揺らぐ事態にもなりかねない。

いまの銀行員は、残念ながら伝統的な営業しかできない古いジェネラリストか特定分野のスペシャリストしかいないという指摘があるが、あながち否定することはできない。経営戦略人材と呼べる真のジェネラリスト人材はきわめて限られている。経営戦略人材が能力を発揮し、育成する場がいまの銀行にはない。

いまの銀行に必要なのは、タテ割機能を跨って構造問題の因果関係を解明し、解決策として概念設計から大枠設計までを行う「**統合参謀本部**」である。そこにはスペシャリスト人材を「知識」でなく「知恵」で論破できる強力なジェネラリスト人材を配置する必要があるとともに、育成する場とすることも必要である。統合参謀本部なくして陸、海、空、海兵の四軍を、有機的かつ戦略的に動員し戦いに勝利することはできない。

c 柔らかい組織

組織にヨコ串を刺すには、以上のような固定組織だけでは限界がある。企画の最上流を統合参謀本部で括るとしても、経営課題によっては管理や執行の局面でヨコ串的な対応が求められる場合には、固定組織ではなく、柔らかい組織で対応すべきである。

イ．プロジェクト・チーム

　柔らかい組織のなかで、公式化された組織の代表格がプロジェクト・チームである。すでに多くの銀行で「プロジェクト・チーム」という名前がついた組織がある。しかし、組織論におけるプロジェクト・チームとは、以下の三つの要件を満たす組織である。第1に、従来のタテ割の機能別組織を横断する形態をとること。第2に、公式化され、責任と権限が明確に定められていること。単なる諮問機関は該当しない。第3に、一定期間継続的に設けられること。臨時的に設けられるタスク・フォースとは異なる。

　「プロジェクト・チーム」という名前がついていても、実際にはプロジェクト・チームとして真に機能している組織は多くない。プロジェクト・チームを機能させるためには、以下のさまざまな問題点をクリアする必要がある。

① 位置づけ

　プロジェクト・チームは非公式組織ではなく、あくまでも**公式化された組織**とする必要がある。公式組織である以上、既存の固定組織との関係が明確でなければならない。構造的な環境変化への対応力を強化する観点から、プロジェクト・チームをトップ直轄とし固定組織に対して優位性を明確にすることが望ましい。

② 資源確保

　第2に、**資源確保**の問題である。ヒト、モノ、カネがプロジェクト遂行に必要かつ十分なだけ確保されるようにトップ自らが指示することが望ましい。特に、問題となるのが優秀な人材の確保である。既存の固定組織は、優秀な人材の供出に抵抗する。最優秀人材は温存し、ワンランク下の人材を出そうとする。ある人材を巡ってプロジェクト・チームが必要とする理由と固定組織が必要とする理由を天秤にかけて判断できるのはトップだけである。その際、妥協的に「とりあえず2、3カ月だけ貸してくれ」といって期間を

コミットすることは危険である。構造問題に取り組む場合、プロジェクトが成果を出すには1年以上かかる場合が多い。この間にプロジェクト・メンバーの異動を行うことは好ましくないからである。

③ 権限と責任

第3に、**権限と責任**の問題である。プロジェクト・チームのリーダーには公式組織として正式の権限と責任が与えられる。権限についてはプロジェクト遂行上必要な権限が、リーダーという「ポスト」ではなくリーダーの「能力」に応じて付与されると考える必要がある。リーダーが部長より下のポストから選任されても、能力が認められる場合には、役員相当の権限を付与するという発想が求められる。これは前にも述べたように、固定組織の権限体系を変更していくうえでも、本人を経営人材として育成するうえでも必要なことである。

また、責任についても新しい責任の問い方をプロジェクト・チームで実験的に採用していくことが必要になる。特に、「**説明責任**」を課すことは、第9章で述べた学習する組織を形成していくうえで不可欠である。

④ 士気と処遇

第4に、**士気と処遇**の問題がある。多くのプロジェクトはこれまで銀行で対応したことのない問題に取り組むために、メンバーの悩みは大きい。数多くの抵抗勢力との議論に体力も削がれる。設定された締切時限に向けて、長時間労働も続く。こうした過酷な状況に耐えるためには「にんじん」が不可欠である。節目節目に平日を含めた十分な休養を与えることが重要である。銀行内で相応の「名誉」を与えることも必要である。金銭的な報酬の手当ても必要である。そして、何よりも重要なことは、経営トップがチームに対して「気配り」をすることである。トップとして活動を「見ている」こと、必要であれば「助けてあげる」こと、そして「誉めてあげる」ことが何よりもよい薬となる。

⑤ プロジェクト管理ノウハウ

　第5に、**プロジェクト管理ノウハウ**の問題である。プロジェクトのコストと時限を予定内に収め最大限の品質を出すためには、リーダーがプロジェクト管理手法に精通しているだけでなく、銀行としてチーム全体を支援する体制が必要になる。いわゆるプロジェクト・マネジメントとして議論されている手順やルールをふまえるとともに、当行「ならでは」の「やるべきこと」と「やってはいけないこと」を、プロジェクト経験者から組織の知恵として伝承していく仕掛けが必要になる。

⑥ リスク管理・牽制機能

　第6に、**リスク管理、牽制機能**の問題である。プロジェクト進行上は、プロジェクト自体のリスクだけでなく、組織全体に与える影響を注意深く見守る必要がある。特に、改革の初期段階においては、行員や顧客の反発など否定的な情報に「背びれ尾ひれ」がついて経営者に伝わる場合が多い。こうした「雑音」のなかから真に危険な信号を探知することは非常にむずかしい。雑音に惑わされるとプロジェクトを減殺してしまうし、その一方で危険な信号には早期に対応する必要がある。この際、情報の5W1H、特に「だれ」からの情報であるのかを把握することが鍵となる。100人中1人が発している情報なのか、10人が発している情報なのか、10人とすれば「どういう10人」が「なぜ」発しているのかを考察することが雑音を見極めるポイントとなる。

⑦ プロジェクト終了後の対応

　第7に、**プロジェクト終了後の対応**である。プロジェクトの内容は、川下に移行するにつれ、固定組織に引き継がれていくべきものである。その過程において既存の固定組織自体に変革が求められることになる。こうして、いったんはプロジェクト・チームで吸収された環境の変化に対する対応が、新しい固定組織に再度吸収されると、プロジェクト・チームは使命を終え

る。ただし、問題は、チームから固定組織への引継ぎにある。固定組織への引継ぎはヒトの流れをつくることが望ましい。チーム・メンバーが専任から兼務となり、やがて主管部署に異動する方法が最適である。ヒトを異動する以上に効果的な引継ぎはないからである。

同じ「プロジェクト・チーム」という名前がついた組織であっても、上記の点をふまえて運営を継続的に進化させる銀行と、「当行でもやってます」といって思考停止している銀行では雲泥の差がついてくるであろう。プロジェクト・チーム組織の運営力は、第2世代組織における重要な差異化の武器となる。

ロ．非公式組織の活用

横断的な柔らかい組織は、プロジェクト・チームにとどまらない。公式の権限をもたない横断的諮問委員会や、臨時に問題を解決するタスク・フォースなどさまざまなものがある。欧米の銀行の特徴は、非公式組織を場面場面に応じてフル活用している点にある。こうした点を捉えて「欧米の銀行には組織図が2枚ある」といわれることがある。公式の組織図には現れない非公式組織を積極的に使いこなすことが、第2世代組織では重要なのである。本書では紙面の都合もあるので、詳細は別の機会に譲りたい。

(6) もう一つの組織改革～プロセスの再設計

「箱」の再設計に加えて、経営プロセスも再設計する必要がある。経営機能における最も重要かつ最大のプロセスは、計画策定から評価に至るPDCAサイクルである。この点は、すでに第9章で詳細に議論した。

ここでは、よりミクロな経営プロセスに関して重要な点のみを指摘しておきたい。経営プロセスのなかで筆者が重視するのは、先ほど述べた「企画」「管理」「執行」というヨコの視点でみたときの各々のプロセスである。

a　意思決定のプロセス

　「企画」においては、特に「意思決定」のプロセスの現状がどのようになっているのかを把握する必要がある。意思決定の品質とスピードを上げるためには、「箱」の議論だけでなく、直接的に意思決定のプロセスの現状と改善策を議論する必要がある。

　意思決定プロセスを分析するときには、意思決定理論で議論されている**あるべき意思決定プロセス**と対比しながら分析すると、問題点が明確になる。この「あるべき意思決定プロセス」は簡単にいえば、三つのプロセスから成る。

　まずはじめに、経営陣から事務方に案件の目的、目標などの大枠が示される。これに沿って事務局が行うべきことは、そもそもどういう判断基準で物事を決定すべきか、という点を明確にすることである。つまり、判断の基準について、考えられるモノサシとその優先順序、重みづけなどを議論して経営陣に代替案を示す。経営陣は、そこで最適と思われる判断基準を決定する。

　次の第2段階として事務局が、代替案の作成に取りかかる。そもそも意思決定を行ううえで、どういう要素を考慮しなければならないのか、その要素を組み合わせたシナリオとしてどういうものを用意すればよいのかが検討され、再び経営陣に示され、考慮すべき要素とシナリオについて決定される。

　次に第3段階として、事務局は決められたシナリオに基づいて費用対効果分析やリスク分析を行う。リスクについては、どういうリスクが想定されるのか、発生する確率はどれくらいあるのか、発生した場合の影響はどれだけになるのか、それに対してどういう対策を講じうるのか、といった点が分析される。

　そして、シナリオごとの分析が経営陣に示され、経営陣で議論を行い最終案が決定される。決定時の議論の内容とその前提条件は、後日の検証のために明確にされる必要がある。

現実の意思決定は、ここに書いてあるとおりには進まない。時間の制約や、政治的な利害の問題など、さまざまな制約要因があるからである。しかし、現状の問題点を洗い出すツールとして理想的な意思決定モデルを使用すれば、さまざまな示唆が得られる。なお、当然のことながら、すべての意思決定を分析することは不可能である。分析対象を広げるよりも、意思決定のテーマや金額の大小などにより意思決定を類型化して、代表的なサンプルを詳細に分析するほうが大切である。

b　知恵と情報のプロセス

　次に、「管理」業務のプロセスを考えてみよう。ここでは銀行のなかで情報と知恵がどういう具合に流れているのかを分析することが必要になる。

　多くの銀行では、昔から営業斡旋情報や不動産情報を共有化する何らかの仕掛けをつくっているが、本当に機能している銀行は少ない。仕掛けの多くには閑古鳥が鳴いている。機能させるために業績評価の対象項目にすると、今度は「何でもいいから入力してしまえ」という現場の反応から、「ゴミ箱」になってしまう。本部においても、タテ割機能部門というタコ壺の間で情報共有が行われているとはいいがたい。多くの銀行で情報の流れの実態を分析すると、「ほとんど流れていない」という結論に達することになる。

　以上のような実態を把握したうえで、原因を構造的に解明する必要がある。第9章でも述べたように、そもそも業績評価制度で「競走」させられている営業店同士（または、エリア同士）に「協働」を期待すること自体に無理がある。

　また、情報のサイクルを回す仕掛け自体に欠陥がある場合も多い。たとえば、情報の「収集」に力を入れる一方で、情報の「編集」という側面が看過されている。システム・ベンダーの甘言に乗せられて、情報は単に情報システムで「自動的」に処理できるという誤解が生まれている。しかし、情報は人手をかけて編集をしなければ使えないのである。

情報だけでなく知恵の循環がどうなっているのか、という観点での分析も重要である。銀行の顧客にインタビューを行うと、必ず「異動」に対する不満が出る。しかし、この不満の本質は「異動」自体にあるのではなく、異動に伴ってサービスの品質があまりにも上下しすぎるという人材のバラツキにある。これまで銀行は営業店単位で競走させるだけでなく、個人単位でも競走を強いてきた。個人同士が競走しているなかで、身につけたノウハウを他人に伝授する動機づけは低い。銀行における大多数の知恵は、属人芸として個人の所有物になっている。対策として部下の育成を人事考課に加えると、たしかにデキル支店長の下に配属された人員は育つ可能性はあっても、暗黙知の伝授という形態では周囲の数人しか育てることはできない。属人芸の暗黙知を組織の知恵とするためには、野中郁次郎教授が指摘している知恵のサイクルを回す仕掛けが必要になる。暗黙知を形式知に転換し、形式知同士を結合させて創造を行い、それを再び個人個人が暗黙知として身につけるというサイクルである。こうした知恵の循環モデルを現状分析のツールとして使用し、問題的を洗い出すことから始める必要がある。

c 付加価値のプロセス

「執行」におけるプロセス分析で最も重要な点は、価値が付加されていく過程の分析である。ここでいう価値は、「顧客から見た価値」でなければならない。銀行の顧客インタビューでよく耳にする不満に、「融通が利かない」という指摘がある。旧態依然とした社内規定に基づいて杓子定規にしか動かない銀行員に対する不満は大きい。

事務や融資などの伝統的業務のなかには、顧客の視点からするとあまりにも「余分」なプロセスが多すぎる。たとえば、融資業務において案件の段階から実行の段階までをプロセス図(タテ軸に組織階層、ヨコ軸に時間をとった図)に落とし込んでみる。すると、本部に事前に「お伺い」を立てるプロセスと正式稟議のプロセスに相当の重複が認められる。書類や情報の不備で

「手戻り」する場合も多い。階層別にハンコを並べるための待ち時間も多い。顧客の視点だけでなく、リスク管理の視点からしても、本当にこんなにハンコを押す必要があるのか疑問に思えてくる。

プロセスについては、このほかにもさまざまな観点から現状分析を行い、解決策を考えていく必要がある（本書では紙面の制約もあるので、割愛させていただきたい）。

▶5 制度改革のツボ：コミュニケーション

(1) 企業文化の問題

これまで銀行では組織制度改革なり人事制度改革が頻繁に行われてきた。しかし、多くの制度改革が期待したほどの成果をあげていない。いくら「制度」を精緻に完璧に設計しても、いざ「運用」の段階に入ると骨抜きになってしまう事例は後を絶たない。たとえば、人事制度改革において、従来の年功序列制度を廃止し、成果に基づく評価報酬制度を導入する。ところが、成果に基づく評価の点数が、配属当初は少な目につけられ、配属年数が経つと増えるようにつけられる。こうなると実質的には年功序列と変わらない。このような例は枚挙に暇がない。

それでは、なぜこうした事態が発生してしまうのか？

答えは、前にも述べたように**企業文化**にある。経営体をヒマワリに喩えてみよう。太陽はビジョンである。このビジョンに向けて戦略という花が咲く。この花を支える組織能力という幹がある。組織制度や人事制度、予算・業績評価制度などがこれに該当する。そして、この幹を支える根が企業文化である。

根は地面の下に隠れていて「**みえない**」ために看過されてしまうことが多い。この結果、花と幹だけが議論される。みえる花や幹だけが「成功事例」

として移植される。しかし、移植するのであれば、根を含めて移植しなければ花と幹は立ち枯れてしまう。これまで多くの制度改革が効果を出せない原因は、根にあたる企業文化の問題を放置してきた点に求められる。

(2) 企業文化の変革

a 型から入る

それでは企業文化はどうすれば変革できるのであろうか？ この点については、すでに前にも述べたが、「型から入る」方法と、直接的に働きかける方法がある。前者の型から入る方法とは、企業文化の問題を明確にしたうえで、その改革を目的としたPDCAサイクルや組織体制を設計する方法である。第9章で述べた新しいPDCAサイクルの設計や、本章で述べた第2世代組織への転換は、まさにこうした手法として位置づけることができる。

b 直接的な方法

これに対して、後者の企業文化に直接的に働きかける方法にはどういうものがあるのであろうか。これについては、組織心理学的な手法などさまざまな手法があるが、ここでは理解しやすく本質的に重要なコミュニケーション手法を紹介しよう。

コミュニケーションという企業の血行をよくして、全身の病を治癒しようというのが、ここでの基本的な考え方である。それでは血行をよくするためのポイントは何か？ さまざまなものがあるが、ここでは組織論的な観点から重要な二つのポイントを指摘しよう。

① コミュニケーション手段の多様化

　まず第1に、多様なコミュニケーション手段を用意することである。単に公式化された会議の種類を増やすだけでなく、非公式の場を数多く設定していくことが必要となる。

　たとえば、欧米の企業は「**朝食会**」をうまく利用する。役員同士、部長同士が朝集まって食事をする。食事であるから会議資料を用意するわけではない。気軽にお互いの情報を交換したり相談したりする。すると、その場で「こうやって実行してしまいましょう」と即決できるものが出てくる。朝一番にトップ同士が決めてしまうと、その日中に検討し、場合によっては実行することもできる。組織を跨る問題を、いちいち正式なルートで検討する前に即決してしまうこの仕掛けは、組織のスピードを格段に向上させる。

　また、「**階層別討議会**」も有効である。タテ割組織のなかからヨコのレベルが同じ人同士が議論する場を設定する。特に暗黙知が蓄積しているミドル層（課長、次長クラス）がお互い刺激しあうことで、新しい知恵が生まれる可能性が高まる。

　電子メールやイントラネット等のIT技術を活用してコミュニケーションのツールを拡充することは無論、必要である。しかし、ITツールはコミュニケーションのインフラであって、十分条件とはなりえないことを肝に銘ずる必要がある。システムに多大な投資を行うことよりも、上に述べたような人と人が接触する場を多く設けることのほうが大切なのである。

② 双方向の流れづくり

　本部から営業店へ、上司から部下へと、一方的に「指示・命令」するコミュニケーション形態は、いまだに多くの銀行で残されている。この一方通行の流れを、ボトム・アップを含めた双方向の流れに切り替えていく必要がある。

　そのためには、第1に、**顧客を起点**としたコミュニケーションの流れを設計する必要がある。経営指標としても顧客満足度や顧客忠誠度に関する多様

な指標をつくる必要がある。また、顧客に対する調査活動をもっと能動的に大規模に行う必要がある。内容も定型的なものではなく、戦略仮説に基づいて実施する必要がある。また、組織的にも単に顧客の声を「聞く」だけでなく、実際に戦略に反映させ、その進捗状況を監査する部署も必要であろう。欧米の銀行が採用している**「品質協議委員会」**などがこれに該当する。

また、顧客だけでなく、顧客と常日頃接触している現場行員を経営に**「参加」**させる仕掛けも必要である。改革のプロジェクトも、選ばれたエリートが密室で行うのではなく、広く行内に意見なりアイディアを求める必要がある。また、アイディアのなかで取り組むべきものについては、現場行員をもプロジェクトに参加させる必要がある。米国のリージョナル・バンクでは行員のなんと3割がなんらかのプロジェクトに参加している例がある。こうして結果を出したプロジェクトについては、組織として「記憶にとどめるべきプロジェクト」として広く認知するとともに、ケース・スタディという物語にまとめておく。動機づけとして、さらに直接的な利益配分方式を採用することも一考である。

このようにコミュニケーションを再設計する改革プロジェクトは、そのプロジェクト自体がコミュニケーションをとることが必要になる。すなわち、改革プロジェクト自体が実験台になる点がこれまでとは大きく異なる。このため、プロジェクトのネーミングやロゴ、カラーを決めて、週報、電子メール、イントラネットの掲示板、個別インタビュー、階層別討議会、全行員アンケート……といったさまざまな手法で新しいコミュニケーションを実践しつつ設計していくことになる。

日本の銀行は、これまで優秀な人材を数多く採用してきた。しかし、こうした人材の力を十分に生かしきれているとはいいがたい。逆にいえば、銀行が抱える人材の潜在能力には莫大なものがある。コミュニケーション手法というマッサージで血行をよくすれば、こうした潜在的な人材力を爆発的に発

生させる余地は十二分にある。一人一人がもてる力を最大限に発揮できる組織体をつくり、再び邦銀の「陽が昇る」シーンを早くみたいものである。

「銀行経営の理論と実務」参考文献

筆者	書名	出版社	備考
David Heath, Robert Jarrow, Andrew Morton	"Bond Pricing and the Term Structure of Interests Rates : a Discrete Time Approximation"	Journal of Financial and Quantitative Analysis, Vol. 25, No. 4, 1990	
Fisher, Black Emanuel Derman, William Toy	"A One Factor Model of Interest Rates and Its Applications to Treasury Bond Options"	Financial Analysts Journal, 1–2 1990	
Francis A. Longstaff and Eduardo S. Schwartz	"Interest Rate Volatility and The Term Structure : A Two-Factor General Equilibrium Model"	Journal of Finance Vol XLVII, No 4, September 1992	
John C. Cox, Jonathan E. Ingersoll, Jr. and Stephen A. Ross	"A Theory of the Term Structure of Interest Rates"	Econometrica, Vol 53, No.2, March 1985	
John Hull and Alan White	"One-Factor Interest-Rate Models and the Valuation of Interest-Rate Derivative Securities"	Journal of Financial and Quantitative Analysis, Vol. 28, No.2, June, 1993	
Michel J. Brennan and Eduardo S. Schwartz	"An Equilibrium Model of Bond Pricing and a Test of Market Efficiency"	Journal of Financial and Quantitative Analysis, Vol. XVII, No.3, September, 1982	
Oldrich Vasicek	"An Equilibrium Characterization of the Term Structure"	Journal of Financial Economics 5 (1977) 177–183	

筆者	書名	出版社	備考
H・バン・グルーニング、S・ブラタビック・ブラタノビッチ著	[総説] 銀行リスク分析 BIS規制と銀行経営	シュプリンガー・フェアラーク東京	森平爽一郎 監訳
アンソニー・サウンダース著	信用リスクの測定手法のすべて	金融財政事情研究会	2002／6
石川達也、山井康浩、家田明	金融機関のリスク資本に関する考察	日本銀行金融研究所	
大久保豊	スプレッドバンキング	金融財政事情研究会	
大久保豊 編著	アーニング・アット・リスク	東洋経済新報社	
小野覚	金融リスクマネジメント	金融財政事情研究会	小島邦夫監訳、金融フロントランナーズ訳
クリス・マッテン	21世紀の銀行経営 —新資本戦略とリスクマネジメント—	東洋経済新報社	
ゴールドマン・サックス／ウォーバーグ・ディロン・リード	総解説・金融リスクマネジメント	日本経済新聞社	藤井健司訳
齋藤誠	金融技術の考え方・使い方	有斐閣	
陳豊隆	ABC・ABMの基礎テキスト	日本能率協会マネジメントセンター	櫻井通晴監修
津野義道	ポートフォリオ選択論入門	共立出版株式会社	
日本型金融システムと行政の将来ビジョン懇話会	金融システムと行政の将来ビジョン	—	2002／7／12
日本銀行考査局リスクアセスメントグループ	金融機関における統合的なリスク管理	日本銀行	2002／6／8

筆者	書名	出版社	備考
樋渡 淳二 足田 浩	オペレーショナルリスク管理の高度化に関する論点整理と今後の展開	日本銀行考査局	2002年2月
福沢諭吉	学問のすゝめ	岩波書店	
マッキンゼー金融グループ	新・銀行の戦略革新	東洋経済新報社	
松永安左エ門	人間・福沢諭吉	五月書房	
松永安左エ門	勇気ある自由	五月書房	
松永安左エ門	電力再編成の憶い出	五月書房	
三上哲治	通貨オプション 為替・通貨取引の新次元	有斐閣ビジネス	
三菱信託銀行オペレーショナル・リスク研究会	オペレーショナル・リスクのすべて	東洋経済新報社	
安田隆二・大久保豊編著	信用リスク・マネジメント革命	金融財政事情研究会	
吉川武男（編著）	金融機関のABCマネジメント	東洋経済新報社	
財団法人金融情報システムセンター	リスク管理モデルに関する研究会報告書	財団法人金融情報システムセンター	平成11年7月
日本銀行	信用格付を活用した信用リスク管理体制の整備	日本銀行	2001年10月3日
家田 明 丸茂幸平 吉羽 要直	与信ポートフォリオにおける信用リスクの簡便な算出方法	日本銀行金融研究所	2000年9月

〔参考文献〕

∞あとがき∞　みんな元気で行きましょう！　―光言集―

　5年ぶりの著作活動は前3作よりも時間がかかりましたが、とても密度の濃く、充実したものであったと思います。"和魂洋才"という観点と第一線の脂の乗り切った執筆陣組成、格付会社、著名コンサルティング会社、分析家、金融実務家など一同に会し共作できたことがとても嬉しく、このようなことが実現できたのも、金融財政事情研究会の西野出版部長との出会いとご支援の賜物であると心より感謝しています。ありがとうございました。

　"後書き"として本書を締めくくるにあたり、ここ数年元気になる"ことば"、これを勝手に"光言"と名付け拾い集めてきた成果を、以下ご披露します。世知辛く、のんびりできず、過去の努力があっというまになくなる流動的な職場環境、厳しい人生、社会モラル・個人モラルの崩壊と無力感。ただでさえ暗い日本経済において、"光"を見つけたいと想い、心が元気になることばを捜すようになりました。

「やろう」と思う強い意志は、これまで行ってきた行動の回数と、その時の決意の強さによって決まります。そして行動にかかるたびに、人間の脳は成長します。そうなった時、本当の信念が生まれるのです。せっかく決心しても、また新しい気持を抱きかけても、実を結ぶことなく立ち消えになってしまっては、その損害は機会を失った時よりはるかに大きいでしょう。その人の将来の目的の達成が遅れてしまうし、心の冷たい人になってしまうからです。口先だけなら、だれでも強そうなことが言えます。でも実際にその場で発揮できる勇気は、いつの場合でも十分ではありません。私たちは勇気が毎日少しずつ蒸発するにまかせているからです。

　　　　　　　　　　　　　　　　　　　　　　　　　　　　ヘレン・ケラー

とにかく人間はピュウピュウ寒い風に吹きさらされたものでなければ一人立ちは出来んのだ。この意味においていま日本人全体は自らすすんで世界の大嵐のさなかに、素ッ裸になって吹きさらされるほどの覚悟が必要である。少し風がつよいからとてちっぽけな岩角などに身をひそめるべきでない。ひそめようとしてもひそめ切れん──それならままよ大胆、両手をひろげてワット大きく飛び出して行きたい。

　　　　　　　　　　　　　　　　　　　　　　　　　松永安左エ門

明日のことをいうやつは
バカだというけど
明日の約束をしないやつに
希望は湧いてこない

　　　　　　　　　　　　　　　　　　　　　　　　　本田宗一郎

足場さえあれば地球も動かせる。

　　　　　　　　　　　　　　　　　　　　　　　　　アルキメデス

人間は、時として、充されるか充されないか、
わからない欲望のために、一生を捧げてしまう。
その愚をわらう者は、ひっきょう、人生に対する路傍の人に過ぎない。

　　　　　　　　　　　　　　　　　　　　　　　　　芥川竜之介

世界は粥（かゆ）で造られてはゐない。
君等なまけてぐづぐづするな、
堅いものは噛まねばならない。
喉がつまるか消化するか、二つに一つだ。

　　　　　　　　　　　　　　　　　　　　　　　　　ゲーテ

〔あとがき〕

君は山を呼び寄せる男だ。呼び寄せて来ないと怒る男だ。地団太を踏んで口惜しがる男だ。そうして山を悪く批判する事だけを考える男だ。何故山の方へ歩いて行かない。

夏目漱石

燕雀　安んぞ鴻鵠の　志　を知らんや。（えんじゃくいずくんぞこうこくのこころざしをしらんや）
（燕や雀のような小さな鳥に、どうして鴻や鵠のような大きな鳥の心がわかろうか。〈のちに楚王となる陳勝が日雇いの耕作人仲間に自分の抱負を語ったことば〉）

天上天下唯我独尊。

ブッタ

私たちが需要を
つくり出したのである
そこに需要があるからつくるのではない

本田宗一郎

And so, my fellow Americans: ask not what your country can do for you—ask what you can do for your country.

ジョン．F．ケネディ

寧ろ鶏口と為るとも牛後と為る無かれ。（むしろけいこうとなるともぎゅうごとなるなかれ）
（鶏の口となろうとも、牛のしっぽにはなるな。＜蘇秦が秦に対する合従同盟を説いたとき引用したことわざ＞）

千日のけいこを鍛とし、万日のけいこを錬とす。

宮本武蔵

〔あとがき〕

平凡なことを毎日平凡な気持ちで実行することが、
すなわち非凡なのです。

　　　　　　　　　　　　　　　　　　　　ジイド

自由であるのをやめる自由はわれらにはない。

　　　　　　　　　　　　　　　　　　　　サルトル

実際の社会では、自分ばかりを主張し発揮しているわけには行かない。そこに妥協が生ずる。妥協によって個と全体との調和がとれているといってもよい。
妥協には愛情を捨てる、ある場合は自己を克服する心理が働いている。妥協のために自己を捨て去っている。一応は自分の主張、立場を否定した状態になっている。「不自由の自由」の状態であるが、私は自己を捨て去ることのできる人でないと拾えないと思うのだが、それによって、結局は自己の"生き方"を通すことが可能になる ―― 開かれるとおもう。

　　　　　　　　　　　　　　　　　　松永安左エ門

私は猫に対して感ずるような純粋なあたたかい愛情を人間に対していだく事のできないのを残念に思う。そういう事が可能になるためには私は人間より一段高い存在になる必要があるかもしれない。

　　　　　　　　　　　　　　　　　　　　寺田寅彦

余は今まで禅宗のいはゆる悟りといふ事を誤解して居た。悟りといふ事は如何なる場合にも平気で死ぬる事かと思って居たのは間違ひで、悟りといふ事は如何なる場合にも平気で生きて居ることであった。

　　　　　　　　　　　　　　　　　　　　正岡子規

二人の囚人が鉄格子から外を眺めたとさ。一人は泥を見た。一人は星を見た。

　　　　　　　　　　　　　　　フレデリック・ラングブリッジ

〔あとがき〕

運命によって「諦め」を得た「媚態」が「意気地」の自由に生きるのが「いき」である。

九鬼周造

赤心を推して、人の腹中に置く。(せきしんをおして、ひとのふくちゅうにおく)
　(自分の真心を推し出して、他人の腹の中に入れる。真心をもって人に接し、信じて疑わない。後漢の光武帝の人柄を評した諸将のことば。)

吾れ常に此に於いて切なり。
　(私は、いつも、ここでそのことに切迫している。)

中国、唐、洞山

白鳥はかなしからずや空のあを海のあをにも染まずただよふ

若山牧水

交わりをしたならば愛情が生ずる。愛情にしたがってこの苦しみが起る。愛情から禍いの生ずることを観察して、犀(さい)の角(つの)のようにただ独り歩め。

ブッダ

わが行く道に茨多し
されど生命の道は一つ
この外に道なし
この道を行く

武者小路実篤

この道の先　花咲くならば
僕はそれに向かってゆっくり歩いて行くだろう
この道の後方に　花咲いていたならば
僕はそれに向かって時に涙を流すだろう

〔あとがき〕

でもその涙を心のポケットにしまって
笑顔で歩いて行くだろう
この道に今　花咲いているならば
僕はその花に気付かないだろう
なぜならその瞬間、僕は花になっているから
太陽に向かって輝いているから

大久保まりな

　いろいろなことがありますが、みんな元気に行きましょう！
　最後に私の元気の源であり、いつも心の拠り所であります、母、大久保愛子にこの本を捧げます。遺伝子医療の発展により、飛躍的に人類の寿命は延びます。お母さん、ぜひともあと100年は一緒にいましょうね！

平成15年3月吉日

三重県紀伊長島の実家より
大久保　豊

(A・O)

〔あとがき〕

用 語 索 引

▲あ

相対型バリュエーション ………*80*
アジア運用業務 ………*79*、*106*
「アセット・マネジメント」モデル
　………………………………*545*
按分基準値 …………………*245*
按分基準値の適応率 …………*245*

▲い

イー・スカウト社 ……………*577*
イールドカーブ ………*170*、*175*
意思決定の罠 …………………*406*
イベントリスク ………………*115*

▲う

運調構造および制度の創造的改革
　……………………………*70*
運調構造の新陳代謝 …………*100*
運調構造の"年齢分析" ………*101*
運動による筋肉質経費の強化法 …*228*
運用管理の対象リスク ………*117*
運用プラン ……………*116*、*212*

▲え

エクスポージャー ……………*135*

▲お

オーバーキャパシティ問題 ……*537*
オーバーバンキング …………*539*
大部屋組織 ……………………*606*
オペレーショナルコスト ………*205*
オペレーショナルリスク
　………*114*、*196*、*205*、*283*、*304*

▲か

回収率 …………………………*134*
回収率の変動 …………*136*、*145*
外部委託のメリット …………*552*
外部格付モデル ………*53*、*443*
価格決定モデル ………………*166*
格上げの課題 …………………*341*
拡張 EaR ………*124*、*187*、*194*
拡張 Vasicek モデル（Hull-White
　モデル）……………………*174*
格付会社が注目する指標 ……*339*
格付上の問題点 ………………*327*
格付上マイナスの評価 ………*331*
格付の現状 ……………………*325*
格付プロセス …………………*459*
確率変動モデル ………*169*、*170*
貸倒引当金 ……………………*132*
貸出限度額 ……………………*162*
貸出債権の流動化 ……………*74*
貸出集中リスク ………………*333*
貸出主義モデル ………………*542*
貸出商慣習の改革 ……………*68*
貸出プライシング ……………*75*
カスタマー・リレーションシップ
　・マネジメント ……………*525*
株価リスク ……………………*183*
株式の窓口販売 ………………*106*
株式のリスク …………*337*、*347*
為替リスク ……………………*186*
間接損失 ………………………*199*
管理会計措置論 ………………*295*

▲き

キーコープ ……………………*575*
機械審査ライン ………*488*、*491*
期間構造モデル ………………*166*
企業再生業務 …………………*104*

企業文化 …………………… *617*
機能的権限 ………………… *604*
機能分化と専門化 ……………*81*
逆選択の予防法 …………… *532*
「逆選択」問題 ……………… *517*
狭義の信用リスク ………… *132*
業績考課 …………………… *354*
業務特化のメリット ……… *551*
業務内製化の限界 ………… *551*
銀行管理会計の規定項目 … *319*
銀行管理会計の基本構造 … *294*
銀行管理会計の目的と意義 … *292*
銀行組織 …………………… *581*
銀行保有リスク …………… *112*
金融サービス業 ……… *77*、*107*
金融システムと行政の将来ビジョン
　　 ………………………………*72*
金融製造業 …………… *77*、*106*
金利期間構造モデル ……… *168*
金利嗜好ミスマッチに関する消化
　メカニズム ……………… *33*
金利変動リスク ………………*37*
金利リスク ………………… *338*
金利リスクとマーケティング … *514*
金利リスク見合いの収益 ……*35*

▲く

グリッド・センシティビティ分析
　　 …………………………… *168*
クレジット・オフィサー ……… *604*
クレジット・モニター・モデル … *134*

▲け

経営教書 …………………… *318*
経営原書 …………………… *318*
経済リスク ………………… *328*
経費管理運営法 ……… *219*、*221*
経費管理会計の精度と頻度の設計
　　 ………………………………*232*
経費効率 …………………… *228*
経費実測法 …………… *219*、*240*
経費の削減 ………………… *349*
経費率 ……………………… *335*
計量管理の対象リスク …… *117*
決済リスク ………………… *114*
限界リスク寄与度 ………… *163*
権限委譲 …………………… *601*

▲こ

コア業務純益 ……………… *340*
コア資本 …………………… *336*
コア収益率 ………………… *334*
交渉基準金利 ………… *38*、*418*
公正な価格形成機能 …………*80*
公的信用情報 ………… *55*、*443*
行内移転会計措置 ………… *305*
行内移転会計措置の類型 … *312*
行内移転価格 …………………*33*
行内移転価格制度 ………… *123*
コール・オプション ……… *186*
顧客リレーションシップ … *512*
コスト・ドライバー ……… *249*
個店主義 …………………… *548*
固有リスク ………………… *184*
コンティンジェンシープラン
　113、*116*、*205*、*209*、*212*、*213*
コンベキシティの分析 …… *168*

▲さ

サービス財 ………………… *511*
サービス・マーケティング … *506*
債権流動化 ……… *97*、*159*、*427*
最後のリスクリザーブ …… *92*、*260*
最終格付 ……… *438*、*439*、*444*、*459*
最終格付モデル ………………*57*
最終確認用データ ………… *449*

（用語索引）

最終審査ライン ‥‥‥‥488、491
再生再構築業務 ‥‥‥‥‥‥‥79
裁定価格理論 APT ‥‥‥‥‥183
裁定機会 ‥‥‥‥‥‥‥‥‥‥53
財務会計上の債務超過 ‥‥‥‥90
財務格付 ‥‥‥‥‥‥‥‥‥438
財務格付モデル ‥‥‥‥‥‥444
債務者間の相関性 ‥‥‥‥‥152
財務定量モデル ‥‥‥‥‥‥‥57
財務の柔軟性 ‥‥‥‥‥‥‥336
債務不履行 ‥‥‥‥‥‥‥‥128
財務リスク ‥‥‥‥‥‥‥‥332
差額法 ‥‥‥‥‥‥‥‥‥‥308
サブプライム業種におけるプライ
　ム先 ‥‥‥‥‥‥‥‥‥‥100
サブプライムな業種のプライムな
　企業 ‥‥‥‥‥‥‥‥‥‥544
サブプライム融資 ‥‥‥‥‥544
サプライヤー・マネジメント‥557
産業金融モデル ‥‥‥‥‥‥‥72
産業リスク ‥‥‥‥‥‥‥‥329

▲し

時価評価（MTM）モデル ‥‥146
事業運営上の債務超過 ‥‥‥‥90
事業リスク ‥‥‥‥‥‥‥‥328
資金運用型商品 ‥‥‥‥‥‥507
資金需給特性の資金消化 ‥‥‥29
資金消化の論理メカニズム ‥‥30
資金仲介 ‥‥‥‥‥‥‥‥‥‥24
資金調達型商品 ‥‥‥‥‥‥509
時系列分析モデル（Time Series
　Model) ‥‥‥‥‥‥‥169、180
自己資本 ‥‥‥‥‥‥‥274、335
自己資本運営の理論 ‥‥‥‥285
自己資本統合管理の理論的構造‥257
自己資本の定義 ‥‥‥‥‥‥276
自己資本配賦先 ‥‥‥‥‥‥278

自己資本配賦の経営策定 ‥‥‥282
自己資本配賦の理論 ‥‥‥‥275
資産価格決定モデル CAPM ‥‥183
資産の質 ‥‥‥‥‥‥‥‥‥339
資産負債の総合管理 ‥‥‥‥400
市場型間接金融 ‥‥‥‥‥‥548
市場金融モデル ‥‥‥‥‥‥‥72
市場金利手法 ‥‥‥‥‥‥‥313
市場地位 ‥‥‥‥‥‥‥‥‥330
市場との仲介業 ‥‥‥‥‥‥‥74
市場リスク
　‥‥‥‥114、165、304、337、341
市場リスクとマーケティング‥515
市場 VaR ‥‥‥‥‥‥‥‥‥118
システマティックリスク ‥‥184
システミックリスク
　‥‥‥‥‥‥‥‥‥115、197、199
システムリスク ‥‥‥‥115、196
実態財務 ‥‥‥‥‥‥‥‥‥439
私的信用情報 ‥‥‥‥‥‥55、445
自動安定化装置 ‥‥‥‥‥‥415
自動審査ライン ‥‥‥‥487、489
資本会計措置 ‥‥‥‥‥‥‥299
資本効率指標の種類 ‥‥‥‥266
資本効率評価の理論 ‥‥‥‥263
資本コスト ‥‥‥‥‥‥266、268
資本コスト率 ‥‥‥‥‥161、269
事務リスク ‥‥‥‥‥‥115、196
シャープレシオ ‥‥‥‥160、162
収益 ‥‥‥‥‥‥‥‥‥‥‥340
収益性 ‥‥‥‥‥‥‥‥‥‥334
修正自己資本 ‥‥‥‥‥‥‥340
"集中"と"分業" ‥‥‥‥‥477
集中のリスク ‥‥‥‥‥‥‥211
使用自己資本効率指標 ‥‥‥270
序列評価 ‥‥‥‥‥‥‥‥‥‥58
自律平衡復帰メカニズム ‥‥‥84
審査工場 ‥‥‥‥‥‥‥‥‥470

審査モデル ……………… 58、447
"審査モデル"の特徴 …………… 59
審査ライン ……………………… 487
審査ライン管理部門 …… 492、498
信用イベント …………………… 146
信用格付 ………………………… 436
信用コスト
　… 61、129、132、159、301、332
信用スコアリングモデル … 134、137
信用ポートフォリオ運営 ……… 465
信用ランク ……………………… 436
信用ランク（スコア）の遷移確率
　…………………………………… 150
信用ランク別の標準金利 …… 67、68
信用リスク …… 113、128、159、332
信用リスク（狭義） ……… 129、132
信用リスクコスト …………… 65、273
"信用リスクコスト"の管理会計 … 66
信用リスク裁定の源泉 ………… 445
信用リスク差引後の貸出純スプレ
　ッド …………………………… 61、132
信用リスクとマーケティング …… 516
信用リスクに関する管理会計 …… 61
信用リスクの消化メカニズム …… 47
信用リスク評価モデル …………… 47
信用リスク評価モデルの体系 …… 52
信用リスクプレミアム ……… 61、301
信用リスクモデルの体系 ……… 441
信用リスクモデルの分析データ … 448
信用リスク率 …………………… 161
信用リスクを反映しない利鞘 … 333
信用 ALM ………………… 302、428
信用 Transfer Pricing …………… 311
信用 VaR ………………… 118、136

▲す

スコアリングライン ……… 488、489
ストラテジック・オペレーション
　…………………………………… 412
ストレス会議 …………………… 92
ストレステスト ………………… 337
ストレス分析 …………………… 277
スプレッドバンキング ……… 33、305

▲せ

制度改革 ………………………… 581
贅肉経費のあぶり出し法 ……… 222
遷移確率 ………………………… 146
専守防衛の ALM ……………… 412
選択と集中 ……………… 71、535、536
戦略的ソーシング ………… 554、556
戦略的な ALM 運営 …………… 400
戦略的な ALM 運営の骨子 …… 402
戦略リスク ……………… 115、197、199
戦略 ALM としての貸出プライシ
　ング …………………………… 426

▲そ

総額法 …………………………… 308
想定デフォルト率の調整 ……… 458
ソーシング ……………………… 556
組織の「ビジョン」 …………… 361
損益会計措置 …………………… 296

▲た

第一次財務格付 ………………… 444
対顧営業見合いの収益 ………… 35
単純配賦手法 …………………… 243
"短プラ"にかかわるプライシン
　グ・ルール …………………… 419
短プラの基本運営ルール ……… 40
短プラ・ベーシスリスク ……… 41

▲ち

地域金融の運用専門会社 ……… 107
長短金利のミスマッチ ………… 34

長短のミスマッチ構造 ……………37
長短ミスマッチリスク
　　…………33、123、168、191
直接損失 ……………………………199
直課 …………………………………241

▲て

定期預金ベーシスリスク …………44
ディスカウントファクター ………144
定性項目 ……………………………140
定性要因 ……………………………437
適材適所経費勘定 …………………237
デフォルト …………………………128
デフォルト確率の変動 ……………145
デフォルト・モード（DM）モデル
　　………………………………146
デフォルトモデル …………………457
デフォルト率 ……………134、441
デフォルト率の設定 ………………448
デュレーション分析 ………………168
デルタマップ ………………………189

▲と

投資・経費の管理体制 ……………559
投資信託 ……………………………105
動態的な最適化 ……………………82
トップダウン手法 …………………202
トラッキング ……………138、456
トランスファー・プライシング …272

▲な

内規明文化 …………………………406
内部格付モデル ……………55、445
内部信用格付制度 …………………437
ナローアカウント …………………82
ナローバンク ………………………82

▲に

日本リスク・データ・バンク社
　　（RDB）………………48、137
入力ライン ………………487、488

▲の

ノー・アービトラージ・モデル …174
ノンバンク型銀行 ………543、544

▲は

ハードル・レート …………………266
配賦 …………………………………242
配賦可能自己資本 …………………277
配賦自己資本効率指標 ……………267
配賦自己資本総量 …………………92
配賦率 ………………………………244
パラメトリックモデル ……………181
バランスト・スコア ………………594
バランスト・スコア・カード ……376

▲ひ

非公式組織 …………………………613
ビジネス・プロセス・アウトソー
　　シング ………………………228
ビジネス・プロセス・リエンジニ
　　アリング ……………………228
ビジネスリスク ……………………115
ヒストリカル法 …………119、189
人手審査ライン …………488、491
非配賦 ………………………………242
標準 Winner 過程 …………………171
非予想損失 ………………129、300
ビルトイン・スタビライザー ……415

▲ふ

風評リスク …………115、197、199
フェアバリュー ……………………80
複線的金融システム ………………72
普通預金ベーシスリスク …………43

プット・オプション ……………186
プライシング・ルールの客観構造化
　……………………………………413
プライム手法 ……………………313
ブラック・ショールズ …………186
フラット化 ………………………600
フロー・ストック法 ……………308
プロジェクト・チーム …………610
プロセスの再設計 ………………613
分権と集権のバランス …………601
分散共分散法 ……………119、189

▲へ

平均回帰 …………………………171
ベーシスポイントバリュー ……189
ベーシスリスク
　33、38、123、168、191、314、415
ベーシスリスクの構造理解 ………45
ベクトル回帰分析 ………………182
ベストパフォーマー評価法 ……229
ヘッジ・オペレーション ………412
返材権 ……………………………238

▲ほ

法的リスク ………………………115
法務リスク ………………………197
ポートフォリオ型の融資ビジネス
　……………………………………477
ポートフォリオ理論 ……………263
ボトムアップ手法 ………202、203
本資運用 ……………………………98
"本資"運用思想の樹立 …………429
本支店レート管理会計の類型 …308

▲ま

マーケット・バリュエーション …80
マーケティング …………………506
マチュリティラダー ……210、212

学びのサイクル …………………388

▲も

目的要素間の「相克」 …………594
目標金利 …………………………161
モデル検証用データ ……………449
モデル構築用データ ……………449
モンテカルロシミュレーション
　………………………112、173、204
モンテカルロ法
　………………119、120、189、190

▲ゆ

有価証券投資リスク ……………351
有効フロンティア ………………263
ユーザー・マネジメント ………559
融資諾否基準 ……………………473
優良顧客 …………………………523
優良顧客発見手法 ………………527
ユナイテッド・ミズーリ銀行 …577

▲よ

預金者行動モデル ………………122
預金主業モデル …………………541
予算・業績評価制度のあるべきプ
　ロセス …………………………364
予算制度・業績評価制度の目的 …360
予算統制 …………………………354
与信意思決定モデル ……………475
与信の集中 ………131、145、157
与信の集中度合い ………………136
与信の分散 ………………………163
与信判断ライン …………488、489
予想回収率 ………………135、143
予想キャッシュフロー …210、212
予想残存融資額 …………………144
予想損失 …………………………129
予想損失額 ………………………135

予想デフォルト率 ………… *135*、*142*
予想デフォルト率の変動 ………… *136*
預貸比率 ……………………… *210*

▲ら

ランダム・ウォーク ……………… *172*

▲り

離散処理 ……………………… *447*
「リスク移転型」のアウトソーシ
　ング ……………………… *565*
リスク管理 ……………………… *337*
リスク管理体制 ………………… *344*
リスク許容量 …………………… *90*
"リスク迎撃"の客観構造化 …… *410*
リスク計量規程 ………… *88*、*404*
「リスクシェア型」のアウトソー
　シング ……………………… *565*
リスク制限先の設定メカニズム … *84*
"リスク制限"の客観構造化 …… *407*
リスク制限の設定メカニズム …… *89*
リスク制限の装置化 …………… *83*
リスク制限の発動メカニズム …… *94*
リスク認知の装置・内規化 …… *402*
リスクの入口 …………………… *427*
リスクの出口 …………………… *427*
リスクの出口／入口 …………… *97*
リスクファクター ………… *112*、*116*
リスク防衛区域 ………… *94*、*410*
リスク量の測定メカニズム ……… *88*
リソース・ドライバー ………… *248*
リターン ……………………… *272*
流動性リスク ……… *114*、*207*、*304*
リレーションシップ・マーケティ
　ング ……………………… *518*

▲ろ

ロールオーバー ………………… *121*

ロジスティック回帰分析 ………… *139*
ロジスティック回帰モデル ……… *456*
ロジスティック曲線 …………… *139*
"論理想"の銀行経営 …………… *13*

▲A

ABC適用配賦手法 ……………… *247*
ALM ……………………… *400*
ALM会議 ……………… *94*、*261*
ALM長短金利リスク見合い収益 … *35*
AltmanのZスコア ……………… *137*
ART ……………………… *183*
Asset & Liability Management …… *400*
AVRモデル …………………… *475*

▲B

β（ベータ）値 ………………… *269*
BIS規制 ……………… *253*、*254*
BPO ……………………… *228*
BPO措置勘定 ………………… *236*
BPR ……………………… *228*
BPR措置勘定 ………………… *236*
BPR／BPO措置勘定 …………… *307*

▲C

CAPM ……………… *183*、*263*
CDO ……………………… *444*
CLO ……………………… *444*
CreditMetricsモデル …………… *146*
CreditRiskPlusモデル …………… *146*
CRM ……………………… *525*

▲D

DCF法 ……………………… *474*
DMモデル …………………… *146*

▲E

eプロキュアメント …………… *574*

638　　　（用語索引）

EaR ……121、166、187、190、417
Earning at Risk
　　…………………121、166、187、417
EVA ……………………………258、268

▲H

Hull-White モデル ………………174

▲I

IT アウトーシング ………………564
IT アウトソーシング監査…………569

▲M

mean reversion ……………………171
MTM モデル ………………………146

▲N

Net Present Value ………………118
NPV ……………………………………118

▲R

Random Walk ……………………172
RAPM ………………………………258
RAROA………………………………258
RAROC………………………………258
RDB ……………………………48、137
ROA …………………………………340
ROE ……………………258、267、340
RORAC………………………………258
RRR …………………………………258

▲T

Tier I 資本 …………………………340
Tier II 資本 …………………………340
Time Series Model…………………180
Transfer Pricing………………33、305

▲V

Value at Risk …………118、166、187
VaR ……………118、166、187、337
Vasicek のモデル …………………171

（用語索引） 639

銀行経営の理論と実務

平成15年 5 月30日　第 1 刷発行
平成16年 4 月12日　第 2 刷発行

編著者　大久保　　豊
著　者　岸　本　義　之
　　　　根　本　直　子
　　　　本　島　康　史
　　　　山　本　真　司
発行者　倉　田　　　勲
印刷所　三松堂印刷株式会社

〒160-8520　東京都新宿区南元町19
発 行 所　社団法人　金融財政事情研究会
　　編集部　TEL 03(3355)2251　FAX 03(3357)7416
販　売　株式会社きんざい
　　販売受付　TEL 03(3358)2891　FAX 03(3358)0037
　　URL http://www.kinzai.jp/

・本書の内容の一部あるいは全部を無断で複写・複製・転訳載すること、および
　磁気または光記録媒体・コンピュータネットワーク上等へ入力することは、法
　律で認められた場合を除き、著者および出版社の権利の侵害となります。
・落丁・乱丁本はお取替えいたします。定価はカバーに表示してあります。

ISBN4-322-10406-1